桥梁健全性评估理论与方法

单德山　编著

科学出版社

北　京

内 容 简 介

本书是土木工程专业课程“桥梁健全性评估理论与方法”的教材，全书共六章，较广泛地介绍了桥梁施工控制和健康监测的基本特点、理论和方法等方面的知识。内容包括：智能桥梁监测系统、桥梁结构施工控制、桥梁结构模态参数识别、智能桥梁结构损伤识别及健全性评估。

本书除可作为高等院校桥梁工程方向高年级本科生和硕士研究生的教学用书外，亦可供从事智能桥梁监测的设计、实施和研究人员参考。

图书在版编目（CIP）数据

桥梁健全性评估理论与方法 / 单德山编著. —北京：科学出版社，2022.10

ISBN 978-7-03-071075-8

Ⅰ. ①桥… Ⅱ. ①单… Ⅲ. ①桥梁结构-监测-研究 Ⅳ. ①U446

中国版本图书馆 CIP 数据核字（2021）第 265391 号

责任编辑：朱小刚 / 责任校对：王萌萌
责任印制：罗 科 / 封面设计：陈 敬

科 学 出 版 社 出版
北京东黄城根北街 16 号
邮政编码：100717
http://www.sciencep.com
四川煤田地质制图印刷厂 印刷
科学出版社发行 各地新华书店经销
*
2022 年 10 月第 一 版 开本：787×1092 1/16
2022 年 10 月第一次印刷 印张：25 1/4
字数：590 000

定价：178.00 元

（如有印装质量问题，我社负责调换）

前　言

为保障桥梁结构在建造和运营期间的安全性、完整性和耐久性，需要对既有桥梁结构采用有效的手段来监测和评估其健康状态，即应用现代化的传感、测控、计算机、网络通信等技术对桥梁的工作环境、结构状态进行实时监测，及时掌握桥梁结构的工作状态，全面了解其建造、运营条件及退化状况，实时评估桥梁结构的健康状况，为桥梁的建造、运营、养护维修、可靠性评估以及科学研究提供依据，使得桥梁更好地为我国经济建设服务。为适应和配合目前进行的专业调整、课程体系和教学内容的修订，在十年研究生课程讲义的基础上编写了本教材。

本教材共六章。第 1 章系统介绍智能桥梁结构，给出当今智能桥梁结构系统实例，并从项目支持的角度回顾并综述智能桥梁结构的研究现状，通过实例分析对桥梁多类别的坍塌事故进行分类阐述，同时给出已完成或正在进行的施工监控和健康监测实例。回顾并综述智能桥梁结构的研究现状。第 2 章智能桥梁监测系统，对监测系统进行需求分析后，系统介绍监测系统的组成，并依次详细介绍传感器系统、现场总线、分布式数据采集系统、远程数据传输与控制系统等硬件部分，最后以三个监测系统实例阐明智能桥梁监测系统的实际应用。第 3 章桥梁结构施工控制，包括桥梁施工控制的概述并明确施工控制的主要内容；介绍施工控制体系，并分别给出详细说明；重点介绍施工控制的计算方法，包括正装分析、倒拆分析及无应力状态法；从实际施工控制需求的角度介绍开环控制、闭环控制、自适应控制三种施工控制思想，并对几何控制法和短线法进行详细说明；给出本团队完成的桥梁施工控制实例。第 4 章首先介绍模态参数识别基础，对单自由度系统的定义及其在不同激励下频响函数的表达式、多自由度系统的定义及实模态分析方法进行详细阐述；介绍试验模态分析，对频响函数测试、锤击与激振、激振函数、激振位置、测试数据检验、测试与分析等技术方法进行详细阐述；介绍多种运营模态分析方法，其中，重点讲述峰值拾取法、频域分解法等频域方法，随机子空间法等时域方法，HHT 等时频域方法；介绍模态参数识别的工程实例，以某大跨斜拉桥健康监测数据作为基础，对多种方法的计算结果进行对比。第 5 章在分析智能桥梁损伤识别难度的基础上，从静力到动力、从频域到时域、从优化识别到统计模式识别，论述范围几乎涵盖结构损伤识别的所有内容，且大部分研究成果已经通过实验室验证。根据桥梁管理的不同需求，第 6 章分别从路网级和项目级对桥梁进行评估。路网级是针对管段内所有的桥梁，而项目级则是针对某一具体的桥梁，应针对不同的需求选择不同的评估方法，最后针对桥梁评估的实际情况，给出评估建议。

本教材参编人员如下：单德山(内容架构、原始材料准备、1.1 节、2.1 节、2.2 节、2.5～2.7 节、3.1～3.4 节、4.3 节、4.4 节、第 5 章、第 6 章)，石磊(1.2 节、1.3 节)、刘洁(2.3 节、2.4 节)、于伟栋(3.5 节、3.6 节、3.7 节)、罗凌峰(4.1 节、4.2 节)、董皓(统稿、格式调整)。

本教材的授课建议采用 34 学时，教师可根据实际情况对讲授内容进行取舍或增删。对部分专业名词列出其英文名称，以便对照。

在教材编写过程中，参考引用了国内外大量有关桥梁的专著、教材和文献。在此，谨向这些专著、教材和文献的作者们表示敬意和谢意。本教材由西南交通大学研究生院第二轮研究生教材(专著)建设项目资助出版。

由于编者水平有限，教材中难免有不妥之处，敬请读者批评指正，以便修订。

西南交通大学智能桥梁团队

2022 年 4 月

目　　录

第1章　概述与预备知识

随着社会生产力的不断发展，人类对结构物的要求也日益复杂化和多样化。现代大型结构物，如高层建筑、大跨桥梁、大型水坝、地下建筑等，都要求其能提供更高的强度，更好的可靠性、耐久性及安全性。另外，由于这类大型结构物对整个国民经济的发展至关重要，现代社会还要求它们应具有更强的防灾能力。

传统结构大多通过提高材料的力学性能、采用合理的结构形式、加强施工管理以及定期评估与维护等传统手段来满足这些要求。然而，这些传统的手段均属于消极被动的方式，一旦将结构物建成并投入使用，便失去了对结构的全面控制，结构失效、结构灾害的发生便不以其设计者、建造者、使用者和管理者的意志为转移，对其行为的预测及防范工作都将是十分困难的。

考察众多结构物灾害实例，发现在整个结构设计寿命期内，结构物都有可能发生结构失效，原因如下。

(1) 结构抗力的衰减、损伤积累等导致结构强度及可靠性降低。

(2) 材料老化、腐蚀及力学性能的劣化(如徐变等)等导致结构耐久性失效。

(3) 施工质量低劣或使用不当给结构带来隐患以及损害。

(4) 结构长期遭受动荷载作用而造成疲劳失效。

(5) 偶然荷载(如地震荷载、爆炸冲击荷载等)造成的结构损伤。

以上这些原因都对传统设计方法在结构强度及安全性上提出了更高的要求。因此，对建筑结构进行实时监测，并由结构自身做出智能反应就显得十分重要了。

现代材料技术的发展使人类社会进入信息时代，信息材料的生产已实现设计制造一体化。各种具有信息采集及传输功能的材料及元器件正逐渐进入土木工程师的视野。人们开始尝试将传感器、作动器紧密地融合于结构中，同时将各种控制电路、逻辑电路、信号放大器、功率放大器以及现代计算机集成于结构大系统中。力、热、光、化学、电磁等激励和控制，使结构不仅有承受建筑荷载的能力，还具有自感知、自分析计算、自推理及自控制的能力。具体说来，结构将能进行参数(如应变、损伤、温度、力、声音、化学反应)的监测及监测数据的传输，具有一定的数据实时计算处理能力，包括人工智能诊断推理，以及初步改变结构应力分布、强度、刚度、形状位置等能力。简而言之，即使结构具有自诊断、自学习、自适应、自修复的能力。这就是智能土木结构概念的形成过程。

智能土木结构的概念是为解决评估结构强度、完整性、安全性及耐久性问题而提出的。对土木建筑的结构行为或响应进行监测，并对结构性能进行预测，不仅能降低维修费用，而且能确定结构是否安全有效地使用和运营。在结构内部埋入传感器，组成传感阵列网络，以实时监测结构承受的荷载及结构响应行为。智能土木结构目前主要应用于高层建筑、桥梁、大坝等工程领域。

根据智能材料和智能结构的定义，结合桥梁结构的实际状况，将智能桥梁结构[1]定义为：将智能元件如传感器等嵌入桥梁结构中，能使桥梁结构具有感知和处理信息的能力，使桥梁结构具有自监测、自诊断、自适应和仿生功能，确保桥梁结构在外部环境和车辆荷载的作用下安全可靠。即智能桥梁结构是以桥梁结构为平台，通过结构行为监测、环境监测、交通监控、设备监控、综合报警、信息网络及数据分析处理诸系统以及它们之间的最优化组合，向管理者提供一套对桥梁结构长期实时使用状态综合监控的信息，以提高桥梁结构的整体管理技术水平，确保桥梁安全运营，诊断桥梁病害并延长桥梁使用寿命[2]。

桥梁结构健康监测系统[3]通过通信传感设备实时自动采集运营桥梁的响应信号，即车辆荷载、风荷载、温度荷载、环境随机振动下结构的各种真实响应；然后采用数学与计算机方法分析处理信号数据，得到各种结构响应的特征值和阈值，如模态频率、阻尼比、最大位移值、最大应力值等；再将测得的这些关键数值与相应设计限值比较，作为桥梁结构实时预警与安全状况评定的依据，进而为桥梁管养维护提供决策。

1.1 桥梁健全性评估的内容和特点

1.1.1 智能桥梁结构

1. 定义

桥梁作为客观存在的物质，有它特有的生命周期过程，它的“生老病死”同人类一样，是客观的自然规律。如果能在灾难来临之前进行预测，对桥梁的损伤进行监测，从而对桥梁的健康状况给出评估，将会大大降低事故发生的概率，智能桥梁结构的概念应运而生。

目前，学术界比较统一的关于“智能桥梁结构”的概念及其定义为：桥梁结构中因存在部分智能材料子结构或智能材料，而具有自监测、自诊断、自适应或自修复等仿生功能，从而能极大地满足人们对其安全性及维护方便性等方面的要求，就称为智能桥梁结构。即使得桥梁结构具有某种程度的“智能”，能够随时掌握桥梁结构的内力状态及损伤等“健康”情况，在桥梁结构危险萌芽阶段发出预警，从而保障桥梁安全运营，显著降低桥梁总体运营成本。

2. 组成

传统的土木结构是一种被动结构，一旦设计、施工完成后，其性能及使用状态将很大程度地存在不可预知性和不可控制性，这将给结构使用和维护带来不便。为了解决这一问题，发展了在线监测结构，它赋予传统土木结构在线监测功能，从而为掌握结构内部性能打下了基础，使人们可以方便地了解结构内部物理、力学场的演变情况，即为结构智能化的第一层次。在此基础上，进一步增加监测数据的智能处理机制，使得结构具有自感知、自诊断、自推理的能力，从而使结构实现第二层次的智能化。进一步在结构中引入自适应及自动控制机制，即根据自诊断、自推理的能力，由在结构中耦合的作动系统做出必要的反应，从而实现智能控制结构，这就是第三层次的智能化。例如，对结构开裂、变形行为，对钢筋锈蚀、结构老化和损伤行为，对结构动力行为，做出抑制性控制，在更高层次上对结构起到保护和维修作用。

从系统工程的观点来看，要想对桥梁结构做出正确的健康状态评估，首先要确定监测目标，可以通过分析结构所面临的危险、各项危险发生的概率以及危险所导致后果的严重程度(危险性分析或易损性分析)，针对不同的危险采用不同的监测策略和手段，在降低系统造价的同时达到预期监测效果。确定了监测目标后，根据健康监测系统的功能需求进行总体设计。总体设计完成后，就形成智能桥梁结构的总体框架结构，如图 1-1 所示。

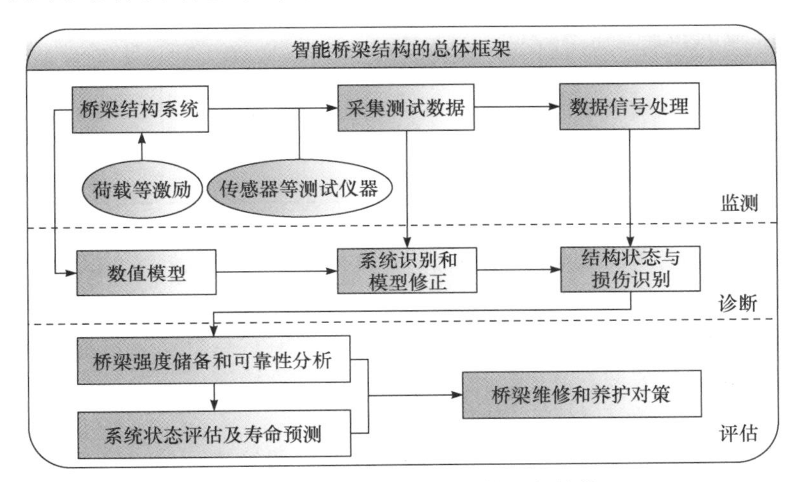

图 1-1　智能桥梁结构的总体框架结构

由图 1-1 可以看出，一个完整的智能桥梁结构至少应该包括三个部分：监测子系统、诊断子系统、评估子系统。其中，监测子系统由传感器、数据采集与传输、数据处理与控制等模块组成，完成对桥梁结构状态参数(如应变、结构温度场、索力、变形、支座反力等)以及环境参数(如温度湿度、气象条件等)的采集、调理、预处理、传输等工作，并向后续子系统提供有效的监测数据。随着现代科技的发展，监测子系统已经具有自动采集、实时监测等智能化功能。诊断子系统由数值模型、系统识别和模型修正、结构状态与损伤识别等模块组成，它根据监测数据对结构状态进行识别，应用损伤诊断理论，得到结构损伤信息。评估子系统包括桥梁强度储备和可靠性分析、系统状态评估及寿命预测、桥梁维修和养护对策等模块，对桥梁结构损伤诊断结果进行评估与评价，从而获得桥梁结构健康状态水平，对危险状态进行预警，并提出解决方案。

3. 特点

智能桥梁结构不仅是数据的自动采集，同时与目前桥梁常用的判定桥梁运营及安全状态的人工巡检、现场荷载试验等方法有机地结合，相互补充。表 1-1 列出了目前桥梁常用的评估结构状态的主要方法与步骤，同时给出了各自的优点和缺点。

表 1-1 桥梁常用评估结构状态的方法

拟解决的问题	当前方法与步骤	期望的结果	优点	缺点
评估桥梁的运营状态	1. 人工巡检	桥梁状态的大致估计	可重复、费用低	离结构较远(有些关键部位不能到达) 干扰交通 主观评估
桥梁结构行为随时间的退化	2. 现场荷载试验	对桥梁状态更为准确的估计	无损、可重复	干扰交通
	3. 实验室芯样试验		结构性能退化的精确评价	干扰交通 破坏结构 试件数量限制了随时间变化的数据较少
	4. 描述退化的数值模型		结构/力学行为信息	试验样本数不可能多，即无法准确地描述结构退化行为
预算限制	5. 养护选项 6. 维修单价 7. 数值模拟	选择维修的正确类型、实践及资金的分配		计算的可靠性受前续工作内在不确定性影响 不恰当的养护维修方案可能会导致成本增加

智能桥梁结构，在结构安全或功能的临界区域及损伤可能发生的部位安装传感器，测量结构关键参数，经常(或连续)对结构进行监测与控制，获得足够多的评判结构功能的样本数，可更为准确地描述结构工作状态，确保结构运营状态安全可靠，为设计、养护等规范的制定与修改提供理论基础，同时指导实际桥梁的建设，提高桥梁的安全性、耐久性和舒适性，使得桥梁更好地为我国经济建设服务。

一个理想的智能桥梁结构系统，应能协助桥梁运营管理部门进行决策并回答图 1-2 中的所有问题，确保未来结构管理中采用优化方案，如合理安排巡检、养护和维修。由

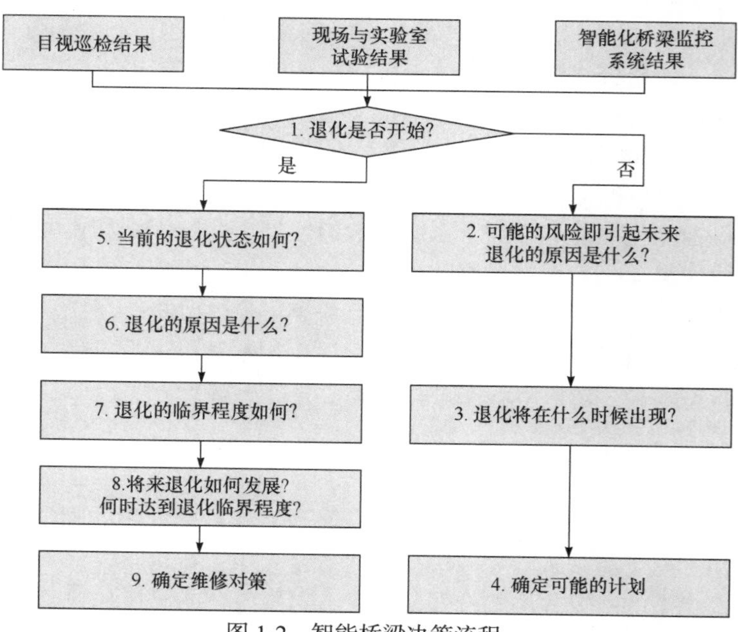

图 1-2 智能桥梁决策流程

图 1-2 可知，智能桥梁结构并不排斥既有桥梁常用的结构状态评估方法，而是将两者有机地结合，弥补它们的不足。此外，智能桥梁结构具有如下优势。

(1) 可以按桥梁技术与管理部门的需要进行足够次数的采样，确保准确地评估桥梁结构的运营状态。

(2) 根据测试结果，对桥梁结构的损伤进行定位，并结合无损探伤技术确定损伤程度，从而对结构可能出现的损伤进行预防。

(3) 确定维修养护策略的基础。

(4) 经常性地反馈维修效果。

(5) 评价未来所需的巡检、额外的现场荷载试验或实验室试验。

(6) 降低专门巡检或荷载试验所需的总体费用和干扰交通的限制。

4. 目的

为了保障桥梁结构的安全性、完整性和耐久性，防患于未然，防微杜渐，需对既有桥梁结构采用有效的手段来监测和评估其健康状态。即应用现代化的传感技术、测控技术、计算机技术、现代网络通信技术对桥梁的工作环境、结构状态、在各类外荷载因素作用下的响应进行实时监测，及时掌握桥梁结构的工作状态，全面了解其运营条件及退化状况，实时地评估结构的健康状况，为桥梁的运营管理、养护维修、可靠性评估以及科学研究提供依据，使得桥梁更好地为我国经济建设服务。

1.1.2　桥梁结构健康监测

作为一个新的领域，土木工程结构的监测获得了极大的关注。监测的主要目的是准确有效地检测结构长期行为或极端事件(如地震、爆炸等)引起的损伤，确保桥梁结构的使用安全。监测应能够及时发现任何可能引起桥梁退化的条件和行为，并采取恰当的处理措施，裁定结构是否安全或可能失效。在施工过程中，监测系统能够验证设计和施工过程的假设；在桥梁建设和修复中，监测还可对所使用的新材料和技术进行性能评价。随着传感、通信等技术的发展，桥梁结构远程监控已经成为现实。

1. 智能桥梁示例或试验平台

为研究智能结构所具有的专门属性，在综合结构健康监测技术信息的前提下，2003 年威斯康星州运输部(Wisconsin Department of Transportation，WDOT)与联邦公路局(Federal Highway Administration，FHWA)在项目 0092-04-14 中资助了威斯康星州公路研究计划。艾奥瓦州立大学(Iowa State University)交通研究和教育中心桥梁工程中心经过全面的信息收集和研究，对所确定的结构健康监测技术(包括目前正在使用的和即将出现的)进行了认真回顾和总结[4, 5]。

为提高桥梁巡检和维修技术，并更好地理解桥梁行为，作为联邦公路局提高目前桥梁监测技术计划的一部分，特拉华(Delaware)州立大学与特拉华州运输部，于 2003 年联合开发了第一座智能桥梁[6](图 1-3)，在桥梁上安装不同的主流传感器并应用新的创新传感技术。研究指出：高度仪表化的智能桥梁可为后来具体的智能桥梁提供一种模式，并希望该桥能作为未来美国智能桥梁的模板，工程师可以使用特拉华州在智能桥梁上的研究，来确定哪些传感器和数据采集系统是最合适的。

图 1-3　特拉华州第一座智能桥梁 Las CrucesI-10 桥

2006 年，DeWolf 等[7]讨论了在美国康涅狄格(Connecticut)州桥梁网络中，监测系统的计划、设计和安装问题。在当前的监测技术水平下，为解决不同桥梁长期监测系统的设计问题，研发了一套通用指南。采用应变、温度、倾斜和振动传感器，针对每一座桥使用该指南进行各自的监测系统设计。以正常交通为激励，进行连续检测。作者给出了四座桥梁的运营监测结果。其目的是使用长期监测数据来了解桥梁长期行为，并从监测系统获得的数据建立长期结构健康监测的基础。

2006 年，在佛罗里达(Florida)州希尔斯伯勒(Hillsboro)县吉布森顿(Gibsonton)跨越牛蛙溪(Bullfrog Creek)的东湾(East Bay)上建立了佛罗里达州的第一座智能桥梁结构[8](图 1-4)。在该桥施工过程中，将光纤 Fabry-Perot 智能传感器贴在混凝土面和绑在桥面钢筋上。采用 SU-4 卡车对桥梁进行了静动力试验。建立了桥梁三维有限元分析模型，并将其计算结果与试验结果相比较。该研究验证了重车作用下，传感器能准确估计桥梁行为。将传感器连接到位于现场的永久数据采集系统，通过数字用户线路(digital subscriber line，DSL)，该采集系统实现了远程通信，使评估桥梁在活载作用下的行为成为现实。目前，活载作用下的结构数据正连续不断地传输到县维修办公室。

图 1-4　East Bay 跨海大桥立面图

作为鲍威尔建筑实验室(Structural Powell Laboratory)研究中的一个组成部分，2006 年，加州大学圣迭戈(San Diego)分校(University of California，San Diego，UCSD)结构工程系在跨越 UCSD 校园的 Voigt Drive/I-5 桥(图 1-5)上，建立了智能桥梁试验平台[9]。该试验平台为传感器网络及其相关的决策支持技术提供了一个协作环境，平台上部署了一个现成的、价值 5 万美元的模块化的、可扩展的连续监测系统，该系统可支持超过 250 个通道的传感器和 3 个摄像头。特别令人感兴趣的是将图像和传感器采集到的数据集成到一台计算机上，从而在传感器和照相机间提供了硬件同步。目前，正在连续记录时间同步视频和加速度测试数据。通过高速无线网络，所有的系统均在线运行，实现了实时控制和数据传输。该试验平台可向全球的合作者提供验证新的传感器技术、数据采集/传输算法、数据挖掘策略以及最重要决策的支持平台。

图 1-5　Voigt Drive/I-5 桥

明尼阿波利斯(Minneapolis)市的 I-35 大桥坍塌一年半后，2008 年，美国密歇根(Michigan)大学开始了一个旨在建立最终基础设施监测系统的五年计划项目[10]，研发用于发展智能桥梁的各种传感系统。如图 1-6 所示，其所构想的监测系统由几种不同类型的表贴式和埋入式传感器对裂缝、腐蚀及其他微弱信号进行监测，并可量测重型卡车对桥

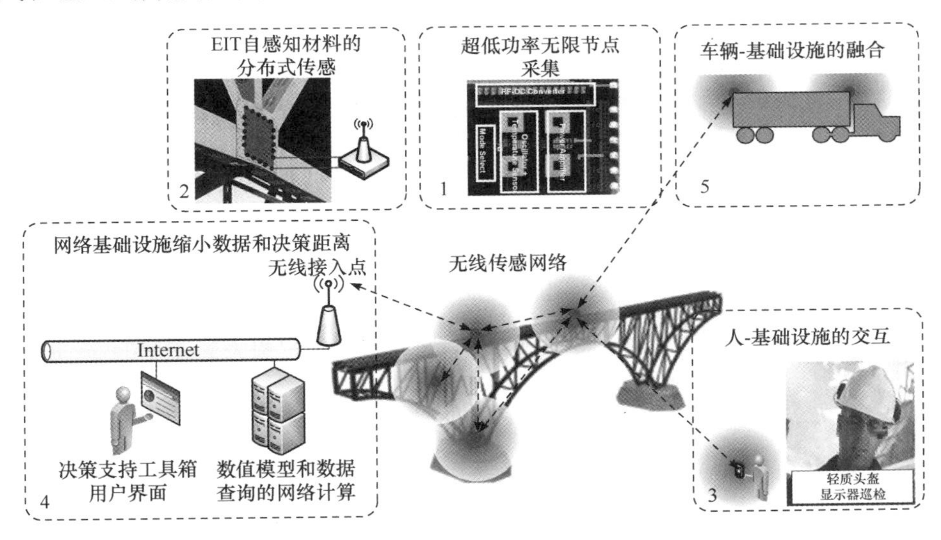

图 1-6　Michigan 大学研发的监测系统组成

梁的影响。项目资金 1900 万美元，由美国国家标准技术研究所(National Institute of Standards and Technology，NIST)的技术创新计划(Technology Innovation Programme，TIP)提供近 900 万美元资金，其余的资金由项目参加单位和 Michigan 州运输部(Michigan Department of Transportation，MDOT)共同承担。这个新的五年计划，还包括在几个试点桥梁上安装先进的监测系统。系统包括电动导电混凝土、用以监测异常振动的无线节点、以碳纳米管为基础的裂缝监测和腐蚀状况“感应皮肤”以及测量车辆进入桥梁的传感器。

在 2007 年 8 月 1 日倒塌的 MinneapolisI-35 桁架桥的原址上，新建的跨越密西西比(Mississippi)河的新 I-35W 桥圣安东尼瀑布桥，为双幅 4 跨预应力智能混凝土箱形梁桥(图 1-7)，为 10 车道州际桥梁[11]，于 2008 年 9 月 18 日建成通车。该桥被认为是采用了最先进技术的智能桥梁。为了从施工过程开始监控桥梁行为，在结构混凝土中嵌入 323 个传感器。施工过程中，为确保对混凝土进行高品质养生，智能桥梁系统对混凝土温度进行监测。在整个桥梁使用寿命范围内，结合改进的桥梁巡检方法，由传感器所收集的结构信息，将在结构性能数据、保持高效安全的交通流等方面协助明尼苏达(Minnesota)州运输部(Minnesota Department of Transportation，MnDOT)进行运营管理，并提供基础设施的安全性评价。温度、湿度和风速测量也会触发该桥的自动除冰系统。传感器收集到的信息将由 Minnesota 州运输部、FHWA 和美国 Minnesota 大学土木工程系共同管理。该系统收集的数据将为桥梁交通模式、基础设施维修和安全以及未来可持续性桥梁设计提供极具价值的反馈信息。

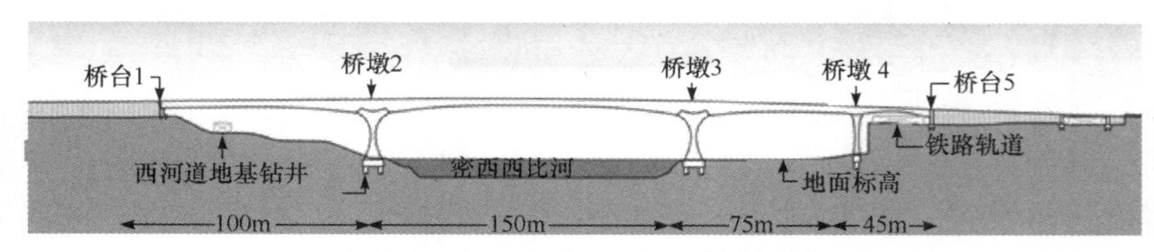

图 1-7　Saint Anthony Falls 桥立面图

2. 健康监测系统

20 世纪桥梁工程领域的成就不仅体现在预应力技术的发展和大跨度缆索支承桥梁的建造以及对超大跨度桥梁的探索方面，而且反映为人们对桥梁结构实施智能控制和智能监测的设想与努力。近 20 年来，桥梁抗风、抗震领域的研究成果以及新材料新工艺的开发推动了大跨度桥梁的发展；同时，随着人们对大型重要桥梁安全性、耐久性与正常使用功能的日渐关注，桥梁健康监测的研究与监测系统的开发应运而生。为此，许多国家都在一些已建和在建的大跨度桥梁上安装了用以确定桥梁结构工作状态的健康监测系统。表 1-2 给出了国外部分桥梁健康监测系统，表 1-3 示出了国内部分桥梁健康监测系统。

表 1-2　国外部分桥梁健康监测系统

编号	桥名	结构形式	最大跨度/m	传感器数量	安装时间	桥址
1	Westend 桥	8 跨预应力混凝土连续梁桥	36.3	36	1994 年 1 月	德国，柏林(Berlin)

续表

编号	桥名	结构形式	最大跨度/m	传感器数量	安装时间	桥址
2	Versoix 桥	6 跨连续梁桥	56	120	1996 年 1 月	瑞士，韦尔苏瓦(Versoix)
3	Tuas 第二连接桥	双薄壁墩连续刚构桥	92	75	1997 年 3 月	新加坡，新加坡(Singapore)
4	CommodoreBarry 桥	3 跨钢桁架桥	501	251	1998 年 1 月	美国，切斯特(Chester)
5	Europa-Brücke 桥	6 跨连续梁桥	198	24	1998 年 5 月	奥地利，因斯布鲁克(Innsbruck)
6	Huntingdon 铁路桥	6 跨连续梁桥	64.3	36	1998 年 7 月	英国，亨廷登(Huntingdon)
7	Z-24 桥	3 跨预应力混凝土连续梁桥	30	20	1998 年 9 月	瑞士，科皮根(Koppigen)
8	St.Marx 桥	混凝土桥	29.3	5	1998 年 11 月	奥地利，维也纳(Vienna)
9	ESK551 桥	3 跨连续梁桥	66.4	21	1999 年 1 月	德国，巴特贝文森(Bad Bevensen)
10	Warth 桥	7 跨连续梁桥	67	16	1999 年 4 月	奥地利，维也纳(Vienna)
11	Skovdiget 桥	11 跨预应力混凝土连续梁桥	20.2	110	2000 年 1 月	丹麦，哥本哈根(Copenhagen)
12	Saint-Jean 桥	8 跨连续梁桥	77	26	2000 年 6 月	法国，波尔多(Bordehi)
13	Oeresund 桥	双塔斜拉桥	490	55	2000 年 7 月	丹麦-瑞典，厄勒海峡(Oeresund)
14	Pioneer 桥	单跨钢箱梁桥	18	24	2000 年 10 月	新加坡，新加坡(Singapore)
15	Herrenbrücke Bridge Lübeck	18 跨预应力简支梁桥	19.4	34	2000 年 10 月	德国，不伦瑞克(Braunschweig)
16	Zittau 高架桥	34 跨圬工铁路拱桥	23	12	2000 年 11 月	德国，柏林(Berlin)
17	Källösund 桥	4 跨连续刚构	107	72	2000 年 12 月	瑞典，哥德堡(Gothenburg)
18	Talübergang Haag 桥	5 跨简支梁桥	40	46	2001 年 4 月	奥地利，哈格(Haag)
19	RAMAIX 桥	钢箱梁斜拉桥	57.6	27	2001 年 6 月	泰国，曼谷
20	Melkbridge M6 桥	5 跨连续梁桥	79	40	2001 年 7 月	奥地利，梅尔克
21	Putlitz	9 跨连续钢箱梁桥	34.7	21	2001 年 9 月	德国，柏林(Berlin)
22	I40 桥	9 跨梁桥	49.7	26	2001 年 9 月	美国，新墨西哥州
23	Roberval 桥	16 跨简支梁桥	33	33	2001 年 9 月	法国，桑利斯(Senlis)
24	莱特火车站	预应力混凝土连续梁桥	29	128	2002 年 5 月	德国，柏林(Berlin)

续表

编号	桥名	结构形式	最大跨度/m	传感器数量	安装时间	桥址
25	BE109/21 桥	单跨简支梁桥	31.1	21	2002 年 8 月	瑞士，布兹伯格 (Bützberg)
26	PORR 桥	单跨简支梁桥	44	36	2002 年 10 月	奥地利，维也纳 (Vienna)
27	NewArsta 桥	11 跨预应力混凝土连续梁桥	78	86	2003 年 1 月	瑞典，斯德哥尔摩 (Stockholm)
28	BW91 公路桥	单跨简支梁桥	56.26	15	2003 年 1 月	德国，不伦瑞克 (Braunschweig)
29	Pasir Panjang Semi 高速公路	连续梁桥	38	66	2003 年 1 月	新加坡，新加坡 (Singapore)
30	Bolshoj Moskvoretsky 桥	钢筋混凝土拱桥	92	22	2003 年 6 月	俄罗斯，莫斯科 (Moscow)
31	New Svinesund 桥	主桥为钢筋混凝土拱桥	247	68	2003 年 6 月	瑞典-挪威，斯温桑德 (Svinesund)
32	Titulcia 钢桥	钢桁架桥	147.45	16	2003 年 7 月	西班牙，马德里 (Madrid)
33	Szechenyi 桥	连续梁桥	90	8	2003 年 10 月	匈牙利，杰尔(Györ)
34	Heugasse 铁路桥	单跨简支梁桥	8	5	2003 年 10 月	奥地利，维也纳 (Vienna)
35	明石海峡桥	悬索桥	1990	35	1998 年	日本
36	南备赞濑户桥	悬索桥	1100	37	—	日本
37	柜石岛桥	斜拉桥	700	33	—	
38	HAM42-0992	连续梁	24	37	—	美国
39	Skarnsundet 斜拉桥	斜拉桥	530	37	—	挪威
40	Sunshine Skyway 桥	斜拉桥	440	—	—	美国
41	Great Belt East 桥	悬索桥	1624	1000	—	丹麦
42	Flintshire	独塔斜拉桥	194	—	—	英国
43	Foyle 桥	三跨变高度连续钢箱梁桥	234	—	—	英国
44	Confederatiot 桥	—	190	—	—	加拿大

表 1-3　我国部分桥梁健康监测系统

编号	桥名	结构形式	最大跨度/m	传感器数量	安装时间	桥址
1	汀九大桥	三塔斜拉桥	475	236	1998 年 1 月	香港
2	青马大桥	悬索桥	1377	543	2003 年 1 月	香港
3	台中桥	单塔斜拉桥	89.5	15	2003 年 11 月	台湾

续表

编号	桥名	结构形式	最大跨度/m	传感器数量	安装时间	桥址
4	湛江海湾大桥	双塔斜拉桥	480	59	2006 年 6 月	湛江
5	荷麻溪特大桥	部分斜拉桥	230	189	2007 年 5 月	珠海
6	珠江黄埔大桥北汊桥	单塔斜拉桥	383	113	2008 年 10 月	广州
7	珠江黄埔大桥南汊桥	悬索桥	1108	120	2008 年 10 月	广州
8	东海大桥	主航道为斜拉桥	420	561	2005 年 12 月	上海
9	茅草街大桥	钢管混凝土拱桥	368	249	2006 年 12 月	南县
10	润扬大桥斜拉桥	双塔双索面斜拉桥	406	141	2005 年 4 月	镇江、扬州
11	润扬大桥悬索桥	单孔双铰悬索桥	1490	183	2005 年 4 月	镇江、扬州
12	苏通长江大桥	双塔双索面斜拉桥	1088	788	2007 年 6 月	苏州、南通
13	大佛寺长江大桥	双塔双索面斜拉桥	450	124	2001 年 12 月	重庆
14	南京大胜关长江大桥	双塔钢箱梁斜拉桥	648	1191	2005 年 8 月	南京
15	泸州泰安长江大桥	单塔混凝土斜拉桥	270	200	2008 年 10 月	泸州
16	江阴长江大桥	悬索桥	1385	127	2005 年 9 月	江阴
17	南京长江大桥	公铁两用钢桁梁桥	160	39	2001 年 10 月	南京
18	郑州黄河大桥	上承式钢板梁桥	40	111	2004 年 12 月	郑州
19	重庆渝澳大桥	连续刚构	160	119	2006 年 12 月	重庆
20	芜湖长江大桥	钢桁梁斜拉桥	312	219	2005 年 3 月	芜湖
21	汲水门大桥	斜拉桥	430	270	—	香港
22	徐浦大桥	斜拉桥	590	76	—	上海
23	昂船洲大桥	双塔双索面斜拉桥	1018	—	—	香港
24	济南黄河滨州大桥	双塔双索面斜拉桥	220	65	2006 年 12 月	济南

结合上述实际桥梁上安装的健康监测系统，各国学者对智能桥梁健康监测进行了深入研究，涉及智能桥梁各个子系统[12-15]，包括智能传感器子系统、数据采集与处理及传输子系统、损伤识别与模型修正和安全评定子系统、数据管理子系统。由表 1-2 和表 1-3 可知，针对智能桥梁结构的研究大多数集中在监控系统的建立上，即对智能传感器、数据采集与处理及传输研究较多，且促进了传感器、数据采集及传输技术方面的发展，而在损伤识别与模型修正和安全评定方面的研究可谓是百花齐放，百家争鸣，各国学者做了大量的研究工作[16-21]。

1.1.3　智能桥梁结构研究回顾

从 20 世纪 90 年代开始，对智能结构进行了多年研究。大量学者致力于新技术研究，研究内容涵盖传感、测试仪器、损伤识别和损伤定位方法的研究。大多数研究项目都与结构控制和智能材料相关。无论是在航空还是土木工程领域，均进行了实际工程应用及其他领域的有效性研究。

由于该类研究具有跨学科性质，在应用方面涉及许多非常基本的与结构有关的问题，该类项目的研究应该由包含多个技术领域的学科小组组成。在这样的合作研究过程中，学术研究人员、咨询、系统供应公司和最终用户在一起协同工作，创新地提出解决方法，并应用于实际工程中。

在欧洲，与智能化结构相关的研究不仅是国家级的合作研究，而且有欧盟合作研究计划和欧盟国家间的合作研究。而在美国和亚洲，主要是在高校间以及企业与高校间进行健康监测相关的研究。

1. 欧盟合作研究计划

欧洲大部分健康监测方面的研究合作均是国家级的。但是，欧盟研究的一个重要特点是：通过跨国研究项目，在特定领域内组织欧洲级的研究。欧盟合作研究项目有三种：EC 研究框架计划项目、BRIME 项目和 EUREKA(某联合组织)项目。

1) EC 研究框架计划项目

该计划为 4 年一期的科技计划，EC 研究框架计划分为几个部分，大多数与健康监测有关的研究工作属于该计划的工业技术部门，4 期计划称为 BRITE/ EURAM 计划，5 期计划称为有竞争力的、可持续发展的 GROWTH 计划。表 1-4 和表 1-5 列出了 BRITE/EURAM 计划关于健康监测的主要研究项目[22, 23]。

表 1-4　EU-BRITE/EURAM 项目(传感器与控制)

项目名称	项目缩写	起止时间	应用领域	主要研究成果
结构监测的光纤传感系统	OSMOS	1992～1995 年	航空航天、土木	准分布式极化传感系统；微波遥感系统；冲击传感器
损伤分析和振动控制的磁性作动器	MADAVIC	1996～1998 年	航空航天	基于振动损伤诊断和主动控制用的磁致伸缩作动器
高温下光纤应变监测	FOSMET	1996～1999 年	电厂	单链光纤传感器多点测量；工程应用及其鲁棒性研究
在线监测集成技术的运营可靠性	MONITOR	1996～1999 年	航天金属和复合材料	在飞行试验平台上，对多传感器技术、光纤、声发射进行评价及集成
欧洲工业的结构集成评估程序	BRPR950024	1996～1999 年	流程工业	强度与应力分析方法，开裂构件的塑性行为
土木工程主动控制	ACE	1997～2000 年	土木、索支撑桥梁	主动系统；专门作动器；高规模模拟验证
智能复合材料的损伤评估	DAMASCOS	1998～2001 年	航空航天	结合压电和光学传感器的超声激励和散射模式 DSP 分析
大型土木工程结构监控	MILLENNIUM	1998～2001 年	土木(特别是桥梁)	基于光线的在线应变测试系统
混凝土结构耐久性评估集成系统	SMART STRUCTURES	1998～2002 年	混凝土土木结构(桥梁)	为测试退化敏感性参数，研发并试验廉价的传感器

表 1-5　EU-BRITE/EURAM 项目(监测)

项目名称	项目缩写	起止时间	应用领域	主要研究成果
结合新信号处理程序的神经网络故障评估程序	BREU0526	1991～1994 年	土木	提高训练效果的数据预处理；使用知识层次；用 NARMAX、曲率、振动数据提取特征
结构老化的决策	RESTRUCT	1993～1995 年	海洋平台、土木、工厂	针对结构老化的多标准决策
使用仿真和网络智能的振动解释	VISION	1996～1998 年	工业厂房	利用工厂的仿真模型验证试验台测试数据；利用人工神经网络进行诊断
高适应性橡胶隔震系统	HARIS	1996～1998 年	土木-桥梁	控制橡胶设备的耗散能力(15%～30%等效阻尼)；振动台试验
土木工程结构系统识别	SIMCES	1997～1999 年	桥梁	模态模型、环境模型、模型修改方法、全桥验证
高安全性和成本的结构精确建模与损伤检测	AMADEUS	1998～2001 年	航空航天与铁路	准确的基准模型与既有结构行为测量的比较；用神经网络识别损伤

其中，SMART STRUCTURES 项目主要为既有混凝土结构研制新型廉价传感器并进行试验，另外还研发了一套集成降低巡检、维修以及交通延误的监控系统[24]。通过埋设在结构混凝土表面或内部的传感器[25, 26]监测结构关键参数(温度、湿度、pH、腐蚀速率/腐蚀出现)和力学参数(应变、挠度、振动)来预测结构退化机理。从官方网站可获得有关 SMART STRUCTURES 项目的更多信息[27]。

从常规监测方法来看，针对损伤诊断和定位的土木工程结构监测系统辨识(System Identification to Monitor Civil Engineering structures，SIMCES)项目更受人关注。为解决土木工程的应用问题，SIMCES 项目主要针对桥梁结构进行损伤诊断。SIMCES 项目由比利时勒芬大学(K.U.Leuven)大学土木工程系主持，参加单位有英国阿特金斯(W.S.Atkins)咨询有限公司、丹麦奥氏堡(Aalborg)大学、意大利 Sineco 有限公司、奥地利格拉茨(Graz)科技大学、瑞士的 EMPA 公司和比利时的 LMS(Leuven Measurement & System)国际。项目目标为：土木工程中，解决基于模型修正损伤识别方法及其应用相关的问题。包括建立最优的动力测试和测试过程，应用并完善自适应系统识别方法(如从环境激励测量中提取振动模态)，并研究不同的损伤诊断和定位算法。利用有限元模型，并使用模型修改方法定位损伤，是该项目中的一个重要研究点。在 Z-24 桥(图 1-8)上进行不同的损伤试验，获得大量损伤试验数据，并用 SIMCES 研究成果对这些数据进行处理，这是 SIMCES 项目的特殊性所在。研究了真实条件下(如环境条件的影响)桥梁结构的损伤行为[28, 29]，以及所提损伤诊断方法的敏感性、变异性和鲁棒性。Z-24 桥的数据验证了整个方法基本可行[30-34]。可从很多渠道获得 Z-24 的数据，该桥已经成为桥梁损伤识别的基准(Benchmark)问题[35]。

随后开展的 5 期“有竞争力的、可持续发展的 GROWTH”计划。表 1-6 列出了 GROWTH 计划中与监测有关的项目。GROWTH 计划明确包含基础设施安全性优先主题。

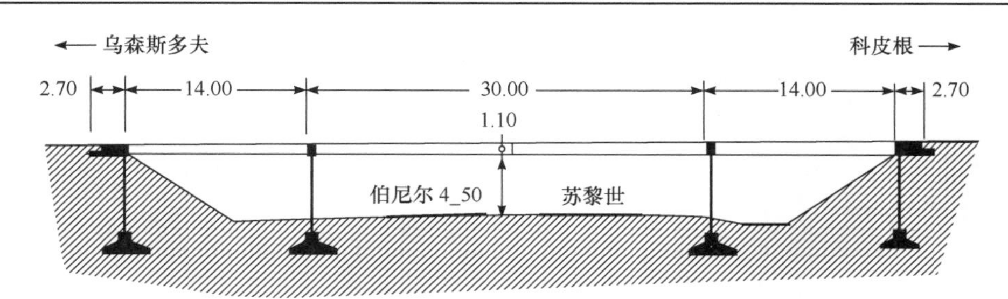

图 1-8　瑞士 Z-24 桥(单位：m)

表 1-6　GROWTH 监测项目

项目名称	项目缩写	起止时间	应用领域	主要研究成果
半主动控制系统的一致性	CaSCO	2000～2003 年	土木	磁流变液阻尼构件
针对疲劳裂缝分析及寿命预测的高性能办法	HIPER-CRACK	2000～2003 年	汽车、航空航天、土木	用于预测裂缝发生和发展的先进工具
航空结构综合风险评估的先进设计和维护理念	ADMIRE	2000～2004 年	航空航天	开发了一个概率为基础的损伤误差设计方法
应变测量的光学干涉方法	OPTIMISM	2000～2003 年	微电子	云纹干涉法、散斑干涉、三维应变映射
缆索的综合测试和评估	IMAC	2001～2004 年	土木	利用系统识别的方法评估桥梁中的缆索构件

2) 欧盟运输计划：BRIME 项目

在繁忙交通和环境作用下，桥梁日益老化和退化，这必然导致更高频率的维修和承载能力降低。为此，实施了欧盟运输计划的欧洲桥梁管理(Bridge Management in Europe，BRIME)。该项目由欧洲公路研究实验室论坛(Forum of European Highway Research Laboratory，FEHRL)主持，起止年限为 1998～1999 年。研究的目的是建立一个桥梁管理系统，在计入交通、维修和剩余寿命的情况下，使得桥梁的总体成本最低。基于若干基本问题，如结构状态、承载能力和退化速率等，建立了数学模型。研究中，还计入了交通延误费用、交通管理成本、未来的维护费用和安全问题。核心问题为基于风险的决策过程。研究中，首先回顾了承载力评估的方法、结构状态评估和缺陷分类的研究状况、欧美国家维修策略优化过程、既有桥梁管理系统以及所研制桥梁管理系统的系统需求。在此基础上，研究了桥梁荷载和强度计算模型、不同荷载试验方法和可靠度理论、维修或替换决策、桥梁管理与状态监测、神经网络在桥梁缺陷分类中的应用以及状态评估指南、承载力评估指南、桥梁退化模型。研究成果为一综合性的桥梁管理系统，该系统能够按是否需要养护、恢复或提高的要求对桥梁进行优先排序[36]。

3) EUREKA 项目

该类项目不是欧盟项目，但通过专门的秘书处，在政府一级进行管理。一般来说，EUREKA 项目比欧盟项目更接近实际应用。与严格意义上的结构损伤问题相比，EUREKA

项目范围显然更为广泛，包括工业设备、汽车、航空航天、控制系统、电厂、船舶等领域。没有直接应用土木工程的研究项目。但从损伤诊断的角度来看，也涉及一些基础性的研究内容：基于神经网络、专家系统的研究；基于实例的推理系统和模糊逻辑的决策系统研究；多传感器与数据融合的研究等。

4) 欧盟其他研究计划

欧盟其他研究计划中与结构损伤识别有关的项目如表 1-7 所示。

表 1-7　欧盟其他研究计划中与结构损伤识别有关的项目

项目名称	项目缩写	起止时间	应用领域	主要研究成果
TRA-环保建筑技术	TRA-EFCT	1997～2001 年	土木	主要讨论土木建筑技术的欧盟论坛
结构振动	COST-F3	1997～2001 年	土木、航空航天	模型修改、结构健康监测与非线性系统识别
工厂寿命评估网络	PLAN	1997～2001 年	制造、处理、运输	仪器仪表、监测、结构力学和维修；包含 50 个子项目
欧洲噪声与振动网络	ENOVNET	1997～2001 年	运输、土木	环境噪声与振动、舒适度、主动控制
结构动力试验设施	ASDEF	1997～2000 年	土木	大型结构和模型的动态测试
提高结构效率的针对性研究	ADSTREFF	1998～2000 年	航空航天	从设计、制造到使用寿命监测
工程技术中智能结构的应用	ASSET	1998～2001 年	土木、地面运输和航天	基本技术(传感器、材料、作动)和综合工具/软件
基于性能的耐久性设计与评估	DURANET	1998～2001 年	土木	基于结构模型和使用寿命的性能设计
降低地震风险的安全性评估	SAERR	2000～2003 年	土木	关注地震事件
结构评估、监测和控制	SAMCO	2001～2005 年	土木	监测、控制、标准化、地震的专门知识，以及终端用户论坛
土木工程结构振动控制技术	CONVIB	2001～2005 年	土木	控制与健康监测的大学基本知识

奥地利维也纳工程咨询(Vienna Consulting Engineers，VCE)管理的结构评估、监测和控制(structural assessment monitoring and control，SAMCO)网络，不仅举办年度研讨会，而且建立了关注的方案和团队讨论主题，如监测、地震模拟以及标准化。SAMCO 还成立了终端用户论坛，以确保实际(潜在)的用户参与并指导研发技术进行。一个最明显的 SAMCO 研究成果是建立一个可通过因特网免费访问的数据库，该数据库包括与结构评估、监测和控制相关的依托项目、方法说明，以及当今科技水平的报告等[37, 38]。

结构振动的COSTF3方案是另一个十分活跃的网络，由比利时列日(Liege)大学管理[39]。该网络将欧洲结构振动分析研究人员集中起来，分成模型修改方法、结构健康监测与损伤诊断和非线性系统识别三个工作组。每个工作组均提供几个 Benchmark 问题，在线性和非线性振动领域，增加与改进结构设计、结构可靠性和安全性方面的知识。

5) ERRAC 项目：可持续发展桥梁

2001 年成立的欧洲铁路研究咨询理事会(European Rail Research Advisory Council ERRAC)，在第 6 期研究与发展框架计划中资助了可持续发展桥梁(Sustainable Bridge)项目，以满足 2020 年铁路桥梁需求。为了确保当前和未来欧洲铁路网客运和货运的更高需求，改善现有的铁路桥梁，以适应更大荷载和更高的速度要求。研究目标为：在不损害运营铁路安全和经济的前提下，改善其运力。项目于 2003 年 12 月 1 日启动，2008 年 12 月结束。参与单位有欧洲 11 个国家共 36 家公司和研究单位[40]。该研究结合监测、测试和建模技术的最新研究成果，采用结构力学、材料科学的方法进行研究。针对不同桥型及其细部构造，对承载能力、允许速度和/或剩余寿命进行分析。通过研究，可建立更真实反映桥梁结构实际行为的模型。通过该项目的合理研究，将提高并简化桥梁承载能力的评估，并为建模、监测、维护、修理和补强研发更为完善的方法[41]。以将桥梁的荷载和通行能力提升到更高标准。

2. 美国的联合研究

美国针对结构损伤问题进行了大量的研究，主要是解决飞机工业的维修费用和土木工程的运输基础设施老化、地震影响以及结构抗力等问题。

研究主要集中在大学，如加利福尼亚(California)大学、休斯敦(Houston)大学、斯坦福(Stanford)大学、犹他(Utah)大学、辛辛那提(Cincinnati)大学、得克萨斯州农工(Texas A&M)大学、德雷塞尔(Drexel)大学、约翰·霍普金斯(Johns Hopkins)大学等，以及美国国家航空航天局(National Aeronautics and Space Administration，NASA)和空军的大型研究实验室。研究经费由大学自身或由各州运输部或能源部提供。美国国家科学基金(National Science Foundation，NSF)也为很多研究人员提供研究费用，但是很少有像欧洲那样的联合研究计划。在 1984 年，美国政府通过了国家合作研究法案(National Cooperative Research Act)，商业部的国家标准和技术研究院(National Institute of Standards and Technology，NIST)先进技术计划(Advanced Technology Programme，ATP)掌握了一些大型的与工程科学相关的企业-大学合作项目。与智能桥梁结构有关的研究主要来源于国家科学基金、国家合作公路研究计划(National Cooperative Highway Research Program，NCHRP)、战略公路研究计划(Strategic Highway Research Program，SHRP)和 FHWA 等。

1) 国家科学基金项目

NSF 资助了很多与结构评估相关的个人项目和协作研究计划。大多数损伤有关的 NSF 项目属于“工程计划”，更具体地说属于“土木与力学系统”(Civil and Mechanical System，CMS)计划。在 CMS 计划中，项目均是围绕下列与损伤相关的主题。

(1) 动力系统建模、传感与控制。

(2) 岩土工程和地质灾害系统。

(3) 基础设施和信息系统(特别是综合交通资讯系统(integrated transport information system, ITIS)和综合管理信息系统(integrated management information system, IMIS)计划)。

(4) 固体力学与材料工程。

(5) 结构系统与工程。

其中，一个重大项目是国家科学基金地震工程模拟网络(national science foundation network for earthquake engineering simulation，NSF-NEES[42])，于 1999 年开始，项目持续 15 年，其资金超过 100 亿美元。到 2004 年 11 月已建成了连接美国 15 个主要从事地震工程研究的机构和实验室。该系统的主要特点是将美国地震研究机构和实验系统连接起来，能够远程控制进行试验，实现工具和资料等资源共享。NEES 把设备站点、数据仓库和大范围地震工程研究团体(覆盖整个学科合作的实验人员、研究人员、实践工程师)结合成一个更加紧密的虚拟组织，研究者可以远程观察和操作试验，使用标准的格式发布，采用精确的数据仓库，访问计算资源和开源分析工具，利用协作工具进行试验、执行、分析、访问和发布。

2) NCHRP 计划

从 1962 年开始，美国国家公路与运输官员协会(American Association of State Highway and Transportation Officials，AASHTO)采用现代科技，开始国家合作公路研究计划(National Cooperative Highway Research Program，NCHRP)。该计划得到美国 FHWA 以及各州运输部的大力支持。AASHTO 委托美国国家科学院交通运输研究委员会(Transportation Research Board，TRB)对研究项目进行管理[43]。与智能桥梁结构相关的主题如下。

(1) 桥梁寿命周期及其成本分析。

(2) 索支撑桥梁的结构安全性评价。

(3) 使用荷载和抗力系数基本理论的公路桥梁状态评估和荷载评定。

(4) 桥梁管理系统的多目标优化。

(5) 桥梁管理系统指南与桥梁维修手册。

(6) 桥梁工作指标与耐久性。

3) SHRP 计划

为了提高公路性能、耐久性、安全性和有效性，针对国家公路的退化情况，美国国会于 1987 年授权了战略公路研究计划[44](Strategies Highway Research Program，SHRP)。SHRP 由从国家公路管理部门、工业委员会和学术界选取高层管理人员组成的指导委员会，作为国家研究理事会的一个单位进行运作。其研究包括以下四个领域：沥青、混凝土与结构、公路运营(维修与工作区安全性)、路面性能(路面长期性能研究)。在 SHRP 进行了 20 年后，又开始了 SHRP II 期研究计划[45]。

4) FHWA 计划

FHWA 资助了很多大型土木基础设施的研究计划，主要与以下内容相关。

(1) 路面与结构。在州际公路系统施工期间，FHWA 重点帮助各州建设道路和桥梁。而目前的挑战是：找到最好的办法对这些道路和桥梁进行养护及性能提高。随着结构老化以及维修资金的缺乏，这必然导致公路基础设施退化现象较为普遍。州际公路上，约有 187000 座桥梁存在缺陷，在美国国家桥梁目录(National Bridge Inventory，NBI)中有 770

座桥梁属于断裂关键(fracture-critical)桥。

(2) 加固或提高结构性能的材料(如纤维增强聚合物(fiber reinforced polymer，FRP)复合材料、高性能钢材、高性能混凝土)。

(3) 建造、维修和改造技术。

(4) 增加使用寿命的系统管理(桥梁管理系统、道路管理系统)。其关键技术为状态监测、地震、洪水和飓风作用下结构响应预测。

(5) 基础设施设计计划，如路面性能等。

可以在 FHWA[46, 47]、运输部国家运输图书馆(National Transport Library，NTL)[48]、运输统计局(The Bureau of Transportation Statistics，BTS)[49]网站找到大量的桥梁数据以及它们存在的问题。

5) 洛斯·阿拉莫斯国家实验室

通过洛斯·阿拉莫斯(Los Alamos)国家实验室，美国能源部也支持了与损伤诊断相关的重要研究项目。Farrar 和 Doebling 等对损伤识别的研究现状进行了综合回顾[50-52]，Farrar 等还对加速度测试方法进行了回顾[53]，针对损伤识别这一课题，进行了大量的研究工作，在深入了解结构健康监测现状的基础上，对损伤诊断的未来发展进行了探讨[54]，明确指出统计模式识别是解决损伤识别不确定性的关键所在[55]。他们最为重要的研究是进行了几座桥梁的全面评估研究。并将 I-40 桥(图 1-9)[56-58]和 Alamosa Canyon 桥[59-61]的试验数据，提供给世界各地的研究人员，现已成为评估损伤识别方法的标准数据。

图 1-9　美国新墨西哥州 I-40 桥

在美国，20 世纪 60 年代和 70 年代，用 I-40 桥同样的设计图纸，在州际 40 号公路上修建了 2500 座一样的桥。这类桥梁，没有结构富余度，典型的只有两个板梁承担荷载。一旦任何一个板梁失效将会带来桥梁的毁灭性灾难，因而该类桥梁被定为断裂关键桥。所以 I-40 桥梁对美国桥梁健康监测起到非常大的促进作用，其试验数据也受到很多学者的关注。

6) ASCE 结构健康监测委员会

1999 年美国土木工程师协会(the American Society of Civil Engineers，ASCE)成立了结构健康监测委员会。该委员会负责不同结构健康监测方法功效的研究。为此，该委员会制定了一系列结构健康监测的 Benchmark 问题，首先是一种相对简单的问题，然后是更符合实际工程的和更有挑战性的问题。在委员会的网站[62]可查到这些 Benchmark 问题，以及最近的论文和报告。ASCE 建立的 Benchmark 问题，为结构损伤识别理论和方法的发展起到相当大的作用，很多国内外学者采用不同损伤诊断理论和方法对这些 Benchmark 问题进行研究。

7) 结构健康监测与损伤诊断的其他美国合作项目

Delaware 港务局的智能桥梁计划支持了 Commodore Barry 桥(图 1-10)上的一系列研究项目，该项目由 Drexel 大学和其他部门承担。研发了实现结构识别、健康监测和桥梁状态识别[63]的综合监测系统[64]。应用一系列分析、试验和信息技术，对桥梁结构的线性和非线性行为进行模拟，并校准该桥的有限元模型；测量并监控桥梁在环境与活载作用下，该桥结构及其附属结构的响应[65]；为提高桥梁的运营和维修管理，并充分应用监测系统测试的数据，采用最新的信息技术研发一套信息管理系统[66]。

图 1-10　Commodore Barry 桥[67]

8) 美国的桥梁管理系统

在美国，桥梁管理也是优先研究课题。在 FHWA、NCHRP 以及各州项目的支持下进行了大量的桥梁管理研究，主要有两个大型项目。

(1) Pontis 桥梁管理系统，该系统由 FHWA 会同其他 6 个州的运输部门联合开发。该系统中将桥梁构件进行细分，并对每一个细分构件的状态进行检查；结构退化采用马尔可夫过程的概率退化模型；该系统的建立考虑了交通事故、绕道、交通延误等各种情况下的成本模型。

(2) 由 NCHRP 研发的 BRIDGIT 桥梁管理系统，其特点是采用专门的优化程序、多年历史分析，并考虑了推迟桥梁维修所带来的影响。

目前有 42 个州采用了 Pontis 桥梁管理系统[68]。

3. 亚洲的合作研究项目

1) 日本健康监测方面的研究

在日本，对土木结构进行监测，是为了了解地震对结构整体性的影响。由于涂层等覆盖物的影响，结构物中的损伤难以肉眼观察，如钢结构中的梁柱节点以及桩和基础上的损伤。仅凭肉眼检查这些损伤是不够的，而采用昂贵的传感系统又不现实。与国内生产总值(gross domestic product，GDP)相比，日本政府在这方面的投入非常高。因此，新建基础设施和新建筑物的投资预计将会下降，优先对既有结构物进行验证、管理和改造。分析认为，政府 15%～20%的总投资将用于公路桥梁的养护和维修[69]。日本在土木建筑结构上的研究主要分为两类。

第一类为“智能材料/结构系统”计划。该计划由国际贸易与工业部(Ministry of International Trade and Industry，MITI)通过新能源与工业组织 NEDO 进行资助。该五年计划始于 1998 年，是大学与工业密切合作的一个计划。该项目分为 4 个研究小组，其中东京大学的 Takeda 教授领导健康监测小组，其他小组研究智能制造、主动/自适应系统和作动器。项目主要针对大型工业应用，如卫星、飞机、高层建筑、基础设施、磁悬浮列车等进行研究。监测相关的研究工作包括以下方面。

(1) 以光纤和复合传感器为重点的传感器技术。

(2) 自诊断与损伤抑制系统。

(3) 智能结构示范的实施技术。

第二类为“智能结构系统”项目，该项目由建设部建筑研究所实施，始于 1998 年，是为期 5 年的政府-工业项目，主要针对建筑物进行研究。一个主要任务是传感和监测，其他诸如智能结构概念和作动器的研究也属于其研究范畴。

此外，在基础设施或巡检部门推动下，在阪神高速公路、明石海峡大桥、多多罗斜拉桥[70]、Hakucho 悬索桥等实际工程上安装了健康监测系统[71]。

2) 韩国桥梁健康监测方面的研究

韩国从 20 世纪 90 年代开始在桥梁结构上安装健康监测系统[72]，其目的是收集足尺承载力试验的现场数据以进行既有桥梁的设计验证，应用由传感器、现场硬件设施与在线传输设备组成的独立系统，并最终评价结构的健康状况。此后，从设计阶段逐步进入全面桥梁管理集成系统阶段，并在结构健康监测(structural health monitoring，SHM)系统中引入现代技术，以便在系统巡检和维修计划范围内，监测新建桥梁的长期性能及其耐久性。最近，试图增加和更新基于传感器的桥梁监测系统(sensor-based bridge monitoring system，SBBMS)的监测效率及其性能。这种系统将提供先进的创新功能，如使用新遥感技术的传感器融合、通过网络运营系统或无线信号传输进行大规模信号的可靠传输、自动监测、自适应信号处理等。并在 Jeokmoon 连续梁桥、Hojeo 桁架桥、Banghwa 钢拱桥、Youngjong 悬索桥、Seohae 斜拉桥、Samcheonpo 斜拉桥和 Gwangan 悬索桥等桥梁上安装健康监测系统。

3) 我国的桥梁智能化研究

在我国，大型的合作研究主要集中在特殊桥梁的健康监测上(表 1-3)。在这些项目的支持下，很多高校的学者进行了大量的研究工作。如欧进萍(Ou)院士领导的结构健康监测团队，致力于智能材料和传感器[73, 74]的研究，并用于海洋平台等结构的健康监测；中南大学任伟新教授等对采用小波变换进行桥梁结构损伤识别进行了深入的理论研究[75]；东南大学李爱群教授领导的健康监测团队建立了润扬长江大桥的健康监测系统，并对工程预警进行了深入细致的研究[76, 77]。

另外，在我国香港的青马大桥、汲水门桥和汀九桥上安装的保证桥梁运营阶段安全的风和结构健康监测系统(wind and structural health monitoring systems，WASHMS)，监测作用在桥梁上的外部荷载(包括环境荷载、车辆荷载等)与桥梁的响应[78]。监测的目标为地震监测、设计规范验证、疲劳寿命计算等。同时为评价季节变化对桥梁结构的影响，还对环境参数进行了监测(如桥面内外、结构物内与索的温度)。该项目由香港公路署联合香港理工大学完成。针对香港青马大桥的健康监测数据，我国很多学者进行了研究，采用不同损伤指标对其结构状态进行评估。

在我国台湾，在台湾强地震动监测项目的支持下安装了桥梁的健康监测系统。应用神经网络方法评估由地震引起桥梁结构振动的严重性[79]。其关键问题在于如何正确训练神经网络，这需要高层次的训练样本数据。

除此之外，国内外还有很多学者对结构智能化进行了相当多的研究，这里恕不能一一列出。

1.1.4　多学科知识融合

桥梁健全性评估涉及多方面的因素，要准确地开展健全性评估工作需要掌握多方向多学科的基础知识，如数学中数值方法，力学中材料、构件及结构的力学行为，桥梁专业知识中桥梁结构与其他类型结构的区别，规范中结构所属的行业要求，结构设计原理中材料与力学的结合，有限元中力学问题的数值解，计算机编程中结果的实现，测试技术中数据的获得，信号处理中测试数据分析，施工控制中施工阶段健全性，健康监测中运营阶段健全性等(图 1-11)，多学科知识融合，充分将解析理论转化为数值方法。

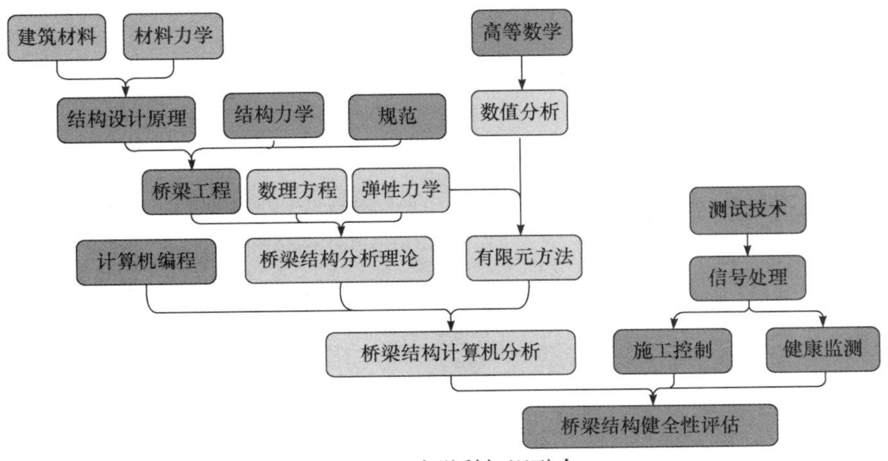

图 1-11　多学科知识融合

基于以上内容，为了让读者更深刻地认识桥梁健全性评估的必要性，并了解如何在实际工程中运用，1.2 节将介绍桥梁的坍塌事故，1.3 节将介绍桥梁施工控制与健康监测的实例。

1.2　桥梁坍塌事故

桥梁作为交通运输中重要的枢纽，是对国计民生有重大影响的生命线工程，一旦发生坍塌，往往会造成严重的生命财产损失和恶劣的社会影响[80]。桥梁坍塌的原因有很多，可分为施工阶段、运营阶段和拆除维修阶段的坍塌，细究其原因又可分为地震、水毁、火灾、船撞、设计缺陷等。据统计[81]，1998～2016 年国内发生坍塌的桥梁有 151 座，具体数据如表 1-8 所示。

表 1-8　1998～2016 年桥梁坍塌事故统计

年份	事故样本数	坍塌破坏阶段		
		施工阶段	运营阶段	拆除维修阶段
2016	3	1	2	0
2015	6	2	4	0
2014	14	6	7	1
2013	20	4	16	0
2012	9	1	7	1
2011	12	2	8	2
2010	9	4	5	0
2009	7	1	5	1
2008	9	5	3	1
2007	18	6	12	0
2006	13	5	8	0
2005	9	6	3	0
2004	5	1	4	0
2003	3	1	2	0
2002	3	0	2	1
2001	3	2	1	0
2000	4	1	2	1
1999	1	0	1	0
1998	3	2	1	0
合计	151	50	93	8

1.2.1　桥梁施工事故

施工阶段作为桥梁结构最为重要的阶段之一，其质量的好坏直接影响桥梁结构的使用寿命，由施工导致的桥梁事故较为复杂，主要原因是：①支撑体系的失稳，包括支架系统失稳、脚手架失稳、混凝土不均匀沉降引起的失稳及局部位置地基失稳等；②未按施工方案施工及施工机械故障也是造成桥梁事故的重要原因[80]。

1. FIU 人行桥坍塌

2018 年 3 月 15 日，位于迈阿密的佛罗里达国际大学(Florida International University，FIU)校园内一座在建人行桥发生整体坍塌(图 1-12)，造成至少 10 人死亡，多辆汽车被困，桥下高速公路临时封闭。

图 1-12　FIU 人行桥坍塌现场[82]

FIU 人行桥位于佛罗里达州迈阿密，全桥长 320 英尺(约 97.5m)，跨越道路段 175 英尺(约 53.3m)，中央主塔高出地面 108 英尺(约 32.9m)，自重 950t。该桥造价 1420 万美元(约合人民币 8975 万元)，采用快速建桥技术(accelerated bridge construction，ABC)施工建造，2018 年 3 月 10 日只用 6h 便完成了桥面系的施工。

该桥主桁结构上下弦杆采用预应力混凝土构件，斜腹杆采用变角度的混凝土杆件结构。基于视频资料分析和数值模拟的结果[83]可初步认为：①FIU 人行桥的坍塌是由第 11 对角构件的破坏引起的。②FIU 人行桥的结构稳健性较弱。力传递路径相对简单，一旦单个环节发生故障，结构其他部分的内力就会发生巨大变化。这种变化可能会由于局部破坏或失效而导致大规模的渐进倒塌。

2. 哥伦比亚 Chirajara 混凝土斜拉桥垮塌

2018 年 1 月 15 日，在建的 Chirajara 混凝土斜拉桥发生垮塌[84](图 1-13)，造成至少 10 名建筑工人死亡，另有数人失踪。

该桥位于哥伦比亚首都波哥大(Bogota)到比亚维森西奥(Villavicencio)的高速公路上。全长 446.3m，横跨近 150m 深的齐哈拉峡谷。它由两个钢筋混凝土塔支撑，每个塔有 52 根斜拉索。每座塔高 107.34m，塔之间的中心距为 286.3m。

图 1-13　哥伦比亚 Chirajara 混凝土斜拉桥垮塌[84]

监控摄像头拍下了西塔的倒塌过程，视频清晰表明：倒塌的主要特征是该塔两侧下塔柱前后分离，下横梁断裂后，整个索塔破坏垮塌。

研究表明[85]：Chirajara 桥西塔倒塌是因为下塔柱连接板中的后张预应力筋(用于连接下塔柱)严重不足。“幸存”东侧索塔的评估结果也堪忧，无人机观察到连接板中的后张预应力筋拉杆末端的冷接头是打开的，连接板北侧存在存长 8～9m 的较宽裂缝，裂缝从冷接头附近开始，一直延伸到地基。

3. 湖南省凤凰县堤溪沱江大桥坍塌

2007 年 8 月 13 日 16 时 45 分左右，我国湖南省凤凰县正在建设的堤溪沱江大桥发生特别重大坍塌事故(图 1-14)，造成 64 人死亡，4 人重伤，18 人轻伤，直接经济损失 3974.7 万元。

图 1-14　湖南省凤凰县堤溪沱江大桥坍塌[86]

堤溪沱江大桥工程是湖南省凤凰县至贵州省铜仁大兴机场凤大公路工程建设项目中一个重要的控制性工程。堤溪沱江大桥全长 328.5m，为 4 孔 65m 等截面悬链线空腹式无铰石拱桥，行车道宽 12m，主拱圈矢跨比为 1/5，拱圈厚度 135cm。厚度 0.4m 的腹拱圈净跨径为 5m，矢跨比 1/5，采用等截面圆弧拱，每跨 7 个腹拱。桥面纵坡为–3%，桥面设 2%的双向横坡。桥台、桥墩均为重力式结构、扩大基础。

该桥事故发生的原因主要有[87]：①砌体强度不足，过早达到其破坏极限造成了拱圈的坍塌，从而导致其他桥拱的连续垮塌。②拱圈支架拆除进度不一，致使桥墩顺桥向受力不平衡而倒塌，随之整座桥梁垮塌。③未设计制动墩。

4. 招宝山大桥主梁断裂

1998 年 9 月 24 日 19 点 50 分左右，正在施工的招宝山大桥主梁连续发出两次沉闷的断裂声，随之桥面和钢索激烈抖动。经现场勘察发现，上游侧 16＃块锚板预应力连接器出现破坏性裂崩，下游侧 15＃锚板预应力连接器位置也出现破坏性裂崩。

宁波招宝山大桥(图 1-15)主桥为带协作体系的独塔双索面不对称体系预应力混凝土斜拉桥。该桥全长 2482m，主跨 258m 的主桥长 568m，跨度布置为：75m + 258m + 102m + 83 + 50m。主梁为预应力混凝土双箱双室截面，高度和宽度分别为 2.5m 和 29.5m。

图 1-15　招宝山大桥[88]

事故处理专家分析认为宁波招宝山大桥事故的原因为[89]：①拉索局部超张拉；②底板厚度不足；③海上脉动风作用。

1.2.2　桥梁运营事故

由表 1-8 可以看出，桥梁运营阶段坍塌事故多于施工阶段事故，超载超限是造成运营阶段事故的主要原因之一，检测不力、维护保养不善是引发桥梁坍塌事故的另一个主要原因[80]。

1. 福建武夷山公馆大桥垮塌

2011 年 7 月 14 日上午，福建武夷山市的武夷山公馆大桥北端发生垮塌事故

(图 1-16)，一辆旅游大巴车坠入桥下，当场造成 1 人死亡，22 人受伤。

图 1-16　福建武夷山公馆大桥垮塌[90]

公馆大桥 1999 年 11 月 20 日竣工通车，为 3 孔中承式悬链线等截面(拱脚处截面加高加厚)钢筋混凝土箱型无铰拱拱桥，全长 301m，宽 18m。该桥设计荷载为汽-20、挂-100。

事故调查专家组认定的事故原因为[91]：①严重超载超限车辆是造成桥梁破坏的主要原因。②该桥建于 20 世纪 90 年代，吊杆密封、防腐工艺较差，同时无法通过常规检查了解吊杆内部锈蚀程度与工作状况，经过 10 多年的使用，难以判断吊杆承载能力能否满足原设计要求。

2. 杭州钱塘江三桥桥面垮塌

2011 年 7 月 15 日凌晨，杭州钱塘江三桥引桥桥面右侧车道部分桥面突然塌落，一辆重型半挂车从桥面坠落，又将下闸道砸塌，如图 1-17 所示。

图 1-17　杭州钱塘江三桥桥面垮塌[92]

钱塘江三桥又称西兴大桥，总长 5700m，主桥 1280m，南北高架引桥 4420m，双向 6 车道。钱塘江三桥于 1997 年 1 月通车，是杭州市区继钱塘江大桥、钱塘江二桥之后的第三座跨江桥梁，是连接杭州老城区与滨江、萧山两区及萧山机场的重要通道之一。

此次事故是货车严重超载所致，经现场勘察，货车散落了 27 块钢板，总重量超过 100t，但该车核定载重仅为 32t，涉嫌严重超载。从钱塘江三桥监控系统记录来看，凌晨 1 时 50 分后，另有两辆载重 100t 以上货车通过同一路段。

3. 北京怀柔区宝山寺白河桥垮塌

2011 年 7 月 20 日零时四十分，一辆重达 160t 的严重超载沙石 6 轴货车，通过北京怀柔区宝山寺白河桥第一孔时发生桥梁坍塌，4 孔全部坍塌(图 1-18)，无人员伤亡。

图 1-18　北京怀柔区宝山寺白河桥垮塌

北京怀柔区白河桥，又名宝山寺白河桥，位于怀柔区四宝路，跨越白河，桥梁与河道正交，桥梁全宽 11.5m，其中桥面宽度 9m，两侧各 1.25m 人行道，全长 232.81m。上部为 4 孔净跨 50m 的钢筋混凝土刚架拱，矢跨比 1/10，下部结构为实体墩台，嵌岩桩基础。该桥始建于 1987 年，2006 年上部结构加固，经检测为二类桥梁，设计荷载为汽-20 级。

根据《超限运输车辆行驶公路管理规定》[93]，货车车货总重超过 46t 不允许擅自上路，而该车已经超过 160t，属于严重超载非法上路。

1.2.3　桥梁地震事故

地震作为一种严重的自然灾害，其释放出的巨大能量会对交通线路造成严重的破坏，尤其是作为交通关键节点的桥梁。据统计，“5・12”汶川地震中，四川省公路桥梁受损 2900 多座；“4・14”玉树地震中，青海省公路桥梁损毁 172 座；2013 年 4 月 20 日芦山地震中，四川省各类桥梁受损近 440 座。

1. 仙水溪大桥

2018 年 11 月 26 日 7 时 57 分，台湾海峡发生 6.2 级地震，受地震影响，纵三线第三合同段仙水溪大桥 1-5#T 梁因临时支座失效，导致该片 T 梁落梁损坏(图 1-19)。

仙水溪大桥项目位于榜头镇下坤村境内，总长 224m，宽度 32m，总投资约 1500 万元。

图 1-19　仙水溪大桥 T 梁损坏[94]

该桥坍塌的主要原因是地震发生时梁体产生摇晃，桥台侧为滑板支座，1#墩上设临时支座，1-7#T 梁安装时已加固，而 1-6#T 梁临时支座未加固，地震摇晃撞击 1-5#T 梁，导致 1-5#T 梁侧翻落梁。

2. 百花大桥

“5 · 12”汶川地震中，百花大桥震晃剧烈，桥面断裂，桥墩震毁，最终整体性倒塌(图 1-20)，现已成为“5 · 12”特大地震灾害的著名实体和宝贵遗迹。

图 1-20　百花大桥[95]

百花大桥位于映秀镇下游约 2km 处，建成于 2004 年 12 月，全桥长 496m，桥宽 8m，墩高最大为 30.3m，最小为 7.1m。上部构造分为 6 联，跨径组合为 4×25m + 5×25m + 50m + 3×25m + 5×20m + 2×20m，除第 3 联采用简支 T 梁外，其余各联均为连续梁空心板，第 1&2 联与第 5&6 联之间采用牛腿连接。

对百花大桥进行弹塑性动力反应分析认为[96]：①第 18 跨牛腿搭接长度偏小是第 5 联倒塌的直接原因；②不合理的支座设置方式使固定墩两侧墩柱无法共同受力，导致固定墩过早发生严重损伤，无法对主梁提供足够的纵向约束；③钢筋混凝土挡块在地震作用下很早就进入屈服阶段。

3. 小鱼洞大桥

在 2008 年的特大地震中，由于地处断裂带，小鱼洞大桥[97]垮塌成“W”形(图 1-21)，现成为彭州市三大地震遗址之一。

图 1-21　小鱼洞大桥[97]

小鱼洞大桥全长 187m，为 4 跨 40m 刚架拱桥，桥面宽 12m，横桥向由 5 片拱肋组成。

小鱼洞大桥震害原因可归纳为 3 点[98]：①结构设计缺陷，拱肋和腹杆配箍率偏低以致抗剪能力不足，无加密区、无 135°弯钩并嵌入混凝土之中；纵筋保护层 3～5cm 不等且在拱脚处部分截断，以绑焊接相连，导致钢筋与混凝土黏结不足。②场地液化是桥墩倾斜及基础破坏的重要诱因。③断层附近强烈地震动及地表破裂(位移)影响。此外，还需指出的是：地震作用下该桥传力路径很不明确，腹杆和拱肋无协同工作。

1.2.4　桥梁水毁事故

桥梁水毁突发性与破坏性显著，特别是在汛期，桥梁水毁前一般并无异常征兆，导致该类灾害具有极强的隐蔽性，难以提前预警，严重威胁路网安全[99]。

2013 年的强降雨引发山洪和泥石流，致使四川普通公路交通基础设施严重损毁。

G108、G212、G213、G317、G318、G319、G321 等 7 条国道和 S105、S205、S208、S302 等 15 条省道，以及 100 余条县乡道断道。全省普通公路共发生塌方 889 万 m^3，冲毁路基 1550km 共 482 万 m^3，冲毁路面 1700km 共 850 万 m^2，损毁涵洞 2183 个。损毁桥梁 133 座 8490 延米，12 座冲垮。其中，阿坝 4 座桥梁、德阳 5 座桥梁、成都 2 座桥梁、绵阳 1 座桥梁被冲垮。

1. 四川江油青莲镇盘江大桥

2013 年 7 月 9 日上午 11 时 30 分许，四川江油青莲镇盘江大桥在突至的巨大洪峰冲击下垮塌(图 1-22)，桥上车辆行人均落入急流之中。

图 1-22　四川江油青莲镇盘江大桥[100]

全长 160 余米、宽 8m 的盘江大桥建成于 1969 年，为 4 孔拱桥结构。“5 · 12”汶川地震后，该桥进行了维修加固。

2013 年 7 月 4 日，因邻近的青莲大桥实施封闭维修，当地启用盘江大桥作为绕行通道，限 10t 以下车辆通行。从 7 月 7 日晚上 8 时开始，绵阳北部出现大暴雨，主要强降雨区域位于平武、安县(现安州区)、北川、江油。流经青莲镇的盘江上游北川境内 24h 最大降雨量 289mm，3h 最大降雨量达 150mm，使得盘江流量陡增，形成特大洪峰，并裹挟了大量泥沙，巨大的冲击力致使盘江大桥垮塌。

2. 金沙江白格堰塞湖泄洪致 7 座桥梁损毁

2018 年 11 月 3 日 17 时，西藏昌都市江达县波罗乡白格村境内金沙江右岸再次发生大规模山体滑坡，滑坡堵塞金沙江并形成堰塞湖。11 月 14 日，金沙江白格堰塞湖经人工处置平稳泄流。过流洪水于 14 日上午到达云南省境内。

据统计，截至 11 月 15 日 10 时，险情已造成昆明、丽江、大理、迪庆 4 个州(市)11 个县(市、区)41741 人紧急转移安置(其中迪庆州 20987 人、丽江市 20213 人、大理州 528 人、昆明市 13 人)，农作物受灾 277.5hm^2、绝收 22.14hm^2，房屋损坏 1470 间。羊拉大桥、奔子栏叶日信顶大桥、江东桥、江东浓大桥(图 1-23)、拖顶尼仁大桥、拖顶老桥、上江木高大桥 7 座桥梁被毁。

图 1-23 江东浓大桥[101]

1.2.5 桥梁火灾事故

近年来火灾引起桥梁受损、交通受阻的事故也屡见不鲜，造成了不同程度的经济损失并严重威胁人民生命财产安全。桥梁结构在遭受火灾之后，相关构件如支座、梁体会存在损伤，钢筋、混凝土等材料的力学性能会发生改变，进而影响桥梁结构的承载能力[102]。

1. 赤石特大桥

2014 年 10 月 29 日 16 时许，赤石特大桥正在施工的索塔内部起火，燃烧点为左幅上行方向 22#斜拉索，并蔓延至其下方的斜拉索，造成 9 根斜拉索断裂，断索侧桥面下降约 2.15m，未断索侧桥面下降约 95cm(图 1-24)。

图 1-24 湖南省郴州市宜章县赤石特大桥[103]

湖南省郴州市宜章县境内在建的厦蓉高速(厦门至成都)赤石特大桥，是世界第一大跨径高墩多塔混凝土斜拉桥，桥梁设计为 4 塔双索面预应力混凝土斜拉桥，主塔最高达 286m，平均高度约 270m，桥面距地面最高达 183m，最大跨径 380m，主桥全长 1470m。

主体结构为(165m + 3 × 380m + 165m)四塔预应力混凝土双索面斜拉桥，边塔支承、中塔塔梁墩固结体系，是世界第一大跨径高墩多塔混凝土斜拉桥。

2. I-65 南行桥

2002 年 1 月 5 日星期六，伯明翰市中心上午大约 10 时，在 65 号、20 号和 59 号州际公路交会处，一辆汽油罐车撞上了 I-65 南行桥。火和热导致钢梁一侧下垂达 3m (图 1-25)。

图 1-25　I-65 南行桥[104]

事情的起因是[104]，一辆汽车为避免错过出口，将车停在一辆汽油卡车前，卡车为避免撞上汽车，转弯撞向 I-65 南行线下的桥墩。这辆拖着 37475L 燃油的卡车爆炸成火球，估计温度高达 1093℃。热量导致该桥的几根钢梁下垂 2～3m，最终结构倒塌。

1.2.6　桥梁船撞事故

随着国内国民经济的高速增长，内河航运事业发展迅速，内河航运交通变得十分繁忙，由于桥梁通航净高有限，或船舶驾驶员粗心大意、盲目自信，又或者由于天气水文等因素的影响，经常发生船舶碰撞桥梁事故，事故造成重大的社会影响，经济损失严重。

1. 上海市松江区斜塘大桥

2014 年 3 月 10 日早上，上海市松江区斜塘大桥发现有坍塌隐患，桥面已经出现倾斜。受损的两根桥墩位于大桥靠西南侧，柱上的裂痕清晰可见，主桥面桥断衔接处也有 3cm 左右的裂缝(图 1-26)。

上海市松江区斜塘大桥呈东西走向，是连接沪杭两地、跨越黄浦江上游的咽喉要道。该桥地处松江区石湖荡镇，于 1998 年 9 月开工，1999 年 9 月竣工。

经过初步探伤，大桥有坍塌隐患，需要封闭施工修复。此次事故为船只撞击所致。

2. 广东九江大桥

2007 年 6 月 15 日凌晨 5 时 10 分，一艘佛山籍运沙船偏离主航道航行撞击九江大桥，导致桥面坍塌约 200m(图 1-27)，后证实有 4 辆汽车的 7 名司乘人员以及 2 名现场施工人员共 9 人坠江失踪。

图 1-26　上海市松江区斜塘大桥[105]

图 1-27　九江大桥[106]

广东九江大桥是 240 国道上的一座特大型桥梁，位于广东省佛山市南海区九江镇与鹤山市杰洲村之间，跨越珠江水系西江主干流，是广湛公路上一座特大型公路桥梁，全长 1675.2m，采用塔、梁、墩固结体系，桥面净宽 16m。其中，主桥由两孔 160m(跨为 2×160m)独塔混凝土斜拉桥与 21 孔 50m 连续箱梁组成，全长 1370m，引桥由 20 孔 16m 先张法预应力混凝土空心板组成，全长 320m，塔高 80m(自桥面起)。于 1985 年 9 月开工，1988 年 6 月正式建成通车。2009 年 6 月 2 日凌晨，九江大桥新旧桥面实现无缝对接，全桥贯通。

1.3　桥梁施工控制与健康监测实例

1.3.1　施工控制项目

1. 苏通大桥

苏通大桥主桥采用(2 × 100m + 300m + 1088m + 300m + 2 × 100m)跨径布置，全长 32.4km，跨江大桥总长 8206m，北岸接线工程路线总长 15.1km，南岸接线工程路线总长

9.1km，桥面为双向六车道高速公路标准，南、北两岸接线计算行车速度为 120km/h，跨江大桥为 100km/h。主桥通航净空高 62m，宽 891m，可满足 5 万 t 级集装箱货轮和 4.8 万 t 船队通航需要，如图 1-28 所示。

图 1-28　苏通大桥[107]

根据该桥结构和施工特点[108]，提出了几何控制法，并将其与自适应控制、全过程控制相结合，解决了千米级超大跨度斜拉桥的施工控制问题。分析认为，结构自重、结构刚度、临时荷载等因素相对容易识别和控制，控制难点主要是结构几何非线性、斜拉索的索力、环境温度、塔柱混凝土的收缩徐变系数等因素，须根据实测的施工结构反应来修正计算模型，并识别结构参数。

2. 嘉绍大桥

嘉绍大桥全长 10.137km，主航道桥采用 70m + 200m + 5×428m + 200m + 70m 斜拉钢箱梁桥；北副航道桥桥跨布置为 70m + 2×120m + 70m。主航道桥采用技术含量最高的 6 塔独柱斜拉桥方案，这使主桥长度达 2680m，分出 5 个主通航孔，索塔数量、主桥长度规模位居世界第一，如图 1-29 所示。

图 1-29　嘉绍大桥[109]

嘉绍大桥[110]主航道桥左右两幅钢箱梁间隔一个标准梁段，布置一道永久横梁连接。施工时，待对应主梁节段悬拼到位后择机安装永久横梁，其安装时机对主梁标高、轴线调整影响较大。为确保左右两幅主梁悬拼时的相对轴线误差调整，并能承受斜拉索张拉时产生的水平分力，为每个梁段设置临时横梁。为循环使用临时横梁，分析不同阶段安装永久横梁、不同阶段拆除临时横梁对自身受力及主梁线形调整的影响，确定了永久横梁安装、临时横梁拆除的最佳时机。

3. 宜宾南溪长江公路大桥

宜宾南溪长江公路大桥主桥采用五跨 280m + 572m + (72.5 + 63 + 53.5)m 双塔双索面斜拉桥，北岸边跨及中跨主梁采用钢-混凝土叠合梁，南岸边跨主梁因配重需要采用双纵肋混凝土主梁并设置两个辅助墩，桥塔采用花瓶形塔，空间索面。整个主桥结构为纵向半漂浮体系，共设 82 对斜拉索，索塔处设置竖向支座和横向抗风支座，北岸交界墩、南岸桥台和辅助墩处设置竖向支座，索塔处主梁设置纵向阻尼器和限位构造。采用纵向半漂浮结构体系，索塔处主梁设置纵向阻尼器和限位构造，桥塔采用花瓶形塔，如图 1-30 所示。

图 1-30　南溪长江公路大桥[111]

根据几何控制理论，只要作用在结构上的几何约束及构件的无应力构形保持不变，则高次超静定桥梁结构成桥时的主梁线形和内力状态与施工方法无关。但施工中收缩徐变、材料离散性、制造误差、安装误差、测量误差等因素的影响，将导致结构实际无应力几何要素产生偏差，使成桥状态产生偏差。宜宾南溪长江公路大桥施工控制采用以几何控制为主、内力调控为辅的方式，实现了多参数敏感性分析、深度神经网络自动调索、集成化整体分析等功能，使得施工控制进入智能时代。

4. 宜宾临港长江大桥

川南城际铁路宜宾临港长江大桥桥梁全长 1742.490m，主桥长 1077.3m，为主跨 522m 的钢箱梁斜拉桥，全桥孔跨布置为 9×40.7m + (2.15 + 72.5 + 203 + 522 + 203 + 72.5 + 2.15)m + 7×40.7m。采用公铁同层布置，4 线高铁(川南城际两线、渝昆高铁两线)设置在桥面中间，桥面两侧各布置 3 车道城市道路和人行道及非机动车道，公路按六车道城市快速路设计，桥面总宽 63.9m，如图 1-31 所示。

应用自适应控制对该桥进行施工控制。结构分阶段施工过程模拟有限元模型中的计算参数，如截面几何特性、材料容重、弹性模量、混凝土收缩徐变、预应力损失等，与实际发生参数之间存在误差，使得实际结构状态偏离施工阶段理想结构状态。自适应控制法将这些引起结构状态误差的参数作为未知变量或带有噪声的变量，在各个施工阶段进行实时识别，并将识别得到的参数用于下一施工阶段的实时结构分析。自适应控制方法最大的特点是在重复性很强的分段施工中能够主动降低由模型参数误差引起的结构状态误差，核心在于模型参数的识别与修正。

图 1-31　临港长江大桥

1.3.2　健康监测项目

1. 南京大胜关长江大桥

南京长江三桥，现称南京大胜关长江大桥，如图 1-32 所示。全长 14.89km，其中跨江大桥长 4.744km，主桥主跨 648m，索塔高 215m，桥梁跨径布置为 63m + 257m + 648m + 257m + 63m = 1288m，引桥及连接线全长 15.6km，南引桥长 0.68km，北引桥长 2.780km。南岸接线长 3.083km，北岸接线长 7.773km。

图 1-32　南京大胜关长江大桥[112]

南京大胜关长江大桥健康监测系统[113]主要监测内容如下：①与桥址环境相关的风力、风速、温度、湿度。②桥梁养护管理需求的结构温度、桥梁变形、支座工作状况、结构振动、行车状况以及桥梁的结构应力、结构疲劳状况等情况。监测系统综合了大型工程科学计算、仿真分析、网络数据库、传感通信、实时健康诊断评估与结构安全预警等技术，通过对实时采集数据的分析，选择有用的数据进行处理，并结合桥梁设计、施工期间的各种资料、日常养护资料等进行信息化管理，建立大桥的连续评价体系，并预测大桥的未来变化趋势，实现以健康监测系统为平台的大桥养护管理评价系统。

2. 泸州泰安长江大桥

泸州泰安长江大桥位于泸州市东 10km 处，为亚洲第一大跨度独塔斜拉桥，如图 1-33 所示。主桥为 208m + 270m + 35m + 30m 预应力混凝土独塔双索面斜拉桥，引桥 25m × 40m 预应力混凝土简支 T 梁，桥梁全长 1573m。主桥主梁横截面为单箱三室流线型箱梁，梁宽 29.50m。主桥为墩塔梁固结体系，索塔为 H 形，塔柱高 145.20m，矩形空心截面。斜拉索呈扇形布置，主梁上标准索距 6m，密索距为 3m。

图 1-33　泸州泰安长江大桥[114]

泸州泰安长江大桥健康监测系统[115]总体由工控机、配电箱、电源、线路、传感器以及相应调理器等部分组成。系统可分为三大部分，分别是桥塔倾斜测试子系统、梁体应变测试子系统和梁体挠度测试子系统。桥塔的上下游倾斜仪系统构成了第一部分(桥塔倾斜测试子系统)；梁体的埋入式应变片系统构成了第二部分(梁体应变测试子系统)；梁体的罗斯蒙特系统构成了第三部分(梁体挠度测试子系统)。各子系统统一由控制室内的工控机进行控制和信息传递，实现了系统的统一控制和数据采集。

并且该系统采用现代化的传感技术、测试技术及计算机和通信技术对大桥所处的工作环境和各种使用荷载下的结构性能进行实时监测和评估。硬件设备的选取充分考虑了技术先进性、耐久性、稳定性、实用性、经济性、系统开放性等方面的因素，保证了系统能够采集到准确反映大桥结构工况的参数信息和数据。

3. 鄂东长江公路大桥

鄂东长江公路大桥线路全长 15.149km，桥梁部分长 6230m，主桥采用 3×67.5m + 72.5m + 936m + 72.5m + 3×67.5m 跨径布置，主跨长 936m，桥面宽 33.0m，如图 1-34 所示。鄂东长江公路大桥为双塔双索面九跨连续半漂浮体系混合斜拉桥，大桥边跨为 PK 断面混凝土箱梁，中跨为 PK 断面钢箱梁，边跨设计三个辅助墩和一个过渡墩。

图 1-34　鄂东长江公路大桥[116]

通过设置健康监测系统[117]对该桥的主梁挠度、斜拉索索力、钢箱梁应力及混凝土箱梁应力进行监测及分析，可知该结构在正常使用状态下处于弹性变形状态，主梁、主塔的刚度与强度性能良好，斜拉索受力合理，整个桥梁的施工精度较高，桥梁质量较好。

参考文献

[1] 孙全胜. 智能桥梁结构健康监测的研究[D]. 哈尔滨: 东北林业大学, 2005.

[2] 庄勇, 朱利明. 智能桥梁系统 IBS[J]. 桥梁建设, 2003, 3: 72-74.

[3] 单德山, 罗凌峰, 李乔. 桥梁健康监测 2019 年度研究进展[J]. 土木与环境工程学报(中英文), 2020, 42(5): 115-125.

[4] Phares B M, Wipf T, Greimann L, et al. Health monitoring of bridge structures and components using smart-structure technology: Volume I[R]. Ames: Center for Transportation Research and Education, Iowa State University, 2005.

[5] Phares B M, Terry J W, Lowell F G, et al. Health monitoring of bridge structures and components using smart-structure technology: Volume II[R]. Ames: Center for Transportation Research and Education, Iowa State University, January 2005.

[6] Lynch M. Delaware's first "smart" bridge[R]. Villanova: Villanova University, NSF-REU University of Delaware, 2003.

[7] DeWolf J T, D'Attilio P F, Feldblum E G, et al. Bridge monitoring network: Installation and operation[R]. Storrs: University of Connecticut & Connecticut Department of Transportation, 2006.

[8] Mehrani E, Ayoub A. Remote health monitoring of the first smart bridge in Florida[C]//Structures Congress 2006: Structural Engineering and Public Safety, Proceedings of the 2006 Structures Congress, St. Louis, 2006.

[9] Michael F, Elgamal A, Joel P C. UCSD powell laboratory smart bridge testbed[R]. San Diego: University of California, San Diego, Department of Structural Engineering, Report No. SSRP 06/06, La Jolla, CA, 2006.

[10] Jerome L. Smart bridges under development with new federal grant. http://www.ns.umich.edu/htdocs/releases/story.php?id=6928[2021-11-18].

[11] Thorp T J. A critical analysis of the Saint Anthony Falls (I-35W) Bridge, Minneapolis[C]// Proceedings of Bridge Engineering 2 Conference, Bath, 2009.

[12] Chang P C, Flatau A, Liu S C. Review paper: Health monitoring of civil infrastructure[J]. Structural Health Monitoring, 2003, 2(3): 257-267.

[13] Carden P E , Fanning P. Vibration based condition monitoring: A review[J]. Structural Health Monitoring, 2004, 3(4): 355-377.

[14] Barke D, Chiu W K. Structural health monitoring in the railway industry: A review[J]. Structural Health Monitoring, 2005, 4(1): 81-94.

[15] 李惠, 周文松, 欧进萍, 等. 大型桥梁结构智能健康监测系统集成技术研究[J]. 土木工程学报, 2006, 39(2): 46-52.

[16] Los Alamos National Laboratory. Damage identification and health monitoring of structural and mechanical systems from changes in Their Vibration Characteristics: A Literature Review[R]. New Mexico: Los Alamos National Laboratory Report, LA-13070-MS, 1996.

[17] Los Alamos National Laboratory. A review of structural health monitoring literature: 1996-2001[R]. New Mexico: Los Alamos National Laboratory Report, LA-13976-MS, 2003.

[18] Doebling S W, Farrar C R, Prime M B. A summary review of vibration-based damage identification methods[J]. The Shock and Vibration Digest, 1998, 30(2): 91-105.

[19] 段忠东，闫桂荣，欧进萍. 土木工程结构振动损伤识别面临的挑战[J]. 哈尔滨工业大学学报，2008, 40(4): 505-513.

[20] 郭惠勇，李正良，彭川. 结构损伤动力识别技术的研究与进展[J]. 重庆建筑大学学报，2008, 30(1): 140-145.

[21] 张连振，黄侨，郑一峰，等. 桥梁结构损伤识别理论的研究进展[J]. 哈尔滨工业大学学报，2005, 37 (10): 6140-6144.

[22] Herman V A, Bart P. International research projects on structural health monitoring: An overview[J]. Structural Health Monitoring, 2003, 2 (4): 341-358.

[23] van der Auweraer H, Bart P. Overview of collaborative research projects on structural damage detection[C]//Proceedings of the 3rd World Conference on Structural Control, Como, 2002.

[24] Livia P, Finn T. SMART STRUCTURES: A European funded project[C]//First international conference on bridge maintenance, Safety and Management IABMAS 2002, Barcelona, 2002.

[25] Michael R. SMART STRUCTURES: Development of sensors to monitor the corrosion risk for the reinforcement of concrete bridges[C]//First International Conference on Bridge Maintenance, Safety and Management IABMAS 2002, Barcelona, 2002.

[26] Klinghoffer O, Golterman P, BäBler R. SMART STRUCTURES: Embeddable sensors for use in the integrated monitoring systems of concrete structures[C]//First International Conference on Bridge Maintenance, Safety and Management IABMAS 2002, Barcelona, 2002.

[27] SMART STRUCTURES[EB/OL]. http://smart.ramboll.dk/smart_eu/index.htm[2021-11-18].

[28] Peeters B, De Roeck G. One year monitoring of the Z24-bridge: Environmental influences versus damage events[C]//Proceedings of the 18th International Modal Analysis Conference, San Antonio, 2000: 1570-1576.

[29] Peeters B, Maeck J, Roeck G D. Monitoring of the Z24 bridge: separating temperature effects from damage[C]//European COST F3 Conference on System Identification and Structural Health Monitoring, Madrid, 2000: 377-386.

[30] Peeters B, De Roeck G, Hermans L, et al. Comparison of system identification methods using operational data of a bridge test[C]//Proceedings of ISMA 23, the International Conference on Noise and Vibration Engineering, Belgium, 1998: 923-930.

[31] Kramer C, Smet C D, Roeck G. Z24 damage detection tests[C]//Proceedings of the 17th International Modal Analysis Conference, Orlando, 1999: 1023-1029.

[32] Abdel Wahab M M, De Roeck G. Damage detection in bridges using modal curvatures: Application to a real damage scenario[J]. Journal of Sound and Vibration, 1999, 226(2): 217-235.

[33] Peeters B, Maeck J, De Roeck G. Excitation sources and system identification in civil engineering[C]// European COST F3 Conference on System Identification and Structural Health Monitoring, Madrid, 2000: 341-352.

[34] Peeters B. System identification and damage detection in civil engineering[D]. Kuleuven: Universitas Catholica Lovaniensis, 2000.

[35] Ventura C E, Peeters B. Session 23 on comparative study of vibration analysis techniques for bridge dynamic characteristics[C]//Proceedings of the 19th International Modal Analysis Conference, Kissimmee, 2001: 829-869.

[36] Woodward R J, Cullington D W, Daly A F, et al. Deliverable D14: Final report[C]//Contract No.: RO-97-SC. 2220, Brime, 2001.

[37] SAMCO Association[EB/OL]. http://www.samco.org/[2021-11-18].

[38] SAMCO Association[EB/OL]. http://samco.jrc.it/[2021-11-18].

[39] L'UNIVERSITÉ DE LIÈGE[EB/OL]. http://www.ulg.ac.be/ltas-vis/costf3/costf3.html[2021-11-18].
[40] http://www.sustainablebridges.net/[2021-11-18].
[41] Jan B, Lennart E, Jan O. Sustainable Bridges-Assessment for Future Traffic Demands and Longer Lives[M]. Warszawa: Dolnoslaskie Wydawnictwo Edukacyjen, 2007.
[42] NEES[EB/OL]. https://www.nees.org/[2021-11-18].
[43] Transportation research board[EB/OL]. http://www.trb.org/NCHRP/Public/NCHRP.aspx[2021-11-18].
[44] Strategies Highway Research Program[EB/OL]. http://www.tfhrc.gov/pubrds/marapr98/shrp.htm[2021-11-18].
[45] The Second Strategic Highway Research Program (2006-2015)[EB/OL]. http://www.trb.org/ Strategic HighwayResearchProgram2SHRP2/Public/Blank2.aspx[2021-11-18].
[46] Bridges and Structures Related Research Overview[EB/OL]. http://www.tfhrc.gov/structur/structre.htm [2021-11-18].
[47] NDEVC Non Destructive Evaluation Validation Centre of the Federal Highway Administration [EB/OL]. http://www.tfhrc.gov/hnr20/nde/home.htm[2021-11-18].
[48] National Transportation Library[EB/OL]. http://ntl.bts.gov/[2021-11-18].
[49] National Science Foundation[EB/OL]. http://www.eng.nsf.gov/cms[2021-11-18].
[50] Scott W D, Charles R F, Michael B P, et al. Damage identification and health monitoring of structural and mechanical systems from changes in their vibration characteristics: A Literature Review[R]. Los Alamos: Los Alamos National Laboratory Report. LA-13070-MS, 1996.
[51] Farrar C F, Doebling S W, Nix D A. Vibration-based structural damage identification[J]. Philosophical Transactions: Mathematical, Physical and Engineering Sciences, 2001, 359(1778): 131-149.
[52] Hoon S, Charles R F, Francois M H, et al. A Review of Structural Health Monitoring Literature: 1996-2001[R]. Los Alamos: Los Alamos National Laboratory Report, LA-13976-MS, 2003.
[53] Farrar C R, Duffer T A, Cornwell P J, et al. A review of methods for developing accelerated testing criteria[C]//Proceedings of the 17th International Modal Analysis Conference, Kissimmee, 1999: 608-614.
[54] Farrar C R, Hoon S, Francois M H, et al. Damage prognosis：Current status and future needs[R]. New Mexico: Los Alamos National Laboratory Report, LA-14051-MS, 2003.
[55] Sohn H, Farrar C R, Hunter N F, et al. Structural health monitoring using statistical pattern recognition techniques[J]. Journal of Dynamic Systems, Measurement, and Control, 2001, 123(4): 706-711.
[56] Farrar C R, Baker W E, Bell T M, et al. Dynamic characterization and damage detection in I-40 bridge over the Rio Grande[R]. Los Alamos: Los Alamos National Laboratory Report, LA- 1 2767-MS, 1994.
[57] Farrar C R, Duffey T A, Goldman P A, et al. Finite element analysis of the I-40 bridge over the Rio Grande[R]. New Mexico: Los Alamos National Laboratory Report, LA-12979-MS, 1996.
[58] Farrar C R, Jourequi D. Damage detection algorithms applied to experimental and numerical modal data from the I-40 Bridge[R]. Los Alamos: Los Alamos National Laboratory Report, LA-13074-MS, 1996.
[59] Doebling S W, Farrar C R, Cornwell P J. A statistical comparison of impact and ambient testing results from the Alamosa Canyon Bridge[C]//Proceedings of SPIE, the International Society for Optical Engineering, San Diego, 1997, 3089 (1): 264-270.
[60] Doebling S W, Farrar C R, Randall S G. Effects of Measurement statistics on the detection of damage in the Alamosa Canyon Bridge[C]//Proceedings of the 15th International Modal Analysis Conference, Orlando, 1997: 919-929.
[61] Farrar C R, Doebling S W, Cornwell P J. Variability of modal parameters measured on the Alamosa Canyon Bridge[C]//Proceedings of SPIE, the International Society for Optical Engineering, San Diego, 1997, 3089 (1): 257-263.

[62] ASCE SHM Committee[EB/OL]. http://mase.wustl.edu/wusceel/asce.shm/[2021-11-18].
[63] Catbas F N, Aktan A E. Condition and damage assessment: Issues and some promising Indices[J]. Journal of Structural Engineering, 2002, 128(8): 1026-1036.
[64] Aktan A E, Catbas F N, Grimmelsman K A. Issues in infrastructure health monitoring for management[J]. Journal of Engineering Mechanics, 2000, 126(7): 711-724.
[65] Catbasa F N, Melih S, Dan M F. Structural health monitoring and reliability estimation：Long span truss bridge application with environmental monitoring data[J]. Engineering Structures, 2008, 30: 2347-2359.
[66] Aktan A E, Catbas F N, Grimmelsman K, et al. Health monitoring for effective management of infrastructure[C]//Smart Systems for Bridges, Structures, and Highways Conference, San Diego, 2002, 4696: 17-29.
[67] 半夏曲. 美国钢桁梁[EB/OL]. https://www.zhulong.com/zt_yt_3002268/detail42312673/ [2021-11-18].
[68] BRIDGE MANAGEMENT SYSTEMS[EB/OL]. http://pubsindex.trb.org/document/view/ default. asp? lbid = 278332[2021-11-18].
[69] Oshima T, Rahman M, Mikami S, et al. Application of smart materials and systems to long-term bridge-health monitoring[C]//SPIE's 5th Annual International Symposium on Nondestructive Evaluation and Health Monitoring of Aging Infrastructure, Newport Beach, 2000: 253-263.
[70] Sunaryo S. Current and future trends in long span bridge health monitoring system in Japan[C]//A Workshop Sponsored by the National Science Foundation on Health Monitoring of Long Span Bridges, University of California, Irvine Campus, 2001.
[71] Yozo F. Vibration, control and monitoring of long-span bridges-recent research, developments and practice in Japan[J]. Journal of Constructional Steel Research, 2002, 58:71-97.
[72] Yun C B, Lee J J, Kim S K, et al.Recent R&D activities on structural health monitoring for civil infra-structures in Korea[J]. KSCE Journal of Civil Engineering, 2003, 7(6): 637-651.
[73] Ou J P, Li H. Recent advances of structural health monitoring in mainland China[R]. Report of 2004 ANCER Annual Meeting-Networking of Young Earthquake Engineering Researchers and Professionals, Hawaii, 2004.
[74] 欧进萍, 侯爽, 周智. 多段分布式光纤裂缝监测系统及其应用[J]. 压电与声光, 2007, 29(2): 144-147.
[75] 任伟新, 韩建刚, 孙增寿. 小波分析在土木工程结构中的应用[M]. 北京: 中国铁道出版社, 2006.
[76] 李爱群, 丁幼亮. 工程结构损伤预警理论及其应用[M]. 北京: 科学出版社, 2007.
[77] 李爱群, 缪长青. 桥梁结构健康监测[M]. 北京: 人民交通出版社, 2009.
[78] 刘正光, 黄钊猷. 香港缆索桥结构健康监测系统[J]. 市政技术, 2005, 23(z1): 22-25.
[79] Loh C H, Yeh S C. Application of neural networks to health monitoring of bridge structures[J]. Nondestructive Evaluation of Highways, Utilities, and Pipelines IV, 2000, 3995: 382-393.
[80] 王枫, 吴华勇, 赵荣欣. 国内外近三年桥梁坍塌事故原因与经验教训[J]. 城市道桥与防洪, 2020, (7): 13, 73-76.
[81] 赵少杰, 唐细彪, 任伟新. 桥梁事故的统计特征分析及安全风险防控原则[J]. 铁道工程学报, 2017, 34(5): 59-64.
[82] 会计. 美迈阿密天桥垮塌前曾现裂缝搜救方找到 3 具遗体[EB/OL]. https://www.acfun.cn/a/ac4270072[2021-11-18].
[83] Hu Y C, Ta Y H, Feng X. Failure assessment and virtual scenario reproduction of the progressive collapse of the FIU bridge[J]. Engineering Structures, 2021, 227: 111423.
[84] Chirajara Bridge. http://highestbridges.com/wiki/index.php?title = Chirajara_Bridge[2021-11-18].
[85] Santiago P, Michael E K, Jonathan D M et al. Investigation of the collapse of the Chirajara Bridge[J]. Concrete International, 2019, 41(6) : 29-37.

[86] 三清居士. 沱江大桥坍塌[EB/OL]. http://blog.sina.cn/dpool/blog/s/blog_4c9b3e92010009v2.html [2021-11-18].
[87] 姚意, 袁海庆. 凤凰堤溪沱江大桥垮塌的力学思考[C]//第四届湖北省土木工程专业大学生科技创新论坛论文集, 武汉, 2011: 486-489.
[88] 宁波旅游. 海丝主题旅游摄影图库建成. https://m.sohu.com/a/231594249_395020?_f = m-article_25_feeds_28[2021-11-18].
[89] 郑荣跃, 简小生, 俞凯磊, 等. 基于事件树分析法的大跨斜拉桥施工事故分析[J]. 工程力学, 2008, (S1): 203-208.
[90] 新华网. 武夷山公馆大桥垮塌旅游大巴坠落 1 死 22 伤[EB/OL]. https://www.163.com/money/article/78UFGN1O00253B0H.html#from = relevant[2021-11-18].
[91] 武夷山公馆大桥垮塌 1 死 22 伤[J]. 广东交通, 2011, (4): 58-58.
[92] 财经网. 杭州调查称钱江三桥坍塌事故源于超载[EB/OL]. https:// china.caixin.com/ 2011-11-04/100322578. html[2021-11-18].
[93] 交通部. 交通部令[2000]第 2 号.超限运输车辆行驶公路管理规定[S],2000.
[94] 仙游今报. 施工中仙水溪大桥一 T 梁脱落, 官方回应来了[EB/OL]. https://www.sohu.com/a/278204893_250844[2021-11-18].
[95] http://dingyue.nosdn.127.net/QAYAKNZm9AGUTezCc2uRN7Iw8R0qZWQaUmidLi6doZoZW1525931034468compressflag.jpg[2021-11-18].
[96] 宋飞, 李建中, 管仲国. 汶川地震百花大桥震害分析[J]. 振动与冲击, 2015, 34(8): 121-128.
[97] 秋夜尔雨. 5.12 特辑——震后彭州[EB/OL]. https://www.poco.cn/works/detail_id2636305 [2021-11-18].
[98] 王东升, 郭迅, 孙治国等. 汶川大地震公路桥梁震害初步调查[J]. 地震工程与工程振动, 2009, 29(3): 84-94.
[99] 熊文, 张大牛. 浅基础双曲拱桥水毁倒塌全过程仿真分析[J]. 天津大学学报(自然科学与工程技术版), 2021, 54(10): 998-1007.
[100] 王艳红, 张永恒. 四川 3 座大桥垮塌地震遗址被淹(组图)[EB/OL]. http://roll.sohu.com/ 20130710/n381190136.shtml[2021-11-18].
[101] 2018 年 11 月中国桥梁事故 11 例[EB/OL]. https://www.sohu.com/a/284101318_120046620 [2021-11-18].
[102] 俞振发. 桥梁火灾后检测评估及管养建议[J]. 安徽建筑, 2020, 27(8): 207-209.
[103] 朝花夕月. 汝郴高速赤石特大桥 10·29 较大施工火灾事故调查报告摘要[EB/OL]. https://www.zhulong.com/zt_sg_3002264/detail42258151/[2021-11-18].
[104] 桥梁火灾之 2: 桥梁火灾发生的原因及其相关损失程度的详细分析解读[EB/OL]. https://baijiahao.baidu.com/s?id=1680930857522109702&wfr=spider&for=pc.2020-10-19[2021-11-18].
[105] 中国评论通讯社. 上海松江斜塘大橋出現傾斜　雙向道路已封閉[EB/OL]. http://hk.crntt.com/crn-webapp/touch/detail.jsp?coluid=7&kindid=0&docid=103065947. [2021-11-18].
[106] 羊城晚报. 广东九江大桥船撞塌桥案 7 年未了(图)[EB/OL]. http://news.sina.com.cn/c/sd/p/2014-04-14/052129927135.shtml[2021-11-18].
[107] 涟水焦点. 江苏: 南京二桥、江阴大桥、苏通大桥、限行时间调整，注意了![EB/OL]. https://www.163.com/dy/article/FB2HHDPU053785HW.html[2021-11-18].
[108] 傅琼阁, 胡国彪. 苏通大桥主桥施工控制技术[J]. 中国港湾建设, 2006, (4): 45-48.
[109] 建筑云学院. 用百元大钞铺成的大桥——嘉绍大桥, 每公里造价达 6 亿元[EB/OL]. http://baijiahao.baidu.com/s?id=1631582217753297956&wfr=spider&for=pc[2021-11-18].
[110] 贾少敏, 赵雷, 卜一之, 等. 嘉绍大桥主航道斜拉桥横梁施工控制研究[J]. 中外公路, 2014, 34(5): 100-105.
[111] 最美筠连. 宜宾又一座长江大桥正式通车! 跨江仅需 10 分钟, 长江两岸上万人围观! [EB/OL].

https://www.sohu.com/a/292470166_684102[2021-11-18].
[112] 中交二航局四公司.【头条】江蟠山踞金陵郡，筑路架桥万里连——南京分公司获江苏省五一劳动奖状纪实[EB/OL]. https://www.sohu.com/a/399733561_739449[2021-11-18].
[113] 孟庆成，齐欣，李乔. 南京长江第三大桥健康监测系统传感器优化布置研究[J]. 桥梁建设，2007, (5): 76-79.
[114] 四川在线. 泸州泰安和长江两座大桥定期检查 将临时交通管制[EB/OL]. https://www.sohu.com/a/122799759_387476[2021-11-18].
[115] 王茂强，严鹏. 泰安长江大桥结构健康监测系统设计研究[J]. 四川建筑, 2009, 29(6): 211-212.
[116] 黄石发布.【壮丽 70 年·奋斗新时代】黄石 4 座跨长江大桥，见证了城市发展变迁[EB/OL]. https://www.sohu.com/a/316292177_249870?sec=wd[2021-11-18].
[117] 彭晓彬. 鄂东长江公路大桥运营期结构监测与分析[J]. 城市道桥与防洪, 2016, (1): 10, 71-75.

第2章　智能桥梁监测系统

本章讲述桥梁健全性评估相关的系统，包括系统需求分析、系统总体组成、传感器系统、现场总线、分布式数据采集系统和远程数据传输与控制系统。最后给出了几个硬件系统实例。

2.1　系统需求分析

为实现桥梁结构的健康监测和状态诊断，进行结构状态预测和评估，智能桥梁健康监测系统的基本功能之一就是通过采集桥梁在施工过程或运营状态下的实时信号，进行处理分析后，对桥梁的结构状态、安全性和可靠性进行评估。因此，智能桥梁健康监测系统应满足以下要求。

1. 精确性

在智能桥梁健康监测系统的数据采集过程中，保证采样数据的精确性是最关键的要求。精确性包含精密性和正确性两个方面。精密性表示测量结果的分散性；正确性表示测量结果偏离真值的大小程度。而精确性是两者之和，反映测量的综合优良程度。

2. 完整性

在健康监测系统的设计中，必须避免信息不足的情况发生，也就是要保证系统测试的完整性。信息不足一般由在系统设计中对系统的功能和目的考虑不周所致。系统不能完整提供所需的信息，必然会导致系统整体功能显著下降。

3. 适用性

在健康监测系统设计中，还应防止信息过多的情况发生，也就是要保证系统测试的适用性。这种情况一般由不断提高的系统水平和不断扩大的测量范围所致，形成一种以过分的高精度和高分辨率采集所有可以得到的信息的趋势，这将导致有用的数据混在大量无关的信息中，且这些无关数据的存在，给系统的数据处理和计算机存储带来了沉重的负担，并使系统的硬件投入成本飙升。

图 2-1 示出基础设施监测硬件需求。由该图可知，硬件系统主要从时间安排、采样方式、监测对象、监测现象、设备类型和结构响应等方面进行考虑。

(1) 时间安排包括连续、定期、非周期和特定时间进行监测等需求。

(2) 采样方式有同步和异步、低速和高速采样，以及时间驱动的采样方式。

(3) 监测对象的需求要从两个层面进行讨论，一个层面从结构、构件、材料(包括复合材料)等方面分析需求，另一个从不同结构类型，如桥梁、隧道、大坝、房屋等方面分析需求。

(4) 监测现象包括应力、荷载、环境参数、反力、变形以及电化学过程等方面的需求。

(5) 对监测设备类型的需求主要从电测、光测、声测、探地测量等方面进行考虑。

(6) 结构响应的需求则从静态、动态或长期、短期，以及病害扩展过程进行考虑。

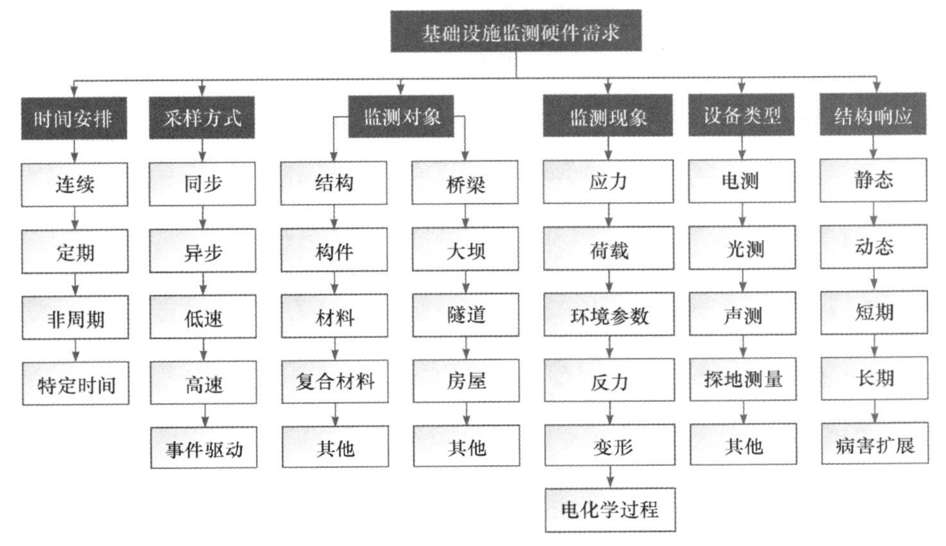

图 2-1　基础设施监测和运营系统

2.2　系统总体组成

理想的智能桥梁健康监测系统满足精确性、完整性和适用性的要求。对结构应力、变形等桥梁结构行为的监测，不仅可使桥梁结构在其运营期内处于健康运营状态，而且还可降低维修成本、延长使用寿命，因此国内外对桥梁健康监测系统的研究越来越多。智能桥梁健康监测系统是通过监测反映桥梁结构关键性能的技术指标，实现对桥梁病害和损伤的识别、实时反映结构状况，并及时对桥梁结构进行维护、检修，形成合理评估桥梁的承载能力和剩余寿命的评估系统，以便桥梁管理部门及时做出决策。智能桥梁健康监测系统的主要内容如图 2-2 所示。

在智能桥梁健康监测系统中，将监测子系统分成传感器系统和实时监测系统两部分进行研究。智能桥梁健康监测系统结构如图 2-3 所示。

传感器作为实时监测系统的基础，能感知被测物理量的变化，并按照一定的规律将其转换成可用的输出信号，由现场总线传递给实时监测系统。实时监测系统由分布式数据采集系统和远程数据传输与控制系统组成。其中，远程数据传输与控制系统包括本地计算机系统和远程管理监控计算机系统两部分。分布式数据采集系统对各个需要监测的传感器输出信号进行动态在线监测，同时将采集数据通过现场总线发送给本地计算机系统，本地计算机系统的功能是将各个模块的数据保存在数据库中，通过文本和曲线的形式进行动态显示，同时将数据通过以太网形式发送给 Internet 网络中的远程管理监控计

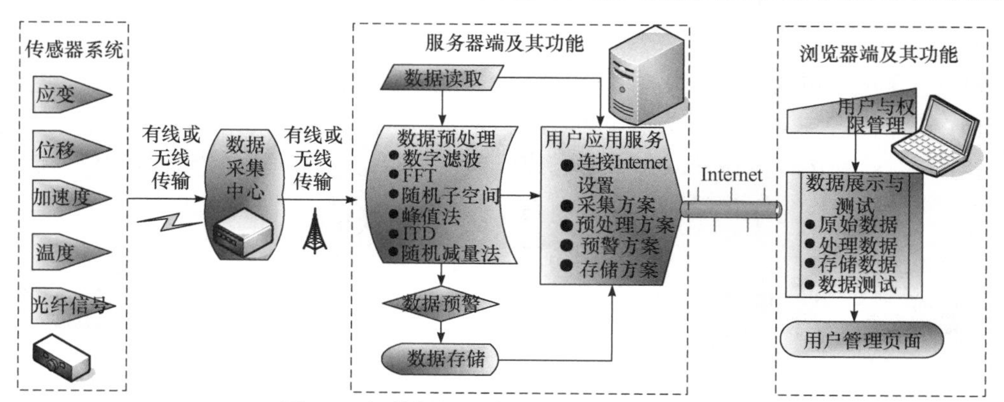

图 2-2　智能桥梁健康监测系统的主要内容

FFT：快速傅里叶变换(fast Fourier transform)；ITD：Ibrahim 时减法(Ibrahim time domain)

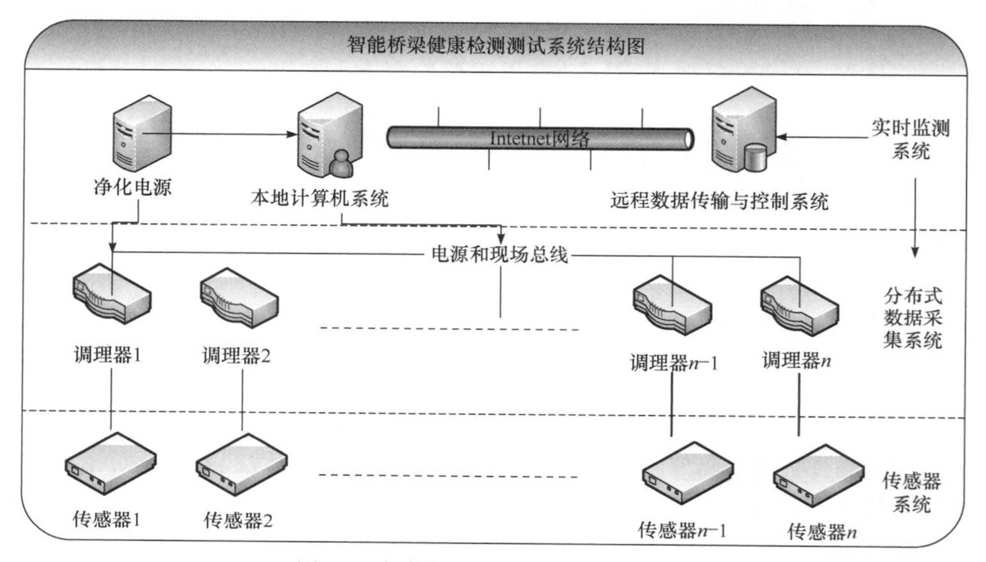

图 2-3　智能桥梁健康监测系统结构图

算机，实现数据的远程监控和管理。其中，分布式数据采集系统对采样信号的影响最大，需要特别关注分布式数据采集系统的特性及其对采样结果的影响，并根据拟采样结果准确选择合适的实时监测系统。

2.3　传感器系统

2.3.1　定义

传感器总是处于监测系统的最前端，用于获取监测信号，其性能将直接影响整个健康监测系统，对测量精确度起决定性作用。如图 2-4 所示，传感器是指能感受规定的被测物理量，并按照一定规律转换成可用输出信号的器件或装置，其基本功能是检测信号和信号转换。

图 2-4　传感器的功能

传感器一般由敏感元件、变换元件与其他辅助元件组成。如图 2-5 所示，传感器的主要内涵[1]包括以下方面。

(1) 从传感器的输入端来看，特定传感器只能感受特定的被测物理量，即特定传感器对特定物理量具有最大的灵敏度和最好的选择性。传感器的输入包括冲击、振动、电磁场等。

(2) 从传感器的输出端来看，传感器的输出信号为可用信号，可用信号是指便于处理、传输的信号。

(3) 从输入与输出的关系来看，输入与输出之间的关系具有一定规律，即传感器的输入与输出不仅是相关的，而且可以用确定的数学模型来描述，也就是具有特定规律的静态特性和动态特性。

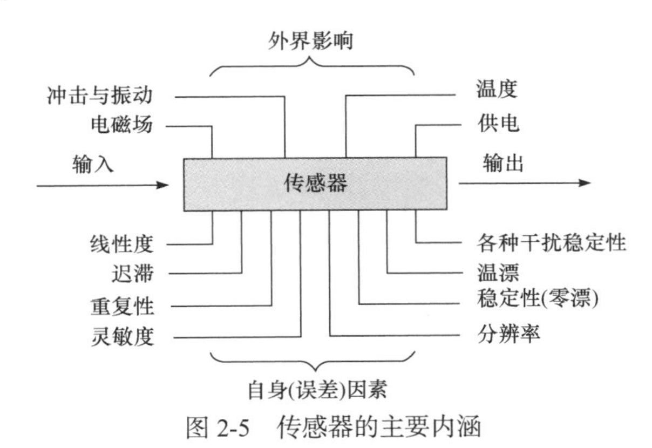

图 2-5　传感器的主要内涵

2.3.2　静态特性

传感器的静态特性是指传感器对稳定状态或变化极慢输入量的响应特性，包括以下内容。

1. 线性度

线性度就是其输出量与输入量之间的实际关系曲线偏离直线的程度(图 2-6)，一般用非线性误差 E 来表示，按式(2-1)计算，Y_{FS} 是指满量程输出值。

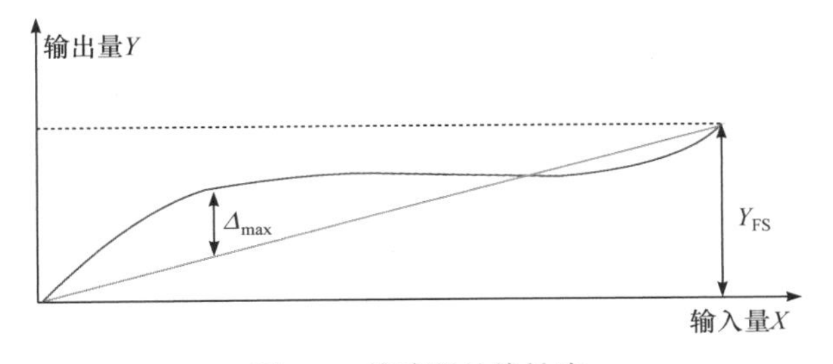

图 2-6　传感器的线性度

$$E = \pm \frac{\varDelta_{\max}}{Y_{\mathrm{FS}}} \times 100\% \tag{2-1}$$

2. 灵敏度

灵敏度 K 是在稳态下输出增量 Δy 与引起该变化的输入增量 Δx 的比值(图 2-7)，按式(2-2)计算。

$$K = \Delta y / \Delta x \tag{2-2}$$

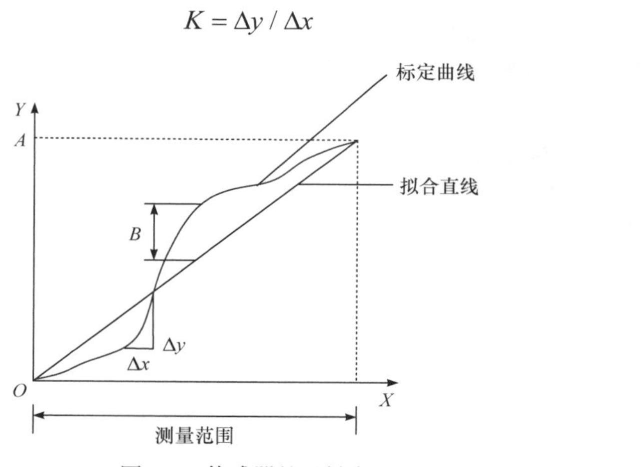

图 2-7　传感器的灵敏度

3. 重复性

重复性表示传感器在输入量按同一方向做全量程多次测试时，所得特性曲线不一致性的程度(图 2-8)，$\Delta R_{\max1}$ 指正行程的最大重复性偏差，$\Delta R_{\max2}$ 指反行程的最大重复性偏差。多次按相同输入条件测试的输出特性曲线越重合，其重复性越好，其重复性误差也越小(图 2-9)。按式(2-3)和式(2-4)计算传感器的重复性。

$$E_x = \pm \frac{\varDelta_{\max}}{Y_{\mathrm{FS}}} \times 100\% \tag{2-3}$$

$$\varDelta_{\max} = \max\left\{\Delta m_1, \cdots, \Delta m_n\right\} \tag{2-4}$$

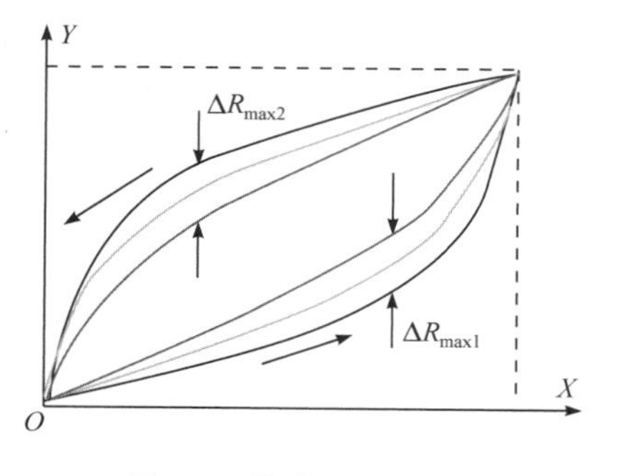

图 2-8　传感器的重复性

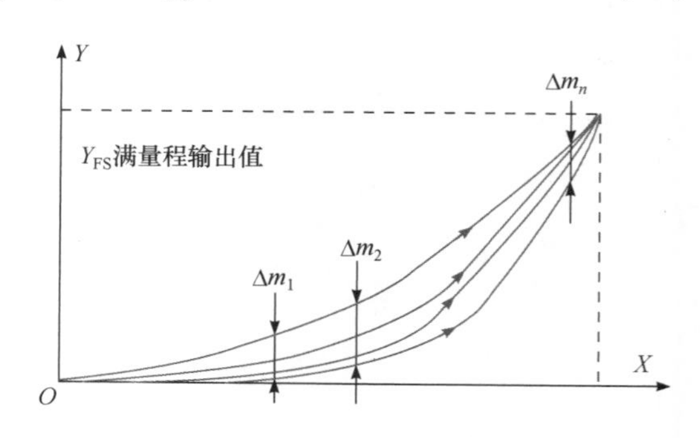

图 2-9　传感器的重复性误差

4. 迟滞

迟滞特性表明传感器在正向(输出量增大)行程和反向(输出量减小)行程期间输入-输出曲线不重合的程度(图 2-10)。迟滞特性可用迟滞误差(回程误差)γ_H 来评价，按式(2-5)进行计算，其中 Δ_{Hmax} 代表正反行程间输出的最大差值，公式中的1/2也可取为 1。

$$\gamma_H = \pm\frac{1}{2}\frac{\Delta_{Hmax}}{Y_{FS}}\times 100\% \quad (2\text{-}5)$$

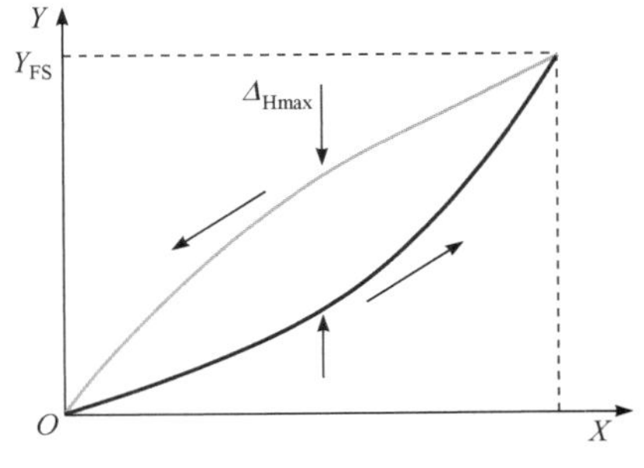

图 2-10　传感器的迟滞特性

5. 精确度

精确度是精密度和正确度之和，反映测量结果分散性和偏离真值大小的程度，是测量的综合优良程度。

6. 分辨率

分辨率用来表示传感器最小能够检测被测量变化的能力，通常以最小量程的单位值来表示。当被测量的变化值小于分辨率时，传感器对输入量的变化无任何反应。分辨率按式(2-6)进行计算。其中，Δ_{Hmin} 是指传感器能检测到的最小输入增量，即分辨率，当某些传感器输入量连续变化时，输出量只做阶梯变化，则分辨率就是输出量每个“阶梯”所代表的输入量的大小。

$$分辨率 = \frac{\Delta_{Hmin}}{Y_{FS}}\times 100\% \quad (2\text{-}6)$$

7. 漂移

漂移是指在外界干扰下，在一定时间间隔内，输出量发生与输入量无关的、不需要的变化。漂移可分为时间稳定性(时间漂移)和温度稳定性(温度漂移)。

时间稳定性是指传感器在长时间工作时输出量的变化，有时称为长时间工作稳定性；有零点漂移(图 2-11)、漂移之分，零点漂移的计算见式(2-7)。

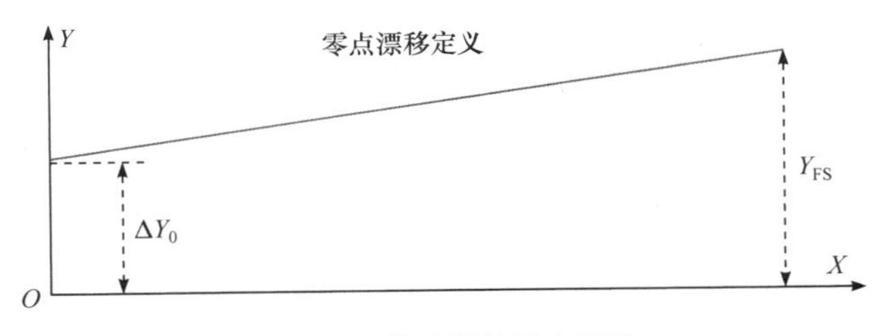

图 2-11　传感器的零点漂移

温度稳定性是指传感器在外界温度下输出量发生的变化(图 2-12)。温度稳定性误差用温度每变化若干摄氏度的绝对误差或者相对误差表示，每摄氏度引起的传感器误差又称为温度误差系数。

$$零漂=\frac{\Delta Y_0}{Y_{FS}}\times 100\% \tag{2-7}$$

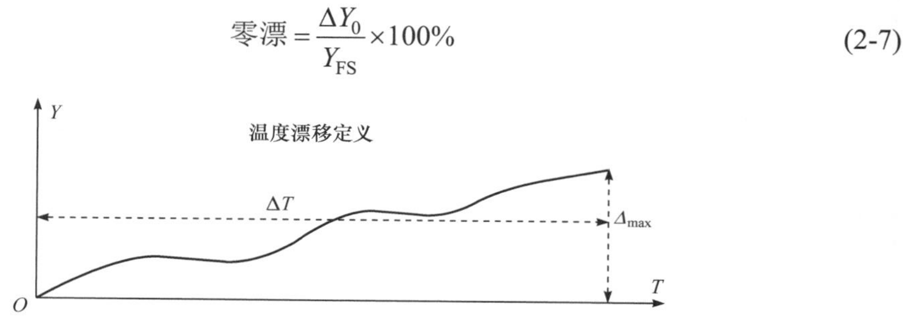

图 2-12　传感器的温度漂移

2.3.3　动态特性

传感器动态特性是指传感器测量动态信号时，输出对输入的响应特性(图 2-13)。在实际监测中，被测物理量是随时间变化的动态信号，监测系统不仅要能精确测量被测物理量的大小，还要能显示被测物理量随时间变化的规律，即被测量的波形。传感器系统的动态特性常用脉冲响应、阶跃响应和频率响应来表示。图 2-13 中 $H(\mathrm{j}\omega)$ 为频率响应函数、$h(t)$ 为脉冲响应函数、$H(s)$ 为传递函数、$y(t)$ 为任意输入 $x(t)$ 的响应函数。

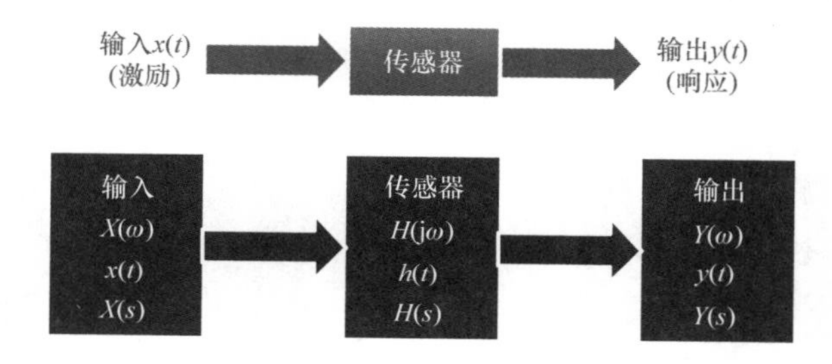

图 2-13　传感器的动态特性

1. 脉冲响应

当系统的输入为单位冲激信号 $\delta(t)$ 时，输出为脉冲响应 $h(t)$，可在时域中描述传感器的动态特性(图 2-14)。

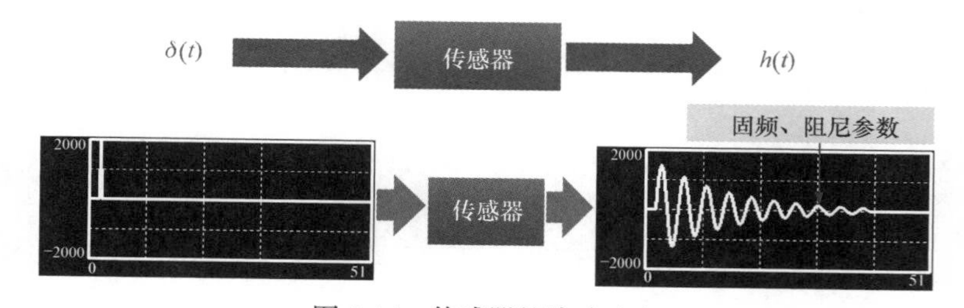

图 2-14　传感器的脉冲响应

2. 阶跃响应

当给传感器系统输入单位阶跃信号 $u(t)$ 时，其输出特性称为阶跃响应特性 $g(t)$。阶跃响应特性的衡量指标包括最大超调量、延滞时间、上升时间、峰值时间和响应时间(图 2-15)。其中，$u(t)=\begin{cases}1, & t \geqslant t_0 \\ 0, & t < t_0\end{cases}$。

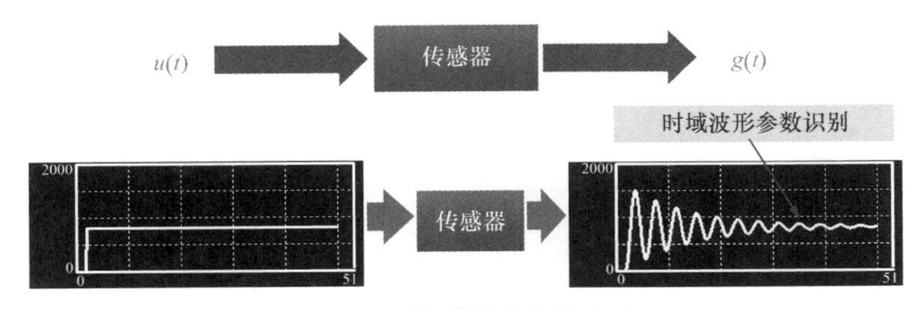

图 2-15　传感器的阶跃响应

3. 频率响应

频率响应就是在稳定状态下，输出信号和输入信号幅值比及输出信号相位随频率变化而变化的状况。逐次改变输入信号的频率，即可绘出输出信号和输入信号幅值比与频率的关系，得到幅频特性曲线(图 2-16)和表征输出信号与输入信号相位差和频率关系的相频特性曲线(图 2-17)，以便从频率域形象、直观、定量地表征传感器系统的动态特性，相应计算公式可见式(2-8)～式(2-10)。

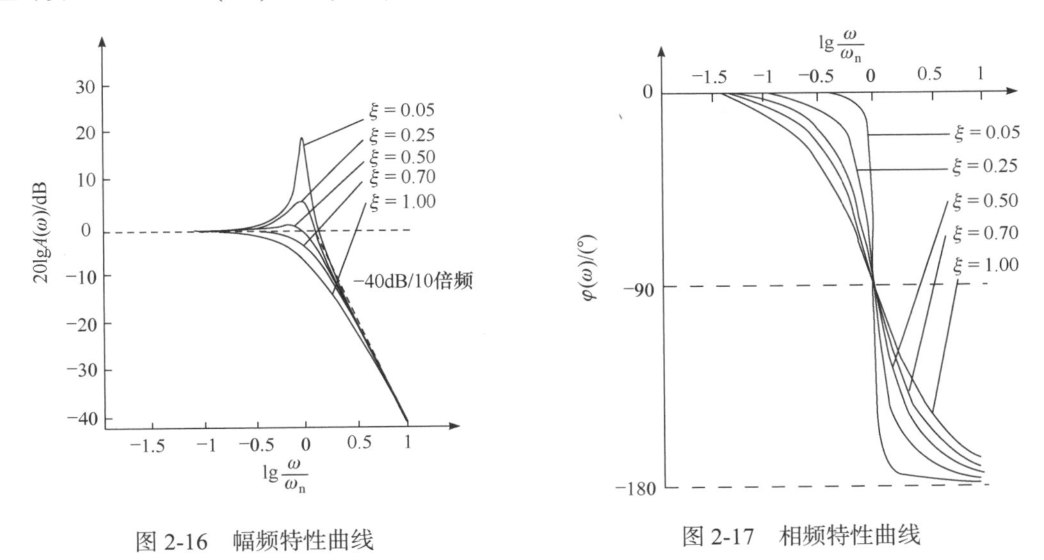

图 2-16　幅频特性曲线　　图 2-17　相频特性曲线

频率响应性能指标有频率响应范围和幅值误差与相位误差。为了扩大频率响应范围和减小动态误差，一般提高传感器的固有频率，但同时可能会使其他指标变差。因此，在实际应用中，应综合考虑各种因素来确定传感器的各个特征参数。

频率响应函数：

$$H(\mathrm{j}\omega)=\frac{Y(\mathrm{j}\omega)}{X(\mathrm{j}\omega)} \tag{2-8}$$

幅频特性：

$$A(\mathrm{j}\omega)=\left|H(\mathrm{j}\omega)\right|=\sqrt{\left[\mathrm{Re}\left(H(\mathrm{j}\omega)\right)\right]^2+\left[\mathrm{Im}\left(H(\mathrm{j}\omega)\right)\right]^2} \tag{2-9}$$

相频特性：

$$\varphi(\mathrm{j}\omega)=\arctan\frac{\mathrm{Im}\left(H(\mathrm{j}\omega)\right)}{\mathrm{Re}\left(H(\mathrm{j}\omega)\right)} \tag{2-10}$$

2.3.4　标定

1. 定义及意义

传感器的标定是指通过试验建立传感器输出与输入之间的关系，并确定不同使用条件下测试误差的过程。传感器进行标定时，须以国家和地方计量部门的有关检定规程为依据，选择正确的标定条件和适当的仪器设备，按照一定程序进行。

传感器的标定是设计、制造和使用传感器的重要环节。任何传感器在制造、装配完毕后都须对设计指标进行标定试验，以保证被测物理量值的准确传递。传感器使用、存储一段时间后，也须对其主要指标进行复测，称为校准(校准和标定本质上是一样的)，以确保其性能指标达到要求。

2. 基本方法

将已知的被测量作为待标定传感器的输入，同时用输出量测环节将待标定传感器的输出信号测量并显示出来。对所获得的传感器输入量和输出量进行处理和比较，从而获得表征两者对应关系的标定曲线，并得到传感器性能指标的实测结果。

3. 分类

根据标定的内容可将传感器标定分为静态标定和动态标定。

(1) 静态标定。用于检验传感器静态特性，主要有静态灵敏度、线性度、迟滞和重复性等的标定。

(2) 动态标定。用于检验传感器动态特性，主要有动态灵敏度、幅频特性、相频特性等的标定。

2.3.5　应变式传感器

1. 工作原理

应变式传感器是目前应用广泛的传感器之一。应变式传感器的基本构成通常可分为两部分：弹性敏感元件及应变片(丝)。弹性敏感元件在被测物理量的作用下产生一个与物理量成正比的应变，然后用应变片(丝)作为传感元件将应变转换为电阻变化(图 2-18)。将电阻应变片粘贴在各种弹性敏感元件上，可以构成测量力、压力、荷重、应变、位移、速度、加速度等各种参数的电阻应变式传感器。

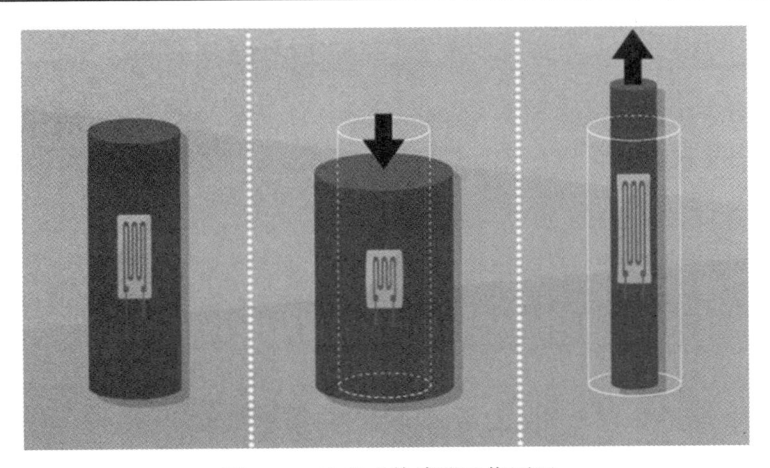

图 2-18　应变式传感器工作原理

一根金属电阻丝，未受力时初始电阻值为

$$R = \frac{\rho L}{S} \tag{2-11}$$

式中，ρ 为电阻率；L 为长度；S 为截面积。

在拉力 F 作用下，电阻丝伸长 ΔL，横截面积减小 ΔS，电阻率改变 $\Delta\rho$，则电阻值相对变化量为

$$\frac{\Delta R}{R} = \frac{\Delta L}{L} - \frac{\Delta S}{S} + \frac{\Delta\rho}{\rho} \tag{2-12}$$

式中，$\Delta L / L$ 为长度相对变化量，可用应变 ε 表示，即 $\varepsilon = \Delta L / L$；$\Delta S / S$ 为圆形电阻丝的截面积相对变化量，即 $\Delta L / L \approx 2\Delta r / r$。

由材料力学可知，在弹性范围内，轴向应变和径向应变的关系可表示为

$$\frac{\Delta r}{r} = -\mu \frac{\Delta L}{L} = -\mu\varepsilon \tag{2-13}$$

式中，μ 为电阻丝材料的泊松比，负号表示应变方向相反。

由式(2-12)和式(2-13)可得

$$\frac{\Delta R}{R} = \left(1 + 2\mu\right)\varepsilon + \frac{\Delta\rho}{\rho} \tag{2-14}$$

$$\frac{\frac{\Delta R}{R}}{\varepsilon} = 1 + 2\mu + \frac{\frac{\Delta\rho}{\rho}}{\varepsilon} = K \tag{2-15}$$

式中，K 为电阻丝的灵敏度系数，其物理意义是单位应变所引起的电阻相对变化量。

由式(2-14)和式(2-15)可得

$$K = 1 + 2\mu + \frac{\frac{\Delta\rho}{\rho}}{\varepsilon} \tag{2-16}$$

$$\frac{\Delta R}{R}=K\varepsilon \tag{2-17}$$

由式(2-16)可知，灵敏度系数受两个因素影响：受力后材料几何尺寸的变化，即$1+2\mu$；受力后材料的电阻率的变化，即$(\Delta\rho/\rho)/\varepsilon$。对金属材料电阻丝来说，灵敏度系数表达式中的$1+2\mu$的值要比$(\Delta\rho/\rho)/\varepsilon$大得多；而半导体材料的$(\Delta\rho/\rho)/\varepsilon$项的值比$1+2\mu$大得多。

大量实验证明，在电阻丝拉伸极限内，电阻的相对变化与应变成正比，即K为常数。应力与应变的关系为

$$\sigma=E\varepsilon \tag{2-18}$$

综合式(2-17)和式(2-18)即可得到应变片测量应变的基本原理：应力值σ正比于应变ε，应变ε正比于电阻值变化，故应力σ正比于电阻变化。

2. 电阻应变片分类

电阻应变片的结构种类繁多，形式各异，但其基本结构相同，一般由敏感栅、基底、黏合剂、引线、盖片等组成，如图 2-19 所示。图中L和b分别为应变片基长和宽度。基长L为敏感栅沿栅长方向测量变形的有效长度，对具有圆弧端的敏感栅，是指圆弧外侧之间的距离，对具有较宽横栅的敏感栅，是指两栅内侧之间的距离。宽度b是指最外两段栅丝之间的距离。

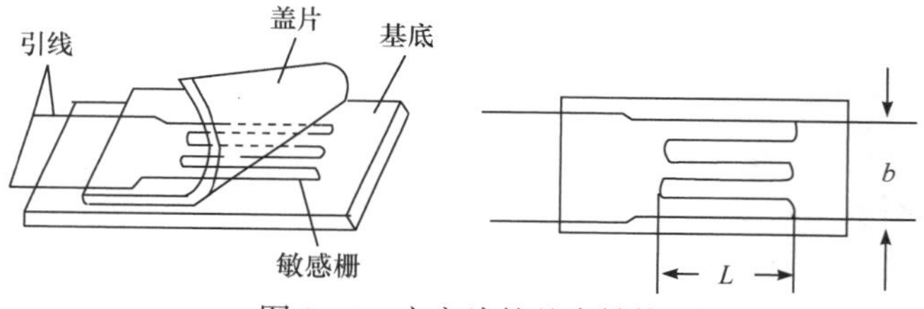

图 2-19　应变片的基本结构

电阻应变片的种类如下。

1) 丝式应变片

丝式应变片结构有丝绕式和短接式。

丝绕式应变片如图 2-20 所示，是一种常用的应变片，它制作简单，性能稳定，价格便宜，易于粘贴。敏感栅材料直径为 0.012～0.05mm，其基底很薄(一般在 0.03mm 左右)，能保证有效地传递变形。引线多用 0.15～0.3mm 直径的镀锡铜线与敏感栅相接。

短接式应变片如图 2-21 所示。在结构上，用直径比栅丝大 5～10 倍的镀银丝连接两个栅丝，镀银丝电阻较小，因此由横向应变引起的电阻变化与敏感栅的电阻变化量相比只占极小的比例，也就是横向效应很小，但由于焊点多，在冲击、振动条件下易在焊接点处出现疲劳破坏，且制造工艺要求高，未得到大量推广。

2) 箔式应变片

箔式应变片是利用照相制版或光刻腐蚀法将电阻箔材在绝缘基底上制成各种图形而成的应变片。箔材厚度为 0.001～0.01mm。图 2-22 为常见的几种箔式应变片外形。

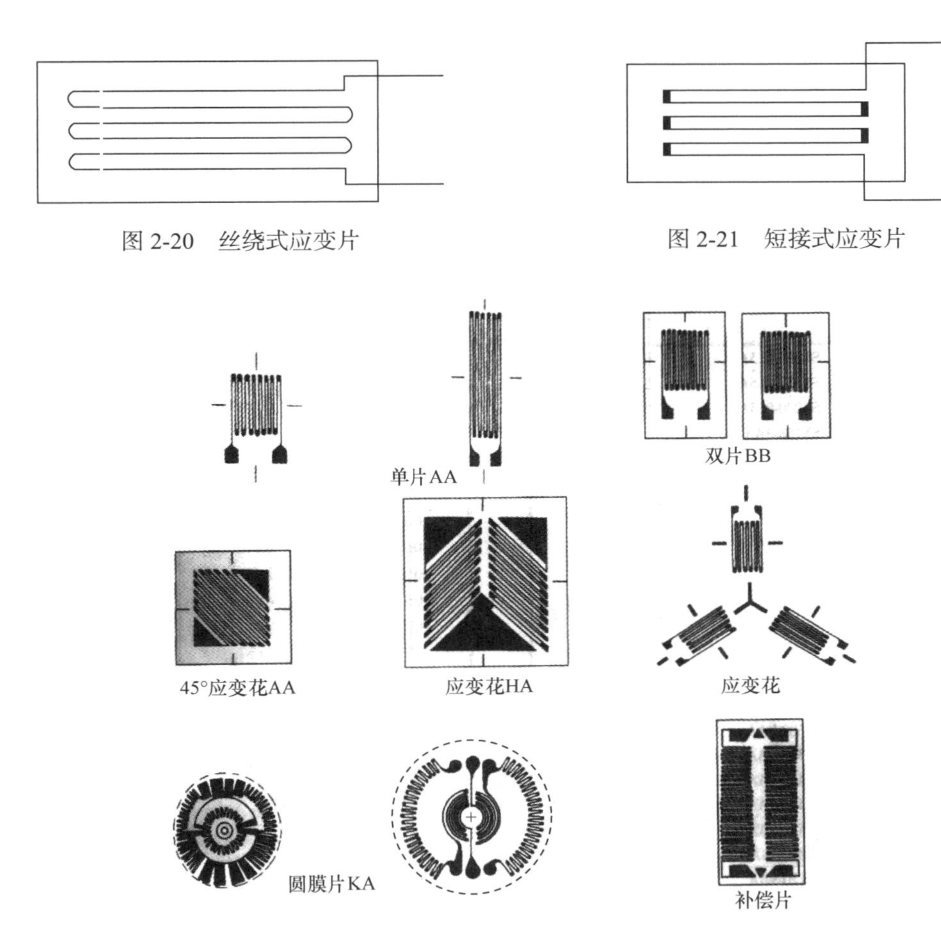

图 2-20　丝绕式应变片

图 2-21　短接式应变片

图 2-22　箔式应变片

箔式应变片有许多优点。

(1) 制造技术能保证敏感栅尺寸准确，线条均匀，可以根据不同测量要求制成任意形状。

(2) 敏感栅圆弧的横向效应可以忽略。

(3) 散热性能好，可通过较大的工作电流，从而增大输出信号。

(4) 疲劳寿命长，又因与试件的接触面积大，黏结牢固，机械滞后小。

(5) 生产效率高，不需要复杂的机械设备，便于实现工艺自动化。

鉴于上述优点，在测试技术中箔式应变片得到广泛应用。

3) 半导体应变片

半导体应变片是基于半导体材料的“压阻效应”，即电阻率随工作应力而变化的效应。所有材料都在某种程度上呈现压阻效应，但半导体的压阻效应特别显著，能反映出很微小的应变，因此半导体和金属丝一样可以把应变转换成电阻的变化。

常见的半导体应变片采用锗或硅等半导体材料制作敏感栅，一般为单根状，一些半导体应变片如图 2-23 所示。半导体应变片的突出优点是体积小、灵敏度高，灵敏系数比金属应变片要大几十倍，可以不需要放大仪器而直接与记录仪器相连，机械滞后小。缺点是电阻和灵敏系数的温度稳定性差，测量较大应变时非线性严重，灵敏度分散性大。

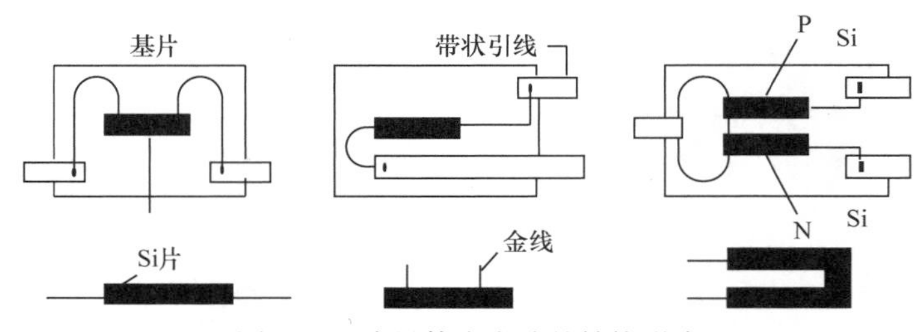

图 2-23　半导体应变片的结构形式

3. 温度补偿

作为测量应变的电阻应变片，希望它的电阻只随待测输入物理量而变，不受任何其他因素影响，但实际上应变片的电阻变化受温度影响很大。假如把应变片安装在一个可以自由膨胀的试件上，使试件不受荷载作用，此时如果环境温度发生变化，应变片的电阻将随之发生变化。在应变测量中如果不排除这种影响，势必给测量带来误差。电阻应变片由温度所引起的电阻变化与试件应变所造成的电阻变化几乎具有相同的数量级，故需要采取适当措施加以解决，使应变片正常工作。

温度补偿方法通常有桥路补偿和应变片自补偿两大类。桥路补偿法利用电桥特性来进行温度补偿，具有简单、经济、补偿效果好等特点。

1) 桥路补偿法

桥路补偿法也称补偿片法，可分为以下两种。

(1) 补偿块补偿法。

以图 2-24 所示构件为例。在构件被测点处粘贴电阻应变片 R_1，接入电桥的 AB 桥臂，另外在补偿块上粘贴一个与工作应变片规格相同的应变片 R_2，称为温度补偿片，接入桥臂 BC。在电桥的 AD 和 CD 桥臂接入固定电阻 R 组成电桥。所用的补偿块材料与被测构件相同，但是不受外力，并将它置于构件被测点附近，处于同一温度场。因此，R_1 和 R_2 因温度改变引起的电阻变化是相同的。从而可以消除温度的影响。

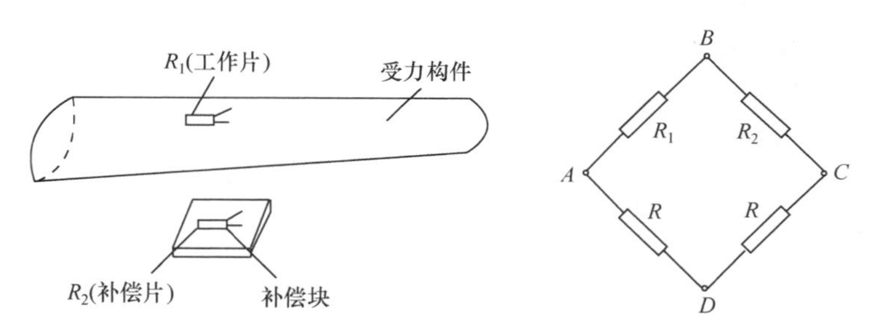

图 2-24　构件表面的测量

(2) 工作片补偿法。

这种方法不需要补偿块和补偿片，而是在同一被测试件上粘贴几个工作应变片，将它们接入电桥中。当试件受力且测点环境温度变化时，每个应变片的应变中都包含外力和温度变化引起的应变，根据电桥的基本特性，在读数应变中可以消除温度变化所引起的虚假应变，而得到所需测量的应变。因此，工作应变片既参加工作，又起到温度补偿的作用。

2) 应变片自补偿法

这是在被测部位粘贴一种特殊应变片来实现温度补偿的方法，当温度变化时，产生的附加应变为零或相互抵消，这种特殊应变片称为温度自补偿应变片。

2.3.6 桥梁健康监测系统传感器选择

面对智能桥梁健康监测的飞速发展，传感器的选取显得尤其重要，是系统组网和后期数据处理的关键因素。综合考虑实际桥梁的结构特点，在健康监测系统的结构状态识别要求的基础上，优化选择合适的传感器，以准确而全面地反映桥梁结构运营状态，是健康监测系统设计的重点之一。大型桥梁结构通常所监测的内容及其传感器见表 2-1。

表 2-1　监测内容及传感器表

监测类别	监测项目	所需传感器类型	主要监测参数
荷载	风荷载	超声波式风速计(常用于桥面板平面) 螺旋桨式风速计(常用于塔顶) 气压表 雨量计	静风、阵风风力玫瑰图 渐变风、阵风速度轮廓图 风力影响范围 风紊流强度 紊流时间长度图 紊流谱 水平、垂直向风力相关性
	温度荷载	铂电阻温度计(适用于结构钢、混凝土、沥青铺面和空气) 热电耦合温度计(适用于索)	桥梁结构有效温度场 温度差 大气温度 沥青铺面温度
	公路荷载	动态荷载传感器(受弯板型) 应变片 摄像机	各车辆的重量 轴重分配 横向荷载分配系数 交通种类 堵车时桥梁挠度 公路荷载谱 主梁的应力-应变分布
	铁路荷载	应变片 摄像机	各线路列车转向架荷载 列车荷载谱 桁架/梁的应力-应变分布
	地震荷载	伺服(随动)加速度计	塔和地锚附近的加速度 主梁和塔的反应谱
	腐蚀状态	腐蚀传感器 湿度计	有害物质(如氯化物、二氧化碳)进入混凝土的速率
系统特性	静态影响系数	水准测量 全球定位系统 应变片	列车荷载影响线或面 公路荷载影响线或面

续表

<table>
<tr><th>监测类别</th><th>监测项目</th><th>所需传感器类型</th><th>主要监测参数</th></tr>
<tr><td>系统特性</td><td>整体动态特性</td><td>伺服加速度计
应变片</td><td>频率模态
振型
阻尼比模态
质量参与系数</td></tr>
<tr><td rowspan="4">桥梁响应</td><td>索力</td><td>伺服加速度计
测力计(力环、磁弹性仪、剪力销)</td><td>各索拉力(包括主缆、吊杆和斜拉索)</td></tr>
<tr><td>几何形状</td><td>全球导航卫星系统
水准测量
位移传感器
伺服加速度计
风速计
温度传感器
振弦式应变传感器
倾斜仪</td><td>索和主梁的温度位移
索、主梁和塔的风致位移
主梁的地震位移
主梁和索的公路荷载位移
主梁和索的铁路荷载位移
混凝土桥塔的收缩徐变效应</td></tr>
<tr><td>应力应变分布</td><td>焊接式应变片
振弦式应变计</td><td>支座的应力/力分布
结构构件在风力作用下的应力/力分布
主梁构件的应力/力分布
关键构件的应力/力分配比例</td></tr>
<tr><td>疲劳应力估计</td><td>应变片</td><td>不同应力水平循环的雨流法计算</td></tr>
</table>

根据桥梁结构特点和健康监测要求确定监测类别和监测项目，参考表 2-1 选择对应的传感器，并确定主要监测参数。不同类型、型号传感器的特性是不一样的，直接影响数据的采样和后期处理方法。在充分了解和认识健康监测系统拟采集信号的基础上，根据各传感器的影响特性进行选购，可以最大限度地满足结构状态识别的需要，避免因传感器误选所导致的麻烦。同时，结合桥梁结构及健康监测特点，考虑监测系统整体特性，做到适用、经济等要求，不能一味追求高性能而过度提高系统成本，造成浪费。传感器之间的比较和选择，需要从以下几个方面的条件考虑。

1) 测量条件相关的因素

输入信号的幅值、频带宽度、精度要求、测量所需要的时间等。

2) 使用环境相关的因素

现场安装条件及情况、环境条件(湿度、温度等)。

3) 传感器相关的技术指标

传感器所测量的信号可以分为两种：一种是静态信号，即信号不随时间变化或缓慢变化；另一种是动态信号，即信号随时间变化而变化。根据测量数据形式不同，传感器特性可以分为静态特性和动态特性。

4) 监测系统相关的因素

自动采集能力、安全性识别、组网能力、信号传输距离等。

5) 购买和维修相关的因素

价格、零配件的储备、服务与维修制度、保修时间、交货时间等。

在进行智能桥梁健康监测系统传感器选择时，按上述五部分内容充分考虑。根据实际桥梁结构状态及环境因素，依次分析各指标，重点对比传感器在健康监测系统中的适用性和经济性，选择合适的传感器。

2.4　现 场 总 线

2.4.1　现场总线的研究历史

数据采集系统的发展历史，实际上就是现场总线的发展历史。现场总线是指安装在制作或过程区域的现场装置之间以及现场装置与控制室内的自动控制装置之间的数字式、串行和多点通信的数据总线。它的关键标志是支持双向、多节点、总线式的全数字式通信。总体来说，它不单单是一种通信技术，也不仅仅是用数字仪表代替模拟仪表，而是用新一代的现场总线控制系统(fieldbus control system，FCS)代替传统的分布式控制系统(distributed control system，DCS)，实现通信网络与控制系统的集成。

在很长一段时间内，计算机领域的数据传输都在使用 RS-232 和 CCITT V.24 等通信标准，尽管它们被广泛应用，但始终存在通信速率低、只能点对点传输、无法支持更高层次的计算机之间的功能操作等缺点。同时，在复杂或大规模的应用(如工业现场控制或生产自动化领域)中需要使用大量的传感器、执行器和控制器等，它们通常分布在非常广的范围内，如果在底层上采用传统星型拓扑结构，那么安装成本和介质造价都将非常高昂；而若采用流行的局域网(local area network，LAN)组件及环型或总线型拓扑结构，虽然可以减少电缆长度，但是增加的 LAN 介质及相关硬件和软件又使其系统造价与星型系统相差无几。因此，在整个网络的底层上的确需要设计出一种造价低廉而又能经受得了工业现场恶劣环境的通信系统，现场总线就是在这种背景下产生的。

2.4.2　现场总线特点

目前，现场总线的产生使得工业控制系统的设计、安装、运行以及维护等都比以前有了很大的便利，其优越性主要体现在如下方面[2]。

(1) 一对 N 结构。一对传输线，N 台仪表，双向传输多个信号，这使得接线简单，工程周期短，安装费用低。

(2) 可靠性高。数字信号传输抗干扰能力强，精度高，无须采用抗干扰和提高精度的措施，从而降低了成本。

(3) 可控状态。操作员在控制室既可了解现场设备或现场仪表的工作状况，也能对其参数进行调整，还可预测或寻找故障，整个系统始终处于操作员的监控之下，提高了系统的可靠性、可控性和可维护性。

(4) 互换性。用户可以自由选择不同制造商提供的性能价格比最优的现场设备或现场仪表，并将不同品牌的仪表互联。即使某台仪表故障，换上其他品牌的同类仪表也能照常工作，实现“即接即用”。

(5) 综合功能。现场仪表既有检测、变换和补偿功能，又有控制和运算功能。

(6) 分散控制。控制站功能分散在现场仪表中，通过现场仪表就可以构成控制回路，实现了彻底的分散控制，提高了系统的可靠性、自治性和灵活性。

(7) 统一组态。由于现场设备或现场仪表都引入了功能块的概念，所有厂商都使用相同的功能块，并统一组态方法。

(8) 开放式系统。现场总线为开放式互联网络，所有技术和标准都是公开的，所有制造商都必须遵循。这样用户可以自由集成不同制造商的通信网络，既可与同层网络互联又可与不同层网络互联；另外，用户可极其方便地共享数据库。

近年来，现场总线标准及其技术已经逐渐成为一个全世界自动控制领域关注的焦点，是当今自动化领域技术发展的热点之一，被誉为自动化领域的计算机局域网。其主要发展趋势如下[3]。

(1) FCS 将会在一定的时期内成为主流控制系统。

(2) 现场总线技术与计算机通信技术紧密结合。

2.4.3　现场总线比较

常用的现场总线有通用串行总线(universal serial bus，USB)、RS-232、以太网、RS-485、控制器局域网络(controller area network，CAN)总线等，其常用形式和特点总结在表 2-2。前两者传输距离都只有几米到十几米，不符合工业现场传输要求，以太网传输可靠且速度较快但实现方式复杂，对硬件要求比较高，因而成本较高，RS-485 总线和 CAN 总线能很好地符合要求。

表 2-2　现场总线的常用形式和特点

常用形式	特点
USB	传输距离都只有几米到十几米，不符合工业现场传输要求
RS-232	
以太网	传输可靠且速度较快但实现方式复杂，对硬件要求比较高，因而成本较高
RS-485	弥补 RS-232 通信距离短、速率低等缺点 是一种相对经济、具有相当高的噪声抑制、相对高的传输速率、传输距离远和宽共模范围的平台
CAN	多主方式的串行通信总线 有高的位速率、高抗电磁干扰性、能检测出产生的任何错误 在通信能力可靠性、实时性、灵活性、易用性、传输距离、低成本等方面有明显的优势 成为业界最有前途的现场总线之一

RS-485 和 CAN 总线是两种现场数据传输的常见方式。RS-485 是一种半双工、全双工异步通信总线，是为弥补 RS-232 通信距离短、速率低等缺点而产生的。RS-485 只规定了平衡驱动器和接收器的电气特性，而没有规定接插件、传输电缆和应用层通信协议，因而在当时看来是一种相对经济、具有相当高噪声抑制、相对高的传输速率、传输距离远和宽共模范围的平台。RS-485 总线上只能有一个主机，往往应用在集中控制枢纽与分散控制单元之间。CAN 总线是一种多主方式的串行通信总线，基本设计规范要求有高的位速率、高抗电磁干扰性而且能够检测出产生的任何错误。CAN 总线在通信能力可靠性、实时性、灵活性、易用性、传输距离、低成本等方面有明显的优势，成为业界最有前途

的现场总线之一。RS-485 网络除了硬件成本和开发难易程度比 CAN 总线网络稍具优势外，其他性能方面都没有可比性[4]。

CAN 总线技术是为分布式系统在强干扰等恶劣环境下能够正确可靠地传输而研制开发的一种总线标准，因此其较低的成本和较高的实时处理能力使其在工业自动化领域中的应用越来越广，已经成为该应用领域的发展趋势，其主要优点如下。

(1) 短报文结构。由于工业现场的数据传输特点为传输频率较大，但是每次信息量不多，因此 CAN 总线的这种短报文格式既保证了系统的实时性，又充分利用了带宽，传输效率大大提高。

(2) 确保报文的等待时间。等待时间是指从收到发送要求到开始发送之间的时间。等待时间主要取决于总线客观条件的变化。在向总线发送报文并产生失真的情况下，等待时间可高达 149 位时间(最恶劣情况)。而优先级的报文总能最先发送，这样可以最大限度地保证工业现场信息的重要传输。

(3) 总线访问优先权取决于报文标识符。采用独特的非破坏性总线仲裁技术，优先级高的节点优先传送数据，大大节省了总线冲突裁决时间，能满足不同的实时性要求。

(4) 强有力的错误处理能力，高传输可靠性。CAN 总线上的每帧有效字节数最多为 8 个，总线数据段长度最长为 8 个字节，采用循环冗余校验(cyclic redundancy check，CRC)检验并提供监测、填充规则校验、帧校验、15 位循环冗余码校验和应答校验，极大地降低了数据的出错率，为系统的可靠运行创造了良好的条件。

(5) 配置灵活，方便局域网进行扩展。

(6) 多主方式工作。各节点均可在任意时刻主动向网络上的其他节点发送信息，不分主从，且无需站地址等节点信息。

(7) CAN 的直接通信距离最远可达 10km(速率小于 5KB/s)，速率最高可达 1MB/s(40m 以内)，差动电压传输方式，通信媒介可以是双绞线、同轴电缆或光纤，特别适合网络化智能设备。

(8) CAN 节点在严重错误的情况下有自动关闭输出功能，使总线上其他节点的操作不受影响。CAN 控制器框图如图 2-25 所示。

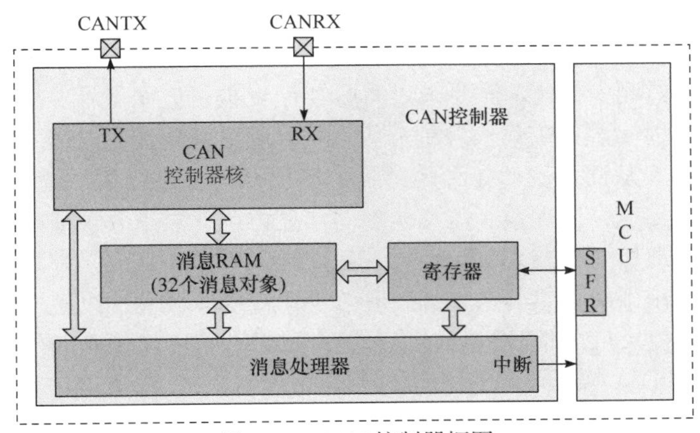

图 2-25　CAN 控制器框图

CANTX：发送引脚；CANRX：接收引脚；MCU：微控制单元(microcontroller unit)；SFR：特殊功能寄存器(special function register)

2.5　分布式数据采集系统

2.5.1　功能

分布式数据采集系统收集并处理控制由点式布置的仪器采集到的数据，并将这些数据存储或者传送出去。

2.5.2　组成

分布式数据采集系统由数据采集模块、数据处理模块和现场数据传输三部分构成。

1. 数据采集模块

数据采集模块的主要工作是进行数据的采集。传感器将测试物理量转换为电信号，为了使获取的数据有效可靠，从传感器输出的信号必须经过适当调理后才能进行数字化处理。在数据采集过程中，采用调理器对原始信号进行调理。

信号调理器是测试系统的组成部分，其输入是传感器的电信号，输出为适合传输、显示、记录或者能更好地满足后续标准设备或装置要求的信号。信号调理的目的是完成缓冲、放大、衰减、滤波、隔离和线性化等操作，保证系统输入信号的带限要求，使系统免受高压电的危害，对输入信号提供噪声抑制能力。因此调理器通常具有放大、电平移动、阻抗匹配、滤波、调制和解调等功能，通常由放大电路、调制与解调电路、滤波电路、采样保持电路、模拟/数字(analog to digital，A/D)及数字/模拟(digital to analog，D/A)转换电路等组成。

调理器可以分为上下两层。上层电路为中央处理器(central processing unit，CPU)模块，有数据采集模块的核心部件：单片机 CPU 及其外围电路和上下层连接件，主要完成数据采集、处理和传输工作。下层电路是调理放大模块，包括信号调理电路、电源电路以及传输电路等部分，主要是对采集的信号进行调理放大。信号调理电路处理传感器送来的信号，电源电路为电路板各芯片和传感器提供各种不同的电压，传输电路主要用来接收命令和传输数据。信号调理器实物如图 2-26 所示。

基于 CAN 总线的分布式信号调理模块主要由单片机 CPU、输入/输出电路、电源电路和通信接口——CAN 总线接口几部分组成。系统的结构框图如图 2-27 所示。

智能桥梁健康监测中，通常需要采集的信号有 4 类：应变信号、加速度信号、位移信号和反力信号。因此数据采集模块也分为 4 类：应变调理器、加速度调理器、位移调理器和反力调理器，从而分别对各种传感器的输出模拟量进行信号调理。

应变调理器、加速度调理器、位移调理器和反力调理器是分别基于各自对应的传感器而设计的，其原理如图 2-28 所示。

滤波放大电路用于对传感器送来的微弱信号进行滤波放大，以便进行调理转换。调理转换电路把滤波放大后的信号进行转换后，变成单片机能够识别的信号，其中比较重要的有 A/D 转换和 D/A 转换。调理器向传感器提供桥压，并根据传感器输出的微小变化与自身的桥路来测试物理量。

此外，当测试节点过多时，为了优化线路布设，使各测试子网并联，需要使用二级

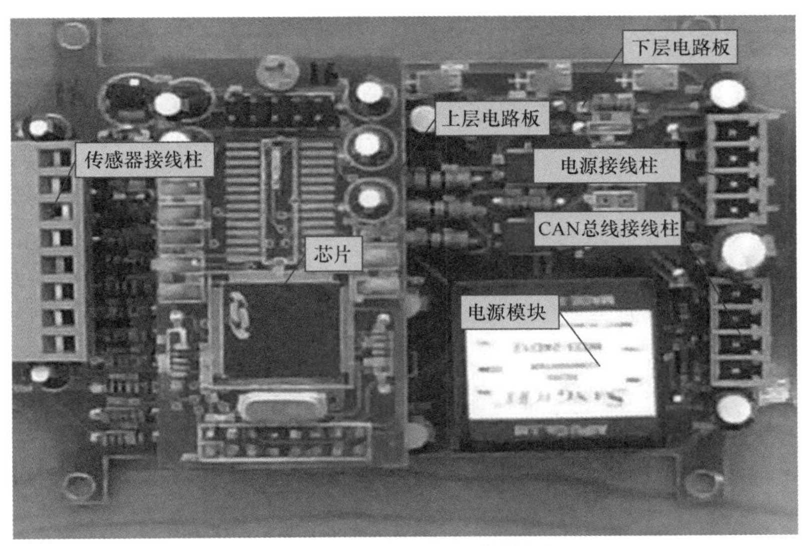

图 2-26　信号调理器实物图

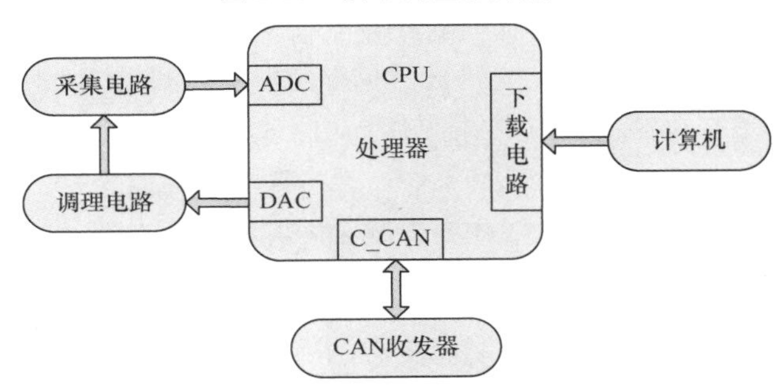

图 2-27　系统结构框图

ADC：模拟/数字转换器(analog to digital converter)；DAC：数字/模拟转换器(digital to analog converter)；C_CAN：高速 CAN

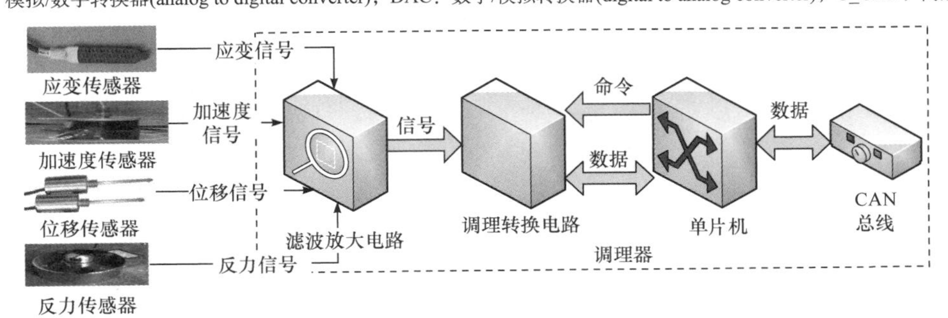

图 2-28　调理电路原理图

管理器，分别统一管理各测试子网。在泸州泰安长江大桥健康监测系统中，为提高数据效率，西南交通大学智能桥梁健康监测团队采用了二级管理器(参见 2.7 节)。

2. 数据处理模块

数据处理是指对数据采集部分收集的各种形式的数据进行分类、计算、合并、选择、存储和传送。该部分主要是通过单片机利用算法来实现的。

1) 数据处理核心 CPU 介绍

自动数据采集系统采用的单片机是完全集成的混合信号片上系统型 MCU，是数据采集与实施控制的理想微型控制器。该单片机必须满足如下要求：集成两个 16 位、1MSPS(表示每秒采样百万次，million samples per second)的 A/D 转换器，且带有直接存储器访问(direct memory access，DMA)控制器；集成有两个 12 位数字/模拟转换器，具有可编程数据更新方式；集成有控制器局域网(CAN2.0B)控制器，具有 32 个消息对象，每个消息对象有自己的标志掩码。该单片机的底层节点既需要实现许多扩展功能，同时又需要有较好的实时性以及抗干扰能力。经过优化比选，最终选择 Cygnal 公司的 C8051F060 单片机作为本系统 CAN 底层节点的微控制器[5]。

C8051F060 是一个高度集成的片上系统，在芯片内集成了 2 个多通道 ADC 子系统(每个子系统包括 1 个可编程增益放大器和 1 个模拟多路选择器)、3 个电压比较器、2 个电压输出 DAC、电压基准、SMBus/I2C 总线接口、通用异步收发器(universal asynchronous receiver/transmitter，UART)、同步串行总线(serial peripheral interface，SPI)接口、5 个通用 16 定时器总线接口、1 个具有 5 个捕捉/比较模块的可编程计数器/定时器阵列(programmable counter array，PCA)、内部振荡器总线接口、1 个 CAN2.0B 总线接口、8 个 8 位通用数字 I/O 端口和程序存储器以及与 8051 兼容的高速微控制器内核。它除了拥有标准 8051 的 256B 内部数据 RAM 之外，还有位于 CIP-51 外部数据存储器空间的 4KB 的 RAM 块，此外还提供 64KB 空间的外部数据存储器接口，可以用于访问片外存储器，其结构如图 2-29 所示。

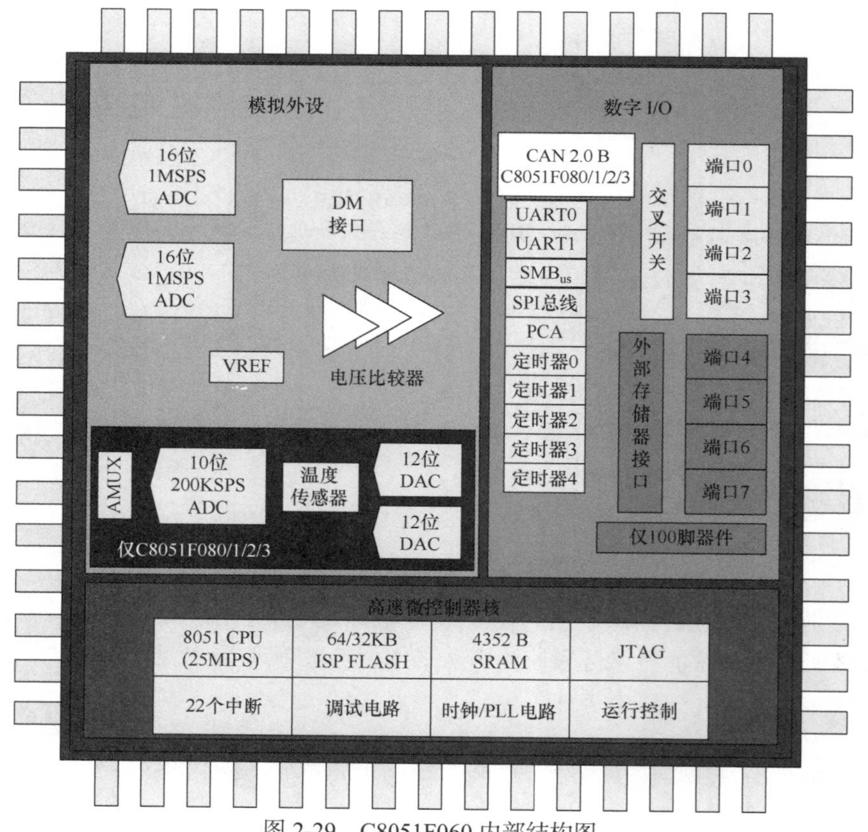

图 2-29　C8051F060 内部结构图

数据采集采用定时采集的方式，每 7ms 采集一次，每次采集的数据经过处理传到单片机里待发送。所用的 A/D 转换器是 16 位逐次比较型 A/D 转换器，如图 2-30 所示。它由控制逻辑电路数据寄存器、移位寄存器、D/A 转换器及电压比较器组成。

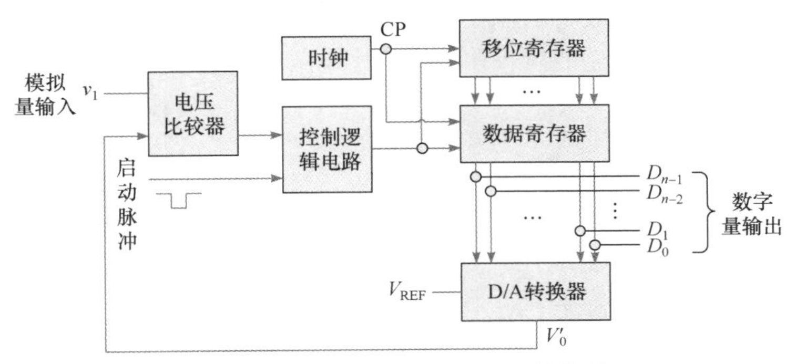

图 2-30　16 位逐次比较型 A/D 转换器

数据采集单片机程序流程如图 2-31 所示。

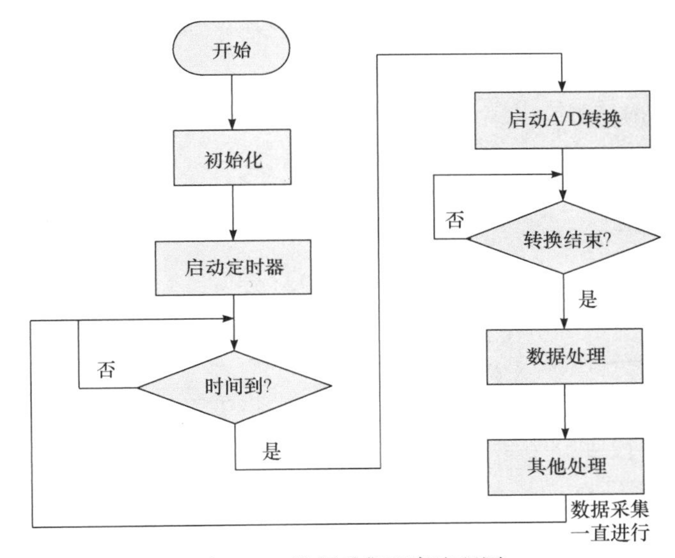

图 2-31　数据采集程序流程图

2) 数据处理算法

为了使测试数据更加准确，精度更高，数据采集部分采集的数据必须先经过处理才能传输给上位机，具体处理步骤如下。

(1) 对采集数据进行平滑处理。平滑处理在科学研究中广泛使用，可减少测量中统计误差带来的影响，尤其是用于无法通过多次重复测量得到平均值的情况，如寻找峰位、峰值或拐点等工作。通过调理器，把收集到的每 20 组数据去掉两个最大值和两个最小值，然后求平均值，将此均值作为每次采样的值。这样可以剔除异常数据，获得更为精确的值，同时采样频率相当于降低为原始的 1/20。

(2) 数据打包。数据打包是指把经过平滑处理的几组数据组成一个数据包以便于传输存储。

(3) 数据传送。数据传送是指把经过上两步转换的数据包以一定格式和频率往 CPU 的消息对象里面写，以便于 CAN 总线控制器对它们再打包传输。

数据处理软件部分还有设计控制模块，其主要作用就是随时处于待机状态，一旦上位机有命令发送过来，模块就能接收并传给单片机做相应的处理。

3. 现场数据传输

数据传输部分主要完成数据从采集模块到上位机的传输，它要求在一定的距离上通信可靠、抗干扰能力强、速度快等。通常采用 CAN 总线进行数据传输。

1) 单片机 CAN 通信

所采用的单片机片内集成的 CAN 总线控制器是 Bosh CAN 控制器，由 CAN 控制器核、消息 RAM(message RAM)、消息处理器和控制寄存器组成。单片机片内没有 CAN 总线驱动器。单片机模块要求实现全双工通信，其程序由发送和接收子程序组成。单片机把采集的数据打包发给上位机，并接收上位机传给它的命令，每个模块在软件上都有自己的一个身份标识号(identity document，ID)便于数据传输和模块识别[6]。CAN 通信程序框图如图 2-32 所示。

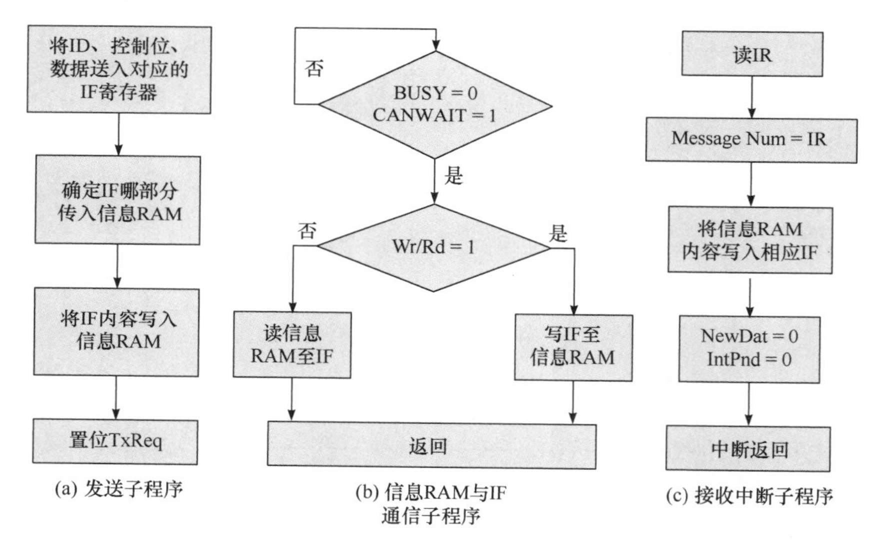

图 2-32 CAN 通信程序框图

IF：中断标志(interrupt flag)；IR：中断寄存器(interrupt register)；Message Num：消息对象(message number)；Wr：写(write)；Rd：读(read)

2) CAN 组网介绍

工业测控现场通常存在大量的传感器、执行机构和电子控制单元，它们一般分布较广，而且对实时性要求很高。图 2-33 是典型的 CAN 总线配置图，图 2-34 是基于 CAN 总线的分布式测控系统框图。该系统采用现场总线式集散系统(field distributed control system，FDCS)结构[7]，该结构由主控站、单片机为 MCU 的智能节点及 CAN 现场总线控制网络构成。主控站主要完成对各节点的在线监控以及对各节点返回信息的分析处理，并对节点发出控制命令以控制节点工作模式。智能节点则根据主控站命令来完成数据采集、运行显示和对执行部件的控制，以及各节点与主站、节点与节点之间的实时数据交换和信息控制。

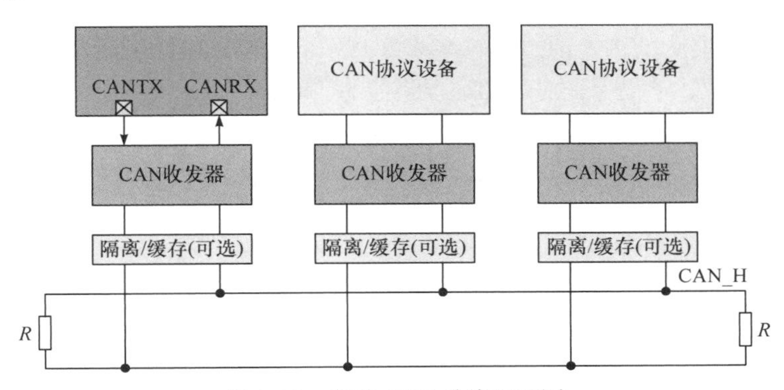

图 2-33　典型 CAN 总线配置图

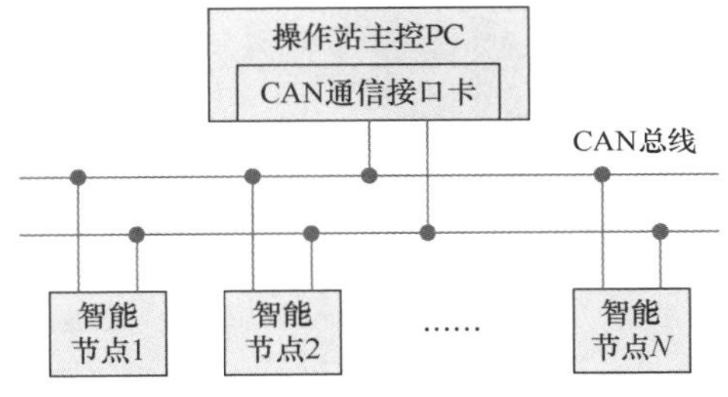

图 2-34　分布式测控系统结构

主控计算机带有 CAN 通信接口卡，通过 Windows 编程(图 2-35)控制 CAN 卡对下层各节点实施实时的管理和监控。

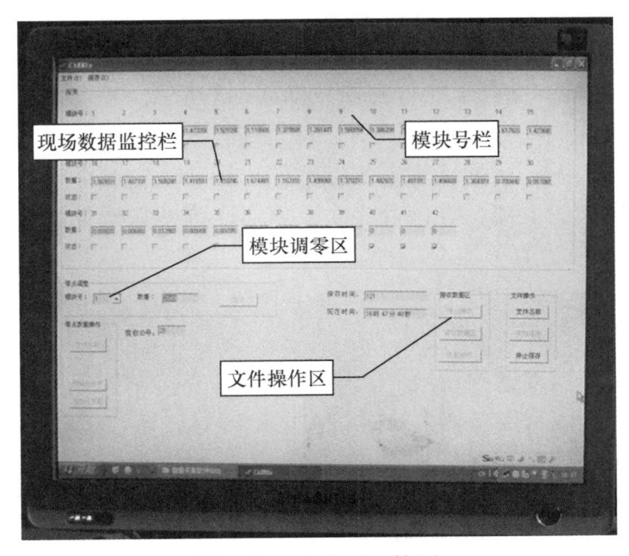

图 2-35　上位机监控图

2.5.3　特点

分布式数据采集系统具有适应能力强、抗干扰能力强、可靠性高、便于数据融合处理和可以灵活组网等优点[8]。整个系统由多个底层模块和一台接有 CAN 总线通信板卡的上位机组成，采用主从结构，通过接口卡来实现双向通信，由此可以及时得知工业现场的各种数据和运行参数，从而保证对现场远程测控的实时性。

2.6　远程数据传输与控制系统

2.6.1　功能

远程数据传输与控制系统主要负责对网络模块数据进行收集、显示、处理和保存等工作。

2.6.2　组成

远程数据传输与控制系统由两部分组成：一部分是本地计算机系统，即本地服务器端；另一部分是远程数据管理及监控系统，即远程客户端。本地服务器端的主要任务是接收 CAN 总线发送来的数据，将相应数据转换为测试物理量，显示转换值，并将数据及其相关属性存入数据库。本地服务器端还具有调零功能，发送数据给 CAN 总线中的相应模块进行调零。远程客户端的主要任务是通过远程网络访问服务端数据库，将服务端的采集数据在客户端动态显示出来(以文本方式和图形方式显示)，直观清楚，并对试验数据进行远程监控。

1. 本地服务器端

在本地服务器端，使用多线程来实现数据收集以及保存等功能，接收子线程实现接收 CAN 总线数据的功能，储存子线程实现数据保存的功能。在接收子线程里，重复检查接收情况，若收到数据则将数据压入队列；若无则继续查询接收函数。而存储子线程采用定时器来查询队列情况，队列不为空则推数据出列，为空则继续查询。因为队列是先进先出的，所以应用极为方便，在该程序中，要对队列的操作加临界区来解决队列访问冲突问题。图 2-36 所示为服务器端流程。

2. 远程客户端

远程客户端是基于远程访问技术，利用 Windows 套接字管理到应用程序服务器的连接。在客户端程序中，通过服务器的计算机名或网际互联协议(internet protocol，IP)地址来访问服务器端，服务器端是跟数据库相连的，进而可以访问远程数据库。通过数据库查询技术访问远程数据库，然后对数据库里的试验数据进行动态显示(以文本方式和图形方式显示)。图 2-37 所示为客户端流程。

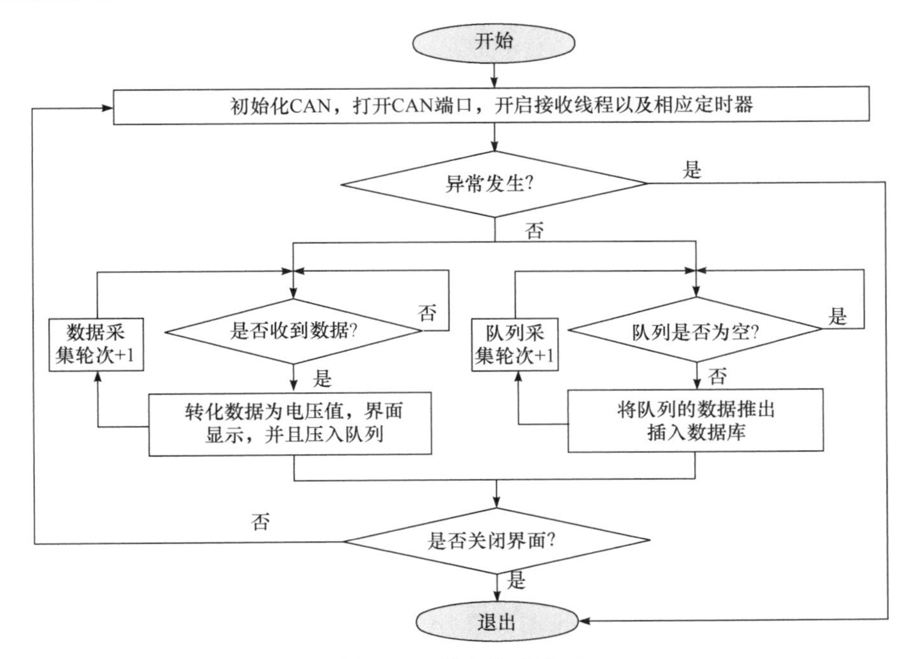

图 2-36　服务器端流程

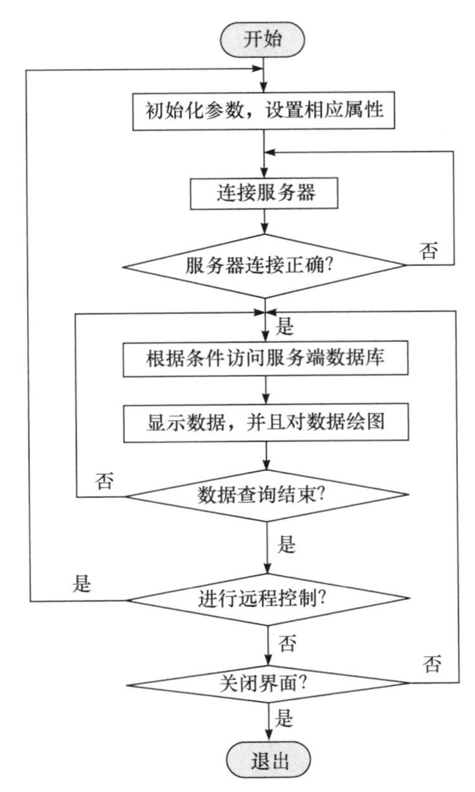

图 2-37　客户端流程图

3. 远程数据传输与控制的软件实现

1) 多线程技术

由于 CAN 组网高速发送数据，故上机位也要高速接收数据，才能达到不使数据丢失的作用。采用一个子线程监视接收函数，而主线程进行数据处理以及实现其他功能，以达到实时监控数据接收，确保数据不会丢失的目的。Delphi 的 TThread 类支持多线程工作，它封装了线程的所有属性和方法，正因如此，在使用多线程技术上就变得容易方便[9]。

2) 数据库操作

数据要保存在数据库里，通常采用结构化查询语言(structured querry language，SQL)数据库来存储试验数据，而 Delphi 在数据库访问操作上有很大的优势。Delphi 的 ADO 控件在支持数据库访问上有很大的优势，能支持多种数据库，如 Access 数据库、SQL 数据库。ActiveX 数据对象(ActiveX data objects，ADO)控件中的 ADOconnection 组件负责连接本地数据库，而 ADOquery 负责对数据库的操作，可以使用 SQL 将数据插入数据库中，达到数据保存的目的。

3) B/S 架构实现远程数据访问与监控

进行远程数据库访问，通常采用浏览器/服务器(browser/server，B/S)架构建立多层应用程序。服务器端完成主要的数据操作工作，而客户端只需要浏览器便可访问服务器端数据，对数据进行图形显示。Delphi 提供了各种 Web 开发组件用于开发 Web 应用程序。

(1) B/S 体系结构概述。

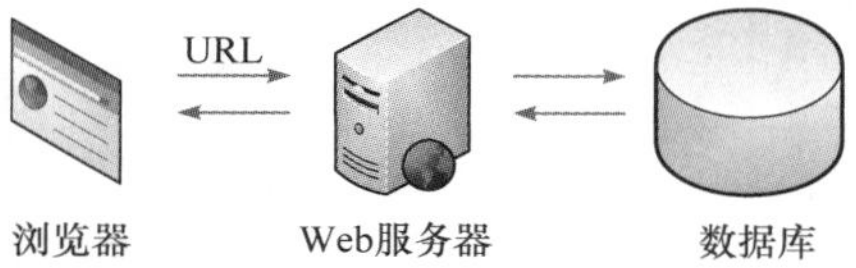

在 B/S 结构下(图 2-38)，用户界面完全通过万维网浏览器实现，用户通过浏览器向 Web 服务器发送超文本传输协议(hyper text transfer protocol，HTTP)请求，Web 服务器接收客户端发送来的 HTTP 请求。对请求进行分析，如果请求的是静态页面，那么就将所请求的页面发送到客户端。如果请求的是动态页面，那么就执行此动态页面，并将执行结果发送给客户端。动态页面中的脚本程序可以和数据库服务器进行交互。Web 服务器可以根据用户的请求动态更新页面上的信息。网站信息提供者可以通过改变数据库中的数据向用户提供最新信息，而不需要逐个更改页面，用户可以通过这些动态页面向数据库中输入信息，从而增强了用户和服务器的交互性。

图 2-38　单层 B/S 体系结构

URL：统一资源定位系统(uniform resource locator)

当前的许多 Web 应用都需要复杂的表现和逻辑处理。采用 3 层体系结构，把数据的生成和数据的表现两部分都集成在动态页面中。这就使动态页面变得非常庞大，而且应用的表现和逻辑处理混合在一起，给 Web 应用系统的开发和维护带来许多困难。针对此问题，扩展 B/S 结构，形成浏览器、Web 应用服务器、Web 应用程序、数据库服务器的结构。这事实上对 3 层结构进一步进行了扩充，成为多层体系结构，将应用的逻辑处理和应用的表现相分离，如图 2-39 所示。其中，Web 服务器(动态页面所在层)主要负责应用的表现，应用程序主要负责应用的逻辑处理。在此体系结构下，用户通过浏览器向服务器发送 HTTP 请求，Web 服务器接收客户端发来的 HTTP 请求，对请求进行分析转换，调用相应的 Web 应用程序。Web 应用程序用程序可与数据库交互，将逻辑处理结果返回给 Web 服务器，Web 服务器再将结果以超文本标记语言(hypertext markup language，HTML)、可扩展标记语言(extensible markup language，XML)的形式发送给客户端浏览器。B/S 体系结构是传统的客户机/服务器(client/server，C/S)结构的发展，代表了企业级应用的未来。

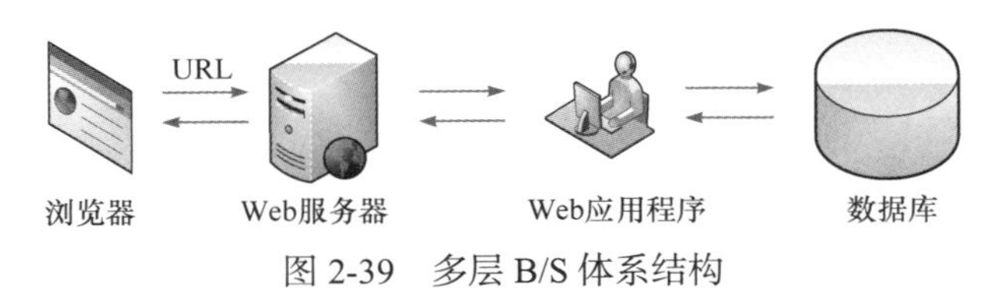

图 2-39　多层 B/S 体系结构

(2) Web 服务器应用程序类型。

B/S 体系结构的数据库应用系统开发的关键是 Web 服务器应用程序。Web 服务器应用程序是 Web 服务器在功能上的扩展，运行在服务器端，通过 Internet 传递 HTML 网页或 XML 文档之类的 Web 内容，提供了 Web 服务器和浏览器的交互。Web 服务器应用程序从 Web 服务器接收客户端发出的 HTTP 请求信息，根据这些请求信息执行逻辑处理形成响应信息，并将这些响应信息传回给 Web 服务器。

2.7　智能桥梁健康监测系统实例

为便于读者深入了解智能桥梁健康监测系统，本节以西南交通大学智能桥梁团队完成的智能桥梁模型试验、南京大胜关长江大桥健康监测和泸州泰安长江大桥健康监测为例，结合前述桥梁健康监测系统的相关要求，阐明智能桥梁健康监测系统的实际应用。

2.7.1　智能桥梁模型试验

智能桥梁模型试验属于西南交通大学智能桥梁健康监测团队承担的“铁道部科技研究开发计划重大课题——智能化桥梁结构研究”的内容。在模型试验方面，先后选择了预应力混凝土简支梁和连续梁模型进行试验[10]。这里仅介绍连续梁模型试验的智能化健康监测系统，模型桥梁的具体情况请参考相关文献。

1. 传感器系统

连续梁模型的具体传感器总体布置方案如图 2-40 所示，共布置反力传感器 8 个，应变传感器 98 个，其中埋入式应变片 60 个，表贴式电阻应变片 10 个，表贴式光纤光栅应变片 28 个，位移传感器 15 个，加速度传感器 15 个。

1) 结构变形监测

百分表属于机械类仪器，不能转化为电压信号，无法接入实时监测系统。为确保位移信号能够进入自动化数据采集系统并验证数据采集系统，选用直流差位移传感器。该传感器具有很宽的测量范围，完全满足试验要求；其精度为 0.001mm，灵敏度高，输出信号大，可方便地接入实时监测系统。

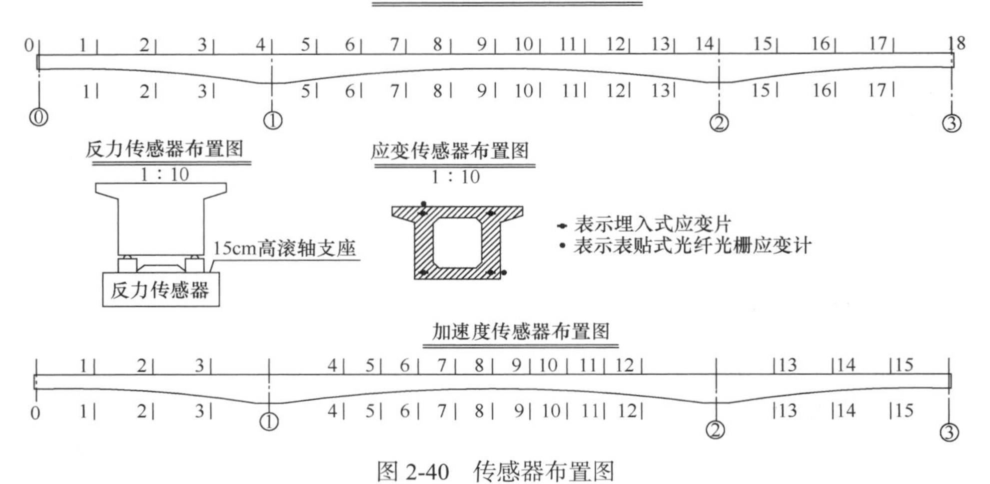

图 2-40　传感器布置图

2) 结构应力监测

使用的箔电阻应变计零漂和机械滞后问题比较严重，而埋入式光纤光栅应变片的造价太高，并且温度补偿问题也有待解决。故本试验中采用温度自补偿 VISHAY EGP-5-350 埋入式应变计，该镍铬合金传感器是专为测试混凝土应变而设计的，具有耐久性好、防水等特点。为进行应变计的验证，还安装了少量表贴式箔电阻应变计和光纤光栅应变计。

3) 结构动力监测

试验过程中，重点讨论桥梁的竖向行为，因而在连续梁模型上，安装了 8 个支座横向限位装置(图 2-41)。

图 2-41　连续梁模型横向限位架

采用两种加速度传感器，分别为 Lance 竖向 LC0804 应变式加速度计和 941B 竖向拾振器。LC0804 应变式加速度计具有静态频率响应好、灵敏度高、过载保护等特点，可与应变传感器联用，组成测量系统，特别适合低频振动测量。941B 型拾振器采用无源闭环伺服技术，以获得良好的超低频特性，主要用于地面和结构物的脉动测量、一般结构物的工业振动测量、高柔结构物的超低频大幅度测量和微弱振动测量。

试验在加载前，应测量并记录结构完好状态下模型的结构动力特性；在结构出现损伤后，测量并记录损伤状态下的结构动力特性。模型试验采用 NI PXI 1472 模块和实时监测系统共同采集数据。

4) 结构反力监测

结构反力监测可以起到校核和验证加载装置的作用，并根据反力数据修正其他监测数据，在模型桥梁四个支座处设置了 8 个反力传感器，采用 BK-4 轮辐式测力/称重传感器。该反力传感器的弹性体为轮辐、孔幅、硬芯平膜片结构，外形高度低，可用于拉伸力和压缩力测量，具有抗偏、抗侧刚度强、精度高、性能稳定可靠、量程范围广、安装使用方便等特点。两边位置各安装两个量程为 30kN 的反力支座，而中间支座安装两个量程为 50kN 的反力支座(图 2-42)。

图 2-42　反力支座传感器

5) 分布式光纤

试验中采用单模裸光纤，如图 2-43 所示，按照与预期裂缝成 45°夹角布设。在粘贴之前还有一个环节，就是光纤的下料，除光纤的粘贴长度以外，还分别在光纤的起始端和终点端设置直径为 10cm 的过渡光纤盘，单盘缠绕 95 圈，相应设计过渡光纤长度 30m，以消除盲区影响，保证传感段测量数据的精确度。

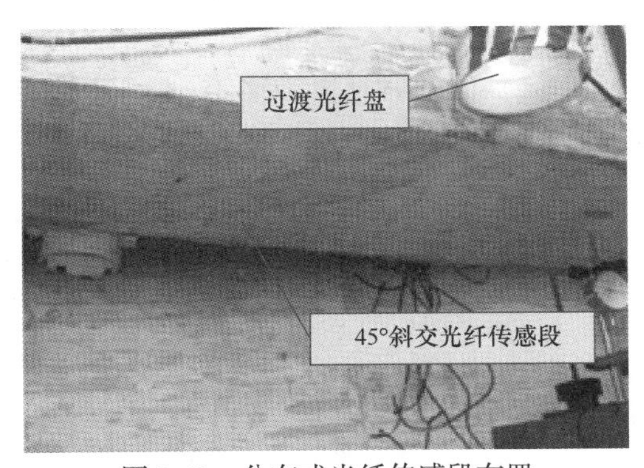

图 2-43　分布式光纤传感段布置

为避免前导传感段中损伤造成的光损耗盲区对后续传感器中损伤信号的“淹没”影响，在各直线传感段之间设置直径为 10cm 的过渡光纤盘，每盘缠绕 30 圈，相应过渡光纤设计长度为 9.5m。在布设过程中，应特别注意保证光纤完整性和消除局部初始微弯，尽量保证中间不出现断痕和熔接点等初始缺陷。初始缺陷对测试动态范围及损耗准确值确定均存在影响。

2. 数据采集系统

由于测试项目和测试传感器的类型不同，采集系统的选用也有所不同，试验采用表 2-3

所示的试验数据采集系统[11]。

表 2-3 连续梁模型试验数据采集系统的组成

测试项目	传感器	采集载体	采集仪器
应变	箔电阻应变计	多芯电缆	UCAM 60B 采集仪、实时监测系统
	Vishay 埋入式应变计	多芯电缆	
	光纤光栅表贴式应变计	光纤光栅	FONA-2004B 型光纤光栅传感网络分析仪
裂缝	分布式光纤	单膜光纤	EXFO-FTB400(OTDR)
加速度	压电式加速度传感器	多芯电缆	NI PXI-1050、实时监测系统
	应变式加速度传感器		
支座反力	轮辐式测力/称重传感器	多芯电缆	UCAM 60B 采集仪、实时监测系统
挠度	直流差动位移传感器	多芯电缆	实时监测系统

1) 实时监测系统

监测系统由分布式数据采集系统和远程数据管理及控制系统组成。数据采集系统为基于 CAN 总线的分布式数据采集系统。以 CAN 总线 2.0B 协议为基础设计，带有 CAN 总线通信接口的数据采集与处理底层模块以及具有实时监控与控制功能的上位机程序。底层模块的硬件设计以 C8051F060 高速型单片机为核心，其内部已经集成了 A/D 采集和 D/A 输出子模块以及 CAN 总线通信模块。本地服务器端采用普通计算机，使用多线程来实现数据采集以及保存等功能。远程客户端是基于远程访问技术，利用 Windows 套接字管理到应用程序服务器的连接。实时监测系统布置如图 2-44 所示，具体系统构成和使用方式如 2.5 节和 2.6 节所述。

图 2-44 中，0、4、14、18 截面布置反力传感器；1～17 截面处均布置应变传感器；1～3、5～13、15～17 截面处均布置挠度仪；0、18 截面处布置纵向位移计；1～15 截面处均布置竖向和横向加速度传感器。其中，反力传感器、应变传感器关于跨中中心线对称布置，加速度传感器布置位置为梁截面顶部正中。调理器系统编号为 T-SC-N。其中，T 为调理器类型，1 为反力调理器，2 为应变调理器，3 为挠度调理器，4 为加速度调理器；SC 为测试截面号，N 为同截面同类型调理器序号。模型试验电源额定电压为 24V，额定电流为 3A。试验传感器、调理器统计见表 2-4。

表 2-4 传感器、调理器统计表

名称	数量/个		名称	数量/个
	工作	补偿		
反力传感器	8		反力调理器	8
表贴式光纤光栅应变计	34	34		
埋入式应变计	28	28	应变调理器	28
挠度仪	5		挠度调理器	5
纵向位移计	2			
加速度传感器	7		加速度调理器	7

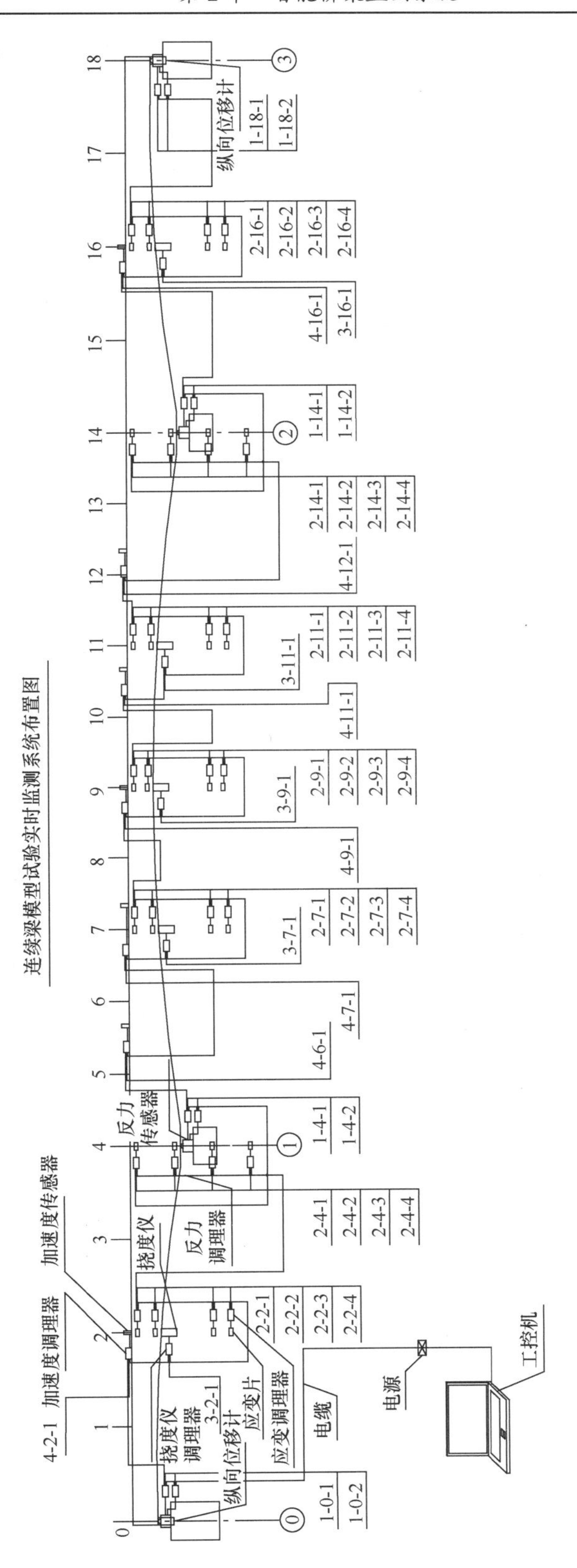

图2-44　连续梁模型试验实时监测系统布置

2) 光纤光栅应变计数据的采集模块

采用上海紫珊 FONA-2004B 型 4 通道光纤光栅传感网络分析仪对光纤应变计数据进行采集。该分析仪为光纤光栅应变传感网络提供激光光源，并实时采集、分析反射光信号，其波长调节分辨率达 1pm(对应 1με)，实时采样可实现 4 通道同时最高约 100Hz 扫描。传感器采用串联方式接入传感网络，单通道最多可串联 64 个传感器，可实现多通道多测点，准分布式应变测量。

3) 分布式光纤数据的采集模块

分布式光纤裂缝传感网络采用加拿大 EXFO-FTB400 光纤网络测试平台(optical time-domain reflectometer，OTDR)。OTDR 可测量分布式光纤裂缝传感网络中各点向后散射的光能量，可进行实时监测或平均化处理，绘制光纤网络后向散射光功率变化曲线，自动进行基本事件定位。

EXFO-FTB400 光纤网络测试平台(图 2-45)直接与主控计算机相连，主控计算机可直接发出指令，进行数据采集，且 EXFO-FTB400 光纤网络测试平台可自动实现光信号与数值信号之间的转换，主控计算机可直接获得数值信号，减少了主控计算机解调的步骤。

4) 加速度数据的采集模块

通过 DASYLab 编程，采用美国国家仪器有限公司(National Instruments，NI)仪器进行数据采集，以此数据作为分析结构的振型和频率的依据。该模块能将电信号直接转化为数值信号，达到预处理的效果。NI 仪器也可直接与主控计算机相连，由主控计算机发出采集指令，数据可通过 NI 仪器直接传输至主控计算机(图 2-46)。

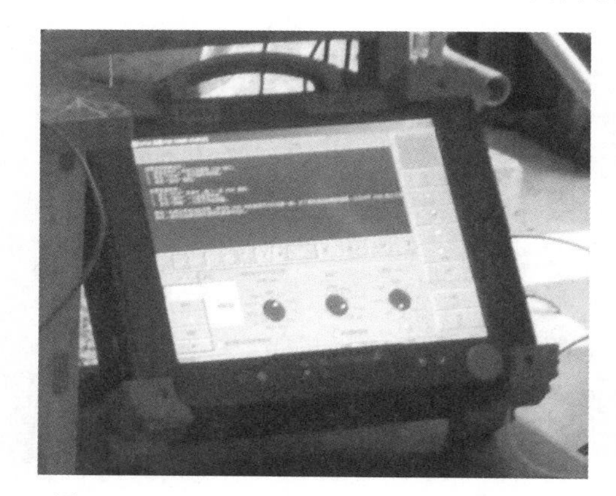

图 2-45　EXFO-FTB400 光纤网络测试平台

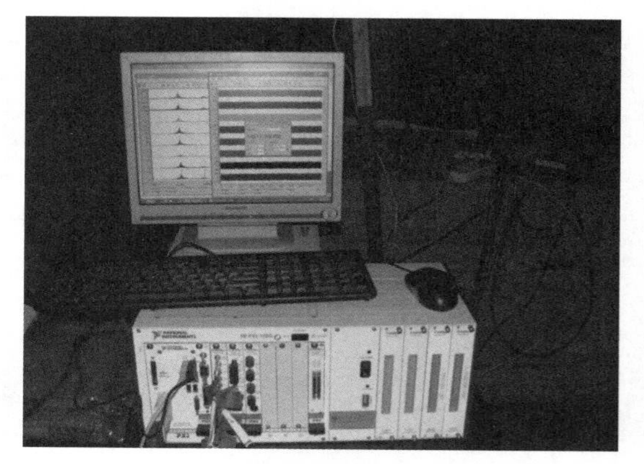

图 2-46　NI 应变数据自动采集系统

2.7.2　南京大胜关长江大桥健康监测系统

南京大胜关长江大桥为双塔双索面钢塔钢箱梁斜拉桥，采用半漂浮结构体系，纵向设弹性约束，其跨径布置 63m + 257m + 648m + 257m + 63m = 1288m。钢箱梁全宽为 37.20m(包括风嘴)，中心线处梁高 3.2m(内轮廓线)，全桥设 4×21 对斜拉索，主塔采用“人”字形钢塔，高 215m；主塔基础采用钢套箱-钻孔桩组合基础。南京大胜关长江大桥健康监测系统由西南交通大学研发，2006 年 5 月正式投入使用[12]。

传感器测点布置如图 2-47 和图 2-48 所示。图 2-49 为健康监测系统界面。

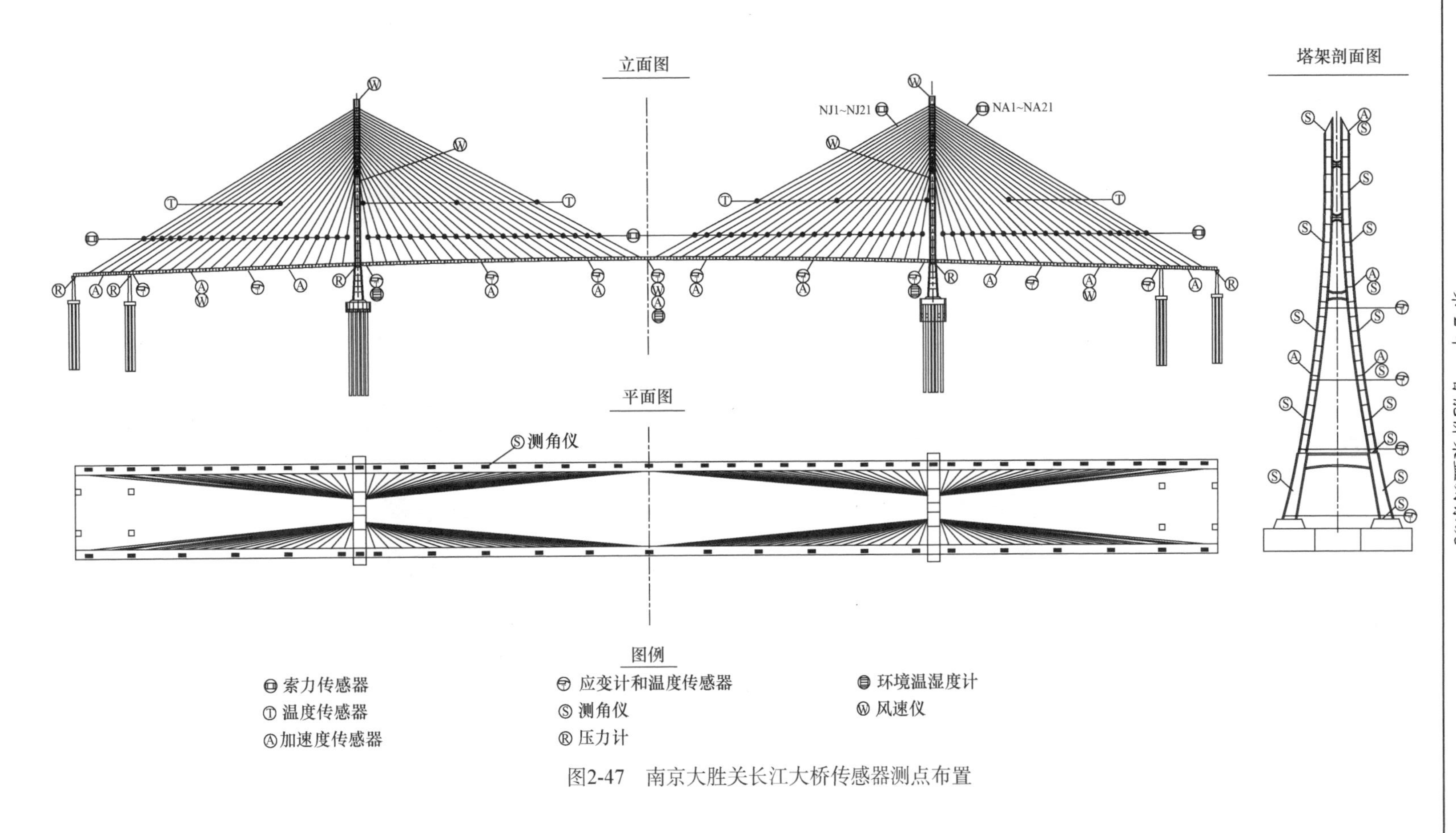

图2-47　南京大胜关长江大桥传感器测点布置

图 2-48　传感器布置

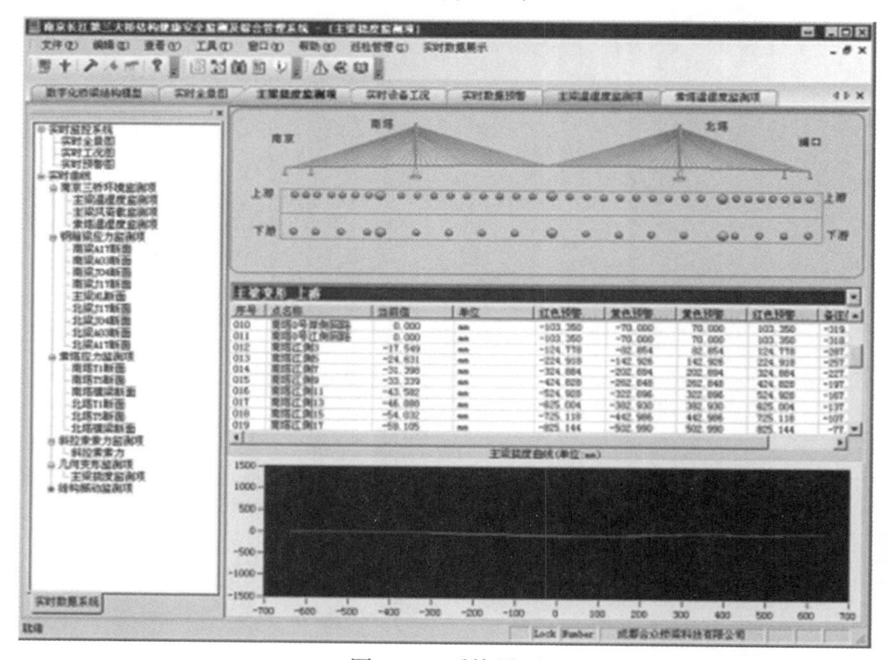

图 2-49　系统界面

2008 年 1 月 26 日～2 月 1 日，南京遇到了 50 年一遇的大雪。南京地区从 1 月 26 日凌晨开始下雪，2:15 封桥，历时两天。在这段时间除将行车道的雪推向两侧路面外基本未开展其他工作。28 日中午大雪渐止，晚上 6 时交通逐步开放。图 2-50 为南岸索塔江侧 21 号索力的变化情况。

下雪前这一对斜拉索的索力均值基本稳定在 4080kN 左右，28 日雪停后，索力均值基本维持在 4260kN 左右，增加了约 200kN。

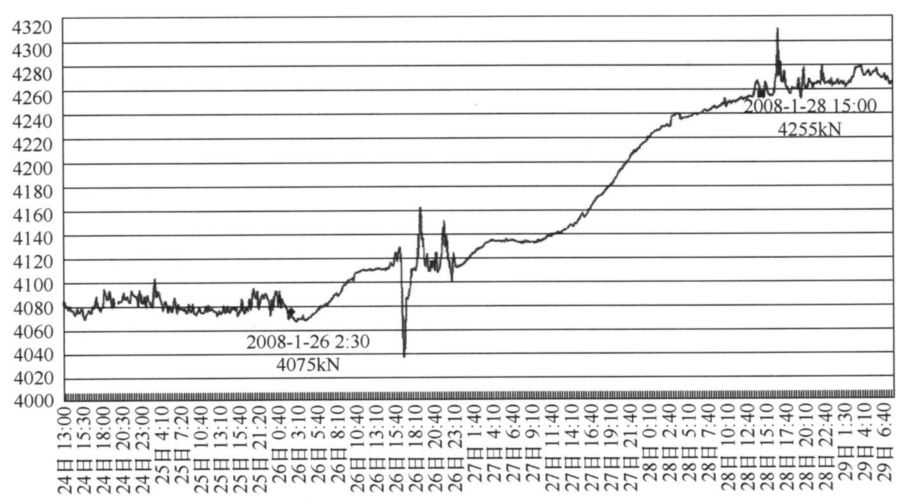

图 2-50　下雪前后南岸索塔江侧 21 号索力平均值变化曲线(单位：kN)

下雪前跨中挠度均值基本稳定在 30mm 左右，28 日雪停后，挠度均值基本维持在 230mm 左右，增加了约 200mm，变化情况如图 2-51 所示。

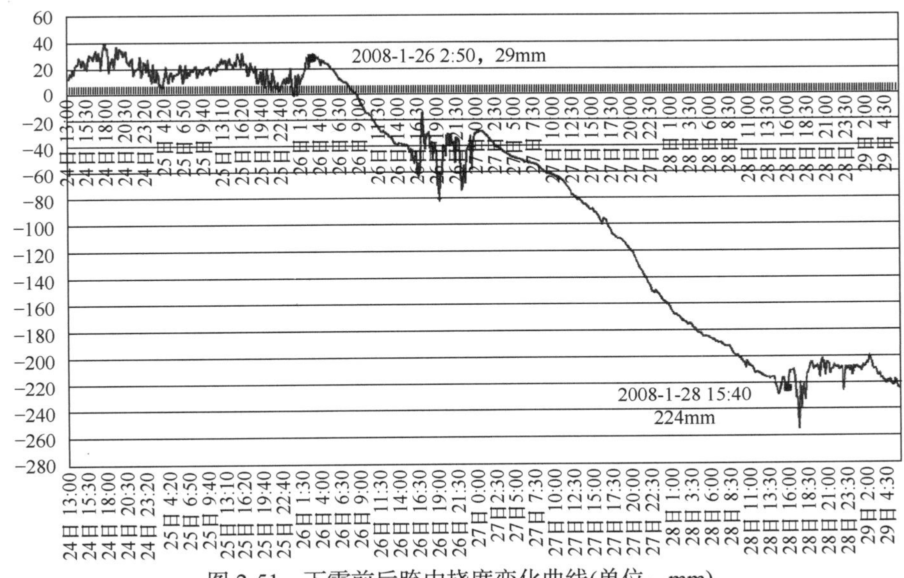

图 2-51　下雪前后跨中挠度变化曲线(单位：mm)

28 日 18 时后交通逐步开放，开放初期索力约为 4275kN，经 36h 不间断铲雪，索力下降至 4163kN，下降了约 100kN。30 日中午开始主桥由北往南方向单侧车辆积压较多，并在 18 时达到峰值，夜间 21 时回到基本状态。图 2-52 为南岸索塔江侧 21 号索的变化情况。

此时，挠度也有相应变化，开放初期挠度下浮约为 220mm，36h 后挠度提高到 63mm，车辆积压主桥偏载后出现的最大平均挠度为 740mm，之后随着车流量增大，逐步稳定到 120mm 左右，变化情况如图 2-53 所示。

图 2-54 和图 2-55 展示了监测系统在 2008 年日本地震中的应用。

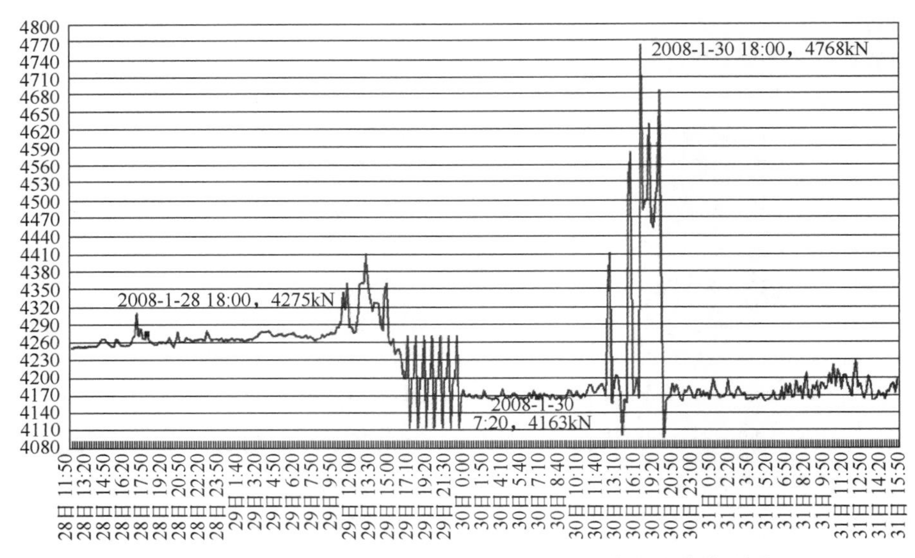

图 2-52　交通开放后南岸索塔江侧 21 号索力平均值变化曲线(单位：kN)

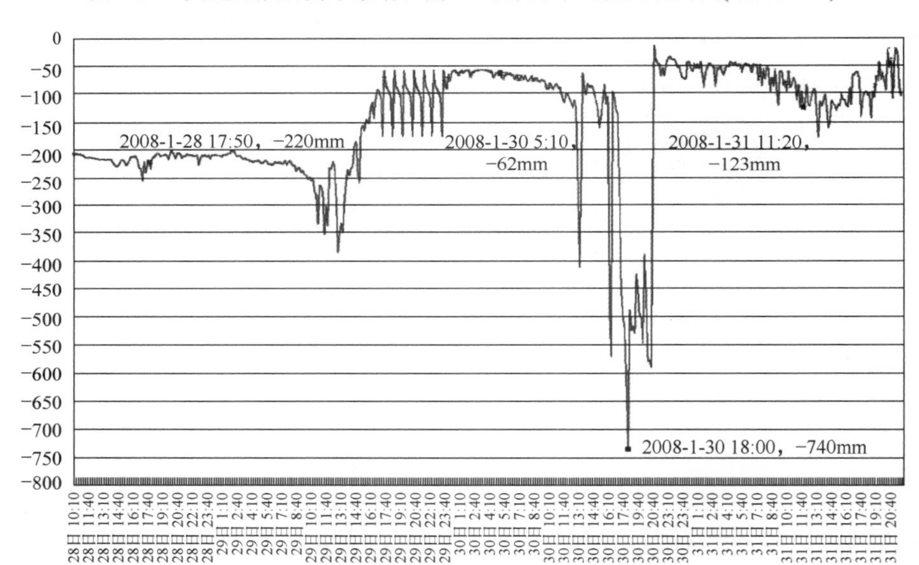

图 2-53　交通开放后跨中挠度变化曲线(单位：mm)

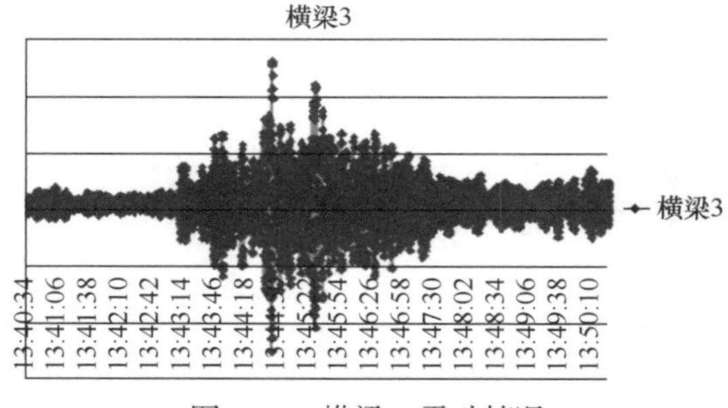

图 2-54　横梁 3 震动情况

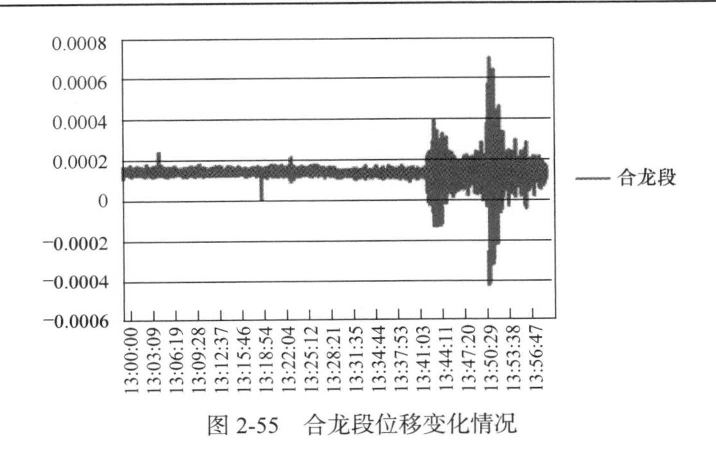

图 2-55　合龙段位移变化情况

2.7.3　泸州泰安长江大桥健康监测项目

受泸州市绕城公路建设指挥部的委托，西南交通大学健康监测团队对泸州泰安长江大桥进行了斜拉桥结构健康安全监测，该桥为 208m + 270m + 35m + 30m 预应力混凝土独塔双索面斜拉桥。该桥健康监测硬件系统的安装调试以及部分测试数据的分析工作于 2008 年 9 月完成，目前该系统运行情况良好[13]。

泸州泰安长江大桥健康监测系统分为三大子系统，分别是桥塔倾斜测试子系统、梁体应变测试子系统和梁体挠度测试子系统。其中，下游塔柱的组网 1 和上游塔柱的组网 2 构成了桥塔倾斜测试子系统，而泰安侧梁体的组网 3 和泸州侧梁体的组网 4 共同构成了梁体应变测试子系统以及挠度测试子系统。各子系统均由控制室内的工控机进行控制和通信，实现了系统的统一控制和数据采集。泸州泰安长江大桥健康监测系统如图 2-56 所示。图中，粗箭头实线为 220V 电线，细箭头实线为经过交流/直流(alternating current/direct current，AC/DC)模块电源后输出的 24V 电线，细实线为信号电缆。

1. 传感器系统

1) 结构变形监测

采用美国 EL 智能倾斜仪(图 2-57)测试桥塔倾斜量，该倾斜仪量程小，分辨率高，可用于监测结构倾斜变化。倾斜仪由电解质式倾斜传感器组成，该传感器封装在外盒里。倾斜仪内有一种精密水准泡，由电阻电桥进行量测并输出电压信号，其值与偏移量成正比。用支架将倾斜仪固定在塔壁上，把传感器读数调到零值附近并记录初始读数。通过比较当前读数和初始读数来确定倾斜量的变化。

采用罗斯蒙特变送器[14](图 2-58)作为梁体挠度测试传感器，罗斯蒙特变送器是具有可变规模(scalable)平台设计的新一代 3051S 型系列变送器，从设计到安装，从维护到操作都能实现最优的测量理念。

2) 结构应变和温度监测

在梁体应变测试子系统中，采用应变片作为应变测试的传感器，同时安装温度传感器。应变片采用日本 PML-60-2L，长 60mm，宽 1mm，电阻为 120Ω，应变系数为 2.09，

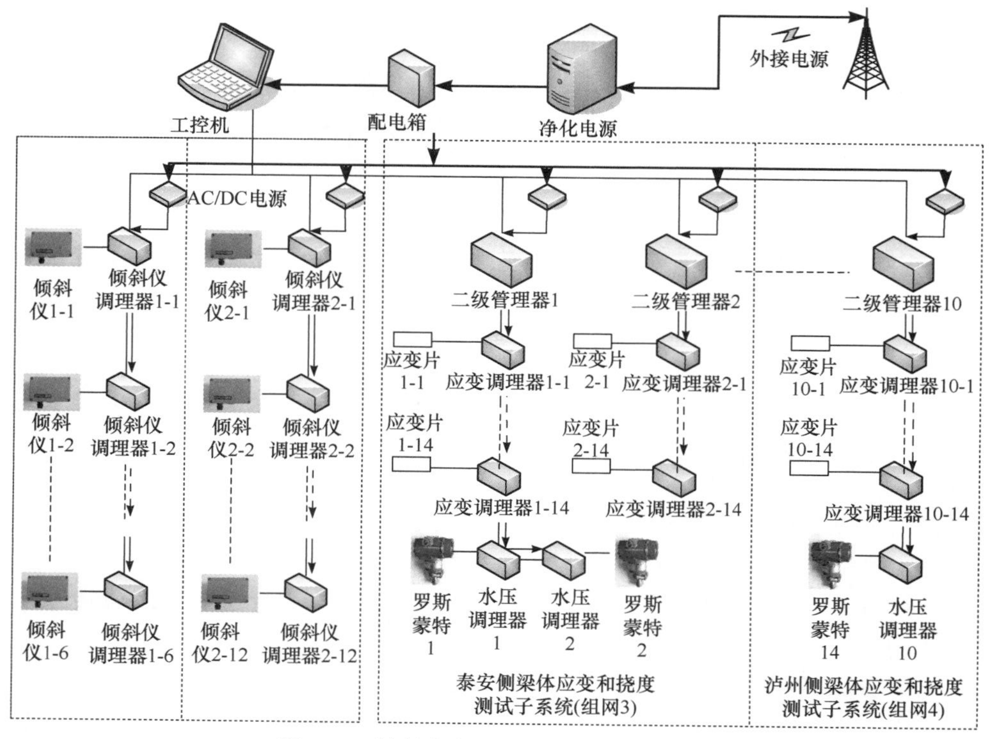

图 2-56　泸州泰安长江大桥健康监测系统

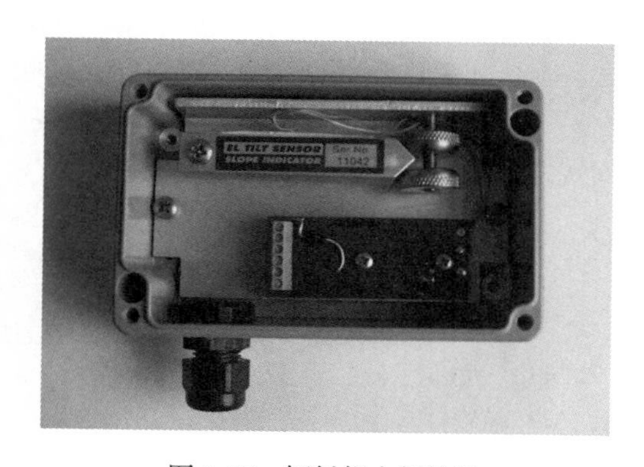

图 2-57　倾斜仪内部构造

图 2-58　罗斯蒙特变送器实物图

温度传感器采用美国 DALLAS 最新单线数字温度传感器 DS1820，这种传感器体积更小、适用电压更宽、更经济，是世界上第一片支持“一线总线”接口的温度传感器。一线总线独特而且经济的特点，使用户可以轻松地组建传感器网络，为测量系统的构建引入全新概念。

2. 分布式数据采集系统

与室内模型试验桥梁相比，实际桥梁大很多。为满足如前所述的实际桥梁数据采集要求，在泸州泰安长江大桥的分布式数据采集系统中，采用二级管理器方式进行现场组网。

1) 二级管理器

泸州泰安长江大桥数据采集系统的最大特色是采用二级管理器。在梁体应变和挠度测试子系统中，为了优化线路布设，使各测试截面子网之间并联，需要使用二级管理器。将各罗斯蒙特调理器接入与其最接近的应变测试截面线路中，共同组成一个子网，并由同一个二级管理器进行管理。

二级管理器的原理如图 2-59 中虚框内所示，它由 CPU、电源、RS485 总线 1 和 RS485 总线 2 构成，CPU 通过 RS485 总线 1 对 n 个测量模块进行管理和数据收集工作，同时与其他的二级管理模块和远程管理计算机构成 RS485 总线 2，将收集到的 n 个测量模块的数据上传给远程管理计算机。二级管理器电源电压为 24V，现场总线采用 RS485，二级管理器实物如图 2-60 所示。

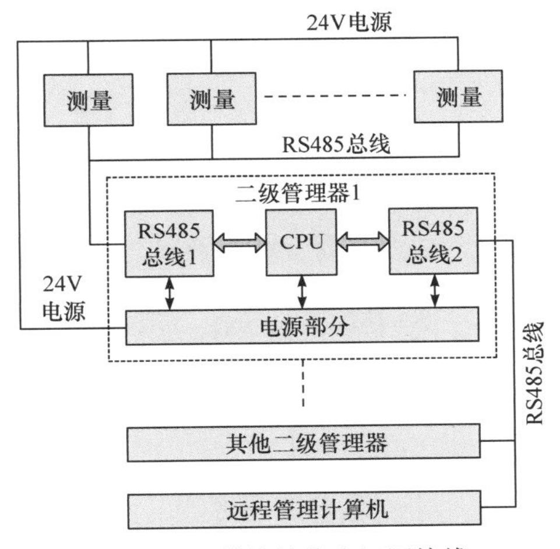

图 2-59　模块接线和组网接线

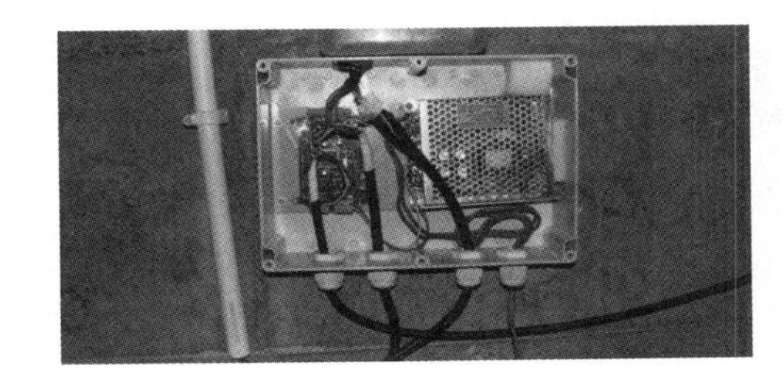

图 2-60　二级管理器实物图

2) 倾斜仪调理器

在桥塔倾斜测试子系统中，使用与倾斜仪相应的倾斜仪调理器。倾斜仪调理器的原理如图 2-61 所示，测试模块向传感器提供电源，传感器输出的角度信号和温度信号经过放大器放大后输入模数转换器，由 CPU 控制进行数据转换和采集，采集的数据由通信模块经过现场总线传到数据采集计算机中。该倾斜仪测试模块的电源电压为 24V，现场总线采用 RS485，倾斜仪及其调理器实物如图 2-62 所示。

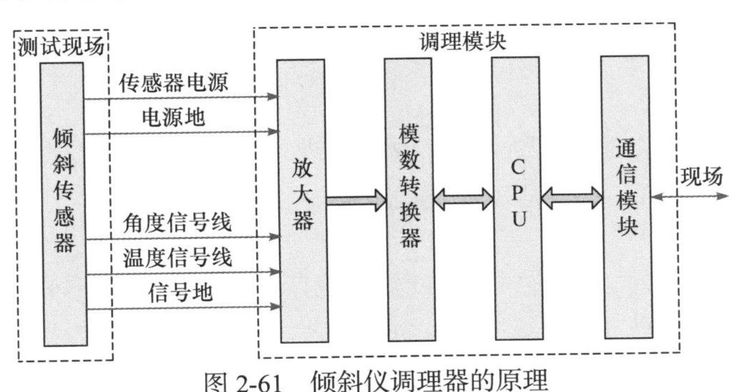

图 2-61　倾斜仪调理器的原理

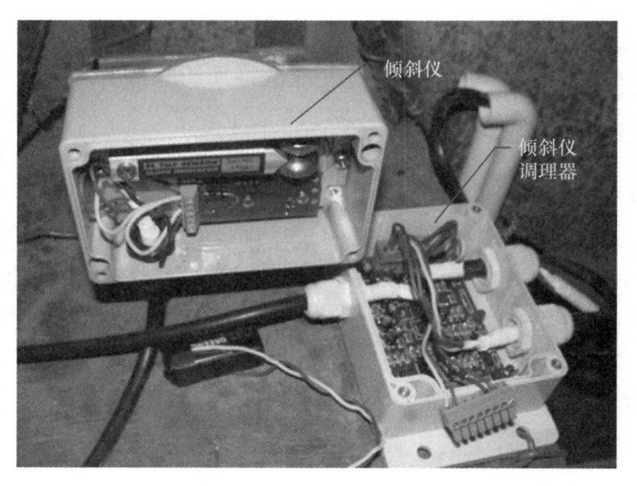

图 2-62　倾斜仪及倾斜仪调理器实物图

3) 应变调理器

采集应变测试数据时，使用应变调理器对应模拟信号进行采集和处理。应变测试调理器的原理如图 2-63 所示，现场工作片和补偿片与模块内部的标准电阻构成应变桥，供桥桥压为 E，应变输出信号为输入+和输入−，该信号通过放大器进行放大后输入模数转换器，由 CPU 控制进行数据转换和采集，采集的数据由通信模块经过现场总线传到数据采集计算机中。

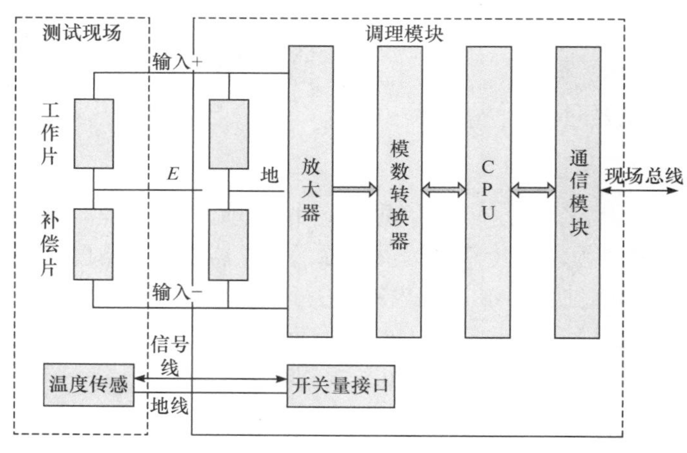

图 2-63　应变测试调理器原理

该应变测试模块的电源电压为 24V，现场总线采用 RS485。应变调理器实物如图 2-64 所示。

4) 水压调理器

采集挠度测试数据时，采用水压调理器对罗斯蒙特变送器输出模拟信号进行采集和处理。水压调理器的原理如图 2-65 所示，测试模块向传感器提供电源，传感器输出的信号经过放大器放大后输入模数转换器，由 CPU 控制进行数据转换和采集，采集的数据由

图 2-64　应变调理器

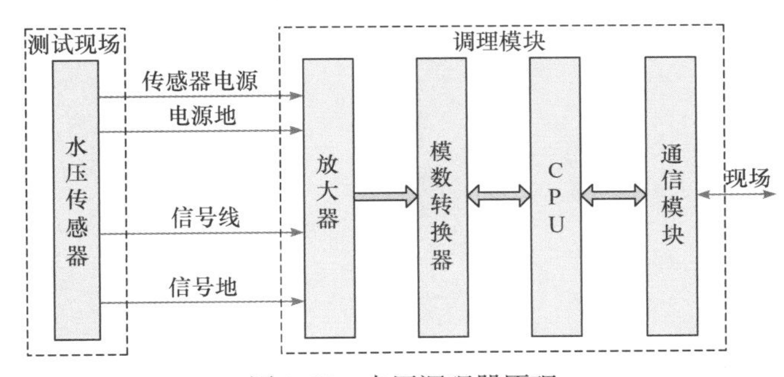

图 2-65　水压调理器原理

通信模块经过现场总线传到数据采集计算机中。该水压测试模块的电源电压为 24V，现场总线采用 RS485。

参 考 文 献

[1] 陶红艳, 余成波. 传感器与现代检测技术[M]. 北京: 清华大学出版社, 2009.

[2] 张波. 现场总线控制系统[J]. 重庆电力高等专科学校学报, 2001, 6(4): 30-35.

[3] 薛敏. 基于 CAN 总线的分布式测控系统的设计与研究[D]. 武汉: 武汉理工大学, 2005.

[4] 陈夏清, 吴燮华. 应用于数据采集系统中的 485 总线与 CAN 总线比较[J]. 工业控制计算机, 2004, 17(5): 56-57.

[5] C8051F060/1/2/3/4/5/6/7 混合信号 ISP FLASH 微控制器数据手册. 潘琢金, 译. 新华龙电子有限公司, 2004, 12.

[6] 张秀萍, 朱齐丹, 蔡成涛. 基于单片机和 CAN 总线的信号测量和数据传输[J]. 应用科技, 2005, 32(9): 25-27.

[7] 李汉军, 彭楚武. 基于现场总线的集散式计算机控制系统(FDCS)研究[J]. 湖南工程学院学报, 2004, 14(3): 23-25.

[8] 郭从良. 信号的数据获取与信息处理基础[M]. 北京: 清华大学出版社, 2009.

[9] 陈润. 精通 Delphi 数据库设计与实例开发[M]. 北京: 中国青年出版社, 2006.

[10] 西南交通大学土木工程学院. 铁道部科技研究开发计划重大课题“智能化桥梁结构研究”结题报告: 总研究报告[R]. 成都: 西南交通大学, 2009.

[11] 西南交通大学土木工程学院. 铁道部科技研究开发计划重大课题“智能化桥梁结构研究”结题报告: 实时监测系统分册[R]. 成都: 西南交通大学, 2009.
[12] 丁鸿志, 郭志明. 南京长江三桥健康监测系统在 2008 年雪灾中的应用[C]//中国公路学会桥梁和结构工程分会 2008 年全国桥梁学术会议论文集, 宁波, 2008: 970-976.
[13] 西南交通大学土木工程学院. 泰安桥报告 1[R]. 成都: 西南交通大学, 2009.
[14] 罗斯蒙特 3051 智能型压力变送器快速安装手册. 北京: 北京罗斯蒙特仪表有限公司, 2006.

第 3 章　桥梁结构施工控制

3.1　施工控制概述

大跨度桥梁工程的建造一般采用分阶段逐步安装的施工方法，桥梁结构从开始施工到成桥必须经历一个复杂的多阶段构件施工、安装和体系转换过程[1]。为保证桥梁结构建造过程中结构安全和建成后结构内力及线形符合设计及相关规范的要求，施工过程中须采取相应的工程和技术措施，对桥梁的建造过程进行监测和控制。

大跨度桥梁施工控制的主要目的是，使施工实际状态最大限度地与理想设计状态(线形与内力)相吻合。为实现该目标，应全面了解结构施工状态偏离理论设计状态的所有可能因素，以实施有的放矢的有效控制[2]。

施工控制的任务是，根据施工全过程中实际发生的各项影响结构内力与变形的参数，结合施工过程中测得的各阶段主梁内力(应力)与变形数据，随时分析各施工阶段中结构内力和变形与设计预测值的差异并找出原因，提出修正对策，确保在全桥建成以后桥梁的内力状态和线形状态与设计尽量相符[1, 2]。

一般意义上的桥梁施工控制包括如下六个方面的内容(图 3-1)。

(1) 施工安装各阶段结构理想状态的确定。

(2) 施工安装阶段测试。

(3) 根据各项测试结果对施工阶段结构的安全性做出评估。

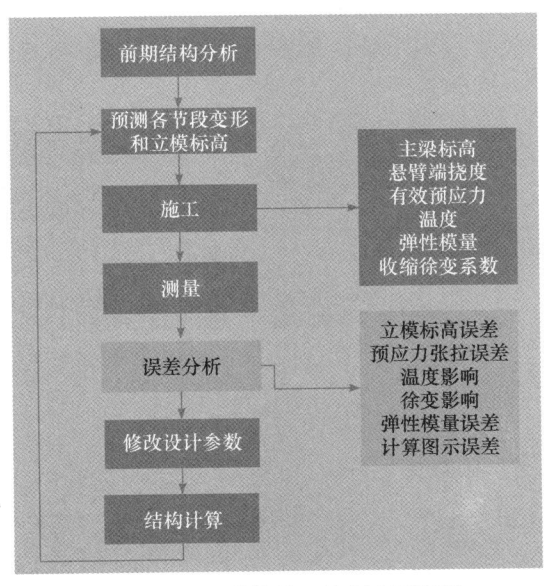

图 3-1　桥梁结构施工控制主要流程

(4) 施工中的结构实际状态与理想状态相比较,当偏差超出限值时对结构状态进行必要的调整。

(5) 依据桥梁施工中结构响应的测试成果,识别调整结构参数,并修正结构理想状态。

(6) 其他与桥梁施工建造质量有关的技术措施。

3.2　施工控制体系

桥梁施工控制在国外起步较早，一些发达国家已将桥梁施工控制纳入施工工作中。控制方法已从人工测量、分析与预报发展到自动监测、分析与预报的计算机自动控制，形成了较完善的桥梁施工控制系统。国内起步较晚，20 世纪 90 年代以前，在桥梁施工中已注意到结构应力调整和预拱度问题，但并未引入系统控制的概念。随着施工中桥梁垮塌、成桥状态不符合设计要求等情况时有发生，从 20 世纪 90 年代开始，人们逐渐从理论与实践中认识到桥梁施工控制的重要性[1, 2]。

智能控制是桥梁工程控制(施工控制和服役桥梁控制)的发展趋势。大型桥梁结构复杂、规模巨大，须通过埋设新型传感器和应用先进的信号处理技术，建立在线(服役)桥梁智能评估分析系统，形成智能控制系统，提高工程控制的科学性、可靠性和可操作性，这是桥梁工程控制的发展方向[1, 2]。

影响桥梁施工控制的因素很多，特别是随着桥梁跨径的不断增大，建设规模也相应增大，施工中所受到的不确定性影响因素也越来越多，要使桥梁施工安全、顺利地向前推进，并保证成桥状态符合设计要求，就必须将其作为一个系统工程予以严格控制。因为桥梁施工控制的实施牵涉到方方面面，所以必须事先建立完善、有效的控制系统才能达到预期的控制目标。

桥梁施工控制体系的建立及其功能的确定，要根据不同工程实际施工分别考虑，但无论是哪种类型的桥梁施工控制系统，都必须具备管理与控制的功能，即施工控制体系一般可分为硬控制和软控制体系，如图 3-2 所示。

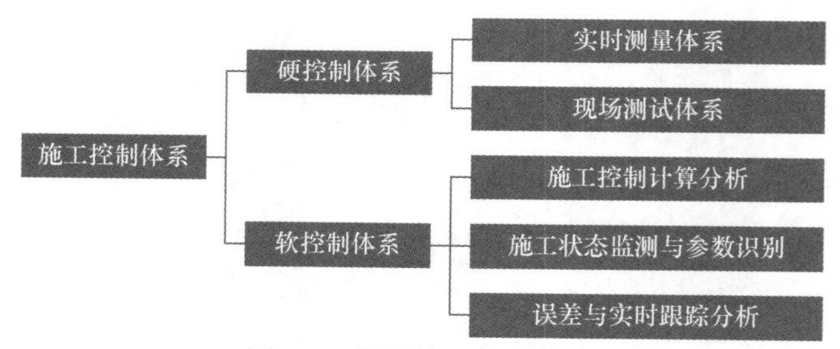

图 3-2　桥梁施工控制体系

3.2.1　硬控制体系

该系统包括对结构设计参数以及对结构状态(包括应力、变形或标高)参数进行量测，为控制分析提供实际发生的结构设计参数,并为判断当前施工状态是否与设计(预测)相符提供结构实际状态参数。该体系由实时测量体系和现场测试体系组成，如图 3-2 所示。

1. 实时测量体系

大跨度桥梁的每一个施工阶段之间都是密切相关的，为使结构达到或接近目标线形和内力状态，需构建实时测量体系及其信息传递体系，以便对各施工阶段进行线形和内力实时测量，并预测后续阶段的控制变量并制定调整方案。实时测量的内容可概括为以下几类。

(1) 物理测量(包括时间测量、温度测量等)。

(2) 几何变形测量(主要包括主梁线形的测量)。

(3) 力学测量(包括应力测量、索力测量及预应力效应测量等)。

2. 现场测试体系

该测试体系针对现场材料、荷载等施工实际情况，测试获得结构设计基本参数。

(1) 混凝土弹性模量。

(2) 预应力钢绞线弹性模量。

(3) 混凝土重度。

(4) 混凝土收缩徐变系数。

(5) 材料热膨胀系数。

(6) 施工临时荷载等。

3.2.2　软控制体系

施工软控制按功能不同可分为施工控制计算分析、施工状态监测与参数识别、误差与实时跟踪分析。

1. 施工控制计算分析

在确定施工控制方法后，对桥梁结构施工全过程进行结构分析。常用分析方法包括正装计算法、倒拆分析法和无应力状态法。

2. 施工状态监测与参数识别

该项内容包括结构多参数敏感性分析和结构参数识别两方面。前者考察各参数对结构状态的影响程度，进而确定出对结构状态影响较为显著的主要参数和不敏感的次要参数，为参数识别提供支撑；后者就是对结构参数进行分析、判定与识别，确定出结构参数综合效应的真实值，为结构的准确分析提供可靠参数。

3. 误差与实时跟踪分析

桥梁施工控制误差是指结构实测状态(包括线形和内力)与实时修正后的理论状态间的偏差。这类偏差总是存在，主要包括设计参数误差(如材料特性、截面特性、容重等)、施工误差(如制造误差、安装误差、索力误差等)、测量误差、结构分析误差等。误差与实时跟踪分析的核心内容是预测和误差分析。

1) 预测

预测是根据过去和现有的实测数据资料，对后续施工阶段做出估计和分析，并制定后续施工调整计划，最终实现施工与控制之间的良性循环。

2) 误差分析

对施工过程中的线形和内力的实测值与预测值进行比较，对桥梁结构的主要基本设计参数进行识别，通过误差分析，找出实测值与预计值(设计值)产生偏差的原因。常用的误差分析方法包括 Kalman 滤波法、最小二乘法、灰色系统控制、无应力状态法等。

施工软控制按工作性质又可分为数据分析和结构分析。数据分析工作包括实测数据分析、参数敏感性分析、参数识别分析、误差分析等。其主要内容包括数据比较、误差分析、参数识别和状态预测等。

3.3　施工控制计算

大跨度桥梁结构的最终形成，需经历漫长又复杂的施工过程，该过程还包括不同施工阶段的结构体系转换，对施工全过程进行计算分析，是桥梁施工控制的核心内容之一。由此可知，桥梁施工控制中的结构分析称为施工控制计算。通过施工控制计算，可以确定桥梁结构施工过程各阶段的理想状态，为施工提供中间目标状态，确保最终成桥线形和内力状态满足设计和相关规范的要求[1, 2]。

桥梁设计阶段的结构分析称为设计计算，即实际施工前所依托的有限元分析。此阶段一般根据现行规范和经验预先确定包括结构刚度、构件几何尺寸、材料参数、施工临时荷载、斜拉索拉力、收缩徐变等参数，这些参数为不计各项误差的设计参数[1, 2]。

在实际施工过程中，施工环境的复杂性及影响因素的不确定性导致结构实际各项参数与设计计算中采用的设计参数之间不可避免地会出现偏差。设计计算与施工控制计算的区别和联系如图 3-3 所示。由该图可知，施工控制计算的设计参数包含部分实测数据，

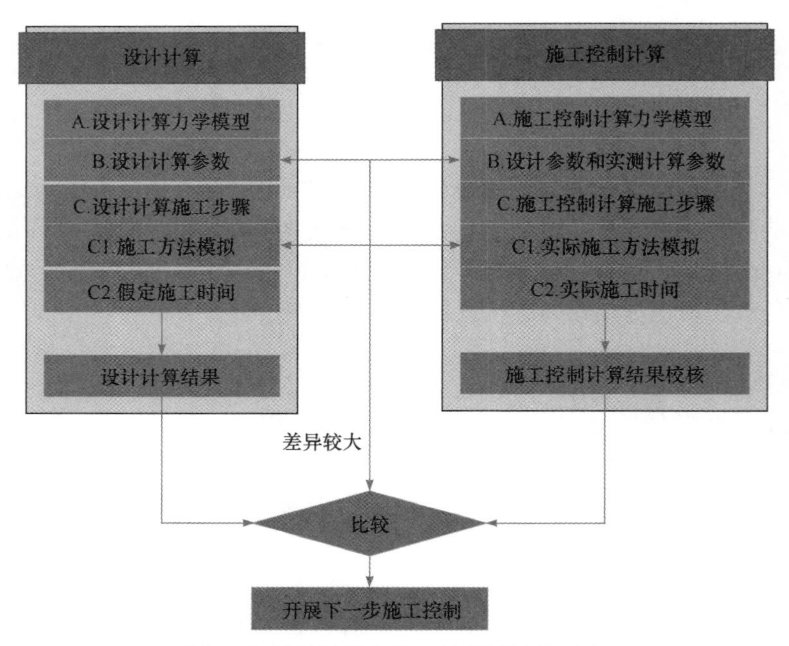

图 3-3　设计计算与施工控制计算的对比

且施工步骤也是实际采用的施工方法和施工时间。常用的施工控制计算方法主要包括正装分析法、倒拆分析法和无应力状态法。

3.3.1　正装分析

正装分析按照桥梁结构实际施工加载顺序进行结构变形和受力分析，它能较好地模拟桥梁结构的实际施工历程，能得到桥梁结构各个施工阶段的位移和受力状态，为桥梁施工控制提供依据。另外，正装分析能考虑与桥梁结构形成历程有关的影响因素，如结构的非线性问题和混凝土收缩、徐变问题[1, 2]。正因为如此，正装分析法在桥梁结构的计算分析中占有重要的位置，对于各种型式的大跨度桥梁，要想了解桥梁结构在各个施工阶段的位移和受力状态，都须先进行正装计算。

现以单跨简支悬索桥为例，以传统的加劲梁吊装顺序，从跨中向两侧对称施工的方法来说明正装分析的过程。

(1) 确定结构的初始状态。主要包括两主塔塔顶中心距、主塔塔顶中心至散索鞍顶面中心距、主缆锚固中心至散索鞍顶面中心距、主塔塔顶标高、散索鞍顶面中心高程、主缆锚固中心高程。图 3-4 所示为上部结构在施工前的初始状态。

图 3-4　上部结构施工前的初始状态

(2) 架设主缆索股至主缆成形。计算主缆在自重力作用下的形状及应力，达到空缆线形位置，如图 3-5 所示。

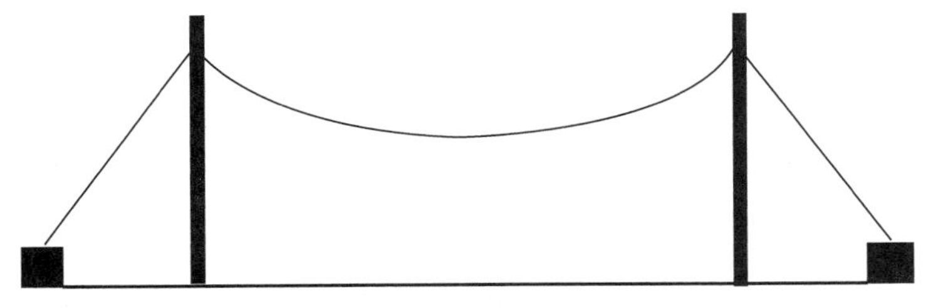

图 3-5　主缆成形阶段

(3) 吊装加劲梁跨中 1 号梁段。计算主缆的变形和应力，确定本阶段结构的几何形状和受力状态，如图 3-6 所示。

(4) 对称地吊装加劲梁 2 号梁段。以上一阶段结束时的结构状态为基础，计算主缆的变形和应力。确定本阶段结构的几何形状和受力状态，如图 3-7 所示。

(5) 对称地吊装加劲梁 3 号梁段、4 号梁段、5 号梁段，直至加劲梁吊装结束。计算每个吊装阶段主缆的变形和应力。每阶段计算均以上一阶段结束时结构的几何形状为基础，确定加劲梁吊装结束后结构的几何形状和受力状态，如图 3-8 所示。

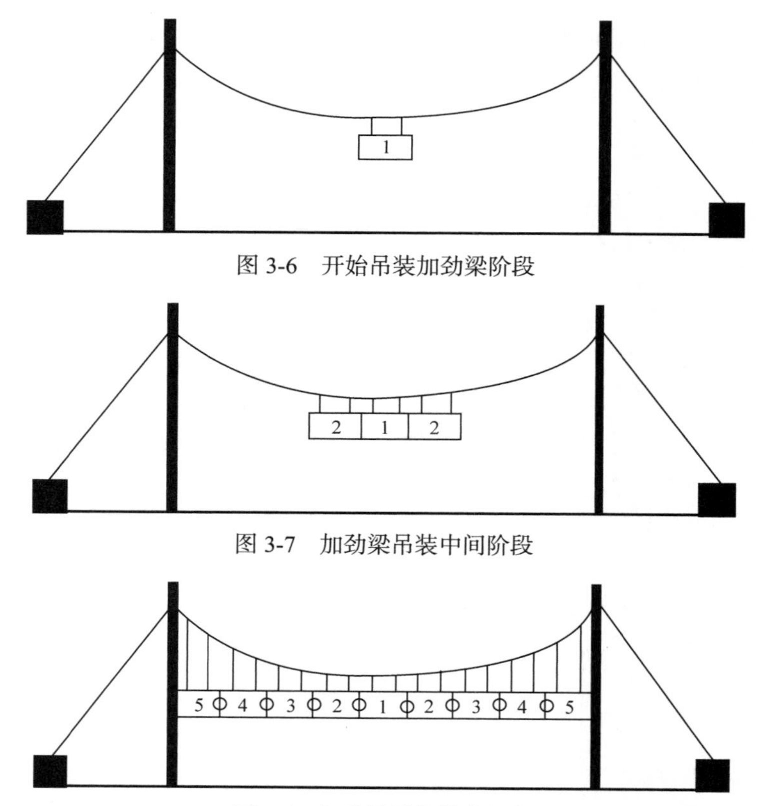

图 3-6　开始吊装加劲梁阶段

图 3-7　加劲梁吊装中间阶段

图 3-8　加劲梁吊装结束状态

(6) 将各梁段固结形成加劲梁。计算成桥状态下结构的变形和内力，如图 3-9 所示。

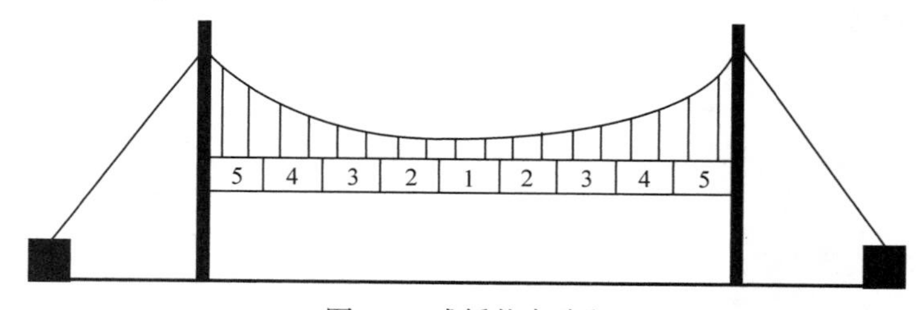

图 3-9　成桥状态阶段

(7) 桥面铺装。计算二期恒载作用下结构的变形和内力，如图 3-10 所示。

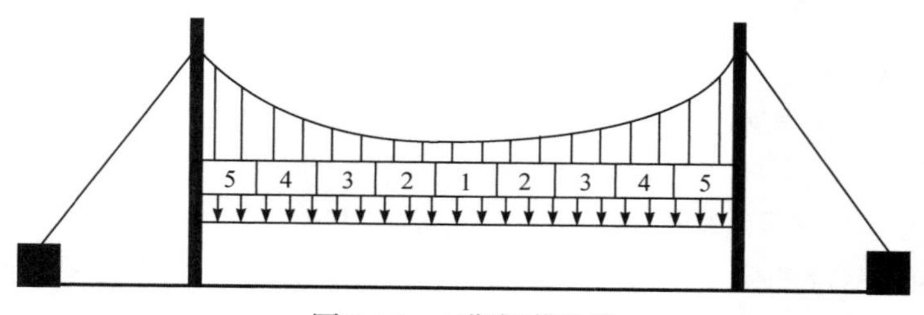

图 3-10　二期恒载阶段

通过以上分析，可以清楚地看到正装计算法有如下一些特点。

(1) 桥梁结构在进行正装分析之前，需制定详细的施工方案，并按施工方案中确定的加载顺序进行结构分析，得到结构中间状态和成桥状态的实际变形和内力状态。

(2) 在结构分析之初，要确定结构最初实际状态，如空缆线形。

(3) 本阶段的结构分析必须以前一阶段的计算结果为基础，前一阶段结构位移是本阶段确定结构轴线的基础，以前各施工阶段结构受力状态是本阶段结构时差、材料非线性计算的基础。

(4) 对于混凝土徐变、收缩等时差效应在各施工阶段中逐步计入。

(5) 在施工分析过程中严格计入结构几何非线性效应，本阶段结束时的结构受力状态用本阶段荷载作用下结构受力与以前各阶段结构受力平衡而求得。

(6) 正装计算分析不仅可以为成桥结构的受力提供较为精确的结果，为结构强度、刚度验算提供依据，而且可以为施工阶段理想状态的确定和完成桥梁结构施工控制奠定基础。

3.3.2 倒拆分析

倒拆分析是按照桥梁结构实际施工加载顺序的逆过程来进行结构行为分析，从而建立施工中间状态与最终成桥状态之间的联系。倒拆计算的目的就是要获得桥梁结构在各施工阶段理想的安装位置(主要指标高)和理想的受力状态[1, 2]。众所周知，一座大跨度桥梁的设计图，只给出桥梁结构最终成桥状态的设计线形和设计标高，但是桥梁结构施工中间各状态的标高并没有明确给出，要想得到桥梁结构施工初始状态和施工中间各阶段的理想状态，就要从设计图中给出的最终成桥状态开始，逐步地倒拆计算来得到施工各阶段中间的理想状态和初始状态。只有按照倒拆计算出的桥梁结构各阶段中间状态(包括线形和内力)去指导施工，才能使桥梁的成桥状态符合设计要求。当然，在桥梁结构的施工控制中，除控制结构的标高和线形之外，同样要控制结构的受力状态，它与线形控制同样重要。正因为倒拆分析有这些特点，所以它能适用于各种桥型结构的安装计算，尤其适用于以悬臂施工为主的大跨度连续梁桥、刚构桥和斜拉桥。

如图 3-11 所示，按施工对应顺序进行倒拆分析，其倒拆顺序如下。

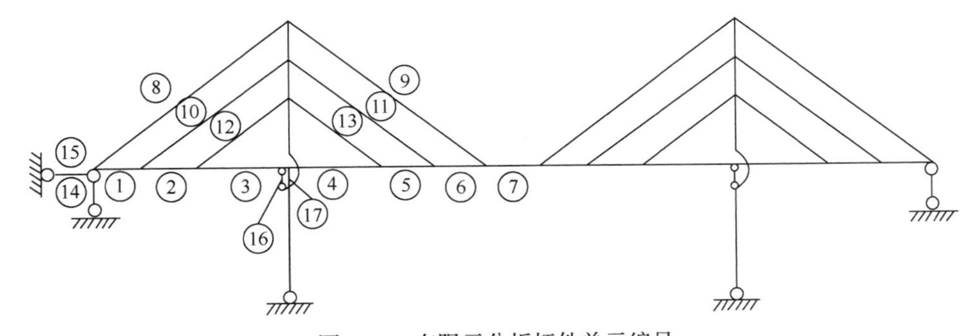

图 3-11　有限元分析杆件单元编号

(1) 拆除杆件⑦，计算剩下的结构内力，如图 3-12 所示。

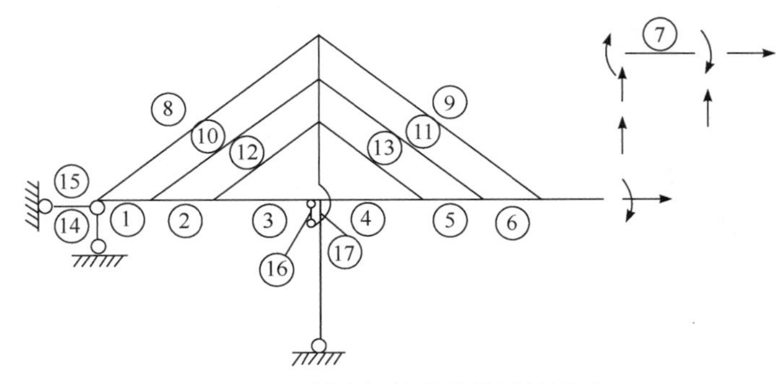

图 3-12　拆除杆件的力学计算图式

(2) 固结杆件⑰后再拆除杆件⑭、⑮、⑯，如图 3-13 所示，求得斜拉索⑧、⑨的张拉力及结构的变形。

(3) 继续拆除⑧、⑨、①、⑥，如图 3-14 所示，求得斜拉索⑩、⑪的张拉力及结构的变形。

(4) 拆除⑩、⑪、②、⑤，如图 3-15 所示，求得斜拉索⑫⑬的张拉力及结构变形。

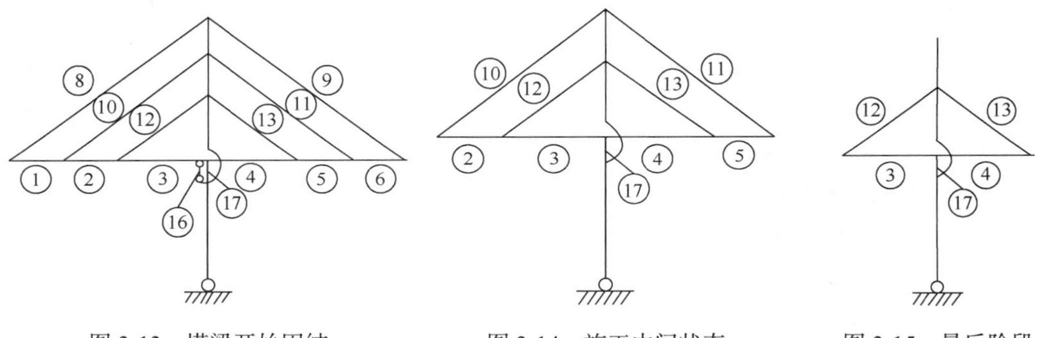

图 3-13　塔梁开始固结　　图 3-14　施工中间状态　　图 3-15　最后阶段

通过以上分析，可以清楚地看到用倒拆分析确定桥梁结构各阶段施工的理想状态，必须注意以下几点。

(1) 倒拆分析时的初始状态必须由正装分析来确定。如前面倒装分析的第一步中⑦号杆件的杆端力以及斜拉索的初始拉力等。但初始状态中的各杆件轴线位置可取设计轴线位置。

(2) 拆除单元的等效荷载，用被拆单元接缝处的内力反方向作用在剩余主体结构接缝处加以模拟。

(3) 拆除杆件后的结构状态为拆除杆件前结构状态与被拆除杆件等效荷载作用状态的叠加。换言之，本阶段结束时结构的受力状态用本阶段荷载作用下的结构受力与前一阶段的结构受力状态叠加而得，即认为在这种情况下线性叠加原理成立。

(4) 被拆构件应满足零应力条件，剩余主体结构新出现接缝面应力等于此阶段对该接缝面施加的预加应力。这是正确进行倒拆分析的必要条件。

除此之外，还应该了解倒拆分析的局限性，这主要指以下两个方面。

(1) 对于几何非线性十分明显的大跨度桥梁，如斜拉桥，尤其是悬索桥，由于缆索的非线性影响，按倒拆分析的结果进行正装施工，桥梁结构将偏离预定的成桥状态。

(2) 原则上讲，倒拆计算无法进行混凝土收缩、徐变计算，因为混凝土构件的收缩、徐变与结构的形成历程有密切关系。因为倒拆计算的顺序是结构形成历程的逆过程，所以在倒拆分析时，考虑结构时差效应的影响是有一定困难的。

如果按照与倒拆计算时完全相反的顺序(正常施工顺序)再计算回去(即正装法)，则结构到达成桥阶段时就应该回到设计理想状态，这称为闭合。如果因为某种原因使得按倒拆分析得到的结果进行正装计算时，没有达到成桥设计理想状态，则称为不闭合[3]。

倒拆分析法要达到闭合需满足以下条件。

(1) 倒拆与正装过程完全可逆。

(2) 材料是线性的、非时变的。

(3) 倒拆分析的逆过程必须是实际可行的。

实际应用中要做到以上几点并非易事，许多因素导致了不闭合，也导致一些对该方法的不正确理解和应用。影响倒拆法闭合的因素虽多，但可归结为两类。

1. 状态不闭合

状态不闭合是指施工过程中的体系转换使得实际的施工过程与倒拆理论计算的条件不一致所导致的不闭合，包括合龙、永久支座安装、临时支撑安装与拆除、塔梁临时固结的安装与拆除等。以下分别讨论。

1) 合龙的影响

由于倒拆计算没有考虑实际的施工过程，而是直接从成桥理想状态倒拆分析。当倒拆至即将拆除合龙段时，合龙段两端截面上一般都会存在内力。此时，如果假想地切开这两个截面，用内力 M、Q、N 代替截面间的相互作用，如图 3-16(a)所示，则结构与原来是等效的。此时若拆除合龙段，则相当于撤掉了两个截面处的内力，计算模型上相当于在合龙段两侧每个切口的左右两侧截面上施加与内力等值反向的力$-M$、$-Q$、$-N$，如图 3-16(b)所示。

按照倒拆法闭合的原则，如果进行正装计算，在安装合龙阶段时，必须在合龙段两端截面上施加与上述的内力等值同向的 M、Q、N，也就是把倒拆计算时撤掉的内力还原回来，才能保证结构合龙后达到倒拆前的状态。这就要求在实际施工中进行合龙之前在此处施加荷载，这给施工带来了很大的麻烦，甚至无法准确实现各个荷载的数值和作用方式，从而造成不闭合。

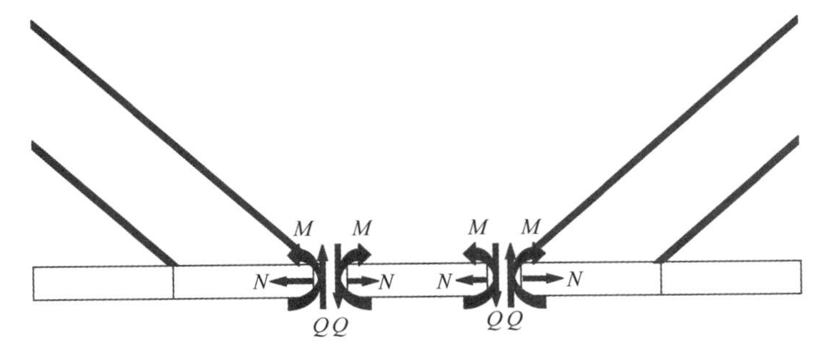

(a)

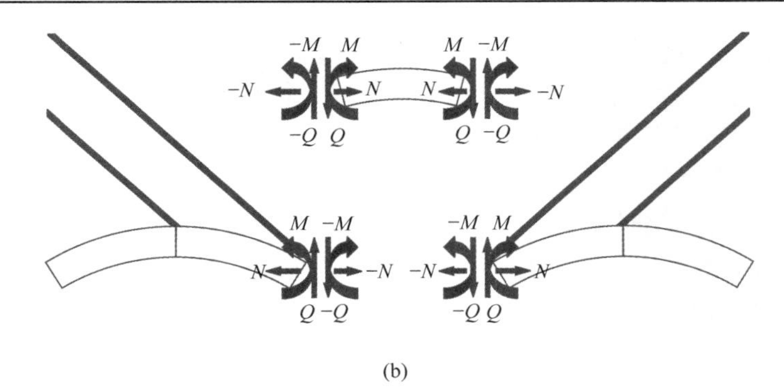

(b)

图 3-16　斜拉桥合龙段拆除时的受力状态

虽然可以在进行倒拆计算时，拆除合龙段之前调整斜拉索索力，或者采取其他辅助措施(如压重等)，使得合龙段两端截面内力变化为零。这样在拆除合龙段时就不需要施加荷载，当然在正装计算和实际施工时也不需要施加荷载。但实际施工合龙后必须进行与刚才的调索或者压重相反的调整，才能保证成桥后达到设计成桥状态。很明显，这种方法的实现仍然是困难的，因为对于连续梁和连续刚构桥，没有斜拉索可以调整，采取其他措施(如压重)又无法永久保留在结构上。即使是斜拉桥，只通过调索来使合龙段两端截面内力为零也不是件容易的事情。由此可见，理论计算必须考虑实际施工实现的可能性和方便性，否则就不能指导施工，也不能达到期望的结构内力和线形状态。

2) 永久支座/临时支撑安装与拆除的影响

如图 3-17(a)所示，当倒拆计算至支座的拆除阶段时(对应于正装计算的支座安装)，同样由于倒拆计算没有考虑实际的施工过程，而是直接从成桥理想状态进行倒退分析，这时的支座反力 R 一般不为零。于是拆除该支座相当于在该处施加了一个反向的力($-R$) [图 3-17(b)]，使得主梁的内力和线形发生变化，如图中虚线所示。要想得到闭合的结果，在

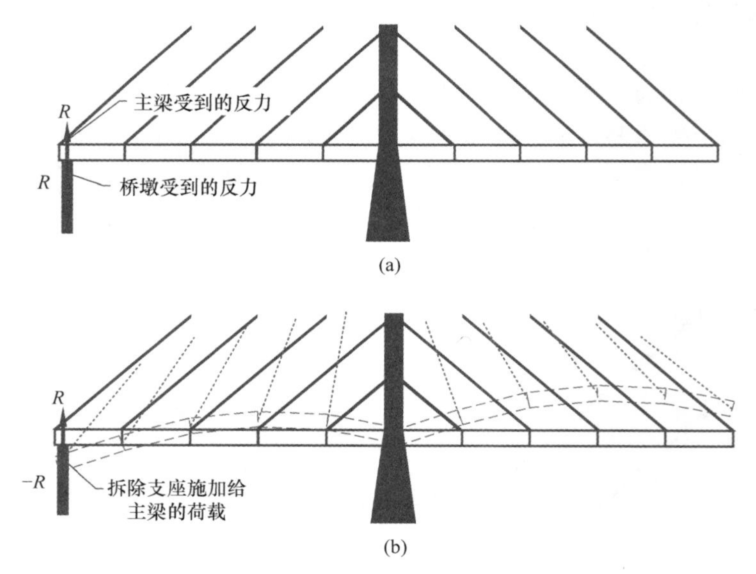

(a)

(b)

图 3-17　支座拆除时的状态

实际施工时，就必须在安装该支座前在此处施加荷载 R，使得主梁回到倒拆支座前的状态，即图 3-17(a)的状态。然而，在实际施工中，不大可能也没有必要在安装支座前施加荷载把主梁强顶或强压到某个位置，而不这样做又会造成倒拆计算的不闭合。当然，对于斜拉桥，仍然可采取调整斜拉索索力的方法，使得拆除支座前支座反力为零。但这势必会增加施工难度。

3) 塔架临时固结的影响

塔梁非固结体系的斜拉桥(漂浮体系或半漂浮体系)和连续梁桥在进行悬臂施工时，要将主梁和桥塔或桥墩临时固结，待合龙后再拆除固结设施，恢复原设计的体系。假设按实际施工顺序，临时固结设施的安装阶段为 I_1，拆除阶段为 I_2。则采用倒拆法计算时，需要以相反的方式处理，即要在阶段 I_2 安装临时固结，在阶段 I_1 拆除临时固结，这样才能保证计算的闭合。

但问题是实际施工时(正装)，在阶段 I_2 拆除临时固结后，梁和塔或墩之间会产生相对位移和转动。在倒拆计算时，在阶段 I_2 安装临时固结时必须在梁和塔或墩之间施加荷载，以使它们的相对位置和角度回到实际拆除前的状态。可是，由于倒拆计算时无法确切知道这个相对位置状态，也就无法完成上述施加荷载的计算，因而正装回来时就无法得到闭合的结果。

2. 计算不闭合

计算不闭合包括较多的内容，这里只分析其中的非线性影响和混凝土徐变影响，非线性影响又包含几何非线性影响和材料非线性影响。

1) 几何非线性影响

大跨度桥梁结构的几何非线性因素中，影响较大的主要有大位移效应、斜拉索垂度影响、P-Δ 效应等。由于这些非线性因素的影响，结构的荷载-位移关系不再是直线，而是呈曲线规律，如图 3-18 中的曲线 OA 所示。从理论上讲，如果结构的材料是弹性的，且不考虑计算误差，那么结构的加载曲线和卸载曲线是重合的。即荷载从 P_i 增加到 P_{i+1} 的轨迹与从 P_{i+1} 降低到 P_i 的轨迹是重合的。这就是说，如果倒拆计算过程是正装计算过程的完全逆过程，则考虑上述几何非线性影响时计算也是闭合的。

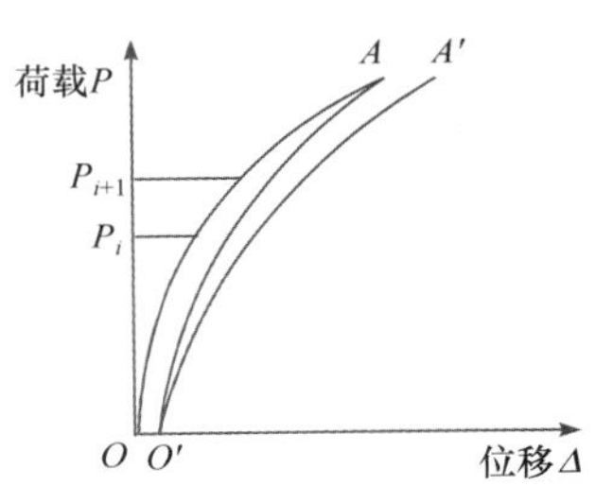

图 3-18　几何非线性分析时荷载-位移关系

然而，不幸的是，计算是有误差的，尤其是非线性计算方法，目前都是近似的，每一步迭代都存在一定的误差。所以在图 3-18 中，倒拆分析从初始状态 A 开始，由于计算误差，卸载变为曲线 AO'，而当正装计算从 O' 开始时，加载曲线 $O'A'$ 要偏离真正的加载曲线 OA，也不会与倒拆时的卸载曲线 AO' 重合。这种不闭合现象是非线性数值计算的误差造成的，属于计算不闭合的一种。

2) 材料非线性和时变性的影响

进行施工控制的计算一般不考虑材料进入塑性的阶段，因此对钢结构来说，不存在材料非线性影响，但对于混凝土结构则不同。第一，混凝土材料的本构关系本来就是非线性的，只不过为了在实用中的计算方便，在低应力时近似按线性计算，这会带来与实际情况的差异。第二，桥梁施工时混凝土的加载龄期较小，因此在施工过程中，混凝土的材料特性随时间的推移而变化，如弹性模量和强度会慢慢增长。第三，混凝土的徐变是与加载历史和时间相关的变形，具有时变和不可逆的特性。上述几方面使得在分析的过程中材料特性是非线性和时变的，这种特性一般在倒拆分析中无法考虑，因此就无法保障计算的闭合。

3. 合理使用倒拆分析

显然，在大跨度桥梁的分析中，同时满足三个闭合条件的情况并不多。针对以上在倒拆分析中出现的不闭合问题，正确使用倒拆法能够给出施工阶段合理状态的近似解。在实际使用中，可以采用倒拆和正装结合使用的方法，即先由倒拆法得出第一个近似解，然后以此为基础进行正装分析。正装分析不一定完全按照倒拆的逆过程进行(也不可能完全可逆)，而是考虑实际实施的可能性进行计算，如采用自然合龙(合龙时合龙段两端内力为零)、自然支座安装(安装时支座反力为零)以及自然临时固结(固结时塔梁或梁墩之间无相互作用力)等。如此反复迭代，直到计算的成桥阶段状态与设计的理想成桥状态之间的差异满足要求。对于不可逆的因素(如徐变等)，可以在倒拆计算中将正装计算得到的徐变效应增量代入加以考虑。

3.3.3 无应力状态法

倒拆分析通过分析桥梁结构的内力来建立起各施工阶段中间状态与桥梁结构成桥状态之间的联系。结构的内力与结构的形成历程密切相关，是一个相对不稳定、不独立的量，因此用倒拆分析确定结构的中间理想状态是比较困难的[1, 2]。

1. 桥梁分段施工特点

桥梁结构特别是大跨度桥梁结构的分段施工，一般总要经历一个长期而又复杂的施工过程以及结构体系转换过程[1, 2]。这对桥梁最终成桥状态的结构内力达到设计理想成桥状态的结构内力造成一定困难：一方面，分段施工要经历多个施工阶段，每个施工阶段的结构受力都将随着结构体系、约束条件和荷载作用的变化而变化；另一方面，不同的施工方法在确保桥梁结构几何线形实现成桥状态预期目标的前提下，由于施工中结构体系的不同，对超静定结构将形成不同的成桥状态截面内力，即桥梁结构的最终状态受到施工方法和成桥过程的影响。

相对于传统的基于施工过程力学指标及几何状态进行施工控制的传统控制方法，无应力状态法是一种全新的控制理念[1]。该理念的产生是由超大跨度桥梁(特别是大跨度斜拉桥)施工控制的难度与挑战，以及高质量施工控制的客观要求及有效方法等因素所决定的，并且与对桥梁结构力学行为规律认识的不断深入、桥梁施工控制理念的不断进步密切相关。但这一理念具有普遍意义，同时适用于多种跨度、多种类型复杂体系桥梁的施工控制，代表施工控制理念的最新发展及其未来的发展方向。

2. 无应力状态法示例

考察一等截面两端固端梁，跨度为 $2l$ ，主梁刚度为 EI ，结构自重荷载集度为 q ，如

图 3-19(a)所示。结构一次在支架上形成，拆除支架，施加荷载 q，则结构的弯矩图如图 3-19(b)所示。

$$M_A = M_B = -\frac{1}{3}ql^2 \tag{3-1}$$

$$M_C = \frac{1}{6}ql^2 \tag{3-2}$$

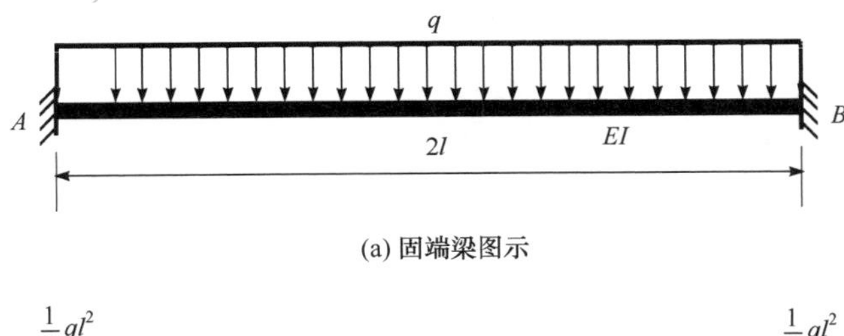

(a) 固端梁图示

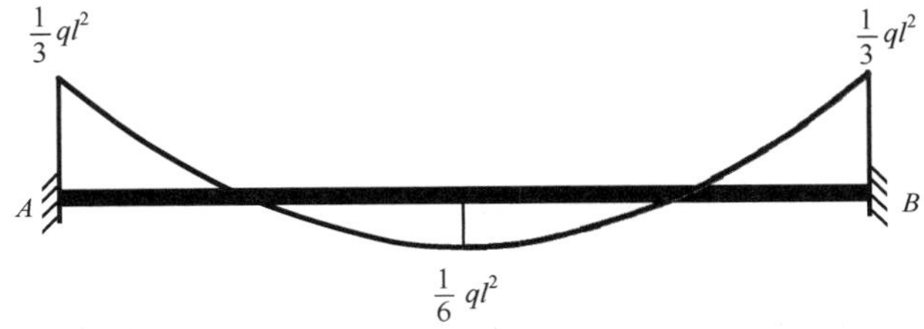

(b) 固端梁弯矩图

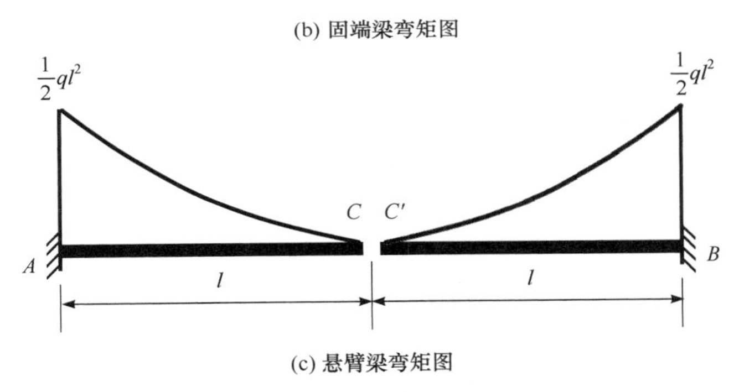

(c) 悬臂梁弯矩图

图 3-19　两端固端梁

如图 3-19(c)所示，结构在支架上先形成 AC、BC'两个悬臂梁，拆除支架施加荷载 q，然后在 C 和 C'之间合龙(为简化计算，假定 C 和 C'两点之间的长度为零)，则由此形成的两端固端梁的弯矩为

$$M_A = M_B = -\frac{1}{2}ql^2 \tag{3-3}$$

$$M_C = M_{C'} = 0 \tag{3-4}$$

从图 3-19(b)和图 3-19(c)两个弯矩图的比较可以看出，两个结构形成过程不同的两端固端梁，在相同的荷载 q 作用下，内力状态截然不同。

深入地考察可以发现，图 3-19(b)结构跨中截面 C 左右两端截面的转角 $\theta_C = \theta_{C'} = 0$，而图 3-19(c)结构跨中截面转角为

$$\theta_C=\frac{ql^3}{6EI},\quad \theta_{C'}=-\frac{ql^3}{6EI} \tag{3-5}$$

这表明，同一结构不同施工顺序的内力不同的关键在于图 3-19(c)结构 C 截面转角不连续。在图 3-19(c)中 C、C'合龙前，可以通过其他措施使跨中合龙点转角连续，这些措施包括以下方面。

(1) 跨中合龙前在 C、C'梁端施加大小相等，方向相反的一对力矩，跨中合龙后，两个力矩卸除，如图 3-20(a)所示。

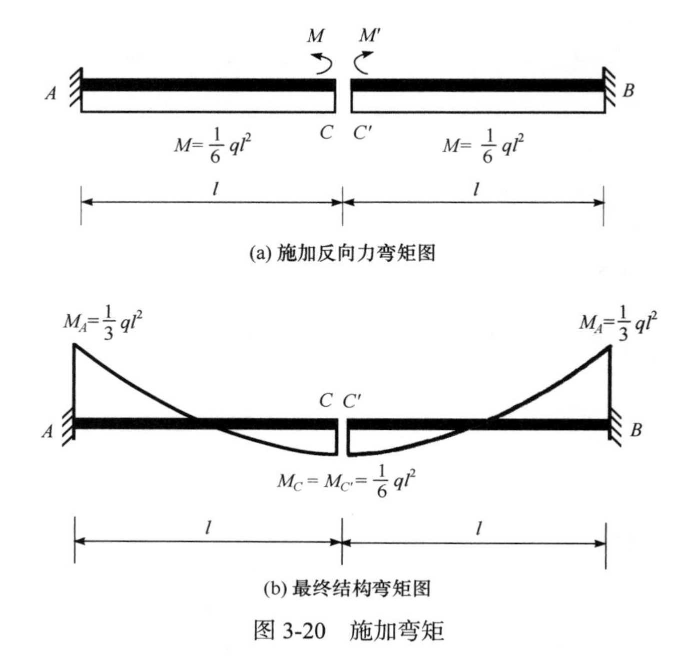

图 3-20　施加弯矩

(2) 跨中合龙前在 C、C'梁端分别施加向上的两个集中力，跨中合龙后两个集中力卸除，如图 3-21(a)所示。

(3) 跨中合龙前，分别转动 A、B 两点以消除 C、C'两点的转角突变，跨中合龙后恢复 A、B 两点的位置至原来位置，如图 3-22(a)所示。

下面分别考察研究上述三种情况下，结构的最终内力状态。

1) 施加力矩

图 3-19(c)结构 $\theta_C=\dfrac{ql^3}{6EI},\theta_{C'}=-\dfrac{ql^3}{6EI}$。$C$、$C'$合龙前在 C、C'点施加一对反向力矩 M、M'，则 C、C'点的转角为

$$\theta_{MC}=-\frac{Ml}{EI},\quad \theta_{MC'}=-\frac{M'l}{EI} \tag{3-6}$$

要消除 C、C'点之间的转角差，则必须有

$$\theta_C+\theta_{MC}=\frac{ql^3}{6EI}-\frac{Ml}{EI}=0 \tag{3-7}$$

得

$$M = \frac{1}{6}ql^2 \tag{3-8}$$

$$\theta_{C'} + \theta_{MC'} = -\frac{ql^3}{6EI} + \frac{M'l}{EI} = 0 \tag{3-9}$$

$$M' = \frac{1}{6}ql^2 \tag{3-10}$$

施加 M、M'后 C、C'点的转角均为零。合龙 C、C'点，卸除 M、M'，由于 M、M' 作用于一点，且大小相等，方向相反，卸除 M、M' 对结构的内力状态无影响。叠加图 3-19(c)和图 3-20(a)两个弯矩图为图 3-20(b)。

$$M_A = M_B = -\frac{1}{2}ql^2 + \frac{1}{6}ql^2 = -\frac{1}{3}ql^2 \tag{3-11}$$

比较图 3-20(b)和图 3-19(b)可以看出，两结构弯矩图完全相等，深入考察可以发现，两者的剪力和挠度曲线也是一样的。

2) 施加集中荷载

C、C'合龙前在 C、C'点分别施加向上的力 P 、P' ，如图 3-21(a)所示。则 C、C'点的转角为

$$\theta_{PC} = -\frac{Pl^2}{2EI},\ \ \theta_{PC'} = \frac{P'l^2}{2EI} \tag{3-12}$$

要消除 C、C'点之间的转角差，则必须

$$\theta_C + \theta_{PC} = \frac{ql^3}{6EI} - \frac{Pl^2}{2EI} = 0 \tag{3-13}$$

得

$$P = \frac{1}{3}ql \tag{3-14}$$

$$\theta_C + \theta_{PC'} = -\frac{ql^3}{6EI} + \frac{P'l^2}{2EI} = 0 \tag{3-15}$$

$$P' = \frac{1}{3}ql \tag{3-16}$$

此时，有

$$M_A = M_B = \frac{1}{3}ql^2 \tag{3-17}$$

施加外力 P 、P' 后 C、C'点转角为零，合龙 C、C'点，需卸除的外力为 $2P$ ，集中力卸除的弯矩如图 3-21(b)所示。

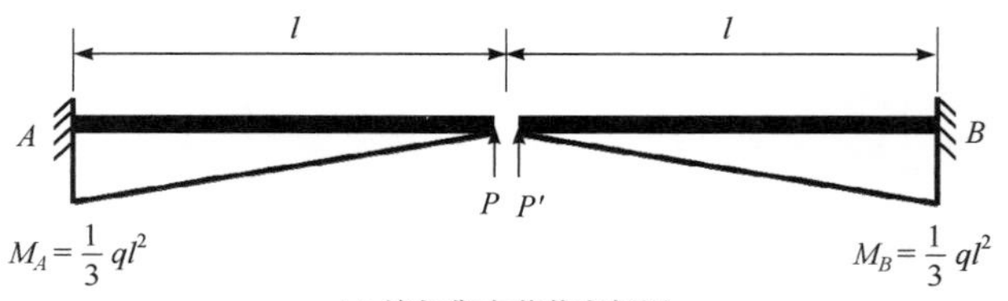

(a) 施加集中荷载弯矩图

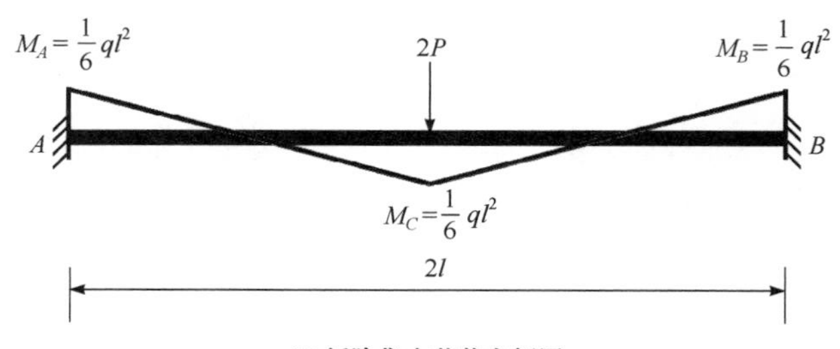

(b) 拆除集中荷载弯矩图

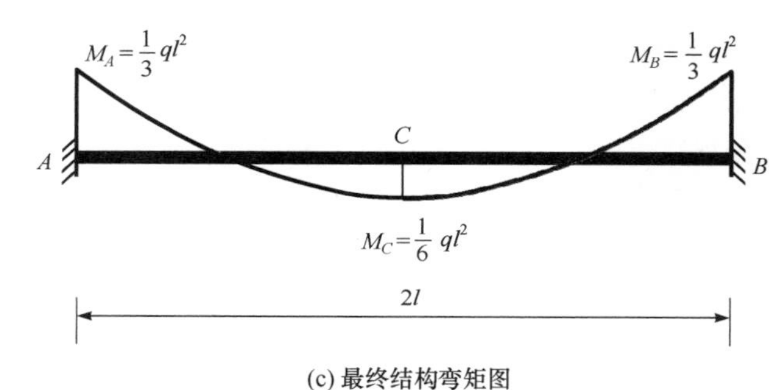

(c) 最终结构弯矩图

图 3-21　施加集中荷载

$$M_A = M_B = -\frac{1}{8}\times\frac{2}{3}ql\times 2l = -\frac{1}{6}ql^2 \tag{3-18}$$

$$M_C = \frac{1}{8}\times\frac{2}{3}ql\times 2l = \frac{1}{6}ql^2 \tag{3-19}$$

叠加图 3-19(c)、图 3-21(a)和图 3-21(b)三个弯矩图，结果为图 3-21(c)。

3) A、B 两点转动

图 3-19(c)结构 $\theta_C = \dfrac{ql^3}{6EI}, \theta_{C'} = -\dfrac{ql^3}{6EI}$，为了使 C、C'两点合龙前转角相等，弹性曲线连续，也可通过 A、B 两点的刚体转动来实现。A 点转动 $\theta_A = -\dfrac{ql^3}{6EI}$。$B$ 点转动 $\theta_B = \dfrac{ql^3}{6EI}$。$A$、$B$ 两点的刚体转动带动 C、C'点转动，使得 C、C'的转角差为 0，然后合龙 C、C'，形成连续结构。

C、C'点合龙形成连续结构后，为使 A、B 两点的边界条件满足与图 3-19(a)相一致，A、B 两点必须回到原来位置。

在合龙后连续结构上，A 点转动角度为 $\theta_A = \dfrac{ql^3}{6EI}$，结构的弯矩图如图 3-22(a)所示。

$$M_A=4\times\frac{EI}{2l}\times\theta_A=4\times\frac{EI}{2l}\times\frac{ql^3}{6EI}=\frac{1}{3}ql^2 \tag{3-20}$$

$$M_B=-2\times\frac{EI}{2l}\times\theta_A=-2\times\frac{EI}{2l}\times\frac{ql^3}{6EI}=-\frac{1}{6}ql^2 \tag{3-21}$$

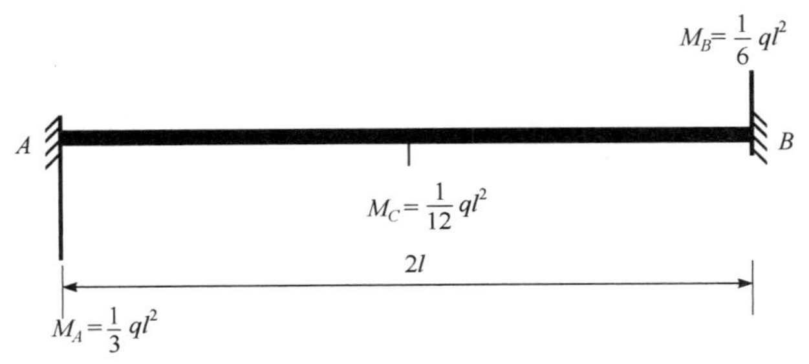

(a) A 点转动弯矩图

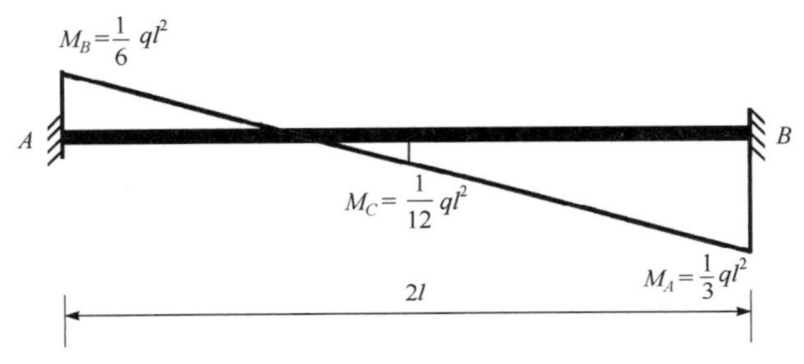

(b) B 点转动弯矩图

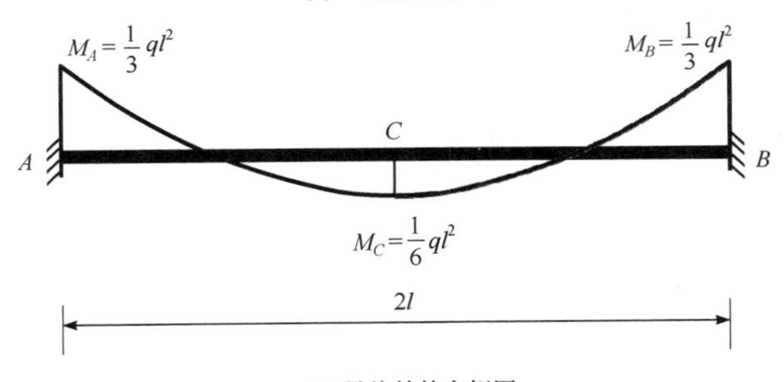

(c) 最终结构弯矩图

图 3-22　A、B 两点转动

$$M_C=\frac{1}{12}ql^2 \tag{3-22}$$

在合龙后的连续结构上，B 点的转角 $\theta_B=-\frac{ql^3}{6EI}$，结构的弯矩图如图 3-22(b)所示。

$$M_A=2\times\frac{EI}{2l}\times\theta_B=2\times\frac{EI}{2l}\times\left(-\frac{ql^3}{6EI}\right)=-\frac{1}{6}ql^2 \tag{3-23}$$

$$M_B=-4\times\frac{EI}{2l}\times\theta_B=-4\times\frac{EI}{2l}\times\left(-\frac{ql^3}{6EI}\right)=\frac{1}{3}ql^2 \tag{3-24}$$

$$M_C=\frac{1}{12}ql^2 \tag{3-25}$$

叠加图 3-19(c)、图 3-22(a)和图 3-22(b)三个弯矩图为图 3-22(c)。

$$M_A=M_B=-\frac{1}{2}ql^2-\frac{1}{6}ql^2+\frac{1}{3}ql^2=-\frac{1}{3}ql^2 \tag{3-26}$$

$$M_C=\frac{1}{12}ql^2+\frac{1}{12}ql^2=\frac{1}{6}ql^2 \tag{3-27}$$

显然，图 3-22(c)的最终弯矩图和图 3-19(b)是一致的。同样可以证明，图 3-22(c)各截面的剪力和挠度与图 3-19(b)也是一致的。

通过关于固端梁的各种讨论可以看出，无论结构形成过程如何，只要保证结构的转角连续，则结构最后的内力状态和变形状态与结构的形成过程无关。这说明不同施工方法施工的结构最终内力状态不同，不是由于施工方法不同造成的，问题的核心是形成连续结构时合龙单元两端的转角不连续，与施工方法无关[1,2]。

我们再来深入讨论图 3-19 结构的位移情况。A、B 两端固端梁以 $C(C')$点左右对称，仅讨论 AC 梁段，以 A 点作为 x 坐标的原点。

图 3-19(a)结构先在支架上形成，支架未拆除时梁上各截面的竖向挠度均为零，此时梁体各截面的弯矩和剪力也为零。拆除支架，相当于沿梁长度方向施加向下的均布荷载，此时梁体的挠度曲线为

$$M_C=\frac{1}{12}ql^2+\frac{1}{12}ql^2=\frac{1}{6}ql^2 \tag{3-28}$$

若卸除均布荷载 q 相当于在 AB 梁段施加向上的均布荷载 q，则梁体挠度变化为

$$y_2=-\frac{qx}{24EI}(x^3-4lx^2+4l^2x) \tag{3-29}$$

荷载卸除后梁体的残余挠度变形为

$$y=y_1+y_2=\frac{qx}{24EI}(x^3-4lx^2+4l^2x)-\frac{qx}{24EI}(x^3-4lx^2+4l^2x)=0 \tag{3-30}$$

全部荷载卸除后，梁体各截面的弯矩、剪力、挠度、转角和梁段单元的曲率均为零。

图 3-19(c)结构，先在支架上形成 AC、BC' 梁段，拆除支架，形成 AC、BC' 两个悬臂梁，梁体(AC)的挠度为

$$y_1=\frac{qx^2}{24EI}(6l^2-4lx+x^2) \tag{3-31}$$

合龙 C、C'点，形成两端固端梁，卸除均布荷载 q，由于此时 CC'已合龙形成连续结构，施加向上的均布荷载作用在 AB 两端固端梁上，均布荷载 q 卸除后，梁体(AC 段)的挠度变化为

$$y_2=-\frac{qx}{24EI}(x^3-4lx^2+4l^2x) \tag{3-32}$$

荷载卸除后 AC 梁段的残余挠度为

$$y = y_1 + y_2 = \frac{qx^2}{24EI}(6l^2 - 4lx + x^2) - \frac{qx}{24EI}(x^3 - 4lx^2 + 4l^2x) = \frac{qx^2l^2}{12EI} \tag{3-33}$$

AC 梁段梁体截面残余转角为

$$y' = \frac{qxl^2}{6EI} \tag{3-34}$$

AC 梁段梁体截面残余曲率为

$$y'' = \frac{ql^2}{6EI} \tag{3-35}$$

显然，图 3-19(a)结构全部荷载卸除后(或称无应力状态)各截面的曲率恢复到零，而图 3-19(c)结构全部荷载卸除后，梁体各截面残留曲率(变形)值为 $\frac{ql^2}{6EI}$。可以看出，图 3-19(a)结构与图 3-19(c)结构内力状态的差异是由两结构卸载后的无应力曲率差异造成的[1, 2]。

图 3-20 所示的结构，AC、BC'两悬臂梁，AC 梁段的挠度曲线为

$$y_1 = \frac{qx^2}{24EI}(6l^2 - 4lx + x^2) \tag{3-36}$$

施加图 3-20(a)所示反向力矩后，AC 梁段梁体的挠度变化为

$$y_2 = -\frac{1}{6}ql^2 \times \frac{x^2}{2EI} = -\frac{ql^2x^2}{12EI} \tag{3-37}$$

合龙 C、C'点，形成连续结构，卸除均布荷载 q，AC 梁段梁体的挠度变化为

$$y_3 = -\frac{qx}{24EI}(x^3 - 4lx^2 + 4l^2x) \tag{3-38}$$

荷载卸除后，AC 梁段的残余挠度为

$$\begin{aligned} y &= y_1 + y_2 + y_3 \\ &= \frac{qx^2}{24EI}(6l^2 - 4lx + x^2) - \frac{qx^2l^2}{12EI} - \frac{qx}{24EI}(x^3 - 4lx^2 + 4l^2x) \\ &= 0 \end{aligned} \tag{3-39}$$

图 3-21 所示的结构，AC、BC'两悬臂梁，AC 梁段的挠度曲线为

$$y_1 = \frac{qx^2}{24EI}(6l^2 - 4lx + x^2) \tag{3-40}$$

施加图 3-21(a)所示集中荷载后，AC 梁段梁体的挠度变化为

$$y_2 = -\frac{1}{3}ql \times \frac{x^2}{6EI}(6l - x) \tag{3-41}$$

合龙 C、C'点，形成连续结构，施加集中荷载 $2P$，AC 梁段梁体的挠度变化为

$$y_3 = \frac{2}{3}ql \times \frac{x}{48EI} \times (12l - 4x^2) \tag{3-42}$$

卸除均布荷载 q，AC 梁段梁体的挠度变化为

$$y_4 = -\frac{qx}{24EI}(x^3 - 4lx^2 + 4l^2x) \tag{3-43}$$

荷载卸除后，AC 梁段的残余挠度为

$$\begin{aligned} y &= y_1 + y_2 + y_3 + y_4 \\ &= \frac{qx^2}{24EI}(6l^2 - 4lx + x^2) - \frac{1}{3}ql\frac{x^2}{6EI}(6l - x) \\ &\quad + \frac{2}{3}ql\frac{x}{48EI}(12l - 4x^2) - \frac{qx}{24EI}(x^3 - 4lx^2 + 4l^2x) \\ &= 0 \end{aligned} \tag{3-44}$$

显然，悬臂端 C、C'合龙前，通过施加一定的控制措施保证了合龙后的连续结构卸载后结构构件单元的无应力曲率与图 3-19(a)结构相一致，从而保证了最终结构的内力和位移状态相同[1, 2]。

通过前述的讨论可以得出如下结论：对于梁式结构，只要最终形成结构构件单元的无应力曲率相同，则最终结构的内力状态和位移状态与结构的形成过程无关[1, 2]。

3. 结构施工过程与最终状态

图 3-23(a)是一简化的斜拉结构，ABC 为抗弯刚度为 EI 的主梁，CD 是拉压刚度为 EA 的拉压杆，相当于斜拉桥中的斜拉索，为简化计算，结构分析中不考虑 ABC 梁的轴向变形。下面来研究结构的形成过程对结构最终内力状态的影响。

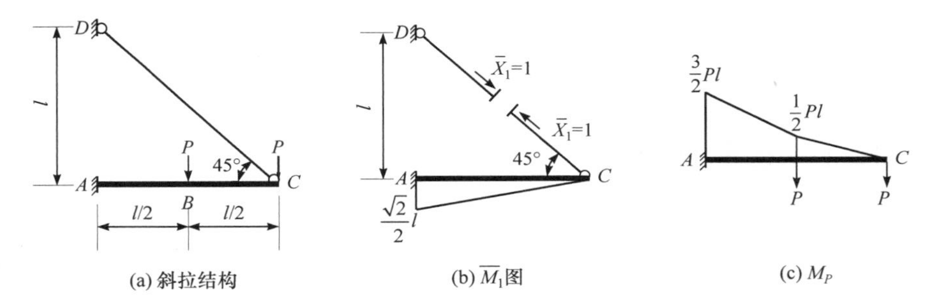

图 3-23　结构施工过程与最终状态示意图

1) 结构一次形成

图 3-23(a)结构一次形成，$ABCD$ 结构形成后，在 B 点和 C 点分别施加外力荷载 P。

结构受载后的内力状态由力法解得。

$$\begin{aligned} \delta_{11} &= \sum\left(\int \frac{\overline{M}_1^{\,2}}{EI}\mathrm{d}s + \int \frac{\overline{N}_1^{\,2}}{EA}\mathrm{d}s\right) \\ &= \frac{1}{EI}\times\frac{1}{2}\times\frac{\sqrt{2}}{2}l\times l\times\frac{2}{3}\times\frac{\sqrt{2}}{2}l + \frac{1}{EA}\times 1\times 1\times\sqrt{2}l \\ &= \frac{l^3}{6EI} + \frac{\sqrt{2}l}{EA} \end{aligned} \tag{3-45}$$

$$
\begin{aligned}
\Delta_{1P} &= \sum\left(\int\frac{\bar{M}_1 M_P}{EI}\mathrm{d}s+\int\frac{\bar{N}_1 N_P}{EA}\mathrm{d}s\right) \\
&= \frac{1}{EI}\left(\frac{1}{2}\times\frac{1}{2}Pl\times\frac{1}{2}l\times\frac{2}{3}\times\frac{\sqrt{2}}{4}l+\frac{1}{2}Pl\times\frac{1}{2}l\times\frac{3}{4}\times\frac{\sqrt{2}}{2}l\right. \\
&\quad \left.+\frac{1}{2}Pl\times\frac{1}{2}l\times\frac{5}{6}\times\frac{\sqrt{2}}{2}l\right) \\
&= -\frac{7\sqrt{2}Pl^3}{32EI}
\end{aligned} \tag{3-46}
$$

力法方程：

$$\delta_{11}X_1+\Delta_{1P}=0 \tag{3-47}$$

$$\left(\frac{l^3}{6EI}+\frac{\sqrt{2}l}{EA}\right)X_1-\frac{7\sqrt{2}Pl^3}{32EI}=0 \tag{3-48}$$

$$N_{CD}=X_1=\frac{21\sqrt{2}Al^2}{16(Al^2+6\sqrt{2}I)}P \tag{3-49}$$

A 点弯矩：

$$
\begin{aligned}
M_A &= -\frac{3}{2}Pl+\frac{\sqrt{2}}{2}l\times\frac{21\sqrt{2}Al^2}{16(Al^2+6\sqrt{2}I)}P \\
&= -\frac{3Al^2+144\sqrt{2}I}{16(Al^2+6\sqrt{2}I)}Pl
\end{aligned} \tag{3-50}
$$

2) 结构分阶段形成，分次加载

(1) 形成 AB 梁段，如图 3-24(a)所示。

$$M_{A1}=0$$
$$\delta_{B1}=0$$
$$\theta_{B1}=0$$

(2) B 点施加荷载 P，如图 3-24(b)所示。

$$M_{A2}=M_{A1}-\frac{1}{2}Pl=-\frac{1}{2}Pl \tag{3-51}$$

$$\delta_{B2}=\delta_{B1}+\frac{Pl^3}{24EI}=\frac{Pl^3}{24EI} \tag{3-52}$$

$$\theta_{B2}=\theta_{B1}+\frac{Pl^2}{8EI}=\frac{Pl^2}{8EI} \tag{3-53}$$

(3) 安装 BC 梁段，如图 3-24(c)所示。

$$M_{A3}=M_{A2}=-\frac{1}{2}Pl \tag{3-54}$$

$$\delta_{B3}=\delta_{B2}=\frac{Pl^3}{24EI} \tag{3-55}$$

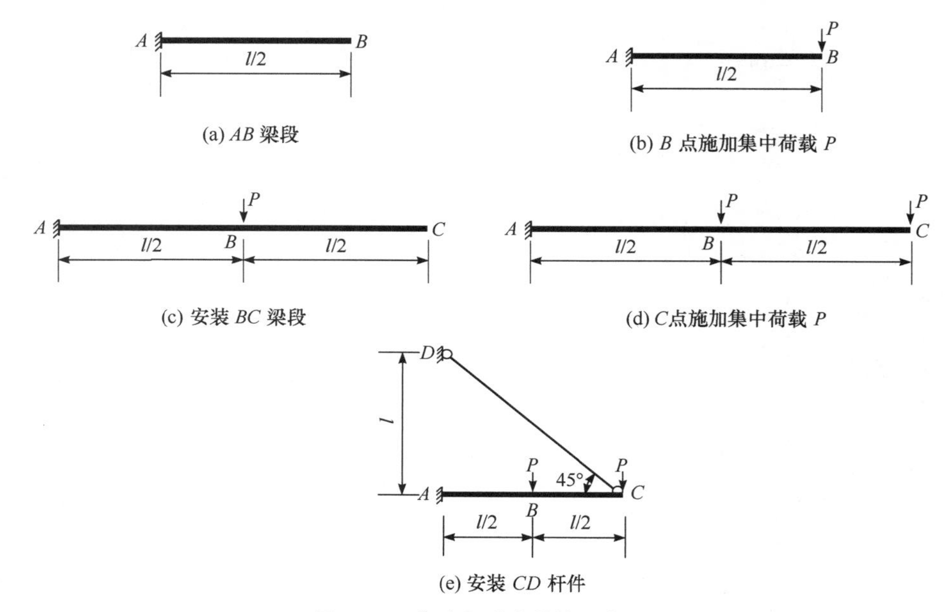

图 3-24　分阶段形成结构示意图

$$\theta_{B3} = \theta_{B2} = \frac{Pl^2}{8EI} \tag{3-56}$$

$$\delta_{C3} = \delta_{B3} + \theta_{B3} \times \frac{l}{2} = \frac{Pl^3}{24EI} + \frac{Pl^2}{8EI} \times \frac{l}{2} = \frac{5Pl^3}{48EI} \tag{3-57}$$

$$\theta_{C3} = \theta_{B3} = \frac{Pl^2}{8EI} \tag{3-58}$$

(4) C 点施加荷载 P，如图 3-24(d)所示。

$$M_{A4} = M_{A3} - Pl = -\frac{1}{2}Pl - Pl = -\frac{3}{2}Pl \tag{3-59}$$

$$\delta_{C4} = \delta_{C3} + \frac{Pl^3}{3EI} = \frac{5Pl^3}{48EI} + \frac{Pl^3}{3EI} = \frac{7Pl^3}{16EI} \tag{3-60}$$

$$\theta_{C4} = \theta_{C3} + \frac{Pl^2}{2EI} = \frac{Pl^2}{8EI} + \frac{Pl^2}{2EI} = \frac{5Pl^2}{8EI} \tag{3-61}$$

(5) 安装 CD 杆件，形成 $ABCD$ 斜拉结构，如图 3-24(e)所示。

$$N_{CD5} = 0 \tag{3-62}$$

$$M_{A5} = M_{A4} = -\frac{3}{2}Pl \tag{3-63}$$

$$\delta_{C5} = \delta_{C4} = \frac{7Pl^3}{16EI} \tag{3-64}$$

$$\theta_{C5} = \theta_{C4} = \frac{5Pl^2}{8EI} \tag{3-65}$$

对比式(3-49)、式(3-50)和式(3-62)、式(3-63)可以看出，图 3-23(a)和图 3-24(e)结构的

内力状态完全不同。

图 3-23(a)先形成结构 $ABCD$，然后在结构的 B、C 两点施加外荷载 P。B、C 两点外荷载施加前 $ABCD$ 为一个无外荷载，结构构件无应力的结构，此时 CD 杆件的长度为 $\sqrt{2}l$。换句话说，图 3-23(a)结构的 CD 杆件的无应力长度为 $\sqrt{2}l$。

图 3-24(e)CD 杆安装时，C 点已发生向下的竖向位移 $\delta_{C4}=\dfrac{7Pl^3}{16EI}$，如果不采用其他措施，一根无应力长度为 $\sqrt{2}l$ 的杆件将无法安装在 $ABCD$ 结构上。如果要实现 CD 杆的无应力安装，CD 杆必须加长 $\varDelta$ 以适应 C 点位置的变化，如图 3-25 所示。其 CD 杆安装的几何关系如图 3-26 所示。

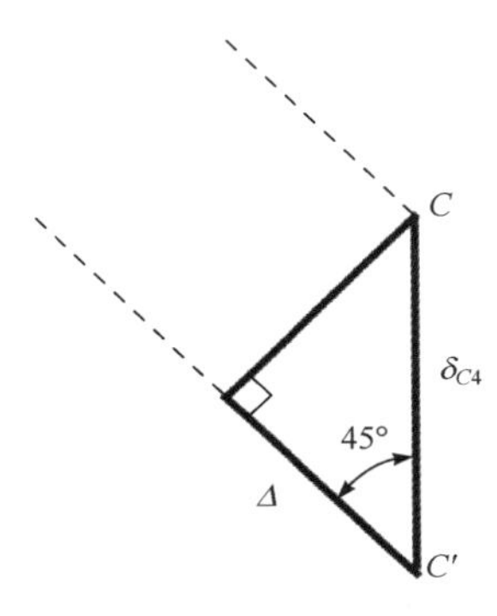

图 3-25　C 点变化关系

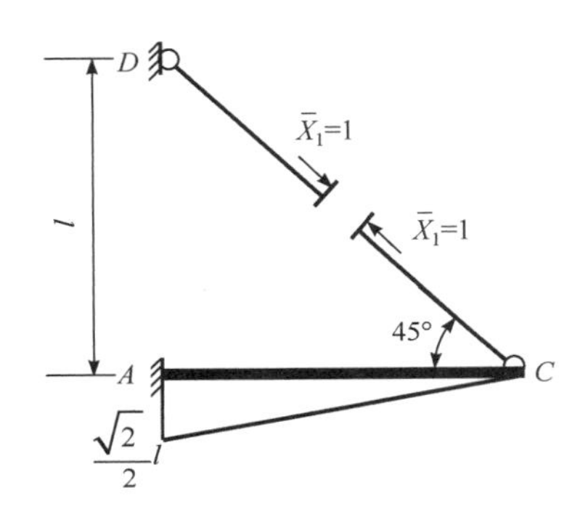

图 3-26　$\bar{M}_1$ 图

$$\varDelta=\delta_{C4}\times\cos45^\circ=\frac{7\sqrt{2}Pl^3}{32EI} \tag{3-66}$$

图 3-24(e)结构 CD 杆的无应力长度为 $\sqrt{2}l+\dfrac{7\sqrt{2}Pl^3}{32EI}$。图 3-23(a)结构和图 3-24(e)结构内力状态的差异实际上是源于两结构 CD 杆件无应力长度的差别，图 3-24(e)结构 CD 杆的无应力长度比图 3-23(a)结构 CD 杆件无应力长度长 $\dfrac{7\sqrt{2}Pl^3}{32EI}$。实际斜拉桥建造时，$CD$ 杆可以通过斜拉索锚固千斤顶的张拉来改变其无应力长度。

下面来讨论 CD 杆无应力长度的调整。图 3-26 为用力法求解斜拉结构斜拉索索长调整的结构基本体系。

CD 杆在杆内切开，施加一对大小相等、方向相反的沿 CD 杆方向的单位力 $\bar{X}_1=1$。

$$\begin{aligned}\delta_{11}&=\sum\left(\int\frac{\bar{M}_1^{\,2}}{EI}\mathrm{d}s+\int\frac{\bar{N}_1^{\,2}}{EA}\mathrm{d}s\right)\\&=\frac{1}{EI}\times\frac{1}{2}\times\frac{\sqrt{2}}{2}l\times l\times\frac{2}{3}\times\frac{\sqrt{2}}{2}l+\frac{1}{EA}\times1\times1\times\left(\sqrt{2}l+\frac{7\sqrt{2}Pl^3}{32EI}\right)\\&=\frac{l^3}{6EI}+\frac{\sqrt{2}l}{EA}\left(1+\frac{7Pl^2}{32EI}\right)\end{aligned} \tag{3-67}$$

实际结构中$\frac{7\sqrt{2}Pl^3}{32EI} \ll 1$，$1+\frac{7\sqrt{2}Pl^3}{32EI} \approx 1$，则

$$\delta_{11} = \frac{l^3}{6EI} + \frac{\sqrt{2}l}{EA} \tag{3-68}$$

$\delta_{11}X_1$代表了基本体系 CD 杆切口处沿 CD 杆方向的相对位移，此相对位移也是 CD 杆无应力长度的变化量。

斜拉结构拉索无应力长度调整的力法基本方程为

$$\delta_{11}\bar{X}_1 = \varDelta \tag{3-69}$$

$$\left(\frac{l^3}{6EI} + \frac{\sqrt{2}l}{EA}\right)\bar{X}_1 = \frac{7\sqrt{2}Pl^3}{32EI} \tag{3-70}$$

$$X_1 = \frac{21\sqrt{2}Al^2}{16(Al^2 + 6\sqrt{2}I)}P \tag{3-71}$$

CD 杆无应力长度减少$\varDelta = \frac{7\sqrt{2}Pl^3}{32EI}$时，结构的内力状态变化为

$$\Delta N_{CD} = X_1 = \frac{21\sqrt{2}Al^2}{16(Al^2 + 6\sqrt{2}I)}P \tag{3-72}$$

$$\Delta M_A = \frac{\sqrt{2}}{2}lX_1 = \frac{21Al^3}{16(Al^2 + 6\sqrt{2}I)}P \tag{3-73}$$

叠加图 3-24(e)结构内力为

$$N_{CD} = N_{CD5} + \Delta N_{CD} = \frac{21\sqrt{2}Al^2}{16(Al^2 + 6\sqrt{2}I)}P \tag{3-74}$$

$$\begin{aligned} M_A &= M_{A5} + \Delta M_A = -\frac{3}{2}Pl + \Delta M_A = -\frac{3}{2}Pl + \frac{21Al^3}{16(Al^2 + 6\sqrt{2}I)}P \\ &= -\frac{3Al^2 + 144\sqrt{2}I}{16(Al^2 + 6\sqrt{2}I)}Pl \end{aligned} \tag{3-75}$$

对比式(3-49)、式(3-50)和式(3-74)、式(3-75)可以看出，两状态的结构内力完全相同，说明只要最终结构的斜拉索无应力长度相等，则最终结构的内力状态与结构的形成过程无关。无应力状态法在理论上最终成桥状态桥梁构件单元的无应力状态量是决定分阶段施工桥梁成桥内力和线形的本质影响因素，从而可以应用无应力状态量控制分阶段施工桥梁施工过程和成桥状态的内力、位移。

4. 基本原理

由势能驻值原理可得，非线性离散结构分析问题的静力平衡基本方程为

$$\int_V B^{\mathrm{T}}\sigma \mathrm{d}V - P = 0 \tag{3-76}$$

式中，B 为应变矩阵；σ 为应力矩阵；V 为单元积分范围；P 为外荷载矩阵。
其中，

$$B = B_0 + B_L \tag{3-77}$$

式中，B_0 为应变矩阵 B 中与杆端位移无关的部分[1, 2]；B_L 为应变矩阵 B 中与杆端位移有关的部分。

桥梁结构计算一般都是大变形小应变问题，如果不考虑材料非线性，对于分阶段成形结构，无论该结构如何成形，假定桥梁离散结构组成单元安装时按计算参考构形激活[1, 2]，若此时无应力构形与计算参考构形不一致[1, 2]，则单元相对于无应力构形产生的应变为 ε_0，结构成形过程后产生的应变为 ε，该单元最终成桥状态总应变为

$$\varepsilon' = \varepsilon + \varepsilon_0 \tag{3-78}$$

按照大位移小变形问题考虑，材料应力-应变为线性关系，即

$$\sigma = D(\varepsilon + \varepsilon_0) \tag{3-79}$$

式中，D 为材料物理方程弹性矩阵。将式(3-79)代入式(3-76)：

$$\int_V B^{\mathrm{T}} D(\varepsilon + \varepsilon_0)\mathrm{d}V - P^{\mathrm{e}} = 0 \tag{3-80}$$

进一步展开：

$$\int_V B^{\mathrm{T}} DB\bar{\varDelta}^{\mathrm{e}}\mathrm{d}V + \int_V B_0^{\mathrm{T}} D\varepsilon_0\mathrm{d}V + \int_V B_L^{\mathrm{T}} D\varepsilon_0\mathrm{d}V - P^{\mathrm{e}} = 0 \tag{3-81}$$

式中，$\bar{\varDelta}^{\mathrm{e}}$ 为单元杆端位移矩阵；P^{e} 为单元杆端力列阵。

将(3-81)简化得出分阶段成形(施工)结构单元层面的基本静力平衡方程：

$$(\bar{K}^{\mathrm{e}} + \bar{K}_{\varepsilon_0}^{\mathrm{e}})\ \bar{\varDelta}^{\mathrm{e}} = P^{\mathrm{e}} + \bar{L}_0^{\mathrm{e}} \tag{3-82}$$

式中，$\bar{K}^{\mathrm{e}} = \int_V B_{DB}^{\mathrm{T}}\mathrm{d}V$ 为结构分析几何非线性全量刚度矩阵，是割线矩阵[4]；$\bar{K}_{\varepsilon_0}^{\mathrm{e}}\bar{\varDelta}^{\mathrm{e}} = \int_V B_L^{\mathrm{T}} D\varepsilon_0\mathrm{d}V$；$\bar{L}_0^{\mathrm{e}} = -\int_V B_0^{\mathrm{T}} D\varepsilon_0\mathrm{d}V$，从 $\bar{L}_0^{\mathrm{e}}$ 的物理含义可以看出，其代表局部单元坐标系下结构组成单元发生应变 ε_0 时所对应的抗力。

将单元局部坐标系转换到整体坐标系下，有

$$\bar{\varDelta} = T\varDelta \tag{3-83}$$

式中，T 为单元局部坐标系和整体坐标系之间的转换矩阵；$\varDelta$ 和 $\bar{\varDelta}$ 分别为单元局部坐标系下节点位移列阵和单元整体坐标系下节点位移矩阵。

将式(3-83)代入式(3-82)，在结构层面上进行刚度矩阵集成，所得刚度平衡方程建立起分阶段成形结构最终状态的力学平衡方程，即分阶段成形(施工)结构基本静力平衡方程：

$$\sum(K^{\mathrm{e}} + K_{\varepsilon_0}^{\mathrm{e}})\varDelta = P + \sum L_0^{\mathrm{e}} \tag{3-84}$$

式中，K^{e} 为在结构整体坐标系下结构几何非线性全量刚度矩阵，其中的参数与计算参考构形有关；$K_{\varepsilon_0}^{\mathrm{e}}$ 体现了结构组成单元的无应力状态量对结构整体计算刚度矩阵的影响，简称无应力状态量影响矩阵；L_0^{e} 体现了结构组成单元的无应力状态量对分阶段成形结构最终成桥状态的影响，简称广义力矩阵。

式(3-84)即为分阶段成形结构无应力状态控制法的一般静力平衡方程，方程得出过程是基于有限元方法的一般原理，对于平面和空间杆单元、梁单元、壳单元、三维实体单元的大位移小变形问题计算分析都是适用的。

如果不考虑几何非线性效应，那么式(3-84)变成无应力状态控制法线性静力平衡方程：

$$\sum K_0^{\mathrm{e}} \varDelta = P + \sum L_0^{\mathrm{e}} \tag{3-85}$$

式中，K_0^{e} 为结构的线性刚度矩阵。

由以上分析可知，对于分段施工结构，只要外荷载、结构体系、支承边界条件和单元的无应力长度和无应力曲率确定，最终恒载完成后的成桥状态的内力和线形就是确定和唯一的。

5. 无应力状态量

从前几节的讨论可以看出，对于线弹性结构，只要最终的成桥结构构件单元的无应力长度、无应力曲率、外加荷载和支座位置一定，则结构最终成桥状态的结构内力、位移与结构的形成过程和施工方法无关。结构的这些固有特性就是无应力状态法的基础，利用无应力状态法可方便地确定桥梁施工中间过程结构的理想状态，并在桥梁结构的实际施工中实现多工序同步作业技术。

结构体系内任意构件单元，受荷载变形后单元上两节点之间的几何距离就是单元有应力时的长度。假设卸除该单元的轴向力，单元轴向变形恢复，此时单元上两节点的几何距离定义为构件单元的无应力长度。

利用结构受荷载变形后单元上两节点的水平位移、竖向位移和转角可计算单元上任意截面挠度曲线的曲率，这就是单元的有应力曲率，假设在此基础上卸除该单元的弯矩，单元的弯曲变形恢复，此时单元挠度曲线的曲率称为构件单元的无应力曲率。

无应力状态量是单元无应力长度和单元无应力曲率两个状态量的总称。

3.4　施工控制方法

桥梁结构的工程控制是现代控制理论与桥梁工程相结合的必然产物，随着桥梁跨径的不断增大以及新材料、新工艺、新的施工方法在桥梁工程中的大量应用，桥梁结构工程控制所涉及的范围越来越广泛。在桥梁结构设计阶段，它可用来确定成桥阶段的结构理想状态，以及实现这一目标的各施工阶段理想状态，常称为设计阶段工程控制或结构理想状态控制[1, 2]；在桥梁结构施工过程中，特别是重复性很强的分段施工过程中，在各施工阶段分辨识别结构状态参数、预测估计实际结构状态、最优控制成桥结构状态，常称为施工阶段工程控制或结构最优状态控制[1, 2]。沿着工程控制论的发展轨迹，桥梁结构施工控制方法可分为开环控制、闭环控制和自适应控制[1, 2]。

3.4.1　开环控制

对于跨径不大、结构简单的桥梁结构，一般可按照桥梁结构设计荷载计算出成桥阶段的结构理想状态，并根据各阶段的施工荷载估计结构预拱度，在施工过程中只要严格按照这个预拱度进行施工，施工完成后的结构状态就基本能够达到结构理想的几何线形和内力状况。这种施工控制是单向向前的，无须根据结构实际状态调整预先设定的预拱度，属于开环控制方法[1, 2]，其控制流程如图 3-27 所示。由该图可知，开环控制系统不考虑结构实际状态和预设状态的偏差，故又称为确定性控制[1, 2]。

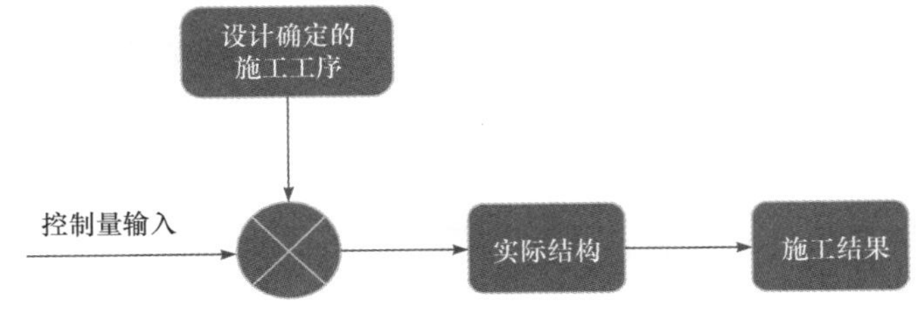

图 3-27　开环控制原理流程图

3.4.2　闭环控制

对于跨径大、结构复杂的桥梁体系，尽管可在设计计算中精确计算出成桥状态和各施工阶段的结构理想状态，但由于施工中结构状态误差和测量系统误差的存在，随着施工过程的进展误差会逐渐积累，以致到施工结束时，表征结构实际状态的几何线形和内力状况偏离结构理想状态过大，这就要求在施工误差出现后，及时纠正并控制这些误差。虽然结构理想状态无法全部实现，但可按某种性能最优的原则，使得已发生偏差的结构状态达到某种最优状态。这种纠偏措施或控制量大小是由结构实际状态(计入误差)经反馈计算而确定的，因包含了实际结构状态的反馈过程，故属于闭环控制或反馈控制[1, 2]，其控制流程如图 3-28 所示。

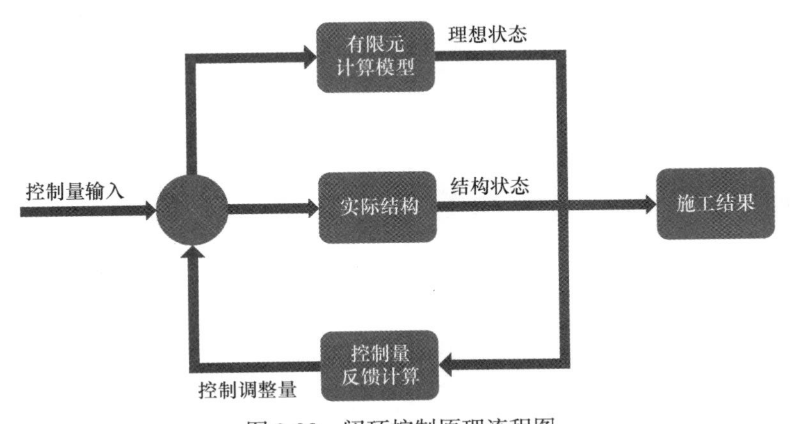

图 3-28　闭环控制原理流程图

3.4.3　自适应控制

虽然闭环控制能通过反馈控制，消除由模型误差和测量噪声所引起的结构状态误差，但这种控制只是在状态偏差出现后，被动地调整以减小已发生的结构状态误差对最终结构状态的影响。复杂桥梁施工中，实际结构状态达不到各施工阶段理想结构状态，是误差产生的重要原因之一。这包括系统模型中各计算参数，如截面几何特性、材料容重、弹性模量、混凝土收缩徐变等，与实际参数之间存在偏差。若能在重复性很强的分阶段施工特别是悬臂施工中，将这些可能引起结构状态误差的参数作为未知变量或带有噪声的变量，在各施工阶段进行实时识别，将识别参数用于下一施工循环的结构分析，并在每一施工过程重复该过程，经过若干施工阶段后，就会使得系统模型参数取值趋于实际参数的精确合理值，使系统模型反映的结构状态适应实际发生的结构状态。该方法在自适应地降低模型参数误差的基础上，对结构状态误差进行控制，故属于自适应控制过程[1, 2]，其控制流程如图 3-29 所示。

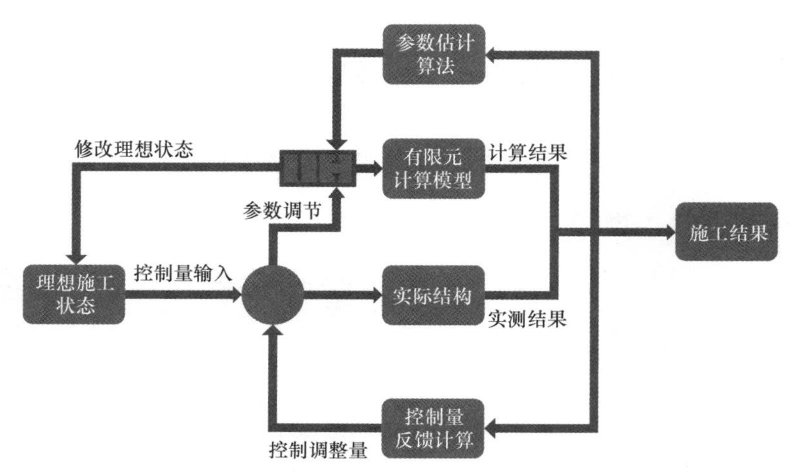

图 3-29　自适应控制原理流程图

3.4.4　几何控制法

1. 基本概念

上述三种桥梁施工控制方法均基于施工过程力学指标和几何状态进行施工控制，在桥梁结构自适应施工控制的基础上，李乔等[1]提出了一种全新的控制方法——大跨度桥梁几何控制法。相较于传统控制方法，几何控制法的拓展如下。

1) 控制理念的拓展

控制理念是施工控制方法的核心，直接决定其先进性、指导原则、实现手段及具体的实施过程。几何控制理念为全过程控制的实施奠定了理论和方法基础[1]。

2) 控制方法手段的拓展

将基于安装阶段结构力学及几何形态测量数据进行施工控制决策的传统控制方法拓展到基于结构无应力状态(主梁及索塔的无应力线形、斜拉索的无应力索长)进行施工控制决策，这一拓展从根本上规避了因现场测试数据可靠性和准确性无法有效保障而导致的施工控制困难和控制风险[1, 2]。

3) 控制阶段的拓展

传统施工控制方法仅对安装阶段进行控制，几何控制理念的有效实施则客观上要求对构件制造及安装的全过程进行控制。这一拓展通过加大施工控制对施工过程的介入深度，大幅增强了控制能力，更利于在确保获得良好的施工控制质量的同时，保障施工过程的高效推进[1, 2]。

2. 基本原理

几何控制法的理论基础可以概括为[1, 2]：几何体系一定的弹性结构在某一时刻的内力和变形状态，唯一地取决于此刻结构所受的作用体系，而与此前结构构件的安装历程、作用的施加和变迁历程无关。其原因在于，此刻结构的内力与变形状态可以由静力平衡方程和变形协调方程唯一地确定，而这两类方程又由此时结构的几何体系与作用体系唯一地确定。此处的几何体系包括结构形式、构件的无应力尺寸和形状、几何约束形式及其方位等；作用体系包括荷载、温度、振动、基础变位等。于是，如果没有误差，在桥梁施工中，只要保证结构体系和作用体系不变，同时保证构件安装时的初始几何尺寸和形状(亦称为构件的无应力状态)与成桥理想目标状态所对应的构件无应力状态相同，那么到了成桥阶段结构的内力与变形状态就是理想的目标状态[1, 2]。因此，施工控制时只需精确控制构件的无应力状态即可。

对斜拉桥施工控制而言，其无应力状态即为其无应力线形。以几何控制法为指导原则，在施工控制时，可根据结构成桥状态和施工过程，获得主梁的整体无应力线形，进而获得各梁段的局部无应力线形，制造时各梁段严格按照其局部无应力线形进行制造控制，拼装时严格按照梁段间的无应力状态关系进行拼装控制，即可实现主梁的线形控制，在索塔各节段同时按照无应力线形进行制造和安装、各斜拉索按照无应力索长进行制造和安装的条件下，斜拉桥成桥时的主梁线形即为预先设定的理想目标线形，同时其内力状态即为理想目标状态[1, 2]。因此，从本质上讲，几何控制法实质上是通过对主梁、索塔、斜拉索等关键构件制造和安装等关键环节的全过程控制实现主梁线形的有效控制，这是几何控制法区别于仅注重安装过程控制的传统控制方法的一个主要特点[1, 2]。

3. 与传统控制思路的区别和联系

从几何控制的原理可以看出，几何控制和传统控制方式既有区别又有紧密联系，是传统控制方法的进一步发展和完善。具体而言，两者的联系可以概括如下。

(1) 力学原理本质上完全相同。

(2) 在没有误差的情况下，两者可以实现完全相同的控制目标。

两者的区别可以概括为如下几点。

(1) 控制思路不同。

(2) 控制目标的实现方式不同。

(3) 控制的技术支撑系统不同。

(4) 在实际工程应用中控制质量保障体系的完备性不同。

传统的基于力学指标的控制方法将结构施工过程中的力学及线形指标作为结构状态的评价依据和施工控制目标的实施手段；而几何控制法则将各关键构件的无应力状态作为结构状态的评价基准及控制目标的实现途径。在结构施工过程中各关键测试指标的测试精度能够满足控制要求、关键构件的制造及安装误差的不良效应能够控制在一定范围内的情况下，传统的控制方法和基于几何控制理念的控制方法均能获得较好的施工控制结果[1, 2]。但在施工过程中现场测试数据的准确性和可靠性无法保障、误差的不良效应可能导致施工质量及施工过程安全性显著降低的情况下，采用基于几何控制法的施工控制思想是必要的[1, 2]。尽管相对于传统的施工控制方法而言，几何控制法客观上要求采用全过程控制的控制策略实施施工控制，会在一定程度上增加关键构件制造控制以及制造过程的测试工作量，但制造过程控制及测试工作量的增加有利于显著降低安装过程的控制调整工作量，并显著提高施工控制质量，在保障施工过程结构安全的条件下促进施工过程的高效推进[1, 2]。因此，制造过程控制工作量的增加显然有利于创造最佳的综合效益。

4. 支撑体系

从控制方法和控制理念的发展历程可以看出，基于几何控制理念的全过程自适应控制系统是大跨度桥梁节段施工控制的发展方向。尽管几何控制和传统控制方法具有相同的力学原理，但由于控制理念、控制思路等的不同，两者在施工控制目标的实现方式及控制支撑体系方面存在较大差异。区别于传统的部分过程控制方法，基于几何控制理念发展的自适应施工控制系统作为全过程控制系统客观上要求更为完备的技术支撑体系[1, 2]。

首先，施工过程中大跨度桥梁为时变体系，能够实现施工全过程精确分析的非线性动态仿真分析系统，是部分过程控制及全过程控制共同的工具和基础。精确的施工过程仿真分析系统能够为施工误差预测、施工控制决策、施工过程参数识别、施工过程结构力学特性分析提供科学依据。几何控制将构件无应力状态作为控制对象及控制的实现手段，对仿真分析系统提出了更高的要求，即能将主梁、索塔、斜拉索等关键构件的无应力状态作为计算初始条件，实现结构施工全过程的非线性仿真分析[1, 2]。

其次，基于几何控制理念发展的自适应施工控制系统为能实现关键构件制造及安装的精确控制，需发展关键构件无应力状态计算方法，同时开发相应的数字化制造及安装控制系统。几何控制先根据结构施工全过程仿真分析及成桥目标状态，计算主梁、索塔节段的无应力状态以及斜拉索的无应力索长，同时对关键构件的制造进行控制，在获得制造构件关键测试数据后，评价构件制造误差。在后续构件安装阶段，综合考虑构件制造误差和已成梁段安装误差，预测构件安装误差，确保关键构件安装控制的决策合理有效。关键构件制造和安装控制系统是几何控制理念的核心，也是其最为重要的支撑系统之一[1, 2]。

大跨度桥梁施工控制实质上是在存在误差的条件下，通过合理的调控措施，使得成桥线形和内力状态逼近目标状态的过程，即连续最优控制过程。基于几何控制理念发展的自适应施工控制系统，除要求上述仿真分析系统与关键构件制造及安装控制系统作为其必要支撑系统外，还需要如下支撑系统[1, 2]。

(1) 斜拉桥施工过程最优控制系统。

(2) 自动化、智能化远程实时动态监测系统。

(3) 大跨度桥梁施工全过程参数敏感性分析系统。

(4) 斜拉桥施工期参数识别及模型修正系统。

5. 短线法施工全过程几何控制体系

短线法施工是将连续梁分为若干短阶段，影响其几何构形的主要因素有主梁无应力构形(制造线形)、安装位置(安装线形)以及成桥状态(设计线形)[1, 2]。依据几何控制思想，构建的短线施工全过程数字化几何控制体系[5]如图 3-30 所示。

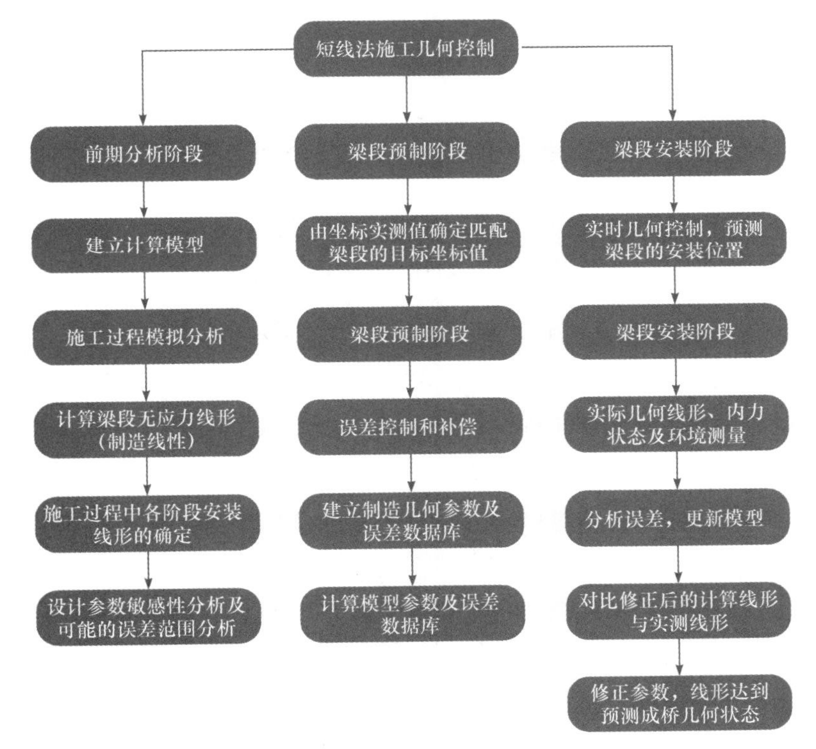

图 3-30　短线法几何控制体系

短线法桥梁节段预制过程的关键步骤是线形控制，通过调整匹配节段相对于待浇节段的空间位置来保证桥梁的制造线形。节段的空间位置和姿态通过测量布设在节段上控制点的三维坐标来确定，如图 3-31 所示。

将已浇筑好的节段 n 移动到其理论设计位置时，由于受到测量误差、人工操作、温度等各种因素的综合影响，节段 n 无法精确移动到理论位置，不可避免地存在偏差，如图 3-31 所示。为保证桥梁整体线形符合设计要求，需对节段 n 进行误差分析，然后对待浇节段 $n+1$ 进行纠偏处理，防止误差累积，短线法几何线形控制流程如图 3-32 所示。

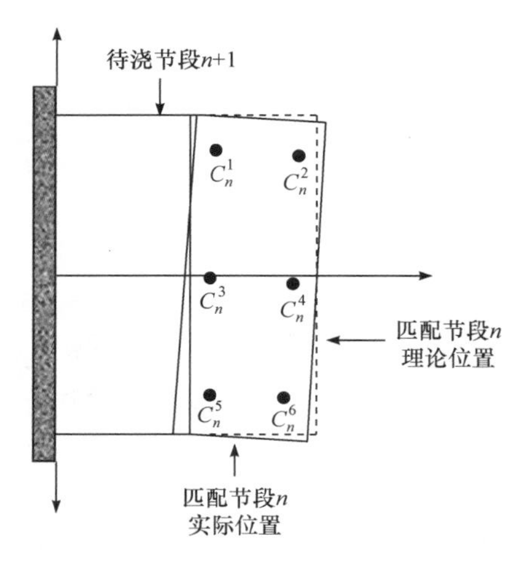

图 3-31　短线法节段预制平面示意

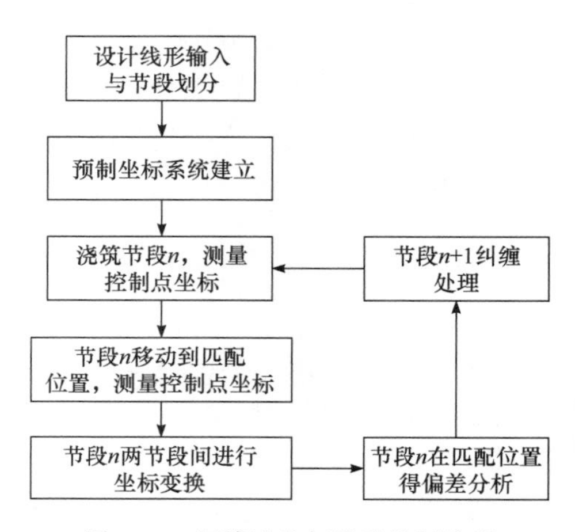

图 3-32　短线法几何线形控制流程

6. 制造、安装和成桥线形

节段施工桥梁的主梁结构在设计、制造和施工的不同阶段涉及以下三种线形[6]。

(1) 设计成桥线形：指桥梁修筑完成后所需要达到的设计线形。

(2) 制造线形：是主梁在制造过程中零应力状态下的线形。

(3) 安装线形：指桥梁在拼装过程中各新安装梁段自由端连接成的线形(注意新安装梁段在不断变化，因此该线形上的各点并不同时存在)。

安装线形与成桥线形之间的关系为

$$H_e = H_c - D \tag{3-86}$$

式中，H_e 为安装线形；H_c 为成桥线形；D 为梁段自安装至成桥时的位移量。

通过施工全过程反复计算，得到每个施工阶段的理想状态，该状态是保证结构成桥后达到目标状态所需的安装位置，此即安装线形。

根据制造线形是无应力线形的概念，可以将结构在某种状态下(如成桥状态)的内力释放后得到制造线形，即

$$H_f = H_c + K^{-1}(-F_{in}) \tag{3-87}$$

式中，H_f 为制造线形；H_c 为成桥设计线形；$-F_{in}$ 为与结构内力状态等效的荷载向量，式中的负号表示将该内力状态释放；K 为结构刚度矩阵。

由于实际制造的梁段是一段直线，而不是计算中的曲线形态，而且为满足制造与安装上的需要，实际工程中往往需对梁段两端面与轴线的夹角进行调整，实际采用的无应力构形应该结合施工过程模拟计算进行适当调整。

对于满堂支架施工或者一次落架的桥梁，由于拼装过程中所有结构构件均处于无应力状态，所以此时制造线形等同于安装线形。本质上讲，制造线形对应的是构件的无应力线形，而悬臂施工中，由于悬臂施工的成桥过程决定了已成梁段不可能处于无应力状态，这就是安装线形与制造线形不一致的原因。

3.5　大跨度桥梁施工控制实例

3.5.1　工程概况

某长江公路大桥主桥采用五跨 280m + 572m +(72.5m + 63m + 53.5m)双塔双索面斜拉桥，北岸边跨及中跨主梁采用钢-混凝土叠合梁，南岸边跨主梁因配重需要采用双纵肋混凝土主梁并设置两个辅助墩，桥塔采用花瓶形塔，空间索面。整个主桥结构为纵向半漂浮体系，共设 82 对斜拉索，索塔处设置竖向支座和横向抗风支座，北岸交界墩、南岸桥台和辅助墩处设置竖向支座，索塔处主梁设置纵向阻尼器和限位构造。该桥效果图如图 3-33 所示，总体布置如图 3-34 所示。

图 3-33　大桥效果图

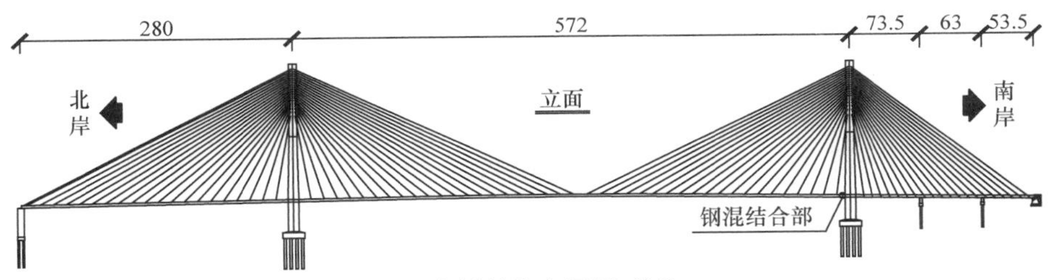

图 3-34　大桥整体布置图(单位：m)

1. 索塔

索塔为箱形混凝土结构，花瓶形索塔，包括上塔柱(包含上、中塔柱连接段)、中塔柱(包含中、下塔柱连接段)、下塔柱和下横梁，采用 C50 混凝土。北岸索塔总高 190.7m，其中上塔柱高 70.3m，中塔柱高 91.8m，下塔柱高 28.6m；南岸索塔总高 180.2m，其中上塔柱高 73.3m，中塔柱高 86.3m，下塔柱高 20.6m。塔柱采用空心箱形断面，上塔柱为对称单箱单室，尺寸为 9m × 8m，塔壁厚度横桥向为 1.5m，纵桥向为 1.2m，中间设钢锚梁和混凝土齿块；中下塔柱为不对称的单箱单室断面，尺寸由 8m × 5.5m 变化到 11m × 5.5m，中塔柱塔壁厚 1m；下塔柱尺寸由 11m × 6.5m 变化到 11m × 8.5m，下塔柱塔壁厚 1.2m；为保证下塔柱能够抵抗船舶撞击力，下塔柱底部设置 3m 实心段。索塔立面图如图 3-35 和图 3-36 所示。

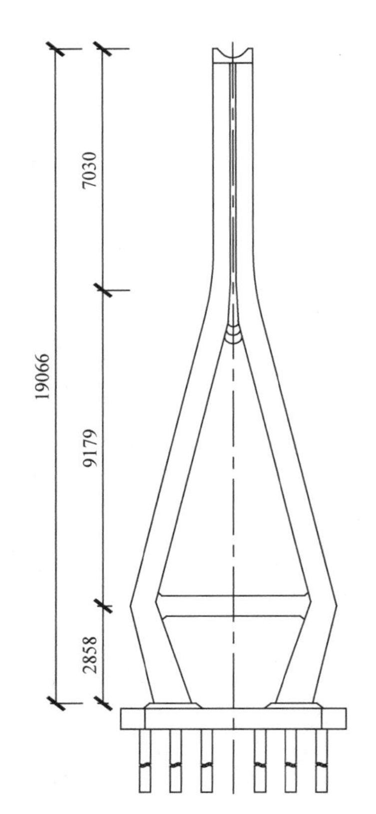

图 3-35　北岸索塔立面图(单位：cm)

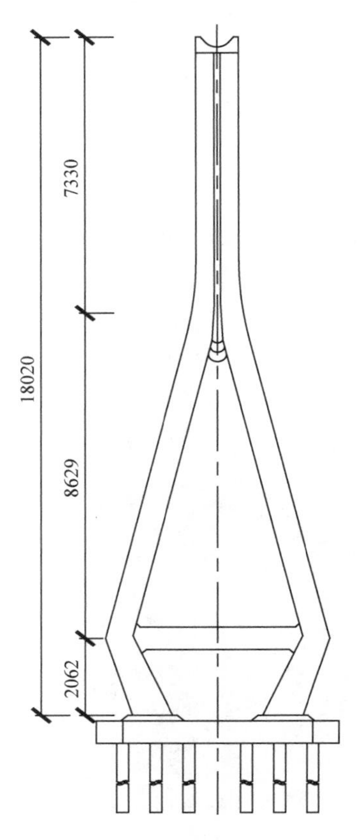

图 3-36　南岸索塔立面图(单位：cm)

2. 主梁

北岸边跨和中跨斜拉桥主梁为钢主梁与混凝土板共同受力的叠合梁，中间用剪力钉将两者结合，南岸边跨以及江南岸索塔根部主梁采用双纵肋式预应力混凝土连续梁。在叠合梁与混凝土梁之间设置 13.75m 钢混结合段，设置在江南岸索塔附近靠中跨侧。钢混结合段与混凝土梁段分界处距离索塔中心线 7m。

叠合梁采用高度 2.9m 双工字钢式的钢主梁，标准梁段长 13.5m，标准横梁间距 4.5m，斜拉索锚固处高为 3.3m，桥轴线处高 3.514m，横桥向两个钢主梁中心间距 29.5m，主梁全宽 30.5m，桥面板厚 26cm，顶面设置双向 1.5%横坡，叠合梁主梁断面如图 3-37 所示。

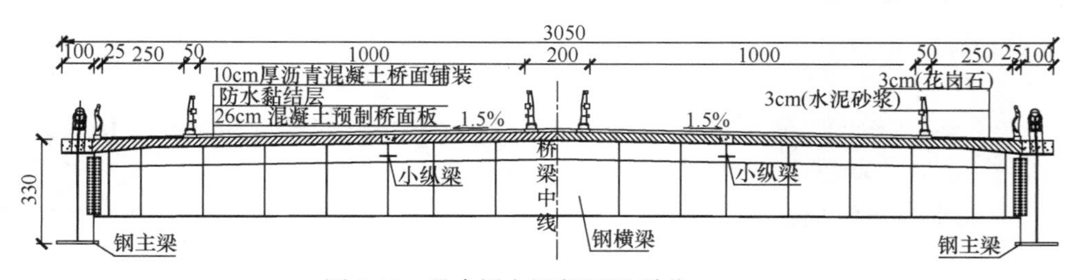

图 3-37　叠合梁主梁断面图(单位：cm)

混凝土主梁标准梁段双纵肋梁肋高 3.5m，梁顶宽 30.5m，顶板厚 0.28m，顶板下设有两道纵向加劲小纵肋，肋高 0.8m，肋宽 0.5m，梁顶面设 1.5%的双向横坡。变宽梁段分布于索塔、辅助墩的两边，索塔两边梁纵肋宽度分别由 2m、2.5m 渐变至 3.5m，辅助墩两边梁纵肋宽度由 2.5m 渐变至 4m。横隔板厚度为 30cm，间距为 3m 一道，15#辅助墩处横梁宽度为 4.6m，16#辅助墩处横梁宽度为 3.5m，以加强主梁横向刚度，混凝土主梁标准断面图如图 3-38 所示。

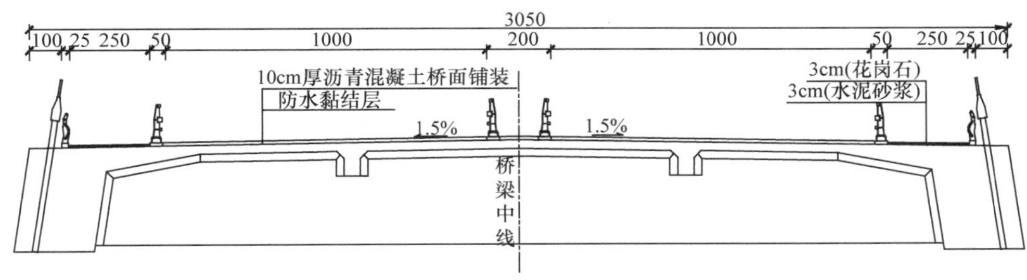

图 3-38　混凝土主梁标准断面图(单位：cm)

3. 斜拉索

全桥共 82 对斜拉索，北岸索塔顺桥向两侧各 21 对斜拉索，南岸索塔顺桥向两侧各 20 对斜拉索，叠合梁主梁段拉索标准间距 13.5m，混凝土梁段拉索标准间距 9m。

斜拉索采用平行钢绞线拉索，索体由多股无黏结高强度平行环氧喷涂钢绞线组成，外层装有高密度聚乙烯(high density polyethylene，HDPE)护套管。斜拉索采用 $\Phi^{S}15.2$ 环氧喷涂钢绞线成品索，其抗拉强度不小于 1860MPa，应力疲劳应力幅不小于 200MPa，弹性模量不小于 1.95×10^{5}MPa，钢绞线断面图如图 3-39 所示。斜拉索共有 M250-37、M250-43、M250-50、M250-55、M250-61、M250-73、M250-85 七种类型，锚具采用配套的 M-250 型环氧喷涂钢绞线专用锚具，斜拉索断面如图 3-40 所示。

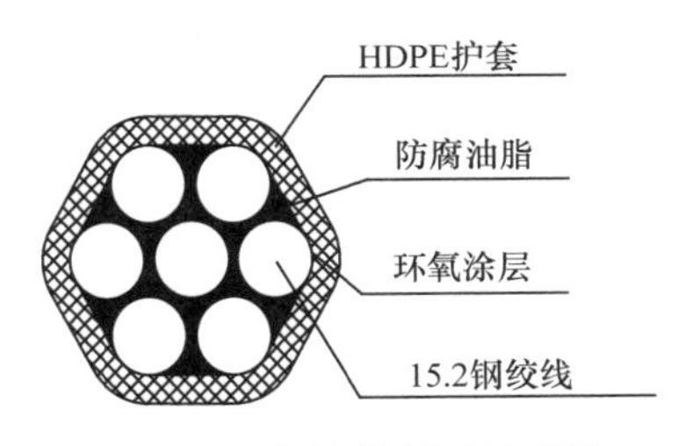

图 3-39　钢绞线断面示意图

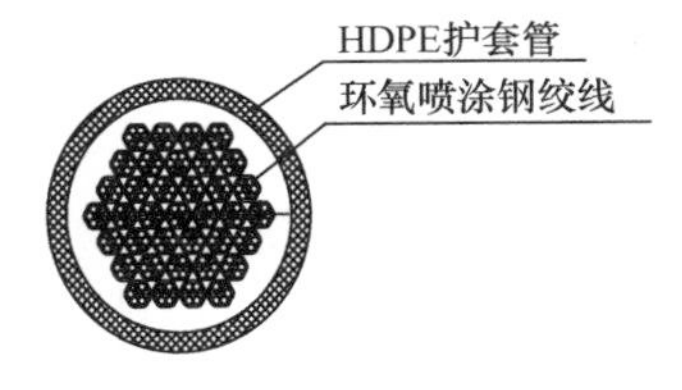

图 3-40　斜拉索断面示意图

3.5.2　拟定可行的主梁施工方法

斜拉桥是高次超静定结构，其最为重要的特性之一就是：所采用的施工方法和安装程序与成桥后的主梁线形及结构内力息息相关[1]。修建大跨度斜拉桥一般采用分阶段逐步安装，桥梁结构从开始施工到成桥必须经历一个复杂的多阶段构件施工安装和体系转换过程[7]。斜拉桥施工控制的一个重要内容就是要确定施工安装各阶段结构理想状态，即合理施工状态，其必须满足两个条件：一是在结构自重和施工荷载等施工阶段可能的外荷载作用下本阶段的桥梁结构必须满足安全性要求，并有一定的安全余地；二是按此过程形成的最终桥梁结构(成桥后)的结构内力和结构线形满足设计要求[2]。

1. 桥梁施工步骤

该桥为非对称叠合/混合梁斜拉桥，北岸边跨及中跨为叠合梁主梁，南岸边跨为混凝土主梁，北岸边跨和北岸中跨的施工方式为对称悬臂施工，南岸边跨的施工方式为满堂支架施工，南岸中跨的施工方式为悬臂施工。主要施工步骤如下。

(1) 施工主塔，搭设南岸边跨满堂支架、北岸首节段支架、钢混结合段支架及北岸边跨合龙段支架并预压，分节段完成南岸边跨混凝土主梁施工。

(2) 北岸安装首节段，南岸安装钢混结合段，浇筑临时固结，张拉南岸边跨预应力钢束。

(3) 安装吊机，北岸边跨和北岸中跨对称悬臂施工至 19 号段，南岸中跨单悬臂施工至最大悬臂端。

(4) 施工北岸边跨支架段及边跨合龙段，在边跨合龙段支架上通过顶推实现边跨合龙，合龙后北岸中跨继续施工至最大悬臂端。

(5) 选取有利的合龙温度进行中跨合龙，合龙后完成调索工作。

(6) 张拉桥面板预应力，拆除吊机，拆除支架。

(7) 安装桥面铺装等附属结构，完成荷载试验，全桥竣工。

对叠合梁主梁来说，边钢主梁、小纵梁及横梁采用的材料为钢材，桥面板采用预制混凝土板，钢梁和桥面板通过剪力钉及后浇桥面板湿接缝实现叠合。传统的叠合梁主梁施工方法如图 3-41 所示，以第 N 段施工为例。

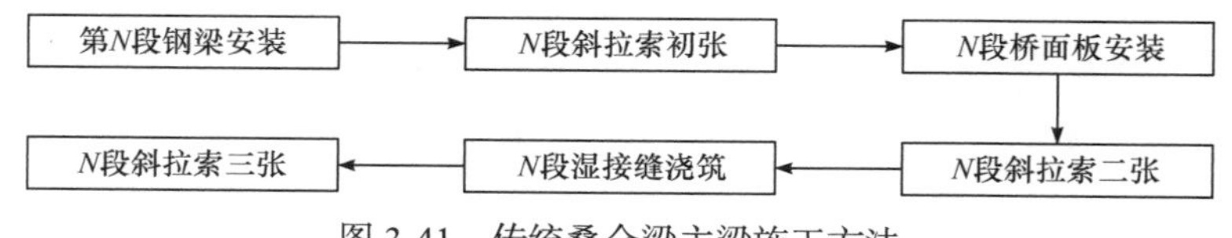

图 3-41　传统叠合梁主梁施工方法

每一施工工序包含内容如下，传统叠合梁施工方法每一段的施工共需 19d，文中 d 代表工序所需天数。

(1) 钢梁安装(2d)：钢主梁吊装、定位、栓接，小纵梁和横梁安装。

(2) 斜拉索初张(4d)：斜拉索安装(1d)并第一次张拉斜拉索(单根张拉 3d)。

(3) 桥面板安装(2d)：预制桥面板的吊装(2d)。

(4) 斜拉索二张(3d)：第二次张拉斜拉索(单根张拉 3d)。

(5) 湿接缝浇筑(5d)：绑扎钢筋(0.5d)，布置湿接缝模板(0.5d)，桥面板湿接缝浇筑(1d)，现浇混凝土养护(3d)。

(6) 斜拉索三张(3d)：第三次张拉斜拉索(单根张拉 3d)。

2. 优化主梁施工方法

主梁传统施工方法施工速度较慢，各施工工序难以同时进行，本节在保证结构受力安全性的前提下，拟定能加快施工速度，提高主梁施工效率，同时保证斜拉索张拉可行性、均匀性、安全性的施工方法。

提高主梁施工效率可以优化的工序主要有两处：斜拉索二张和桥面板湿接缝浇筑。斜拉索第二次张拉的时机是在桥面板安装后，湿接缝浇筑前，目的是适当平衡桥面板的重量，其间无结构体系转换，因此考虑可以去掉斜拉索第二次张拉，通过适当增加斜拉索初张力的方式既可以达到同样的施工效果，也加快了施工速度。需要注意的是，要保证在斜拉索初张时的安全性。每一梁段施工时桥面板湿接缝浇筑都需要绑扎钢筋、布置湿接缝模板后才能浇筑湿接缝，之后还需要进行混凝土养护，因此考虑调整湿接缝浇筑的时机，使得这些施工步骤可以同步施工，达到加快施工速度的目的。

保证斜拉索张拉可行性、均匀性、安全性的方式是保证斜拉索最后一次张拉是整体张拉。斜拉索整体张拉锚固安全性好，张拉工艺直接明了，效率高，无需精确的计算分析即可达到一定的精度，节约施工成本及工期，但是整体张拉相较于单根张拉有一个问题需要特别注意，即整体张拉时张拉端锚头应有足够的螺纹长度以满足斜拉索张拉的需要。因此，考虑将斜拉索最后一次张拉分为两部分，先进行单根张拉，张拉到一定索力后保证斜拉索张拉端锚头有足够的螺纹长度，再进行整体张拉。

拟定的优化施工方法如表 3-1 所示，接下来会分别介绍各优化施工方法的优化内容。

表 3-1　拟定的主梁施工方法

施工方法编号	内容
方案一	传统施工方法
方案二	斜拉索仅张拉两次
方案三	湿接缝滞后一个节段浇筑
方案四	湿接缝滞后两个节段浇筑
方案五	湿接缝双节段循环浇筑
方案六	湿接缝三节段循环浇筑
方案七	改变斜拉索二张时机

1) 方案二：斜拉索仅张拉两次

方案二第 N 段施工方法如图 3-42 所示。方案二相对传统施工方法将每一梁段施工中斜拉索三次张拉改为两次张拉，因此每一梁段总施工时间减少 3d，所需时间为 16d。

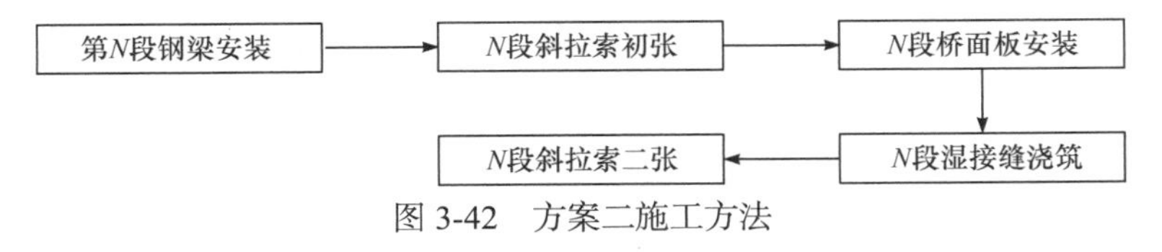

图 3-42　方案二施工方法

2) 方案三、方案四：桥面板湿接缝滞后浇筑

方案三的优化方法是将桥面板湿接缝浇筑时间滞后一个节段，方案四的优化方法是将桥面板湿接缝浇筑时间滞后两个节段，因此在湿接缝浇筑养护期间就有足够的时间进

行本节段绑扎钢筋和布置湿接缝模板工作，从而加快施工速度。方案三第 N 段施工方法如图 3-43 所示，方案四第 N 段施工方法如图 3-44 所示。施工时按方案三和方案四循环施工至最大悬臂端，最后一个梁段湿接缝浇筑时将所有未浇筑的桥面板湿接缝一起浇筑。方案三、方案四相对方案一可以减少绑扎钢筋和布置湿接缝模板的时间，因此每一梁段总施工时间减少 1d，所需时间均为 18d。

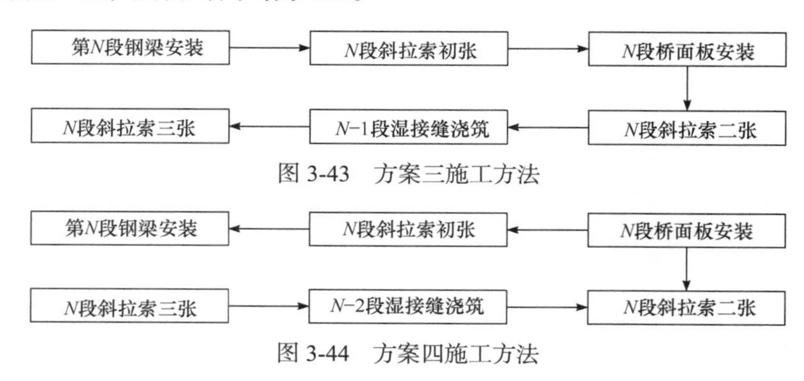

图 3-43　方案三施工方法

图 3-44　方案四施工方法

3) 方案五、方案六：多节段湿接缝同时浇筑

方案五和方案六考虑的是两个梁段或三个梁段的桥面板湿接缝同时浇筑，这样这几段湿接缝浇筑过程可以一起养护，加快施工速度。方案五是湿接缝每两个节段一起浇筑即双节段循环浇筑，当 N 为奇数时，第 N 段施工不浇筑湿接缝，当 N 为偶数时，第 N 段施工浇筑 N 段和 N–1 段湿接缝，施工方法如图 3-45 所示。方案六是湿接缝每三个节段一起浇筑即三节段循环浇筑，当 N 不是 3 的倍数时，第 N 段施工不浇筑湿接缝，当 N 是 3 的倍数时，第 N 段施工浇筑 N 段、N–1 段和 N–2 段的湿接缝，施工方法如图 3-46 所示。施工时按方案五和方案六循环施工至最大悬臂端，在最后一段湿接缝浇筑时将未浇注的湿接缝一起浇筑。方案五、方案六相对方案一混凝土养护可以多个梁段同时进行，减少施工时间，因此方案五每一梁段平均总施工时间减少 1.5d，所需时间为 17.5d，方案六每一梁段平均总施工时间减少 2d，所需时间为 17d。

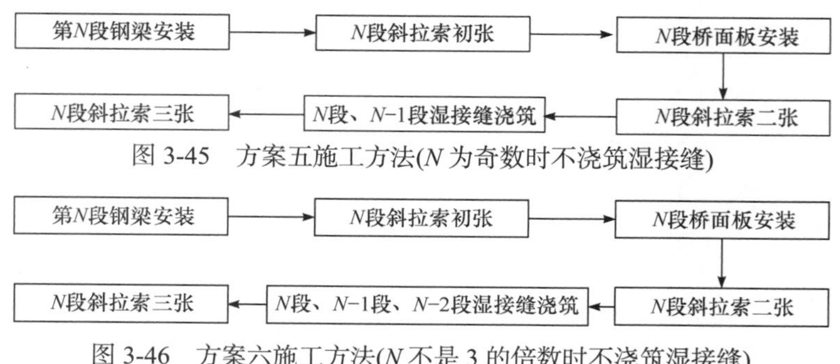

图 3-45　方案五施工方法(N 为奇数时不浇筑湿接缝)

图 3-46　方案六施工方法(N 不是 3 的倍数时不浇筑湿接缝)

4) 方案七：改变斜拉索二张时机

方案七在方案二的基础上在湿接缝浇筑后进行斜拉索二张单根张拉和三张整体张拉，相对方案一是把斜拉索二张改到湿接缝浇筑后、斜拉索三张前，方案七第 N 段施工

方法如图 3-47 所示。方案七在最后一次单根张拉后增加了一次整体张拉，因此每一梁段施工总时间增加 2d，所需时间为 18d，该方案虽然耗时更多，但可以通过斜拉索二张来控制斜拉索三张张拉端锚头拉索拔出量，保证斜拉索最后一次张拉一定可以采用整体张拉，如果后续阶段需要调索也更为方便，对于保证斜拉索张拉可行性、均匀性和安全性很有效果。

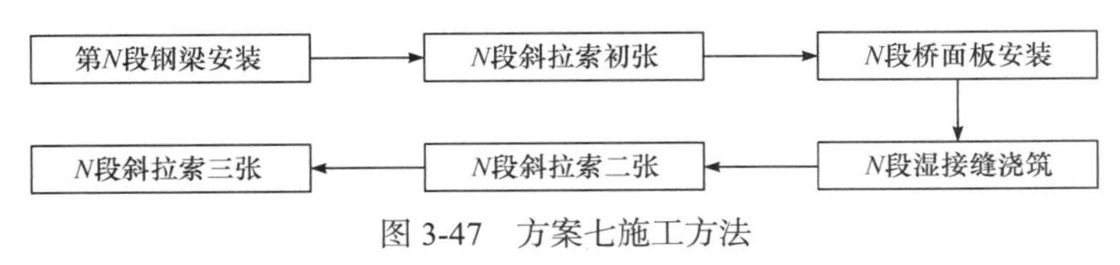

图 3-47　方案七施工方法

3. 合理施工索力的确定

各主梁施工方法每一梁段施工平均所需时间见表 3-2。

表 3-2　拟定的主梁施工方法施工所需时间

施工方法编号	所需时间/d
方案一	19
方案二	16
方案三	18
方案四	18
方案五	17.5
方案六	17
方案七	18

由于本桥合理成桥状态早已确定，因此钢主梁制造线形、桥面板无应力状态和斜拉索无应力长度等无应力状态量也随之确定。本节所讨论的是不同叠合梁主梁施工方法造成的影响，叠合过程属于体系转换，因此只有待安装混凝土桥面板和已完成结构在叠合前处于完全相同的受力状态，叠合后的受力状态才能相同，由表 3-3 可以看出，不同的施工方法桥面板和钢梁的叠合过程并不完全一样，而以下两方面原因导致叠合过程前结构受力状态无法调整。

(1) 实际工程中叠合过程是通过现浇混凝土湿接缝的方式实现的，因此要调整待安装混凝土桥面板本身的内力状态或者它与上一梁段桥面板之间的无应力角度使得混凝土桥面板的无应力状态不变是很难实现的。

(2) 不同的施工方法会使已完成结构内力状态不同，且钢梁制造线形也已经确定，因此要将已完成结构的内力状态调整到完全理想的状态也是在实际工程中无法实现的。

基于以上两点，不同的叠合过程必然会导致钢梁和混凝土内力分布不同，无法保证叠合后的内力状态保持一致，从而无法达到设计的合理成桥状态。因此，本节确定合理施工索力的目标为在钢梁制造线形不变的情况下，调整施工过程中的张拉索力，使得成桥后线形、索力尽可能和传统施工方法一致。

各施工方法施工过程中斜拉索的张拉索力按如下标准确定：

(1) 斜拉索成桥索力很大程度上取决于最后一次张拉后的索力，因此在确定合理施工索力时运用正装迭代法的原理，根据成桥索力确定斜拉索最后一次张拉索力。

(2) 叠合梁主梁在叠合前后刚度相差很大，因此在保证斜拉索总张拉力不变的情况下，可以通过适当改变斜拉索在叠合前后的索力增量以调整主梁线形，运用正装迭代法的原理根据成桥线形确定主梁叠合前的斜拉索张拉索力。

(3) 当方案某些梁段施工时不浇筑湿接缝(如方案五奇数梁段)或方案运用第(2)条的方法不太理想(如方案四叠合前后对主梁悬臂端刚度影响不显著)时只能通过适当调整总索力来调整线形。

由此，可以确定各种施工方法的合理施工状态。

表 3-3　各施工方法桥面板与钢梁叠合过程示意图

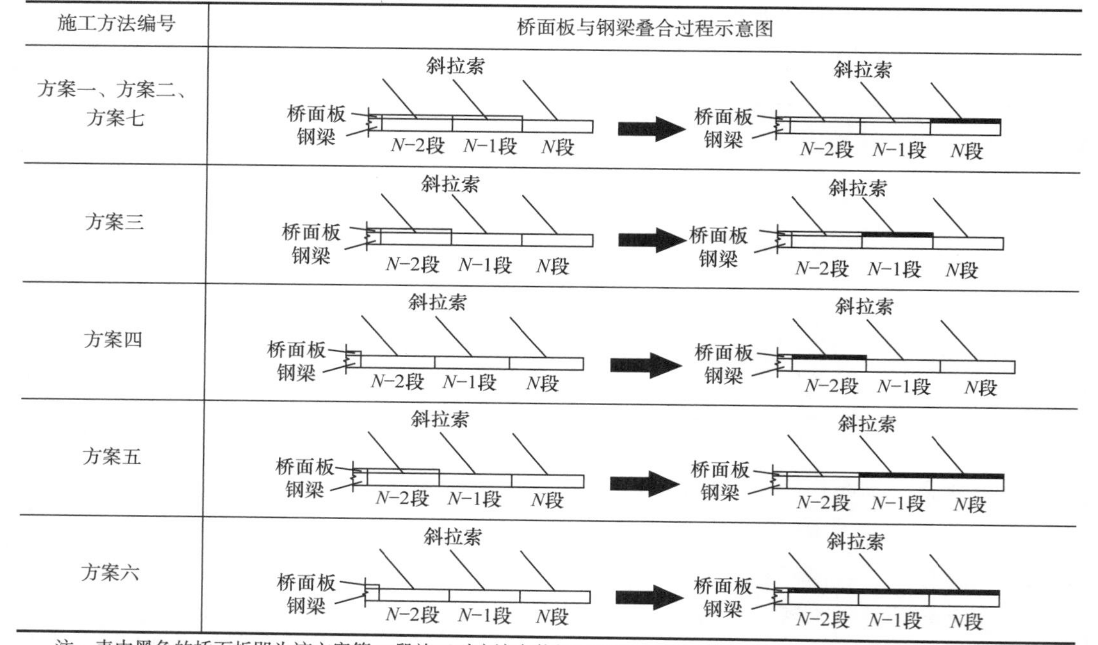

施工方法编号	桥面板与钢梁叠合过程示意图
方案一、方案二、方案七	
方案三	
方案四	
方案五	
方案六	

注：表中黑色的桥面板即为该方案第 N 段施工时应该安装的桥面板。

3.5.3　主梁施工方法比选

运用有限元软件进行计算，对各方案在成桥阶段的索力、线形和内力、施工过程应力及斜拉索最后一次张拉锚头拉索拔出量进行对比。

采用由西南交通大学研制的 NLABS 软件进行有限元分析。NLABS 是一个用于桥梁结构几何非线性分析的软件包，能够计算梁桥、拱桥、斜拉桥等桥型的内力、位移、反力、施工安装线形、制造线形、斜拉索无应力长度、主梁安装拼接角度等，系统功能强，计算速度快，人机界面良好。

全桥有限元模型如图 3-48 所示，模型共 434 个节点，757 个单元，其中钢主梁 248 个单元，混凝土桥面板 248 个单元，混凝土主梁 84 个单元，斜拉索 82 个单元。钢主梁、索塔、交界墩和辅助墩等结构采用梁单元来模拟，桥面板和斜拉索采用刚臂单元来模拟，横梁、桥面吊机及桥面铺装等以荷载形式来模拟。边界条件模拟如下：索塔、交界墩、辅助墩与地面固结，主梁与索塔、交界墩、辅助墩之间的连接及钢混结合部通过刚性连接来模拟，桥台通过弹性支座模拟，施工临时支架通过只受压支座模拟。荷载方面模型主要考虑了结构自重、预应力、斜拉索张拉力、压重、桥面铺装及施工临时荷载等。

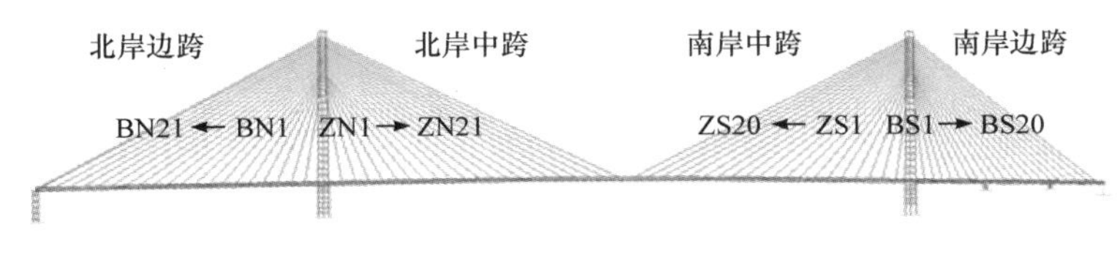

图 3-48　全桥有限元模型

1. 成桥索力

分析表明，相对于方案四和方案六，其余方案成桥索力与方案一成桥索力相差均小于 2%。方案四成桥索力偏差较大的原因是方案四为桥面板湿接缝滞后两个节段浇筑，有些节段线形误差过大通过调整湿接缝浇筑前后索力已无法满足要求时只能通过调整总索力以使得线形达到成桥线形；方案六成桥索力误差较大是因为方案六是桥面板湿接缝三节段循环浇筑，在不浇注湿接缝的节段，只能通过调整总索力以使线形满足要求。

2. 成桥线形

根据设计图纸要求，成桥线形的目标是在基准温度下，成桥阶段主梁竖向线形误差范围为

$$\Delta g = \pm\left[25 + 0.5\times\left(x - 25\right)\right]\text{mm} \tag{3-88}$$

式中，Δg 为主梁线形控制误差，mm；x 为距离最近支点的距离，m。

根据本桥的情况，572m 主跨跨中最大误差为±0.156m，280m 边跨跨中最大误差为±0.083m。

各方案与方案一成桥线形误差情况如图 3-49 所示。

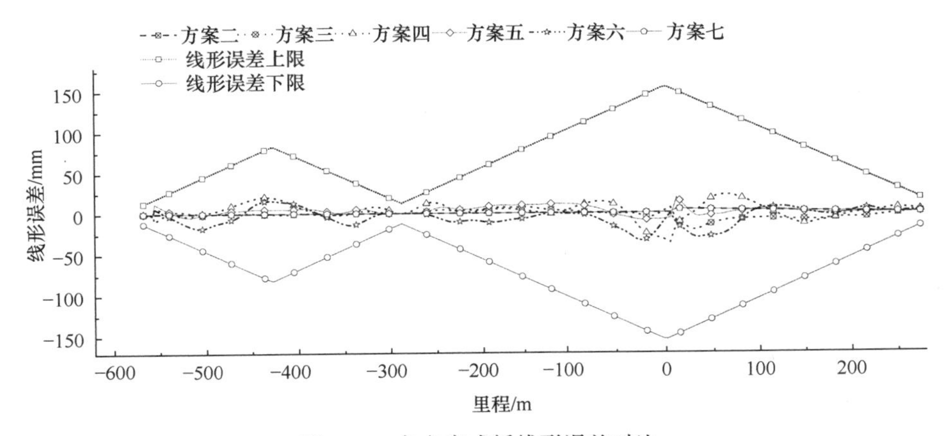

图 3-49　各方案成桥线形误差对比

分析结果表明，方案二线形误差最大值为 4.6mm，方案三线形误差最大值为 21.0mm，方案四线形误差最大值为 36.8mm，方案五线形误差最大值为 18.5mm，方案六线形误差最大值为 34.3mm，方案七线形误差最大值为 4.6mm，各方案线形误差最大值出现的位置均在中跨跨中附近，从图 3-49 可以看出，各方案成桥线形误差均小于主梁成桥线形控制误差，因此各施工方法均满足要求。

3. 成桥内力

各施工方法弯矩对比如图 3-50 所示，轴力对比如图 3-51 所示，剪力对比如图 3-52 所示。通过对比可以发现，各方案成桥剪力和轴力与方案一计算结果相差不大，除方案四和方案六外其余方案成桥弯矩和方案一计算结果也相差不大，方案四和方案六成桥弯矩出现变化的原因主要是不同的施工方法会导致施工过程中钢主梁、桥面板及塔梁临时固结的内力分布不同，因此在体系转换后结构内力发生变化，使得成桥弯矩发生变化。

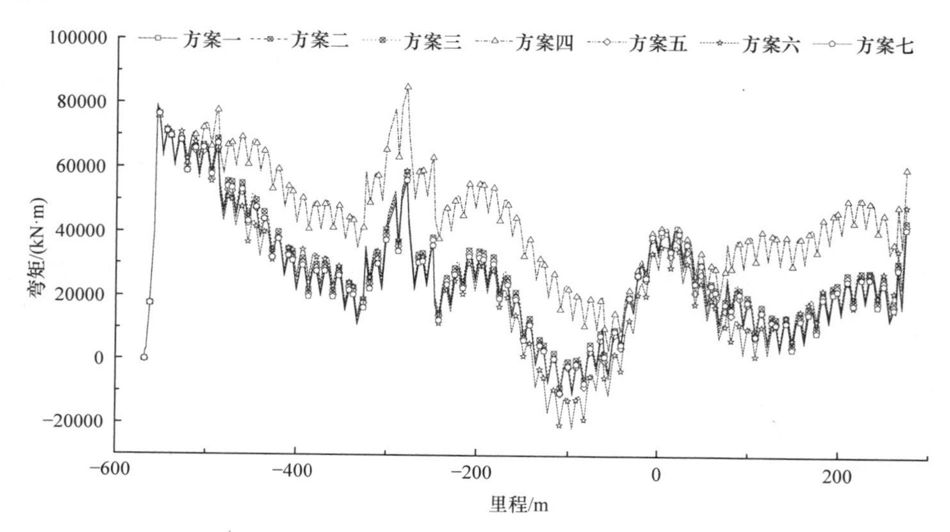

图 3-50　各施工方法成桥弯矩对比

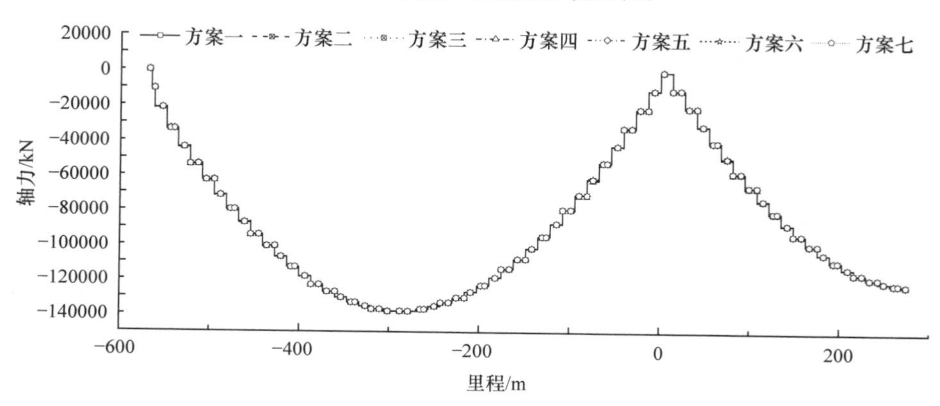

图 3-51　各施工方法成桥轴力对比

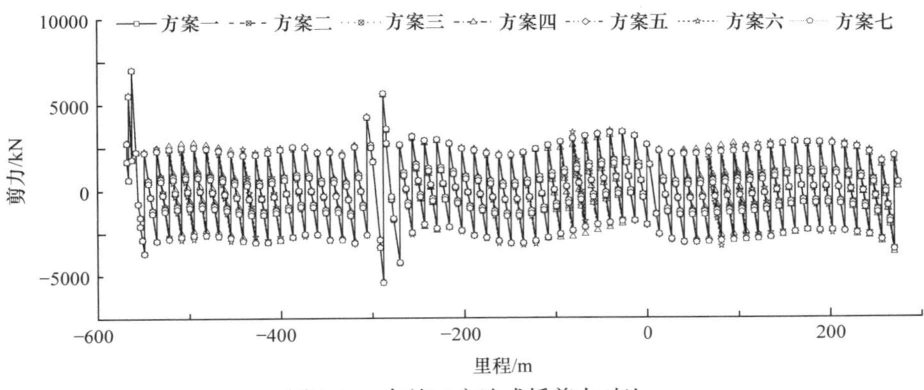

图 3-52　各施工方法成桥剪力对比

4. 施工过程应力

由于施工方法的变化，叠合梁钢梁和桥面板结合前状态会不相同，从而导致叠合后钢梁和桥面板的应力分布不同，因此很有必要根据钢梁和桥面板在施工方法不同的情况下施工过程中的应力情况，以确定该施工方法在施工过程中钢梁和桥面板受力是否安全。

各施工方法钢梁最大拉/压应力包络图如图 3-53～图 3-56 所示，混凝土桥面板最大拉/

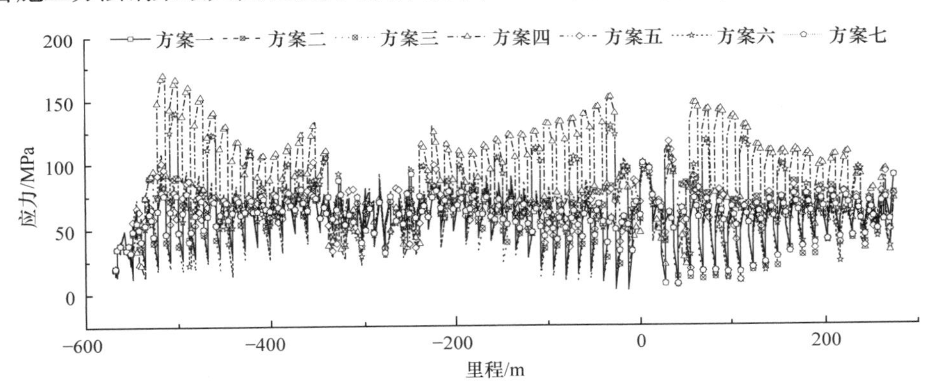

图 3-53　各施工方法钢主梁上缘最大压应力包络图

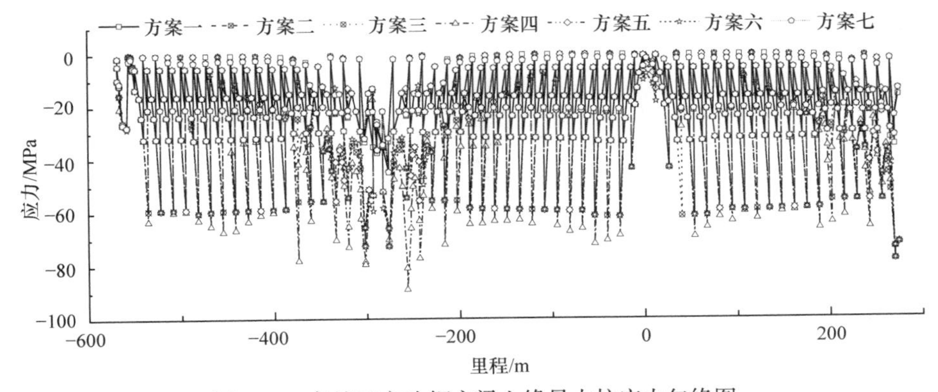

图 3-54　各施工方法钢主梁上缘最大拉应力包络图

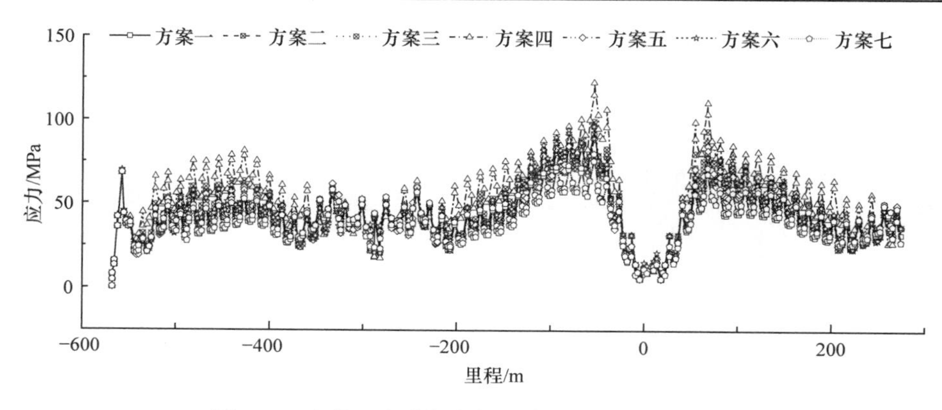

图 3-55　各施工方法钢主梁下缘最大压应力包络图

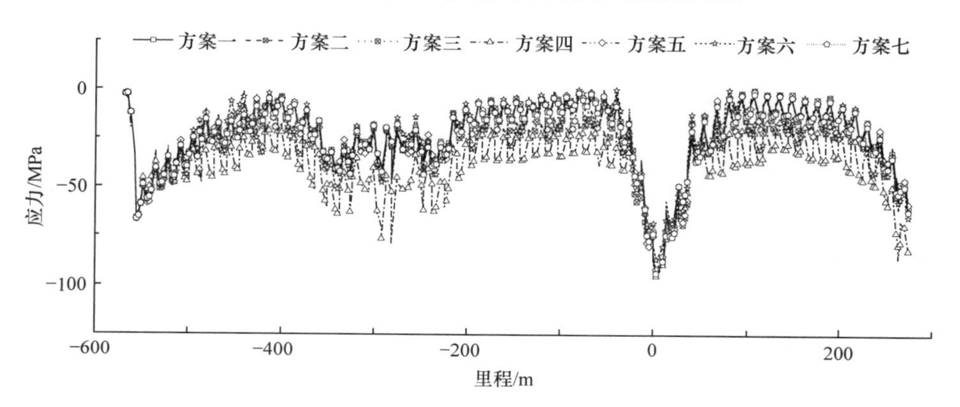

图 3-56　各施工方法钢主梁下缘最大拉应力包络图

压应力包络图如图 3-57～图 3-60 所示，其中压应力为正，拉应力为负。

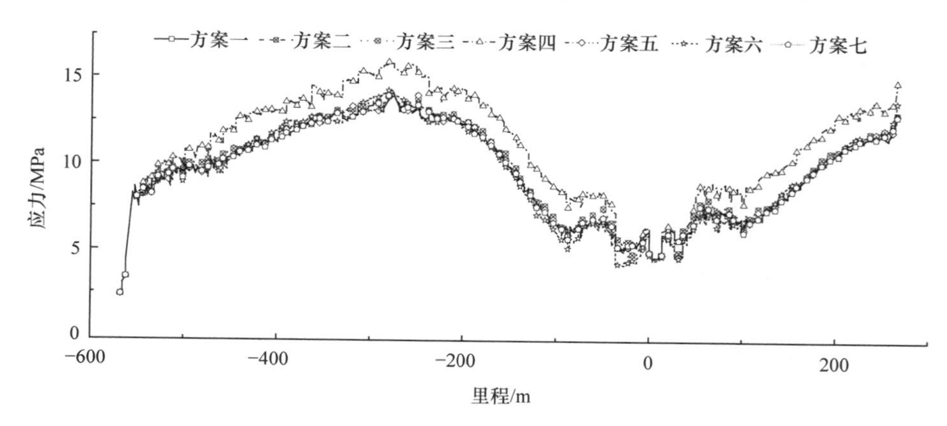

图 3-57　各施工方法桥面板上缘最大压应力包络图

钢主梁在施工过程中最大应力如表 3-4 所示。

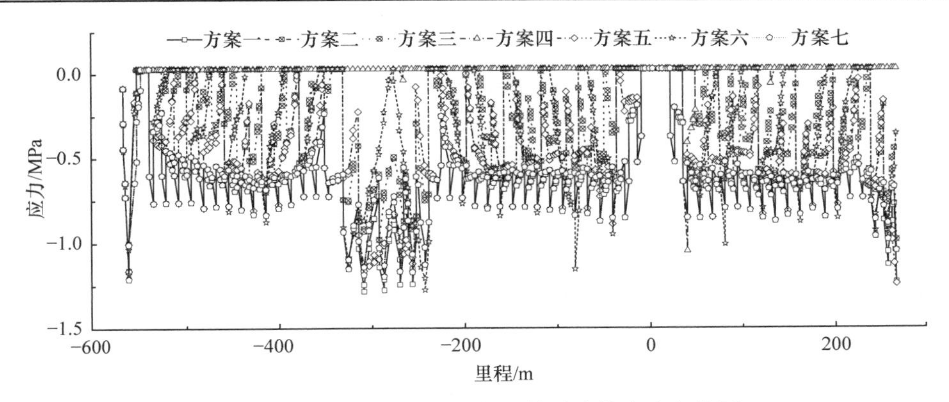

图 3-58　各施工方法桥面板上缘最大拉应力包络图

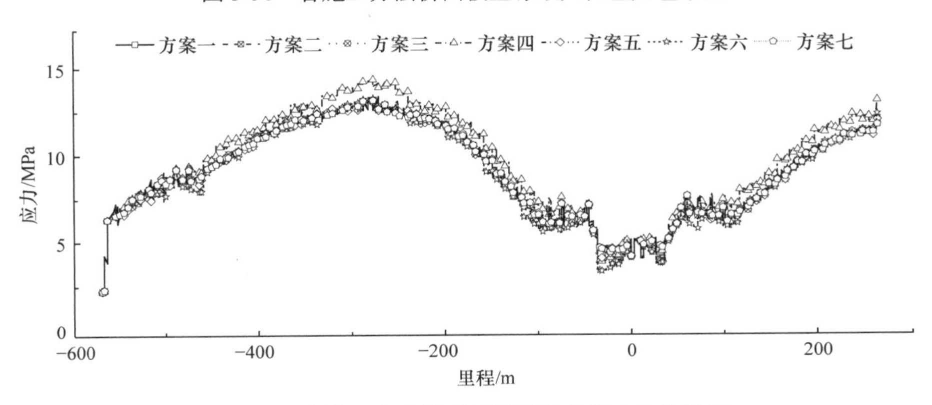

图 3-59　各施工方法桥面板下缘最大压应力包络图

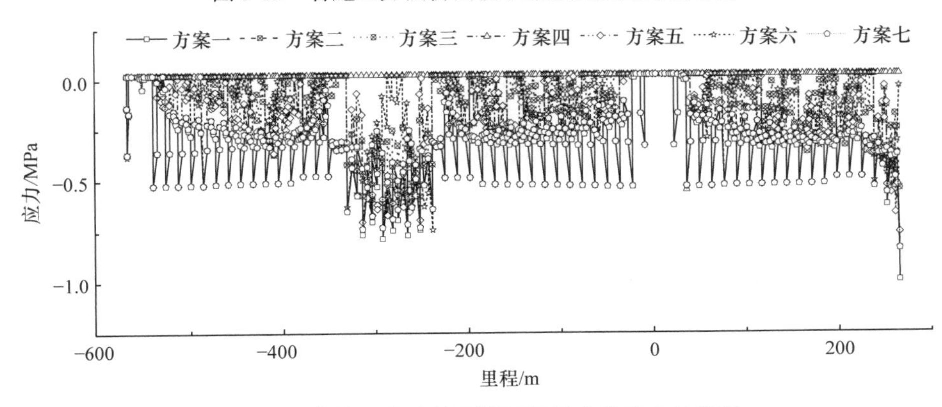

图 3-60　各施工方法桥面板下缘最大拉应力包络图

表 3-4　施工过程钢主梁最大应力　(单位：MPa)

施工方法	上缘最大压应力	上缘最大拉应力	下缘最大压应力	下缘最大拉应力
方案一	101.02	−44.69	96.19	−94.04
方案二	101.02	−44.69	79.58	−94.04
方案三	110.81	−78.12	99.07	−93.98

续表

施工方法	上缘最大压应力	上缘最大拉应力	下缘最大压应力	下缘最大拉应力
方案四	170.21	−88.89	122.31	−95.56
方案五	117.06	−78.12	96.27	−91.94
方案六	140.69	−78.12	96.19	−86.88
方案七	101.02	−44.69	79.58	−94.04

混凝土桥面板在施工过程中最大应力如表 3-5 所示。

表 3-5　施工过程混凝土桥面板最大应力　(单位：MPa)

施工方法	上缘最大压应力	上缘最大拉应力	下缘最大压应力	下缘最大拉应力
方案一	14.12	−1.32	13.39	−1.02
方案二	14.12	−1.24	13.39	−0.87
方案三	13.96	−1.19	13.19	−0.62
方案四	15.87	−1.19	14.36	−0.57
方案五	14.07	−1.27	13.15	−0.79
方案六	14.24	−1.31	13.29	−0.77
方案七	14.12	−1.24	13.39	−0.87

根据《公路钢结构桥梁设计规范》(JTG D64—2015)可得：Q370 钢材的容许应力为 204MPa，根据《公路钢筋混凝土及预应力混凝土桥涵设计规范》(JTG 3362—2018)规定，C60 混凝土最大压应力应小于 19.25MPa，最大拉应力应小于 2.04MPa。由此可见，所有施工方法的施工过程中钢主梁和桥面板应力水平均安全，但是方案四和方案六钢主梁上缘最大压应力相对偏大，会导致应力储备减小。

5. 锚头拉索拔出量

斜拉索整体张拉效率高，能够节约成本及工期，同时还能保证张拉锚固性良好，斜拉索最后一次张拉时应考虑采用整体张拉，所以张拉端锚头应有足够的螺纹长度，同时还要有一定的预留量，以满足斜拉索调索需要。

斜拉索张拉螺牙极限尺寸就是斜拉索张拉端支承筒长度减去螺母长度，再减去为成桥调索预留的伸长量，即为斜拉索整体张拉锚头拔出量最大值，也就是锚头拉索拔出量限值，各施工方法最后一次张拉锚头拉索拔出量如表 3-6 所示。

表 3-6　各施工方法斜拉索最后一次张拉锚头拉索拔出量　(单位：mm)

区域	索号	限值	方案一	方案二	方案三	方案四	方案五	方案六	方案七
北岸边跨	BN1	150.0	164.2	170.4	113.6	151.5	75.7	164.2	37.9

续表

区域	索号	限值	方案一	方案二	方案三	方案四	方案五	方案六	方案七
北岸边跨	BN2	135.0	146.5	177.7	85.6	122.9	84.8	136.2	42.4
	BN3	135.0	117.5	180.4	79.7	138.3	83.0	98.7	41.5
	BN4	135.0	123.7	211.7	102.8	137.4	123.0	123.7	46.3
	BN5	150.0	163.5	259.6	159.0	210.9	113.2	154.4	56.5
	BN6	150.0	149.5	252.0	184.6	248.0	152.8	189.0	61.2
	BN7	170.0	138.9	246.7	141.4	264.4	116.5	129.7	58.0
	BN8	170.0	149.5	264.1	182.4	237.9	184.6	138.1	64.1
	BN9	170.0	147.4	271.3	183.6	241.3	129.1	202.7	64.1
	BN10	170.0	161.4	293.4	164.6	241.0	169.6	152.7	71.1
	BN11	170.0	178.2	320.2	214.6	296.2	159.9	194.4	79.3
	BN12	170.0	197.5	350.1	225.6	346.9	230.8	294.3	88.4
	BN13	190.0	203.7	366.5	283.1	394.4	184.8	174.7	91.3
	BN14	190.0	227.0	395.6	300.2	440.3	292.2	207.0	102.2
	BN15	190.0	252.7	428.9	370.0	490.2	230.6	329.5	114.0
	BN16	190.0	277.9	461.0	424.6	539.1	374.5	275.3	125.5
	BN17	200.0	261.0	459.8	386.4	526.2	223.8	208.2	116.9
	BN18	200.0	379.9	614.5	418.8	571.6	333.2	426.7	126.9
	BN19	230.0	369.5	667.7	386.7	575.3	284.6	369.8	118.4
	BN20	230.0	410.6	536.8	429.3	629.7	273.1	410.6	133.0
	BN21	230.0	396.9	487.5	415.9	627.0	269.4	415.1	125.9
北岸中跨	ZN1	150.0	163.3	169.2	113.0	150.7	75.3	163.3	37.7
	ZN2	150.0	145.3	176.4	84.9	121.8	84.0	135.0	42.0
	ZN3	135.0	116.2	178.6	78.8	120.0	82.1	92.1	41.0
	ZN4	135.0	122.2	209.0	101.5	166.0	121.5	104.3	45.7
	ZN5	150.0	158.2	252.4	157.0	225.4	111.8	148.8	55.8
	ZN6	150.0	144.4	246.0	174.1	246.9	145.4	185.2	57.7
	ZN7	150.0	153.6	264.0	162.3	249.0	129.3	141.9	64.5
	ZN8	170.0	142.3	259.9	290.8	240.5	166.0	130.3	61.3
	ZN9	170.0	155.9	280.1	196.1	271.0	138.3	172.7	68.7
	ZN10	170.0	173.1	306.5	192.8	305.9	197.5	161.5	77.2
	ZN11	170.0	176.0	319.5	241.8	316.7	158.7	160.8	78.7

续表

区域	索号	限值	方案一	方案二	方案三	方案四	方案五	方案六	方案七
北岸中跨	ZN12	170.0	195.2	346.9	238.1	353.0	228.0	233.5	87.3
	ZN13	170.0	194.6	359.6	224.2	359.1	175.7	183.3	86.7
	ZN14	170.0	213.0	386.0	278.9	345.8	262.4	198.1	94.7
	ZN15	170.0	232.9	416.1	288.4	407.3	209.9	278.5	103.5
	ZN16	200.0	218.0	432.5	256.5	445.9	267.4	160.4	95.5
	ZN17	200.0	239.1	453.4	300.8	481.2	214.8	212.4	104.7
	ZN18	200.0	261.7	483.4	330.5	545.0	286.3	316.6	114.6
	ZN19	200.0	285.1	517.2	400.6	583.9	257.5	257.0	124.7
	ZN20	200.0	312.1	553.5	457.4	634.1	353.4	259.4	136.1
	ZN21	230.0	393.9	651.3	440.0	653.0	253.1	392.5	120.3
南岸中跨	ZS1	135.0	132.1	133.0	118.9	158.6	79.3	132.1	39.6
	ZS2	135.0	130.1	144.9	77.2	116.2	78.0	130.1	39.0
	ZS3	135.0	116.5	162.2	98.6	137.0	87.3	105.7	43.6
	ZS4	135.0	125.4	201.0	106.1	141.8	111.5	125.4	46.9
	ZS5	150.0	121.5	209.8	129.4	169.7	100.5	120.4	50.2
	ZS6	150.0	128.1	226.0	140.0	213.7	138.0	178.8	54.2
	ZS7	150.0	139.9	247.8	144.6	233.4	121.5	130.6	60.6
	ZS8	170.0	132.7	248.2	152.4	227.4	140.7	112.3	58.1
	ZS9	170.0	150.0	271.4	176.0	253.4	133.5	158.2	66.4
	ZS10	170.0	165.6	296.6	168.8	276.2	175.8	156.9	73.7
	ZS11	170.0	162.9	304.0	200.8	284.0	150.2	153.1	74.4
	ZS12	170.0	179.9	329.6	207.9	266.8	202.3	232.9	82.1
	ZS13	170.0	200.1	359.6	233.3	300.5	184.2	206.3	91.2
	ZS14	190.0	202.5	375.5	269.7	390.9	255.2	206.1	91.7
	ZS15	190.0	224.9	404.0	282.8	438.8	206.0	334.2	101.6
	ZS16	190.0	249.0	436.5	332.0	484.8	304.4	188.7	112.3
	ZS17	200.0	235.4	449.9	335.2	462.2	214.5	210.5	104.8
	ZS18	200.0	258.0	473.8	366.9	539.0	301.9	274.6	114.8
	ZS19	200.0	279.9	503.1	438.8	585.2	264.7	258.2	124.8
	ZS20	200.0	386.2	573.8	404.2	609.5	347.8	347.9	123.7

续表

区域	索号	限值	方案一	方案二	方案三	方案四	方案五	方案六	方案七
南岸边跨	BS1	170.0	126.2	126.3	165.8	221.1	110.5	126.2	55.3
	BS2	170.0	134.9	135.5	149.1	204.6	117.7	134.9	58.9
	BS3	170.0	130.5	133.7	149.3	199.1	114.1	159.8	57.0
	BS4	170.0	129.6	138.1	147.8	201.1	125.6	129.6	57.0
	BS5	190.0	117.8	132.3	140.8	193.1	103.6	117.8	51.8
	BS6	190.0	116.3	136.3	138.7	198.7	122.0	135.7	51.2
	BS7	190.0	111.9	136.6	127.5	201.6	104.0	111.9	51.9
	BS8	190.0	121.3	150.0	152.8	220.0	130.4	112.7	56.4
	BS9	200.0	127.2	158.3	155.8	214.9	113.6	127.2	56.6
	BS10	200.0	139.4	172.0	155.8	237.2	140.9	139.4	62.2
	BS11	200.0	145.1	179.1	179.3	247.9	130.1	145.1	64.8
	BS12	200.0	148.8	184.1	174.6	226.1	155.9	130.9	66.4
	BS13	200.0	148.4	185.3	172.9	234.2	133.1	157.6	66.1
	BS14	200.0	165.5	204.6	197.3	262.9	187.2	175.1	67.6
	BS15	200.0	182.2	222.1	208.2	304.3	151.0	247.4	74.8
	BS16	200.0	194.1	233.9	253.9	350.6	223.4	162.7	86.6
	BS17	200.0	205.3	246.2	280.9	372.3	184.7	194.4	91.7
	BS18	200.0	211.8	254.2	290.6	400.8	238.3	211.8	94.5
	BS19	230.0	192.1	237.6	291.2	376.7	183.8	181.8	85.1
	BS20	230.0	194.5	225.5	271.6	388.6	253.8	194.5	85.8

各方案所有斜拉索最后一次张拉锚头拉索拔出量满足要求的斜拉索对数和超限的斜拉索对数如表 3-7 所示。

表 3-7　斜拉索最后一次张拉锚头拉索拔出量是否超限结果统计　(单位：对)

	方案一	方案二	方案三	方案四	方案五	方案六	方案七
超限	40	67	49	78	35	38	0
满足要求	42	15	33	4	47	44	82

从表 3-7 可以看出，方案一～方案六均有大约一半的斜拉索最后一次张拉锚头拉索拔出量大于锚头拉索拔出量限值，无法运用整体张拉，而方案六可以使得所有斜拉索锚头拉索拔出量满足要求。

3.5.4 确定最优施工方法及其合理施工状态

通过对以上计算结果进行统计可以看出，方案四和方案六在成桥索力、成桥内力及施工过程应力等方面相对方案二、方案三和方案五略差，而方案七在不影响施工过程中各项响应的情况下可以有效地减小张拉端锚头拉索拔出量以使得斜拉索最后一次张拉能够运用整体张拉。

1. 拟定最优施工方法

综合考虑各方案，对其进行组合拟定出两种最优施工方法。

最优施工方法一综合考虑方案二和方案三的特点，并运用方案七进行优化，这种施工方法第 *N* 段施工如图 3-61 所示。最优施工方法一相对方案一在每一梁段湿接缝浇筑时施工时间可以减少 1d，斜拉索三张时采用整体张拉施工时间可以减少 1d，因此每一梁段总施工时间减少 2d，所需时间为 17d。

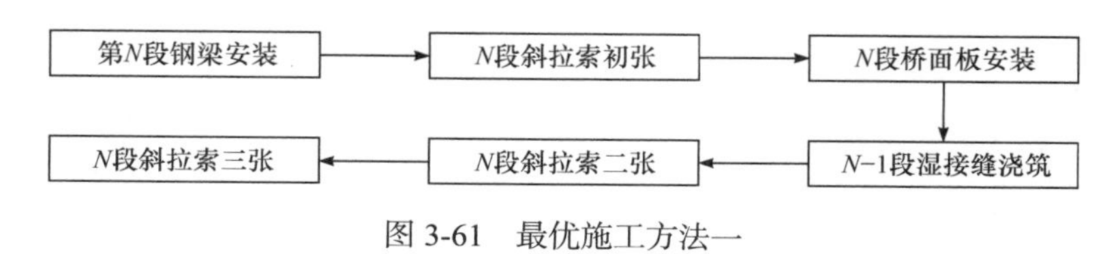

图 3-61　最优施工方法一

最优施工方法二综合考虑方案二和方案五的特点，并运用方案七进行优化，这种施工方法第 *N* 段施工如图 3-62 所示。最优施工方法二相对传统施工方法在每一梁段湿接缝浇筑时施工时间可以减少 1.5d，斜拉索三张时采用整体张拉施工时间可以减少 1d，因此每一梁段总施工时间减少 2.5d，所需时间是 16.5d。

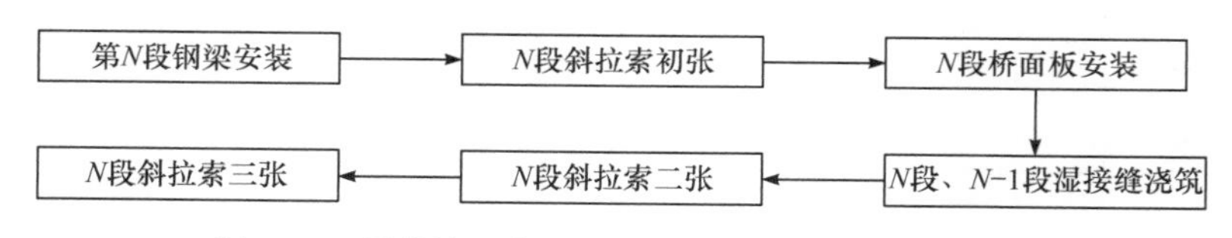

图 3-62　最优施工方法二(*N* 为奇数时不浇筑湿接缝)

2. 成桥索力

经过计算，两种最优施工方法得到的成桥索力和传统施工方法得到的成桥索力偏差不大，最优施工方法一和传统施工方法成桥索力偏差比例最大值为 0.51%，出现在北岸中跨 ZN6 号斜拉索，最优施工方法二和传统施工方法成桥索力偏差比例最大值为 0.38%，出现在北岸中跨 ZN7 号斜拉索。

3. 成桥线形

最优施工方法与传统施工方法成桥线形误差情况如图 3-63 所示。

分析表明，最优施工方法一和传统施工方法线形误差最大值为 8.2mm，出现在北岸边跨跨中附近，最优施工方法二和传统施工方法线形误差最大值为 7.9mm，出现在中跨

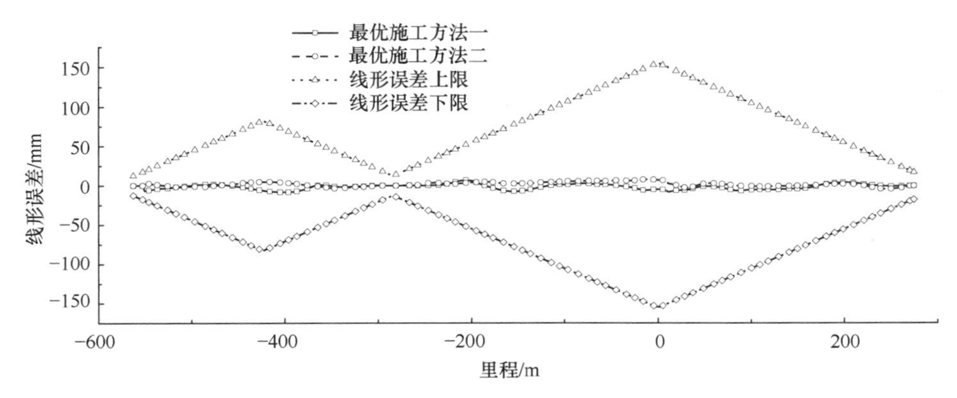

图 3-63　最优施工方法与传统施工方法成桥线形误差情况

跨中附近。从图 3-63 可以看出，两种最优施工方法成桥线形误差均在线形误差上下限范围内，满足要求。

4. 成桥内力

最优施工方法弯矩对比如图 3-64 所示，轴力对比如图 3-65 所示，剪力对比如图 3-66 所示。

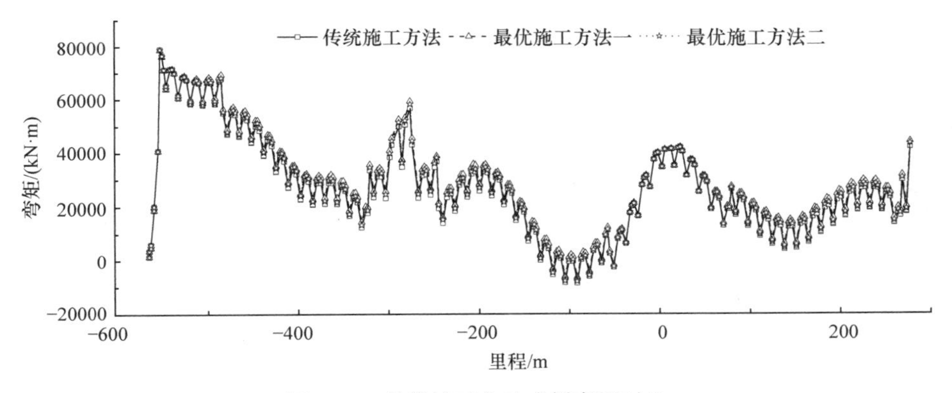

图 3-64　最优施工方法成桥弯矩对比

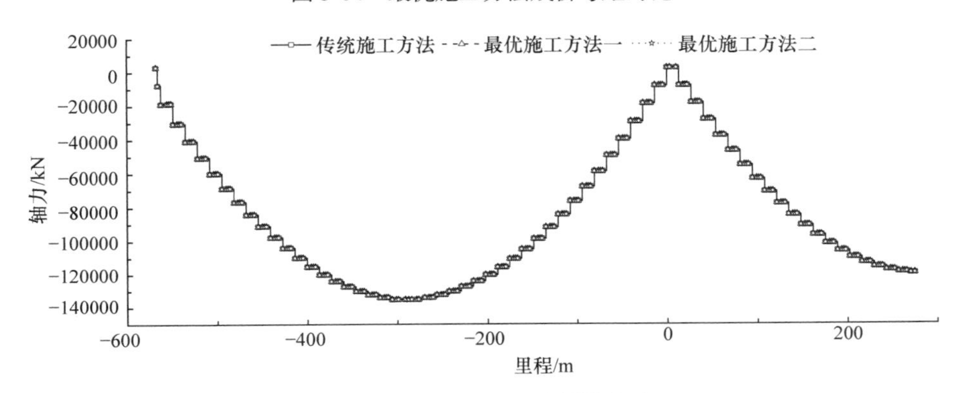

图 3-65　最优施工方法成桥轴力对比

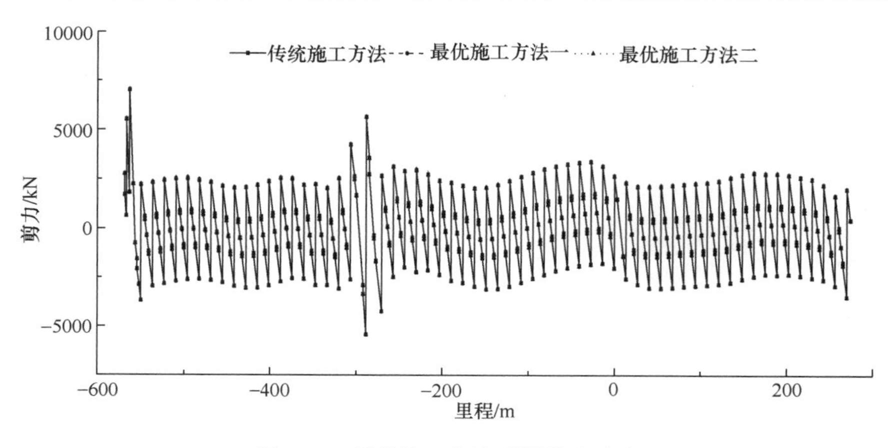

图 3-66　最优施工方法成桥剪力对比

通过对比可以看出，两种最优施工方法成桥弯矩、轴力和剪力与传统施工方法计算结果吻合良好。

5. 施工过程应力

最优施工方法钢梁应力包络图对比情况如图 3-67～图 3-70 所示。

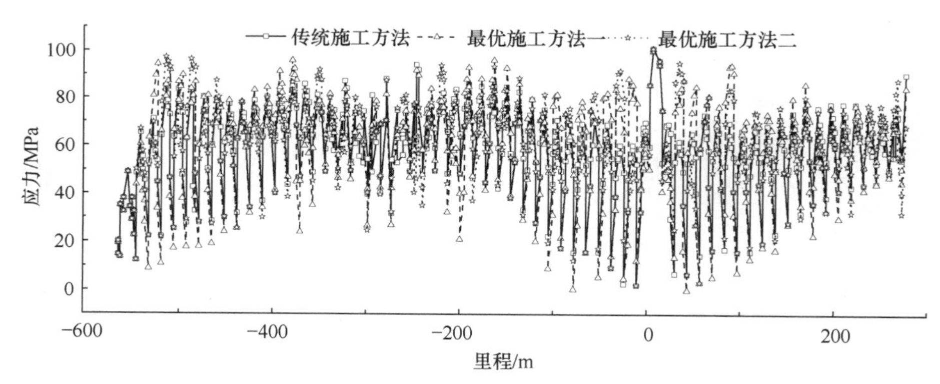

图 3-67　最优施工方法钢主梁上缘最大压应力包络图

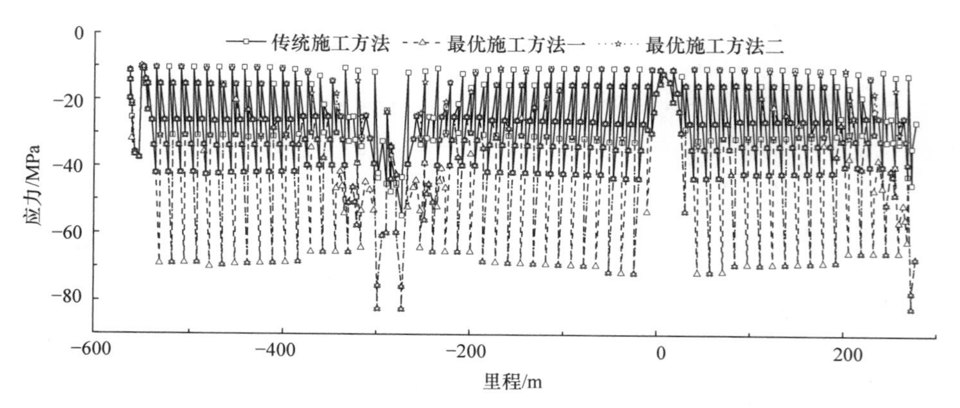

图 3-68　最优施工方法钢主梁上缘最大拉应力包络图

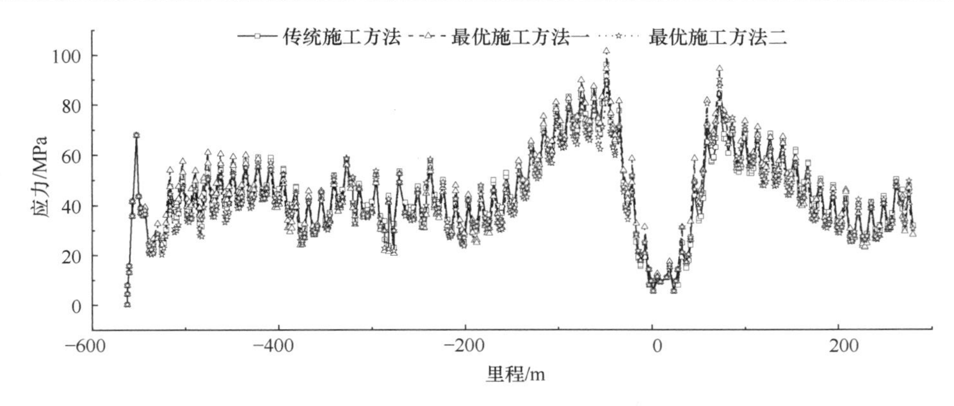

图 3-69　最优施工方法钢主梁下缘最大压应力包络图

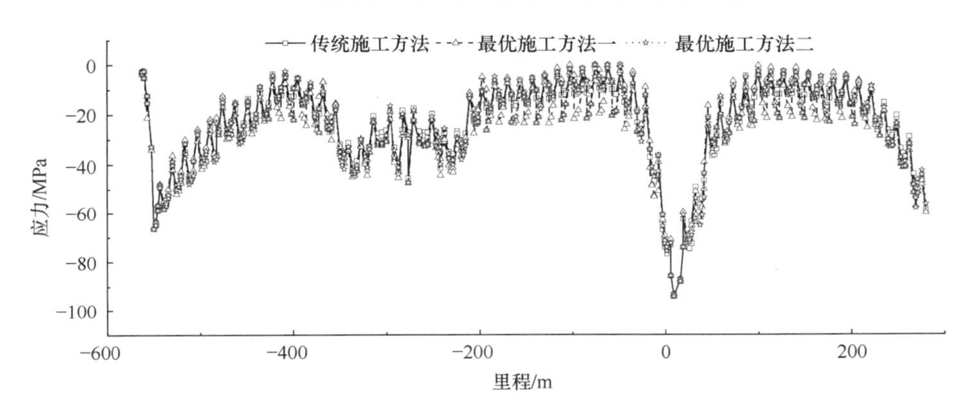

图 3-70　最优施工方法钢主梁下缘最大拉应力包络图

混凝土桥面板应力包络图对比情况如图 3-71～图 3-74 所示。

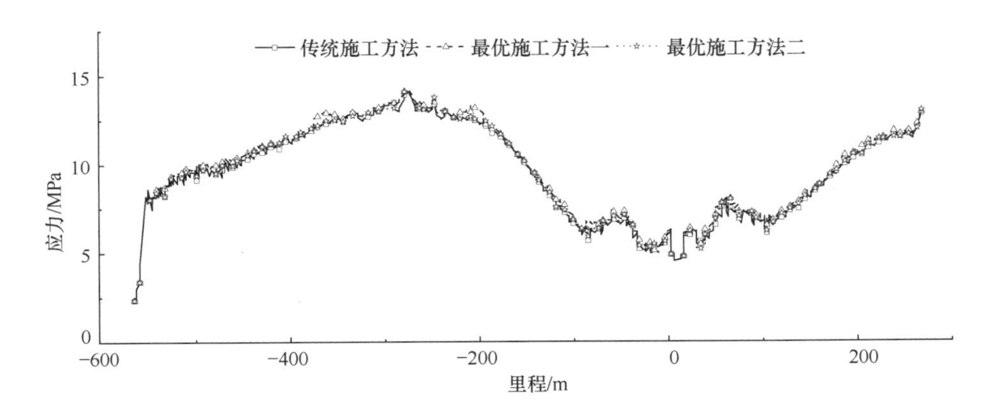

图 3-71　最优施工方法桥面板上缘最大压应力包络图

钢主梁在施工过程中最大应力如表 3-8 所示。

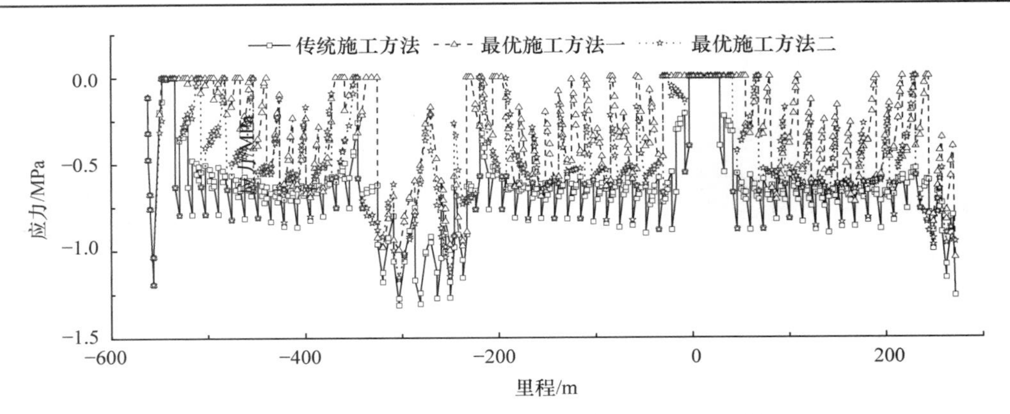

图 3-72　最优施工方法桥面板上缘最大拉应力包络图

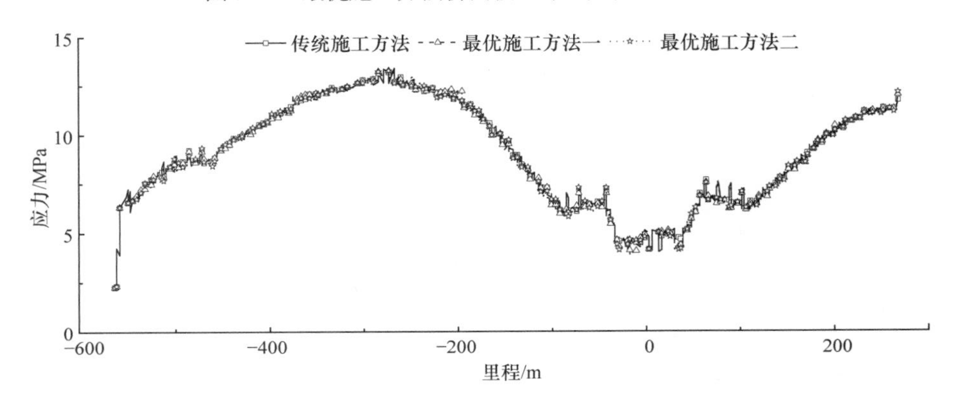

图 3-73　最优施工方法桥面板下缘最大压应力包络图

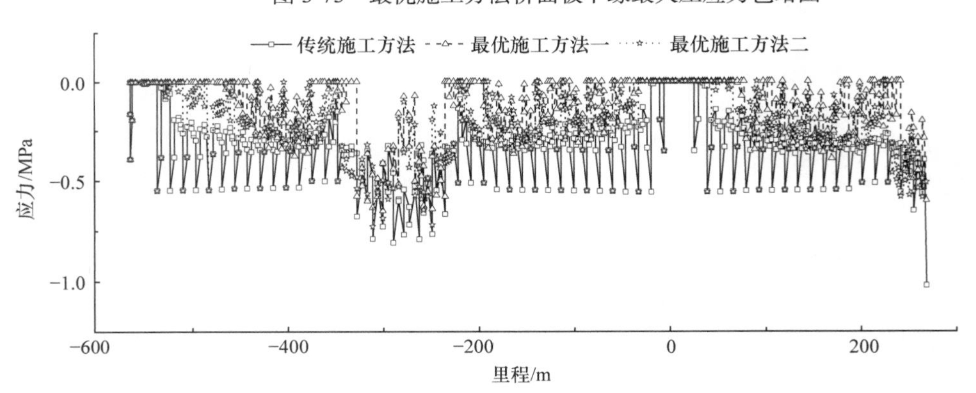

图 3-74　最优施工方法桥面板下缘最大拉应力包络图

表 3-8　最优施工方法施工过程钢主梁最大应力　(单位：MPa)

施工方法	上缘最大压应力	上缘最大拉应力	下缘最大压应力	下缘最大拉应力
传统施工方法	101.02	−44.69	96.19	−94.04
最优施工方法一	100.87	−72.48	101.57	−94.06
最优施工方法二	100.97	−72.48	90.24	−94.03

混凝土桥面板在施工过程中最大应力如表 3-9 所示。

表 3-9　最优施工方法施工过程混凝土桥面板最大应力　(单位：MPa)

施工方法	上缘最大压应力	上缘最大拉应力	下缘最大压应力	下缘最大拉应力
传统施工方法	14.12	–1.32	13.39	–1.02
最优施工方法一	14.18	–1.19	13.35	–0.65
最优施工方法二	14.17	–1.19	13.30	–0.73

根据《公路钢结构桥梁设计规范》(JTG D64—2015)可得：Q370 钢材的容许应力为 204MPa，根据《公路钢筋混凝土及预应力混凝土桥涵设计规范》(JTG 3362—2018)规定，C60 混凝土最大压应力应小于 19.25MPa，最大拉应力应小于 2.04MPa。由此可见，两种最优施工方法在施工过程中钢主梁和桥面板应力水平均处于安全范围。

6. 锚头拉索拔出量

分析表明，两种最优施工方法均可以使所有斜拉索最后一次张拉锚头拉索拔出量小于锚头拉索拔出量限值，保证斜拉索最后一次张拉运用整体张拉。

3.5.5　施工过程随机多参数敏感性分析

1. 概述

斜拉桥施工前所依托的有限元模型是按照设计参数在不考虑各项误差的情况下建立的，但是在实际施工过程中，现场环境复杂，各方面影响众多，使得结构实际各项参数与计算采用的有限元之间会不可避免地出现偏差。为了达到斜拉桥施工过程中各个施工阶段的目标要求，必须要对有可能引起实际状态产生偏差的因素及其影响程度有所了解，以便在施工控制过程中对各个主要施工阶段进行有效控制。

不同的参数对桥梁结构施工状态的影响是不相同的，某种参数对于不同结构特点的桥梁影响也不同，多种因素均可能对桥梁结构产生相应影响，因此就关键控制参数对斜拉桥的受力响应进行分析显得尤为重要。通过分析结果不仅可以得到对结构力学行为影响大的主要参数有哪些，还能得到这些结构参数对结构响应的影响程度，为制造、施工过程确定关键控制因素，参数识别、模型修正、行为预测及误差调整等工作提供必备的数据基础。

大跨非对称叠合/混合梁斜拉桥同时具有叠合梁斜拉桥和混合梁斜拉桥的特点，能够发挥混凝土抗压性能好，压重作用和钢材抗拉性能好的优势，但是双重体系的存在，导致结构复杂，施工工序繁多。单参数敏感性分析是在设定某一个参数变化，其余参数固定不变的前提下，得到单一参数对结构响应的影响程度[8]。但在实际中所有的影响因素都有可能会发生变动，仅保证某一参数变化而其余参数不变是不符合基本事实的。为了可以掌握多种因素对结构响应的影响，可以采用多参数敏感性分析，在对各相关因素相互变化进行预测、判断的基础上，得到期望的结果，不仅可以实现多参数联动，还可以得到各个参数的影响程度。施工过程随机多参数敏感性分析的目的是要搞清楚对于最优施工方法，斜拉桥施工过程对各项控制参数的敏感性。

2. 参数敏感性分析内容

某长江公路大桥主梁的施工采用悬臂施工，其实际施工方法采用的是前面讨论的最优施工方法一，因此本节参数敏感性分析也以该主梁施工方法作为基准。

1) 关键施工步骤及目标响应

叠合主梁的施工通常采用分段施工的方式，敏感性分析的对象是施工过程中某一梁段的结构行为，因本研究在整个施工过程中具有可重复性，故默认在所研究梁段之前已施工完成的梁段达到了合理施工状态，只研究本施工步骤误差的影响。

叠合梁主梁的施工过程根据分跨及结构体系的不同选择以下四个施工阶段。

(1) 北岸索塔双悬臂施工阶段。

选择北岸索塔双悬臂施工时第 15 号梁段的施工作为研究对象，所研究结构构件如图 3-75 所示。结构响应选择五个，即本梁段施工完毕后边、中跨悬臂端线形变化量，施工前后边、中跨 14 号索索力变化量及塔偏变化量。

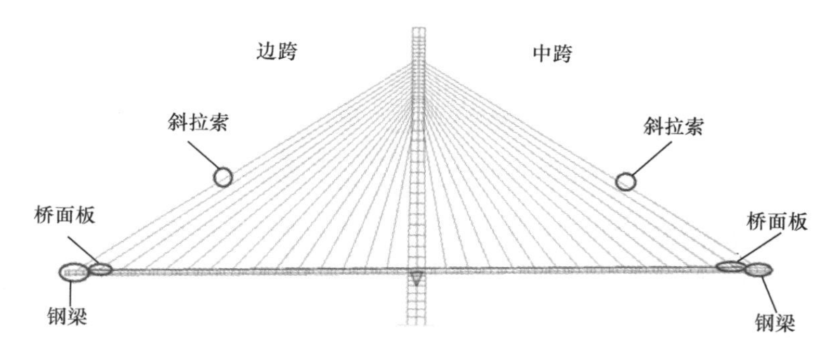

图 3-75　北岸索塔双悬臂施工阶段研究对象

(2) 北岸索塔单悬臂施工阶段。

北岸索塔叠合梁主梁在双悬臂施工至边跨合龙后，中跨继续进行单悬臂施工，选择北岸索塔第 21 号梁段的施工作为研究对象，所研究结构构件如图 3-76 所示。结构合龙后边跨刚度增大，且边跨还有边跨支架存在，线形变化小，因此不将边跨线形变化作为响应，结构响应选择四个，即本梁段施工完毕后中跨悬臂端线形变化量，施工前后边、中跨 20 号索索力变化量及塔偏变化量。

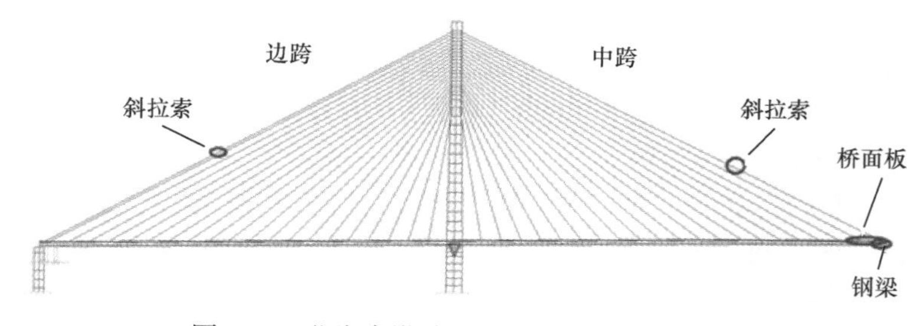

图 3-76　北岸索塔单悬臂施工阶段研究对象

(3) 南岸索塔单悬臂施工阶段。

南岸索塔在边跨混凝土主梁施工完成后，中跨叠合梁主梁进行单悬臂施工，选择南岸索塔第 20 号梁段的施工作为研究对象，所研究结构构件如图 3-77 所示，边跨混凝土主梁在施工过程中为满堂支架施工，竖向变形很小，因此不将其线形变化作为目标响应，结构响应选择四个，即本梁段施工完毕后中跨悬臂端线形变化量，施工前后边、中跨 19 号索索力变化量及塔偏变化量。

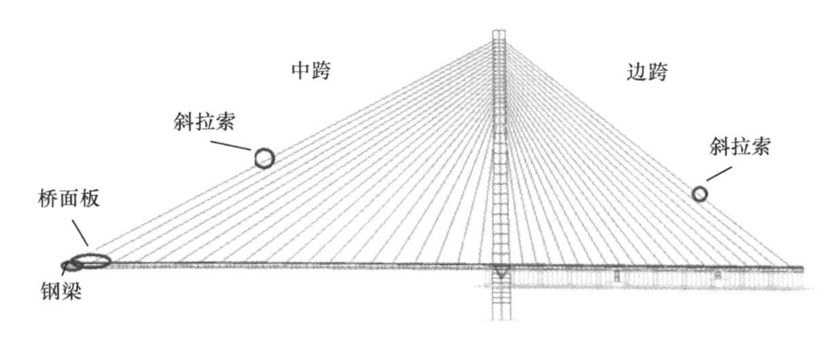

图 3-77　南岸索塔单悬臂施工阶段研究对象

(4) 桥面铺装阶段。

选择斜拉桥主体结构已经施工完成后进行桥面附属设施及桥面铺装的施工阶段作为研究对象，因为边跨混凝土主梁刚度大且设置了两个辅助墩，所以竖向变形远小于叠合梁主梁，因此不将混凝土主梁段线形作为目标响应，结构响应选择施工前后所有叠合梁主梁线形变化量，所有斜拉索索力变化量及南、北岸塔偏变化量。

2) 控制参数及水平划分

根据本桥实际的施工方法，选择施工过程中极易出现偏差的结构材料参数和荷载参数作为控制参数，探讨控制参数变化对桥梁结构受力的影响，不同施工状态选择的结构参数及水平划分见表 3-10～表 3-12，南、北岸索塔单悬臂施工阶段控制参数及水平划分相同，均见表 3-11。E_{ss}、E_{sm}、E_{sc}、E_{ms}、E_{scs}、E_{mcs} 分别为边跨钢梁、中跨钢梁、边跨桥面板、中跨桥面板、边跨斜拉索、中跨斜拉索的弹性模量，G_{ss}、G_{ms}、G_{sc}、G_{mc}、G_{scs}、G_{mcs} 分别为边跨钢梁、中跨钢梁、边跨桥面板、中跨桥面板、边跨斜拉索、中跨斜拉索的重量，T_{scs}、T_{mcs} 分别为边跨和中跨斜拉索张拉力。表中“±”代表增、减，将基本状态数值加上或减去变化的比例作为变化后的参数进行计算。表中控制参数变化峰值的选取是参考规范取值[9-14]，结合现场施工实际情况及以往斜拉桥施工经验综合考虑后确定，各变化水平是将控制参数变化幅度等比例划分成 10 份。

表 3-10　北岸索塔双悬臂施工阶段控制参数及其水平划分

编号	控制参数	标准值	变化 1	变化 2	变化 3	变化 4	变化 5	变化 6
1	E_{ss}	2.06×10^5MPa	±5.00%	±4.00%	±3.00%	±2.00%	±1.00%	0.00
2	E_{sm}	2.06×10^5MPa	±5.00%	±4.00%	±3.00%	±2.00%	±1.00%	0.00

续表

编号	控制参数	标准值	变化 1	变化 2	变化 3	变化 4	变化 5	变化 6
3	E_{sc}	3.60×10^4MPa	±10.00%	±8.00%	±6.00%	±4.00%	±2.00%	0.00
4	E_{ms}	3.60×10^4MPa	±10.00%	±8.00%	±6.00%	±4.00%	±2.00%	0.00
5	E_{scs}	1.95×10^5MPa	±5.00%	±4.00%	±3.00%	±2.00%	±1.00%	0.00
6	E_{mcs}	1.95×10^5MPa	±5.00%	±4.00%	±3.00%	±2.00%	±1.00%	0.00
7	G_{ss}	83.14kN/m³	±5.00%	±4.00%	±3.00%	±2.00%	±1.00%	0.00
8	G_{ms}	83.14kN/m³	±5.00%	±4.00%	±3.00%	±2.00%	±1.00%	0.00
9	G_{sc}	27.00kN/m³	±5.00%	±4.00%	±3.00%	±2.00%	±1.00%	0.00
10	G_{mc}	27.00kN/m³	±5.00%	±4.00%	±3.00%	±2.00%	±1.00%	0.00
11	G_{scs}	84.75kN/m³	+5.00% −2.00%	+4.30% −1.30%	+3.60% −0.60%	+2.90% +0.10%	+2.20% +0.80%	+1.50%
12	G_{mcs}	84.75kN/m³	+5.00% −2.00%	+4.30% −1.30%	+3.60% −0.60%	+2.90% +0.10%	+2.20% +0.80%	+1.50%
13	T_{scs}	理论张拉力(kN)	±10.00%	±8.00%	±6.00%	±4.00%	±2.00%	0.00
14	T_{mcs}	理论张拉力(kN)	±10.00%	±8.00%	±6.00%	±4.00%	±2.00%	0.00

表 3-11　单悬臂施工阶段控制参数及其水平划分

编号	控制参数	标准值	变化 1	变化 2	变化 3	变化 4	变化 5	变化 6
1	E_{sm}	2.06×10^5MPa	±5.00%	±4.00%	±3.00%	±2.00%	±1.00%	0.00
2	E_{ms}	3.60×10^4MPa	±10.00%	±8.00%	±6.00%	±4.00%	±2.00%	0.00
3	E_{scs}	1.95×10^5MPa	±5.00%	±4.00%	±3.00%	±2.00%	±1.00%	0.00
4	E_{mcs}	1.95×10^5MPa	±5.00%	±4.00%	±3.00%	±2.00%	±1.00%	0.00
5	G_{ms}	83.14kN/m³	±5.00%	±4.00%	±3.00%	±2.00%	±1.00%	0.00
6	G_{mc}	27.00kN/m³	±5.00%	±4.00%	±3.00%	±2.00%	±1.00%	0.00
7	G_{scs}	84.75kN/m³	+5.00% −2.00%	+4.30% −1.30%	+3.60% −0.60%	+2.90% +0.10%	+2.20% +0.80%	+1.50%
8	G_{mcs}	84.75kN/m³	+5.00% −2.00%	+4.30% −1.30%	+3.60% −0.60%	+2.90% +0.10%	+2.20% +0.80%	+1.50%
9	T_{scs}	理论张拉力(kN)	±10.00%	±8.00%	±6.00%	±4.00%	±2.00%	0.00
10	T_{mcs}	理论张拉力(kN)	±10.00%	±8.00%	±6.00%	±4.00%	±2.00%	0.00

桥面铺装阶段控制参数及水平划分见表 3-12，表中“±”代表增、减。

表 3-12　桥面铺装阶段控制参数及其水平划分

编号	控制参数	标准值	变化 1	变化 2
1	二期恒载集度	77.7kN/m	±5%	±2%

3. 均匀试验方案

均匀设计是通过一套精心设计的表，即均匀设计表，来进行试验设计的。每一个均匀设计表都有一个代号，$U_n\left(q^s\right)$，其中“U”表示均匀设计，“n”表示要做 n 次试验，“q”表示每个因素有 q 个水平，“s”表示共有 s 个因素。均匀设计表可以登录香港浸会大学数学系的 UniformDesign 的网站下载[15]。

北岸索塔双悬臂施工阶段控制参数为 14 个，水平数为 11 个，从网站上[15]可以得到试验次数为 110 次的均匀设计表 $U_{110}(14^{10})$。南、北岸索塔单悬臂施工阶段控制参数均为 10 个，水平数为 11 个，从网站上[15]可以得到试验次数为 110 次的均匀设计表 $U_{110}(11^{10})$。

4. 参数敏感性分析

利用均匀设计表 $U_{110}(14^{10})$和 $U_{110}(11^{10})$对各控制参数及其水平划分进行均匀采样，根据采样的控制参数组合修改有限元模型，采用 NLABS 有限元软件计算提取目标响应值，构成控制参数与目标响应的样本库。

1) 数据归一化

不同的控制参数具有不同的量纲和量纲单位，为了消除参数之间的量纲影响，防止输入输出数据数量级相差太大给计算带来的误差，使得各参数处于同一数量级，具有可比性，需要进行数据归一化处理。

采用式(3-89)对数据进行归一化，公式中取 $a=0.1$，$b=0.8$，使归一化后的数据落在[0.1,0.9]区间内[1]。

$$x'=a+b\times\frac{x-x_{\min}}{x_{\max}-x_{\min}} \tag{3-89}$$

式中：x' 为归一化后的数据；a 、b 为常量，控制归一化后数据范围；x 为待归一化的数据；$x_{\max}$ 为每组数据的最大值；$x_{\min}$ 为每组数据的最小值。

2) 参数显著性检验

各响应对于控制参数的敏感性程度采用参数显著性检验的方法来确定，研究各控制参数对不同响应影响的显著程度，确定出敏感参数和不敏感参数。显著性检验就是事先对总体参数或总体分布形式做出一个假设，然后利用样本信息，根据“小概率事件实际不可能性原理”来判断这个假设是否合理，判断总体的真实情况与原假设是否有显著性差异[16]。

方差分析[16]是一种常用的参数显著性检验方法，常用的方差分析有 t 检验和 F 检验两种。两者的区别在于，t 检验是检验多元线性回归模型中单个回归参数的显著性，而 F 检验则是检验多元线性回归模型整体的显著性。在建立多元回归模型时，需要遵循一定的标准来决定自变量的取舍，即在多元回归模型中增加一个或一个以上的自变量之后所得到的误差平方和 SSE 的减少数量是否显著得多。SSE 减少的数量显著得多，就是支持在模型中增加这些变量的理由，因此构造一个 F 统计量，进行 F 检验来确定减少数量是否显著[16]。

F 检验的基本步骤如下[16]：假设有包含 p 个自变量的多元回归模型：

$$y=\beta_0+\beta_1x_1+\beta_2x_2+\cdots+\beta_px_p+\varepsilon \tag{3-90}$$

如果增加 $q-p$ 个自变量到这个模型上，则可得到包含 q 个自变量的多元回归模型：

$$y=\beta_0+\beta_1x_1+\beta_2x_2+\cdots+\beta_px_p+\beta_{p+1}x_{p+1}+\cdots+\beta_qx_q+\varepsilon \tag{3-91}$$

为了检验自变量 x_{p+1}、x_{p+2}、$\cdots$、x_q 的增加在统计上是否是显著的，提出原假设为 $\beta_{p+1}=\beta_{p+2}=\cdots=\beta_q=0$；备选假设为 β_{p+1}，β_{p+2}，$\cdots$，β_q 中至少有一个不等于零。检验的统计量为

$$F=\frac{\left[\mathrm{SSE}\left(x_1,x_2,\cdots,x_p\right)-\mathrm{SSE}\left(x_1,x_2,\cdots,x_q\right)\right]/(q-p)}{\mathrm{SSE}\left(x_1,x_2,\cdots,x_q\right)/(n-q-1)} \tag{3-92}$$

式中，$\mathrm{SSE}\left(x_1,x_2,\cdots,x_p\right)$ 为包含 p 个自变量回归模型的误差平方和；$\mathrm{SSE}\left(x_1,x_2,\cdots,x_q\right)$ 为包含 q 个自变量回归模型的误差平方和；n 为样本数。

将 F 的值与 F 分布的上侧分位数 F_{a} 进行比较。若 $F>F_{\mathrm{a}}\left(q-p,\ n-q-1\right)$，则拒绝原假设，得到增加的自变量在统计上是显著的。

决定备选参数取舍的常用方法是逐步回归法[16]，它的基本原理是从无到有地向回归模型中增加自变量，从方程外选取偏回归平方和最大的自变量做 F 检验以决定是否选入模型，每引入一个自变量进入模型，从方程中选取偏回归平方和最小的自变量做 F 检验以决定是否从模型中剔除，直至没有自变量可以引入模型，模型内也无自变量可剔除，最终得到一个最优的变量组合[16]。

3) 显著性检验结果

以控制参数作为自变量，各目标响应分别作为因变量，运用统计分析软件 SPSS 对两者的关系做回归分析，研究各响应对哪些控制参数更为敏感，若所有的响应都对某一个控制参数不敏感，则认为该控制参数为该施工步骤的不敏感因素。逐步回归设定备选参数纳入模型的标准是输入参数 F 的概率小于 0.05，剔出模型的标准是 F 的概率大于 0.1，最后各响应回归模型保留下来的控制参数再根据其 t 检验结果统计量数量级关系划分较敏感因素和敏感因素，定义如果某一控制参数在所有回归模型中 t 统计量均小于模型最大 t 统计量的 5%，则该控制参数为较敏感参数，否则为敏感参数。

对回归分析结果进行总结，各控制参数的显著性分析见表 3-13～表 3-15。表中数值表示纳入模型的控制参数的 t 统计量值，其绝对值越大表示该控制参数对回归模型的影响越显著。为了更加直观，表中划线数值表示该值大于该列最大值的 5%，并且以粗体标出敏感参数，以斜体标出较敏感参数。

表 3-13　北岸索塔双悬臂施工阶段控制参数显著性分析结果(t 统计量)

参数	响应				
	边跨索力	中跨索力	边跨线形	中跨线形	塔偏
边跨钢梁刚度	—	—	−104	—	—
中跨钢梁刚度	—	—	—	−93	—
边跨桥面板刚度	−96	—	−70	—	−23
中跨桥面板刚度	—	81	—	−90	30
边跨斜拉索刚度	72	—	120	—	18
中跨斜拉索刚度	—	−40	—	63	−9
边跨钢梁重量	4184	18	−2119	842	−234427
中跨钢梁重量	19	3229	794	−1853	213784
边跨桥面板重量	15179	81	−7748	3853	−1071959
中跨桥面板重量	92	12854	3986	−7397	1071331
边跨斜拉索重量	881	4	−468	171	−47786
中跨斜拉索重量	5	765	175	−489	47182
边跨斜拉索张拉力	−35493	19	9761	64	−26492
中跨斜拉索张拉力	20	−27700	61	8487	24398

表 3-14　北岸索塔单悬臂施工阶段控制参数显著性分析结果(t 统计量)

参数	响应			
	边跨索力	中跨索力	中跨线形	塔偏
中跨钢梁刚度	—	—	−24	—
中跨桥面板刚度	—	8	−17	—
边跨斜拉索刚度	—	—	—	−3
中跨斜拉索刚度	—	−9	30	—
中跨钢梁重量	—	529	−462	694
中跨桥面板重量	4	6018	−5091	9091
边跨斜拉索重量	—	—	—	−3
中跨斜拉索重量	—	341	−313	421
边跨斜拉索张拉力	−9	44	2638	−18205
中跨斜拉索张拉力	—	−12736	8105	222

表 3-15　南岸索塔单悬臂施工阶段控制参数显著性分析结果(t 统计量)

参数	响应			
	边跨索力	中跨索力	中跨线形	塔偏
中跨钢梁刚度	—	—	—	—
中跨桥面板刚度	—	—	—	—
边跨斜拉索刚度	—	—	—	—
中跨斜拉索刚度	—	—	—	—
中跨钢梁重量	5	—	—	–5
中跨桥面板重量	35	36	–23	–36
边跨斜拉索重量	—	—	—	—
中跨斜拉索重量	3	—	—	–3
边跨斜拉索张拉力	–66	—	6	64
中跨斜拉索张拉力	—	–78	44	—

从表 3-13 可以看出，所有控制参数均对某些响应影响显著。可将结构控制参数进行如下划分。

(1) 敏感参数：边跨钢梁重量，中跨钢梁重量，边跨桥面板重量，中跨桥面板重量，中跨斜拉索重量，边跨斜拉索张拉力，中跨斜拉索张拉力。

(2) 较敏感参数：边跨钢梁刚度，中跨钢梁刚度，边跨桥面板刚度，中跨桥面板刚度，边跨斜拉索刚度，中跨斜拉索刚度，边跨斜拉索重量。

(3) 不敏感参数：无。

从表 3-14 可以看出，所有控制参数均对某些响应影响显著。可将结构控制参数进行如下划分。

(1) 敏感参数：中跨钢梁重量，中跨桥面板重量，边跨斜拉索张拉力，中跨斜拉索张拉力。

(2) 较敏感参数：中跨钢梁刚度，中跨桥面板刚度，边跨斜拉索刚度，中跨斜拉索刚度，边跨斜拉索重量，中跨斜拉索重量。

(3) 不敏感参数：无。

从表 3-15 可以看出，并非所有控制参数均对某些响应影响显著，将结构控制参数进行如下划分。

(1) 敏感参数：中跨钢梁重量，中跨桥面板重量，边跨斜拉索张拉力，中跨斜拉索张拉力。

(2) 较敏感参数：中跨斜拉索重量。

(3) 不敏感参数：中跨钢梁刚度，中跨桥面板刚度，边跨斜拉索刚度，中跨斜拉索刚度，边跨斜拉索重量。

以上表格各列分别代表一个多元回归模型，本质上列与列之间的数据没有关系，但由于相同的控制参数取值和变化范围相差不大，且回归是针对归一化后的数据，虽不能定量分析，但定性分析还是可以做到的，综合所有显著性分析结果可以得到以下分析结果。

(1) 整个施工过程中，钢梁重量、桥面板重量、斜拉索张拉力均为敏感参数，需要严格把控，其余参数的影响力相对更弱。

(2) 斜拉索张拉力变化仅对该跨斜拉索索力有影响，对另一跨斜拉索索力影响并不大。

(3) 单悬臂施工阶段相对双悬臂施工阶段来说，边跨斜拉索张拉力变化对中跨线形的影响更大。

(4) 塔偏在双悬臂施工阶段对叠合梁重量更为敏感，而在单悬臂阶段对边跨斜拉索索力更为敏感。

4) 桥面铺装阶段敏感性分析

二期恒载变化产生的影响分析按二期恒载集度减小 5%、减小 2%、增大 2%、增大 5%四种情况考虑，分别运用有限元软件计算并统计二期恒载变化对斜拉桥线形、索力和塔偏的影响。

(1) 叠合梁主梁线形受二期恒载变化的影响。

二期恒载变化对线形的影响如图 3-78 所示。

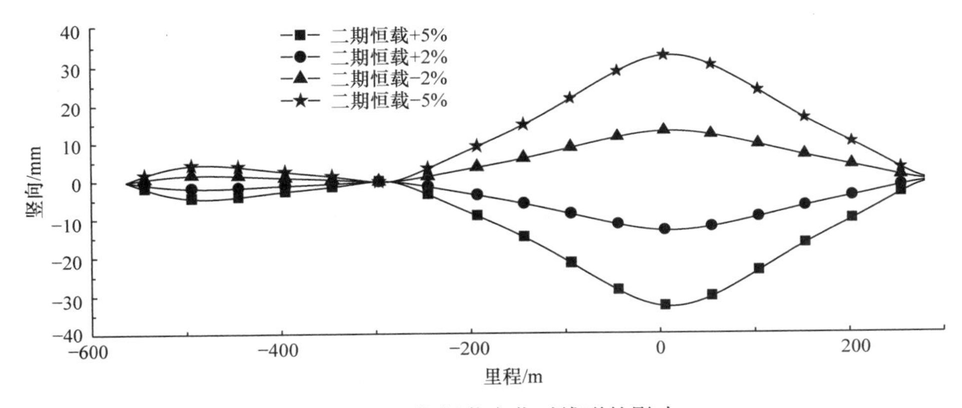

图 3-78　二期恒载变化对线形的影响

根据上述计算结果可以统计出以下结果。

① 二期恒载变化对于线形的影响在交界墩支座及桥塔处非常小，往跨中逐渐增大，且对中跨线形的影响大于边跨线形。

② 二期恒载变化 2%，边跨线形变化范围为–1.8～+1.8mm，变化最大值出现在边跨离交界墩支座 30%跨径附近，中跨线形变化范围为–13.1～+13.1mm，变化最大值出现在跨中处。

③ 二期恒载变化 5%，边跨线形变化范围为–4.5～+4.5mm，变化最大值出现在边跨离交界墩支座 30%跨径处附近，中跨线形变化范围为–32.8mm～+32.8mm，变化最大值出现在跨中处。

(2) 斜拉索索力受二期恒载变化的影响。

二期恒载变化对索力的影响如图 3-79～图 3-82 所示。

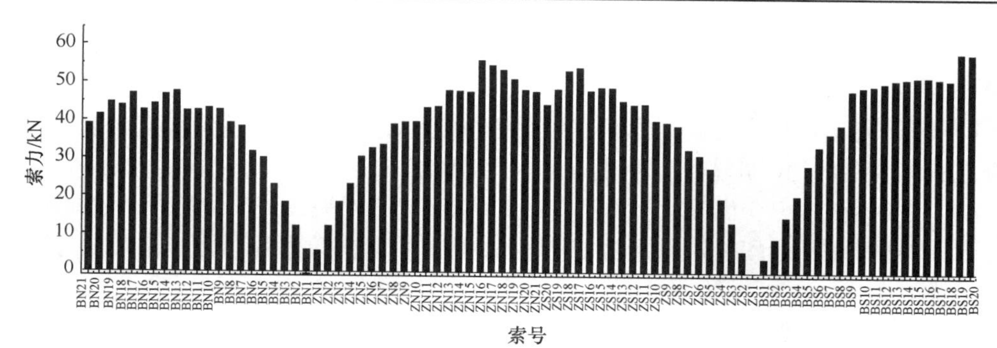

图 3-79　二期恒载增加 5%对索力的影响

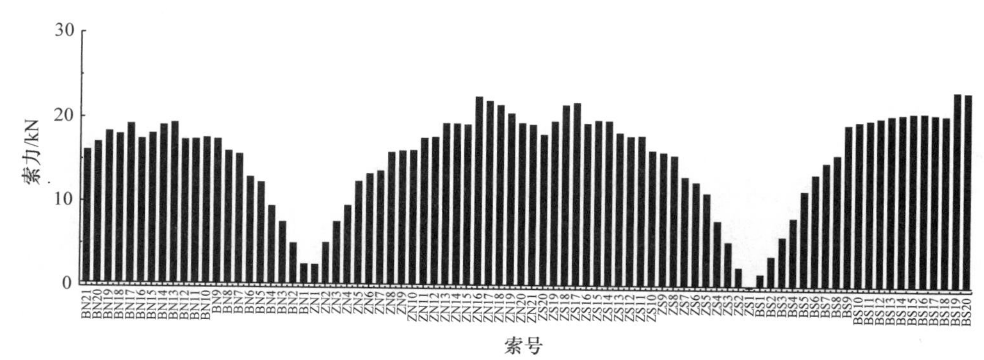

图 3-80　二期恒载增加 2%对索力的影响

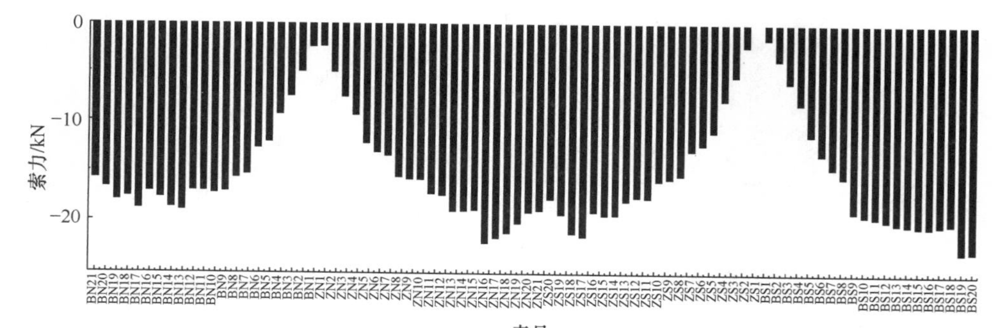

图 3-81　二期恒载减小 2%对索力的影响

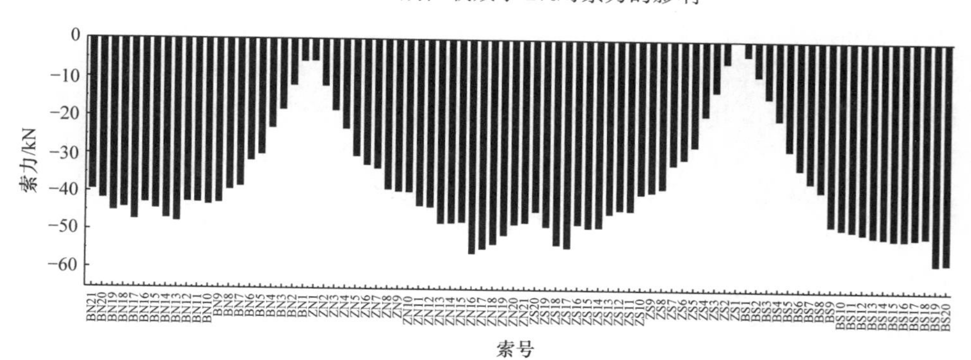

图 3-82　二期恒载减小 5%对索力的影响

根据上述计算结果可以统计出以下结果。

① 二期恒载变化对于索力的影响从 1 号索随索号增加整体呈增大趋势，且对边跨和中跨影响程度大致一样。

② 二期恒载变化 2%，北岸边跨索力变化范围为−19～+19kN，变化最大值出现在 BN13 号索；中跨索力变化范围为−22～+22kN，变化最大值出现在 ZN16 号索；南岸边跨索力变化范围为−23～+23kN，变化最大值出现在 BS19 号索。

③ 二期恒载变化 5%，北岸边跨索力变化范围为−48～+48kN，变化最大值出现在 BN13 号索，中跨索力变化范围为−56～+56kN，变化最大值出现在 ZN16 号索，南岸边跨索力为−58～+58kN，变化最大值出现在 BS19 号索。

(3) 塔偏受二期恒载变化的影响。

二期恒载对北岸塔偏的影响如图 3-83 所示，对南岸塔偏的影响如图 3-84 所示。

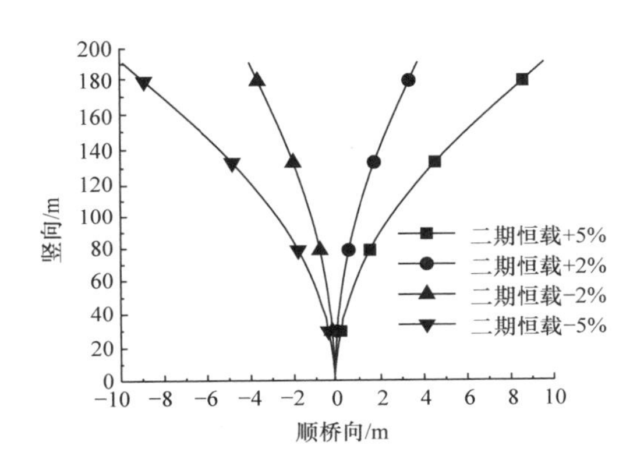

图 3-83　二期恒载变化对北岸塔偏的影响

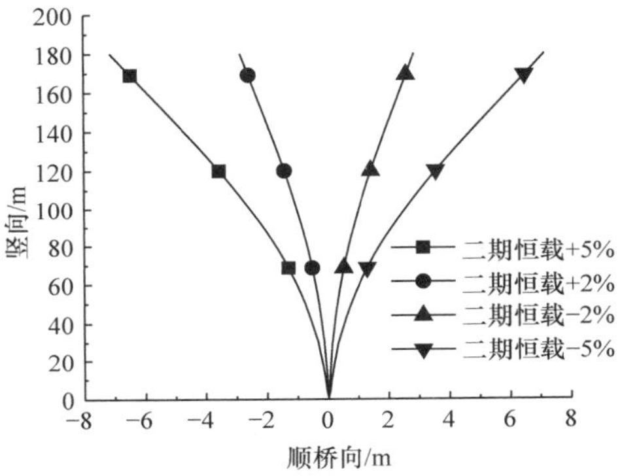

图 3-84　二期恒载变化对南岸塔偏的影响

根据计算结果可以统计出以下结果。

① 二期恒载变化对塔偏的影响从塔底到塔顶逐渐增大。

② 二期恒载变化 2%，北岸塔偏变化范围为−3.9～+3.9mm，最大值出现在北岸索塔塔顶，南岸塔偏变化范围为−2.9～+2.9mm，最大值出现在南岸索塔塔顶。

③ 二期恒载变化 5%，北岸塔偏变化范围为−9.7～+9.7mm，最大值出现在北岸索塔塔顶，南岸塔偏变化范围为−7.1～+7.1mm，最大值出现在南岸索塔塔顶。

3.5.6　施工过程参数识别

参数识别的方法有很多[17]，其中人工神经网络是应用比较广泛的一种识别方法。人工神经网络是模拟人脑信息处理的功能，在生物神经网络的启示下建立的数据处理模型，具有非常强的非线性映射能力，相似的样本输入在神经网络的映射下往往能够得到相近的输出，因此对于参数识别这一类函数的拟合问题具有不错的解决能力[18]。依据几何控制法，制定了如图 3-85 所示的技术路线，实现过程如下。

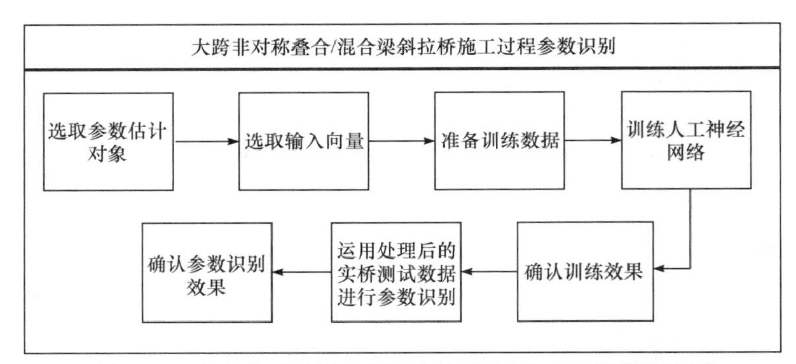

图 3-85　大跨非对称叠合/混合梁斜拉桥施工过程参数识别

(1) 根据大跨非对称叠合/混合梁斜拉桥施工过程随机多参数敏感性分析研究的结果，针对施工阶段选取对应的敏感参数作为参数估计对象。

(2) 选择适当的响应作为输入向量，结合有限元模型理论计算结果准备训练数据。

(3) 运用 MATLAB 软件编写适用的神经网络模型，对人工神经网络进行训练并验证其是否可靠。

(4) 运用训练好的神经网络仿真分析处理后的实桥响应数据，对参数识别结果进行分析，确认施工过程参数识别效果。

在该桥实际施工过程中，主梁施工过程参数识别随时跟进，以保证梁段的施工情况处于合理可控范围，因此还是选择北岸第 15 号梁段施工过程作为研究目标进行施工过程参数识别研究。

由 3.5.5 节施工过程参数敏感性分析可以得到影响该施工过程的敏感性参数很多，但是对不同施工控制目标来说各控制参数的影响不同，如果把所有参数都予以考虑，不仅会使得参数识别的难度增加，还有可能因为一些次要因素对识别过程产生不利影响，降低识别精度，因此在进行参数识别时仅选择对敏感参数的实际取值进行识别[19]。

1. 训练样本和检验样本的确定

由 3.5.5 节的计算结果可以得到，15 号梁段施工过程敏感参数有边跨钢梁重量、中跨钢梁重量、边跨桥面板重量、中跨桥面板重量、中跨斜拉索重量、边跨斜拉索张拉力、中跨斜拉索张拉力，因此参数识别也以这 7 个参数作为目标，识别它们的实际取值。同时为了增强神经网络的识别效果，对响应数目进行扩充，3.5.5 节的计算过程中考虑了 5 个结构响应，即 15 号梁段施工完毕后边、中跨悬臂端线形变化量，施工前后边、中跨 14 号索索力变化量，以及北岸塔偏，现增加 4 个响应：15 号梁段施工前后边、中跨 14 号梁段悬臂端线形变化量，施工前后边、中跨 13 号索索力变化量。神经网络输入向量、输出向量及它们的编号总结见表 3-16。

表 3-16　神经网络输入向量与输出向量

输入向量		输出向量	
输入 1	边跨 14 号索索力变化量		
输入 2	边跨 13 号索索力变化量	输出 1	边跨钢梁重量

续表

输入向量		输出向量	
输入 3	中跨 14 号索索力变化量	输出 2	中跨钢梁重量
输入 4	中跨 13 号索索力变化量	输出 3	边跨桥面板重量
输入 5	边跨15号段悬臂端线形变化量	输出 4	中跨桥面板重量
输入 6	边跨14号段悬臂端线形变化量	输出 5	中跨斜拉索重量
输入 7	中跨15号段悬臂端线形变化量	输出 6	边跨 15 号索张拉力
输入 8	中跨14号段悬臂端线形变化量	输出 7	中跨 15 号索张拉力
输入 9	北岸塔偏	—	—

从有限元模型计算中可以得到 110 组输入向量和输出向量间的对应关系，运用式(3-89)进行数据归一化即可形成训练样本数据，运用有限元软件另计算三组数据作为测试样本，测试样本输入数据和输出数据见表 3-17。

表 3-17 测试样本数据表

输入/输出向量		第 1 组	第 2 组	第 3 组
输入	输入 1	0.533	0.356	0.568
	输入 2	0.537	0.352	0.560
	输入 3	0.547	0.498	0.355
	输入 4	0.536	0.499	0.353
	输入 5	0.474	0.721	0.478
	输入 6	0.465	0.729	0.488
	输入 7	0.524	0.425	0.627
	输入 8	0.539	0.409	0.620
	输入 9	0.393	0.684	0.490
输出	输出 1	0.500	0.340	0.340
	输出 2	0.900	0.820	0.100
	输出 3	0.660	0.260	0.260
	输出 4	0.340	0.580	0.260
	输出 5	0.180	0.500	0.260
	输出 6	0.500	0.580	0.260
	输出 7	0.420	0.580	0.580

2. BP 神经网络构建

对于一般回归问题，三层网络结构的误差逆传播(back propagation，BP)算法神经网络就能解决问题[1]，因此建立隐含层层数为 1 的 BP 神经网络。BP 神经网络隐含层节点数也对网络预测精度有很大影响，节点数过少会导致网络不能很好地学习，需要增加训练次数，训练精度会受影响；节点数也不是越多越好，过多的隐含层节点会使得训练时间增加，网络容易过拟合。若输入层节点数为 n，隐含层节点数为 l，输出层节点数为 m，则隐含层节点数选择可参考下列公式[20]：

$$l < n-1 \tag{3-93}$$

$$l < \sqrt{m+n}+a \tag{3-94}$$

$$l = \log_2(n) \tag{3-95}$$

式中，a 为 0～10 的常数。由于此时输入层节点数为 9，输出层节点数为 7，根据参考公式可以判断隐含层节点数小于 8。分别用不同的隐含层建立 BP 神经网络，测试误差随隐含层节点数变化如图 3-86 所示。

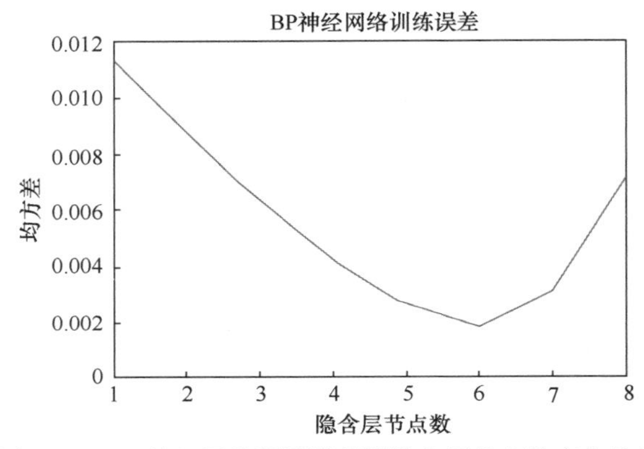

图 3-86　BP 神经网络预测误差随隐含层节点数变化关系

采用隐含层节点数为 6 建立神经网络，对网络进行训练后运用网络对测试样本进行仿真，BP 神经网络预测结果见表 3-18，定义预测度 = [1−(|预测值−理论值|)/ 0.8] × 100%，采用百分数表示，其值大小代表网络参数识别的精确程度。

表 3-18　BP 神经网络参数识别结果归纳表

数据组	项目	输出 1	输出 2	输出 3	输出 4	输出 5	输出 6	输出 7
第 1 组	预测值	0.461	0.842	0.691	0.358	0.252	0.485	0.395
	理论值	0.500	0.900	0.660	0.340	0.180	0.500	0.420
	预测度/%	95.13	92.75	96.13	97.75	91.00	98.13	96.88
第 2 组	预测值	0.403	0.769	0.256	0.569	0.466	0.598	0.639
	理论值	0.340	0.820	0.260	0.580	0.500	0.580	0.580
	预测度/%	92.13	93.63	99.50	98.63	95.75	97.75	92.63
第 3 组	预测值	0.369	0.159	0.333	0.220	0.289	0.270	0.610
	理论值	0.340	0.100	0.260	0.260	0.260	0.260	0.580
	预测度/%	96.38	92.63	90.88	95.00	96.38	98.75	96.25

从表中可以看出，测试样本经网络运算得到的预测值与理论值之间的预测度为90.88%～99.50%，平均预测度为 95.43%，说明网络的训练效果比较理想。

3. 径向基神经网络构建

MATLAB 运用 newrbe 函数和 newrb 函数都可以建立径向基神经网络[21]。使用 newrbe 函数时，隐含层节点数与输入向量的个数相同，可以迅速创建一个严格的径向基函数网络。但是当输入向量数目较多时，应考虑使用 newrb 函数，用 newrb 函数可以创建近似的径向基网络，在创建过程中不断增加隐含层神经元，直到网络的输出误差满足要求[21]。现采用 newrb 函数建立径向基神经网络，网络预测结果见表 3-19。

表 3-19　径向基神经网络参数识别结果归纳表

数据组	项目	输出 1	输出 2	输出 3	输出 4	输出 5	输出 6	输出 7
第 1 组	预测值	0.457	0.946	0.627	0.354	0.186	0.475	0.398
	理论值	0.500	0.900	0.660	0.340	0.180	0.500	0.420
	预测度/%	94.63	94.25	95.88	98.25	99.25	96.88	97.25
第 2 组	预测值	0.309	0.852	0.259	0.607	0.457	0.615	0.610
	理论值	0.340	0.820	0.260	0.580	0.500	0.580	0.580
	预测度/%	96.13	96.00	99.88	96.63	94.63	95.63	96.25
第 3 组	预测值	0.336	0.130	0.308	0.234	0.290	0.271	0.594
	理论值	0.340	0.100	0.260	0.260	0.260	0.260	0.580
	预测度/%	99.50	96.25	94.00	96.75	96.25	98.63	98.25

从表中可以看出，测试样本经网络运算得到的预测值与理论值之间的预测度为94.00%～99.88%，平均预测度 96.71%，网络的训练效果比较理想。

4. 实桥数据参数识别

由表 3-18 和表 3-19 可以看出，两种神经网络的训练精度均能达到要求，但径向基神经网络的训练效果略优于 BP 神经网络，因此运用径向基神经网络对实际相应数据结果进行参数识别。

对某长江公路大桥施工过程中的测试数据进行处理，再根据训练样本对应数据中的最大值和最小值进行归一化后形成网络的输入数据，见表 3-20。表中输入 1 至输入 4 实际值单位为 kN，输入 5 至输入 9 单位为 m。

表 3-20　实桥数据实际值及其归一化结果

响应	实际值	训练样本最大值	训练样本最小值	归一化后数值
输入 1	−585	−964	−270	0.537
输入 2	−414	−177	−701	0.538

续表

响应	实际值	训练样本最大值	训练样本最小值	归一化后数值
输入 3	−214	92	−558	0.524
输入 4	−177	51	−445	0.533
输入 5	0.144	0.230	0.032	0.552
输入 6	0.089	0.158	−0.004	0.560
输入 7	0.033	0.129	−0.046	0.462
输入 8	0.014	0.095	−0.048	0.449
输入 9	0.005	0.032	−0.038	0.589

将数据输入已训练好的径向基神经网络进行仿真，然后对输出数据进行反归一化即可得到识别出来的结构实际参数取值，见表 3-21，表中输出 1 至输出 5 实际值单位为 kN/m^3，输出 6 和输出 7 单位为 kN。

表 3-21　参数识别结果

响应	网络输出值	训练样本最大值	训练样本最小值	参数识别结果
输出 1	0.516	87.295	78.981	83.300
输出 2	0.498	87.295	78.981	83.115
输出 3	0.551	28.350	25.650	27.171
输出 4	0.456	28.350	25.650	26.851
输出 5	0.502	88.987	83.055	86.035
输出 6	0.434	10374	9386	9799
输出 7	0.554	9441	8542	9052

根据参数识别计算得到的参数取值，输入有限元模型进行计算，参数识别效果见表 3-22，表中相对误差 = [(|识别结果 − 实际值|)/实际值] × 100%，采用百分数表示，表中索力单位为 kN，线形和塔偏单位为 m。

表 3-22　参数识别效果检验

实桥测试结果	实际值	识别前结果	识别前绝对误差	识别前相对误差/%	识别后结果	识别后绝对误差	识别后相对误差
边跨 14 号索索力	−585	−726	−141	24.10	−552	33	5.64
边跨 13 号索索力	−414	−496	−82	19.81	−395	19	4.59
中跨 14 号索索力	−214	−269	−55	25.70	−237	−23	10.75

续表

实桥测试结果	实际值	识别前结果	识别前绝对误差	识别前相对误差/%	识别后结果	识别后绝对误差	识别后相对误差
中跨 13 号索索力	−177	−194	−17	9.60	−186	−9	5.08
边跨 15 号段线形	0.144	0.182	0.038	26.39	0.151	0.007	4.86
边跨 14 号段线形	0.089	0.106	0.017	19.10	0.093	0.004	4.49
中跨 15 号段线形	0.033	0.067	0.034	103.03	0.031	−0.002	6.06
中跨 14 号段线形	0.014	0.044	0.03	214.29	0.012	−0.002	14.29
塔偏	0.005	−0.003	−0.008	160.00	0.004	−0.001	20.00

由表 3-22 可以看出，经过参数识别后，索力、线形和塔偏的绝对误差和相对误差均明显减少。识别前后索力增量最大相差 174kN，索力相对误差最大相差 18.46 个百分点，识别前后线形变化量最大相差 0.036m，线形相对误差最大相差 200 个百分点，塔偏识别前后相差 140 个百分点，塔偏识别后相对误差相对较大是因为塔偏绝对值太小，识别结果说明参数识别很有效果。

3.6　基于深度学习的斜拉索索力调整

大跨度斜拉桥施工过程中，由于结构参数的变异、制造误差、施工误差和安装误差的影响，结构状态偏离理想状态，为确保成桥状态尽可能接近或达到设计状态，需对结构状态进行调整[1]。而斜拉索作为内力可调整构件，可通过其索力的调整对结构目标状态进行调整[22]。

用斜拉索索力调整目标状态时，需明确目标状态偏差量与索力调整量间的关系，其本质是数学上的优化求解问题[1, 22]。近年来常用神经网络方法对索力进行优化求解。淡丹辉等[23]和陈志军等[24]采用粒子群优化算法，分别对某跨海斜拉桥和某单索面混合梁斜拉桥进行了成桥索力调整；李研[25]采用乘子-牛顿优化算法编制 MATLAB 程序，对某钢箱梁斜拉桥的成桥索力进行了优化；Hassan 等[26, 27]结合实数编码遗传算法和 B 样条曲线，优化得到斜拉桥恒载索力的全局最优解；Baldomir 等[28]结合 MATLAB 中的 Fmincon 函数和有限元法，对某主跨 658m 的双塔钢斜拉桥进行了索力和位移优化；Song 等[29]利用基于变步长搜索算法的神经网络方法，获得了某斜拉桥的合理成桥索力。

既有研究表明，目前对斜拉桥索力优化问题常用的神经网络方法[23-29]均为“浅层网络方法”。如今随着对神经网络计算效率和精度要求的不断提高，深度学习得到了较大的发展[30, 31]，在计算机视觉[32, 33]、语音识别[34]等领域得到广泛应用并取得良好的效果，但迄今关注深度学习方法在斜拉桥索力调整中应用的研究仍较为欠缺。因此，本书基于深度学习，提出了多层感知器(multi-layer perception，MLP)网络模型，对索力调整量进行回归预测，进而对结构参数误差引起的结构目标状态偏差进行调整；并用某叠合/混合梁斜拉桥的实际结构参数，对所提方法进行了验证。

3.6.1　斜拉索索力调整策略

1. 基本思路

令 ΔZ 表示 n 个需调整的状态量集合，包括主梁线形、内力或应力，$\Delta Z=\{z_1, z_2, z_3,\cdots, z_n\}$；$\Delta S$ 表示 r 个调整物理量集合，包括索力、制造角度等，$\Delta S=\{s_1, s_2, s_3,\cdots, s_r\}$。$\Delta Z$ 与 ΔS 间存在如下映射关系：

$$\Delta Z=f\left(\Delta S\right) \tag{3-96}$$

式中，$f(\cdot)$ 表示调整物理量对状态量的映射函数，其物理意义为调整物理量 ΔS 对状态量 ΔZ 的影响，故 $f(\cdot)$ 也称作影响函数[1]。斜拉桥状态量的调整值ΔZ 由状态偏离的大小确定，则桥梁结构状态的调整[1]定义为

$$\begin{gathered}J=\min\Delta S=\min f^{-1}\left(\Delta Z\right)\\ \text{s.t. } s_i\leqslant s_{i\max},\quad i=1,2,\cdots,r\end{gathered} \tag{3-97}$$

式中，J 为优化目标，$f^{-1}(\cdot)$ 为映射函数 $f(\cdot)$ 的反函数；$s_{i\max}$ 为第 i 个调整物理量 s_i 的最大调整幅度。式(3-97)的物理意义为：给定状态调整量 ΔZ 时，在给定约束条件 $s_i\leqslant s_{i\max}(i=1,2,\cdots,r)$ 下，S 的最小调整量，即 ΔS 的最优解。

在大跨度斜拉桥施工过程中，一旦制造完成，则制造误差、材料变异、施工过程等引起的目标状态偏差，仅能由斜拉索索力的调整来调整目标状态的偏差[1]。尽管斜拉索的无应力长度也已确定，但斜拉索属于内力可调整构件，可在无应力长度允许调整的范围内调整无应力索长，即由斜拉索索力的主动调整来实现目标状态的调整[22]。此时，式(3-96)中的 $f(\cdot)$ 即为索力变化对目标状态(如变形)的影响矩阵，但因 $n\neq r$，即调整目标数量与被调整数量不一致，该影响矩阵为不适定，可能病态，导致奇异结果[1, 22]。

式(3-97)中 $f^{-1}(\cdot)$ 的确定属于机器学习和统计学的回归问题[35]，因而选择深度学习中的 MLP 深度学习神经网络[35]，在给定损失函数 J 时，拟合目标响应与索力调整量之间的 $f^{-1}(\cdot)$ 映射关系。

2. 多层感知器

作为深度学习的典型框架之一，MLP 又称作深度前馈神经网络(deep feedforward network)[35]。其典型网络结构如图 3-87 所示，图中 x 为输入层神经元的输入，$a^{(i)}$ 和 $a^{(j)}$ 分别表示第 i 层和第 j 层隐含层神经元的输出，$a^{(\mathrm{L})}$ 为输出层神经元的输出，W 为层间神经元的连接权重矩阵。

由图 3-87 可知，训练数据经过数据前馈、误差反向传播和梯度下降后，即可完成 MLP 网络的训练过程[35]。

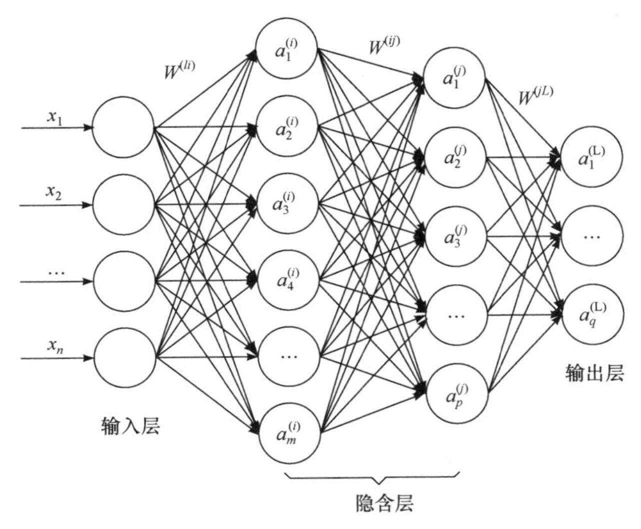

图 3-87　MLP 网络结构示意图

3. 数据前馈

数据前馈过程可用计算图表示[36]，以具有两个隐含层的 MLP 网络为例，其数据前馈过程的计算图如图 3-88 所示。

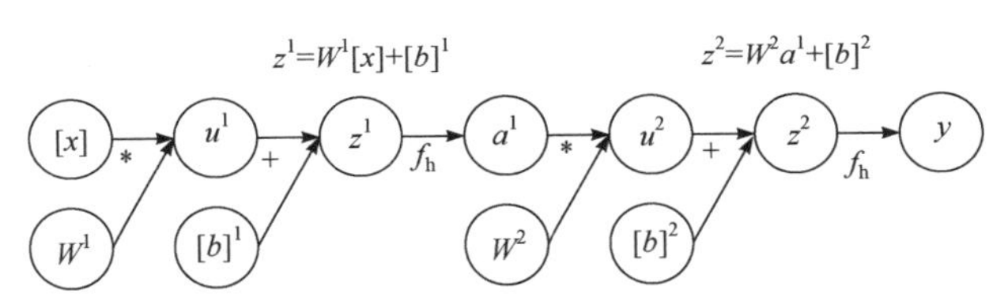

图 3-88　数据前馈计算图

图中，符号上标代表参数所属网络层数；$[x]$为输入数据向量；W 为层间连接权重矩阵；$[b]$为层间偏置向量；y 为 MLP 网络的输出；f_{h} 为激活函数。输入数据经权重、偏置、激活函数作用后，在网络中逐层向前传递，经输出层后得到网络的输出值，完成一次数据前馈[35]。

数据前馈得到的网络输出值 y 与训练数据真值 $\hat{y}$ 间必然存在误差，深度神经网络中常用损失函数来表示这种误差[35]。MLP 网络通过参数梯度并结合相应梯度优化算法来调整权值，以实现损失函数最小的目的[35]。常用的损失函数有交叉熵函数、均方误差、L_1 损失函数和 L_2 损失函数[35]。本节经比较后采用 L_2 损失函数，其物理意义是最优拟合曲面应该使得所有点到回归曲面的距离和最小[35],即以 2 范数最小确定斜拉索索力的优化调整。

4. 梯度下降

梯度下降神经网络的优化算法至今已有 70 多年的历史[35]。为加快深度网络的训练速度和减少计算资源，高效训练不同结构和深度的深度网络，在深度学习梯度下降优化算法的基础上，发展了一系列优化算法，如动量法、NAG 法(Nesterov accelerated gradient)、

Adagrad 法、RMSprop 法(root mean square propagation)和 Adam 法等[35]。

Adam 优化算法[35]结合了 Adagrad 法和 RMSprop 法的优点，该算法不仅利用了梯度的一阶矩均值，还充分利用了梯度的二阶矩均值(有偏方差)，实现了为不同参数设计不同自适应学习率。Adam 法因其收敛速度快、所需资源少等优点，是深度学习最常采用的优化算法。参数更新时，Adam 法按式(3-98)和式(3-99)计算一阶矩估计和二阶矩估计：

$$m_t = \beta_1 m_{t-1} + \left(1-\beta_1\right) g_t \tag{3-98}$$

$$v_t = \beta_2 v_{t-1} + \left(1-\beta_2\right) g_t^2 \tag{3-99}$$

式中，m_t、v_t 分别为更新后的一阶矩估计和二阶矩估计；m_{t-1}、v_{t-1} 分别为更新前的一阶矩估计和二阶矩估计；β_1、β_2 分别为一阶矩估计的衰减率和二阶矩估计的衰减率，默认设置为 0.9 和 0.999；g_t、g_t^2 分别为 t 时间步的梯度和梯度的平方，其中 $g_t^2 = g_t \odot g_t$，$\odot$ 表示按元素运算。

然后计算一阶矩估计偏差修正值 $\hat{m}_t$ 和二阶矩估计偏差修正值 $\hat{v}_t$：

$$\hat{m}_t = m_t / \left(1-\beta_1^t\right) \tag{3-100}$$

$$\hat{v}_t = v_t / \left(1-\beta_2^t\right) \tag{3-101}$$

Adam 优化法最后的参数更新计算为

$$\theta_t = \theta_{t-1} - \eta \hat{m}_t / \left(\sqrt{\hat{v}_t} + \varepsilon\right) \tag{3-102}$$

式中，ε 为一个极小值。

5. 误差反向传播

在梯度下降优化过程中，需求解损失函数关于各权重参数和偏置的偏导数，反向传播算法[35]可以高效地计算网络所需各项偏导数，避免了损失函数对不同参数求偏导时的重复计算工作。在训练复杂 MLP 神经网络时，需求解损失函数 L 关于各个权重参数 w_{jk}、b_j 的偏导数 $\partial L / \partial w_{jk}$ 和 $\partial L / \partial b_j$，而在一个 MLP 网络模型中参数 w、b 的数量往往很庞大，故采用反向传播算法可以快速计算偏导数。图 3-89 为两层隐含层的 MLP 网络反向传播计算示意图。

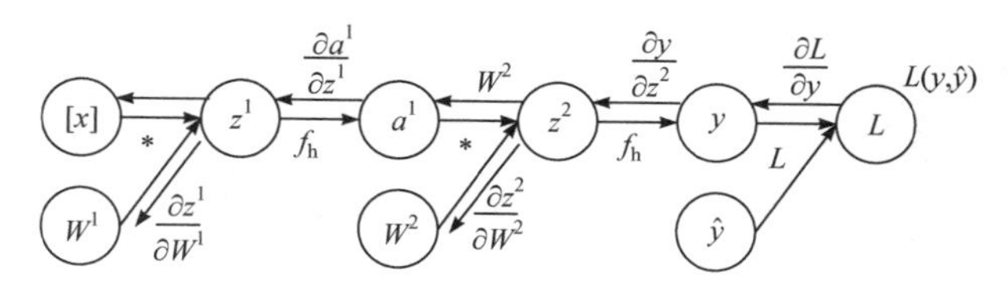

图 3-89　误差反向传播计算示意图

图 3-89 中符号含义与图 3-88 中相同，根据偏导数计算的链式法则可知[35]，损失函数 L 关于某节点的偏导数，等于与该节点相连的每条边反向路径上的偏导数乘积，再求各路径值的和。由图 3-89 可知，一次反向传播计算即可求得所有参数的偏导数，避免了

大量重复计算，从而节约计算成本；执行反向传播所需的计算量与计算图中边的数量成比例，每条边的计算均包含一次偏导数计算、一次乘法和一次加法，因此更有利于求解复杂计算图参数的偏导数。

6. 深度学习正则化策略

深度神经网络的结构远比浅层神经网络复杂，其网络参数较多，训练得到网络极易出现过拟合现象[35]。深度学习理论采用正则化的方法，提升网络的泛化能力。常用的正则化策略包括参数范数惩罚、Earlystop 和 Dropout 等。

1) 参数范数惩罚

参数范数惩罚是在损失函数上叠加正则项，如式(3-103)中右侧的第二项[35]。

$$\overline{J}(\theta;X,y)=J(\theta;X,y)+a\Omega(\theta) \tag{3-103}$$

式中，J、$\overline{J}$ 分别为正则化前后的目标函数；θ、X、y 分别为网络待学习的参数、输入数据、与输入数据对应的真值 a 衡量参数范数惩罚程度的超参数，$a\in[0,1)$，a 越大表示惩罚越大；Ω 为参数范数惩罚函数项。

增加的正则项减小权重矩阵，使网络模型趋于简单化，进而减弱过拟合现象[35]。该类方法主要包括 L_2 正则化和 L_1 正则化，L_1 正则化使得参数具有稀疏性，而 L_2 正则化能够使权重平滑。

2) Earlystop

Earlystop 是一种交叉验证策略[35]，将训练集的一部分作为验证集，训练时计算网络在验证集上的准确率，当验证集的准确率开始下降时，停止训练，进而避免训练出现的过拟合问题[35]。Earlystop 寻找最优解时按图 3-90 中虚线路径所示，Earlystop 会在模型验证集误差增大时，提前终止在 $\tilde{w}$ 处，而非最优解 w^* 处。

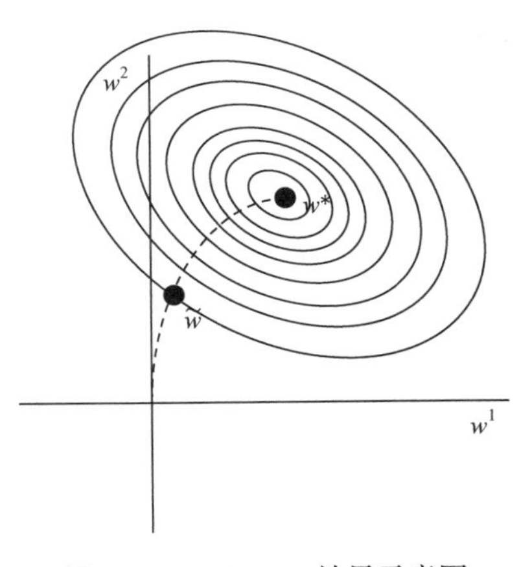

图 3-90　Earlystop 效果示意图

3) Dropout

在每次训练过程中，Dropout[35]按给定概率 p，将每一层神经元随机剔除后，得到一个子网络，对这个子网络的参数进行学习。因为每次训练时所选取的子网络是随机的，所以整体网络是由很多子网络构成的，以此提高网络泛化能力。以图 3-87 中所示的具有 L 层隐含层的 MLP 网络为例，采用 Dropout 正则化后该网络的前馈过程如式(3-104)～式(3-106)所示：

$$\tilde{y}=r^{(l)}\times y^{(l)} \tag{3-104}$$

$$z_i^{(l+1)}=w_i^{(l+1)}\tilde{y}^{(l)}+b_i^{(l+1)} \tag{3-105}$$

$$y_i^{(l+1)}=f\left(z_i^{(l+1)}\right) \tag{3-106}$$

式中，$r^{(l)}$为一个独立的伯努利(Bernoulli)分布的随机变量的向量；$y^{(l)}$、$\tilde{y}$分别为第l层引入随机变量向量$r^{(l)}$之前和之后的输出；$z_i^{(l+1)}$、$y_i^{(l+1)}$分别为第 l+1 层的输入和输出；$w_i^{(l+1)}$、$b_i^{(l+1)}$分别为第$l+1$层的权重矩阵和偏差。

由式(3-104)可知，Dropout 通过引入随机变量向量$r^{(l)}$来随机剔除每一层的神经元并得到一个子网络。由此可知，Dropout 之所以能提高网络泛化能力，是因为它减少了神经元之间复杂的共适应性，在每次迭代训练更新权重时，网络中的隐含节点都是以一定概率出现的，因此很难保证每两个节点每次都同时出现，所以权重更新不再依赖有固定关系隐含节点的共同作用，阻止了某些特征仅在其他特征下才会有效的情况，即阻止特征检测器的共同作用来提高神经网络的泛化性能[35]。Dropout 的优点是计算复杂性不高，适用范围广，不受网络结构和训练过程的限制，可以与其他正则化方法联合使用，使网络性能进一步提升[35]。

3.6.2　大跨度斜拉桥索力调整的工程实例

本节以图 3-33 所示某长江公路大桥为背景，讨论大跨度斜拉桥索力调整问题。

1. 数据准备

用 ±8%索力变化范围作为生成训练数据的有限元计算输入数据。考虑实际工程的参数变异性，采用均匀试验[15]方式，用$U_{165}\left(11^{11}\right)$均匀试验表对 11 个索力子结构[37]在 ±8%变化范围内均匀采样后将其作为有限元输入数据。经过 165 次有限元计算后，得到索力变化下的主梁位移变化量。

为避免训练数据过少导致 MLP 网络出现欠拟合问题，依据有限元计算结果，选取北岸边跨四分点、中跨八分点处截面的成桥位移和最大双悬臂阶段截面悬臂端位移，共 13 个有限元计算的结构位移响应作为训练的输入数据。计算分析表明，索力±8%变化时，混凝土梁位移变化仅为毫米级，故训练数据中未包括混凝土梁位移。将 13 个位移响应与基准状态位移响应之差作为 MLP 神经网络训练数据的输入，将 11 个索力子结构的索力变化值作为训练数据的输出。

根据独立同分布假设，训练数据和测试数据应相互独立，且来自同一分布[35]。用随机抽样的方式生成 50 组索力值，将其作为有限元计算输入，计算得到 13 个位移响应，将位移响应的偏差作为 MLP 网络模型测试数据的输入，将 11 个索力子结构的 50 组索力变化量数据作为 MLP 网络模型测试数据的输出。据此完成测试数据的准备。

2. MLP 深度网络构建、训练和测试

采用 TensorFlow 构建了包含 1 个输入层、2 个隐含层和 1 个输出层共 4 层的深度网络。输入层和输出层的神经元数量分别为 13 个和 11 个，经综合调整和寻优，确定了 2 个隐含层神经元数量分别为输入层神经元数量的 15 倍和 10 倍；隐含层激活函数为 tanh 函数，输出层的激活函数为线性函数。

将训练数据和测试数据按批次传入 TensorFlow 构建的计算图中，经隐含层和输出层

计算得到每批次的损失函数值，同时计算每一训练周期所有批次损失函数的均值，计为 ε_n，计算相邻 2 个训练周期损失函数的差值 $|\varepsilon_{n+1}-\varepsilon_n|$ 是否小于设定的精度 ε，以此作为收敛条件，若满足精度，则结束训练；若不满足精度，则先用 Adam 优化算法[35]依据损失函数值进行网络参数更新，再进行 MLP 网络训练，直至收敛。

训练过程中采用 R^2 表征训练和测试的准确度：

$$R^2=\frac{\text{SSR}}{\text{SST}}=1-\frac{\text{SSE}}{\text{SST}}=1-\frac{\sum\left(y_i-\hat{y}_i\right)^2}{\sum\left(y_i-\overline{y}_i\right)^2} \tag{3-107}$$

判定系数 R^2 表示的是回归平方和 SSR 占总平方和 SST 的比例大小，$R^2\in[0,1]$，模型的拟合度越好，则模型回归平方和占总平方和的比例越大，即 R^2 越接近 1，R^2 趋势如图 3-91(a)所示；本节损失函数值为 MSE 结合 L_2 正则项的值，损失函数越小则表明模型拟合程度越好，损失函数变化趋势如图 3-91(b)所示。通过拟合准确度、损失函数值随训练周期变化的曲线图即可判断模型训练的稳定性，图 3-91 中模型拟合准确度随训练周期的增加而逐渐增加，损失函数值随训练周期的增加而逐渐减小，两者变化趋势明确，且在训练周期内没有出现振荡或跳跃的现象，说明本节所用 MLP 网络模型收敛稳定。

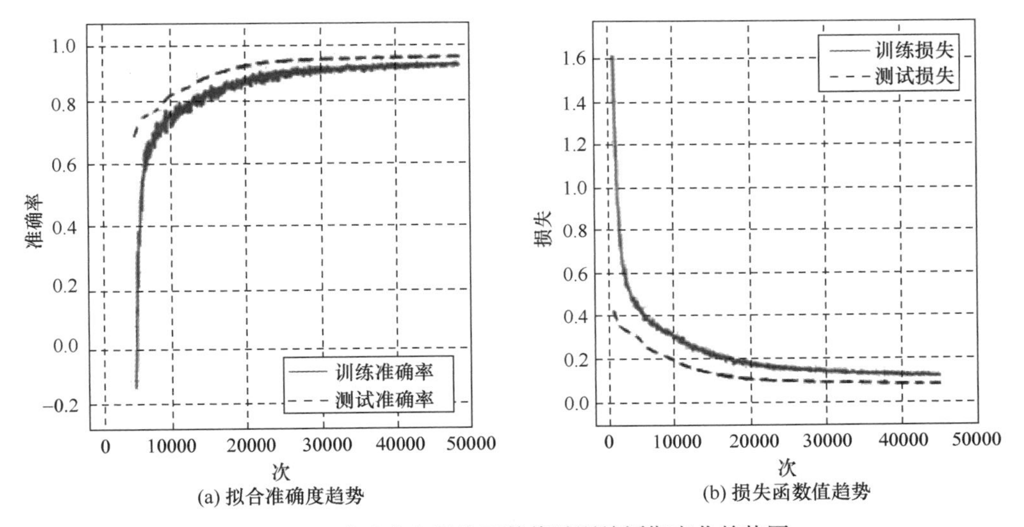

(a) 拟合准确度趋势　(b) 损失函数值趋势

图 3-91　准确率和损失函数值随训练周期变化趋势图

3. MLP 深度网络预测误差

预测误差评价 MLP 网络模型的训练效果可以分为两方面：一是从数学方面比较模型在测试集上预测索力调整量值与测试集索力调整量真值之间的误差，二是从结构响应方面将模型预测的索力调整量作为输入，比较有限元计算的位移响应偏差值与测试样本真值之间的误差。若两者的误差均在可接受范围内，则可证明模型网络结构合理并且训练有效。

首先，从数学方面比较模型预测索力调整量与索力调整量真值之间的误差，计算结果如图 3-92 所示。由该图可知，全桥索力调整量预测值误差百分比均小于 0.15%。

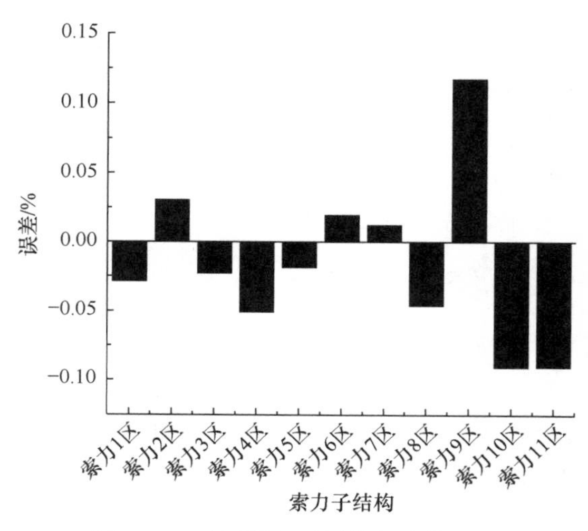

图 3-92　验证样本预测值与真值对比

其次，从结构响应方面比较有限元验算结构响应与测试样本真值之间的均方根误差(root of mean square error，RMSE)。有限元验算结构响应是指将 MLP 网络模型测试样本的预测索力调整量作为有限元模型的输入，通过有限元计算求得的结构位移响应作为有限元验算结构响应；RMSE 是统计学中用来评价两组数据间偏离程度的指标，此处采用 RMSE 评价有限元验算结构响应和测试样本真值之间的偏离程度。

有限元验算结构响应和测试样本真值之间的 RMSE 见表 3-23。

表 3-23　有限元验算结构响应与测试真值的 RMSE　　(单位：m)

编号	结构响应名称	RMSE
1	北岸边跨 3/4 点成桥位移	0.0081
2	北岸边跨跨中成桥位移	0.0047
3	北岸边跨 1/4 点成桥位移	0.0018
4	中跨 1/8 点成桥位移	0.002
5	中跨 1/4 点成桥位移	0.0033
6	中跨 3/8 点成桥位移	0.0036
7	中跨跨中成桥位移	0.0067
8	中跨 5/8 点成桥位移	0.0076
9	中跨 3/4 点成桥位移	0.0053
10	中跨 7/8 点成桥位移	0.0014
11	13#塔岸侧最大双悬臂端位移	0.0103
12	13#塔江侧最大双悬臂端位移	0.0048
13	14#塔江侧最大双悬臂端位移	0.0111

由表 3-23 可以看出，有限元验算结构响应和测试样本真值之间的 RMSE，除 13#塔岸侧最大双悬臂端位移略大外，其余均为毫米级，说明网络模型预测误差较小。

根据以上两方面的误差均在可接受的范围内，可以判断本节所用 MLP 模型网络结构合理并且训练有效。

3.6.3 结果分析与讨论

由图 3-92 的计算结果可知，预测索力调整量误差在 14#塔底处比 13#塔底处大，且混凝土梁梁段部分大于叠合梁梁段部分；由表 3-23 可知，结构位移响应误差在近塔处小于远塔处，且结构位移响应误差在成桥阶段小于最大双悬臂阶段。综合分析图 3-92 和表 3-23 可知，虽然模型预测索力调整量误差在混凝土梁段部分大于叠合梁段部分，但并未引起江侧叠合梁位移响应，即中跨 5/8 点、中跨 3/4 点和中跨 7/8 点成桥位移的明显偏差。

MLP 网络模型的训练数据仅取叠合梁截面结构位移响应，并未包含混凝土梁段的位移，所以 14#塔混凝土梁段的预测索力调整量误差相对于叠合梁段稍大一些。由此可以认为：14#塔混凝土梁段的预测索力调整量误差偏大是由 MLP 网络模型训练数据引起的。

另外，根据结构整体计算结果可知，在索力误差为±5%且同时包含其他结构参数误差时，混凝土梁段的位移偏差仅为毫米级，而由 MLP 网络模型得到的混凝土梁段预测索力调整量误差最大小于 0.15%，其对混凝土梁段的位移影响微乎其微，因此该预测索力调整量偏差不足以引起混凝土梁位移和 14#塔塔偏有明显的偏差，根据斜拉桥的受力特点，其对 14#塔江侧叠合梁位移的影响可以忽略不计。

3.7 斜拉索悬链线构形的伸长量解析计算

斜拉索伸长量的准确计算是确定斜拉索无应力长度和斜拉索精确安装的控制因素[1, 22]。国内外学者对斜拉索伸长量计算方法进行了大量研究[22, 38-40]。早期的斜拉索伸长量计算多基于忽略高次项影响的抛物线构形[38-41]。1965 年 Ernst[38]用抛物线构形代替拉索实际构形，提出了拉索等效弹性模量公式，在实际工程中得到广泛应用，但该公式较适用于斜拉索具有较高初应力的情况，且只考虑了垂直于弦的自重分量；随后，Hajdin 等[39]考虑了平行于拉索的自重分量作用，对 Ernst 公式进行了修正；郝超等[40] 和任淑琰等[41]分别证明了基于抛物线构形的公式在斜拉索静力分析和无应力长度计算中具有足够的精度，但郝超等[40]同时提出，随着索长增加，斜拉索垂跨比增大，抛物线公式的计算精度将随垂跨比的变化而变化；由 Gimsing 等[22]研究可知，长、柔索具有明显的非线性特征，其构形呈现为悬链线空间构形，当索长较长或应力水平较低时，用抛物线构形计算的误差较大[40]。

为满足斜拉桥日益向大跨度方向发展的工程需求，应基于悬链线构形，讨论斜拉索伸长量、无应力长度等计算。杨佑发等[42]、李乔等[43]和吴志强(Wu)等[44]基于悬链线构形，用不同方法推导得不同的空间悬链线单元，并将其与有限元结合用于工程计算；梁鹏等[45]、汪峰等[46]和苑仁安等[47]分别根据 CR 列式变量法、斜拉索特征参数约束方程和最速下降迭代法推导了无应力长度计算的迭代公式，经验证具有良好的准确性和可靠性。以上方法相较于抛物线构形，用于长柔索计算时具有更高的精度，但需进行有限元计算或复杂的迭代计算，过程烦琐，为更好地适应工程实践应用，有必要研究计算简便的解析公式；Sena等[48]、孟庆成等[49]和 Vairo[50]基于悬链线构形，提出了不同形式的解析表达式，在满足精度要求的同时简化了计算。

既有研究表明，国内外学者针对斜拉索的伸长量计算提出了很多方法，其计算复杂程度各不相同，但对比发现：不同方法计算得到的结果不同，有的差异还很大[48-50]。为确保斜拉索伸长量计算的简便性和精确性，本节基于悬链线构形，讨论了给定索力和增量索力作用时，斜拉索伸长量的解析计算，进而讨论悬链线构形时的斜拉索弹性模量的等效，并用某叠合/混合梁斜拉桥的斜拉索实际参数，对所提解析式进行验证。

3.7.1　斜拉索伸长量解析解推导

1. 基本假定和坐标系

基于悬链线构形[22]，采用的基本假定如下。

(1) 斜拉索为理想柔性索，即只能受拉不受压。

(2) 斜拉索的应力-应变关系满足胡克定律。

(3) 外荷载沿斜拉索长均匀分布。

(4) 忽略斜拉索横截面面积在受力前后的变化。

显然，上述假定条件在斜拉桥中均能满足，符合工程实际情况。

以斜拉索梁端锚点 A_0 为坐标原点，建立图 3-93 所示的坐标系，x 方向为 A_0 与塔端锚点 A_1 在水平面投影点的连线，y 方向垂直向上。图中，T_0 和 T_1 分别为斜拉索梁端索力和塔端索力；q 为斜拉索每延米重量；H 为斜拉索水平分力；V_0 和 V_1 分别为斜拉索梁端和塔端索力的竖直分力；θ_0 和 θ_1 分别为斜拉索梁端和塔端斜拉索切线与水平线的夹角；θ 为拉索两端锚点连线与水平线的夹角；l 为斜拉索水平投影长度；h 为斜拉索竖直投影面长度；L 为斜拉索两端锚点之间的弦长。

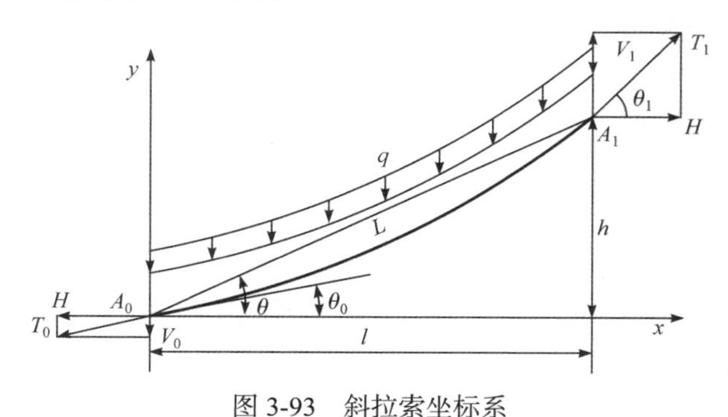

图 3-93　斜拉索坐标系

2. 给定索力伸长量

由拉索微段的静力平衡可得：给定平均索力 T 时，斜拉索任一点处的斜率为[49]

$$y' = \frac{\mathrm{d}y}{\mathrm{d}x} = \sinh\left[\frac{q}{H}x + \mathrm{asinh}\left(\frac{qh}{2H\sinh\psi}\right)\psi\right] \tag{3-108}$$

式中，$\psi = {ql}/{2H}$，其余符号含义同图 3-93。

对式(3-108)积分，得悬链线索形方程为

$$y = \frac{H}{q}\cos h\left(\frac{q}{H}x + K_1\right) + K_2 \tag{3-109}$$

式中，

$$K_1 = \mathrm{asinh}\left(\frac{qh}{2H\sinh\psi}\right)\psi \tag{3-110}$$

$$K_2 = -\frac{H}{q}\cosh\left(K_1\right) \tag{3-111}$$

由 x 方向平衡条件可知，拉索长度范围内水平分力 H 为常数，由式(3-110)、式(3-111)可知，K_1 和 K_2 在索长范围内也为常数。对式(3-109)积分可得斜拉索悬链线长度 S：

$$\begin{aligned} S &= \int_0^l \sqrt{1+\left(y'\right)^2}\mathrm{d}x \\ &= \frac{H}{q}\left[\sin h\left(\frac{ql}{H} + K_1\right) - \sinh K_1\right] \end{aligned} \tag{3-112}$$

则塔端锚点处斜拉索切线与水平线的夹角 θ_1 可由下式得到：

$$\theta_1 = \mathrm{atan}\left[\sinh\left(\frac{ql}{H} + K_1\right)\right] \tag{3-113}$$

斜拉索在索力 T 作用下引起的弹性伸长量ΔS 为

$$\begin{aligned} \Delta S &= \int_0^s \frac{T}{EA}\mathrm{d}s = \int_0^l \frac{H}{EA}[1+(y')^2]\mathrm{d}s \\ &= \frac{H}{EA}\left\{\frac{H}{4q}\left[\sinh\left(\frac{2ql}{H} + 2K_1\right) - \sinh(2K_1)\right] + \frac{l}{2}\right\} \end{aligned} \tag{3-114}$$

3. 增量索力伸长量

实际斜拉桥施工过程中，斜拉索均采用多次张拉，即其索力是分阶段累积形成的，增量索力ΔT作用时的伸长量是斜拉索安装索力控制的关键之一[1]。分别将 T_{N1}、T_{N2} 代入式(3-112)、(3-114)中，得到 T_{N1}、T_{N2} 时的索长和弹性伸长量为

$$\begin{aligned} S_1 &= \frac{H_1}{q}\left[\sin h\left(\frac{ql_1}{H_1} + K_1^1\right) - \sinh K_1^1\right] \\ S_2 &= \frac{H_2}{q}\left[\sin h\left(\frac{ql_2}{H_2} + K_1^2\right) - \sinh K_1^2\right] \end{aligned} \tag{3-115}$$

$$\begin{aligned}\Delta S_1 &= \frac{H_1}{EA}\left\{\frac{H_1}{4q}\left[\sinh\left(\frac{2ql_1}{H_1}+2K_1^1\right)-\sinh(2K_1^1)\right]+\frac{l_1}{2}\right\}\\ \Delta S_2 &= \frac{H_2}{EA}\left\{\frac{H_2}{4q}\left[\sinh\left(\frac{2ql_2}{H_2}+2K_1^2\right)-\sinh(2K_1^2)\right]+\frac{l_2}{2}\right\}\end{aligned} \tag{3-116}$$

式中，除符号 K_1 用上标 1、2 表示 T_{N1}、T_{N2} 的作用外，其余符号均用下标 1、2 表示 T_{N1}、T_{N2} 的作用。用δ表示索力从 T_{N1} 增加到 T_{N2} 时的伸长量(拔出量)，如图 3-94 所示，则

$$L_2 = L_1 + \delta \tag{3-117}$$

利用约束条件 $S_2 - S_1 = \Delta S_2 - \Delta S_1$[22]，结合式(3-115)～式(3-117)，并令 $T_{N1} = A\sigma_1$、$T_{N2} = A\sigma_2$ 和 $q = A\gamma$ 求解得到悬索力增量对应的伸长量：

$$\begin{aligned}\delta = L\frac{2\sigma_2}{\gamma l}a\sinh\left\{\frac{\sigma_1}{\sigma_2}\sinh\left(\frac{\gamma l}{2\sigma_1}\right)+\frac{\sigma_2}{4E}\left[\sinh\left(\frac{\gamma l}{\sigma_2}\right)+\frac{\gamma l}{\sigma_2}\right]\right.\\ \left.-\frac{{\sigma_1}^2\sigma_2}{4E}\left[\sinh\left(\frac{\gamma l}{\sigma_1}\right)+\frac{\gamma l}{\sigma_1}\right]\right\}-L\end{aligned} \tag{3-118}$$

式中，A 为拉索面积；γ为斜拉索容重；σ_1 和σ_2 分别为索力 T_{N1} 和 T_{N2} 对应的拉索应力。

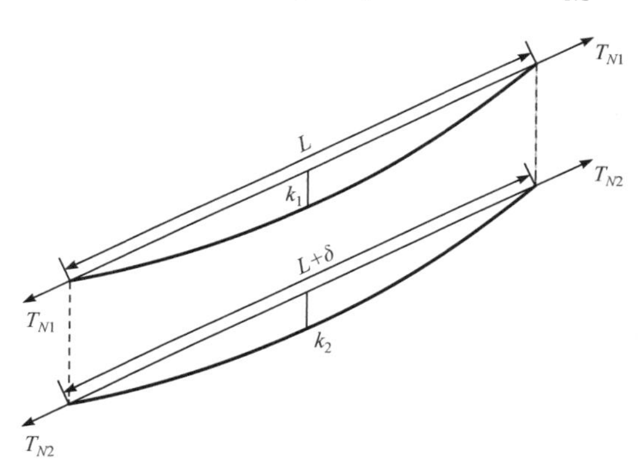

图 3-94　T_{N1} 和 T_{N2} 索力作用下斜拉索变形示意图

4. 斜拉索等效弹性模量

斜拉桥有限元分析中，常用等效弹性模量 E_{eq} 将具有垂度且弧长随索力变化的柔性斜拉索等效为直杆，即用弦长与斜拉索弦长相同、弹性模量为 E_{eq} 的直杆模拟斜拉索[22]。图 3-95 示出了将实际横截面面积为 A、弹性模量为 E 和垂度为 k 的斜拉索，等效为横截面面积为 A、弹性模量为 E_{eq} 的线性直杆。图中，T 为斜拉索切向张力，T_N 为等效直杆弦向张力。显然，该等效为应变等效，将式(3-118)等号两边除以斜拉索弦长 L，即可得到悬链线构形时的应变：

$$\frac{\delta}{L}=\frac{2\sigma_2}{\gamma l}a\sinh\left\{\frac{\sigma_1}{\sigma_2}\sinh\left(\frac{\gamma l}{2\sigma_1}\right)+\frac{\sigma_2}{4E}\left[\sinh\left(\frac{\gamma l}{\sigma_2}\right)+\frac{\gamma l}{\sigma_2}\right]\right.$$
$$\left.-\frac{\sigma_1{}^2\sigma_2}{4E}\left[\sinh\left(\frac{\gamma l}{\sigma_1}\right)+\frac{\gamma l}{\sigma_1}\right]\right\}-1 \tag{3-119}$$

用$\delta \ll L$、$\sinh x \approx x + x^3/6$ 和 $\cosh x \approx 1$ 简化式(3-119)，即可得到抛物线构形的应变近似解，又因为 $E \gg \sigma_1$ 且 $E \geqslant \sigma_2$，则抛物线构形的应变计算为

$$\frac{\delta}{L}=\frac{\sigma_2-\sigma_1}{E}+\frac{\gamma^2 l^2}{24}\left(\frac{1}{\sigma_1{}^2}-\frac{1}{\sigma_2{}^2}\right) \tag{3-120}$$

由割线弹性模量 E_{sec} 定义得

$$\frac{1}{E_{\mathrm{sec}}}=\frac{1}{E}+\frac{\gamma^2 l^2}{24}\left(\frac{\sigma_1+\sigma_2}{\sigma_1{}^2\sigma_2{}^2}\right) \tag{3-121}$$

当$\sigma_1 = \sigma_2$时，由式(3-120)可得切线弹性模量 $E_{\tan}$，该式即为常用的 Ernst 公式[38]。

$$\frac{1}{E_{\tan}}=\frac{1}{E}+\frac{\gamma^2 l^2}{12\sigma_2{}^3} \tag{3-122}$$

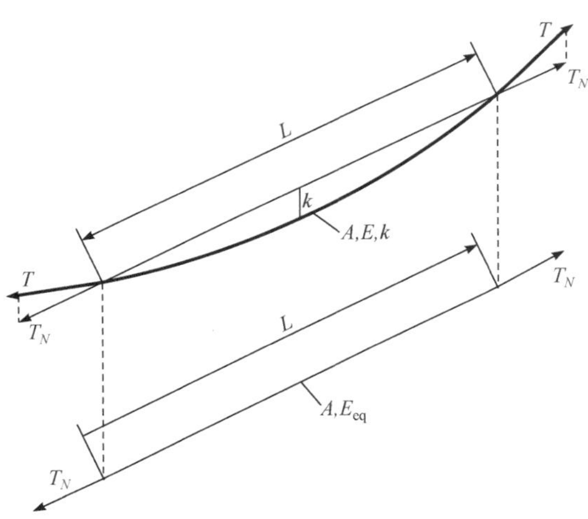

图 3-95　等效弹性模量直杆替代模型示意图

割线弹性模量 E_{sec} 和切线弹性模量 $E_{\tan}$ 统称为等效弹性模量 E_{eq}[22]。

5. 斜拉索等效弹性模量的应用

由前文可知，在实际工程中应用等效弹性模量法时，有以下两点值得注意。

1) 切向力和弦向力

由图 3-95 可知，拉索切向力 T 和弦向力 T_N 之间存在如下关系[22]：

$$\frac{T_N}{T}=\left(\sqrt{4-\frac{\gamma^2 l^2}{\sigma^2}}+\frac{\gamma h}{\sigma}\right)\left[2-\frac{\gamma^2\left(l^2+h^2\right)}{2\sigma^2}\right]^{-1} \tag{3-123}$$

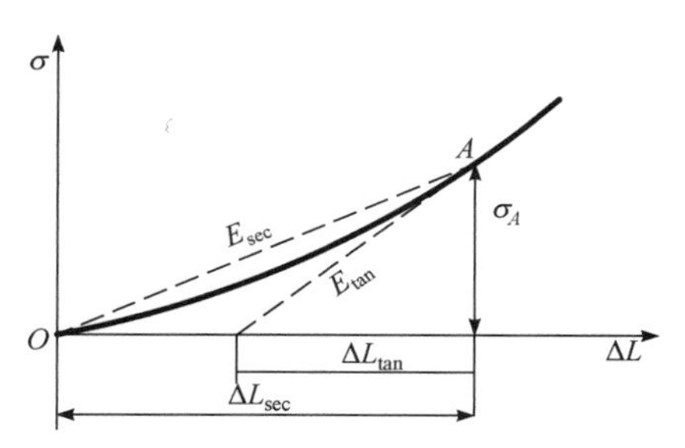

图 3-96 斜拉索初张 E_{sec} 近似计算示意图

式中，σ 为索力 T_N 对应的拉索应力，其余符号同前。

2) 斜拉索伸长量

斜拉索初张时，式(3-121)中因 $\sigma_1 = 0$，不能得到斜拉索初张时的割线弹性模量 E_{sec}，但能由式(3-122)得到初张时的切线弹性模量 E_{tan}。图 3-96 示出了切线弹性模量和割线弹性模量间的几何关系，横坐标为斜拉索弦长变化量ΔL，竖坐标为斜拉索应力σ，A 点为拉索初张应力对应位置，由几何关系可得 E_{tan} 和 E_{sec} 的关系如下。

$$\frac{E_{sec}}{E_{tan}} = \frac{\Delta L_{tan}}{\Delta L_{sec}} \tag{3-124}$$

式中，$\Delta L_{tan} = \sigma_A \times L / E_{tan}$ 、$\Delta L_{sec} \approx \Delta S_1$。

获得 E_{sec} 后，增量索力时的伸长量增量可由材料力学公式直接得到：

$$\Delta S = \frac{(T_{N2} - T_{N1})L}{E_{sec} A} \tag{3-125}$$

3.7.2 工程实例验证

以某叠合/混合梁斜拉桥为工程背景，对所提解析方法进行验证。如图 3-34 所示，该桥共 82 对斜拉索，13#索塔两侧各 21 对斜拉索，14#索塔两侧各 20 对斜拉索。斜拉索采用带有 HDPE 护套管平行钢绞线拉索，共有 M250-37、M250-43、M250-50、M250-55、M250-61、M250-73、M250-85 七种类型。最短索为 ZS1，长 91.274m；最长索为 ZN21，长 318.358m。

1. 给定索力时的伸长量计算验证

为确保式(3-114)显式表达式的正确性，采用数值积分和简化公式对式(3-114)的结果进行校核。数值积分将悬链线沿索长划分足够小的微段后，用数值积分求解式(3-112)和式(3-114)中的积分表达式，并将数值积分所得结果与显式表达式结果进行对比。简化公式采用文献[47]中所提索长简化公式：

$$S = L\left[1 + \frac{\cos(\theta)^2}{6}r^2 + \left(\frac{\cos(\theta)^2}{45} - \frac{\cos(\theta)^4}{72}\right)r^4 + \cdots\right] \tag{3-126}$$

式中，$r = ql/(2H)$。该简化公式应用条件为 $r \leqslant 0.5$ 。对应索弹性伸长ΔS 的简化计算公式为

$$\Delta S = \frac{Hl\sec(\theta)^2}{AE}\left[1 + \frac{r^2}{3} - \frac{r^4}{45}\left(1 - 4\frac{l^2}{L^2}\right)\cdots\right] \tag{3-127}$$

式中，符号与图 3-93 中含义相同。

分别用显式表达式(3-114)、数值积分和简化公式计算背景桥梁斜拉索三张时拉索伸

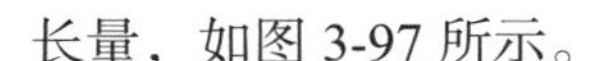
长量，如图 3-97 所示。

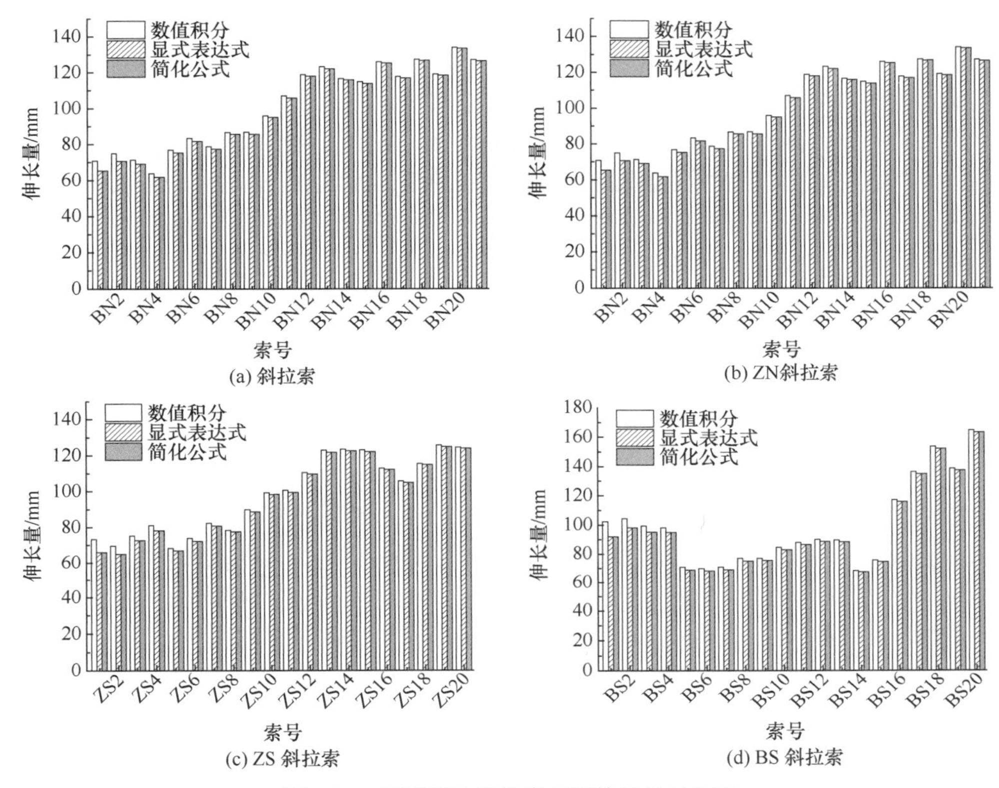

(a) 斜拉索　(b) ZN斜拉索　(c) ZS 斜拉索　(d) BS 斜拉索

图 3-97　不同算法斜拉索三张伸长量对比图

由图 3-97 可知，三种方法所计算的拉索伸长量相差很小。除 1#～4#短索(BN 索、ZN 索、ZS 索和 BS 索)外，数值积分与显式表达式的伸长量差值小于 2mm，最大差值出现在 BS1 索，为 10mm；简化公式与显式表达式的伸长量差值几乎为零。由此可知，式(3-112)和式(3-114)的显式表达式是正确可靠的。

2. 增量索力的伸长量计算验证

分别用式(3-118)所示显式表达式、Nlabs 有限元[43]、抛物线割线弹性模量和悬链线割线弹性模量三种方法，计算了增量索力作用下斜拉索的伸长量，并对比分析 4 种方法的计算结果，以此验证显式表达式(3-118)的正确性。

背景桥梁斜拉索二张和三张时，按显示表达式(3-118)、Nlabs 有限元[43]、抛物线割线弹性模量和悬链线割线弹性模量计算的伸长量结果汇总于图 3-98 和图 3-99。值得注意的是 Nlabs 有限元[43]计算所得伸长量为扣除结构变形后的斜拉索伸长量。

由图 3-98 和图 3-99 中结果可知，斜拉索二张和三张时，显式表达式(3-118)与 Nlabs 有限元[43]计算所得伸长量结果基本一样，即显式表达式(3-118)与 Nlabs 有限元[43]在计算方法上具有一致性。

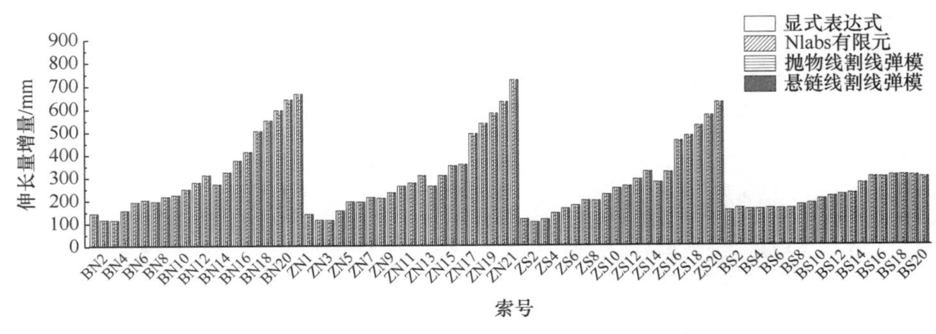

图 3-98 斜拉索二张伸长量增量对比图

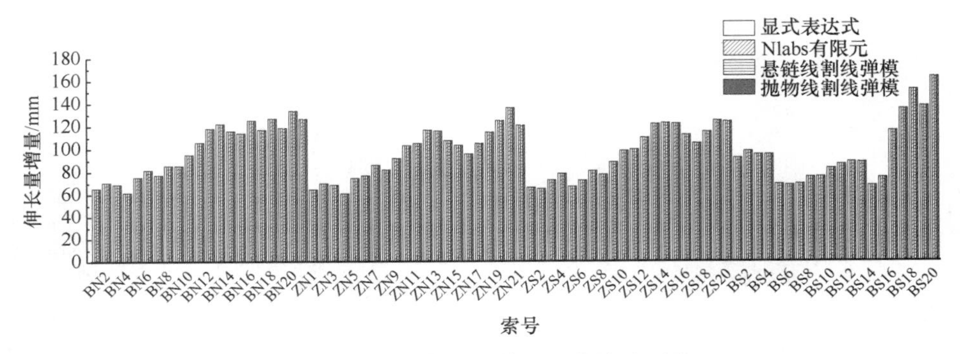

图 3-99 斜拉索三张伸长量增量对比图

斜拉索二张时，抛物线割线弹性模量法与 Nlabs 有限元[43]计算所得的斜拉索伸长量，在索长较短时基本一致；随斜拉索索长增加，抛物线割线弹性模量法计算的伸长量逐渐小于 Nlabs 有限元[43]的计算结果，且索长越长，相差越大；该桥最长斜拉索为 ZN21 索时，两者相差达到最大，为 5%，即 39mm。斜拉索三张时，抛物线割线弹性模量法与 Nlabs 有限元[43]计算所得斜拉索伸长量接近，这两种方法计算的伸长量最大相差 1.2%，即 1mm。值得注意的是：两种计算结果的三张伸长量之差明显小于二张伸长量之差，产生该现象的原因是斜拉索应力水平对伸长量计算有影响。

对比显式表达式(3-118)与悬链线割线弹性模量的伸长量计算结果发现，两者斜拉索二张和三张计算结果几乎一样，这是因为这两种方法均基于悬链线构形，按相同物理意义实现了斜拉索直杆等效。四种伸长量计算结果在索长较短时相差不大；索长较长时，基于悬链线构形的方法，即显式表达式(3-118)、Nlabs 有限元[43]和悬链线割线弹模法，计算所得伸长量大于抛物线割线弹性模量法结果，且随索长增加，该差异越明显。分析认为引起该差异的原因是：在抛物线割线弹性模量法的推导中，采用了 $\delta \ll L$ 、$\sinh x \approx x + x^3/6$ 和 $\cosh x \approx 1$ 等近似条件。

3.7.3 结果分析与讨论

本节基于悬链线索构形，讨论了斜拉索索力与伸长量间关系，得到以下结论：

(1) 给定索力时，本节所提的伸长量显式表达式、数值积分和简化公式三种基于悬链线理论的伸长量计算方法所得结果几乎一致，验证了显式表达式的正确性。

(2) 增量索力作用下，本节所提增量索力的伸长量显式表达式、Nlabs 有限元和基于悬链线构形的等效弹性模量法三种方法的伸长量几乎一致，验证了显式表达式的合理性。

(3) 基于抛物线构形的伸长量计算，在索长较短时，与基于悬链线构形的伸长量几乎一致；随着索长增加，基于悬链线构形的伸长量计算结果大于基于抛物线构形的计算结果。

(4) 基于悬链线构形的伸长量与基于抛物线构形的伸长量两者之间的差异还与斜拉索应力水平有关，应力水平越低，差异越大。

(5) 利用简单数学工具，如 Excel 或 MATLAB 等，用本节所提显式表达式可得到悬链线构形的斜拉索伸长量的精确解。

参 考 文 献

[1] 李乔, 卜一之, 张清华. 大跨度斜拉桥施工全过程几何控制概论与应用[M]. 成都: 西南交通大学出版社, 2009.

[2] 秦顺全. 桥梁施工控制——无应力状态法理论与实践[M]. 北京: 人民交通出版社, 2007.

[3] 李乔, 单德山, 卜一之, 等. 大跨度桥梁施工控制倒拆分析法的闭合条件[C]//第十七届全国桥梁学术会议论文集(下册), 重庆, 2006: 5.

[4] 王新敏. 几何非线性分析中的割线刚度矩阵与切线刚度矩阵及其关系[J]. 石家庄铁道大学学报, 1993, 45(4): 21-24.

[5] 单德山, 李乔, 付春雨. 短线法施工全过程控制系统[C]//第十八届全国桥梁学术会议论文集(下册), 天津, 2008: 7.

[6] 李乔, 唐亮. 悬臂拼装桥梁制造与安装线形的确定[C]//第十六届全国桥梁学术会议论文集(上册), 长沙, 2004: 6.

[7] 唐红艳. 大跨度斜拉桥无应力状态法施工控制理论研究与应用[D]. 重庆: 重庆交通大学, 2008.

[8] 黄坤全, 刘人铭. 叠合梁斜拉桥成桥过程的参数敏感性分析[J]. 交通科技, 2011, (4): 1-4.

[9] 中华人民共和国交通运输部. JT GD64—2015 公路桥涵钢结构及木结构设计规范[S]. 北京: 人民交通出版社, 2015.

[10] 中华人民共和国交通运输部. JTG 3362—2018　公路钢筋混凝土及预应力混凝土桥涵设计规范[S]. 北京: 人民交通出版社, 2018.

[11] 中华人民共和国住房和城乡建设部. GB 50010—2010　混凝土结构设计规范[S]. 北京: 中国建筑工业出版社, 2011.

[12] 中华人民共和国国家质量监督检验检疫总局, 中国国家标准化管理委员会. GB/T 5224—2014　预应力混凝土用钢绞线[S]. 北京: 中国标准出版社, 2014.

[13] 中华人民共和国交通运输部. JTG F80/1—2017　公路工程质量检验评定标准　第一册　土建工程[S]. 北京: 人民交通出版社, 2017.

[14] 中华人民共和国交通运输部. JTG/T 3365-01—2020　公路斜拉桥设计规范[S]. 北京: 人民交通出版社, 2020.

[15] THE UNIFORM DESIGN. http: //www. math. hkbu. edu. hk/UniformDesign/[2021-11-18].

[16] 冯力. 回归分析方法原理及 SPSS 实际操作[M]. 北京: 中国金融出版社, 2004.

[17] 蒋超. 大跨度钢桁梁斜拉桥施工过程参数识别及敏感性分析[D]. 长沙: 长沙理工大学, 2017.

[18] 高隽. 人工神经网络原理及仿真实例[M]. 北京: 机械工业出版社, 2003.

[19] 李玉耀. 大跨度钢箱梁斜拉桥施工控制误差研究[D]. 成都: 西南交通大学, 2006.

[20] 王小川, 史峰, 郁磊, 等. MALTAB 神经网络 43 个案例分析[M]. 北京: 北京航空航天大学出版社,

2013.
[21] 陈明. MATLAB 神经网络原理与实例精解[M]. 北京: 清华大学出版社, 2013.
[22] Gimsing N J, Georgakis C T. Cable Supported Bridges: Concept and Design[M]. 3rd ed. Chichester: John Wiley & Sons, 2012.
[23] 淡丹辉, 杨通. 基于影响矩阵及粒子群算法的斜拉桥自动调索[J]. 同济大学学报(自然科学版), 2013, 41(3): 355-360.
[24] 陈志军, 刘洋, 杨立飞, 等. 基于粒子群优化算法的独塔斜拉桥成桥索力优化[J]. 桥梁建设, 2016, 46(3): 40-44.
[25] 李研. 基于乘子-Newton 优化算法确定钢箱梁斜拉桥的合理成桥状态[J]. 武汉理工大学学报, 2015, 37(5): 81-89.
[26] Hassan M M. Optimization of stay cables in cable-stayed bridges using finite element, genetic algorithm, and B-spline combined technique[J]. Engineering Structures, 2013, 49: 643-654.
[27] Hassan M M, Nassef A O, Damatty A A E. Determination of optimum post-tensioning cable forces of cable-stayed bridges[J]. Engineering Structures, 2012, 44: 248-259.
[28] Baldomir A, Hernandez S, Nieto F, et al. Cable optimization of a long span cable stayed bridge in La Coruña(Spain)[J]. Advances in Engineering Software, 2010, 41(7): 931-938.
[29] Song C L, Xiao R C, Sun B. Optimization of cable pre-tension forces in long-span cable-stayed bridges considering the counterweight[J]. Engineering Structures, 2018, 172.
[30] Bengio Y. Learning Deep Architectures for AI[M]. Boston: Now Publishers, 2009: 919-928.
[31] 张建明, 詹智财, 成科扬, 等. 深度学习的研究与发展[J]. 江苏大学学报(自然科学版) , 2015, 36(2): 191-200.
[32] 张慧, 王坤峰, 王飞跃. 深度学习在目标视觉检测中的应用进展与展望[J]. 自动化学报, 2017, 43: 3-19.
[33] 鲍跃全, 李惠. 人工智能时代的土木工程[J]. 土木工程学报, 2019, 52: 5-15.
[34] Bengio Y, Courville A, Vincent P. Representation learning: A review and new perspectives[J]. IEEE Transactions on Pattern Analysis and Machine Intelligence, 2013, 35(8): 1798-1828.
[35] Goodfellow I, Bengio Y , Courville A . Deep Learning[M]. Cambridge: MIT Press, 2016.
[36] 闫涛, 周琦. 深度学习算法实践[M]. 北京: 电子工业出版社, 2018.
[37] Shan D, Li Q, Khan I, et al. A novel finite element model updating method based on substructure and response surface model[J]. Engineering Structures, 2015, 103: 147-156.
[38] Ernst H J. The E-Module of rope with consideration of the dip[J]. The Civil Engineering, 1965, 40(1): 52-55.
[39] Hajdin N, Michaltsos G T, Konstantakopoulos T G. About the equivalent modulus of elasticity of cables of cable-stayed bridges[J]. The Scientific Journal Facta Universitatis, 1998, 11(5): 569-575.
[40] 郝超, 裴岷山, 强士中. 大跨度斜拉桥拉索无应力长度的计算方法比较[J]. 重庆交通学院学报, 2001, (3): 1-3.
[41] 任淑琰, 顾明. 斜拉桥拉索静力构形分析[J]. 同济大学学报(自然科学版), 2005, (5): 595-599.
[42] 杨佑发, 白文轩, 郜建人. 悬链线解答在斜拉索数值分析的应用[J]. 重庆建筑大学学报, 2007, (6): 31-34.
[43] 李乔, 周凌远. 桥梁结构非线性分析系统 NLABS 使用说明书[M]. 成都: 西南交通大学, 2019.
[44] Wu Z Q, Wei J. Nonlinear analysis of spatial cable of long-span cable-stayed bridge considering rigid connection[J]. KSCE Journal of Civil Engineering, 2019, 23(5): 2148-2157.
[45] 梁鹏, 肖汝诚, 孙斌. 超大跨度斜拉桥几何非线性精细化分析[J]. 中国公路学报, 2007, 84: 61-66.
[46] 汪峰, 刘沐宇. 斜拉桥无应力索长的精确求解方法[J]. 华中科技大学学报(自然科学版), 2010,

38(323): 54-57.

[47] 苑仁安, 秦顺全. 无应力状态法在钢绞线斜拉索施工中的应用[J]. 桥梁建设, 2012, 42(213): 79-83.

[48] Sena K, Nicholas P J, Peter I, et al. Wind-induced vibration of stay cables[R]. Washington DC: U. S. Department of Transportation, 2007: 213-217.

[49] 孟庆成, 齐欣, 李乔, 等. 千米级斜拉桥斜拉索相关参数计算方法[J]. 桥梁建设, 2009, (2): 58-60, 75.

[50] Vairo G. A closed-form refined model of the cables' nonlinear response in cable-stayed structures[J]. Mechanics of Advanced Materials and Structures, 2009, 16(7): 456-466.

第 4 章　桥梁结构模态参数识别

模态分析是将线性、时不变系统振动微分方程组中的物理坐标变换为模态坐标，使方程组解耦后变成一组以模态坐标及模态参数描述的独立方程[1,2]。此时坐标变换的变换矩阵称为振型矩阵，其每列即为各阶振型。模态分析的最终目标是识别出系统的模态参数，为结构系统的振动特性分析、振动故障诊断及预报以及结构动力特性的优化设计提供依据。

实际结构振动时，因阻尼的分散性，结构各点除振动的振幅不同外，振动的相位亦各异。这就使系统的特征频率及特征向量成为复数，从而形成“复模态”[1,2]。复模态的性质与实模态不同，后者是前者的一种特例。因此，复模态比实模态更具有一般性。当结构具有非比例阻尼时，其振动计算是复模态分析问题；当结构具有比例阻尼或无阻尼时，其振动计算是实模态分析问题[1,2]。由于桥梁结构的阻尼非常小，在实际工程中通常将其动力特性计算近似当作实模态分析问题来处理。

模态分析是研究结构动力特性一种方法，一般应用在工程振动领域。其中，模态是指结构系统的固有振动特性，每一个模态都有特定的自振频率(即固有频率)、模态阻尼比和模态振型[1,2]。分析这些模态参数的过程称为模态分析。按计算方法，模态分析可分为解析模态分析和试验模态分析[1,2]。用有限元计算的方法取得结构动力特性的方法称为解析模态分析(analytical modal analysis，AMA)；通过试验(如振动台试验、风洞试验、桥梁通车荷载试验等)将采集的系统输入与输出信号经过参数识别获得结构模态参数的过程称为试验模态分析(experimental modal analysis，EMA)。

桥梁结构具有跨度大、构形复杂的特点，许多大跨桥梁结构都是地区标志性结构建筑，是交通运输中十分关键的枢纽，具有重要的工程价值和战略意义。运营中的大跨桥梁工程结构(如拱桥、斜拉桥和悬索桥等)，通常都布设有桥梁健康监测系统。桥梁健康监测系统通过布设在桥梁上的传感设备(如采集设备、传感器、服务器等)自动采集和处理数字信号，得到桥梁运营期间，在车辆荷载、风荷载、温度荷载、环境随机振动下各种结构真实响应，对监测到的数据进行分析，得到各种结构响应的特征值，最终得以评定该桥的运营性能，进而为桥梁维护提供依据。此时，为了保证模态参数识别的实时性、有效性与可持续性，试验模态分析方法已经无法满足桥梁健康监测的需要，因此学者提出了运营模态分析(operational modal analysis，OMA)[3-5]的方法解决此问题。

4.1　模态参数识别基础

4.1.1　单自由度的系统振动

1. 单自由度系统的频响函数

研究一个实际工程结构的振动问题时，通常对结构进行简化，从而抽象出其主要的力学本质，建立一个以若干广义坐标来描述的力学模型，称为振动系统[6, 7]。广义坐标的个数称为这个振动系统的自由度[6, 7]。

单自由度结构系统是最简单的离散振动系统，只用一个广义坐标就足以描述其运动状态。为了便于更深入地了解单自由度振动系统，本节内容以单自由度弹簧振子结构系统为例进行阐述。

如图 4-1 所示，对于一个质量为 m、弹簧系数为 k、阻尼系数为 c 的单自由度弹簧振子结构系统，在随时间变化的外力 $f(t)$作用下，物体在平衡位置附近发生振动，物体在 t 时刻偏离平衡位置的位移为 $x(t)$，则单自由度系统振动时的运动微分方程为

$$m\ddot{x}(t)+c\dot{x}(t)+kx(t)=f(t) \tag{4-1}$$

式中，$m\ddot{x}(t)$ 是作用在物体上的惯性力；$kx(t)$ 是弹性恢复力；$c\dot{x}(t)$ 是与速度成正比的黏滞阻尼力。

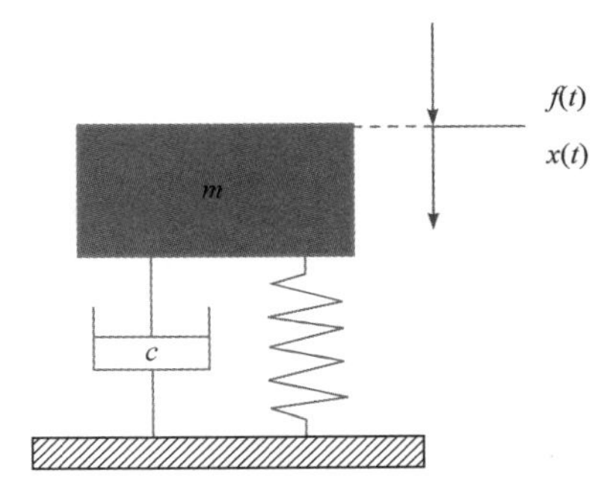

图 4-1　单自由度振动系统

通过拉普拉斯变换，令 $x=X\mathrm{e}^{st}$，式(4-1)可以改写成式(4-2)形式：

$$(ms^2+cs+k)x(s)=f(s) \tag{4-2}$$

由此可得系统的传递函数 $H(s)$为

$$H(s)=\frac{x(s)}{f(s)}=\frac{1}{ms^2+cs+k} \tag{4-3}$$

当式(4-2)中 $f(s)=0$ 时，结构系统处于自由振动状态，由此可得系统的临界阻尼比为

$$\xi=\frac{c}{2\sqrt{km}} \tag{4-4}$$

此外，系统的无阻尼固有频率为

$$\omega_0=\sqrt{\frac{k}{m}} \tag{4-5}$$

2. 单自由度系统频响函数及其特性曲线

由 $s=\mathrm{j}\omega$，将拉普拉斯变换转变为傅里叶变换，可得表达式：

$$H(\omega)=\frac{1}{-m\omega^2+\mathrm{j}\omega c+k} \tag{4-6}$$

由于结构系统的频响函数是复函数，可表达为幅值和相位的形式。令 $\bar{\omega}=\omega/\omega_0$，那么频响函数 $H(\omega)$可表达为

$$H(\omega)=\left|H(\omega)\right|\mathrm{e}^{\mathrm{j}\varphi(\omega)} \tag{4-7}$$

式中，幅值和相位的表达式分别为

$$|H(\omega)| = \frac{1}{k\sqrt{(1-\bar{\omega}^2)^2 + (2\xi\bar{\omega})^2}} \tag{4-8}$$

$$\varphi(\omega) = \arctan\frac{-2\xi\bar{\omega}}{1-\bar{\omega}^2} \tag{4-9}$$

1) 伯德图

图 4-2、图 4-3 所示为频响函数的幅频特性曲线与相频特性曲线，两者统称为频响函数的伯德(Bode)图[6, 7]。由此可见，Bode 图具有以下特性。

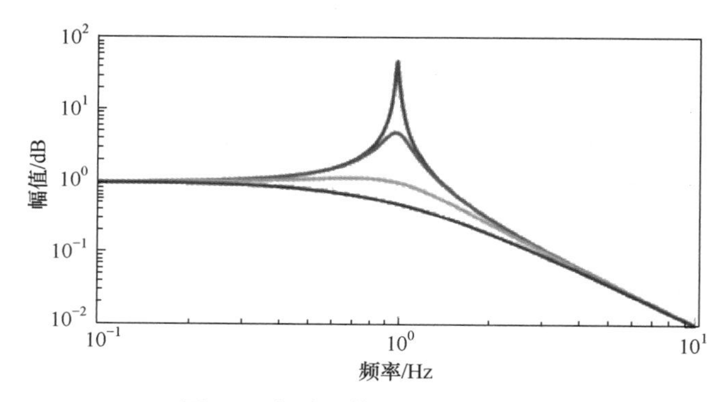

图 4-2　频响函数的幅频特性曲线

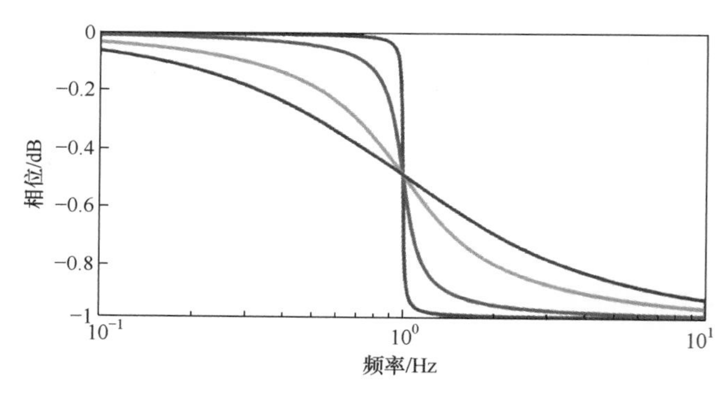

图 4-3　频响函数的相频特性曲线

(1) 阻尼越大，在固有频率附近相位曲线的陡度越小。

(2) $\omega = 0$ 时，曲线起始点约为 $1/k$，为弹簧的导纳线；低频时外力主要由弹簧力来平衡。

(3) $\omega = \omega_0, \bar{\omega} = 1$ 时，产生共振，幅值为 $1/2\xi k$，此时惯性力与弹簧力平衡，激励力与阻尼力平衡。

(4) $\omega > \omega_0$ 时幅值下降，最后趋向于渐近线 $1/\omega^2 m$，极值为 0，高频时系统激励力主要由惯性力来平衡。

2) 实部和虚部图

此外，结构系统的频响函数也可分解为实部和虚部[6, 7]。令 $\bar{\omega} = \omega/\omega_0$，那么频响函数 $H(\omega)$可表达为

$$H(\omega)=\frac{1}{k}\left[\frac{1-\bar{\omega}^2}{(1-\bar{\omega}^2)^2+(2\xi\bar{\omega})^2}+\mathrm{j}\frac{-2\xi\bar{\omega}}{(1-\bar{\omega}^2)^2+(2\xi\bar{\omega})^2}\right] \tag{4-10}$$

那么，实部和虚部的表达式分别为

$$H^{\mathrm{R}}(\omega)=\frac{1-\bar{\omega}^2}{k\left[(1-\bar{\omega}^2)^2+(2\xi\bar{\omega})^2\right]} \tag{4-11}$$

$$H^{\mathrm{I}}(\omega)=\frac{-2\xi\bar{\omega}}{k\left[(1-\bar{\omega}^2)^2+(2\xi\bar{\omega})^2\right]} \tag{4-12}$$

图 4-4 所示为频响函数的实频特性曲线。由此可见，实部具有以下特性。

(1) 系统共振时实部为零。

(2) 频响函数实部具有两个极值点，它们的坐标可表示为

$$\bar{\omega}_{1,2}=\sqrt{1\mp 2\xi}\approx 1\mp\xi \tag{4-13}$$

$$H_{1,2}^{\mathrm{R}}(\omega)=\frac{1}{4k\xi(1\mp\xi)} \tag{4-14}$$

(3) 频响函数实部的半功率带宽反映阻尼大小：

$$\Delta\bar{\omega}=\bar{\omega}_2-\bar{\omega}_1=2\xi \tag{4-15}$$

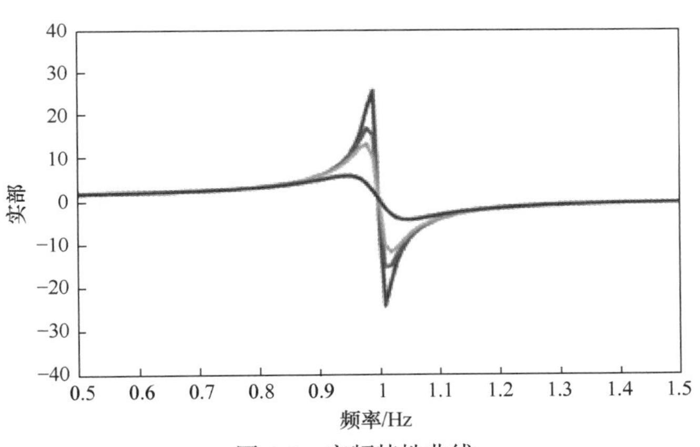

图 4-4　实频特性曲线

图 4-5 所示为频响函数的虚频特性曲线。由此可见，虚部具有以下特性。

(1) 系统共振时虚部达到最大值。

(2) 半功率点处虚部的值为

$$|H(\omega)|=\frac{1}{\sqrt{2}}|H(\omega)|_{\max} \tag{4-16}$$

3) 奈奎斯特图

将频响函数的实部和虚部表达式(4-11)、式(4-12)合并为

$$\left[H^{\mathrm{R}}(\omega)\right]^2+\left[\left(H^{\mathrm{I}}(\omega)\right)^2+\frac{1}{4k\zeta\bar{\omega}}\right]^2=\left(\frac{1}{4k\zeta\bar{\omega}}\right)^2 \tag{4-17}$$

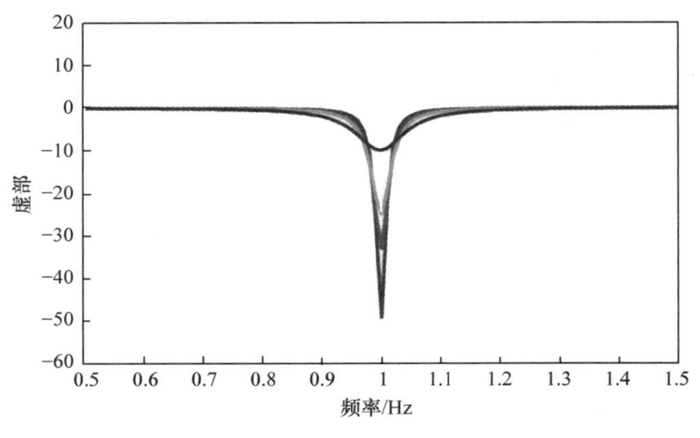

图 4-5　虚频特性曲线

式(4-17)即为奈奎斯特(Nyquist)圆，又称为频响函数的矢端轨迹图(Nyquist 图)，如图 4-6 所示。Nyquist 图具有以下特点。

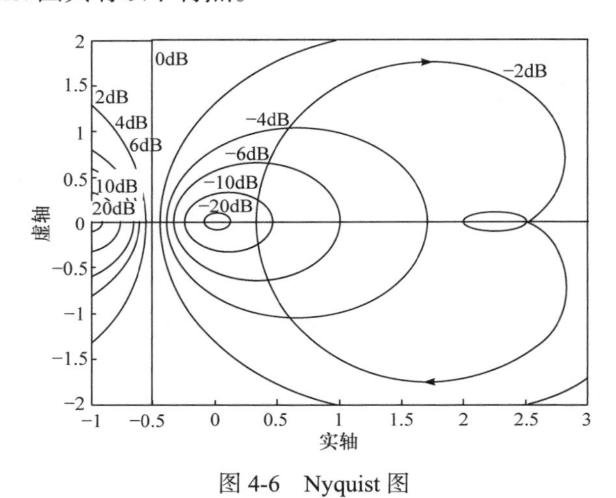

图 4-6　Nyquist 图

(1) 桃子形，阻尼比越小轨迹圆越大。

(2) $\bar{\omega}$ 是变的，所以该曲线不是圆。

(3) 在固有频率附近，曲线接近圆，但仍可利用圆的特性。

4.1.2　不同激励下频响函数的表达式

1. 简谐激励下的频响函数

对于线性时不变结构系统，在简谐激励作用下，结构的运动为简谐运动，且响应频率与激励力频率一致。设系统作用有简谐激励，F 为激励幅值，ω 为激励频率，则有

$$f(t) = F\mathrm{e}^{\mathrm{j}\omega t} \tag{4-18}$$

此时，稳态位移响应为

$$x = X\mathrm{e}^{\mathrm{j}\omega t} \tag{4-19}$$

式中，X 为稳态位移响应幅值；ω 为稳态响应频率。

将式(4-18)和式(4-19)代入式(4-1)可得

$$(k-m\omega^2+\mathrm{j}\omega c)X=F \tag{4-20}$$

在简谐激励作用下，定义结构位移频响函数是稳态位移响应与激励幅值的比值，则有

$$H(\omega)=\frac{X}{F}=\frac{1}{k-m\omega^2+\mathrm{j}\omega c} \tag{4-21}$$

2. 周期激励下的频响函数

周期激励力具有周期性，如正弦激励力、方波激励力、锯齿波激励力等都属于此类周期激励力。众所周知，任何周期函数，总可以用傅里叶级数展开成一系列具有一定频率、幅值与相位的正弦级数。设激励力为 $f(t)$，则可写成

$$f(t)=\sum_{n=1}^{\infty}\overline{f}(\omega_n)\mathrm{e}^{\mathrm{j}\omega_n t},\quad \omega_n=2\pi n/T \tag{4-22}$$

同理，设响应为 $x(t)$，则可写成

$$x(t)=\sum_{n=1}^{\infty}\overline{x}(\omega_n)\mathrm{e}^{\mathrm{j}\omega_n t} \tag{4-23}$$

此时，响应 $x(t)$ 与激励 $f(t)$ 具有相同的离散频率，它们都等于 $2\pi/T$ 的整数倍数。

对周期振动而言，频响函数定义为各频率点上响应与激励的复数幅值比：

$$H(\omega_n)=\overline{x}(\omega_n)\big/\overline{f}(\omega_n) \tag{4-24}$$

式中，$\overline{x}(\omega_n)$、$\overline{f}(\omega_n)$ 均包含幅值与相位两个成分。

3. 瞬态激励下的频响函数

对瞬态振动而言，激励与响应均为非周期函数，但它们常常是绝对可积的力函数(如脉冲力、阶跃力等)。单位脉冲激励是典型的瞬态激励，故本节以此为例进行阐述。

振动系统在单位脉冲力作用下的自由响应称为单位脉冲响应函数，简称脉冲响应函数。单位脉冲力是指冲量为 1、作用时间无限短的瞬时力：

$$\delta(t)=\begin{cases}\infty, & t=0\\ 0, & t\neq 0\end{cases} \tag{4-25}$$

且有

$$\int_{-\infty}^{\infty}\delta(t)\mathrm{d}t=1 \tag{4-26}$$

对单自由度结构系统而言，质点受到单位脉冲力后获得的动量 $m\dot{x}_0=1$，结构系统的自由振动响应(即脉冲响应函数)为

$$h(t)=\frac{1}{m\omega_{\mathrm{d}}}\mathrm{e}^{-\xi\omega_0 t}\sin(\omega_{\mathrm{d}}t) \tag{4-27}$$

式中，ω_d 为有阻尼固有频率，且 $\omega_d=\omega_0\sqrt{1-\xi^2}$ 。

由于单位脉冲激励的傅里叶变换值是 1，即 $F(\omega)=1$ 。根据频响函数的定义可知，将单位脉冲位移响应 $h(t)$进行傅里叶变换后，所得结果就是其频响函数：

$$H(\omega)=\frac{X(\omega)}{F(\omega)}=X(\omega)=\frac{1}{m(\omega_0^2-\omega^2+2\mathrm{j}\xi\omega_0\omega)} \tag{4-28}$$

4. 随机激励下的频响函数

随机振动是一种非确定性振动，它无法用一个确定的函数来描述，其时程信号具有随机性质，它不满足狄利克雷(Dirichlet)条件[6, 7]。因此，无论是激励还是响应信号都不能进行傅里叶变换，只能用概率统计的办法来处理。在此，引入两个很重要的描述随机信号的参量函数，即相关函数和功率谱密度函数[6, 7]。前者是时域函数，后者为频域函数。

由结构动力学的定义可知，平稳随机振动下结构系统的频响函数可由输入与输出的互功率谱以及输出的自功率谱得到[6, 7]：

$$H(\omega)=\frac{G_{\mathrm{xf}}(\omega)}{G_{\mathrm{ff}}(\omega)} \tag{4-29}$$

式中，$G_{\mathrm{xf}}(\omega)$ 和 $G_{\mathrm{ff}}(\omega)$ 分别是输入与输出的互功率谱以及输出的自功率谱。

4.1.3 频响函数总结

一般而言，频响函数(图 4-7)分为位移频响函数、速度频响函数和加速度频响函数三种[6, 7]。因位移频响函数应用最多，故通常提到的频响函数泛指位移频响函数[6, 7]。

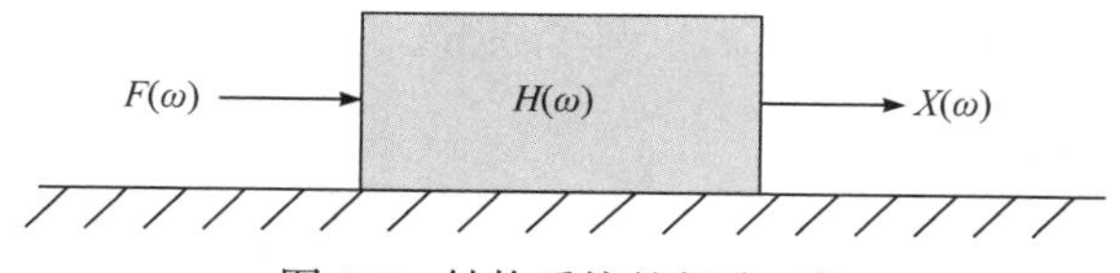

图 4-7 结构系统的频响函数

从频响函数的表达式可知，频响函数与结构特性参数 m、k、c 有关。它是反映系统固有特性的量，是以外激励频率 ω 为参变量的非参数模型。若系统受任意激励作用，频响函数可定义为系统的稳态响应与激励的傅里叶变换之比[6, 7]，即

$$H(\omega)=\frac{X(\omega)}{F(\omega)} \qquad X(\omega)=H(\omega)F(\omega) \tag{4-30}$$

式中，$H(\omega)$ 是系统的频响函数；$F(\omega)$ 是输入 $f(t)$ 的傅里叶变换；$X(\omega)$ 是输出 $x(t)$ 的傅里叶变换。

根据不同激励下频响函数的不同，可将其分为三类[6, 7]：

$$H_1(\omega)=\frac{G_{\mathrm{xf}}(\omega)}{G_{\mathrm{ff}}(\omega)} \tag{4-31}$$

$$H_2(\omega)=\frac{G_{xx}(\omega)}{G_{xf}(\omega)} \tag{4-32}$$

$$H_3(\omega)=\sqrt{\frac{G_{xx}(\omega)}{G_{ff}(\omega)}\frac{G_{xf}(\omega)}{|G_{xf}(\omega)|}}=\sqrt{H_1\cdot H_2} \tag{4-33}$$

式中，$G_{xf}(\omega)$ 是输入与输出的互功率谱；$G_{ff}(\omega)$ 是输出的自功率谱；$G_{xx}(\omega)$ 是输入的自功率谱。

应根据不同的测量条件选择最合理的频响函数，当存在输入或输出噪声时，最优的频响函数分别为 H_2 和 H_1；当输入或输出同时存在噪声时，最优的频响函数则为 H_3；当存在峰值泄漏或谷点泄漏时，最优的频响函数分别为 H_2 和 H_1，汇总如表 4-1 所示。

表 4-1　频响函数的选取

测量条件	最优频响函数
输入噪声	H_2
输出噪声	H_1
输入噪声+输出噪声	H_3
峰值泄漏	H_2
谷点泄漏	H_1

由前述内容可知，频响函数中响应可以是位移、速度或加速度，其对应的频响函数又称为位移频响函数、速度频响函数和加速度频响函数，不同领域它们的表述方式有所不同(表 4-2)，但其物理意义是完全一致的。

表 4-2　位移、速度和加速度的频响函数表达

频响函数	术语	英文	表达式
位移频响函数	位移导纳、动柔度	Compliance	displacement/force
	位移阻抗	Dynamic stiffness	force/displacement
速度频响函数	速度导纳、导纳	Mobility	velocity/force
速度频响函数	速度阻抗	Impedance	force/velocity
加速度频响函数	加速度导纳	Inertance	acceleration/force
	加速度阻抗	Dynamic mass	force/acceleration

4.1.4　多自由度系统的频响函数

在实际结构中，能简化为单自由度系统的结构并不多见，大多数结构均为多自由度系统的特征。因此，研究多自由度系统的动力特性更具有普遍意义。在物理坐标系统中，一个典型多自由度线性非时变系统的运动微分方程为[6, 7]

$$M\ddot{X}+C\dot{X}+KX=F \tag{4-34}$$

式中，M、C 和 K 分别是结构系统的质量矩阵、阻尼矩阵和刚度矩阵；$F=\{f_1\ f_2\cdots f_N\}^{\mathrm{T}}$

是激振力向量；X、$\dot{X}$、$\ddot{X}$ 分别为结构的位移响应、速度响应和加速度响应向量，$X=\{x_1\ x_2\cdots x_N\}^{\mathrm{T}}$。

对式(4-34)两边进行拉普拉斯变换(即傅里叶变换的广义形式)，可得

$$\left(Ms^2+Cs+K\right)X(s)=F(s) \tag{4-35}$$

式中，$F(s)=\int_{-\infty}^{+\infty}F(t)\mathrm{e}^{-st}\mathrm{d}t$ 和 $X(s)=\int_{-\infty}^{+\infty}X(t)\mathrm{e}^{-st}\mathrm{d}t$ 分别为 F 和 X 的拉普拉斯变换。由式(4-35)可得

$$H(s)=\frac{X(s)}{F(s)}=\frac{1}{Ms^2+Cs+K} \tag{4-36}$$

将 $s=\mathrm{j}\omega$ 代入式(4-36)，得到多自由度系统的频响函数：

$$H(\omega)=\frac{1}{M\omega^2+\mathrm{j}\omega C+K} \tag{4-37}$$

为把握被测系统的动力特性，应将物理坐标系统中的物理模型转化为模态坐标中的模态模型。即通过物理坐标系转换为模态坐标系，使得运动微分方程解耦，将多自由度问题转换为多个单自由度问题[6, 7]。

4.1.5 多自由度系统的实模态分析

将 $s=\mathrm{j}\omega$ 代入式(4-35)即可得到模态坐标系下的运动微分方程：

$$\left(-M\omega^2+\mathrm{j}\omega C+K\right)X(\omega)=F(\omega) \tag{4-38}$$

将 $X(\omega)=\Phi Q$ 代入式(4-38)得

$$\left(-M\omega^2+\mathrm{j}\omega C+K\right)\Phi Q=F(\omega) \tag{4-39}$$

式(4-39)中，$Q=\left[q_1\ q_2\cdots q_N\right]^{\mathrm{T}}$ 为模态坐标，$\Phi=\left[\phi_1\ \phi_2\cdots\phi_r\cdots\phi_N\right]^{\mathrm{T}}$ 为振型矩阵(模态矩阵)。

式(4-39)对应的无阻尼自由振动特征方程为

$$\left(-M\omega^2+K\right)\Phi=0 \tag{4-40}$$

利用矩阵运算得

$$-\Phi^{\mathrm{T}}M\Phi\omega^2+\Phi^{\mathrm{T}}K\Phi=0 \tag{4-41}$$

利用模态正交性改写为

$$\left(-M_{\mathrm{dia}}\omega^2+K_{\mathrm{dia}}\right)\Phi=0 \tag{4-42}$$

式中，$K_{\mathrm{dia}}=\Phi^{\mathrm{T}}K\Phi=\begin{bmatrix}K_1 & \cdots & 0\\ \vdots & \ddots & \vdots\\ 0 & \cdots & K_N\end{bmatrix}$；$M_{\mathrm{dia}}=\Phi^{\mathrm{T}}M\Phi=\begin{bmatrix}M_1 & \cdots & 0\\ \vdots & \ddots & \vdots\\ 0 & \cdots & M_N\end{bmatrix}$。

其中，第 r 阶模态对应的方程为

$$\left(-M_r\omega_r^2+K_r\right)\phi_r=0 \tag{4-43}$$

式中，ϕ_r 为第 r 阶模态的特征矢量(即模态矢量)。

令 $M_r=\phi_r^{\mathrm{T}}M\phi_r, K_r=\phi_r^{\mathrm{T}}K\phi_r$，分别定义为第 r 阶模态对应的模态质量和模态刚度。移项后得

$$\omega_r^2=\frac{K_r}{M_r} \tag{4-44}$$

对于式(4-38)所示的比例阻尼结构系统，令

$$C=\alpha M+\beta K \tag{4-45}$$

式中，α 和 β 均为比例常数[6, 7]。M、K 对称，所以 C 也对称，且具有正交性：

$$C_{\text{dia}}=\Phi^{\mathrm{T}}C\Phi=\begin{bmatrix} C_1 & \cdots & 0 \\ \vdots & \ddots & \vdots \\ 0 & \cdots & C_N \end{bmatrix} \tag{4-46}$$

式(4-39)对应的解耦方程为

$$\left(-M_{\text{dia}}\omega^2+\mathrm{j}\omega C_{\text{dia}}+K_{\text{dia}}\right)Q=F_\phi \tag{4-47}$$

式中，$F_\phi=\Phi^{\mathrm{T}}F(\omega)$。

对第 r 阶模态对应的方程为

$$\left(-M_r\omega^2+\mathrm{j}\omega C_r+K_r\right)Q=F_r \tag{4-48}$$

式中，$F_r=\phi_r^{\mathrm{T}}F(\omega)=\sum_{i=1}^{N}\varphi_{ir}f_i(\omega)$。其对应的模态坐标为

$$q_r=\frac{F_r}{-M_r\omega^2+\mathrm{j}\omega C_r+K_r} \tag{4-49}$$

由结构动力学模态叠加法，即可获得物理坐标系下测点 l 的响应：

$$x_l(\omega)=\sum_{r=1}^{N}\varphi_{lr}q_r \tag{4-50}$$

式中，N 为模态数量；φ_{lr} 为第 r 阶模态振型 φ_r 在测点 l 的取值。

单点 p 激励时，$F=\left\{0\,0\cdots0\ f_p(\omega)\,0\,0\cdots0\right\}^{\mathrm{T}}$，其对应的 $f_r=\phi_{pr}^{\mathrm{T}}f_p(\omega)$，代入式(4-49)得

$$q_r=\frac{\phi_{pr}^{\mathrm{T}}f_p(\omega)}{-M_r\omega^2+\mathrm{j}\omega C_r+K_r} \tag{4-51}$$

将式(4-51)代入式(4-50)得到单点 p 激励，测点 l 的响应为

$$x_r(\omega)=\sum_{i=1}^{N}\frac{\varphi_{lr}\phi_{pr}^{\mathrm{T}}f_p(\omega)}{-M_r\omega^2+\mathrm{j}\omega C_r+K_r} \tag{4-52}$$

由频响函数的定义可得测量 l 点与激励点 p 之间的频响函数：

$$H_{lp}(\omega)=\frac{x_l(\omega)}{f_p(\omega)}=\sum_{i=1}^{N}\frac{\varphi_{lr}\phi_{pr}^{\mathrm{T}}f_p(\omega)}{-M_r\omega^2+\mathrm{j}\omega C_r+K_r} \tag{4-53}$$

实模态参数的频域识别方法就是以上述频响函数方程为基本数学模型来进行结构动力特性参数的估计。

4.2 试验模态分析

试验模态分析[6, 7]，也称为传统模态分析或经典模态分析，是指通过激励装置对结构进行激励，在激励的同时测量结构响应的一种测试分析方法。试验模态分析通过传感器和数据采集设备获得被测结构的输入、输出数据，按 4.1 节内容获得被测结构的频响函数后，通过参数识别获得模态参数。试验模态参数识别是振动信号处理的一个重要的组成部分，它的主要任务是从测试所得的振动信号数据中，估计振动系统的模态参数，包括模态频率、模态阻尼比、模态振型以及模态质量和模态刚度等。

4.2.1 单自由度的系统振动

式(4-53)给出了 p 点激励 l 点响应的频响函数，多自由度系统不同点激励和不同点测试获得的频响函数为

$$\begin{Bmatrix} X_1(\omega) \\ X_2(\omega) \\ X_3(\omega) \\ \vdots \\ X_n(\omega) \end{Bmatrix}=\begin{bmatrix} H_{11}(\omega) & H_{21}(\omega) & \cdots & H_{n1}(\omega) \\ \vdots & H_{22}(\omega) & & \vdots \\ & \vdots & & \\ H_{n1}(\omega) & H_{2n}(\omega) & \cdots & H_{nn}(\omega) \end{bmatrix}\begin{Bmatrix} \vdots \\ F_3(\omega) \\ \vdots \end{Bmatrix} \tag{4-54}$$

式中，$X_n(\omega)$ 是第 n 个测点处响应的频域表达；$F_n(\omega)$ 是第 n 点激励的频域表达；$H_{ij}(\omega)(i,j=1,2,\cdots,n)$ 是 j 点激励 $F_j(\omega)$ 与 i 测点输出 $X_i(\omega)$ 之间的测试频响函数。

对结构系统而言，测试频响函数矩阵中的一行或一列基本就能准确识别模态参数。依据响应测点和激励方式的不同，试验模态分析中常用的频响函数测试方法可分为单输入单输出(single input single output，SISO)、单输入多输出(single input multiple output，SIMO)、多输入多输出(multiple input multiple output，MIMO)。

1. SISO

该测试方法固定一个响应较大的测点(图 4-8 中箭头处)，轮流激励结构上不同的系列激励点，获得不同激励点与测点间的频响函数。SISO 测得的频响函数实际上是式(4-54)所示频响函数矩阵中的一行，如图 4-8 所示的测试获得是频响函数矩阵中的第一行。

如图 4-8 所示，该测试方法常用力锤进行激励，其显著的优点是：用一把力锤和一个传感器就能测试并识别整个结构包括振型在内的模态参数，其缺点是测试次数较多。

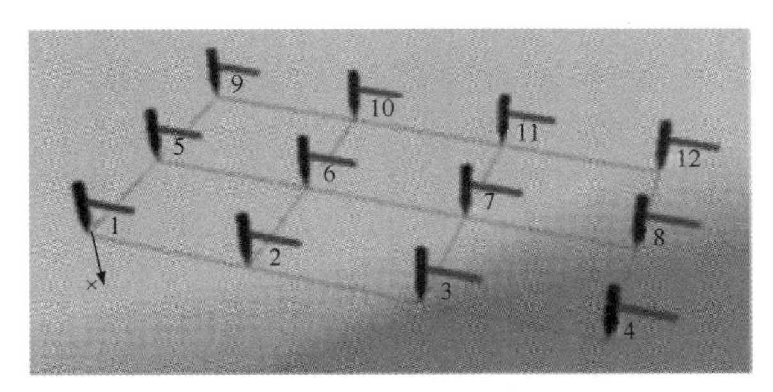

图 4-8　SISO 方法

2. SIMO

SIMO 是在被测结构的一点处激励，并在被测结构的多点处采集响应的测试方法。该测试方法固定多个响应较大的测点(图 4-9 中灰色箭头处)，用力锤轮流激励结构上不同的系列激励点，获得不同激励点与测点间的频响函数，测得式(4-54)所示频响函数矩阵中的多行，如图 4-9(a)所示测试获得的是频响函数矩阵中的第一行和第四行；也可用激振器激励结构，同时获得相同激励点与不同测点间的频响函数，测得式(4-54)所示频响函数矩阵中的一列，如图 4-9(b)所示的测试获得是频响函数矩阵中的第一列。

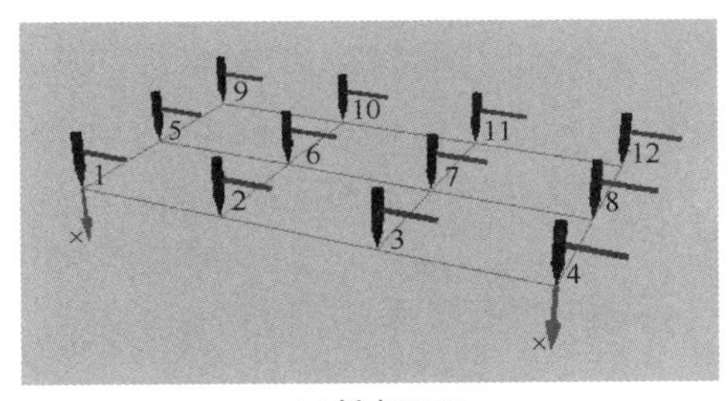

(a) 锤击SIMO

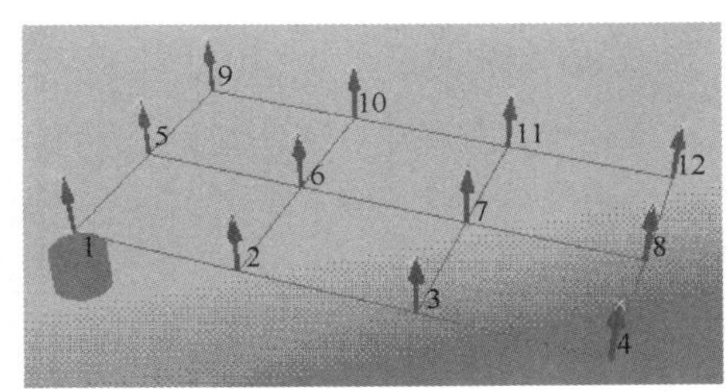

(b) 激振器SIMO

图 4-9　SIMO 方法

3. MIMO

SISO 和 SIMO 中的激振器激励时仅能获得频响函数矩阵中的一行或一列，当一行或一列频响函数不足以确定所有模态时，应采用 MIMO 方法测试多行或多列频响函数。该方法对应如下试验模态情况。

(1) 被测结构存在相同频率，但模态不同，如对称结构。

(2) 具有局部模态的复杂结构，如参考自由度的模态变形不能获得时。

(3) 需要进行多行多列或多参考点测试。

MIMO 采用多个冲击锤或激振器激励结构不同的参考自由度，如图 4-10 所示的多个激振器，利用多个传感器测得更多自由度的响应，如图 4-10 所示的多个灰色箭头，进而获得频响函数矩阵中的多行或多列。如图 4-10 所示的测试获得是频响函数矩阵中的第一列和第三列。显然，MIMO 的试验成本比 SISO 和 SIMO 要高，但其测得的频响函数准确性和可靠性也最好。

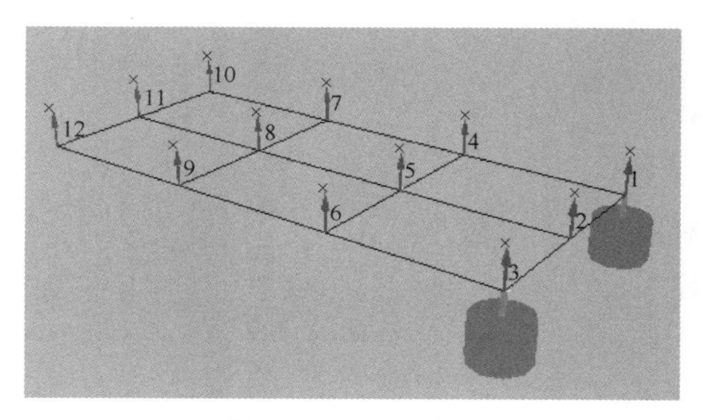

图 4-10　MIMO 方法

4.2.2　激振设备

激振设备就是制造振源的装置[6, 7]，通过它使需要进行测试的结构产生振动，是桥梁结构动力试验的输入或激励源。桥梁结构试验中常用的激振设备主要有振动台、风洞、激振器以及力锤等。激励源也可由诸如海浪、风、地脉动、交通、机械等自然和人为活动所引起的环境脉动提供，这类激振常称为环境激励。对常规的试验模态分析而言，锤击与激振器这类激振设备是最为常用的。

1. 锤击激励

在试验模态分析中，锤击激励是一种常用方法。如图 4-11 所示，力锤作为激振器，常用于小阻尼轻型结构动力特性测试时的激振力，将力传感器端部配以适当材料制成的顶帽，并装在有一定质量的锤头上，即组成力锤。锤击时，顶帽与试验结构发生冲击接触，对结构施加一个瞬态的冲击力，冲击力大小由锤头质量和锤击结构时的速度所决定。

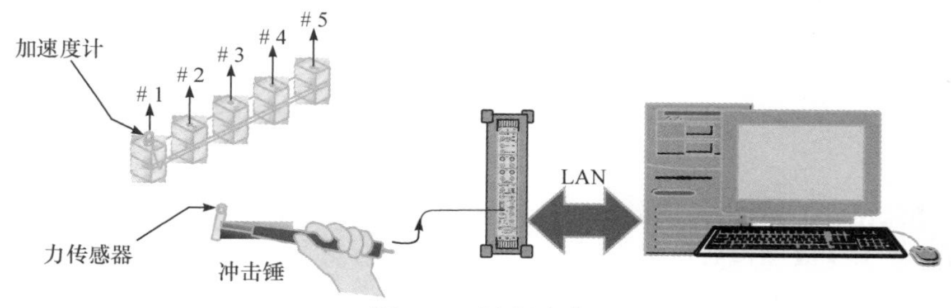

图 4-11　锤击试验

锤击力相当于一个半正弦形的宽频带力脉冲，其幅值谱在一定频率范围内是平坦的，锤击法产生脉冲激励信号是一种最为简便的激振方法，它尤其适用于中小型低阻尼结构的激励。

锤击时，冲击大小和脉冲持时是脉冲锤使用的关键要素，包括锤子质量、锤尖材料、锤击表面的振动特性、锤击速度等因素。

冲击锤激励快速、无须固定且无质量变化，冲击锤因其便携性、经济性，十分适合现场工作，常用于确定激振器和支撑位置。但冲击锤的高波峰系数[6, 7]可能使结构出现非线性，特别是大型结构需要的较大峰值力，这可能引起结构局部损伤；此外，冲击锤激励引起的高确定性信号，意味着无对应的线性逼近。

2. 激振器激励

激振器通过将激振力作用于试验对象的某一局部区域，使试验对象产生强迫振动，以进行动力试验，如图 4-12 所示。常见的激振器有机械式激振器、电磁式激振器和电液式激振器。

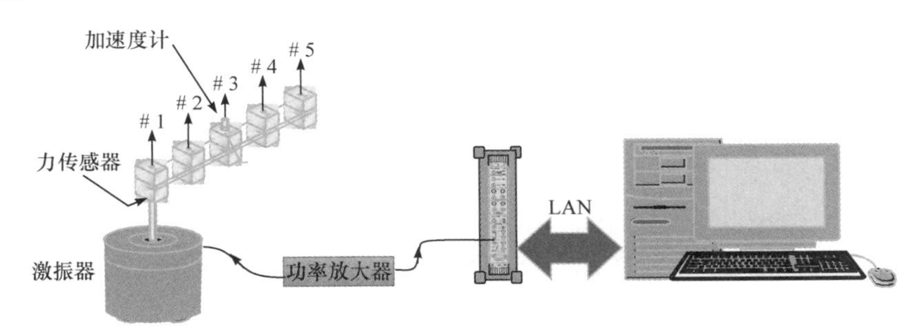

图 4-12　激振器试验

激振器具有可采用多种多样的激励信号、能量分布均匀等优点，但相较冲击锤而言设备麻烦，且有附加质量影响，该影响对轻型结构或构件试件比较突出。激振器使用时，需用连接杆将激振器和被测结构或构件连接起来(图 4-12)，它只能将激励力沿力传感器的测量轴方向传给被测结构或构件，而其他方向上的激励力应减小到最小，故连接杆一般是轴向刚性，径向柔性。即理想的连接杆没有弯曲、转动激励，不仅能保护激振器和力传感器，还有助于激振器定位。

4.2.3　激振函数

试验模态分析中的激振函数通常可分为稳态正弦激振、瞬态激振和随机激振三种。

1. 稳态正弦激振

稳态正弦激振函数借助激振设备，对被测结构或构件施加一个频率可控的简谐激振力，是广泛使用的激振函数，包括线性扫频和对数扫频两种方式，线性扫频用于被测结构关心固有频率范围不大的工况，而对数扫频则适用于关心固有频率范围较大的工况。

扫频时频率的变化要尽可能慢，以使被测系统响应达到稳定状态，特别是小阻尼结构系统在共振区附近时应尤为注意。

稳态正弦激振函数的优点是：激振功率大，能量集中、信噪比高，能保证测试精度；信号的频率和幅值易于控制；激励能量大小不同时，在非线性结构中将产生不同的频响函数，能检测出系统的非线性程度。但它需逐个测量各频率点的稳态响应，测试周期长；稳态正弦激振时不能通过平均消除系统非线性因素的影响，且容易出现泄漏误差。

2. 瞬态激振

瞬态激振为对被测对象施加一个瞬态变化的力，是一种宽带激励方法。常用的激励方式有快速正弦扫描激振、脉冲激振、阶跃激振三种。

1) 快速正弦扫描激振

激振信号由信号发生器供给，其频率可调，激振力为正弦力。但信号发生器能够做快速扫描，激振信号频率在扫描周期 T 内呈线性增加，而幅值保持不变，如图 4-13 所示。

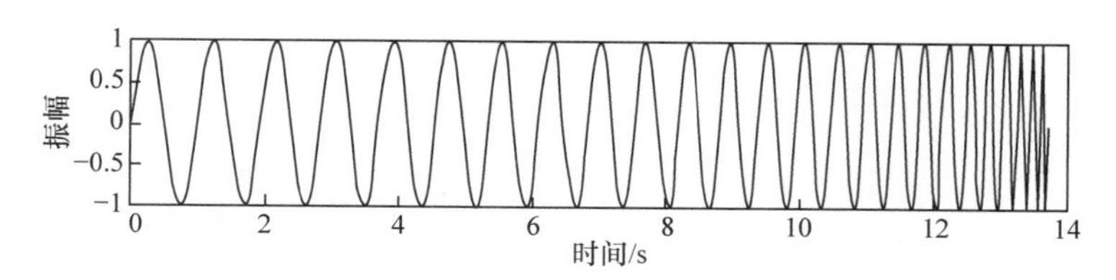

图 4-13　正弦扫描激励例图

快速正弦扫描激振函数的幅值谱在起始和结束频率处均有明显跃迁，基本上呈矩形(图 4-14)，可方便地选定和准确控制所需的激振频率范围。该激振函数具有可消除泄漏误差、信噪比较好、测试速度快、激励的频率成分容易控制等优点，但为控制猝发时间，该函数需特殊硬件支持，且不能消除结构非线性因素的影响。

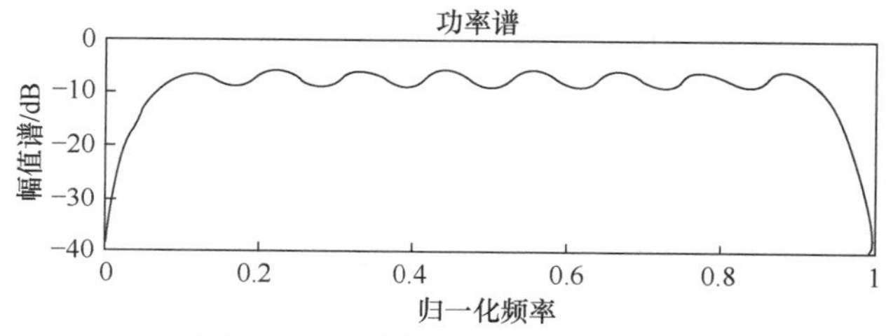

图 4-14　正弦扫描激振函数幅值谱

2) 脉冲激振

脉冲激振是用一个装有传感器的锤子(又称脉冲锤或冲击锤)敲击被测结构，对被测结构施加一个力脉冲，同时测量激励和被测结构响应。脉冲的形成及有效频率取决于脉冲的持续时间。而持续时间则取决于锤端的材料，材料越硬，持续时间越短，则频率范围越大。

脉冲锤激振设备简单、价格低廉、使用方便，对工作环境适应性较强，特别适于现场测试；激励频率成分与能量可大致控制，试验周期短，无泄漏。

但脉冲激振信噪比较差，激励能量往往不足以激起大型结构足够大的响应。且在着力点位置、力的大小、方向的控制等方面，需要熟练的技巧，否则会产生很大的随机误差。

3) 阶跃(张弛)激振

阶跃激振是通过突加或突卸力荷载(或位移)实现对系统的瞬态激励。若使用一根刚度大、质量轻的绳索拉紧被测结构某一部分，突然释放绳索中的拉力，就会形成系统的一个阶跃激励。

阶跃激励的特点是能给结构输入很大的能量，但激励中高频成分较少，一般只能激励出系统的低阶主振动。

阶跃激振属于宽带激振，适用于大型、重型结构的模态分析，在建筑结构的振动测试中普遍应用。一般在其他激励很难实现时采用，并非一种常用且优选的激励方式。

3. 随机激振

随机激振是一种宽带激振，一般用纯随机、伪随机或猝发随机信号为激励信号。

1) 纯随机信号

纯随机信号一般由模拟电子噪声发生器产生，经低通滤波成为限带白噪声，在给定频带内具有均匀连续谱，可以同时激励该频带内所有模态。白噪声的自相关函数是一个单位脉冲函数，即除$\tau=0$处以外，自相关函数等于零，在$\tau=0$时，自相关函数为无穷大，而其自功率谱密度函数幅值恒为 1。

实际测试中，当白噪声通过功放并控制激振器时，因为功放和激振器的通频带是有限的，所以实际的激振力频谱不能在整个频率域中保持恒值，但在比关心频率范围宽得多的频域内具有相等的功率密度时，仍可视为白噪声信号。

纯随机信号可经过多次平均消除噪声干扰和非线性因素的影响，得到线性估计较好的频响函数；测试速度快，可进行在线识别，但其容易产生泄漏；尽管加窗可以控制泄漏，但会导致分辨率降低；且激振力谱难以控制。

2) 伪随机信号

将白噪声在时间 T(单位为 s)内截断，然后按周期 T 重复，即形成伪随机信号。伪随机信号自相关函数与白噪声的自相关函数相似，但由于它有一个重复周期 T，它的自相关函数 $R_x(t)$在$\tau=0$时，T、$2T$、…以及$-T$、$-2T$、…各点取值为 a^2，而在其余各点其值均为零。

伪随机信号激励方法，既具有纯随机信号的真实性，又因为有一定的周期性，在数据处理中避免了统计误差。

伪随机信号的大小和频率成分易于控制，测试速度快；当分析仪采样周期等于伪随机信号周期整数倍时，可消除泄漏误差。但该函数抗干扰能力差；且由于信号的严格重复性，不能用多次平均来减少噪声干扰和测试结构非线性因素的影响。

3) 猝发随机信号

猝发随机激励只在测量周期的初始一段时间输出信号，其占用时间可任意调节，以适应不同阻尼的结构。与连续随机信号作为激励源不同的是，猝发随机激励时，能保证一个测量窗的响应信号完全由同一测量窗的激励信号引起，输入与输出相干性较好。而连续随机信号激励时，下一个测量窗的响应信号可能有一部分是由上一个测量窗的激励信号引起的。

猝发随机信号具有周期随机信号的全部优点，既有周期性，又有随机性，同时具有瞬态性，测试速度较伪随机要快，是一种优良的激励信号。但为控制猝发时间，需增加特殊硬件设备。

4.2.4　激振位置

桥梁是构件很多、构造复杂的大型土木工程结构，故无法在所有自由度均布置传感器测点。那么，在进行动力测试时，选择合理的激励位置尤为重要。

激振位置的选择取决于工程师所关注的模态阶次、振型特征向量，因此由结构动力测试方案设计、传感器选型以及传感器优化布置综合决定。通常情况下，可根据有限元模型、数值模拟等初步计算确定较为合理的激振位置布置方案。

4.2.5　测试数据检验

影响频响函数测试质量的因素众多，如激励位置选择不当、激振力过大或过小、结构非线性因素、能量泄漏等；在频响函数测试中，可通过激励点、响应点互易试验检验被测结构频响函数矩阵的对称性。理论上讲，识别一组完整模态参数，只需测得频响函数矩阵的一列或一行元素；不过，为了增加测试的可靠度，宜适当地多增加一些测量数据，原点频响函数宜多测 1 或 2 个，选择其中一个比较理想的频响函数。常采用输入输出的相干函数判别频响函数质量，相干函数越接近 1 越相干，低于 0.75 则认为是弱相干。

此外，结构动力测试中激励信号和响应信号都不可避免地存在信号噪声(如采集设备不稳定造成的奇异点、人工噪声以及环境噪声等)。信号噪声可能严重影响模态参数识别的精度，因此有必要对采集到的振动信号进行预处理。信号预处理技术包括滤波处理、消除多项式趋势项处理、平滑处理、加窗处理、分解与重构处理等方法，应根据信号噪声的类型具体情况具体分析。

4.2.6　从测试到分析

由 4.1.5 节内容可知，测得多自由度系统被测结构的频响函数后，应通过曲线拟合或模式识别等方法，将系统解耦为多个单自由度系统频响函数曲线，并用幅频图、相频图、实部图、虚部图、Nyquist 图等表征，以便识别结构自振频率、振型和阻尼比等模态参数，如图 4-15 所示。常用的试验模态参数识别方法有峰值拾取法(peak picking，PP)、导纳圆拟合法、最小二乘法、加权最小二乘法等[6, 7]。

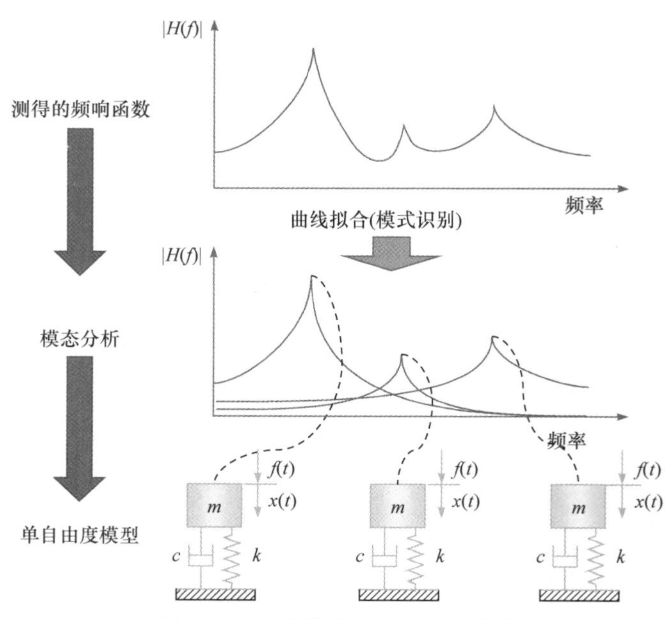

图 4-15　试验模态分析过程示意图

在试验模态分析中，通常用峰值拾取法处理频响函数(frequency response function，FRF)：即画出所有测试位置的每一个 FRF，在频率轴上，连接共振频率处的所有 FRF 峰值从而获得模态振型。那么，试验模态分析总体上可分为以下五个步骤[6, 7]。

(1) 试验准备：几何模型建立、自由度数选择、试件支撑选择、选择激励方式、激励位置确定、力传感器连接、相应传感器安装、传感器的调理与标定。

(2) 参数设置：设置信号分析仪、选择测量的平均方式、触发方式、频率范围设置、加权处理、测点与节点设置、信号源设置。

(3) 频响函数测量：系统复杂性检测、频响函数的测量、数据存储。

(4) 模态拟合：选择拟合方法、交互数据拟合、自动数据拟合、分拣振型、数据验证。

(5) 试验报告：输出模态参数识别结果、动画演示、报告撰写。

4.3　运营模态分析

由 4.2 节可知，试验模态分析利用系统的输入和输出信号求得频域内频响函数或时域内脉冲响应函数(impulse response function，IRF)，继而识别系统的模态参数，如图 4-16 所示。该方法[6, 7]具有试验状态容易控制、测试信号的信噪比高等优点。但由于该方法需要人工激励，又存在以下几个问题：①为避免较大的外部干扰，试验过程需在结构非运营状态下进行；②需要昂贵的激振设备；③对于规模越大的结构，人工激振起结构的模态越不容易[8]。

由随机过程知识可知，当输入激励为平稳随机过程时，其功率谱为常数，此时测得的频响函数与输出功率谱呈比例关系。即在平稳随机输入时，仅测试被测结构的输出亦能识别被测结构的模态参数，由此基于试验模态分析演化发展出了运营模态分析。运营模态分析(operational modal analysis，OMA)[3-5]，也称为工作模态分析或只有输出的模态分析，在桥梁工程领域，运营模态分析又称为环境激励模态分析或称为脉动法模态分析。这类分析最明显的特征是仅测量结构的输出响应，不需要或者无法测量输入，如图 4-16 中灰色椭圆圈注内容所示。

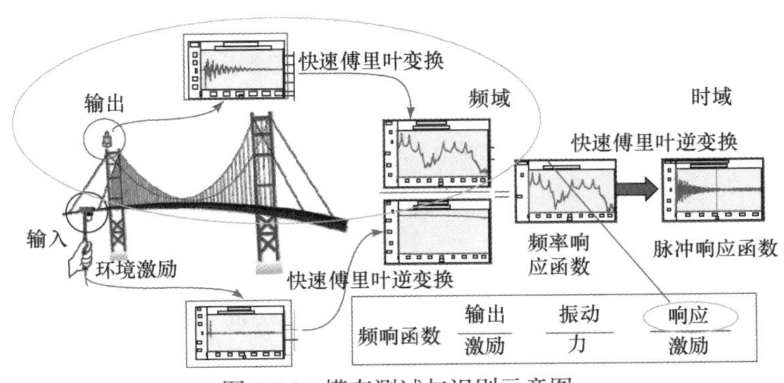

图 4-16　模态测试与识别示意图

与试验模态分析相比，运营模态分析具有自己的特点[3-5]：①该方法仅利用结构响应信号，不影响其正常使用；②利用结构在车辆荷载、风荷载等环境激励作用下的响应数据即可识别结构的模态参数，不需要昂贵的激振设备，价格低廉，且可缩短作业时间；③环境激励可避免试验模态分析中人工激励可能造成结构损伤的问题；④环境激励信号的频带较宽，结构的模态可以得到最大程度的激励[9]；⑤运营模态分析中测试数据是结构固有特征、边界条件的真实响应，能更准确地反映结构的动态特性[10]。

桥梁属于大尺度结构，造型复杂，容易受到周围环境的影响，具有人工激励困难，不易测量输入信号，自振频率较低，中断使用影响周边交通状况等特点，试验模态分析中模态参数识别方法不易在实际桥梁结构中应用，因此近年来运营状态下结构模态参数识别方法应用越来越多。

结构运营模态分析(operational model analysis, OMA)仅测试结构在运营状态下的动力响应，识别结构的模态参数[3, 4]。1935 年 Carder 将运营模态分析引入土木工程模态参数识别中，20 世纪 90 年代该方法获得了长足的进展[4, 11]。依据是否拟合测试数据，OMA 可分为参数型方法和非参数型方法[3]；依据作用域不同可分为频域、时域内和时频域三类方法。而土木结构中主要的 OMA 包括[3-5, 12]：基于测试数据不同类型功率谱的频率方法主要包括峰值拾取法(peak picking，PP)、频域分解法(frequency domain decomposition，FDD)和增强型频域分解法(enhanced frequency domain decomposition，EFDD)；而参数型频域方法则以最小二乘复频率法(least squares complex frequency，LSCF)和多参考最小二乘复频率法(poly- reference least squares complex frequency，p-LSCF)为主。时域方法包括自然激励技术类(natural excitation techniques，NExT)方法、随机子空间识别(stochastic subspace identification，SSI)类方法、盲源分离类(blind source separation, BSS)方法和基于自回归移动平均(auto-regressive moving average，ARMA)类方法；NExT 类方法包含最小二乘复指数(least squares complex exponential，LSCE)法、易卜拉欣时域(Ibrahim time domain，ITD)法和特征系统实现算法(eigensystem realization algorithm，ERA)；BSS 类方法是近年来应用于 OMA 的模态参数识别方法，相关研究还有待深入研究[3, 4]；而 ARMA 类方法因需要高阶 AR/ARMA 动力响应模型，在实际工程中应用不多[3, 4]。时频域类方法主要有小波变换(wavelet transform，WT)/小波包变换(wavelet package transform，WPT)和 Hilbert-Huang 变换(Hilbert-Huang transform，HHT)。另外，传递函数法(transmissibility function，TF)和随机减量技术(random decrement technique，RDT)也在土木结构中得到了广泛应用，但这两种方法很少单独应用，主要配合频域类和时域类方法使用。土木结构中常用的 OMA 方法如图 4-17 所示。由上述文献综述可知，桥梁结构运营模态分析中常用的方法主要包括频域的 PP、FDD、EFDD 方法、时域的 SSI 方法等。

4.3.1　频域方法

反映振动系统特性的非参数模型包括频响函数或传递函数、脉冲响应函数[13]。识别结构模态参数的频域方法属于非参数方法，利用频响函数或传递函数在频域内识别结构的模态参数。

1. 频响函数

在频域内，系统对激励的反应用频响函数来表示，它反映了系统在频域内的动态特性。

假设多自由度系统的自由度为n_2，该系统频响函数的模态坐标形式为[13]

$$H(\omega)=\sum_{i=1}^{n_2}\left(\frac{1}{a_i}\cdot\frac{\psi_i\psi_i^{\mathrm{T}}}{\mathrm{j}\omega-\lambda_i}+\frac{1}{a_i^*}\cdot\frac{\psi_i^*\psi_i^{*\mathrm{T}}}{\mathrm{j}\omega-\lambda_i^*}\right) \tag{4-55}$$

式中，j 为虚数单位；$H(\omega)$为输出与输入信号傅里叶变换之比，即频响函数；ψ_i为第i阶模态矢量；λ_i为第i阶模态特征值；a_i为第i阶模态矩阵；ω为模态频率；上标*和 T 分别表示共轭和转置。

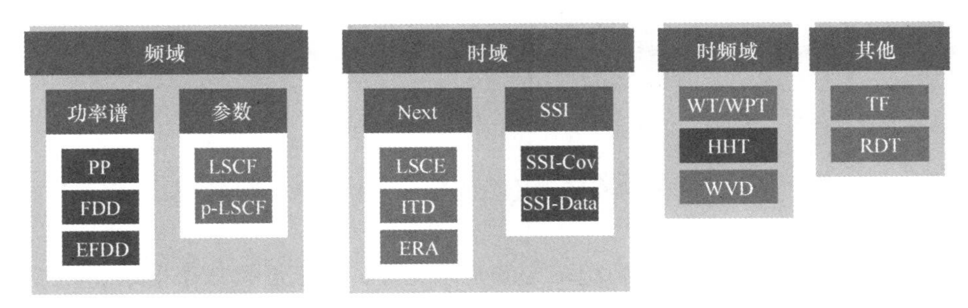

图 4-17　土木结构运营模态参数识别方法

由式(4-55)可知，频响函数中包含结构的各种模态参数，可以描述系统频域内的固有特性。当系统的输入频率接近结构的自振频率时，频响函数具有峰值，可用于估计结构的特征频率。运营状态下，系统激励未知，不能直接得到结构的频响函数，通过谱密度函数定义。当激励为白噪声时，结构频响函数与功率谱密度函数之间的关系为[13]

$$S_{yy}(\omega)=H(\omega)S_{xx}H^{\mathrm{H}}(\omega) \tag{4-56}$$

式中，S_{xx}为激励信号$x(t)$的自功率谱，白噪声激励下为常数；S_{yy}为响应信号$y(t)$的自功率谱；上标 H 表示矩阵的共轭转置。

将式(4-55)代入式(4-56)，系统功率谱密度函数的模态坐标形式可表示为

$$S_{yy}(\omega)=\sum_{i=1}^{n_2}\left(\frac{1}{a_i}\cdot\frac{\psi_i\psi_i^{\mathrm{T}}}{\mathrm{j}\omega-\lambda_i}+\frac{1}{a_i^*}\cdot\frac{\psi_i^*\psi_i^{*\mathrm{T}}}{\mathrm{j}\omega-\lambda_i^*}\right)\cdot S_{xx}\cdot\left[\sum_{i=1}^{n_2}\left(\frac{1}{a_i}\cdot\frac{\psi_i\psi_i^{\mathrm{T}}}{\mathrm{j}\omega-\lambda_i}+\frac{1}{a_i^*}\cdot\frac{\psi_i^*\psi_i^{*\mathrm{T}}}{\mathrm{j}\omega-\lambda_i^*}\right)\right]^{\mathrm{H}} \tag{4-57}$$

对于小阻尼结构，有[13]

$$\begin{aligned}\lambda_i&=-\xi_i\omega_i+\mathrm{j}\omega_i\sqrt{1-\xi_i^2}\approx-\xi_i\omega_i+\mathrm{j}\omega_i\\\lambda_i^*&=-\xi_i\omega_i-\mathrm{j}\omega_i\sqrt{1-\xi_i^2}\approx-\xi_i\omega_i-\mathrm{j}\omega_i\end{aligned} \tag{4-58}$$

式中，ξ_i为第i阶模态阻尼比。

2. 峰值拾取法

假设只有一阶模态对结构特征频率ω_i处的功率谱密度函数值贡献最大，可以忽略不计其他阶模态的贡献，式(4-57)可化为

$$S_{yy}(\omega_i)=\left(\frac{1}{a_i}\cdot\frac{\psi_i\psi_i^{\mathrm{T}}}{\xi_i\omega_i}\right)\cdot S_{xx}\cdot\left(\frac{1}{a_i}\cdot\frac{\psi_i\psi_i^{\mathrm{T}}}{\mathrm{j}\omega-\lambda_i}\right)^{\mathrm{H}} \tag{4-59}$$

由式(4-59)可知，响应信号的自功率谱密度函数峰值点对应的频率即为系统的特征频率。

对结构进行模态参数识别时，一般会布置多个传感器，测量多个测点的响应数据，为了综合全部测点的功率谱信息，提高识别特征频率的精度，一般计算平均正则化功率谱密度(averaged normalized power spectral density，ANPSD)，计算公式为[13]

$$\mathrm{ANPSD}(f_k)=\frac{1}{l}\sum_{i=1}^{l}\frac{\mathrm{PSD}_i(f_k)}{\sum_{k=1}^{n}\mathrm{PSD}_i(f_k)} \tag{4-60}$$

式中，f_k 为第 k 个离散频率；n 为离散频率总数量；l 为测点个数；PSD_i 为第 i 个测点的功率谱密度。

传递函数在特征频率处的值确定结构的模态振型，但是运营状态下系统的激励无法测得，计算的传递函数是所测响应相对于参考点响应的比值，而不是系统响应与输入的比值。基于白噪声假定，通过谱密度函数定义传递函数，选取某一测点为参考点，计算特征频率处其他测点相对于参考点的互功率谱密度，其幅值决定模态振型的大小，相位决定模态振型的正负号，基于此可绘出特征频率对应的模态振型。如前所述，识别的模态振型是在特征频率处仅由一种模态决定且小阻尼结构的假定下求得的，如果结构的模态能够很好地分离且阻尼较小，模态振型的识别结果是可靠的[14]。

系统的阻尼特性通过半功率带宽法进行识别。如图 4-18 所示，系统频响函数的幅频曲线中，第 i 阶特征频率 ω_i 处的幅值为 A_1，$A_2=A_1/\sqrt{2}$，ω_a 和 ω_b 分别表示特征频率 ω_i 前后幅值等于 A_2 处的频率值，由频响函数与功率谱密度函数之间的关系式(4-56)可知，a、b 点处的功率为峰值点功率的一半，故称为半功率点。

该阶模态对应的系统阻尼比为[14]

$$\xi_i=\frac{\omega_b-\omega_a}{2\omega_i} \tag{4-61}$$

当结构模态频率均匀分布、采样频率合适时，半功率带宽法对阻尼比的识别结果是合适的。

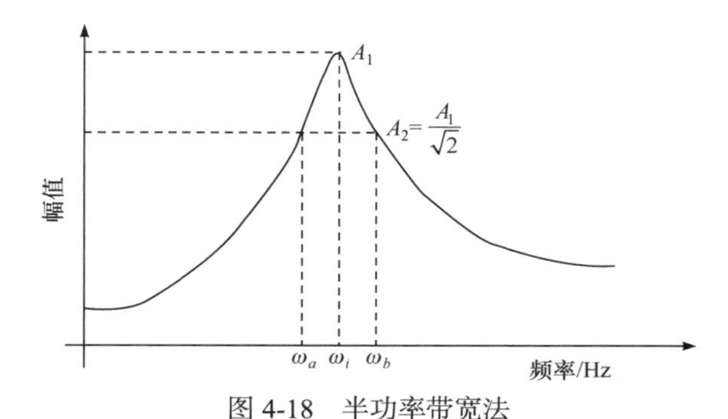

图 4-18　半功率带宽法

PP 法作为一种频域识别方法，具有如下不足：峰值的选取需要人为参与，往往比较主观，尤其是当峰值不明显时；该方法在平稳白噪声激励、模态频率均匀分布、小阻尼结构的假定下识别结构的模态参数，因此仅限于实模态和比例阻尼结构，对于基本满足上述假定的结构，识别的模态参数较准确，但是对于密集模态结构，采用本方法会造成频率遗漏或产生误差；对于实测信号，采样频率固定，半功率带宽法对阻尼比的识别误差较大[15]。

尽管存在以上不足，但是 PP 法识别结构模态参数具有简单、实用和快捷的特点，在实际应用中可以采用此方法检查测试数据，得到大致的动力学特性，为采用其他方法更准确地识别结构模态参数提供参考，因此在实际工程中经常使用。

PP 法识别结构模态参数的流程如图 4-19 所示。

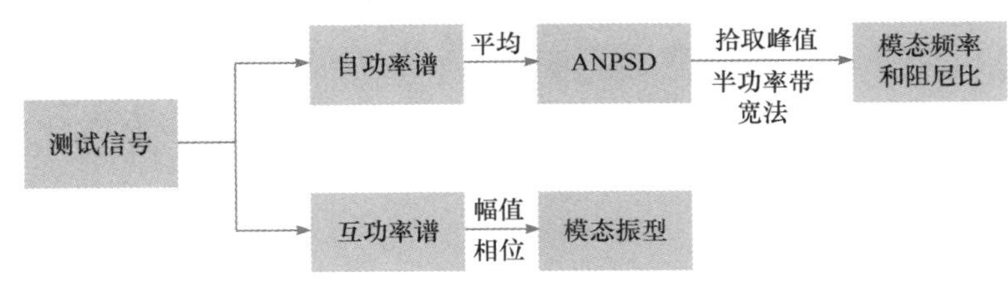

图 4-19　PP 法模态参数识别流程

3. 频域分解法和增强频域分解法

为克服 PP 法的不足，有学者在其基础上，提出了频域分解法(FDD)，通过对测量响应信号功率谱密度矩阵的奇异值分解(singular value decomposition，SVD)，将多自由度系统分解成单自由度系统的叠加，进而识别模态参数[15]。

白噪声激励下 S_{xx} 为常数，定义复数 β_i 为

$$\beta_i = \frac{1}{a_i a_i^*} \cdot \frac{1}{\left(\xi_i \omega_i\right)^2} \cdot \psi_i^{\mathrm{T}} S_{xx} \psi_i^* \tag{4-62}$$

响应信号的自功率谱密度函数式(4-59)简化为

$$S_{yy}\left(\omega_i\right) = \beta_i \psi_i \psi_i^{\mathrm{H}} \tag{4-63}$$

功率谱密度矩阵 S_{yy} 是埃尔米特(Hermitian)矩阵，其奇异值分解结果与特征值分解结果一致，对 S_{yy} 进行 SVD 分解，不为零奇异值的个数即为矩阵的秩(假设为 r)[16]，有

$$S_{yy}(\omega) = USV^{\mathrm{T}} = USU^{\mathrm{H}} \tag{4-64}$$

式中，U 是酉矩阵，其中包含 r 个奇异值向量；S 是由 r 个从大到小排列的正实数奇异值组成的对角矩阵。基于矩阵运算法则，特征频率对应的不为零奇异值个数应为 1 或模态振型数。

比较式(4-63)和式(4-64)可知，对 S_{yy} 进行 SVD 分解后，将多自由度系统分解成单自由度系统的叠加，实现了多自由度系统的解耦。奇异值对应单自由度系统的功率谱密度函数，峰值点对应的频率即为单自由度系统的特征频率；奇异值向量即为特征频率对应

模态振型的估计，由模态振型的正交性可知，当这些奇异值向量正交时，这种估计才能成立[16]；系统特征频率确定以后，即可采用半功率带宽法识别系统的阻尼。

如前所述，对于实测信号，半功率带宽法对系统阻尼比的识别精度不高，有学者在FDD的基础上提出了增强型频域分解法(EFDD)，从单自由度系统位移自由衰减响应中获得频率和阻尼比[17]。

由结构动力学[14]知识可知，单自由度系统位移自由衰减响应表达式为

$$x(t)=\mathrm{e}^{-\xi\omega_0 t}\left[x_0\cos\omega_{\mathrm{d}}t+\frac{\dot{x}_0+\xi\omega_0 x_0}{\omega_{\mathrm{d}}}\sin\omega_{\mathrm{d}}t\right] \tag{4-65}$$

式中，ξ 表示阻尼比；ω_0 表示无阻尼固有频率；$\omega_{\mathrm{d}}=\omega_0\sqrt{1-\xi^2}$ 表示 $0\leqslant\xi<1$ 时的有阻尼固有频率；t 表示时间；x_0 和 $\dot{x}_0$ 分别表示 t=0 时系统位移和速度。

单自由度系统的自由振动衰减曲线如图 4-20 所示[18]。

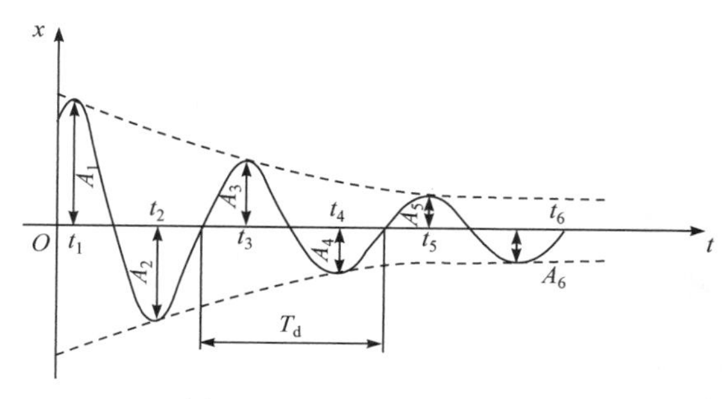

图 4-20　自由振动衰减曲线

定义参数 δ 为相邻两个正波峰幅值比的自然对数，将式(4-65)代入，整理得

$$\delta=\ln\frac{A_1}{A_3}=\xi\omega_0 T_{\mathrm{d}} \tag{4-66}$$

式中，T_{d} 表示衰减振动周期，满足

$$T_{\mathrm{d}}=\frac{2\pi}{\sqrt{{\omega_0}^2-\left(\xi\omega_0\right)^2}} \tag{4-67}$$

将式(4-67)代入式(4-66)，整理得

$$\delta=\frac{2\pi\xi}{\sqrt{1-\xi^2}} \tag{4-68}$$

对于小阻尼结构，式(4-68)可近似为

$$\delta=2\pi\xi \tag{4-69}$$

综合式(4-66)和式(4-69)可得：

$$\xi=\frac{1}{2\pi}\ln\frac{A_1}{A_3} \tag{4-70}$$

式中，A_1 和 A_3 可用任意两个相邻正波峰幅值代替，即从单自由度系统位移自由衰减响应中识别出阻尼比[17]；对应的无阻尼固有频率(简称固有频率)为

$$\omega_0 = \frac{\omega_{\mathrm{d}}}{\sqrt{1-\xi^2}} \tag{4-71}$$

根据上述原理，实际操作时，对 FDD 方法中经 SVD 分解得到的单自由度系统功率谱密度函数进行傅里叶逆变换转换到时域内，得到的相关函数对应单自由度系统位移自由衰减响应，从对数衰减中即可确定对应的系统阻尼比和无阻尼固有频率。

FDD 方法的核心是对响应信号的功率谱密度矩阵进行 SVD 分解，解耦多自由度系统；EFDD 方法从单自由度系统位移自由衰减响应中获得频率和阻尼比，该方法适用于单自由度系统，当 SVD 分解充分时，阻尼比的识别结果是可靠的。FDD 方法作为 PP 法的延续，克服了 PP 法的一些不足，例如，对人工干预的依赖减小，自动化程度有所提高；可以很好地识别密集模态结构的频率，具有较强的抗噪性等，因此在实际工程中具有一定的实用价值。FDD 方法和 EFDD 法识别结构模态参数的流程如图 4-21 所示。

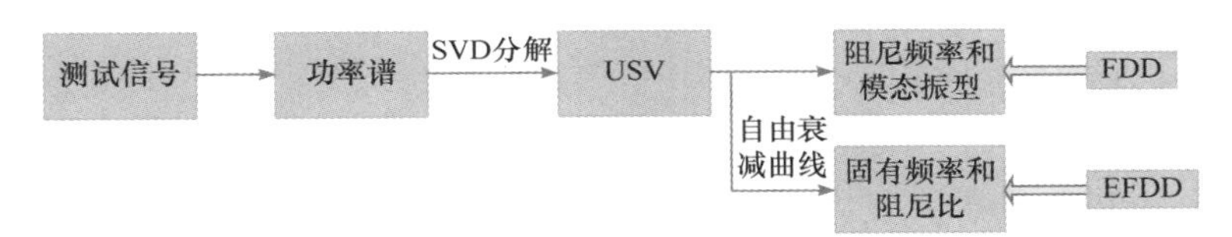

图 4-21　FDD 方法和 EFDD 法模态参数识别流程

4.3.2　时域方法

识别结构模态参数的时域方法属于参数方法，通过理论分析建立系统模型，求解系统方程在时域内识别结构的模态参数[13]。

作为线性系统辨识方法，随机子空间方法是常用的运营模态参数识别的时域方法之一，由系统的振动模型建立随机状态空间模型，求解状态空间模型的系统矩阵和输出矩阵即可识别结构的模态参数。

1. 状态方程

激励为白噪声时，结构动力微分方程的离散时间随机状态空间模型[19]为

$$\begin{aligned} x_{k+1} &= Ax_k + \omega_k \\ y_k &= Cx_k + \upsilon_k \end{aligned} \tag{4-72}$$

$$\begin{cases} A = \mathrm{e}^{\begin{pmatrix} 0 & I \\ -M^{-1}K & -M^{-1}C_2 \end{pmatrix}\Delta t} \\ C = \begin{pmatrix} 0 \\ M^{-1}B_2 \end{pmatrix} \end{cases} \tag{4-73}$$

式中，x_k 表示离散时间状态向量；y_k 表示系统响应；A 表示系统的离散时间状态矩阵，

包含反映系统动力特性的全部模态参数；Δt 表示采样间隔；C 表示离散时间输出矩阵，反映系统内外部状态之间的转换关系[13]；ω_k 表示输入和处理过程噪声；υ_k 表示输入和传感器误差噪声；M、C_2、K 分别表示系统的质量矩阵、阻尼矩阵和刚度矩阵；B_2 为输入位置矩阵。

对系统状态矩阵 A 进行特征值分解[13]：

$$A = \Psi \Lambda \Psi^{-1} \tag{4-74}$$

式中，$\Lambda = \mathrm{diag}[\mu_i]$ 为对角阵；Ψ 由特征向量组成。

A 的特征值 μ_i 与系统特征值 λ_i 之间的关系为[13]

$$\lambda_i = \frac{\ln \mu_i}{\Delta t} \tag{4-75}$$

$$\lambda_i, \lambda_i^* = -\xi_i \omega_i \pm \mathrm{j} \omega_i \sqrt{1-\xi_i^2} \tag{4-76}$$

式中，λ_i 和 λ_i^* 互为共轭；ω_i 表示系统的固有频率；ξ_i 表示系统的模态阻尼比。

整理得结构第 i 阶频率 f_i、阻尼比 ζ_i、振型 Φ_i 分别为

$$f_i = \frac{|\lambda_i|}{2\pi}, \quad \zeta_i = -\frac{\lambda_i + \lambda_i^*}{2|\lambda_i|}, \quad \Phi_i = C\Psi_i \tag{4-77}$$

由上述推导过程可知，SSI 方法识别结构模态参数的前提是得到系统的状态矩阵 A 和输出矩阵 C。根据求解 A 和 C 的途径不同，SSI 方法可分为两种：协方差驱动随机子空间方法(covariance-driven stochastic subspace identification，SSI-Cov)和数据驱动随机子空间方法(data-driven stochastic subspace identification，SSI-Data)。

2. *协方差驱动随机子空间方法*

SSI-Cov 方法根据 Toeplitz 矩阵与系统矩阵 A 和输出矩阵 C 之间的关系，由测试数据协方差构建 Toeplitz 矩阵，从中求解系统矩阵 A 和输出矩阵 C。

Toeplitz 矩阵 $T_{1/i}$ 定义为

$$T_{1/i} = \begin{pmatrix} R_i & R_{i-1} & \cdots & R_1 \\ R_{i+1} & R_i & \cdots & R_2 \\ \vdots & \vdots & & \vdots \\ R_{2i-1} & R_{2i-2} & \cdots & R_i \end{pmatrix} \tag{4-78}$$

式中，R_i 表示测试数据协方差矩阵。

由结构实测响应信号直接组建 Toeplitz 矩阵需要计算输出协方差矩阵，其中涉及大量的矩阵运算，计算工作量大。结合矩阵分析原理，首先通过实测响应信号组建汉克尔(Hankel)矩阵，根据 Hankel 矩阵得到特普利茨(Toeplitz)矩阵，可有效减小工作量，提高效率。

Hankel 矩阵由过去 Y_p 和将来 Y_f 两部分组成[13]，包含 $2i$ 块行 j 列，构建方式有以下两种：

$$Y_{O/2i-1}=\frac{1}{\sqrt{j}}\begin{pmatrix} y_0 & y_1 & y_2 & \cdots & y_{j-1} \\ y_1 & y_2 & y_3 & \cdots & y_j \\ \vdots & \vdots & \vdots & & \vdots \\ y_{i-1} & y_i & y_{i+1} & \cdots & y_{i+j-2} \\ \hline y_i & y_{i+1} & y_{i+2} & \cdots & y_{i+j-1} \\ y_{i+1} & y_{i+2} & y_{i+3} & \cdots & y_{i+j} \\ \vdots & \vdots & \vdots & & \vdots \\ y_{2i-1} & y_{2i} & y_{2i+1} & \cdots & y_{2i+j-2} \end{pmatrix}=\begin{pmatrix} Y_{\mathrm{p}} \\ \hline Y_{\mathrm{f}} \end{pmatrix} \tag{4-79}$$

$$Y_{O/2i-1}=\frac{1}{\sqrt{j}}\begin{pmatrix} y_0 & y_1 & y_2 & \cdots & y_{j-1} \\ y_1 & y_2 & y_3 & \cdots & y_j \\ \vdots & \vdots & \vdots & & \vdots \\ y_i & y_{i+1} & y_{i+2} & \cdots & y_{i+j-1} \\ \hline y_i & y_{i+1} & y_{i+2} & \cdots & y_{i+j-1} \\ y_{i+1} & y_{i+2} & y_{i+3} & \cdots & y_{i+j} \\ \vdots & \vdots & \vdots & & \vdots \\ y_{2i-1} & y_{2i} & y_{2i+1} & \cdots & y_{2i+j-2} \end{pmatrix}=\begin{pmatrix} Y_{\mathrm{p}}^{+} \\ \hline Y_{\mathrm{f}}^{-} \end{pmatrix} \tag{4-80}$$

式中，y_i 由测试的结构响应组成；上标“+”表示增加一个块行，“−”表示减少一个块行；i 是需要人为确定的量，最小值为系统的最大阶次[13]；基于统计理论，原则上 $j\to\infty$，实际计算时，依据计算机的计算效率合理确定 j 值。

Toeplitz 矩阵与 Hankel 矩阵的关系为

$$T_{1/i}=Y_{\mathrm{f}}Y_{\mathrm{p}}^{\mathrm{T}} \tag{4-81}$$

由 Hankel 矩阵($2li\times j$)到 Toeplitz 矩阵($li\times li$ 维)，可实现数据量的缩减。

对于 $i=1,2,\cdots$，表示时延，有

$$x_{k+i}=A^{i}x_k+A^{i-1}\omega_k+A^{i-2}\omega_{k+1}+\cdots+A\omega_{k+i-1}+\omega_{k+i} \tag{4-82}$$

系统状态协方差矩阵与时间 k 无关，而噪声项与结构的状态向量 x_k 无关，即 $E\left[x_k\omega_k^{\mathrm{T}}\right]=0$，$E\left[x_k\upsilon_k^{\mathrm{T}}\right]=0$，令 $Q_n=E\left[\omega_k\omega_k^{\mathrm{T}}\right]$，得

$$\begin{aligned}\varSigma&=E\left[x_{k+1}x_{k+1}^{\mathrm{T}}\right]=E\left[\left(Ax_k+\omega_k\right)\left(Ax_k+\omega_k\right)^{\mathrm{T}}\right]=AE\left[x_kx_k^{\mathrm{T}}\right]A^{\mathrm{T}}+E\left[\omega_k\omega_k^{\mathrm{T}}\right]\\&=A\varSigma A^{\mathrm{T}}+Q_n\end{aligned} \tag{4-83}$$

令 $S_n=E\left[\omega_p\upsilon_q^{\mathrm{T}}\right]$，下一状态与输出协方差矩阵为

$$\begin{aligned}G&=E\left[x_{k+1}y_k^{\mathrm{T}}\right]=E\left[\left(Ax_k+\omega_k\right)\left(Cx_k+\upsilon_k\right)^{\mathrm{T}}\right]=AE\left[x_kx_k^{\mathrm{T}}\right]C^{\mathrm{T}}+E\left[\omega_k\upsilon_k^{\mathrm{T}}\right]\\&=A\varSigma C^{\mathrm{T}}+S_n\end{aligned} \tag{4-84}$$

令 $R_n=E\left[\upsilon_p\upsilon_q^{\mathrm{T}}\right]$，则输出协方差矩阵为

$$\begin{aligned} R_0 &= E\left[y_k y_k^{\mathrm{T}}\right] = E\left[\left(Cx_k + \upsilon_k\right)\left(Cx_k + \upsilon_k\right)^{\mathrm{T}}\right] = CE\left[x_k x_k^{\mathrm{T}}\right]C^{\mathrm{T}} + E\left[\nu_k \upsilon_k^{\mathrm{T}}\right] \\ &= C\Sigma C^{\mathrm{T}} + R_n \end{aligned} \tag{4-85}$$

$$\begin{aligned} R_i &= E\left[y_{k+i} y_k^{\mathrm{T}}\right] = E\left[C((Ax_{k+i} + \omega_{k+i}) + \nu_{k+i})\left(Cx_k + \nu_k\right)^{\mathrm{T}}\right] = CA^i\Sigma C^{\mathrm{T}} + CA^{i-1}S \\ &= CA^{i-1}G \end{aligned} \tag{4-86}$$

$$R_{-i} = G^{\mathrm{T}}(A^{i-1})^{\mathrm{T}}C \tag{4-87}$$

式(4-85)～式(4-87)表明了输出协方差矩阵 R_i 与系统矩阵 A 和输出矩阵 C 之间的关系。

将以上三式代入式(4-78)得

$$\begin{aligned} T_{1/i} &= \begin{pmatrix} CA^{i-1}G & CA^{i-2}G & \cdots & CA^0G \\ CA^iG & CA^{i-1}G & \cdots & CA^1G \\ \vdots & \vdots & & \vdots \\ CA^{2i-2}G & CA^{2i-3}G & \cdots & CA^{i-1}G \end{pmatrix} \\ &= \begin{pmatrix} C \\ CA \\ \vdots \\ CA^{i-1} \end{pmatrix} \begin{pmatrix} A^{i-1}G & \cdots & AG & G \end{pmatrix} = 0_i \varGamma_i \end{aligned} \tag{4-88}$$

$$O_i = \begin{pmatrix} C & CA & \cdots & CA^{i-1} \end{pmatrix}^{\mathrm{T}}, \quad \varGamma_i = \begin{pmatrix} A^{i-1}G & \cdots & AG & G \end{pmatrix} \tag{4-89}$$

式中，O_i 为可观测矩阵；$\varGamma_i$ 为反转随机可控矩阵。对 Toeplitz 矩阵进行 SVD 分解，不为零奇异值的个数等于矩阵的秩[17]，假设为 n，可用于确定系统阶次。

$$T_{1/i} = USV^{\mathrm{T}} = \begin{pmatrix} U_1 & U_2 \end{pmatrix} \begin{pmatrix} S_1 & 0 \\ 0 & S_2 = 0 \end{pmatrix} \begin{pmatrix} V_1^{\mathrm{T}} \\ V_2^{\mathrm{T}} \end{pmatrix} = U_1 S_1 V_1^{\mathrm{T}} \tag{4-90}$$

将式(4-90)代入式(4-88)和式(4-89)，整理得

$$O_i = U_1 S_1^{1/2}, \quad \varGamma_i = S_1^{1/2} V_1^{\mathrm{T}} \tag{4-91}$$

同样定义 $T_{2/(i+1)}$：

$$T_{2/(i+1)} = O_i A \varGamma_i \tag{4-92}$$

$T_{1/i}$ 和 $T_{2/(i+1)}$ 具有相同的结构，只是其包含的协方差为 $2 \sim i+1$。将式(4-91)代入式 (4-92)，整理得

$$A = S_1^{-1/2} U_1^{\mathrm{T}} T_{2/(i+1)} V_1 S_1^{-1/2} \tag{4-93}$$

即求得了系统矩阵 A，而输出矩阵 C 即为 O_i 的前 l 行。

3. 数据驱动随机子空间方法

根据 Hankel 矩阵和卡尔曼滤波状态向量与系统矩阵 A 和输出矩阵 C 之间的关系，

SSI-Data 方法由实测数据时程构建 Hankel 矩阵，通过对 Hankel 矩阵进行正交三角(QR)分解和空间投影，求解卡尔曼滤波状态向量，从中提取系统矩阵 A 和输出矩阵 C。

Hankel 矩阵的组建过程如式(4-79)所示，其 QR 分解[17]为

$$Y_{O/2i-1}=\begin{pmatrix}Y_{\mathrm{p}}\\ \hline Y_{\mathrm{f}}\end{pmatrix}=RQ^{\mathrm{T}} \tag{4-94}$$

式中，Q 为正交矩阵；R 为下三角阵。由于 $2li<j$，式(4-94)可变为

$$\begin{pmatrix}Y_{\mathrm{p}}\\ \hline Y_{\mathrm{f}}\end{pmatrix}=\begin{matrix}li\{\\ li\{\end{matrix}\begin{pmatrix}R_{11} & 0 & 0\\ R_{21} & R_{22} & 0\end{pmatrix}\begin{pmatrix}Q_1^{\mathrm{T}}\\ Q_2^{\mathrm{T}}\\ Q_3^{\mathrm{T}}\end{pmatrix}\begin{matrix}\}li\\ \}li\\ \}j-2li\end{matrix}=\begin{pmatrix}R_{11} & 0\\ R_{21} & R_{22}\end{pmatrix}\begin{pmatrix}Q_1^{\mathrm{T}}\\ Q_2^{\mathrm{T}}\end{pmatrix} \tag{4-95}$$

由空间投影的性质，计算行空间的正交投影[16]：

$$P_i=Y_{\mathrm{f}}/Y_{\mathrm{p}}=Y_{\mathrm{f}}Y_{\mathrm{p}}^{\mathrm{T}}\left(Y_{\mathrm{f}}Y_{\mathrm{p}}^{\mathrm{T}}\right)^{\dagger}Y_{\mathrm{p}} \tag{4-96}$$

式中，† 表示矩阵的广义逆。将式(4-95)代入式(4-96)，整理得

$$P_i=R_{21}Q_1^{\mathrm{T}} \tag{4-97}$$

由 Hankel 矩阵($2li\times j$)到 R_{21} 矩阵($li\times li$)，可实现数据量的缩减。

根据投影矩阵的性质，P_i 可分解为可观测矩阵 O_i 和卡尔曼滤波状态向量 $\hat{X}_i$ 的乘积[18]：

$$P_i=O_i\hat{X}_i=\begin{pmatrix}C\\ CA\\ \cdots\\ CA^{i-1}\end{pmatrix}\begin{pmatrix}\hat{x}_i & \hat{x}_{i+1} & \cdots & \hat{x}_{i+j-1}\end{pmatrix} \tag{4-98}$$

对 P_i 进行 SVD 分解：

$$P_i=USV^{\mathrm{T}}=\begin{pmatrix}U_1 & U_2\end{pmatrix}\begin{pmatrix}S_1 & 0\\ 0 & S_2=0\end{pmatrix}\begin{pmatrix}V_1^{\mathrm{T}}\\ V_2^{\mathrm{T}}\end{pmatrix}=U_1S_1V_1^{\mathrm{T}} \tag{4-99}$$

将式(4-99)代入式(4-98)，整理得

$$O_i=U_1S_1^{1/2},\ \hat{X}_i=O_i^{\dagger}P_i \tag{4-100}$$

由式(4-96)定义另一个投影矩阵 P_{i-1}：

$$P_{i-1}=Y_{\mathrm{f}}^{-}/Y_{\mathrm{p}}^{+}=O_{i-1}\hat{X}_{i+1} \tag{4-101}$$

式中，将 O_i 的最后 l 行删除得到可观测矩阵 O_{i-1}。

卡尔曼滤波状态向量 $\hat{X}_{i+1}$ 为

$$\hat{X}_{i+1}=O_{i-1}{}^{\dagger}P_{i-1} \tag{4-102}$$

卡尔曼滤波状态序列和输出矩阵表示的随机子空间状态模型为

$$\begin{pmatrix}\hat{X}_{i+1}\\ Y_{i/i}\end{pmatrix}=\begin{pmatrix}A\\ C\end{pmatrix}\hat{X}_i+\begin{pmatrix}w_i\\ v_i\end{pmatrix} \tag{4-103}$$

式中，$Y_{i/i}$ 表示只有一个块行的 Hankel 矩阵，因为噪声与系统状态向量无关，所以采用最小二乘法计算得到系统矩阵 A 和输出矩阵 C 的渐近无偏估计：

$$\begin{pmatrix} A \\ C \end{pmatrix} = \begin{pmatrix} \hat{X}_{i+1} \\ Y_{i/i} \end{pmatrix} \hat{X}_i^{\dagger} \tag{4-104}$$

SSI 法识别结构模态参数的流程如图 4-22 所示。

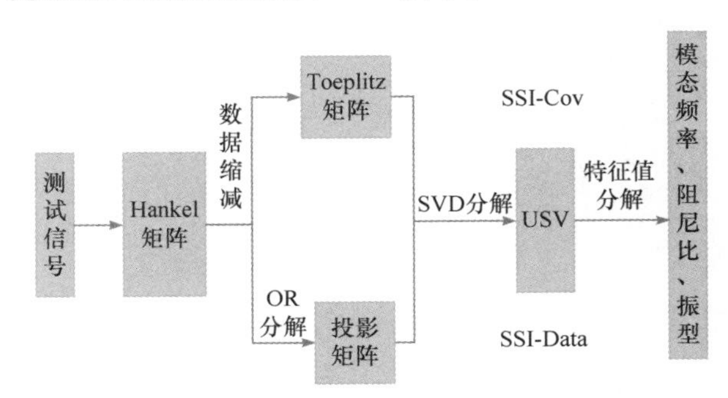

图 4-22　SSI 法模态参数识别流程

4. 确定系统阶次

SSI 法中系统定阶的方法主要有：奇异值跳跃定阶法和稳定图定阶法[18]。奇异值跳跃定阶法的原理是根据 Toeplitz 矩阵或者投影矩阵 P_i 中奇异值跳跃处点的编号来确定系统阶次。实测信号中，存在噪声的影响，系统阶次与奇异值之间的关系曲线比较平滑，跳跃点不明显，因此利用此方法定阶存在很大困难。稳定图定阶法，首先假定系统的状态空间模型具有不同的阶次，对不同阶次的模型分别采用 SSI 方法识别模态参数，将识别到的所有模态参数绘制在同一幅图上，即稳定图，观察稳定图确定系统的正确阶次。稳定图中频率、阻尼和振型均稳定的点称为稳定点，稳定点组成的轴称为稳定轴，稳定轴对应的模态即为系统的模态。其中，稳定点的判别标准为在相应于某阶模态的轴上，高一阶模型与低一阶模型识别的频率、阻尼和振型之间的差异小于预设的限定值。稳定图定阶法是目前比较好的系统定阶方法[18]。

一般情况下，限定值根据具体工程情况和经验确定，取值为：稳定点个数 = 0.2 × 阶次范围(最大阶次 − 最小阶次) − 10；特征频率限定值取 0.01，阻尼比限定值取 0.4，模态振型限定值取 0.05，即稳定轴满足下列要求[18]：

$$\begin{cases} \dfrac{f^{(i)} - f^{(i+1)}}{f^{(i)}} \times 100\% < 0.01 \\ \dfrac{\xi^{(i)} - \xi^{(i+1)}}{\xi^{(i)}} \times 100\% < 0.4 \\ \left(1 - \mathrm{MAC}(i, i+1)\right) \times 100\% < 0.05 \end{cases} \tag{4-105}$$

式中，$f^{(i)}$ 表示第 i 阶系统频率；$\xi^{(i)}$ 表示第 i 阶阻尼比；MAC 表示模态保证准则(modal assurance criterion)[18]。

4.3.3　时频域方法

HHT 法不基于任何参数和非参数模型，从信号本身特性出发，采用 EMD 将测试获得的多分量数据分解为一系列单分量窄带信号[19]，使之满足 Hilbert 变换的条件，称为固有模态函数(intrinsic mode function，IMF)；通过筛选从分解的 IMF 中提取有效的结构信号后，对筛选后的 IMF 进行 Hilbert 变换，得到表征结构信息的 Hilbert 时频谱，该方法属于数据驱动的自适应信号分析方法。

1. 信号分解方法

EMD 分解流程如图 4-23 所示。其中 IMF 条件为：极值点和零点交替出现且个数相同或最多相差一个，每一时间点对应的上、下包络线均值为零；算法终止条件为：残余量极值点数小于 2[19]。

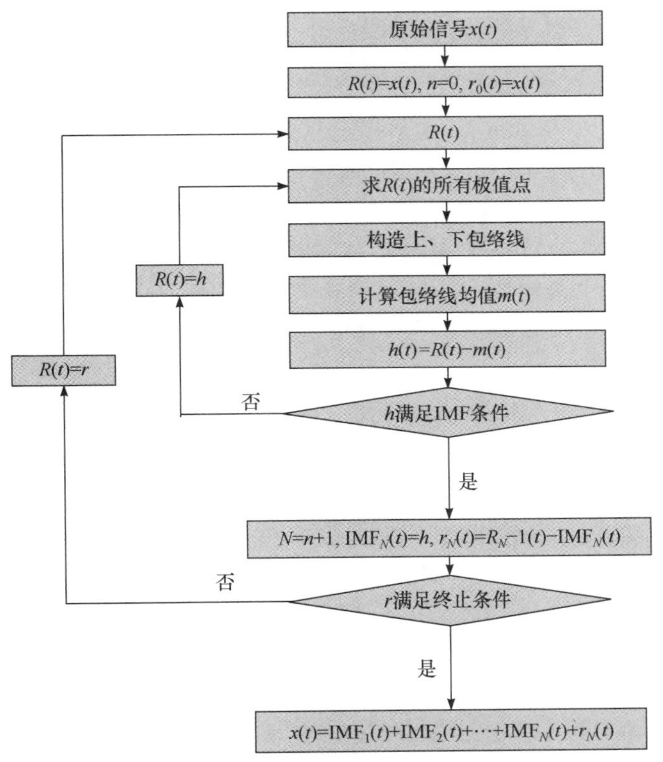

图 4-23　EMD 分解流程图

针对 EMD 导致的模态混叠问题,有学者提出了总体平均经验模态分解方法(ensemble empirical mode decomposition，EEMD)[19]，该方法将白噪声加入原始信号中，对组成的新信号进行 EMD 分解，达到改善模态混叠的效果。研究表明，白噪声添加次数越多，改善效果越明显[20]。EEMD 的分解流程如图 4-24 所示。

白噪声信号的随机性，使得添加不同白噪声组成的新信号分解得到的 IMF 分量个数

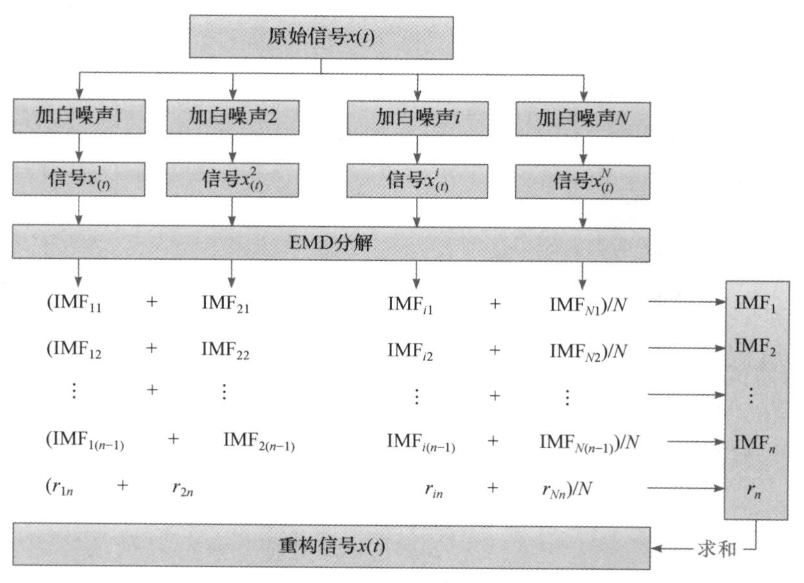

图 4-24　EEMD 分解流程图

不一定相同；EEMD 分解后的信号中不可避免地包含残余噪声，导致新的模态混叠出现。为克服上述问题，采用改进总体平均经验模态分解的方法[19]，对白噪声信号进行 EEMD 分解，有选择地将白噪声的 IMF 分量添加到原始信号中，有针对性地弥补原始信号缺失的时间尺度，以减少重构信号中残余噪声成分。因每次循环只提取一个 IMF 分量，克服了 EEMD 中不同噪声叠加获得的分量个数不一致、端点效应等问题。改进 EEMD 的分解流程如图 4-25 所示。

原始信号经过改进 EEMD 分解后得到一系列 IMF 分量，不同的 IMF 分量中可能包含相似的振动模式，需将其合并。用 IMF 分量间的互相关系数 r_{ij} 判定其相似性[20]：

$$\left|r_{ij}\right| = \frac{\left|\mathrm{IMF}_i \cdot \mathrm{IMF}_j\right|}{\left|\mathrm{IMF}_i\right|\left|\mathrm{IMF}_j\right|} \leqslant 1, \quad i \neq j \tag{4-106}$$

当两个 IMF 分量包含不同的频率成分时，IMF 分量之间相互正交，$r_{ij}(\tau)=0$；当两个 IMF 分量包含相同的频率成分时，IMF 分量之间完全相关，有 $r_{ij}(\tau)=1$。一般来说，当$\left|r_{ij}(\tau)\right| \geqslant 0.8$时，认为两个 IMF 分量强相关，将这两个合并为一个 IMF。

2. IMF 的选择

运营状态下结构实测响应信号中包含的噪声成分掺杂在各 IMF 分量中，为了从分解得到的一系列 IMF 分量中选取富含结构真实信号特性的分量，采用主成分分析(principal component analysis，PCA)[20]实现 IMF 的选择。PCA 是数据降维的一种方法，将原来具有一定相关性的指标重新组合，得到一组数目较少的、互不相关的综合指标，使新指标能够最大限度地反映原指标的信息。

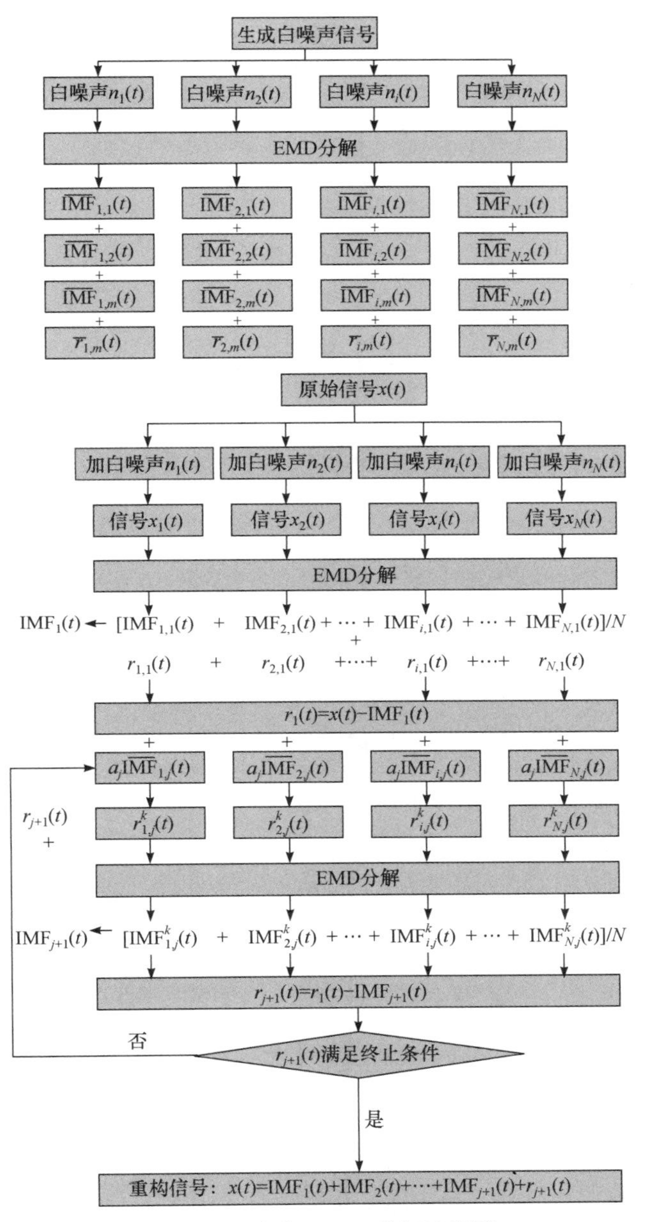

图 4-25　改进 EEMD 分解流程图

设 m 维数据 $X=\left\{x_1,x_2,\cdots,x_i,\cdots,x_m\right\}\left(x_i=\left\{x_i^1,x_i^2,\cdots,x_i^j,\cdots,x_i^n\right\}\right)$，计算数据 X 的协方差矩阵 R，并对 R 进行 SVD 分解：

$$R=\mathrm{Cov}\left(X\right)=U_{m\times m}\Lambda_{m\times m}U_{m\times m}^{\mathrm{T}} \tag{4-107}$$

式中，Λ 表示由 R 的特征值 λ_i 组成的对角阵，即 $\Lambda=\mathrm{diag}\left(\lambda_1,\lambda_2,\cdots,\lambda_m\right)$，且 $\lambda_1\geqslant\lambda_2\geqslant\cdots\geqslant\lambda_m$；$U$ 表示由 R 的特征向量组成的正交阵。

主成分 $P=\{p_1,p_2,\cdots,p_i,\cdots,p_m\}$，等于 X 在主成分方向上的投影：

$$P=U_{m\times m}^{\mathrm{T}}X_{m\times n} \tag{4-108}$$

定义 p_i 对应的特征值 λ_i 为该主成分的贡献率 φ_i：

$$\varphi_i=\frac{\lambda_i}{\sum_{i=1}^{m}\lambda_i} \tag{4-109}$$

前 l 个主成分的累计贡献率 ψ_i 为

$$\psi_i=\frac{\sum_{i=1}^{l}\lambda_i}{\sum_{i=1}^{m}\lambda_i} \tag{4-110}$$

实际应用时，确定累计贡献率阈值后，即可确定主成分的选择数量。

3. Hilbert 变换

冲击荷载作用下，单自由度系统的位移响应可表示为[15]

$$y(t)=A_0\mathrm{e}^{-\xi\omega_0 t}\cos(\omega_\mathrm{d}t+\varphi_0) \tag{4-111}$$

式中，A_0 表示振幅，由冲击强度和结构质量频率特性确定；ξ 表示阻尼比；ω_0 表示无阻尼固有频率；$\omega_\mathrm{d}=\omega_0\sqrt{1-\xi^2}$ 表示有阻尼固有频率；φ_0 表示相位。

对 $y(t)$ 进行 Hilbert 变换得变换信号 $\widetilde{y(t)}$，$y(t)$ 为实部，$\widetilde{y(t)}$ 为虚部，构建解析信号：

$$z(t)=y(t)+\mathrm{i}\widetilde{y(t)}=A(t)\mathrm{e}^{-\mathrm{i}\theta(t)} \tag{4-112}$$

$$A(t)=\sqrt{\left(y(t)\right)^2+\left(\widetilde{y(t)}\right)^2},\quad \theta(t)=-\arctan\frac{\widetilde{y(t)}}{y(t)} \tag{4-113}$$

式中，$A(t)$、$\theta(t)$ 分别为瞬时幅值和瞬时相位函数。对于一般工程结构，有[19]

$$A(t)=A_0\mathrm{e}^{-\xi\omega_0 t},\quad \theta(t)=\omega_\mathrm{d}t+\varphi_0 \tag{4-114}$$

对瞬时幅值函数取对数，瞬时相位函数求导得到物理意义明确的瞬时频率 ω_d，表征某个频率范围内信号能量的瞬时集中程度：

$$\ln A(t)=-\xi\omega_0 t+\ln A_0,\quad \omega_\mathrm{d}=\frac{\mathrm{d}\theta(t)}{\mathrm{d}t} \tag{4-115}$$

将幅值表示在时间和频率的平面上，得到 Hilbert 时频谱 $H(\omega,t)$，对时间积分即可获得 Hilbert 边际谱：

$$h(\omega)=\int_0^T H(\omega,t)\mathrm{d}t \tag{4-116}$$

Hilbert 边际谱与功率谱具有相似的物理意义，即表征了频率域内的振幅分布。

4. 模态参数识别

对实测加速度响应信号 $x(t)$ 进行改进EEMD分解后选出对应各阶模态响应的IMF分量，对每一IMF分量进行Hilbert变换，拟合瞬时频率即可得到系统的阻尼频率 ω_{d}；采用RDT方法从各IMF分量中提取对应的自由衰减响应，进行最小二乘线性拟合即可得到对应的阻尼比 ξ，由式 $\omega_{\mathrm{d}}=\omega_0\sqrt{1-\xi^2}$，计算系统固有频率 ω_0。提取结构的模态振型需要用到多个测点的数据，因此采用前述原理对多个测点的实测响应信号 $x_i(t)(i=1,2,\cdots,n)$ （n为测点个数）进行处理，从各个测点的瞬时幅值和瞬时相位中，提取相应的模态振型。基于改进EEMD和Hilbert变换的HHT法识别结构模态参数的流程如图4-26所示。

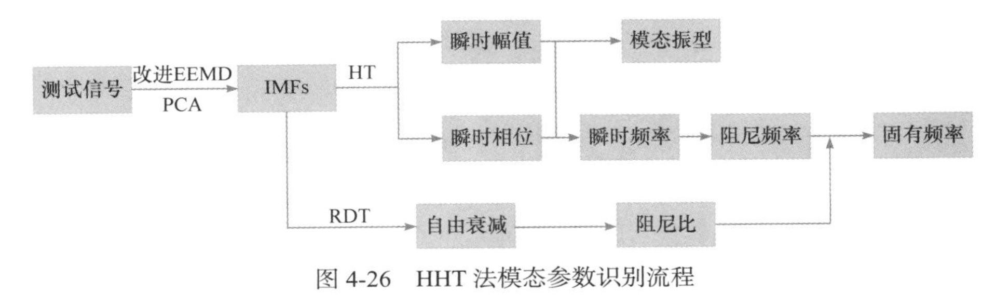

图4-26　HHT法模态参数识别流程

4.4　模态参数识别实例

4.4.1　工程背景

背景桥梁为主跨1088m的双塔双索面斜拉桥，桥梁全长2088m，孔跨布置为100m + 100m + 300m + 1088m + 300m + 100m + 100m。主桥为漂浮体系，由钢箱梁组成，标准节段长16m、宽41m，索塔采用300.4m倒Y形混凝土结构，斜拉索最长577m，共272根。为了监测与评定结构运营过程中的健康状况，该桥建造时设计了健康监测系统，安装了部分传感器，选取主桥加速度传感器的实测数据进行模态参数识别。主桥加速度传感器布置情况如图4-27所示，主梁加速度传感器横桥向布置位置如图4-28所示。

主梁共布置14个测点，纵桥向布置7个截面，横桥向布置2排，具体情况为：左侧边跨跨中布置2个双向加速度传感器，编号为1#～2#，主跨六分点处分别布置2个双向加速度传感器，编号为3#～12#，右侧边跨跨中布置2个双向加速度传感器，编号为13#～14#。

索塔共布置2个测点，每个塔顶位置分别布置1个双向加速度传感器，编号为15#～16#。

斜拉索共布置12个测点，每根斜拉索布置一个测点，分三类斜拉索进行布置：A34号、A18号和J34号，每类斜拉索布置4根，纵桥向布置6个截面，横桥向布置2排，垂直布置在距桥面5m处，具体情况为：每根A34号斜拉索上布置1个双向加速度传感器，编号为17#、18#、27#、28#，每根A18号斜拉索上布置1个加速度传感器，编号为19#、20#、25#、26#，每根J34号斜拉索上布置1个双向加速度传感器，编号为21#～24#。

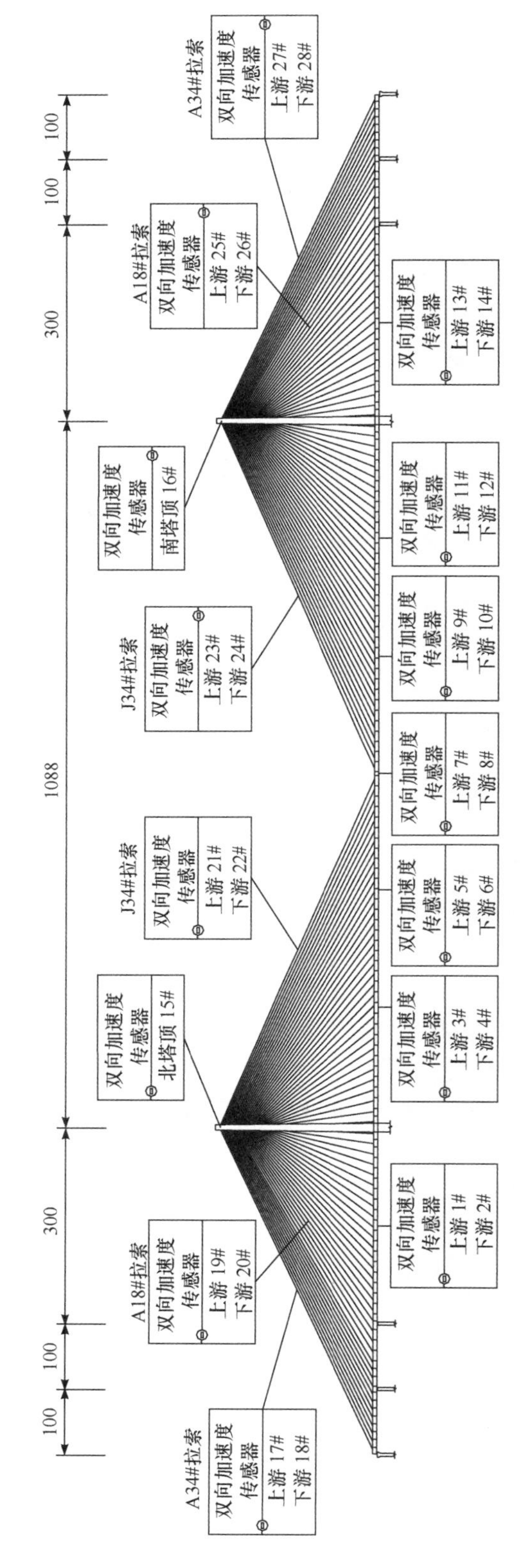

图4-27　主桥加速度传感器布置情况(单位：m)

图 4-28　主梁加速度传感器横桥向布置位置

分别根据前述结构运营模态参数识别方法流程，对该桥主梁、索塔和斜拉索的筛选数据进行处理，识别结构的模态参数；对比分析各种方法参数识别结果，寻找适用于大跨度斜拉桥运营模态参数识别的方法。

4.4.2　主梁模态参数识别结果

1. 频域方法

采用频域方法中 PP、FDD 和 EFDD 对结构运营模态参数进行识别时，需要人为参与，带有主观因素。因此，为了便于人为判断，查阅相关文献，总结采用有限元软件对该桥成桥状态主梁动力特性的分析结果，包括 Midas Civil 软件、SDCA 分析程序[21]和 ANSYS[22]软件，汇总如表 4-3 所示。

表 4-3　某双塔斜拉桥成桥状态主梁主要自振频率　(单位：Hz)

方向	阶次	文献[21]	文献[21]	文献[22]	均值
		Midas	SDCA	ANSYS	
竖弯	1	0.1921	0.1843	0.1754	0.1839
	2	0.2353	0.2222	0.2148	0.2241
	3	0.3307	0.2962	0.3031	0.3100
	4	0.3806	0.3728	0.3643	0.3726
	5	0.4015	0.4351	0.4065	0.4144
	6	0.4478	0.4825	0.4558	0.4620
横弯	1	0.0804	0.1066	0.098	0.0950
	2	0.2387	0.2733	0.2699	0.2606
	3	0.5040	0.5120	0.4831	0.4997

1) PP

主梁一月竖向筛选数据和七月横向筛选数据得到的平均正则化功率谱密度(ANPSD)曲线如图 4-29 所示，其余各组数据图形与其相似。

ANPSD 曲线峰值点对应的频率即为结构的模态频率。观察发现，主梁 ANPSD 曲线图中毛刺较多，曲线不平滑，峰值点多且密，说明该桥主梁属于密集模态结构，且实测信号中掺杂了噪声成分；竖向较大的峰值点主要集中在 0.2Hz 和 2～5Hz，横向较大的峰值点主要集中在 0.1Hz、0.3Hz 和 2～5Hz，前两阶峰值频率均可明显识别，说明该桥运营状态下相应频率阶次的振动被激起；其余频率处幅值相对较小，需放大后观察幅值相

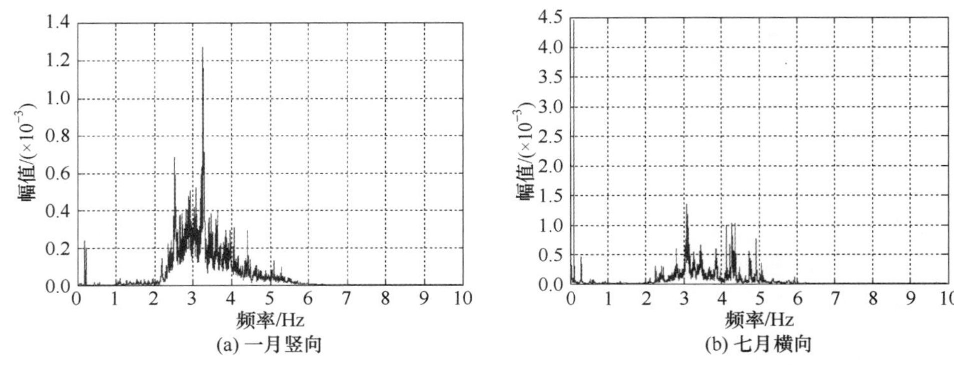

图 4-29　主梁 ANPSD 曲线

对大小，说明对应频率阶次的振动没有被激起或振动较弱。因存在人为主观判断，幅值较小区域的峰值也能有效识别，所以频域方法能够识别到的模态频率值较多，下面对频率小于 0.6Hz 的识别结果进行汇总。

PP 法主梁模态频率、阻尼比、振型的识别结果见表 4-4～表 4-7、图 4-30～图 4-32。其中，FV 表示识别的竖向频率，DV 表示识别的竖向阻尼比，FH 表示识别的横向频率，DH 表示识别的横向阻尼比，SV 表示识别的竖向振型，SH 表示识别的横向振型，“—”表示未识别到结果。

表 4-4　PP 法主梁竖向频率识别结果　　　(单位：Hz)

编号	FV1	FV2	FV3	FV4	FV5	FV6	FV7
一月	0.1855	0.2191	0.3374	0.3888	0.4464	0.5299	0.5765
二月	0.185	0.2192	0.3362	0.3853	0.4481	0.5273	0.577
三月	0.185	0.2167	0.3339	0.3861	0.4419	0.5279	0.5697
四月	0.1845	0.2175	0.3357	0.3867	0.4476	0.5259	0.5706
五月	0.1835	0.2178	—	—	0.4426	0.5291	0.5706
六月	0.1839	0.217	0.3373	0.3876	0.4435	0.5217	0.5676
七月	0.1854	0.2196	0.3269	0.3837	0.4484	0.5257	0.5705
八月	0.1823	0.2163	0.3299	—	0.442	0.5265	0.5701
九月	0.1858	0.2165	0.3366	—	0.448	—	0.5695
十月	0.1853	0.2167	0.3344	0.3867	0.4461	0.5233	0.5736
十一月	0.1847	0.2186	0.3359	0.3864	0.4476	0.5276	0.5731
十二月	0.1842	0.2197	0.3367	0.3872	0.4475	0.5368	0.5747
均值	0.1846	0.2179	0.3346	0.3865	0.4458	0.5274	0.5720

表 4-5　PP 法主梁竖向阻尼比识别结果　(单位：%)

编号	DV1	DV2	DV3	DV4	DV5	DV6	DV7
一月	1.2887	1.3928	0.8364	0.8936	1.146	1.1537	0.8223
二月	0.9532	0.5052	0.7067	1.4001	0.8476	1.2546	0.5517
三月	1.0801	1.5848	1.6253	0.8787	1.055	1.3903	0.5581
四月	0.9423	1.5706	1.8291	0.5441	1.1901	0.5803	1.1169
五月	2.3873	1.1542	—	—	0.8605	1.101	0.5333
六月	1.1259	1.0821	1.0332	0.6877	1.5543	0.6777	0.328
七月	1.6744	1.4999	0.8031	1.0474	1.1338	0.6298	0.3561
八月	1.9003	0.7139	2.0947	—	0.4146	1.1319	0.4265
九月	1.9874	1.5015	0.6741	—	0.4348	—	0.4573
十月	1.4194	1.101	1.5013	0.7006	0.8044	0.9599	0.4825
十一月	0.9867	1.2799	1.4417	1.3838	1.1583	0.7125	0.3509
十二月	0.9991	1.8586	0.5327	0.5031	1.1958	1.1398	0.3301
均值	1.3954	1.2704	1.1889	0.8932	0.9829	0.9756	0.5261

表 4-6　PP 法主梁横向频率识别结果　(单位：Hz)

编号	FH1	FH3	FH5
一月	0.0866	0.2943	0.5689
三月	0.0986	0.2728	0.5583
四月	0.1137	0.2619	0.507
五月	0.1039	0.2772	0.517
六月	0.0854	0.2839	0.5209
七月	0.1084	0.2947	0.5366
八月	0.0955	0.2589	0.4955
九月	0.102	0.2923	0.5333
十月	0.1004	0.2881	0.424
十一月	—	0.2759	0.4392
十二月	0.1114	0.295	0.5072
均值	0.1006	0.2814	0.5098

表 4-7　PP 法主梁横向阻尼比识别结果　(单位：%)

编号	DH1	DH3	DH5
一月	3.3819	2.3989	0.6038
三月	2.1645	1.5667	0.6442
四月	3.8721	2.0697	1.0249
五月	2.3762	1.7869	0.7018
六月	2.8684	1.0105	0.923
七月	2.2971	0.8474	0.6809
八月	3.6539	2.6383	1.7752
九月	3.6943	2.1742	1.0384
十月	3.3146	1.5296	1.2469
十一月	—	1.2008	0.8405
十二月	1.9543	0.8213	0.6686
均值	2.9577	1.6404	0.9226

由此可见，识别得到的主梁竖向振型分别对应一阶和二阶，振型形状规则，与理论形状吻合较好。

由表 4-7 可见，随着模态阶次的增加，采用半功率带宽法识别出的主梁横向阻尼比越来越小。

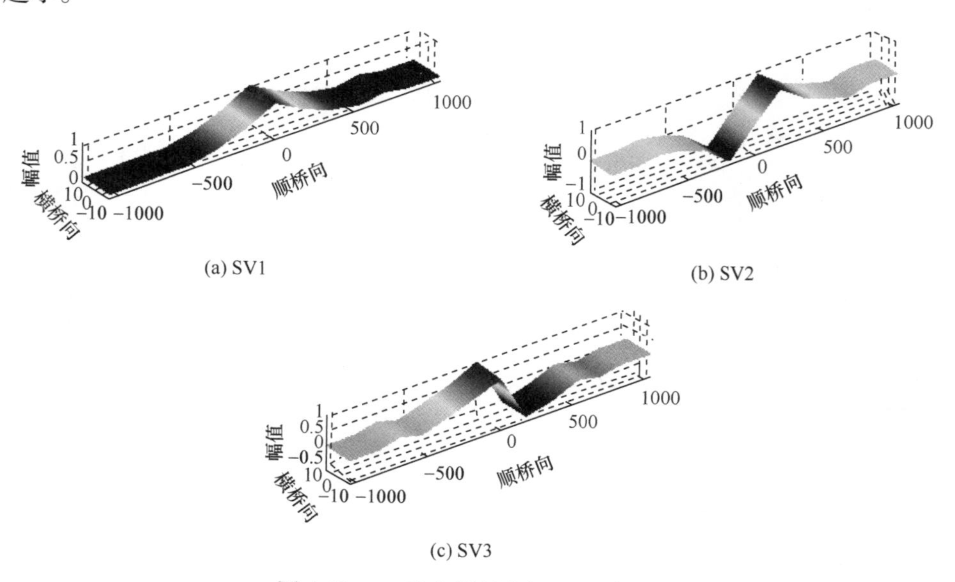

图 4-30　PP 法主梁竖向振型识别结果

由图 4-31 可见，识别得到的主梁横向振型分别对应一阶、二阶和三阶，振型形状规则，与理论形状吻合较好。

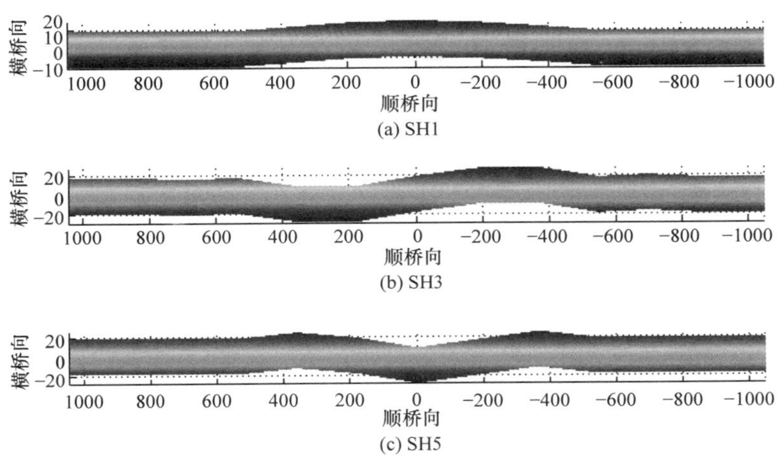

图 4-31　PP 法主梁横向振型识别结果

2) FDD 和 EFDD

由主梁一月竖向筛选数据和七月横向筛选数据得到的功率谱密度曲线如图 4-32 所示，确定频率分布范围，构建 MAC 指标[18]，得到对应的模态振型(FDD)；从自由衰减响应中识别固有频率和阻尼比(EFDD)，对应的半对数自由衰减曲线如图 4-33 所示，其余各组数据图形与其相似。

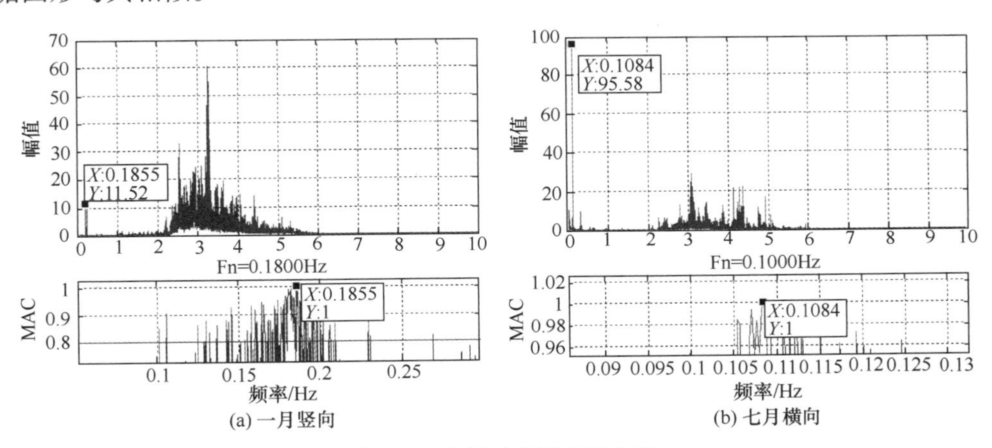

图 4-32　主梁功率谱密度曲线

观察图 4-33 可知，实测数据得到的半对数自由衰减曲线与理论曲线不一致，说明通

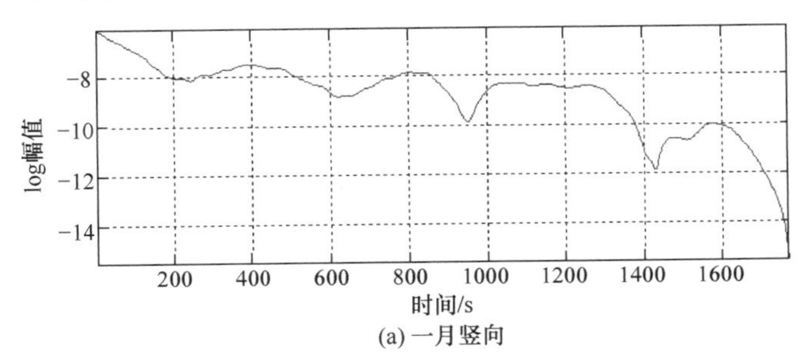

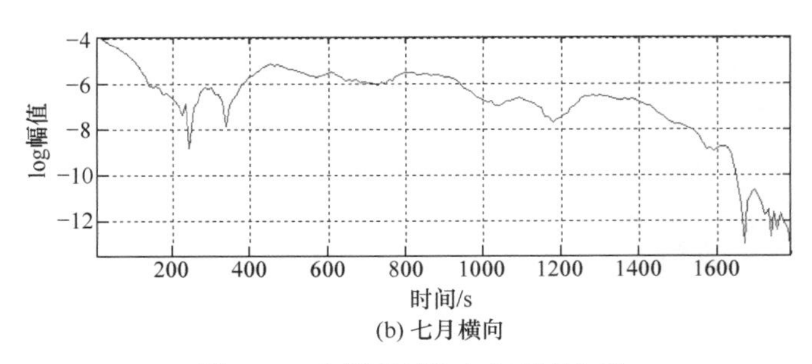

(b) 七月横向

图 4-33　主梁半对数自由衰减曲线

过 SVD 分解得到的功率谱密度函数不完全与单自由度系统对应，因此对于该桥主梁实测数据，采用 EFDD 法识别出的阻尼比会产生误差。

FDD 和 EFDD 法主梁模态频率、阻尼比、振型的识别结果见表 4-8～表 4-11、图 4-34 和图 4-35。

表 4-8　EFDD 法主梁竖向频率识别结果　　(单位：Hz)

编号	FV1	FV2	FV3	FV4	FV5	FV6	FV7
一月	0.1855	0.2191	0.3374	0.3888	0.4464	0.5299	0.5765
二月	0.185	0.2192	0.3362	0.3853	0.4481	0.5273	0.577
三月	0.185	0.2167	0.3339	0.3861	0.4419	0.5278	0.5697
四月	0.1845	0.2175	0.3356	0.3867	0.4476	0.5259	0.5706
五月	0.1834	0.2178	0.3328	0.3862	0.4426	0.529	0.5706
六月	0.1839	0.217	0.3373	0.3876	0.4434	0.5217	0.5676
七月	0.1854	0.2196	0.3269	0.3837	0.4484	0.5257	0.5705
八月	0.1823	0.2163	0.3297	0.3811	0.442	0.5265	0.5701
九月	0.1857	0.2165	0.3366	0.3833	0.448	0.5239	0.5695
十月	0.1853	0.2167	0.3344	0.3867	0.4461	0.5233	0.5736
十一月	0.1847	0.2186	0.3359	0.3864	0.4476	0.5276	0.5731
十二月	0.1842	0.2197	0.3367	0.3872	0.4475	0.5367	0.5747
均值	0.1846	0.2179	0.3345	0.3858	0.4458	0.5271	0.5720

表 4-9　EFDD 法主梁竖向阻尼比识别结果　　(单位：%)

编号	DV1	DV2	DV3	DV4	DV5	DV6	DV7
一月	0.176	0.1763	0.0896	0.0982	0.0789	0.0763	0.0514
二月	0.2074	0.2179	0.1271	0.1038	0.0646	0.0673	0.0707
三月	0.2617	0.1362	0.1278	0.0945	0.1009	0.0668	0.0738
四月	0.2394	0.1746	0.1124	0.0916	0.0903	0.0833	0.0535
五月	0.2114	0.171	0.1131	0.1064	0.0869	0.0596	0.072

续表

编号	DV1	DV2	DV3	DV4	DV5	DV6	DV7
六月	0.2027	0.181	0.1103	0.1042	0.084	0.0704	0.0843
七月	0.2159	0.1525	0.109	0.0934	0.0865	0.0669	0.0797
八月	0.1707	0.1601	0.1083	0.0891	0.1001	0.0795	0.0726
九月	0.2056	0.2252	0.0862	0.107	0.0975	0.0703	0.046
十月	0.2655	0.2114	0.1042	0.0983	0.0805	0.0624	0.0938
十一月	0.2376	0.2038	0.1284	0.0934	0.0734	0.0708	0.0642
十二月	0.2134	0.1445	0.1296	0.0951	0.093	0.0697	0.0623
均值	0.2173	0.1795	0.1122	0.0979	0.0864	0.0703	0.0687

表 4-10　EFDD 法主梁横向频率识别结果　(单位：Hz)

编号	FH1	FH3	FH5
一月	0.0864	0.2942	0.5689
三月	0.0986	0.2728	0.5583
四月	0.1131	0.2617	0.507
五月	0.1039	0.2767	0.517
六月	0.0853	0.2839	0.5209
七月	0.1084	0.2947	0.5366
八月	0.0953	0.2585	0.4953
九月	0.1017	0.2921	0.5331
十月	0.1003	0.2881	0.4239
十一月	0.0961	0.2759	0.4392
十二月	0.1114	0.295	0.5072
均值	0.1000	0.2812	0.5098

表 4-11　EFDD 法主梁横向阻尼比识别结果　(单位：%)

编号	DH1	DH3	DH5
一月	0.4489	0.1151	0.0653
三月	0.2476	0.1359	0.0544
四月	0.2837	0.1149	0.0563
五月	0.3309	0.1128	0.065
六月	0.325	0.1172	0.0676
七月	0.3929	0.1359	0.0596

续表

编号	DH1	DH3	DH5
八月	0.3641	0.1211	0.0667
九月	0.4097	0.1336	0.0648
十月	0.2351	0.1209	0.0624
十一月	0.2105	0.1029	0.0632
十二月	0.4372	0.1616	0.0583
均值	0.3351	0.1247	0.0621

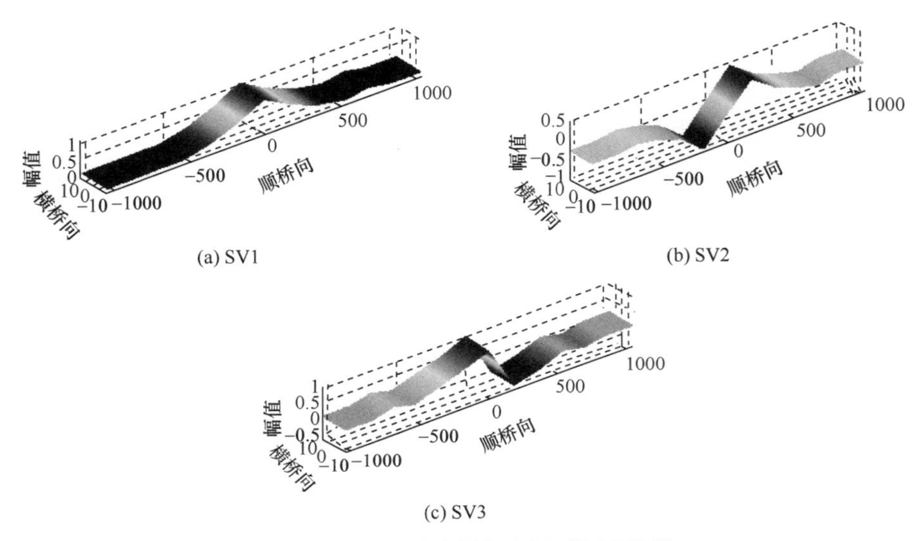

图 4-34　FDD 法主梁竖向振型识别结果

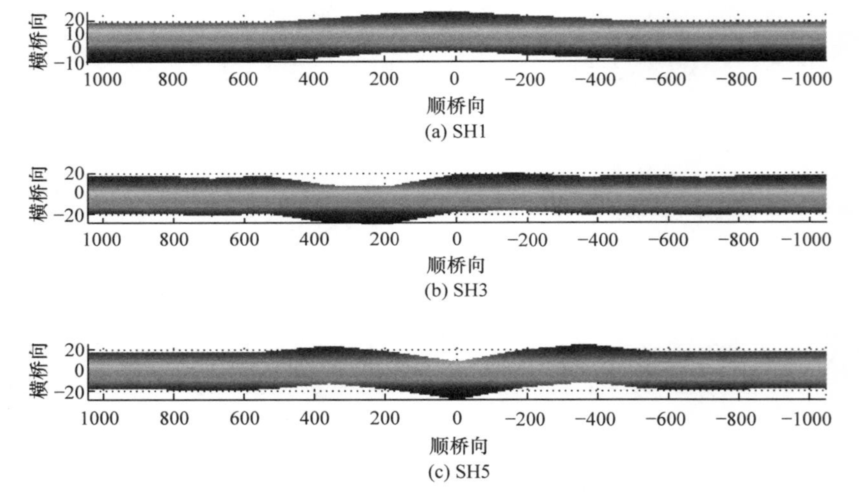

图 4-35　FDD 法主梁横向振型识别结果

由此可见，采用 EFDD 法识别出的主梁竖向阻尼比较小，且高阶相对低阶阻尼比更小。

识别的主梁竖向振型分别对应一阶和二阶，前两个振型形状规则，与理论形状吻合较好，第三个振型形状局部出现偏差，但整体形状与理论形状一致。

同理可知，采用 EFDD 法识别出的主梁横向阻尼比均较小，且随着阶次的增加，阻尼比越来越小。

识别的主梁横向振型分别对应一阶、二阶和三阶，第一、三个振型形状规则，与理论形状吻合较好，第二个振型形状局部出现偏差，但整体形状与理论形状一致。

将频域法识别结果与有限元结果对比，发现 0.4Hz 附近的频率未识别，原因为该桥运营状态下该阶频率对应的振动没有被激起，或者传感器数量有限，该阶振动未被测得。

两种频域方法识别到的主梁模态阻尼比均较小，符合频域方法小阻尼结构的假设，可用功率谱密度曲线峰值对应的频率估计结构的固有频率，因此 PP 法和 EFDD 法识别的主梁频率值相等。

2. 时域 SSI 法

采用 SSI-Cov 法和 SSI-Data 法分别对筛选出的每组主梁数据进行处理，得到对应的稳定图，图 4-36 为一月主梁竖向数据得到的稳定图，其余各组数据图形与其相似。

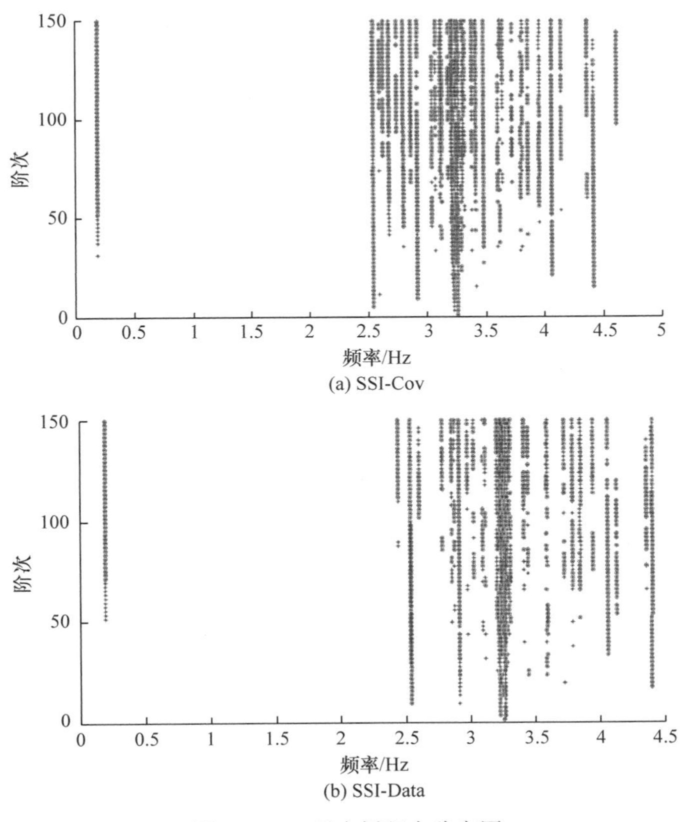

(a) SSI-Cov

(b) SSI-Data

图 4-36 一月主梁竖向稳定图

稳定图中，稳定轴(即频率、阻尼和振型均稳定的点组成的轴)对应的频率即为系统的固有频率。观察发现，两种方法识别的竖向稳定轴主要集中在 0.19Hz 和 2.5～4.5Hz；低阶部分稳定点个数多、清晰可见的稳定轴基本只有一个；高阶部分稳定轴比较密集，存在密集且不易区分的稳定轴，认定为虚假模态稳定轴；SSI-Cov 法绘制的稳定轴数量较多，但其包含的虚假模态数量也较多。

下面对 3.0Hz 以前的主梁模态参数识别结果进行汇总。每组主梁竖向数据识别出的模态频率、阻尼比和振型结果见表 4-12～表 4-15、图 4-37 和图 4-38。

表 4-12　SSI-Cov 法主梁竖向频率识别结果　　(单位：Hz)

编号	FV1	FV2	FV8	FV9	FV10	FV11	FV12	FV13	FV14	FV15	FV16	FV17	FV18
一月	0.186	—	—	—	—	—	2.586	2.669	2.733	2.794	2.854	2.912	—
二月	—	0.219	—	—	—	2.426	2.545	—	—	2.813	2.873	—	—
三月	0.185	—	—	—	—	—	—	—	—	—	2.872	—	2.972
四月	—	—	—	—	—	—	—	—	—	—	—	—	—
五月	0.186	—	—	—	—	—	—	—	2.755	—	—	2.937	—
六月	0.184	—	2.117	2.262	—	2.467	—	—	—	—	—	2.905	—
七月	—	—	—	—	—	2.458	—	—	—	2.833	—	2.953	2.994
八月	0.184	—	—	2.254	2.344	2.462	—	—	—	2.835	—	2.957	—
九月	0.184	—	—	2.267	—	2.468	—	—	—	2.804	—	—	—
十月	0.185	0.218	—	2.286	—	—	—	—	—	—	—	2.943	2.985
十一月	0.185	—	2.128	—	—	2.494	—	2.605	—	—	2.855	—	2.994
十二月	0.186	0.219	—	—	—	—	2.524	—	—	—	—	—	—
均值	0.185	0.219	2.123	2.267	2.344	2.463	2.552	2.637	2.744	2.816	2.863	2.935	2.986

表 4-13　SSI-Data 法主梁竖向频率识别结果　　(单位：Hz)

编号	FV1	FV2	FV9	FV10	FV11	FV12	FV13	FV16	FV17	FV18
一月	0.186	—	—	—	2.447	2.537	2.608	—	2.915	—
二月	—	0.208	—	—	—	2.542	—	—	—	—
三月	0.185	—	—	—	—	—	—	2.875	—	2.974
四月	—	0.203	—	—	—	—	—	—	—	—
五月	0.186	—	—	—	—	—	—	—	2.953	—
六月	0.184	—	2.265	—	2.474	—	—	—	—	—
七月	—	—	—	—	—	—	—	—	—	—
八月	0.184	—	2.258	2.426	2.472	—	—	2.836	2.945	—

续表

编号	FV1	FV2	FV9	FV10	FV11	FV12	FV13	FV16	FV17	FV18
九月	0.184	—	2.274	—	—	—	2.604	—	—	—
十月	0.185	0.217	2.295	2.393	—	—	—	—	2.953	2.983
十一月	0.185	0.219	—	—	—	2.502	—	—	—	2.987
十二月	0.186	0.218	—	—	—	2.527	—	—	—	—
均值	0.185	0.213	2.273	2.410	2.465	2.527	2.606	2.856	2.942	2.981

表 4-14　SSI-Cov 法主梁竖向阻尼比识别结果　　(单位：%)

编号	DV1	DV2	DV8	DV9	DV10	DV11	DV12	DV13	DV14	DV15	DV16	DV17	DV18
一月	0.566	—	—	—	—	—	0.380	0.407	0.354	0.470	0.540	0.275	—
二月	—	2.024	—	—	0.911	—	1.058	—	—	0.986	0.607	—	—
三月	1.684	—	—	—	—	—	—	—	—	—	0.704	—	0.600
四月	—	—	—	—	—	—	—	—	—	—	—	—	—
五月	1.952	—	—	—	—	—	—	—	0.896	—	—	0.303	—
六月	0.170	—	0.489	0.420	—	0.682	—	—	—	—	—	0.842	—
七月	—	—	—	—	—	0.677	—	—	—	0.495	—	0.165	0.755
八月	2.351	—	—	0.813	0.529	0.744	—	—	—	1.004	—	1.015	—
九月	0.697	—	—	0.454	—	0.751	—	—	—	0.851	—	—	—
十月	1.278	1.272	—	0.892	—	—	—	—	—	—	—	0.706	1.039
十一	0.450	—	0.981	—	—	1.285	—	0.628	—	—	0.956	—	0.752
十二	0.652	0.895	—	—	—	—	0.787	—	—	—	—	—	—
均值	1.089	1.397	0.735	0.645	0.720	0.828	0.742	0.518	0.625	0.761	0.702	0.551	0.787

表 4-15　SSI-Data 法主梁竖向阻尼比识别结果　　(单位：%)

编号	DV1	DV2	DV9	DV10	DV11	DV12	DV13	DV16	DV17	DV18
一月	0.535	—	—	—	0.257	0.434	0.378	—	0.287	—
二月	—	1.302	—	—	—	0.726	—	—	—	—
三月	1.549	—	—	—	—	—	—	0.814	—	0.560
四月	—	2.448	—	—	—	—	—	—	—	—
五月	2.450	—	—	—	—	—	—	—	0.276	—
六月	0.293	—	0.425	—	0.900	—	—	—	—	—

续表

编号	DV1	DV2	DV9	DV10	DV11	DV12	DV13	DV16	DV17	DV18
七月	—	—	—	—	—	—	—	—	—	—
八月	2.080	—	0.456	0.727	0.633	—	—	0.700	0.791	—
九月	0.955	—	0.633	—	—	—	0.787	—	—	—
十月	1.544	1.504	0.545	0.714	—	—	—	—	0.650	0.376
十一月	0.472	2.379	—	—	—	0.581	—	—	—	0.363
十二月	0.592	1.048	—	—	—	0.451	—	—	—	—
均值	1.163	1.736	0.515	0.721	0.597	0.548	0.583	0.757	0.501	0.433

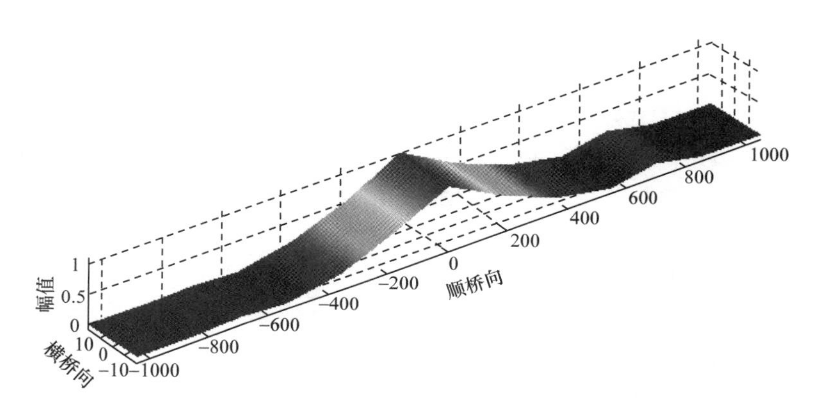

图 4-37　SSI-Cov 法主梁竖向振型(SV1)识别结果

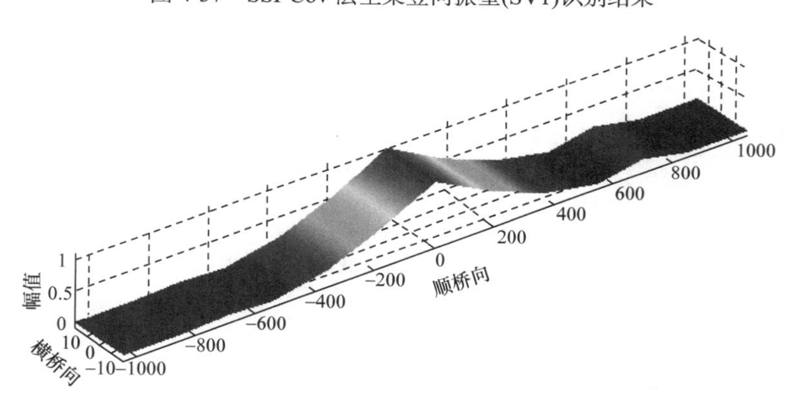

图 4-38　SSI-Data 法主梁竖向振型(SV1)识别结果

由此可见，该桥的传感器布置数量较少，可用数据有限，SSI 法识别的主梁竖向一阶振型形状规则，与理论形状吻合较好。

图 4-39 为七月主梁横向数据得到的稳定图，其余各组数据图形与其相似。

每组主梁横向数据识别出的模态频率、阻尼和振型，结果如表 4-16～表 4-19、图 4-40 和图 4-41 所示。

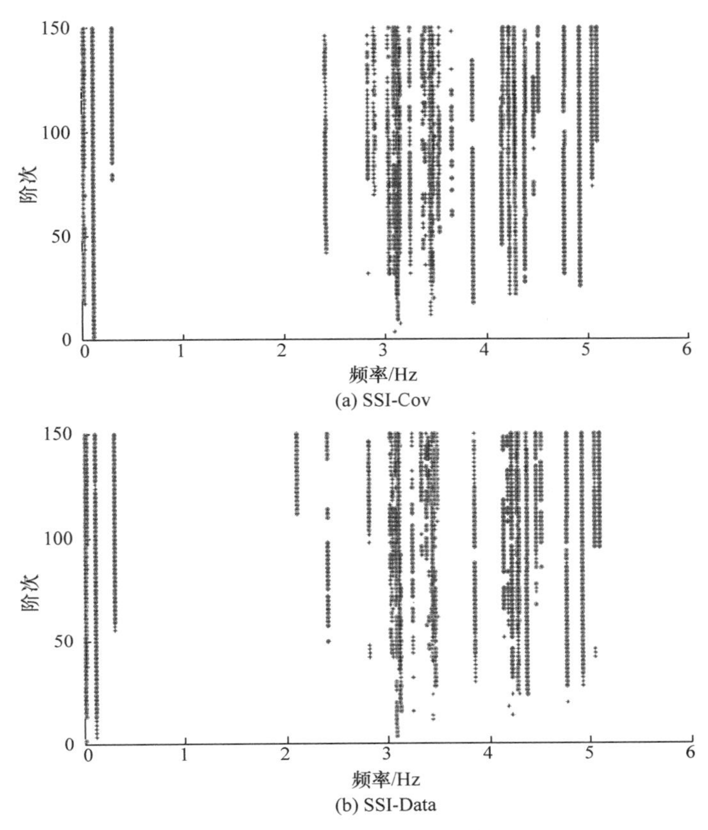

(a) SSI-Cov

(b) SSI-Data

图 4-39　七月主梁横向稳定图

表 4-16　SSI-Cov 法主梁横向频率识别结果　　　　(单位：Hz)

编号	FH1	FH2	FH3	FH4	FH5	FH6	FH7	FH8	FH9	FH10	FH11	FH12
一月	—	—	—	—	—	0.632	—	—	—	—	2.369	2.414
三月	—	—	—	—	—	—	—	—	—	—	—	2.416
四月	—	—	—	—	—	0.624	—	—	—	—	—	2.454
五月	—	—	—	—	—	—	—	—	—	2.276	—	2.429
六月	—	—	—	—	—	—	—	—	2.096	—	2.393	—
七月	0.108	—	0.299	—	—	—	—	—	—	—	—	2.406
八月	—	—	—	—	—	—	—	—	2.096	2.253	2.355	2.419
九月	0.096	—	—	—	—	—	—	—	—	2.267	2.375	—
十月	—	0.170	0.285	0.426	—	0.621	—	—	—	2.292	2.363	2.454
十一	—	0.161	—	0.422	—	0.619	—	—	—	—	—	2.423
十二	0.110	—	0.301	—	0.522	0.625	0.944	1.374	—	—	—	2.419
均值	0.105	0.166	0.295	0.424	0.522	0.624	0.944	1.374	2.096	2.272	2.371	2.426

表 4-17　SSI-Data 法主梁横向频率识别结果　　(单位：Hz)

编号	FH1	FH2	FH3	FH4	FH5	FH6	FH7	FH8	FH9	FH10	FH12
一月	—	—	—	—	—	0.624	—	—	2.185	—	2.372
三月	—	—	—	—	—	—	—	—	—	—	2.413
四月	—	—	—	—	—	—	—	—	—	—	—
五月	—	—	—	—	—	—	—	—	—	—	2.426
六月	—	—	—	—	—	—	—	—	—	—	2.393
七月	0.109	—	0.298	—	—	—	—	—	2.104	—	2.405
八月	—	—	—	—	—	—	—	—	2.097	2.256	2.406
九月	0.091	—	—	—	—	—	—	—	—	2.274	2.383
十月	—	0.167	0.285	0.422	—	0.619	—	—	—	2.295	—
十一	—	0.155	0.265	0.416	—	0.614	—	—	—	—	2.415
十二	0.111	—	0.302	—	0.526	0.625	0.946	1.373	—	—	2.433
均值	0.104	0.161	0.288	0.419	0.526	0.621	0.946	1.373	2.129	2.275	2.405

表 4-18　SSI-Cov 法主梁横向阻尼比识别结果　　(单位：%)

编号	DH1	DH2	DH3	DH4	DH5	DH6	DH7	DH8	DH9	DH10	DH11	DH12
一月	—	—	—	—	—	1.435	—	—	—	—	0.536	0.781
三月	—	—	—	—	—	—	—	—	—	—	—	1.110
四月	—	—	—	—	—	2.646	—	—	—	—	—	0.963
五月	—	—	—	—	—	—	—	—	—	0.457	—	1.120
六月	—	—	—	—	—	—	—	—	0.519	—	1.092	—
七月	2.246	—	3.196	—	—	—	—	—	—	—	—	0.886
八月	—	—	—	—	—	—	—	—	0.395	0.828	1.040	0.553
九月	4.119	—	—	—	—	—	—	—	—	0.375	1.045	—
十月	—	3.585	4.503	3.896	—	0.725	—	—	—	0.946	1.016	1.021
十一	—	4.034	—	3.926	—	1.760	—	—	—	—	—	1.560
十二	2.444	—	3.511	—	3.518	2.227	3.143	1.710	—	—	—	1.049
均值	2.936	3.810	3.737	3.911	3.518	1.759	3.143	1.710	0.457	0.652	0.946	1.005

表 4-19　SSI-Data 法主梁横向阻尼比识别结果　　(单位：%)

编号	DH1	DH2	DH3	DH4	DH5	DH6	DH7	DH8	DH9	DH10	DH11	DH12
一月	—	—	—	—	—	1.435	—	—	—	—	0.536	0.781
三月	—	—	—	—	—	—	—	—	—	—	—	1.110

续表

编号	DH1	DH2	DH3	DH4	DH5	DH6	DH7	DH8	DH9	DH10	DH11	DH12
四月	—	—	—	—	—	2.646	—	—	—	—	—	0.963
五月	—	—	—	—	—	—	—	—	—	0.457	—	1.120
六月	—	—	—	—	—	—	—	—	0.519	—	1.092	—
七月	2.246	—	3.196	—	—	—	—	—	—	—	—	0.886
八月	—	—	—	—	—	—	—	—	0.395	0.828	1.040	0.553
九月	4.119	—	—	—	—	—	—	—	—	0.375	1.045	—
十月	—	3.585	4.503	3.896	—	0.725	—	—	—	0.946	1.016	1.021
十一	—	4.034	—	3.926	—	1.760	—	—	—	—	—	1.560
十二	2.444	—	3.511	—	3.518	2.227	3.143	1.710	—	—	—	1.049
均值	2.936	3.810	3.737	3.911	3.518	1.759	3.143	1.710	0.457	0.652	0.946	1.005

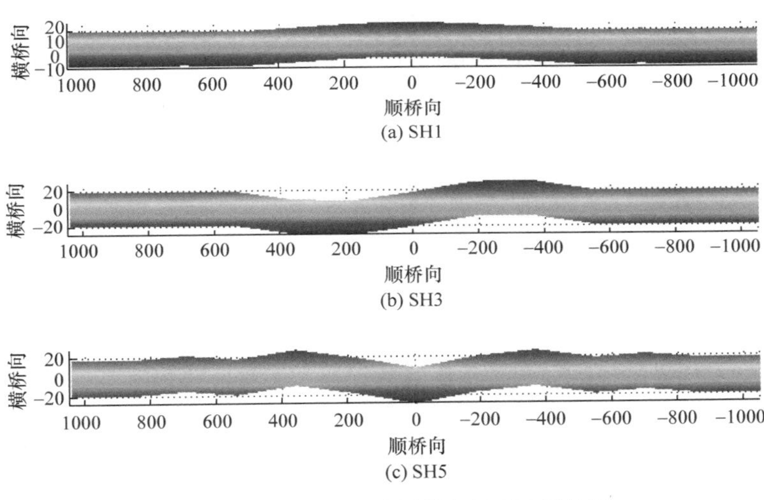

图 4-40　SSI-Cov 法主梁横向振型识别结果

由此可见，识别的主梁横向振型分别对应一阶、二阶和三阶，振型形状规则，与理论形状吻合较好。

SSI 法中通过稳定图识别系统频率与频域方法中通过功率谱密度曲线识别系统频率的方式类似，稳定轴对应的频率与功率谱密度曲线中峰值点对应的频率即为识别的系统频率。不同的是频域方法需要人工识别峰值点，且由于存在人为的主观判断，在已知各阶频率分布范围的情况下，对于相对不明显的峰值点也能准确识别；而 SSI 法不需要过多的人为参与，初步参数确定以后便可用计算机实现，自动化程度高，但是识别的频率数量相对较少，根据系统激励情况不同，只能识别出对结构贡献较大的频率点；同时 SSI 法容易出现虚假模态，不能在计算过程中得以剔除。

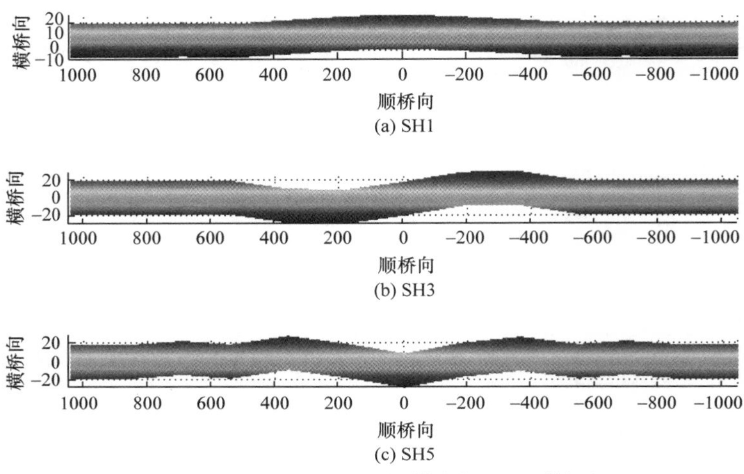

图 4-41　SSI-Data 法主梁横向振型识别结果

3. 时频域 HHT 法

运营状态下桥梁结构的测试信号，受噪声干扰严重，为了准确地识别结构模态参数，消除 EMD 分解产生的模态混叠问题，通常采用带通滤波对 HHT 法进行改进[18]，这是在已知结构频率分布范围的情况下识别模态参数，与频域方法类似，均存在人为干扰大、自动化程度低等缺点。如前所述，改进 EEMD 算法具有消除模态混叠问题的作用，因此下面结合改进 EEMD 算法、相关性检验、主成分分析和 Hilbert 变换对实测响应信号进行处理，识别结构的模态参数。

1) 主梁实测数据处理

以主梁一月竖向筛选数据为例，第 1 个传感器数据改进 EEMD 分解结果如图 4-42 所示，其余传感器图形与此类似；对各 IMF 分量进行相关性检验和主成分分析，筛选出富含结构信息的分量，本例选出 5 个 IMF 分量，进行 Hilbert 变换，得到 Hilbert 时频谱，如图 4-43 所示；HHT 法主梁竖向频率汇总的结果如图 4-44 所示。

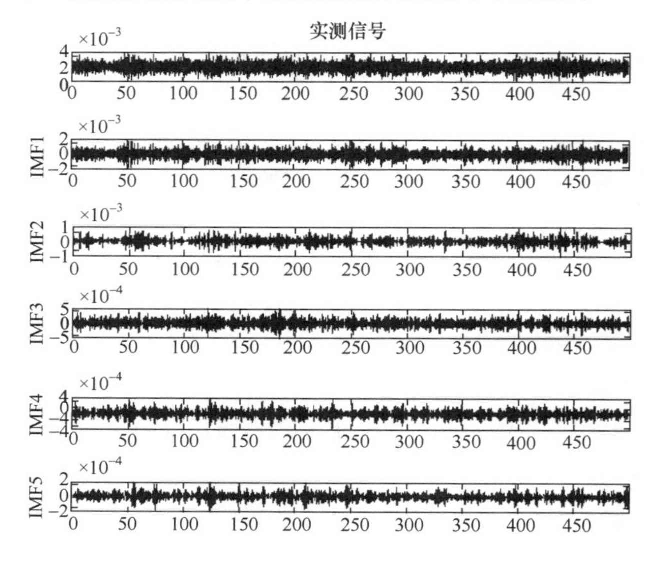

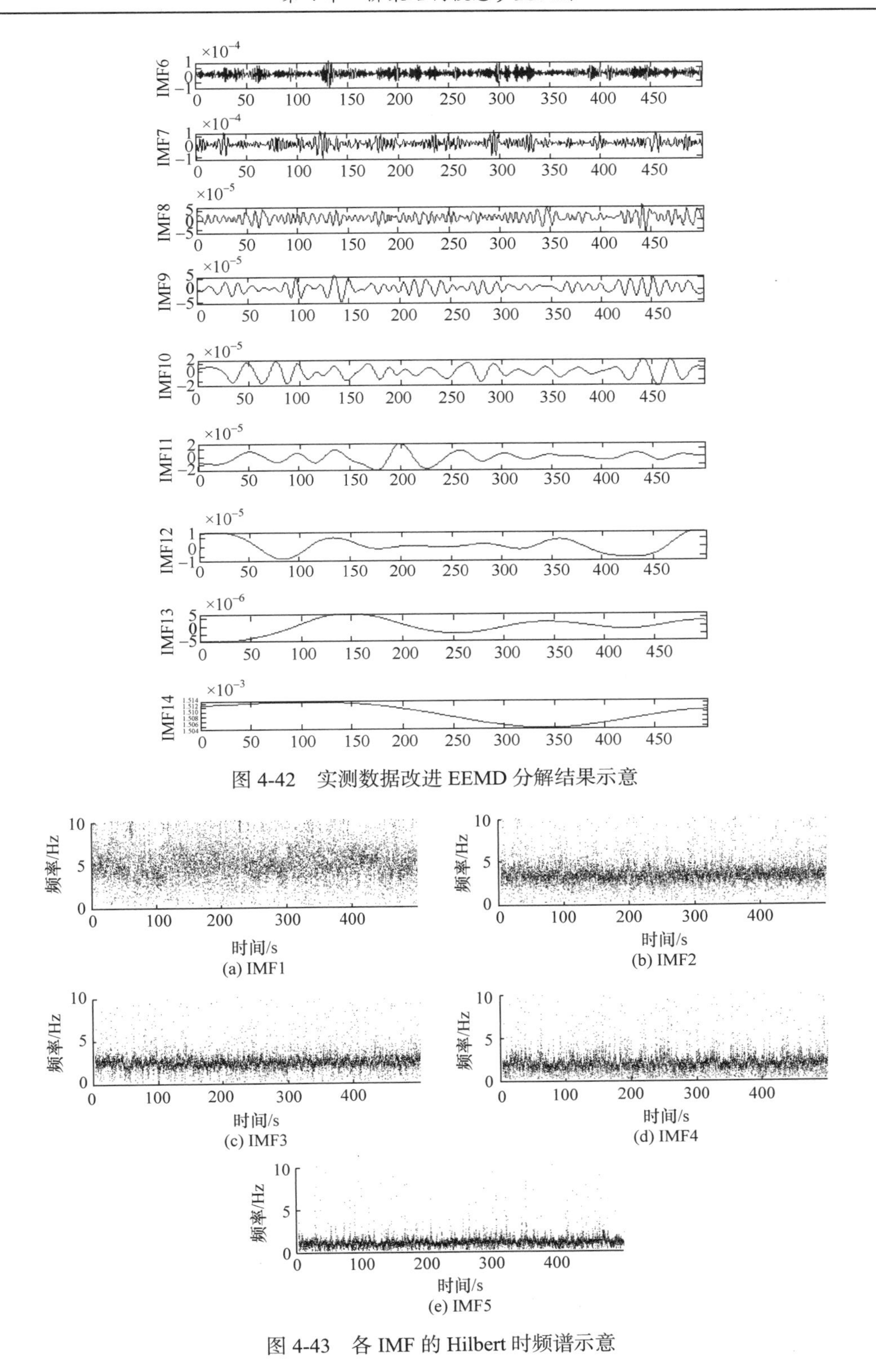

图 4-42　实测数据改进 EEMD 分解结果示意

图 4-43　各 IMF 的 Hilbert 时频谱示意

主梁竖向频率对比图如图 4-45 所示。总结竖向频率识别结果，HHT 法识别到的频率值较少，比较分散，不同传感器识别到的频率值差别较大；实测信号经改进 EEMD 分解后，

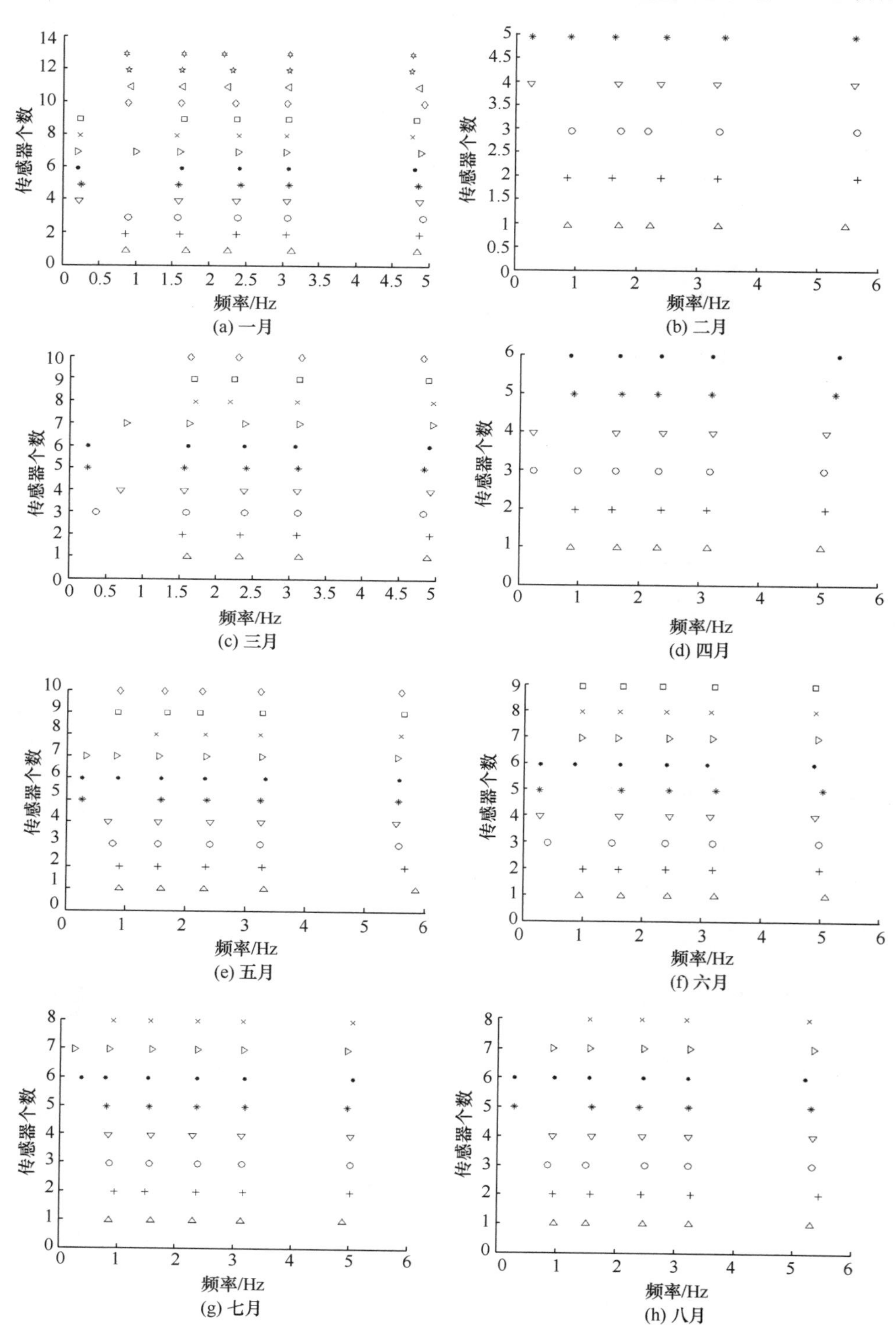

(a) 一月　(b) 二月　(c) 三月　(d) 四月　(e) 五月　(f) 六月　(g) 七月　(h) 八月

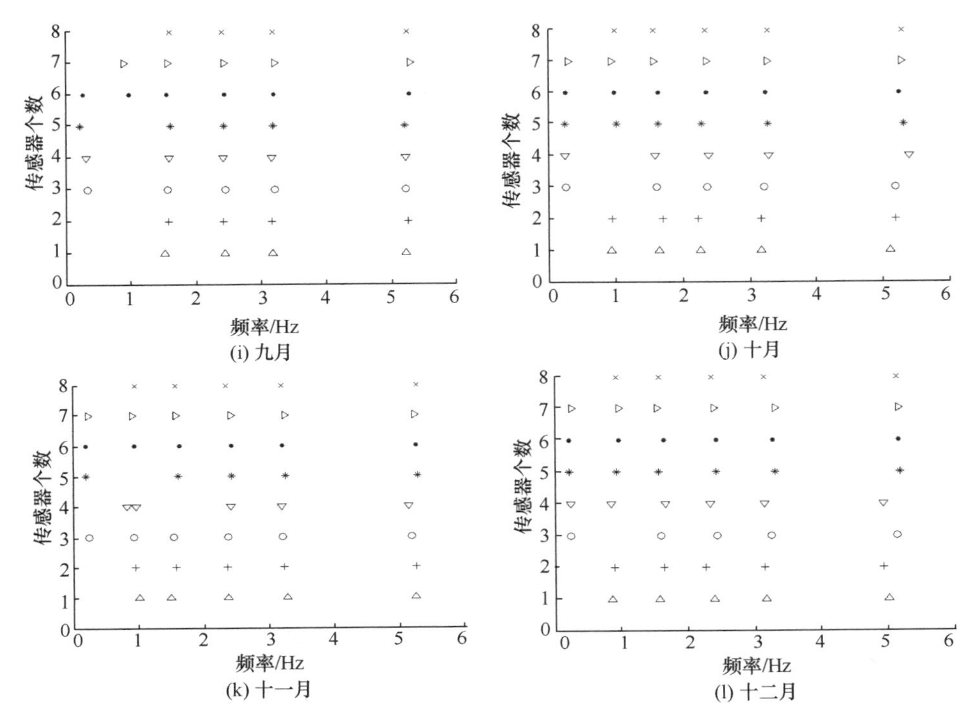

图 4-44　HHT 法主梁竖向频率汇总图

得到的各 IMF 分量包含的频率成分较多，瞬时频率值跨度大，存在模态混叠，平均计算后的频率值误差大、不能清晰表征主要成分，例如，该桥前两阶模态频率较接近，本方法未能将其分开，说明对于密集模态结构，改进 EEMD 分解不彻底，不能完全消除模态混叠问题。

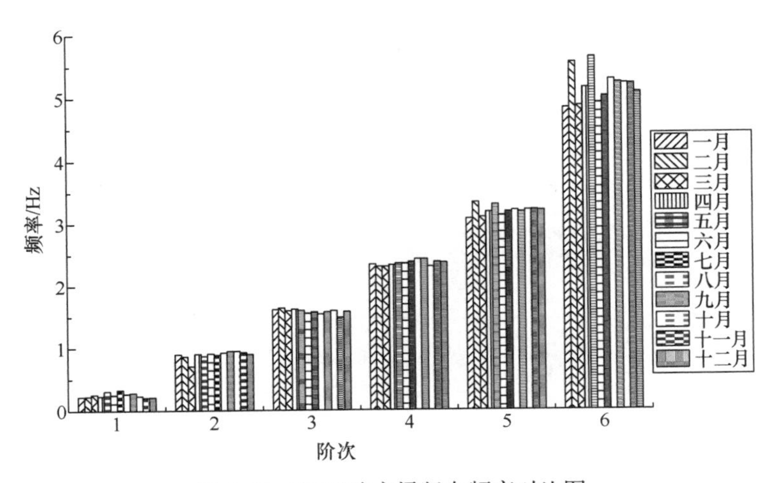

图 4-45　HHT 法主梁竖向频率对比图

基于该桥竖向频率识别效果不理想，得不到准确的阻尼和振型；HHT 法主梁横向数据模态参数识别结果与竖向类似。

上述结果表明，本方法对密集模态结构的参数识别效果不理想，得不到较好的结果；同时，该桥在运营状态下受周围环境影响，实测信号受噪声干扰严重，也会对参数识别结果造成影响。下面通过数值算例验证噪声水平对基于改进 EEMD 的 HHT 方法的影响。

2) 数值算例

对含有两种频率成分的解析信号进行处理。原始信号为 $x(t)=\sin(2\pi t)+2\sin\left(10\pi t+\frac{\pi}{4}\right)$，采样频率 20Hz，采样时长 50s。

叠加噪声水平分别为 16.7%和 33.3%的高斯分布白噪声 $n_1(t)$ 和 $n_2(t)$，得到含噪声的信号：$y(t)=x(t)+n_1(t)$、$z(t)=x(t)+n_2(t)$。采用基于改进 EEMD 的 HHT 方法对 $x(t)$、$y(t)$、$z(t)$ 进行处理，结果如图 4-46～图 4-55、表 4-20 所示。

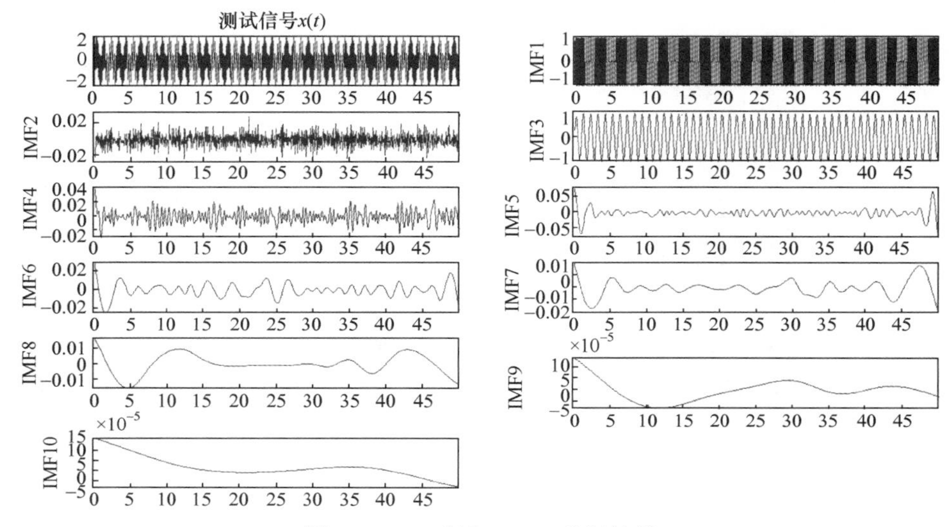

图 4-46　$x(t)$改进 EEMD 分解结果

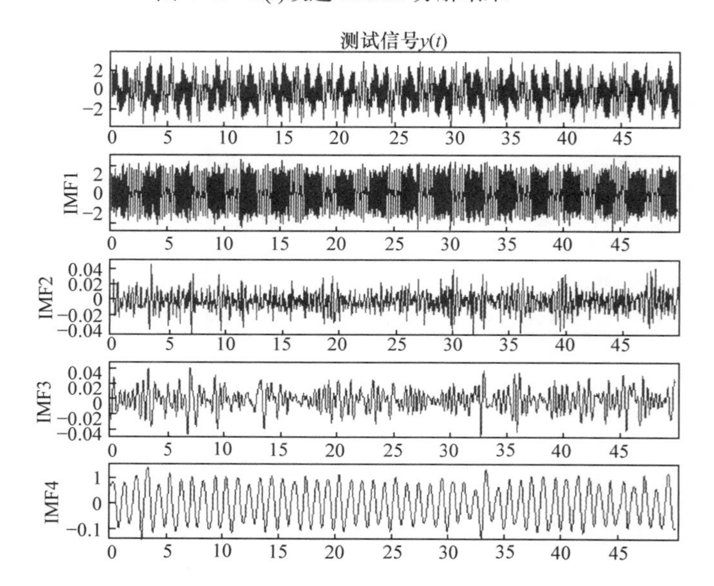

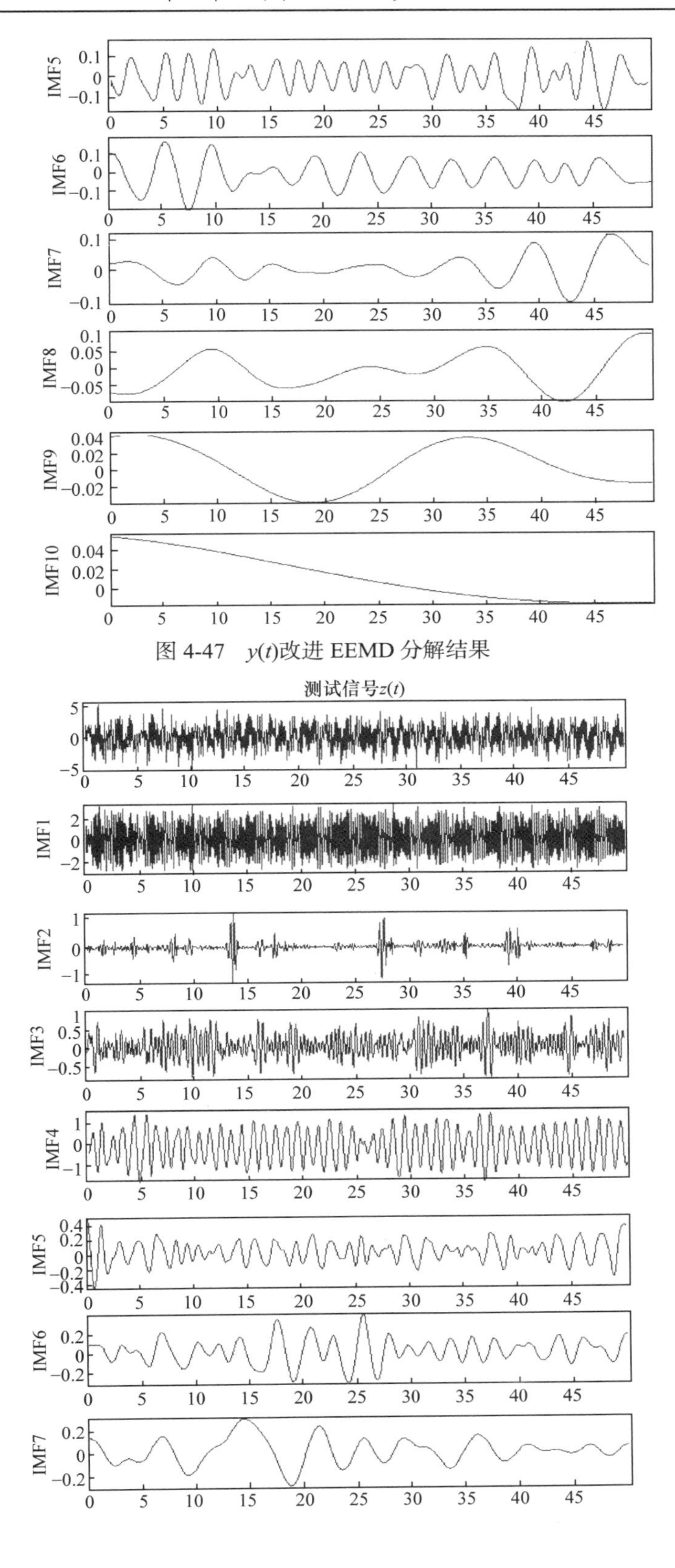

图 4-47　$y(t)$改进 EEMD 分解结果

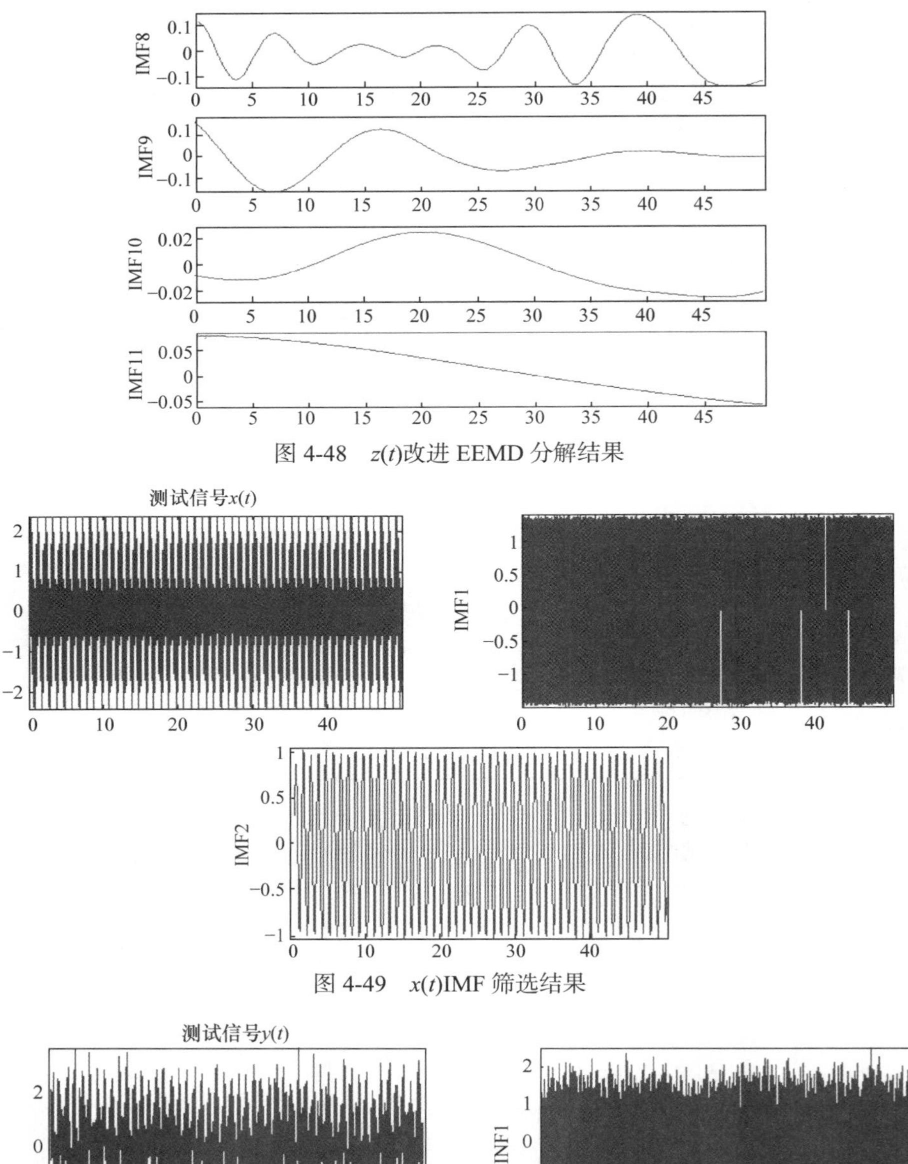

图 4-48　z(t)改进 EEMD 分解结果

图 4-49　x(t)IMF 筛选结果

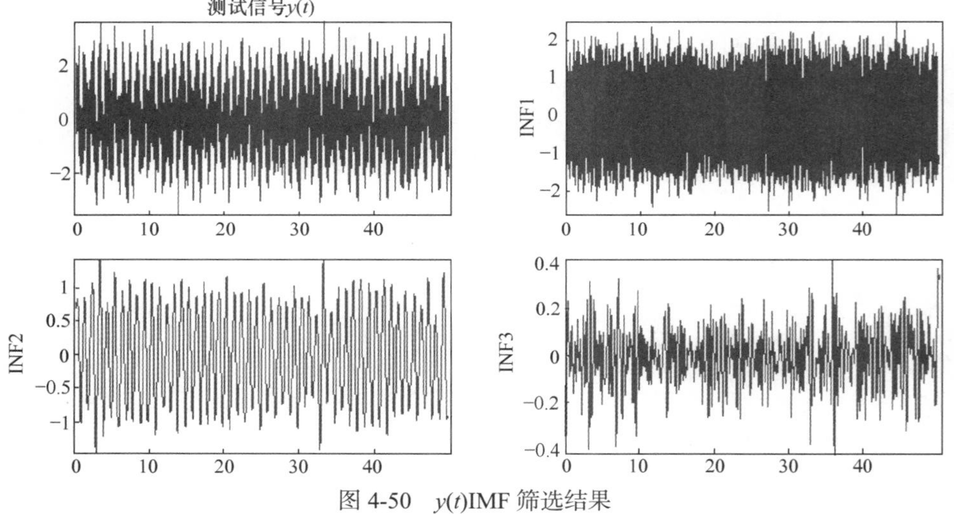

图 4-50　y(t)IMF 筛选结果

综合上述计算结果，当测试信号中存在噪声时，分解得到的 IMF 分量中也掺杂了噪声成分，识别结果会出现一定的误差，噪声水平越高误差越大，噪声水平为 33.3%时，最大误差为 16.96%，说明当噪声水平较高时，识别的频率结果可信度不高；筛选出的 IMF 分量中除包含真实信号外，还含有噪声信息，认为是虚假模态，虚假模态的存在会干扰结构真实参数的识别。当测试信号中存在噪声时，改进 EEMD 很难将噪声与真实信号分开，导致瞬时频率结果不可信。

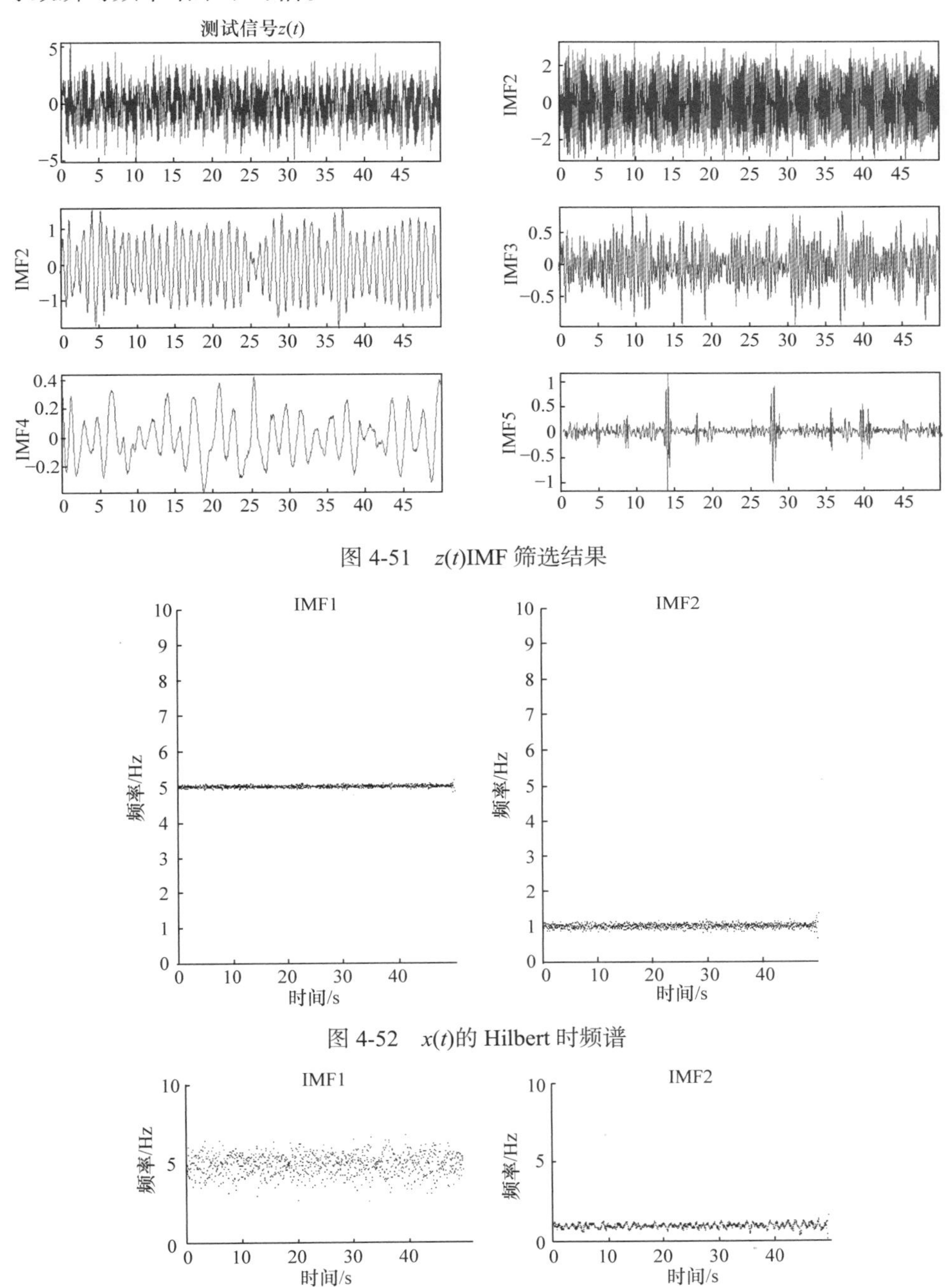

图 4-51　$z(t)$IMF 筛选结果

图 4-52　$x(t)$的 Hilbert 时频谱

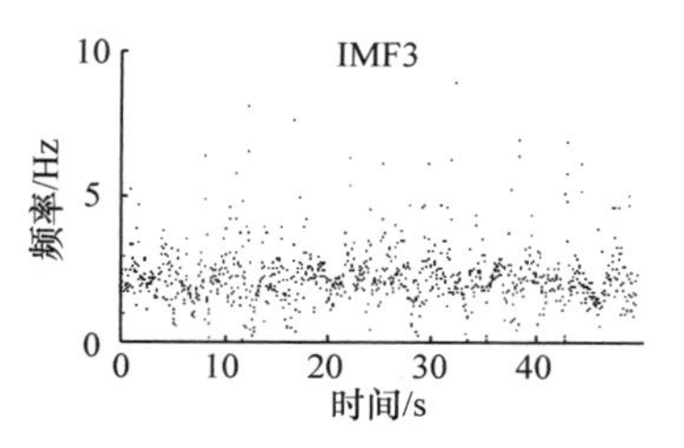

图 4-53　$y(t)$的 Hilbert 时频谱

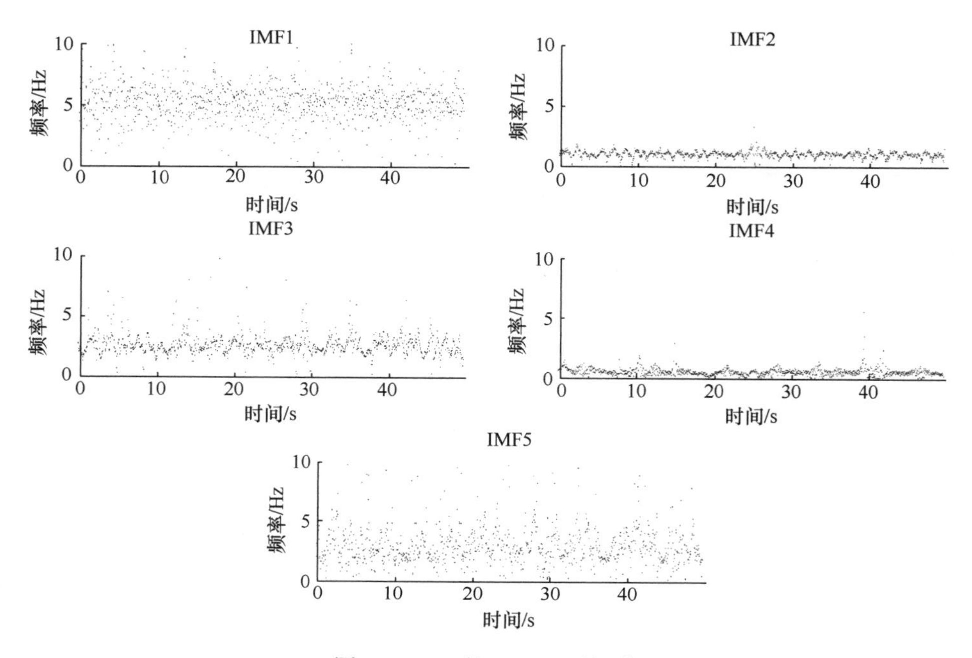

图 4-54　$z(t)$的 Hilbert 时频谱

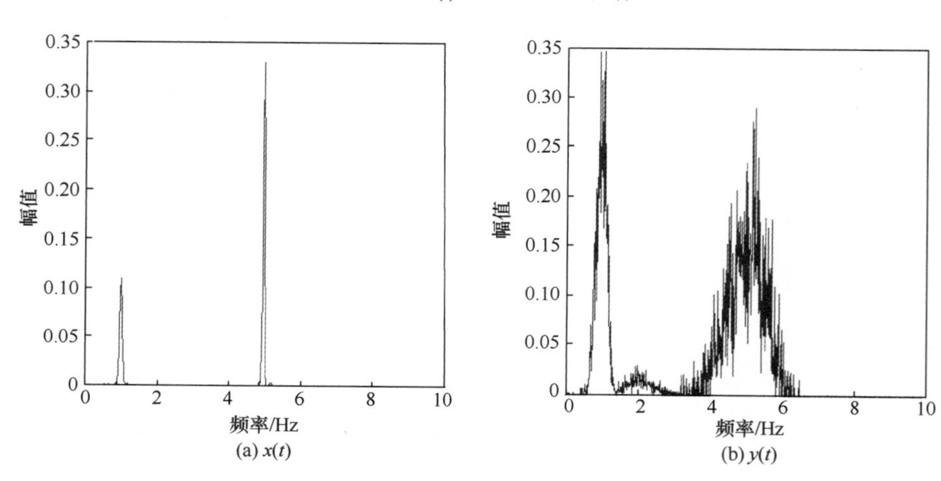

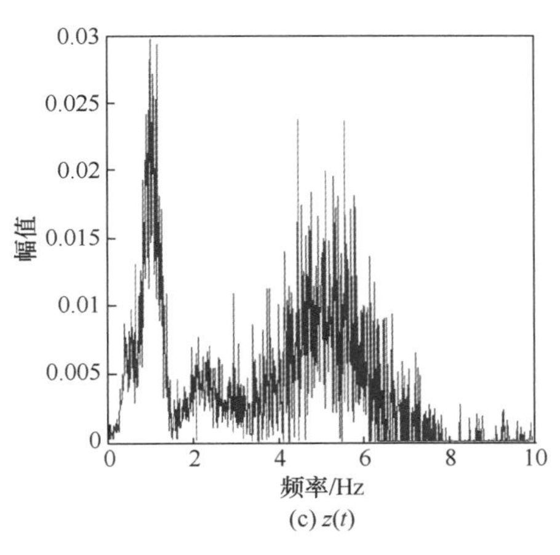

(c) $z(t)$

图 4-55　Hilbert 边际谱

表 4-20　频率汇总表

噪声水平/%	一阶频率		二阶频率	
	识别结果/Hz	误差/%	识别结果/Hz	误差/%
0	1.0018	0.18	4.9993	0.07
16.70	0.9993	0.07	5.0585	5.85
33.30	1.0134	1.34	5.1696	16.96

该桥属于大跨度结构，结构柔，模态比较密集，在运营状态下，测试信号受周围环境的影响较大，噪声水平较高，基于改进 EEMD 的 HHT 方法不能准确识别主梁的模态参数。

4. 对比分析

将各方法主梁模态参数识别结果进行对比分析，因 HHT 方法不能准确识别该桥主梁的模态参数，下面只列出频域和时域法对比结果，如图 4-56～图 4-61 所示。

结合主梁模态参数识别结果以及对比分析成果，总结如下。

(1) 采用不同数据识别到的主梁频率值差别不大，但阻尼比的差别较大，说明阻尼比对数据较敏感；不同方法识别到的阻尼比有一定差别，EFDD 法识别的阻尼比最小，SSI 法识别的阻尼比较大；识别的横向阻尼比较竖向阻尼比大。

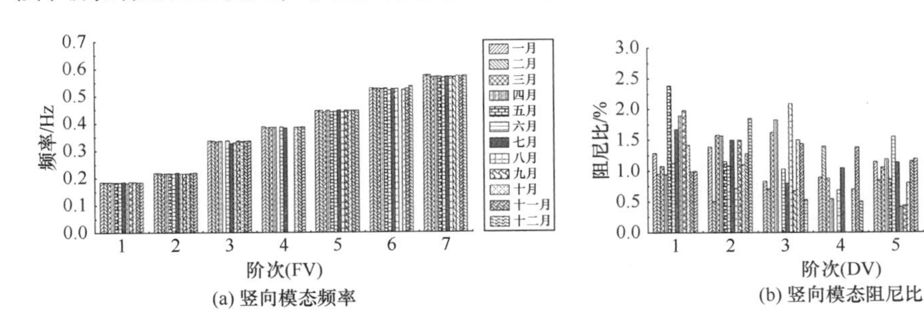

(a) 竖向模态频率　　(b) 竖向模态阻尼比

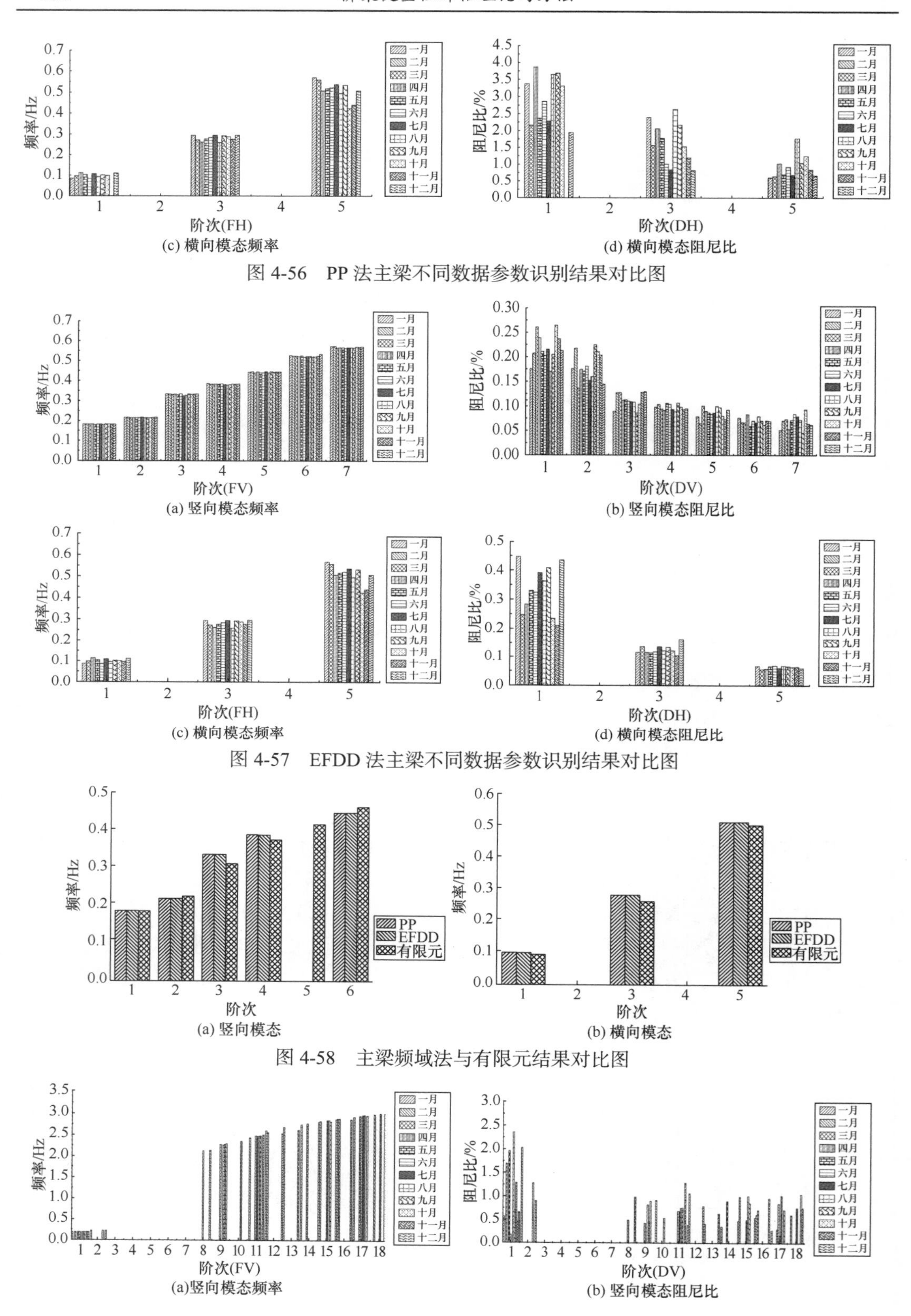

(c) 横向模态频率　(d) 横向模态阻尼比

图 4-56　PP 法主梁不同数据参数识别结果对比图

(a) 竖向模态频率　(b) 竖向模态阻尼比

(c) 横向模态频率　(d) 横向模态阻尼比

图 4-57　EFDD 法主梁不同数据参数识别结果对比图

(a) 竖向模态　(b) 横向模态

图 4-58　主梁频域法与有限元结果对比图

(a)竖向模态频率　(b) 竖向模态阻尼比

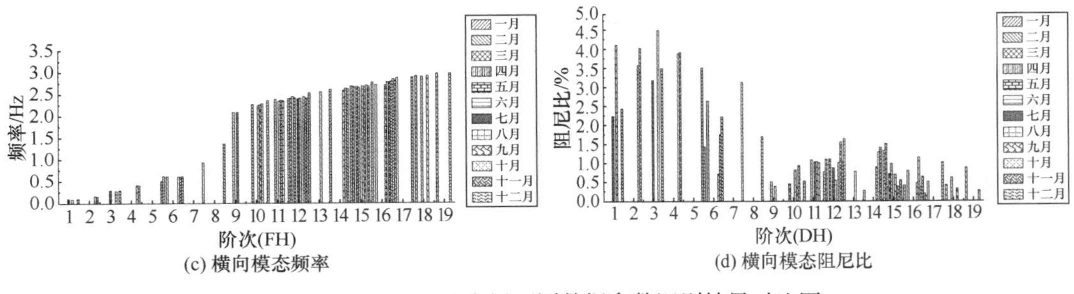

(c) 横向模态频率　(d) 横向模态阻尼比

图 4-59　SSI-Cov 法主梁不同数据参数识别结果对比图

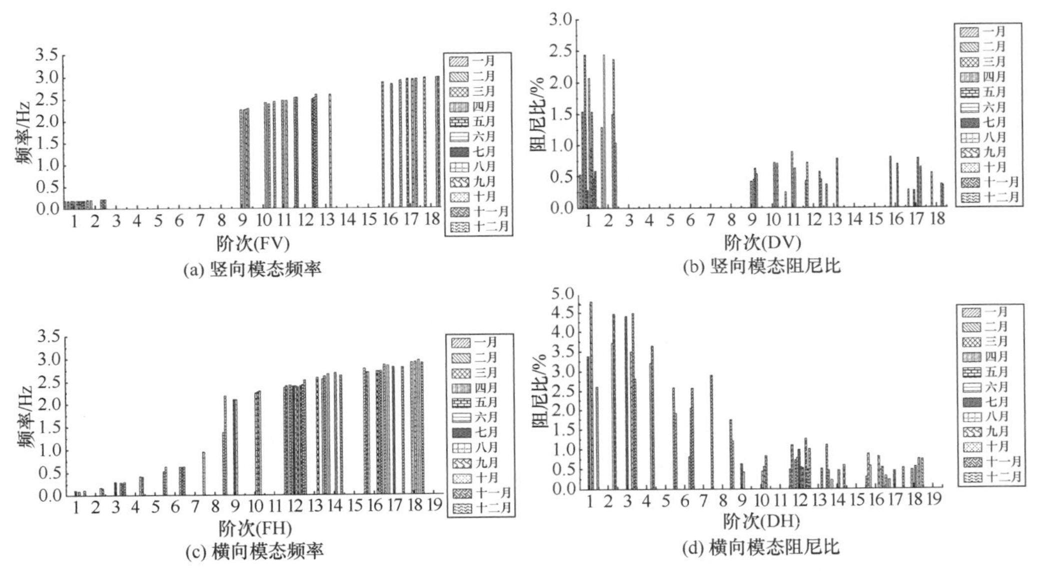

(a) 竖向模态频率　(b) 竖向模态阻尼比

(c) 横向模态频率　(d) 横向模态阻尼比

图 4-60　SSI-Data 法主梁不同数据参数识别结果对比图

(2) 频域方法识别到的主梁频率与有限元结果吻合较好，但识别过程需要过多的人为干预，其中，PP 法简单直接，方便快捷，FDD 法自动化程度有所提高，识别的频率与 PP 法相等，对于该桥实测数据，通过 SVD 分解得到的功率谱密度函数不完全与单自由度系统对应，由此识别的阻尼会产生误差，故其优势未能体现；PP 法对振型的识别效果优于 FDD 法；因此，采用频域方法对斜拉桥主梁进行运营状态下模态参数识别时，可优先选用 PP 法。

(3) 时域 SSI 法不需要过多的人为参与，初步参数确定以后便可用计算机实现，自动化程度高，但是识别到的主梁频率数量相对较少，根据系统激励情况不同，只能识别出对结构贡献较大的频率点，如竖向低阶频率只能识别一阶；同时 SSI 法中容易出现虚假模态，不能在计算过程中完全剔除。其中，SSI-Data 法出现的虚假模态数量较 SSI-Cov 法少，根据理论原理，SSI-Cov 法中计算协方差矩阵需要对数据进行大量乘法运算，会因此增加数据的误差，影响计算结果，而 SSI-Data 法则不涉及这个问题，因此 SSI-Data 法模态参数识别精度较高，采用时域法对斜拉桥主梁进行运营状态下模态参数识别时，可优先选用 SSI-Data 法。

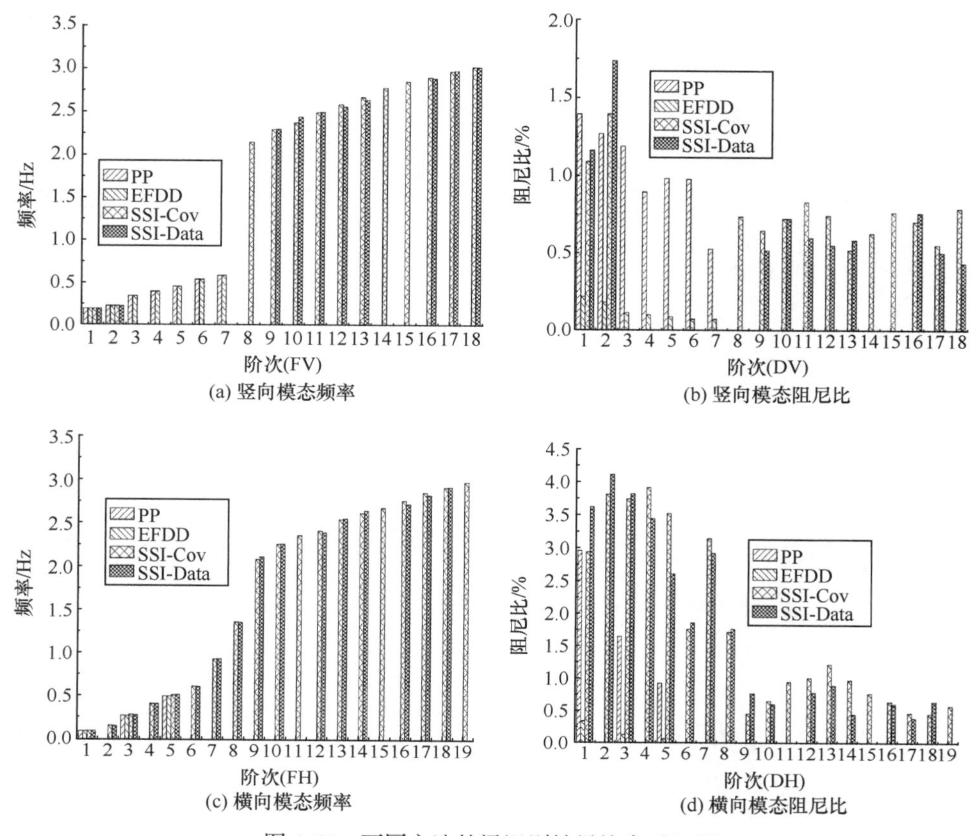

图 4-61　不同方法的梁识别结果综合对比图

(4) 当测试信号中存在噪声时，改进 EEMD 很难将噪声与真实信号分开，尤其对于密集模态结构，分解不完全，各阶模态连同噪声掺杂在一起，得到的瞬时频率结果可信度不高，从而无法识别准确的阻尼和振型。该斜拉桥结构跨度大、结构柔、模态比较密集，运营状态下实测信号中包含的噪声水平高，时频域 HHT 方法不能准确识别主梁的模态参数。

改进 EEMD 可用于处理非平稳信号，符合实测信号数据特性，基于改进 EEMD 原理，原始信号经分解与重构后，可剔除部分噪声因素，可用此方法进行降噪；SSI-Data 法模态参数识别结果可靠，同时在计算机实现方面具有相当的优势。综合两种方法的优点，下面将改进 EEMD 与 SSI-Data 法结合，用于处理主梁实测数据。

5. 基于改进 EEMD 的 SSI-Data 法

将改进 EEMD 算法与 SSI-Data 方法结合，识别该桥主梁的模态参数，具体流程如图 4-62 所示。

采用本方法分别对筛选出的每组主梁数据进行处理，得到对应的稳定图，以二月主梁竖向数据稳定图为例，比较此方法与 SSI-Data 方法的不同，其余各组数据图形与其相似。

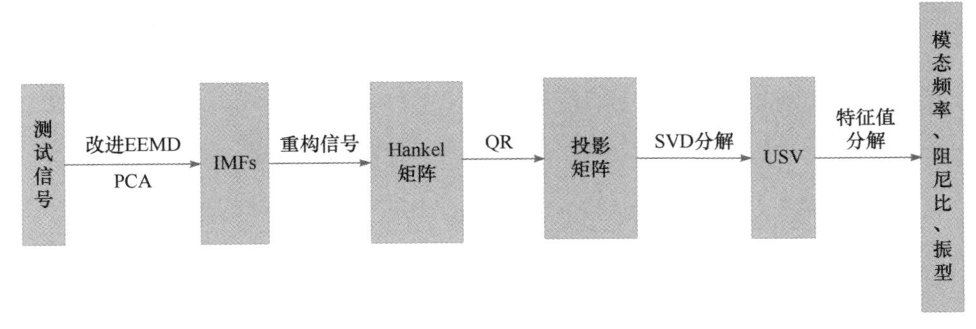

图 4-62　基于改进 EEMD 的 SSI-Data 法模态参数识别流程

对比图 4-63 和图 4-64，经过改进 EEMD 处理后，稳定图干净了许多，剔除了部分虚假模态，说明此方法对虚假模态有一定的改善作用；前两阶稳定轴明显、稳定点较多，能够准

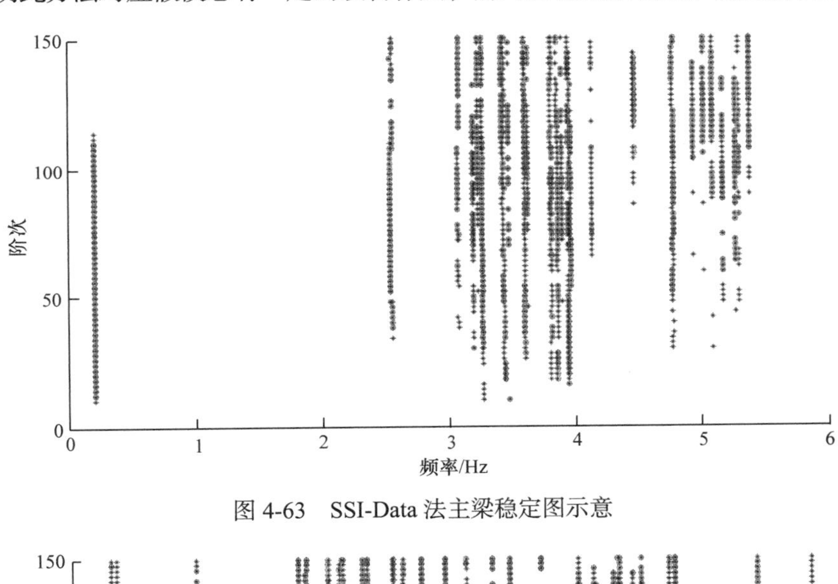

图 4-63　SSI-Data 法主梁稳定图示意

150
100
50
0
阶次
0
0.5
1
1.5
2
2.5
3
3.5
频率/Hz

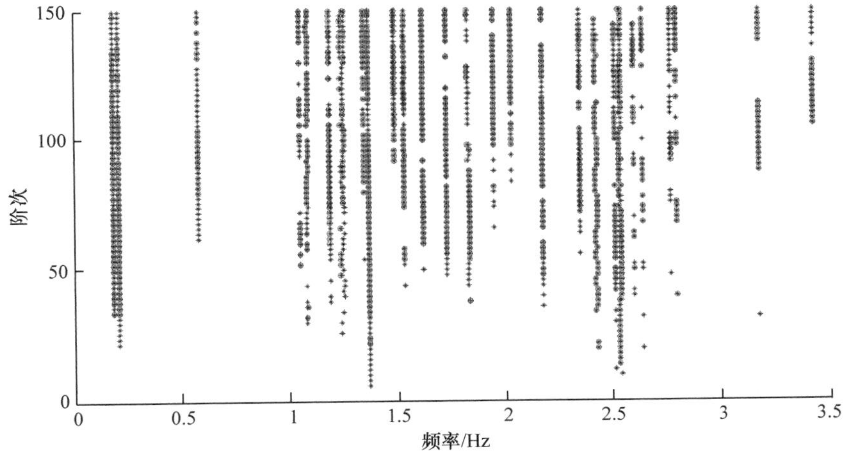

图 4-64　基于改进 EEMD 的 SSI-Data 法主梁稳定图示意

确识别；同时对 1～2Hz 的频率也可以很好地识别，此方法识别到的主梁模态频率个数增多。

下面对 2.0Hz 以前的识别结果进行汇总。每组主梁竖向数据识别出的模态频率、阻尼和振型，结果如表 4-21、表 4-22、图 4-65～图 4-67 所示。该方法对主梁横向模态参数识别的改善效果与竖向相同。

表 4-21　基于改进 EEMD 的 SSI-Data 法主梁竖向频率识别结果　(单位：Hz)

一月	二月	三月	四月	五月	六月	七月	八月	九月	十月	十一月	十二月	均值
0.186	0.189	0.185	0.187	0.185	0.184	0.181	0.183	0.184	0.185	0.184	0.186	0.185
0.217	0.215	0.213	0.212	0.216	0.214	—	—	0.215	0.217	0.217	0.217	0.215
—	—	—	—	—	—	—	—	—	—	—	0.334	0.334
—	—	—	—	—	—	—	—	—	—	0.838	—	0.838
1.098	1.087	1.053	—	1.074	1.068	1.027	—	—	1.075	1.076	1.093	1.072
—	1.194	1.228	—	1.228	—	1.224	—	—	1.242	1.229	1.252	1.228
1.368	1.374	1.327	1.355	1.331	1.316	1.317	1.325	1.323	1.333	1.333	1.355	1.338
—	1.496	1.489	1.515	1.492	1.492	1.489	1.486	1.492	1.498	1.499	—	1.495
1.545	1.542	—	—	1.586	—	—	—	—	1.592	—	1.535	1.560
1.623	1.627	1.675	1.694	1.689	—	1.677	1.683	1.676	1.694	1.687	—	1.673
1.734	1.737	1.787	—	1.792	1.792	1.792	1.790	1.793	—	1.797	1.723	1.774
1.844	1.843	1.895	1.817	—	—	1.876	1.896	—	1.808	—	1.836	1.852
1.942	1.956	—	—	1.904	—	—	—	—	1.912	1.917	1.918	1.925

表 4-22　基于改进 EEMD 的 SSI-Data 法主梁竖向阻尼比识别结果　(单位：%)

一月	二月	三月	四月	五月	六月	七月	八月	九月	十月	十一月	十二月	均值
0.383	2.362	1.466	2.094	1.211	0.319	2.960	2.239	0.828	1.267	0.527	0.579	1.353
1.989	0.609	5.834	1.264	2.298	1.320	—	—	1.972	1.228	1.021	0.796	1.833
—	—	—	—	—	—	—	—	—	—	—	2.710	2.710
—	—	—	—	—	—	—	—	—	—	1.748	—	1.748
1.783	1.961	2.377	—	1.294	1.603	2.322	—	—	1.264	1.506	1.886	1.777
—	0.743	0.877	—	1.121	—	0.948	—	—	1.103	1.037	0.821	0.950
0.922	0.877	0.762	0.848	0.663	0.794	1.077	0.640	0.604	0.966	1.324	1.200	0.890
—	0.562	0.656	0.834	0.830	1.448	1.229	0.786	1.296	1.016	1.289	—	0.995
0.509	1.189	—	—	0.977	—	—	—	—	0.984	—	1.439	1.020
0.883	1.214	0.852	0.949	0.407	—	1.349	0.769	0.989	0.690	1.184	—	0.929
0.570	0.767	1.079	—	0.522	0.501	0.554	0.330	0.966	—	1.477	0.718	0.748
0.584	1.733	0.683	0.839	—	—	0.845	1.119	—	0.513	—	1.477	0.974
0.686	0.720	—	—	0.752	—	—	—	—	0.783	0.684	0.827	0.742

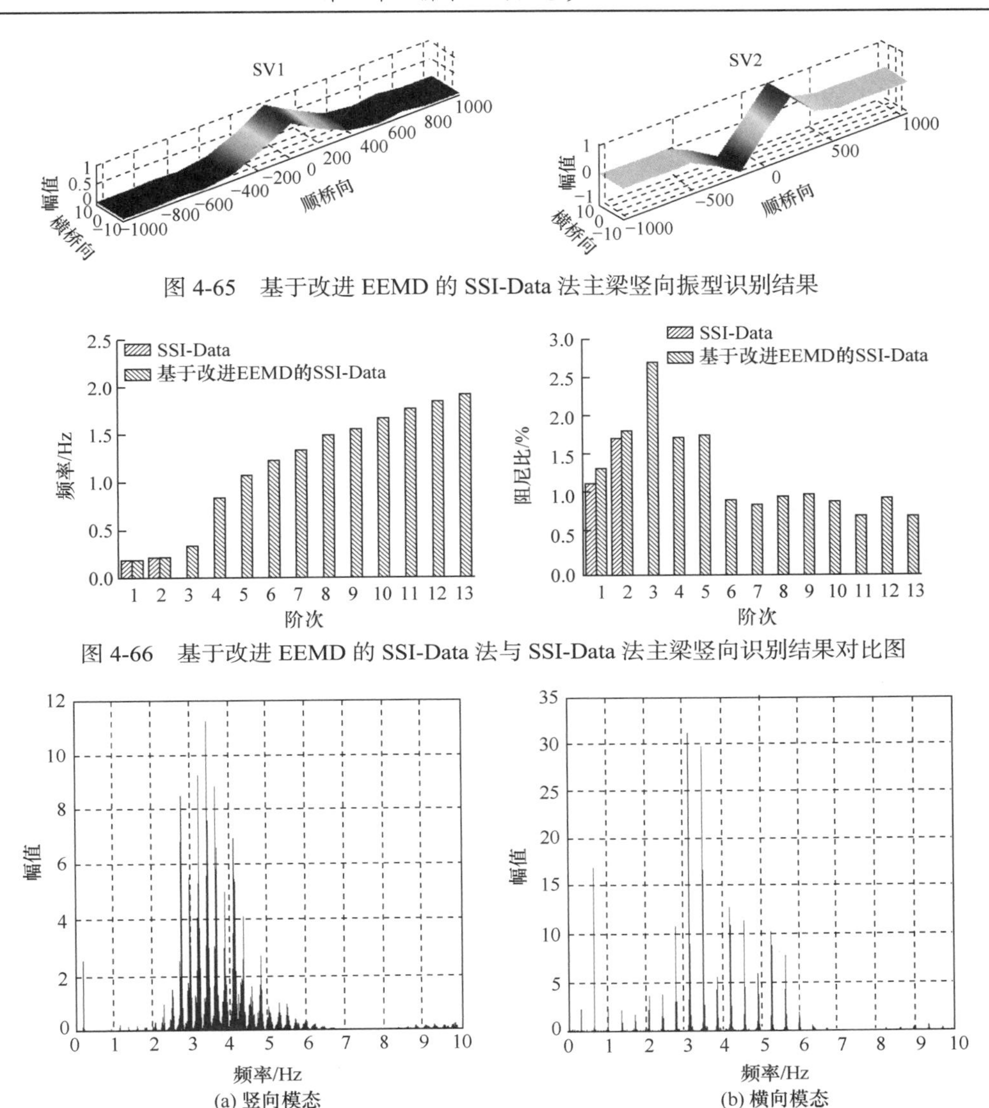

图 4-65　基于改进 EEMD 的 SSI-Data 法主梁竖向振型识别结果

图 4-66　基于改进 EEMD 的 SSI-Data 法与 SSI-Data 法主梁竖向识别结果对比图

图 4-67　斜拉索 ANPSD 曲线示意图

由此可知，识别的主梁竖向振型分别对应一阶和二阶，振型形状规则，与理论形状吻合较好。

综上所述，该方法可准确识别主梁前两阶密集的模态参数，对 1～2Hz 的频率也可以很好地识别；绘制的稳定图中稳定轴明显、稳定点和稳定轴数量多、虚假模态数量少；对原始信号进行改进 EEMD 处理后，剔除了部分噪声因素，再使用 SSI-Data 法识别模态参数，虚假模态问题得到了改善，同时可识别到更多的模态参数；该方法抗噪性能强，便于计算机实现，可用于该密集模态桥梁运营状态下主梁的参数识别。

4.4.3　斜拉索模态参数识别结果

对文献[22]中筛选出的实测数据进行处理，识别斜拉索的模态参数。

1. 频域方法

采用 PP 法对每根斜拉索的筛选数据进行处理，得到的 ANPSD 曲线如图 4-67 所示，各组数据的图形与其相似。

观察发现，斜拉索的 ANPSD 曲线图中峰值点明显，毛刺较少，峰值点间的间距呈现一定的规律性，即峰值点呈等差数列分布，说明斜拉索的模态频率呈等差数列分布，符合斜拉索模态频率理论分布规律，根据这一特点，PP 法可以准确快捷地识别斜拉索的模态参数。下面对频率小于 3Hz 的识别结果进行汇总，PP 法斜拉索模态参数识别结果如表 4-23、表 4-24、图 4-68 所示。

表 4-23　PP 法斜拉索竖向频率识别均值汇总表　　　(单位：Hz)

17#	19#	21#	22#	23#	24#	27#
0.263	0.376	0.185	0.186	0.186	0.186	0.219
0.497	0.729	0.455	0.448	0.455	0.445	0.484
0.747	1.093	0.669	0.675	0.660	0.626	0.726
0.994	1.456	0.914	0.896	0.923	0.886	0.971
1.245	1.826	1.147	1.124	1.159	1.107	1.213
1.494	2.188	1.372	1.350	1.387	1.332	1.456
1.746	2.556	1.601	1.557	1.629	1.543	1.699
1.995	2.922	1.829	1.806	1.857	1.781	1.939
2.245	—	2.064	2.034	2.088	2.003	2.185
2.492	—	2.296	2.254	2.325	2.220	2.427
2.742	—	2.520	2.484	2.556	2.449	2.669
2.996	—	2.753	2.712	2.787	2.675	2.916
—	—	2.978	2.938	—	2.900	

表 4-24　PP 法斜拉索竖向阻尼比识别均值汇总表　　　(单位：%)

17#	19#	21#	22#	23#	24#	27#
1.552	0.524	1.360	1.832	2.039	2.069	1.714
0.901	0.296	1.814	0.672	1.160	0.834	0.470
0.606	0.341	0.536	1.124	0.711	0.749	0.368
0.543	0.169	0.573	1.198	0.605	0.547	0.313
0.599	0.391	0.367	0.296	0.327	0.267	0.504
0.351	0.127	0.358	0.317	0.448	0.543	0.152
0.502	0.128	0.256	0.662	0.202	0.183	0.675
0.288	0.110	0.269	0.417	0.142	0.158	0.241
0.422	—	0.320	0.401	0.175	0.188	0.048
0.296	—	0.257	0.540	0.120	0.182	0.183
0.347	—	0.324	0.253	0.138	0.213	0.084
0.411	—	0.369	0.170	0.176	0.140	0.091
—	—	0.353	0.219	—	0.150	

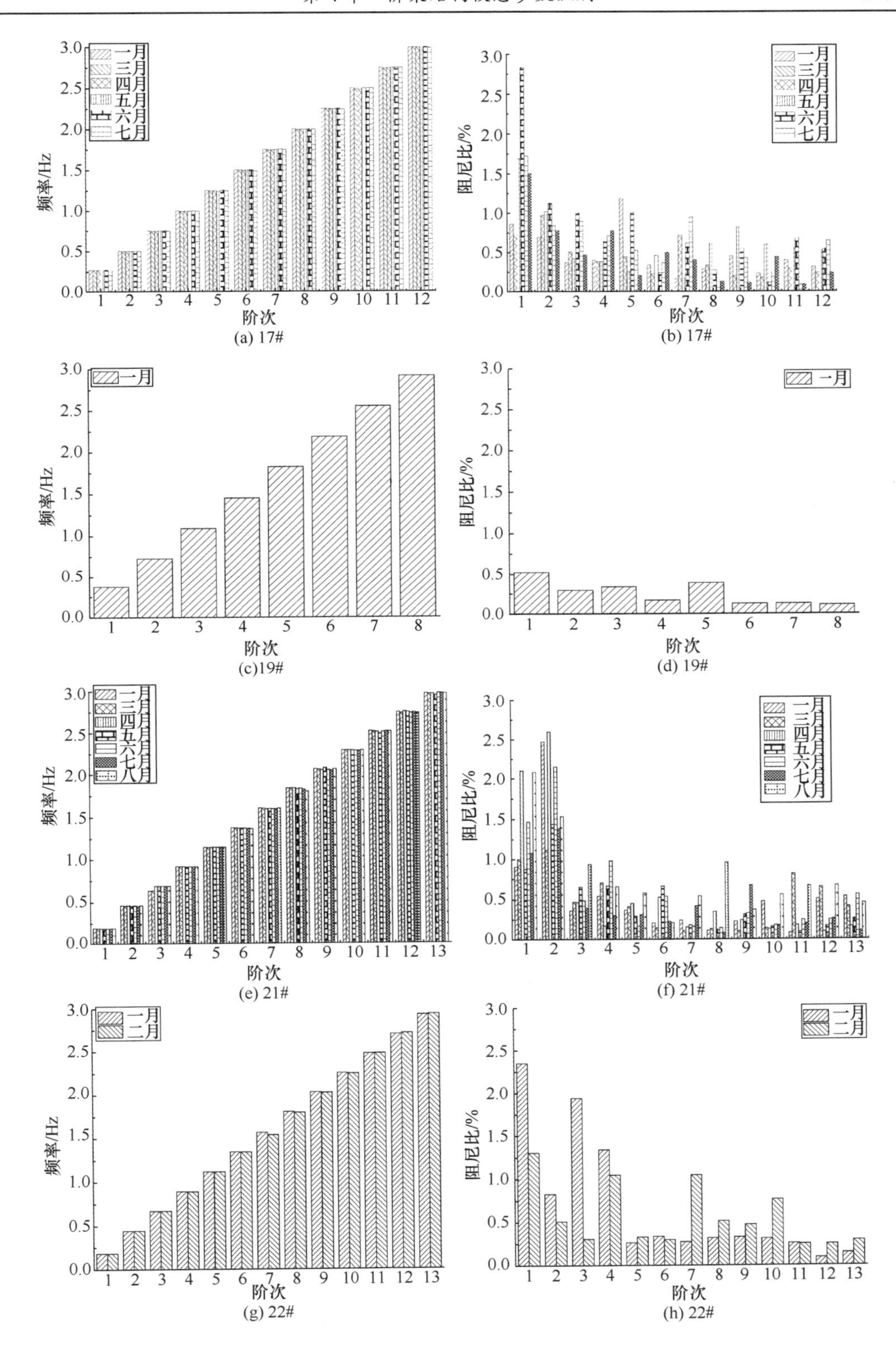

(a) 17#
(b) 17#
(c)19#
(d) 19#
(e) 21#
(f) 21#
(g) 22#
(h) 22#

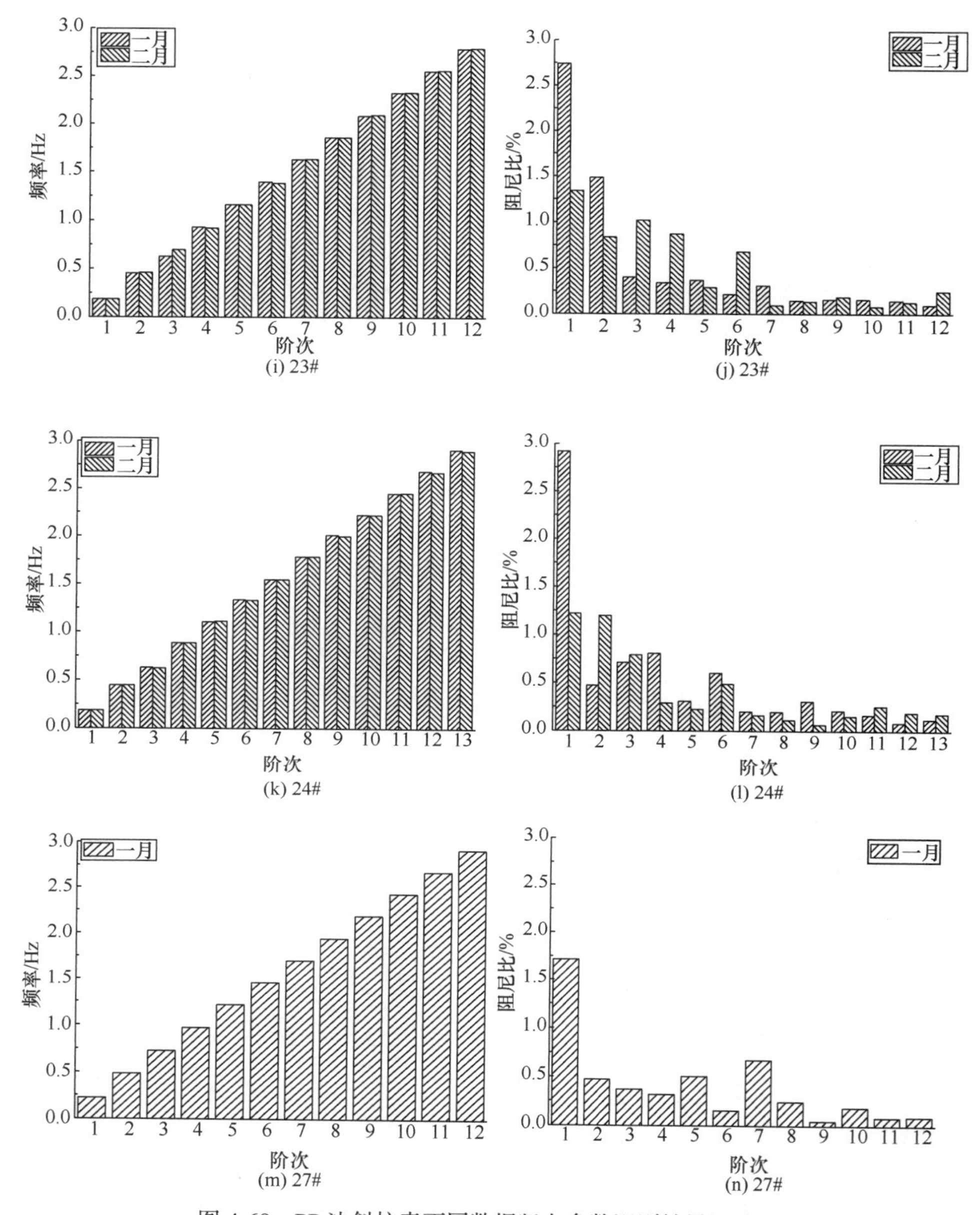

图 4-68　PP 法斜拉索不同数据竖向参数识别结果汇总图

根据斜拉索各阶频率的识别结果，计算相邻阶频率的差值作为识别到的结构基频，整理如表 4-25、表 4-26 所示。其中 17#、18#、27#、28#传感器布置在 A34 号斜拉索上，19#、20#、25#、26#传感器布置在 A18 号斜拉索上，21#～24#传感器布置在 J34 号斜拉索上。

斜拉索为圆形截面，任意方向的模态基频应相等。由表 4-25 和表 4-26 可知，识别到的三种型号的斜拉索基频相差不大，说明 PP 法识别到的斜拉索频率结果可靠。

表 4-25　PP 法斜拉索横向基频识别结果　(单位：Hz)

编号	基频	均值
17#	0.250　0.249　0.247　0.243　0.246　0.252　0.241　0.253　0.249　0.236　0.250	0.2469
18#	0.249　0.244　0.245　0.243　0.244　0.245　0.245　0.244　0.245　0.241　0.247	0.2447
19#	0.359　0.359　0.359　0.361　0.364　0.361　0.358	0.3601
20#	0.345　0.345　0.343　0.346　0.344　0.339　0.331	0.3419
21#	0.229　0.229　0.228　0.228　0.226　0.226　0.228　0.227　0.226　0.225　0.229　0.229	0.2275
22#	0.222　0.223　0.224　0.222　0.223　0.224　0.223　0.224　0.223　0.223　0.226　0.2195	0.2230
23#	0.228　0.229　0.228　0.228　0.229　0.229　0.229　0.230　0.226　0.230　0.228　0.229	0.2290
24#	0.219　0.221　0.219　0.220　0.217　0.218　0.221　0.220　0.219　0.220　0.222　0.2200	0.2200
25#	0.347　0.348　0.349　0.349　0.347　0.347　0.351	0.3480
26#	0.353　0.353　0.353　0.355　0.354　0.353　0.354	0.3535
27#	0.239　0.238　0.237　0.240　0.239　0.238　0.237　0.239　0.238　0.240　0.239	0.2390
28#	0.239　0.241　0.242　0.240　0.241　0.246　0.240　0.240　0.241　0.243　0.241	0.2410

表 4-26　PP 法斜拉索竖向基频识别结果　(单位：Hz)

编号	基频	均值
17#	0.234　0.250　0.246　0.251　0.250　0.252　0.249　0.250　0.247　0.250　0.254	0.2480
19#	0.353　0.364　0.363　0.370　0.362　0.368　0.366	0.3637
21#	0.270　0.214　0.245　0.233　0.225　0.229　0.228　0.235　0.232　0.225　0.232　0.225	0.2328
22#	0.262　0.227　0.221　0.228　0.226　0.208　0.249　0.228　0.220　0.230　0.229　0.226	0.2295
23#	0.269　0.205　0.263　0.235　0.229　0.242　0.229　0.231　0.237　0.231　0.231	0.2365
24#	0.259　0.181　0.261　0.221　0.225　0.211　0.238　0.222　0.217　0.230　0.226　0.225	0.2263
27#	0.265　0.243　0.244　0.242　0.243　0.243　0.240　0.246　0.242　0.242　0.247	0.2452

FDD 法识别的斜拉索频率与 PP 法相同，采用 PP 法即可得到较准确的斜拉索模态参数，所以未列出 FDD 和 EFDD 法的识别结果。

2. 时域 SSI 法

采用 SSI-Cov 法和 SSI-Data 法分别对筛选出的每组斜拉索数据进行处理，得到对应的稳定图如图 4-69 所示，各组数据的图形相似。

观察发现，斜拉索稳定图中稳定轴明显，稳定点和稳定轴较多，且稳定轴间距呈现等差数列分布，符合斜拉索模态频率理论分布规律；该方法对低阶模态的识别效果不理想，出现了部分模态遗漏；同时，存在密集且不易区分的稳定轴，即虚假模态稳定轴。

根据斜拉索模态频率理论分布规律，辅助剔除虚假模态。下面去除虚假模态后，对频率小于 3Hz 的识别结果进行汇总，SSI 法斜拉索模态参数识别结果如表 4-27、表 4-28、图 4-70 所示。

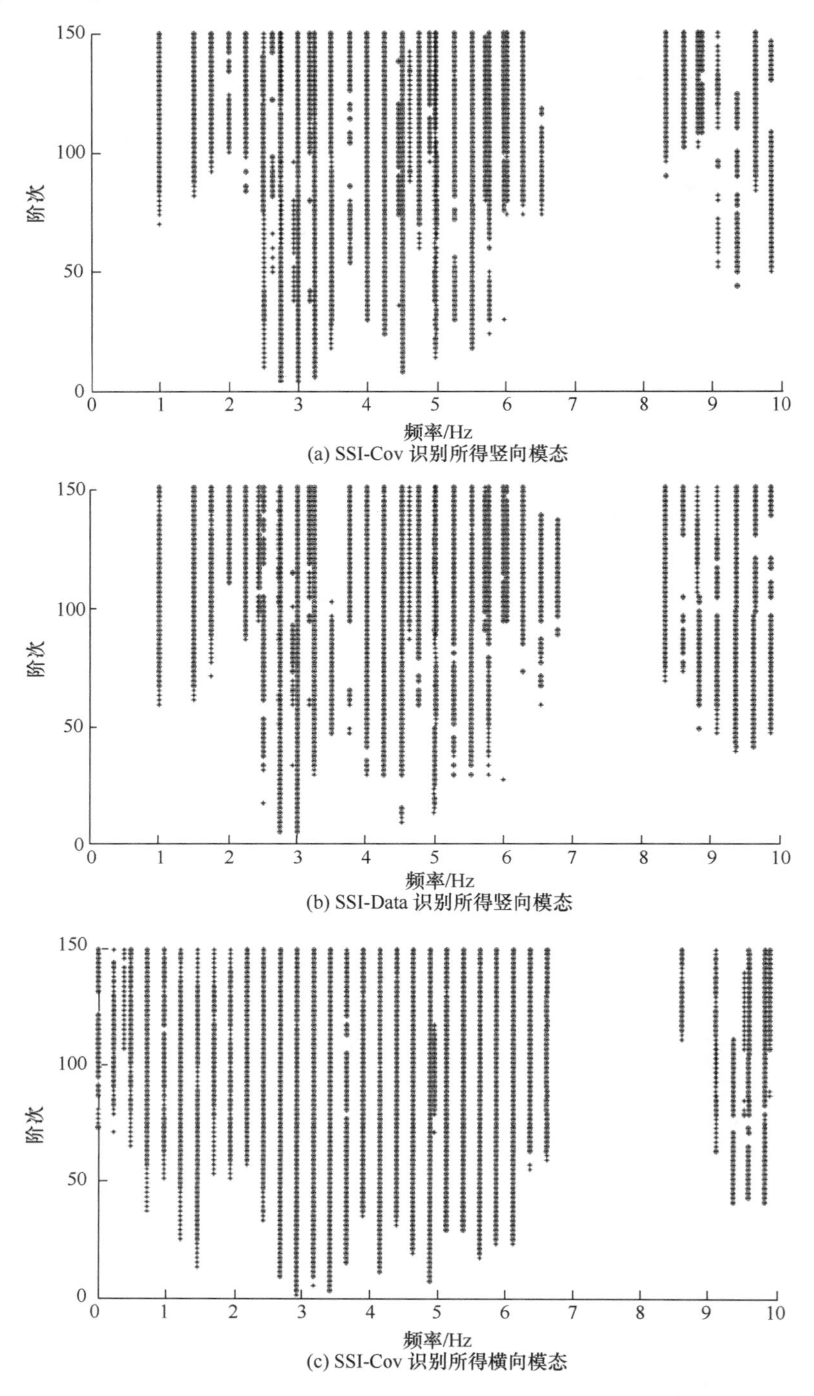

(a) SSI-Cov 识别所得竖向模态

(b) SSI-Data 识别所得竖向模态

(c) SSI-Cov 识别所得横向模态

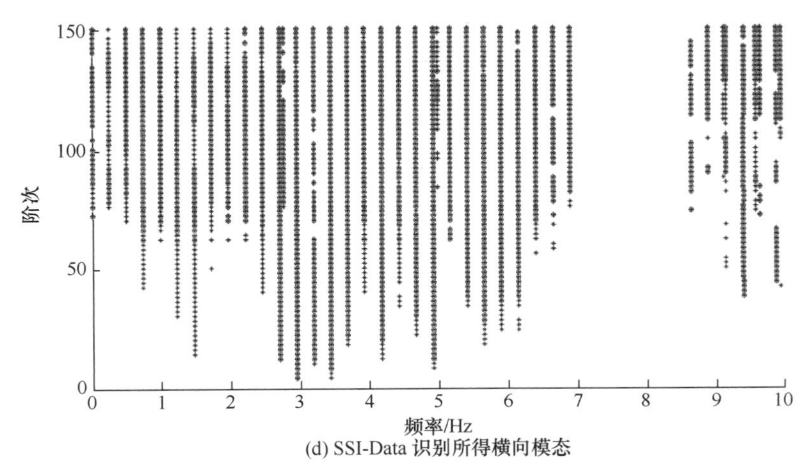

(d) SSI-Data 识别所得横向模态

图 4-69　斜拉索稳定图示意

表 4-27　SSI-Data 法斜拉索竖向频率识别均值汇总表　(单位：Hz)

17#	19#	21#	22#	23#	24#	27#
0.746	1.460	0.185	0.186	0.186	0.186	—
0.994	1.827	—	0.448	—	—	0.966
1.243	2.189	0.914	—	—	—	—
1.495	2.527	1.144	1.125	1.164	1.105	1.455
1.746	2.923	1.377	1.346	1.396	—	1.696
1.999		1.604	1.565	1.624	1.549	1.943
2.249		1.835	1.811	1.860	1.785	2.185
2.497		2.070	2.040	2.089	—	2.425
2.750		2.295	2.264	2.323	2.217	2.673
2.983		2.530	2.494	2.550	2.456	2.914
		2.749	2.711	2.797	2.677	
		2.987	2.940	—	2.900	

表 4-28　SSI-Data 法斜拉索竖向阻尼比识别均值汇总表　(单位：%)

17#	19#	21#	22#	23#	24#	27#
0.185	0.236	1.746	1.114	0.828	1.360	—
0.388	0.277	—	0.281	—	—	0.493
0.430	0.105	0.833	—	—	—	—
0.518	0.600	0.606	0.848	0.783	0.965	0.105
0.750	0.103	0.619	0.405	0.729	—	0.282
0.525		0.785	1.108	0.551	0.583	0.272
0.548		0.952	0.843	0.352	0.587	0.201

续表

17#	19#	21#	22#	23#	24#	27#
0.356		0.756	0.466	0.354	—	0.244
0.378		0.690	0.605	0.230	0.502	0.137
0.234		0.564	0.421	0.401	0.323	0.246
		0.512	0.527	0.331	0.378	
		0.536	0.491	—	0.452	

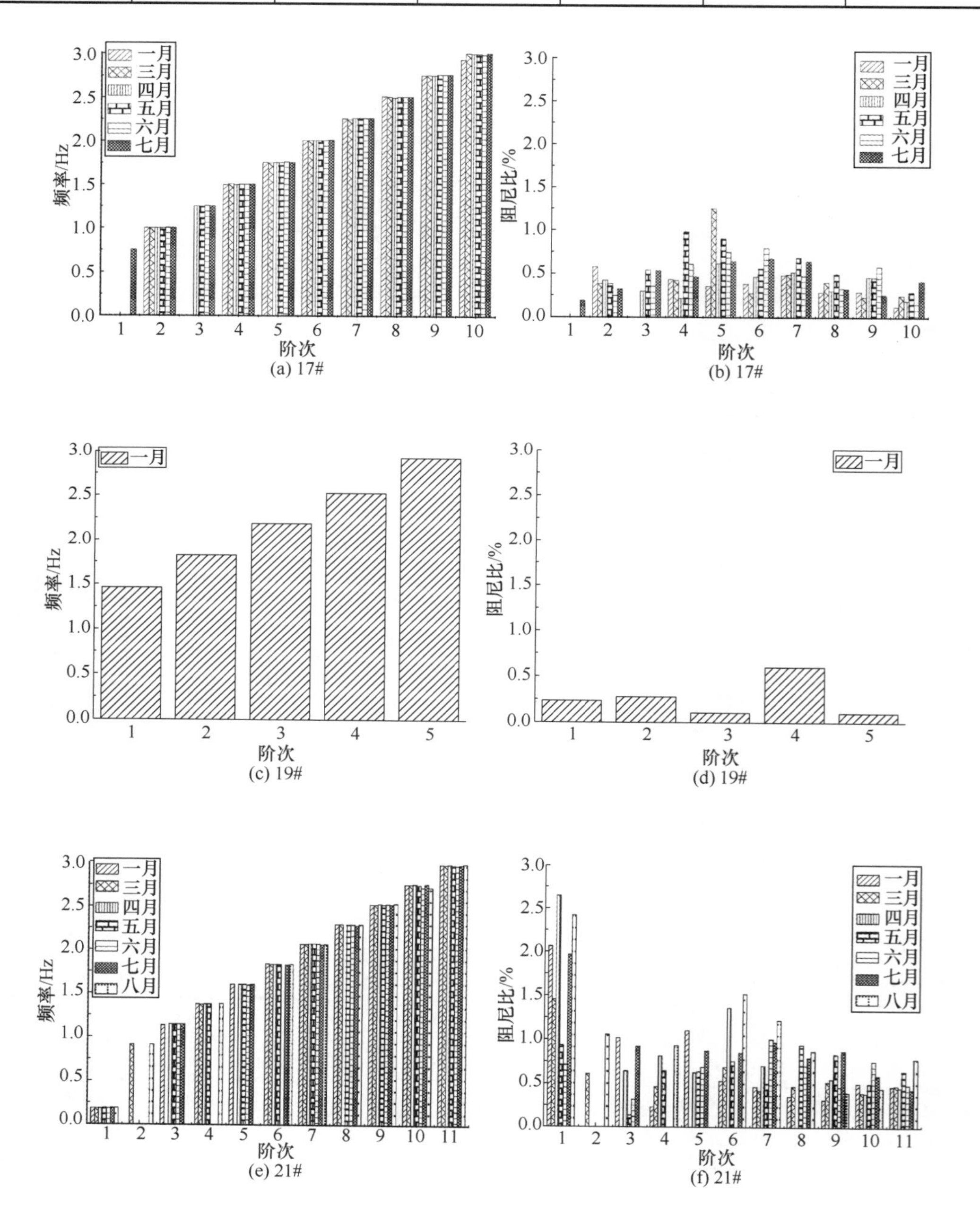

(a) 17#　(b) 17#

(c) 19#　(d) 19#

(e) 21#　(f) 21#

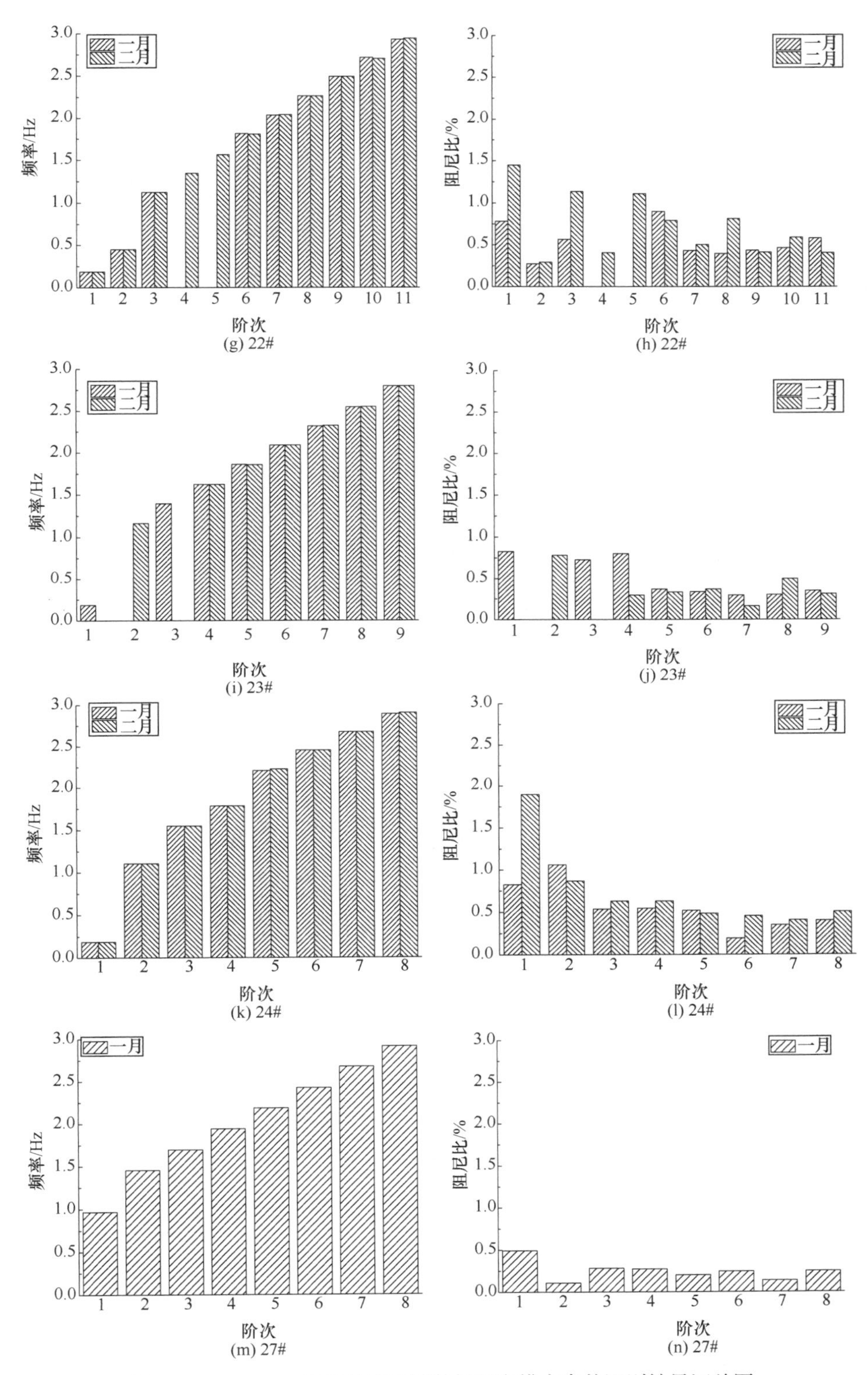

(g) 22#　(h) 22#

(i) 23#　(j) 23#

(k) 24#　(l) 24#

(m) 27#　(n) 27#

图 4-70　SSI-Data 法斜拉索不同数据竖向模态参数识别结果汇总图

对于 SSI-Cov 法的模态参数识别结果，只列出均值，如表 4-29～表 4-32 所示。

表 4-29　SSI-Cov 法斜拉索横向频率识别均值汇总表　(单位：Hz)

17#	18#	19#	20#	21#	22#	23#	24#	25#	26#	27#	28#
0.238	0.245	0.366	0.321	0.222	—	0.228	0.245	0.339	0.352	0.239	—
0.492	0.489	0.720	0.689	0.679	0.667	0.500	0.662	0.693	0.708	0.476	—
0.741	0.731	1.079	1.031	0.908	0.891	0.720	0.876	1.044	1.061	0.714	0.724
0.987	0.980	1.442	1.377	1.134	1.115	1.152	1.096	1.390	1.413	0.952	0.965
1.234	1.220	1.795	1.714	1.360	1.336	1.362	1.315	1.738	1.766	1.190	1.205
1.477	1.465	2.161	2.056	1.585	1.560	1.596	1.530	2.088	2.119	1.430	1.445
1.728	1.710	2.521	2.391	1.814	1.784	1.826	1.752	2.436	2.474	1.667	1.693
1.966	1.955	2.877	2.740	2.038	2.008	2.053	1.971	2.781	2.827	1.905	1.932
2.214	2.199			2.267	2.231	2.280	2.192			2.145	2.170
2.463	2.445			2.492	2.455	2.511	2.410			2.381	2.413
2.706	2.684			2.722	2.678	2.740	2.629			2.620	2.654
2.953	2.932			2.947	2.898	2.967	2.848			2.860	2.895

表 4-30　SSI-Cov 法斜拉索横向阻尼比识别均值汇总表　(单位：%)

17#	18#	19#	20#	21#	22#	23#	24#	25#	26#	27#	28#
1.557	2.342	1.305	1.538	2.813	—	2.632	1.964	2.049	0.104	0.294	—
0.438	0.532	0.529	0.529	0.946	0.352	0.621	1.896	0.387	0.742	0.151	—
0.454	0.321	0.444	0.659	0.202	0.283	1.054	0.515	0.246	0.169	0.075	0.274
0.491	0.633	0.455	0.413	0.121	0.256	0.336	0.084	0.286	0.215	0.169	0.395
0.270	0.281	0.360	0.349	0.215	0.281	0.375	0.346	0.151	0.153	0.130	0.067
0.203	0.334	0.317	0.400	0.246	0.120	0.205	0.313	0.222	0.165	0.113	0.196
0.239	0.177	0.357	0.375	0.123	0.229	0.135	0.089	0.226	0.183	0.132	0.243
0.268	0.197	0.257	0.326	0.191	0.154	0.177	0.246	0.173	0.162	0.142	0.186
0.370	0.209			0.395	0.235	0.144	0.103			0.129	0.095
0.436	0.152			0.203	0.185	0.159	0.098			0.068	0.136
0.262	0.107			0.107	0.172	0.116	0.090			0.080	0.108
0.184	0.124			0.124	0.120	0.129	0.310			0.091	0.091

表 4-31　SSI-Cov 法斜拉索竖向频率识别均值汇总表　(单位：Hz)

17#	19#	21#	22#	23#	24#	27#
0.995	1.461	0.184	0.185	0.186	0.185	0.965
1.243	1.826	1.143	1.130	—	—	—
1.498	2.189	1.377	1.346	—	—	1.455

续表

17#	19#	21#	22#	23#	24#	27#
1.752	2.554	1.601	—	1.623	1.552	1.695
1.998	2.926	1.837	1.809	1.860	1.787	1.941
2.249		2.070	2.040	2.089	—	2.185
2.496		2.280	2.261	2.322	2.216	2.422
2.750		2.534	2.494	2.550	2.455	2.674
2.994		2.763	2.719	2.796	2.677	2.914
		2.987	2.941	—	2.899	

表 4-32　SSI-Cov 法斜拉索竖向阻尼比识别均值汇总表　(单位：%)

17#	19#	21#	22#	23#	24#	27#
0.384	0.147	1.797	1.075	0.851	1.060	0.313
0.418	0.224	0.418	0.805	—	—	—
0.509	0.101	0.418	0.417	—	—	0.129
0.488	0.217	0.671	—	0.268	0.610	0.298
0.463	0.137	0.572	0.697	0.365	0.308	0.438
0.513		0.638	0.385	0.360	—	0.233
0.356		0.583	0.483	0.266	0.510	0.346
0.361		0.516	0.375	0.491	0.341	0.140
0.264		0.498	0.435	0.327	0.313	0.225
		0.552	0.486	—	0.581	

观察 SSI 法斜拉索频率的识别结果，该方法识别的频率数量相对较少，对低阶模态的识别不全，出现了部分遗漏；计算相邻阶频率的差值作为识别到的结构基频，整理如下。其中，17#、18#、27#、28#传感器布置在 A34 号斜拉索上，19#、20#、25#、26#传感器布置在 A18 号斜拉索上，21#～24#传感器布置在 J34 号斜拉索上。

由表 4-33～表 4-36 可知，识别到的三种型号的斜拉索基频相差不大，说明 SSI 法识别到的斜拉索频率结果可靠。

表 4-33　SSI-Data 法斜拉索横向基频识别结果　(单位：Hz)

编号	基频	均值
17#	0.255　0.249　0.247　0.246　0.244　0.249　0.251　0.235　0.248　0.244　0.248	0.247
18#	0.244　0.242　0.247　0.244　0.245　0.243　0.246　0.245　0.246　0.239　0.248	0.244
19#	0.354　0.358　0.363　0.353　0.367　0.361　0.354	0.359
20#	0.342　0.343　0.345　0.337　0.352　0.369　0.306	0.342
21#	0.229　0.226　0.227　0.224　0.229　0.225　0.228　0.227　0.230　0.225	0.227

续表

编号	基频	均值
22#	0.225　0.221　0.223　0.224　0.224　0.224　0.223　0.225　0.223　0.219	0.223
23#	0.222　0.211　0.234　0.230　0.226　0.228　0.232　0.228　0.228	0.227
24#	0.215　0.217　0.221　0.215　0.223　0.218　0.222　0.218　0.219　0.218	0.219
25#	0.346　0.350　0.346　0.349　0.350　0.348　0.345	0.348
26#	0.355　0.353　0.353　0.353　0.353　0.355　0.353	0.354
27#	0.238　0.238　0.238　0.238　0.240　0.238　0.238　0.240　0.236　0.239　0.240	0.238
28#	0.241　0.247　0.239　0.237　0.244　0.241　0.241	0.241

表 4-34　SSI-Data 法斜拉索竖向基频识别结果　(单位：Hz)

编号	基频	均值
17#	0.248　0.249　0.252　0.251　0.253　0.251　0.248　0.254　0.232	0.249
19#	0.366　0.362　0.338　0.396	0.366
21#	0.231　0.233　0.226　0.232　0.235　0.225　0.235　0.219　0.238	0.230
22#	0.262　0.221　0.219　0.246　0.229　0.225　0.230　0.217　0.229	0.231
23#	0.232　0.228　0.236　0.229　0.234　0.227　0.247	0.233
24#	0.236　0.239　0.221　0.223	0.230
27#	0.241　0.247　0.242　0.239　0.248　0.241	0.243

表 4-35　SSI-Cov 法斜拉索横向基频识别结果　(单位：Hz)

编号	基频	均值
17#	0.254　0.249　0.246　0.246　0.243　0.250　0.239　0.248　0.249　0.243　0.247	0.247
18#	0.244　0.243　0.249　0.241　0.244　0.245　0.245　0.244　0.246　0.239　0.248	0.244
19#	0.355　0.358　0.363　0.353　0.366　0.360　0.356	0.359
20#	0.367　0.343　0.345　0.337　0.342　0.335　0.350	0.346
21#	0.229　0.226　0.226　0.225　0.229　0.225　0.228　0.225　0.230　0.225	0.227
22#	0.225　0.223　0.222　0.224　0.225　0.223　0.223　0.225　0.223　0.219	0.223
23#	0.272　0.220　0.210　0.235　0.230　0.227　0.227　0.231　0.229　0.227	0.231
24#	0.214　0.220　0.219　0.215　0.229　0.219　0.221　0.219　0.219　0.219	0.219
25#	0.354　0.351　0.346　0.348　0.350　0.348　0.345	0.349
26#	0.356　0.352　0.352　0.353　0.353　0.355　0.352	0.353
27#	0.237　0.239　0.238　0.238　0.240　0.238　0.238　0.240　0.236　0.239　0.240	0.238
28#	0.241　0.240　0.240　0.248　0.240　0.238　0.243　0.241　0.241	0.241

表 4-36　SSI-Cov 法斜拉索竖向基频识别结果　(单位：Hz)

编号	基频	均值
17#	0.249　0.255　0.254　0.246　0.251　0.247　0.254　0.244	0.250
19#	0.365　0.363　0.365　0.373	0.367

续表

编号	基频	均值
21#	0.234　0.225　0.236　0.233　0.211　0.253　0.230　0.224	0.231
22#	0.217　0.231　0.221　0.233　0.225　0.222	0.225
23#	0.237　0.229　0.233　0.228　0.246	0.235
24#	0.235　0.240　0.221　0.222	0.230
27#	0.240　0.246　0.244　0.237　0.252　0.240	0.243

3. 时频域 HHT 法

采用 HHT 法对每根斜拉索的筛选数据进行处理，得到的 Hilbert 时频谱如图 4-71 所示。

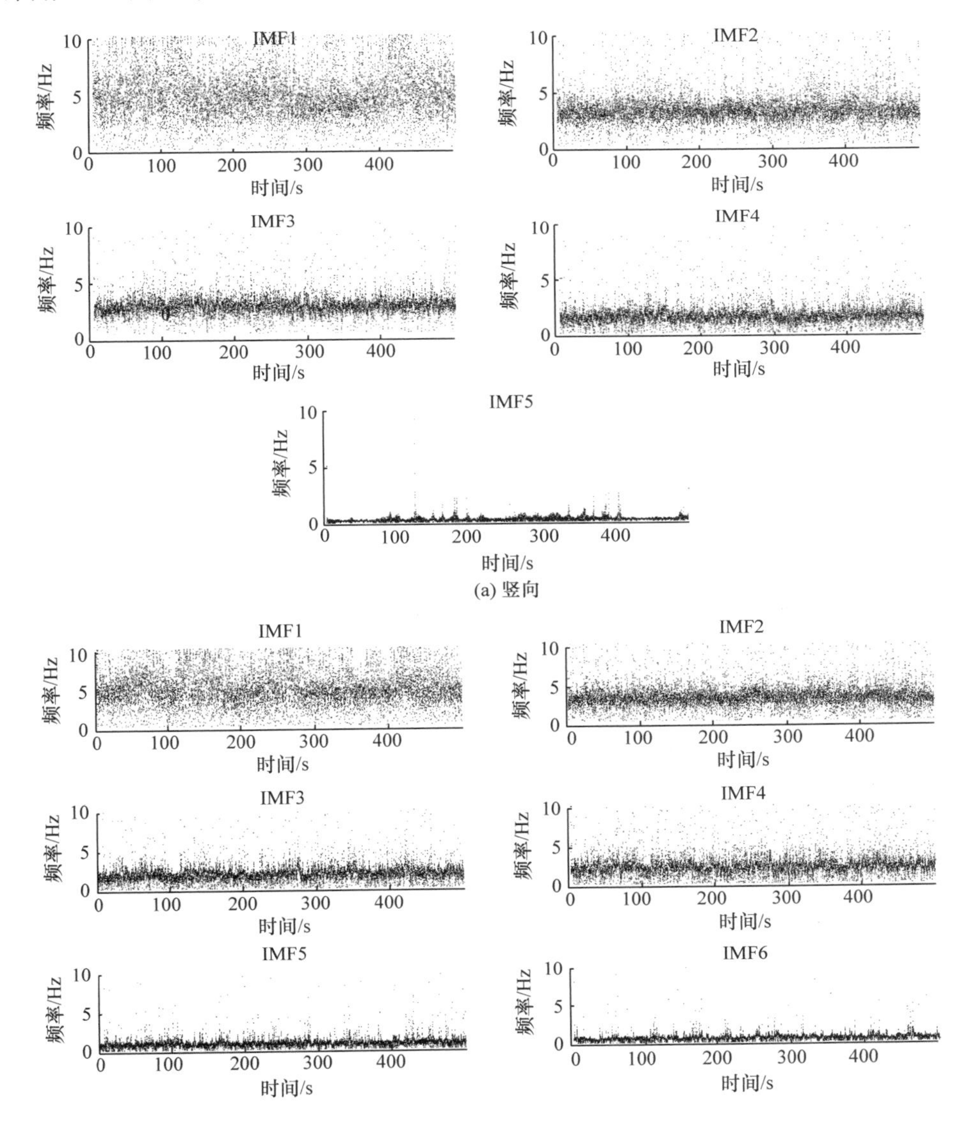

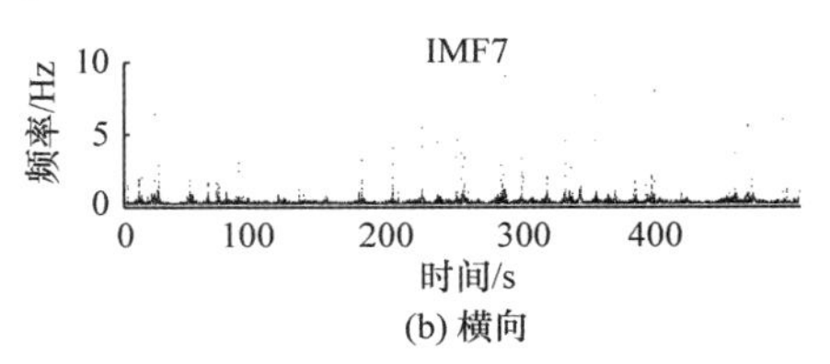

(b) 横向

图 4-71　各 IMF 的 Hilbert 时频谱示意图

各组数据的图形相似。

由图 4-71 可知，分解得到的各 IMF 并不满足单分量要求，其中包含多种频率成分，经 Hilbert 变换得到的瞬时频率不能作为结构固有频率的估计，因此 HHT 法无法准确识别斜拉索的模态参数。

4. 对比分析

将各方法斜拉索模态参数识别结果进行对比分析，因 HHT 方法不能准确识别该桥斜拉索的模态参数，下面只列出频域和时域法对比结果，如表 4-37、图 4-72～图 4-75 所示。

表 4-37　斜拉索基频识别结果对比　　(单位：Hz)

拉索型号	测量方向	传感器编号	识别方法			均值
			PP	SSI-Cov	SSI-Data	
A34	竖向	17#	0.249	0.250	0.249	0.249
		27#	0.245	0.243	0.243	0.244
	横向	17#	0.247	0.247	0.247	0.247
		18#	0.245	0.244	0.244	0.244
		27#	0.238	0.238	0.238	0.238
		28#	0.241	0.241	0.242	0.241
A18	竖向	19#	0.364	0.366	0.366	0.365
	横向	19#	0.360	0.359	0.359	0.359
		20#	0.342	0.346	0.342	0.343
		25#	0.348	0.349	0.348	0.348
		26#	0.353	0.354	0.354	0.354
J34	竖向	21#	0.233	0.231	0.230	0.231
		22#	0.229	0.225	0.231	0.228
		23#	0.236	0.235	0.233	0.235
		24#	0.226	0.230	0.230	0.229
	横向	21#	0.227	0.227	0.227	0.227
		22#	0.223	0.223	0.223	0.223
		23#	0.228	0.231	0.226	0.228
		24#	0.219	0.219	0.219	0.219

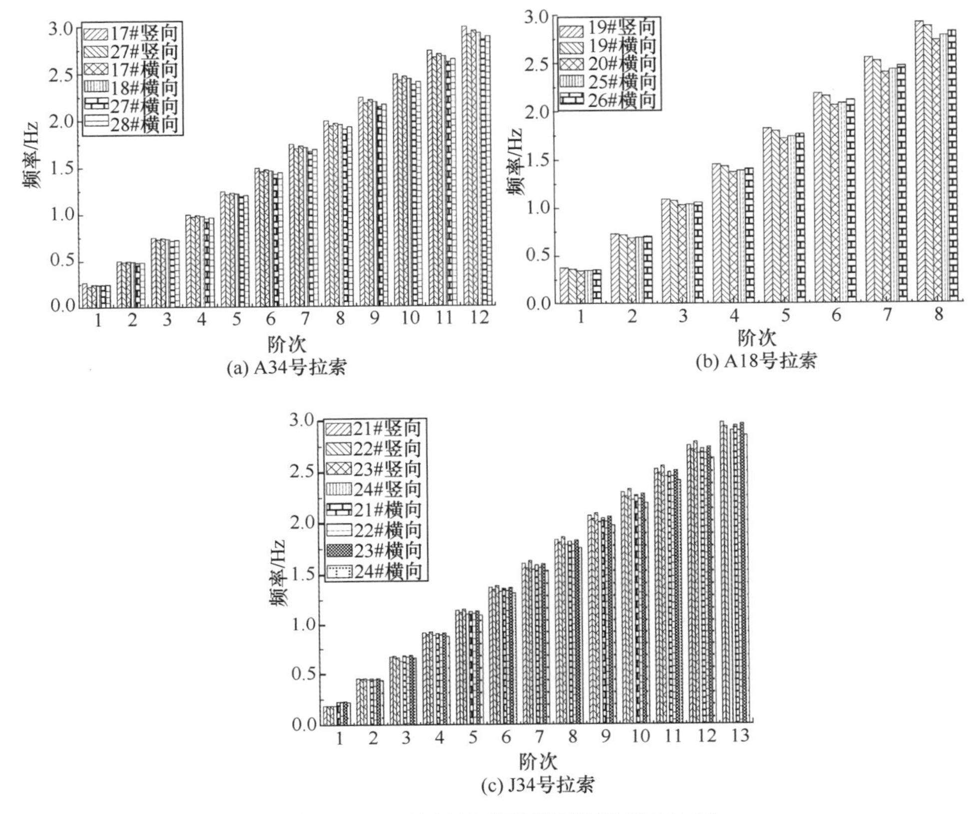

(a) A34号拉索

(b) A18号拉索

(c) J34号拉索

图 4-72　PP 法斜拉索频率识别结果对比图

结合斜拉索模态参数识别结果以及对比分析成果，总结如下。

斜拉索模态频率呈等差数列分布规律，根据这一特点，PP 法可以准确快捷地识别斜拉索的模态参数；SSI 法自动化程度较频域方法高，但涉及复杂的矩阵运算，计算效率较低，同时识别的频率数量相对较少，对低阶模态的识别不全，出现了部分遗漏，容易出现虚假模态；时频域 HHT 方法不能准确识别斜拉索的模态参数；频域和时域方法识别的斜拉索基频相差不大，模态参数识别结果可靠。

因此，对斜拉桥运营状态下斜拉索的模态参数进行识别，可优先采用频域 PP 法。

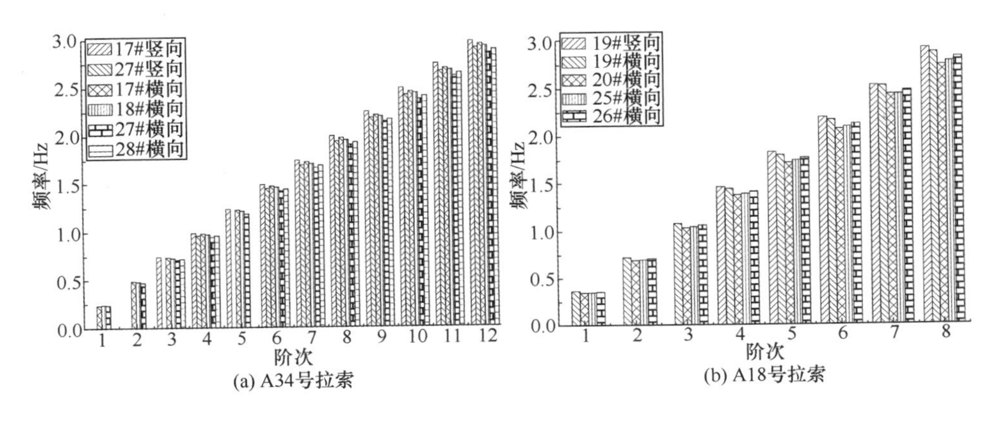

(a) A34号拉索

(b) A18号拉索

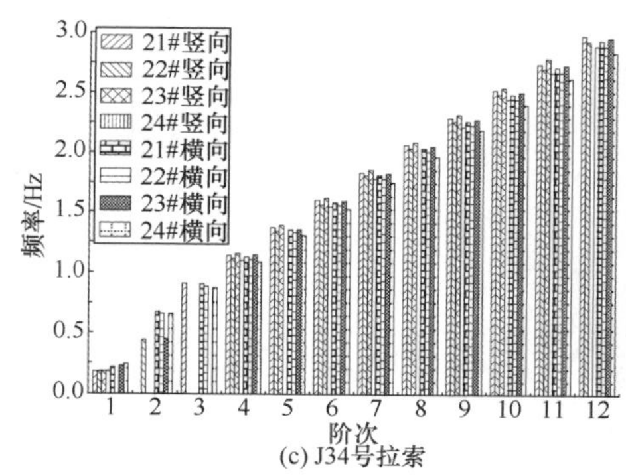

图 4-73　SSI-Data 法斜拉索频率识别结果对比图

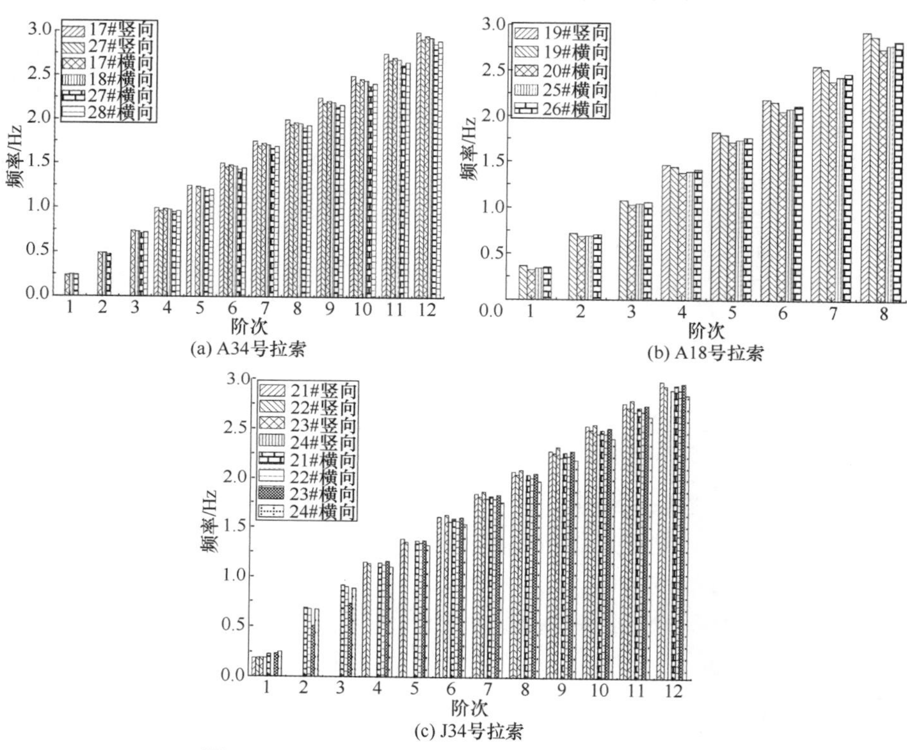

图 4-74　SSI-Cov 法斜拉索频率识别结果对比图

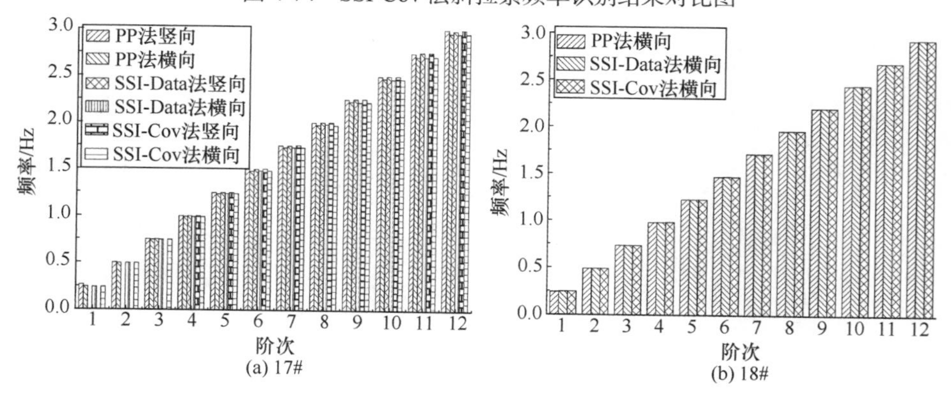

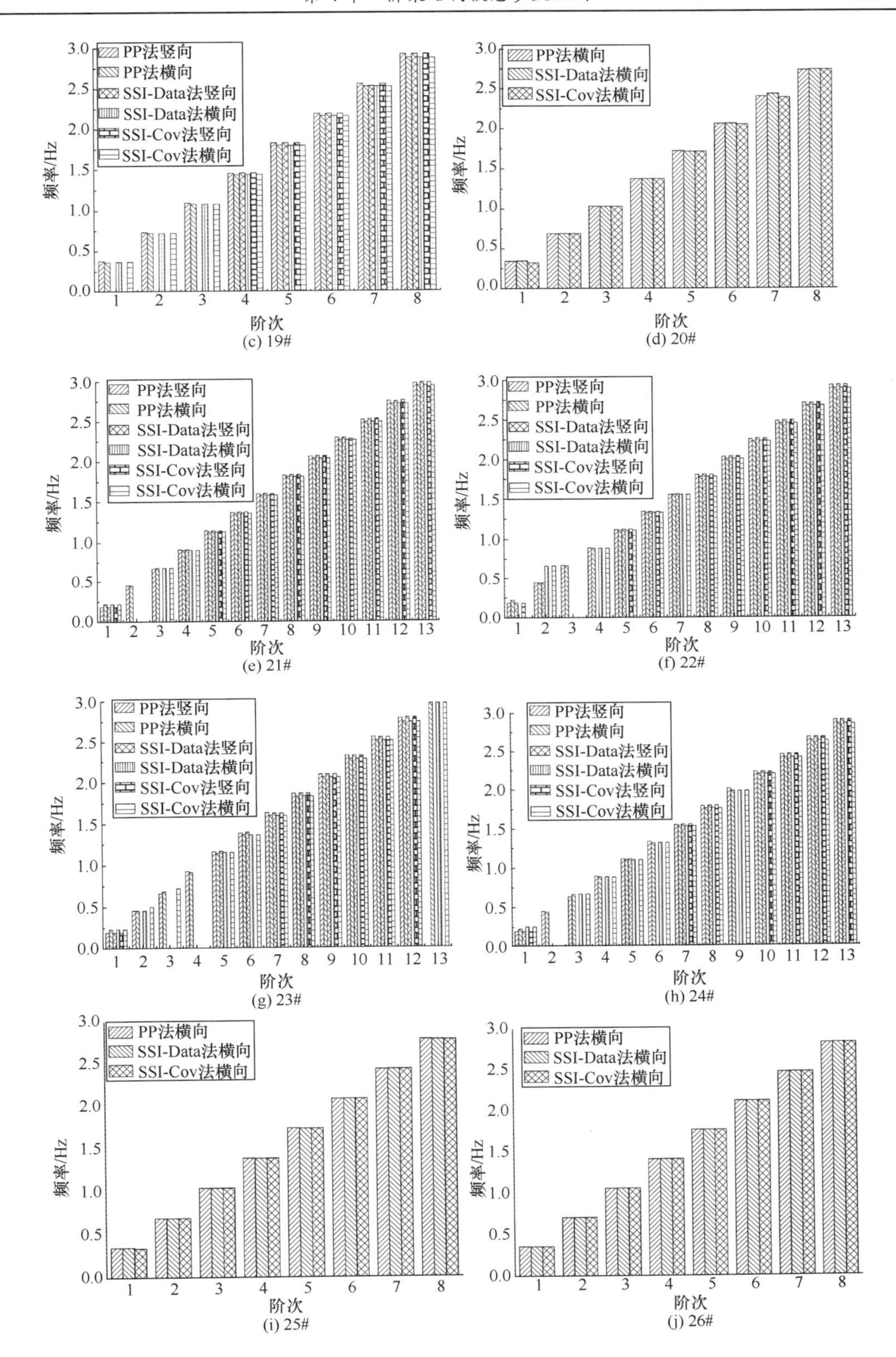

(c) 19#

(d) 20#

(e) 21#

(f) 22#

(g) 23#

(h) 24#

(i) 25#

(j) 26#

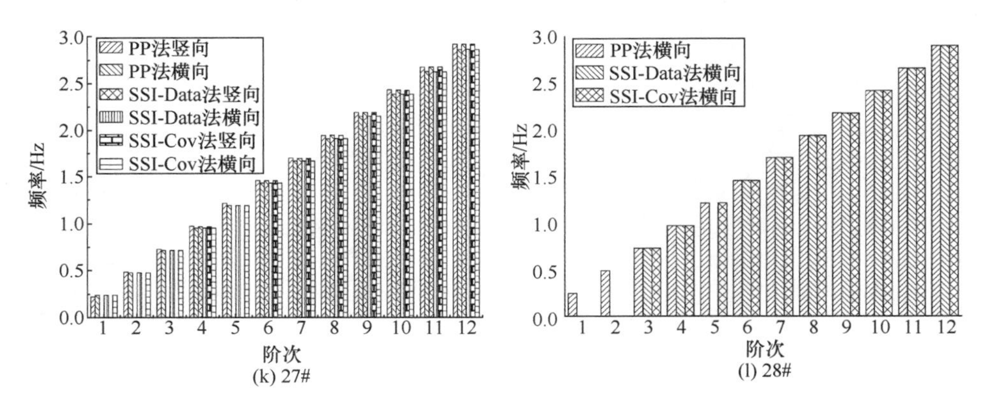

图 4-75 斜拉索频率识别结果综合对比图

参 考 文 献

[1] 曹树谦, 张文德, 萧龙翔. 振动结构模态分析-理论、实验与应用[M]. 天津: 天津大学出版社, 2014.

[2] 顾培英, 邓昌, 吴福生. 结构模态分析及其损伤诊断[M]. 南京: 东南大学出版社, 2008.

[3] Rainieri C, Fabbrocino G. Operational Modal Analysis of Civil Engineering Structures-An Introduction and Guide for Applications[M]. New York: Springer Science + Business Media, 2014.

[4] Brincker R, Ventura C. Introduction to Operational Modal Analysis[M]. New York: John Wiley & Sons, 2015.

[5] Au S. Operational Modal Analysis -Modeling, Bayesian Inference, Uncertainty Laws[M]. New York: Springer Nature Singapore Pte Ltd. , 2017.

[6] Sinha J K. Vibration Analysis, Instruments, and Signal Processing[M]. New York: CRC Press, Taylor & Francis Group, LLC, 2014.

[7] Ewins D J. Modal testing: Theory and Practice[M]. Chichester: John Wiley & Sons, 1985.

[8] 王彤, 张令弥. 运行模态分析的频域空间域分解法及其应用[J]. 航空学报, 2006, 27(1): 62-66.

[9] 沈方伟, 杜成斌. 环境激励下结构模态参数识别方法综述[J]. 电子测试, 2013, 5: 178-181.

[10] Rune B, Poul H K. Special issue on operational modal analysis[J]. Mechanical Systems and Signal Processing, 2010, 24: 1209-1212.

[11] Çatbaş F N, Kijewski-Correa T, Aktan A E. Structural Identification of Constructed Systems - Approaches, Methods, and Technologies for Effective Practice of St-Id[M]. Virginia: ASCE and American Society of Civil Engineers, 2013.

[12] Reynders E. System identification methods for(operational)modal analysis: Review and comparison[J]. Archives of Computational Methods in Engineering, 2012, 19(1): 51-124.

[13] Felber A J. Development of a hybrid evaluation system[D]. Vancouver: University of British Columbia, 1993.

[14] 克拉夫 R, 彭津 J. 结构动力学(修订版)[M]. 2 版. 王光远, 等译. 北京: 高等教育出版社, 2013.

[15] 陈奎孚, 焦群英. 半功率点法估计阻尼比的误差分析[J]. 机械强度, 2002, 24(4): 510-514.

[16] 张贤达. 矩阵分析与应用[M]. 北京: 清华大学出版社, 2004.

[17] 李玉琢, 崔德鹏. 基于自由衰减响应的阻尼比识别方法及误差分析[J]. 吉林交通科技, 2009, 3: 51-52.

[18] 徐敏. 桥梁结构模态参数识别研究[D]. 成都: 西南交通大学, 2010.

[19] Wu Z H, Huang N E. Ensemble empirical mode decomposition: a noise assisted data analysis method[J].

Advances in Adaptive Data Analysis, 2009, 1(1): 1-41.
[20] 朱建平. 应用多元统计分析[M]. 北京: 科学出版社, 2006: 93-100.
[21] 董玲珑. 超大跨度斜拉桥施工全过程抗风稳定性研究[D]. 杭州: 浙江工业大学, 2009.
[22] 陈艾荣等. 苏通长江公路大桥结构抗风性能分析与试验研究(之二)主桥结构动力特性分析与风荷载计算[R]. 上海: 同济大学土木工程防灾国家重点实验室, 2003.

第 5 章　智能桥梁结构损伤识别

5.1　概　　述

智能结构的损伤实际上是指对结构现在及未来有负面影响的因素，这些因素包括材料和几何属性方面的改变、结构边界条件和连续条件的改变。引起结构损伤的因素有外部影响和结构自身原因，自身原因包括混凝土碳化、收缩徐变以及钢筋锈蚀等；外部影响分为荷载、环境和突发性灾害的影响，其中桥梁结构常见的荷载有车辆和人群活载；环境影响有风荷载、流水压力、温度作用和冰压力等；突发性灾害包括地震、船舶或漂流物的撞击作用等。

桥梁结构损伤识别就是通过实际测量反映结构力学特性的数据，对桥梁结构是否有损伤、损伤位置、损伤程度等做出准确合理的判断。损伤识别的结果可以为结构局部损伤探测提供大致的位置，也可以在损伤超过规范值时提出预警，还可以为结构可靠性评估提供依据[1]。因此，损伤识别是智能结构健康监测系统和在役工程结构检测的核心技术。

结构损伤识别实际上属于输入和响应部分已知，求结构状态的系统识别问题，如图 5-1 所示。损伤识别最早在航空航天、机械等领域出现，目前已在这些领域得到很好的发展。但与航空航天、机械等领域的识别问题相比，桥梁结构损伤识别有其自身的特点，这些特点包括以下方面[2]。

图 5-1　损伤识别问题示意图

1. 激励的不确定性

在实际桥梁工程中，绝大部分外部激励属于非平稳的随机信号激励，如桥梁结构常见的车辆荷载和风荷载，以及地震时受到的地震动。这些激励都很难准确测量，只能通过对其进行统计分析，知道激励的一些统计特性。而有些激励，如环境随机激励，其统计特性也很难确定，只能人为地加一些强制性的假定，如自由振动假定、白噪声输入等，再对其进行分析。而当进行静力测试时，由于加力设备的精度和环境的影响等，虽然知道静力荷载的位置，但其准确值仍然无法确定。

2. 响应的不完备性

响应信息的不完备性主要表现在两个方面：①测点有限，实际桥梁是一个无限自由度的连续体结构，对其进行理论计算分析时，需先对其进行离散化，再做有限元分析，这就意味着用有限自由度来模拟实际的无限自由度；然后根据理论计算分析结果，进行传感器测点布置时，又要从这些有限的自由度中选取个别自由度作为测点，所以实际工程中测点是有限的，数目比较少。②测量信息种类不完备；在动力测试时，通常只能测得结构的位移、速度、加速度响应中的一种；而结构转角一般无法测得。

3. 识别问题的复杂性

损伤识别的目的是确定结构的状态，而从结构动力方程中可以看出：结构状态包括结构刚度、阻尼和质量。若同时识别这三种结构参数，问题会变得异常复杂。为了简化起见，一般将结构刚度作为识别对象，而认为结构质量、阻尼不变。仅仅识别结构刚度同样是一个复杂的事情，为此，将刚度识别分为三步分别进行：①损伤预警，识别结构的刚度是否发生损伤；②位置识别，识别损伤发生的位置；③程度识别，识别损伤扩展的程度。上述三个识别问题，每一个问题都很有难度，因此损伤识别问题是一个难度、复杂度很大的问题。

4. 计算量相当大

在求解损伤识别问题时，可能会用到有限元分析技术、优化算法、非线性分析等多种计算，有时可能是几种算法耦合在一起，而上述每一种算法的实现都要花费大量的时间。因此，损伤识别问题的计算量非常大。

综上所述，损伤识别问题是一个测量信息不完备、难度和复杂度都很大、费时费力的问题。但是，准确及时的损伤识别对防止恶性事故的发生、提高结构的可靠性和耐久性具有重要的现实意义，因此损伤识别问题近几十年来成为国内外学者研究的热点。

5.2　损伤识别方法

目前，损伤识别正处于研究阶段，各种理论与方法在日新月异地发展。主要的识别方法按照有无反演可分为两类：有反演的优化识别方法和无反演的模式识别方法。如果按照测试数据的来源分类，结构损伤识别可分为静力识别法、动力识别法和分布式光纤识别法。静力识别法是利用在结构静态情况下测得的位移、应变等数据进行损伤识别。动力识别法是利用结构的动力响应如加速度、动应变，进行损伤识别研究，动力识别法又可分为频域法与时域法。分布式光纤识别法是基于光纤反射技术及微弯裂缝传感机理，利用分布式光纤识别结构裂缝的方法。

本章首先介绍结构损伤识别方法；然后利用这些方法，分析结构的静力、动力损伤识别；最后，介绍分布式光纤在结构识别中的应用，以及其最新的研究成果。

目前，主要的损伤识别方法分为如下两类。

(1) 有反演的损伤识别方法：它是将待识别的未知量(结构参数、刚度矩阵、损伤指标等)看成优化变量，并组成目标函数，通过不断地修正有限元模型，得到结构的优化参数，使正向计算结果能够最大限度地与实测结果吻合。

(2) 模式识别方法：该类方法是基于模式识别理论发展起来的识别方法，是一种无反演的方法，它是按照模式识别的基本理论构造各种损伤情况下的基本模式向量，然后将测量得到的实际模式向量与基本模式向量进行比较而得到结构的损伤位置和损伤程度。

5.2.1 优化识别方法

有反演的优化识别是将损伤识别问题看成一种系统识别的反问题，采用优化算法进行求解。该类方法中，各种不同的具体方法在实现上有所不同，但它们的基本过程是一致的，一般分为四步，如图 5-2 所示。

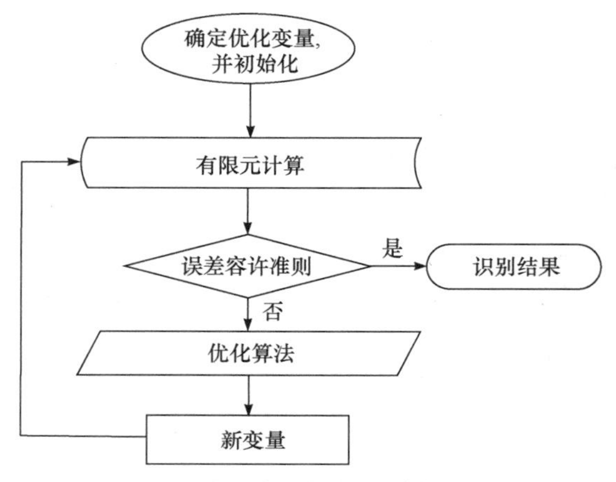

图 5-2 有反演的优化识别方法过程

(1) 确定优化变量，并初始化。

(2) 有限元计算。

(3) 计算理论值与实测值之间的误差，并代入误差准则进行判断，若误差在容许范围内，则直接得到识别结果，否则转至下一步。

(4) 最优化算法确定新的优化变量，转至第二步。

1. 初始化优化变量

在使用优化算法进行计算之前，需确定优化变量。在损伤识别问题中，将结构的损伤状态作为识别变量，因此一般将结构参数、刚度矩阵、损伤指标等作为优化变量，并形成优化目标函数。确定优化变量后，在合理的取值范围内选择一个值，并初始化优化变量。

2. 有限元计算

在损伤识别问题中，结构外部激励在有些情况下是已知的，但有些情况下并非完全已知，而是部分已知，甚至完全未知。针对这两类情况，损伤识别中理论值与实测值之间的误差分析分为输出反演和荷载反演，其中输出反演是在激励完全已知的情况下，比较结构响应的理论与实测误差值；而荷载反演是在激励部分已知的情况下，比较结构激励的理论与实测误差值。

针对误差分析的两种情况，有限元计算也分为两类。

(1) 由荷载求输出，这是一种常见的有限元计算，其所用到的刚度矩阵是由结构的损伤状态确定的。

(2) 由输出求荷载，在计算中，直接将实测的输出值代入有限元，计算结构的输入荷载，同样其刚度矩阵是由每次循环中得到的优化变量确定的。

3. 误差容许准则

采用最优化算法求解损伤识别问题，实际上是一个系统的参数估计问题，如估计结构的刚度矩阵。因此，需要误差容许准则判断求得的参数是否满足。常用的误差容许准则有最小二乘准则、极大似然估计准则、预报误差准则[3]。

1) 最小二乘准则

参数 θ 的最小二乘估计准则为

$$J(\theta)=\sum_{k=1}^{N}\left(z_{ak}-z_{tk}(\theta)\right)^2 \to \min \tag{5-1}$$

式中，$J(\theta)$ 为实测输出值与理论预测值的最小二乘误差；z_{ak} 为结构的实测输出值，即观测值；z_{tk} 为理论预测值；N 为比较序列长度，为观测值的个数或理论预测的个数。z_{ak} 和 z_{tk} 均为参数 θ 的函数。

式(5-1)表示未知参数 θ 最可能的值将使实测值与计算值之间误差的累计平方和达到最小。实际上，z_{ak}和z_{tk}之间总是有误差的，这种误差可以看成一种噪声。当这种噪声为白噪声时，使用式(5-1)得到的估计量是参数 θ 的一致估计量。当序列长度 $N\to\infty$时，估计量依概率收敛于精确值。

2) 极大似然估计准则

设观测值 z_a 的 N 个观测值构成一个随机序列 Z_a：

$$Z_a=\left(z_{a1},z_{a2},\cdots,z_{an}\right)^{\mathrm{T}} \tag{5-2}$$

设各个 z_a 的联合概率密度函数为 $p(Z_a|\theta)$，容易证明，在独立观测条件下，这一联合概率密度函数可以写为各时刻点条件概率密度函数的乘积，即

$$p(Z_a|\theta)=\prod_{k=1}^{N}p(z_{ak}|\theta) \tag{5-3}$$

对于一组确定的观测数据 z_a，$p(Z_a|\theta)$将仅是参数 θ 的函数，一般称为关于 θ 的似然函数，并记为 $L(Z_a|\theta)$。其收敛准则为

$$L(Z_a|\theta)\to \max \tag{5-4}$$

称为参数 θ 的极大似然估计准则。其直观意义是：未知参数的真值应使观测结果具有最大的出现概率。

若观测数据 z_a 服从正态分布，则参数 θ 的似然函数为

$$L(Z_a|\theta)=(2\pi C)^{-\frac{1}{2}}\exp\left\{-\frac{1}{2}(Z_a-Z_t)^{\mathrm{T}}C^{-1}(Z_a-Z_t)\right\} \tag{5-5}$$

式中，Z_a 和 Z_t 分别为观测值序列和理论预测值序列；C 为噪声的协方差矩阵。

3) 预报误差准则

预报误差准则可视为极大似然准则的推广。在极大似然准则中，要求已知实测数据的概率分布，如果不知道或不能判定这种分布，就很难使用极大似然准则。然而，预报误差准则指出，若使用预报误差协方差的某种标量函数作为准则函数，则通过准则函数的极小化可以获取真实参数的无偏估计值。常用的准则函数有

$$J_1(\theta)=\mathrm{Trace}\left[\Lambda D(\theta)\right] \tag{5-6}$$

式中，$J_1(\theta)$ 为预报误差准则函数；Trace[·]为矩阵的迹；Λ 为一具有正定性的加权矩阵；$D(\theta)$ 为实测数据与理论预测数据间的误差，其表达式为

$$D(\theta)=\frac{1}{N}\sum_{k=1}^{N}W_k W_k^{\mathrm{T}} \tag{5-7}$$

$$W_k=Z_{ak}-Z_{tk}(\theta) \tag{5-8}$$

式(5-7)和式(5-8)中，W_k 表示实测数据与理论预测数据间的差；Z_{ak} 和 $Z_{tk}(\theta)$ 分别为观测值序列和参数 θ 的理论预测值序列上的第 k 个值。

此准则适用于已知信息序列协方差矩阵的情况。在这一矩阵未知时，应选用下面的准则函数：

$$J_2(\theta)=\log\{\det D(\theta)\} \tag{5-9}$$

式中，$J_2(\theta)$ 为预报误差准则函数；det 为行列式，其他符号同前。

极大似然准则是预报误差准则在数据的概率分布服从正态分布时的特例[4]。然而，预报误差法本质上并不要求数据概率分布的先验知识，因此它成为参数估计中一个最具有普遍适用性的准则。特别是当预报误差序列为白噪声序列时，预报误差法将退化为最小二乘法。

4. 优化算法

优化理论与方法是一个重要的数学分支，它所研究的问题是讨论在众多的方案中什么样的方案最优，以及怎样找出最优方案。而结构损伤识别问题是通过调整结构状态参数，使理论分析结果与实测结果最接近，以确定结构的实际物理参数。这两者之间存在相互对应关系，因此可以从损伤识别问题中构建出最优化数学模型，采用最优化算法进行求解。一些常用的优化算法有罚函数法、乘子法、可行方向法、罗森(Rosen)梯度投影法、弗兰克-沃尔夫(Frank-Wolf)方法、拉格朗日(Lagrange)法、起作用集法、莱姆克(Lemke)法、路径跟踪法等。以乘子法为例介绍优化算法的计算过程[5]。

对于一般约束优化问题：

$$\begin{aligned} &\min f(x) \\ &\text{s.t.} g_i(x) \geqslant 0, \quad i=1,2,\cdots,m \\ &\quad h_j(x)=0, \quad j=1,2,\cdots,k \end{aligned} \tag{5-10}$$

式中，$f(x)$为约束优化目标函数；x为优化参数；$g_i(x)$和$h_j(x)$为约束条件，其中$g_i(x)$为不等式约束条件，共有m个，$h_j(x)$为等式约束条件，共有k个。

将此约束优化问题转换为无约束优化问题，并定义增广 Lagrange 函数：

$$\begin{aligned} M(x,\lambda,u) = f(x) + \frac{1}{2u}\sum_{i=1}^{m}\left\{\left[\max\left(0,\lambda_i - ug_i(x)\right)\right]^2 - \lambda_i^2\right\} \\ -\sum_{j=1}^{k}\lambda_j h_j(x) + \frac{u}{2}\sum_{j=1}^{k}h_j^2(x) \end{aligned} \tag{5-11}$$

式中，$M(x,\lambda,u)$为无约束优化目标函数；x、λ和u为优化参数，分别表示优化参数、Lagrange 乘子和罚因子；其他符号意义同前。

乘子的修正公式：

$$\begin{aligned} &(\lambda_{n+1})_j = (\lambda_n)_j - uh_j(x), \quad j=1,2,\cdots,k \\ &(\lambda_{n+1})_i = \max\left\{0,(\lambda_n)_i - ug_i(x_n)\right\}, \quad i=1,2,\cdots,m \end{aligned} \tag{5-12}$$

令

$$\rho_k = \left\{\sum_{j=1}^{k}h_j^2(x) + \sum_{i=1}^{m}\left[\max\left(g_i(x),\frac{(\lambda_k)_i}{u}\right)\right]^2\right\}^{\frac{1}{2}} \tag{5-13}$$

取控制误差为ε，则优化终止判据为$\rho_k \leqslant \varepsilon$。

乘子法的计算步骤如下。

(1) 给定初始点x_0，给定初始乘子向量λ_l，初始罚因子u_1和放大系数$C>1$，取控制误差$\varepsilon>0$及常数$0<\theta<1$，令$n=1$。

(2) 以x_{n-1}为初始点求解无约束问题$\min M(x,\lambda,u)$，其中$\min M(x, \lambda, u)$如式(5-11)所示，得最优解x_n。

(3) 按式(5-13)计算ρ_k，若$\rho_k \leqslant \varepsilon$，则以$x_n$为最优解，停止迭代。否则，转至第(4)步。

(4) 当$\rho_k / \rho_{k-1} \leqslant \theta$时，转至第(5)步，否则令$u_{n+1} = Cu_n$，转至第(5)步。

(5) 按照式(5-12)修正乘子向量λ_n，令$n=n+1$，转至第(2)步。

其中，在第(2)步求解无约束问题$\min M(x,\lambda,u)$时，可采用共轭梯度法、鲍威尔(Powell)法等。乘子法的计算流程如图 5-3 所示。

此外，还有一种近几十年来发展起来的一种新优化算法——遗传算法。它是一种模拟自然进化过程的随机搜索方法。遗传算法的主要特点是简单、通用、鲁棒性高、适用于并行分布处理。遗传算法的应用范围非常广泛，如机器学习、音乐作曲、工业控制、图像恢复和识别等。遗传算法本身并不要求对优化问题的性质做深入的数学分析，因此对于高度复杂的非线性问题具有其他方法不可比拟的优越性。下面简单介绍遗传算法的实现步骤[6]。

首先给出问题的数学描述：

$$\max J\left(v_1, v_2, \cdots, v_h\right), \quad v_i \in \{1 \sim q\}, \quad h \in \{1 \sim q\} \tag{5-14}$$

式中，J 为优化目标函数；v_i 为子集第 i 个特征在总体特征序列中的序号；h 为子集特征的总个数；q 为二进制编码位数。首先应该对解 v_i 进行编码，采用 q 位二进制进行编码，编码规则是第 i 位为 0 表示子集中不选该特征，为 1 表示选择该特征，这样特征子集(问题的解)就与 q 位二进制有了对应关系。每个 q 位二进制就是一个染色体，假设种群有 N 个染色体 $V_i\left(i=1,2,\cdots,N\right)$，根据具体的应用问题定义每个染色体对应的 N 个适应度值 $f_i\left(i=1,2,\cdots,N\right)$。然后按下列步骤进行遗传操作。

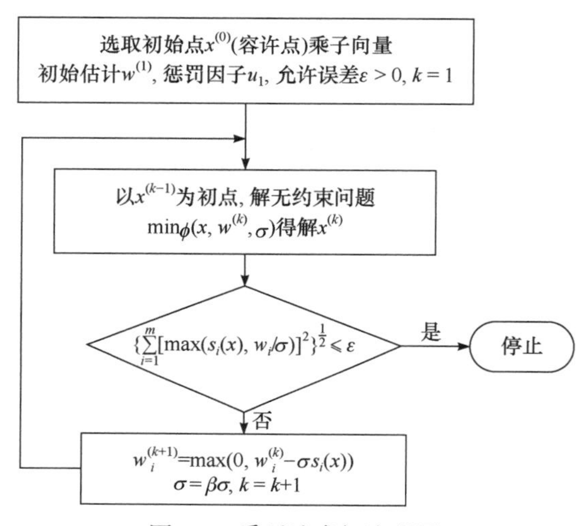

图 5-3　乘子法求解流程图

(1) 随机产生一组初始种群 V_i，然后计算每个染色体的适应度值 f_i，这些适应度值就代表每个染色体的优劣性。接下来就按照下面三个步骤进行遗传产生下一代。

① 选择

选择过程是按适应度的大小计算各个染色体的选择概率，选择概率越大的染色体越容易被遗传下来；相反，选择概率小的染色体越容易被淘汰。一般按轮盘赌的方法进行选择操作。这里就存在一个如何由每个染色体的适应度值 f_i 计算选择概率 $\mathrm{eval}\left(V_i\right)$ 的问题，常用的有两种方法。

第一种方法是首先根据 f_i 的大小对染色体 V_i 进行排序，假设排序的结果为 μ_i（μ_i 为第 i 个染色体的序号)，则可定义选择概率为

$$\mathrm{eval}\left(V_i\right) = \alpha\left(1-\alpha\right)^{\mu_i - 1} \tag{5-15}$$

式中，$\alpha \in (0,1)$，$\mu_i = 1$ 意味着该染色体是最好的，则其概率为最大值 α。

第二种方法是通过对适应度的适当缩放调整来计算选择概率，首先调整适应度数值 f_i'：

$$f_i' = af_i + b \tag{5-16}$$

式中，a、b 为根据实际情况确定的合理参数，则选择概率按下式计算：

$$\text{eval}(V_i) = \frac{f_i'}{\sum_{j=1}^{N} f_j'} \tag{5-17}$$

对于每个染色体 V_i，计算其累积概率 $p_i = \sum_{j=1}^{N} \text{eval}(V_j)$，然后从区间(0，$p_N$)中产生一个随机数 r。若 $p_{i-1} \leqslant r \leqslant p_i$，则选择第 i 个染色体。重复该过程，直到选择出 N 个染色体，构成新的种群。

② 交叉

先指定一个交叉概率 P_c，然后从上一步得到的种群(父代)中随机选择 P_cN 个染色体，并两两配对进行交叉操作产生下一代(子代)。随机选择交叉点，在交叉点上将两个父代染色体交换(交换方式有单点交叉、两点交叉、平均交叉)，从而得到两个新的子代。这样循环进行直到 $P_cN/2$ 个染色体对都进行了交叉操作，得到 P_cN 个新的染色体，替代从父代中选择出的 P_cN 个染色体，构成新的种群。

③ 变异

首先指定变异概率 P_m，然后按变异概率 P_m 随机选择变异的染色体和变异的点进行"取反"操作，使下一代种群具有多样性，提高遗传算法的全局寻优性能。

(2) 通过上述遗传操作(选择、交叉、变异)，得到新一代种群。从理论上说，新一代种群应该具有更好的适应度，即新的特征子集中具有更好的类别可分性。这样不断进行下去，将得到一组较优的特征子集。在设定的遗传代数上停止遗传，选择种群中适应度最好的染色体作为最优解，通过反编码规则得到最后特征选择的子集。但是，最好的染色体不一定出现在最后一代，所以在遗传过程中，必须把最好的染色体 V_0 记录下来，如果在新的种群中发现更好的染色体，则替换 V_0。在遗传完成之后，这个染色体就可以看成优化问题的解。

遗传算法的种群规模、终止遗传代数和遗传算子控制参数(交叉概率 P_c、变异概率 P_m)的选取是很重要的，也是非常困难的，目前尚无理论依据，只能依赖一些具有指导性的试验结果进行设定。遗传算法还容易产生"早熟"的情况，即某一个染色体的适应度远大于种群适应度的均值，使遗传很快陷入局部极值点，这种现象也称为过早收敛。另外，在搜索过程后期，尽管种群具有足够的多样性，但种群中各个染色体的适应度比较接近，种群实际上已经不存在竞争了，导致进化速度较慢甚至停滞。鉴于简单遗传算法的这些缺点，许多学者将遗传算法与其他方法联合起来构造了一系列混合遗传算法：模拟退火遗传算法、免疫遗传算法、小生境遗传算法、模糊遗传算法、混沌遗传算法、量子遗传算法等。

通过以上分析，可以看出优化识别方法具有以下特点。

(1) 它将损伤识别问题看成一种系统识别的反问题，直接采用系统识别中的一些优化方法进行求解。思路清晰，易于理解和接受。

(2) 在损伤识别过程中，最优化方法与有限元方法耦合在一起，相互之间不断地调用，增加了识别问题的复杂性。

(3) 将优化算法运用于损伤识别，容易使结果陷入局部极小值而变得不可靠。

(4) 用于建立优化模型的优化变量对噪声敏感，所以当存在测试噪声的影响时，会出现相互矛盾的优化方程，造成求解困难。

5.2.2 模式识别方法

模式识别诞生于 20 世纪 20 年代，现在已经发展成一个比较完整的学科领域。模式识别是多学科领域的交叉，涉及统计学、模糊集论、工程学、人工智能、计算机科学等。现在已经广泛用于文字识别、语音识别、医疗诊断、个人信用评分、商品销售分析、地质勘探等。根据设计分类器的不同，出现了许多模式识别方法。模式识别的具体方法有统计模式识别、模糊模式识别、句法模式识别、智能模式识别、神经网络方法等。

人们为了掌握客观事物，按照事物相似的程度组成类别；模式识别的目的是面对某一具体事物时将其正确地归入某一类别。对于结构损伤识别问题，如果预先根据结构损伤状态的特点，对结构的响应进行分类，那么就有可能使用模式识别的方法，对某一新的结构响应进行正确的归类。因此，可以将模式识别方法运用于损伤识别领域，对结构损伤状态进行明确的判断。

采用模式识别的方法进行结构损伤识别研究，一般可分为三个步骤：

(1) 构建损伤指标，或称为损伤模式。

(2) 通过特征提取和样本选择，形成样本特征库。

(3) 选择分类器，对样本进行训练。

完成样本训练后，就可以使用训练后的分类器，对新的模式进行识别。如图 5-4 所示。

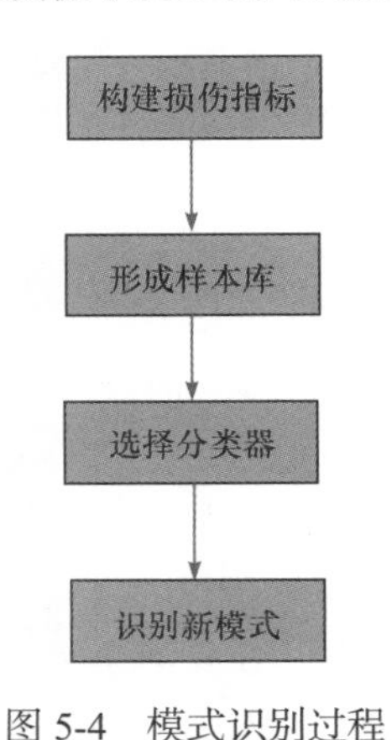

图 5-4　模式识别过程

1. 构建损伤指标

结构损伤指标是指能够通过结构动静力测试得到的，并且能够反映结构固有特性的那些指标。结构损伤指标与结构特性具有一定的映射关系，因此可以通过实测结果得到的损伤指标来反求在役结构的实际状态，这就是使用模式识别方法进行结构损伤识别研究的理论基础。

损伤识别中构建的损伤指标根据所面向的测试数据不同而不同。对于动力测试数据，损伤指标分为频域指标和时域指标：频域指标是根据结构的模态参数，如频率和振型及其组合而得到的，可以直接将模态参数作为损伤指标，也可以对其进行一定的变换，得到损伤灵敏度更高的指标；而时域指标是直接对采集到的动力时程数据进行变换得到的，如由于测试数据的不完备，缺少速度和位移数据，可应用数值积分，将加速度或速度时程积分后得到速度和位移时程，再构建时域指标。对于静力数据，可以直接采用实测到的位移和应变作为损伤指标。

损伤指标的好坏直接决定后续损伤识别的效果，从以下三个方面评价损伤指标[1]。

1) 损伤指标对结构损伤的敏感程度

该指标需要进行灵敏度分析，研究结构物理参数的变化导致动静力指标变化的相对幅度。显然，损伤指标对结构参数的变化越敏感，越有利于结构的损伤识别。

2) 抵抗干扰的能力

主要是指损伤指标对激励(大型土木工程的激振困难，激励难以控制)、测试噪声、结构不确定因素(约束条件、几何尺寸、材料特性等，即基准状态中理论计算模型与实际结构的差别)等变化的敏感程度。损伤指标对这些非损伤因素越敏感，越不利于结构的损伤识别。

3) 对损伤的区分能力

从结构响应(位移、速度、加速度等)提取的损伤指标主要用来确定结构损伤，因此损伤指标应该具有良好的损伤可分性(最好是线性可分)。损伤指标的损伤可分性越好，识别结果越准确可靠。

从结构损伤识别问题研究的目的来看，要寻求一种对结构损伤敏感、区分能力好且抵抗干扰能力强的指标。然而，遗憾的是，对结构损伤敏感的指标，同样对噪声敏感，这就给分析问题带来了诸多不便。

2. 形成样本库

根据上述各种损伤指标的定义，计算结构各种损伤状态下的损伤指标。这些已知结构损伤状态的指标称为样本，将这些样本综合起来，就组成了样本库。为了取得较好的识别效果，样本库应具有较好的类别可分性和抗噪声性能。为此，从结构损伤敏感性和模式识别两个角度，对样本库进行研究。

对于大型复杂的桥梁结构，可能的损伤种类、损伤单元数量巨大。若采用模式识别方法，就需要构建一个庞大的样本库。如果考虑各种损伤的耦合效应，则建立的样本库就可能达到计算机不可接受的程度。对结构损伤敏感性进行分析，找出那些需要重点识别的构件、单元。在损伤识别中就可以针对这些构件、单元的损伤进行识别，减小搜索范围，降低识别难度，提高识别精度。

对损伤识别而言，结构损伤敏感性分析的方法有力学特性分析和桥梁结构病害调查[7]。通过结构力学特性分析，找出桥梁结构在各种荷载组合作用下最容易发生损伤的部位，然后研究这些最易损伤的部位发生损伤后对损伤指标的影响。通过桥梁结构的病害调查，寻找那些由于人为的(勘察、设计、施工、使用等)或自然的(地质、风雨、冰冻等)原因引起的桥梁损伤，这些损伤可能是通过结构力学特性分析无法得到的，但同时又可能是在实际工程中大量存在的，所以病害调查弥补了力学特性分析的不足；找到这些病害后，同样需要研究病害对损伤指标的影响。

从模式识别的角度来看，对于一个以训练样本向量学习为基础的分类算法，其计算复杂度显然要受到样本特征维数及样本数量的影响。通常特征维数越高，样本个数越多，算法的计算复杂度越高，执行速度也越慢。随着信息科技的发展，较大规模数据的获取比以往更加方便。人们需要处理的信息数据也日渐呈现高维和海量的特点。目前，现有的分类算法大多适宜于处理低维、小训练集问题，若直接利用它们分析处理高维和海量数据，则往往由于计算时间和存储空间等客观条件的限制而陷于困难。而且，在实际应用中，人们还发现当样本的个数增加到某一个临界点后，继续增加反而会导致分类器性能变差的现象。

对于高维问题，人们常用的解决办法是特征选择与提取，其本质是实现维数约简；而对于大训练样本集的问题，一个最直接有效的解决途径就是样本选择。以下对这两方面的相关内容和方法进行简要介绍。

1) 特征选择与提取

特征选择[8]是指从一大堆既有的特征向量中找出分类性能较好的一些特征向量。当样本维数相当高时，为了便于计算，首先采用相关分析方法剔除冗余特征。相关分析法通过剔除对基本特征库相似度量有影响的相关特征，使模式分类结果不容易受到这些冗余特征的干扰。相关分析不仅提高了特征之间的互补性，还能够减少特征数量。

相关分析法的意义就是从样本特征中找出并去除含有冗余信息的相关特征，使选出的特征子集为该模式识别问题的互补特征。由此可知，特征选择的相关分析，其基本问题就是如何度量特征的相关性，以找出相关特征。计算方法如下。

相关矩阵 R 可表示为

$$R=\{r_{ij}\},\quad i=1,2,\cdots,q;j=1,2,\cdots,q \tag{5-18}$$

式中，r_{ij} 为特征 i 与特征 j 的相关系数，取值范围为[0,1]。其中，相关系数 r_{ij} 有许多计算方法，现列出几种常用的计算方法。

(1) 欧几里得距离法。

$$r_{ij}=\sqrt{\frac{1}{n}\sum_{k=1}^{n}\left(x_{ki}-x_{kj}\right)^2} \tag{5-19}$$

(2) 相关系数法。

$$r_{ij}=\frac{\sum_{k=1}^{n}\left|x_{ki}-\overline{x}_i\right|\left|x_{kj}-\overline{x}_j\right|}{\sqrt{\sum_{k=1}^{n}\left(x_{ki}-\overline{x}_i\right)^2}\sqrt{\sum_{k=1}^{n}\left(x_{kj}-\overline{x}_j\right)^2}} \tag{5-20}$$

式中，$\overline{x}_i=\frac{1}{n}\sum_{k=1}^{n}x_{ki}$；$\overline{x}_j=\frac{1}{n}\sum_{k=1}^{n}x_{kj}$。

(3) 指数相似系数法。

$$r_{ij}=\frac{1}{n}\sum_{k=1}^{n}\exp\left(-\frac{3\left(x_{ki}-x_{kj}\right)^2}{4S_k^2}\right) \tag{5-21}$$

式中，S_k 为适当选取的正数。

(4) 算术平均最小法。

$$r_{ij}=\frac{\sum_{k=1}^{n}\min\left(x_{ki},x_{kj}\right)}{\sum_{k=1}^{n}\max\left(x_{ki},x_{kj}\right)} \tag{5-22}$$

(5) 几何平均最小法。

$$r_{ij}=\frac{\sum_{k=1}^{n}\min\left(x_{ki},x_{kj}\right)}{\sum_{k=1}^{n}\sqrt{x_{ki}x_{kj}}} \tag{5-23}$$

(6) 绝对值指数法。

$$r_{ij}=\exp\left(-\sum_{k=1}^{n}\left|x_{ki}-x_{kj}\right|\right) \tag{5-24}$$

式(5-19)～式(5-24)中，x_i和x_j表示特征i与j的特征序列，n为两两比较的特征个数。

在相关矩阵中挑选出较大的值(具体个数由实际需要剔除的特征值个数决定)，分析对应的特征对(相关特征)，去掉抗噪性能差、对损伤不敏感的特征，而无条件留下另一个。

当除去样本中的相关和冗余特征后，再采用组合优化的特征选择方法选择特征子集，常见的优化特征选择方法有模拟退火算法、遗传算法、Tabu 搜索算法以及它们之间相互联合得到一系列混合方法：模拟退火遗传算法、免疫遗传算法、小生境遗传算法、模糊遗传算法、混沌遗传算法。下面介绍模拟退火遗传算法[9]。

模拟退火遗传算法是将遗传算法与模拟退火算法进行优势互补的融合，充分利用模拟退火算法的局部寻优能力，以加快遗传算法的收敛速度。模拟退火算法(simulated annealing algorithm)最早由梅特罗波利斯(Metropolis)于 1953 年提出，是一种启发式算法(heuristic algorithm)，是基于金属退火机理建立起来的一种优化计算方法。由于模拟退火算法灵活有效，其应用范围日益扩大，对许多著名的 NP 问题提出了有效的解决方案。

模拟退火算法是模拟金属固体热浴后的冷却，即退火过程。将某金属材料加热到一定的温度并持续一定时间后缓慢冷却，这就是退火。从物理学原理的观点来看，冷却后的固体结构依赖于冷却的温度变化过程，缓慢冷却产生稳定的晶体结构，而快速冷却则导致晶体中包含一些不稳定的因素。玻尔兹曼(Bolzmann)分布揭示了真实物理系统处于微观低能量态的概率最大。物理系统总是倾向于能量最低态，而粒子的热运动又妨碍它准确处于能量最低态，对金属缓慢退火就是为了使系统在每一温度下粒子能够进行充分的热运动而达到平衡态。对于最优搜索问题，系统状态对应可行解，系统能量对应目标函数，状态转变对应邻近解，系统温度对应控制参数，系统基态对应近优解。

模拟退火算法的基本步骤如下。

(1) $k=0$，设置初始最优解V_i、温度t_k，其中t_k为第k步中温度表对应的温度值。

(2) 循环$l=0\to L_k$。

(3) 计算当前解的目标函数值O_i，对当前解作一扰动$V_i+\Delta V$，得到一组新的解$\tilde{V}_i$。

计算新的目标函数值 $\tilde{O}_i$ 以及目标函数值的增量 $\Delta = O_i - \tilde{O}_i$ (假设为最大值优化问题)。如果 $\Delta < 0$，则接受新的解；如果 $\Delta > 0$，则以概率 $p = \exp(-\Delta / t_k)$ 接受新的解。

(4) 若 $l \leqslant L_k$， $l \leftarrow l+1$，转步骤(2)；若 $l > L_k$，则转步骤(5)。

(5) $k \leftarrow k+1$，重复步骤(2)～(4)，到温度 T 达到温度表的最低温度为止。

从其计算步骤来看，随着温度降低，越来越不接受“坏”解。正如金属退火过程一样，随着温度降低，越来越接近平衡状态。模拟退火算法的收敛性和计算复杂性主要取决于温度表、马尔可夫链长度 L_k 和每次对解的扰动方向。

马尔可夫链 L_k 和温度表统称为冷却进度表，其主要控制参数包括 t_k 的初始值 t_0、衰减函数、终值 t_f、马尔可夫链长度 L_k。下面介绍冷却进度表各个参数的选取原则。

(1) 初始值 t_0。

为使算法一开始就达到准平衡，应该让接受率 $\chi_0 = 1$，但这样计算得到的 t_0 值很大。柯克帕特里克(Kirkpatrick)取 $\chi_0 = 0.8$，并用试算的方式得到实际初始接受率 $\chi > \chi_0$ 即可确定初始值 t_0。其后约翰逊(Johnson)修改这个经验方法而直接进行若干次解的变换，统计目标函数的增加次数，进而估算 t_0，并给出了相应的估算公式。Aarts 则给出了更为精细的估算方法，假设做了 m_0 次解的变换，其中 m_1 次目标函数减小，m_2 次目标函数增大，$\bar{\Delta}^+$ 为 m_2 次目标函数增量的平均值，则按下式估算 t_0：

$$t_0 = \frac{\bar{\Delta}^+}{\ln\left(\dfrac{m_2}{m_2\chi_0 - m_1(1-\chi_0)}\right)} \tag{5-25}$$

(2) 衰减函数。

Aarts 利用准平衡条件理论推导了一个衰减函数，但需要计算目标函数的均方差，并且有一个距离参数需要按经验确定，实际使用很不方便。最简单的做法是用递推计算公式：

$$t_k = \alpha t_{k-1} \tag{5-26}$$

式中，$\alpha \in (0,1)$，常取 $\alpha = 0.8$。

(3) 终值 t_f。

Aarts 基于目标函数的期望值 $\langle O \rangle\big|_{t_k}$ 定义停止准则：

$$\frac{t_k}{\langle O \rangle\big|_\infty} \cdot \frac{\partial \langle O \rangle_t}{\partial t}\bigg|_{t=t_k} = \varepsilon_\mathrm{s} \tag{5-27}$$

式中，$\langle O \rangle\big|_{t_k}$ 常用目标函数的平均值近似，或者用 t_k 附近若干个相继的目标函数的平均值近似，以防止过大的波动。ε_s 为一个较小的正数，称为停止参数。当然，停止准则还有许多，如 Nahar 等用限定控制参数的衰减步数 S_t 来设定停止准则，Lundy 和 Mess 则提出用温度来控制计算的进程。

(4) 马尔可夫链长度 L_k。

马尔可夫链的长度没有理论方面的准则可循，通常取为问题规模 n 或邻域规模 $\bar{N}$ 的多项式。在实际工作中采用预先试算的办法，在某一温度下 t_k 下，随着 L_k 的增加，解的概率分布趋于稳定，达到准平衡状态时就停止增加 L_k。

由于模拟退火能够让解按一定的变化概率向最优解逼近，因此只要产生的新一代与上一代解接近，就能在很小的范围内得到局部最优解。但模拟退火有两个缺点。

① 全局寻优能力较弱，由于每次产生新解都是在领域内做微小摄动，则稳定后的解也只能是局部最优解。

② 随机摄动具有很强的随机性，使得没有目的的摄动花费了大量的计算时间，从而导致收敛速度比较慢。

因此，人们将遗传算法和模拟退火算法有效地结合起来，发展了模拟退火遗传算法。模拟退火遗传算法有两种不同的格式：一种是将模拟退火算法嵌入遗传算法中；另一种是将遗传算法作为模拟退火算法随机摄动的工具，将遗传算法嵌入模拟退火算法中。这两种模拟退火遗传算法格式的程序框图如图 5-5 所示。

图 5-5(a)是遗传算法内带有模拟退火算法，这种格式相当于利用模拟退火算法增进遗传算法的局部收敛能力。但模拟退火本身的随机性，使得局部寻优的速度很慢。此类算法要求遗传算法充当全局寻优的角色，因此其变异概率应该取较大的值。图 5-5(b)是模拟退火算法中随机产生新解的过程由遗传算法来完成，此时遗传算法充当局部极小点寻优方向的角色，因此其变异概率应该取较小值。这种模拟退火遗传算法具有极强的局部寻优能力，并且局部寻优的收敛速度较快，但其全局寻优能力却较弱。

模拟退火遗传算法兼具模拟退火算法和遗传算法的优点，因此能够使优化计算得到最优解的概率增加。

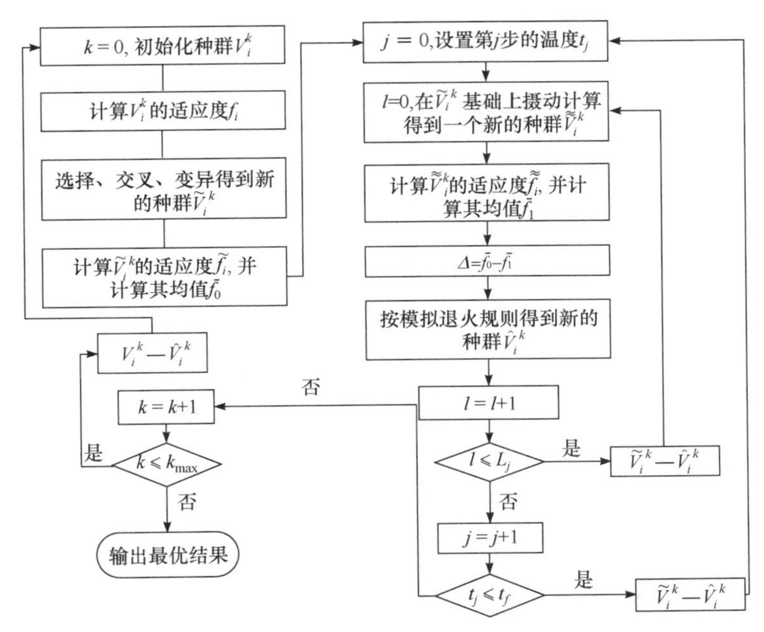

(a) 模拟退火算法嵌入遗传算法中

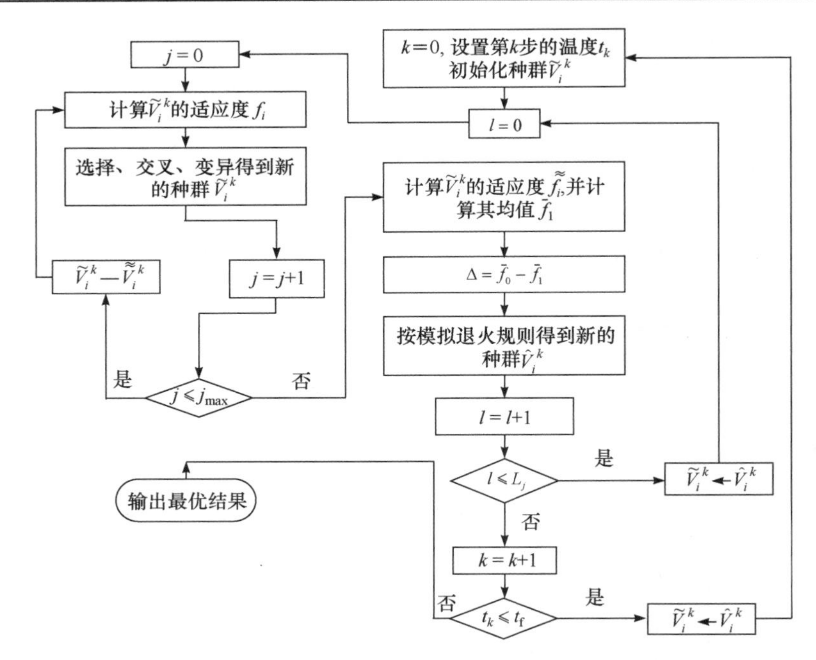

(b) 遗传算法嵌入模拟退火算法中

图 5-5　模拟遗传算法的两个格式

特征提取是指在保持原特征空间内结构不变的条件下，通过对原空间进行某种形式的变换，寻找新空间的过程。它的一个显著特点是，经过特征提取获得的新空间与原空间完全不同。目前，较为常用的特征提取方法主要有主成分分析、线性鉴别分析、独立分量分析、典型相关分析 、非负矩阵分解以及它们的核化形式。下面重点介绍主成分分析法[10]。

1901 年 Pearson 首先对主成分分析(principal component analysis)进行研究。主成分分析的目的是推导出新的变量，这些新的变量是原始变量的线性组合而且互不相关。从几何上看，主成分分析可以认为是坐标轴的旋转，将原始坐标系的坐标轴旋转成一组新的正交坐标轴。在计算机出现之前，主成分分析的应用面很窄。但计算机出现后，大量数据需要处理，因此以多元统计为背景的主成分分析法有了广泛的应用。主成分分析的基本原理是选择样本点投影后方差最大的方向进行坐标变换，使维数降低而信息量损失最小。主成分分析没有假定数据内部是否存在不同类别，因此是一种非监督的特征提取方法。主成分分析首先要确定第一条主成分 v_1 的方向，其寻找的原则就是沿该方向投影后方差最大。找到第一主成分方向后，第二主成分 v_2 由与第一主成分正交的方向确定，如此反复不断地进行下去(图 5-6)。

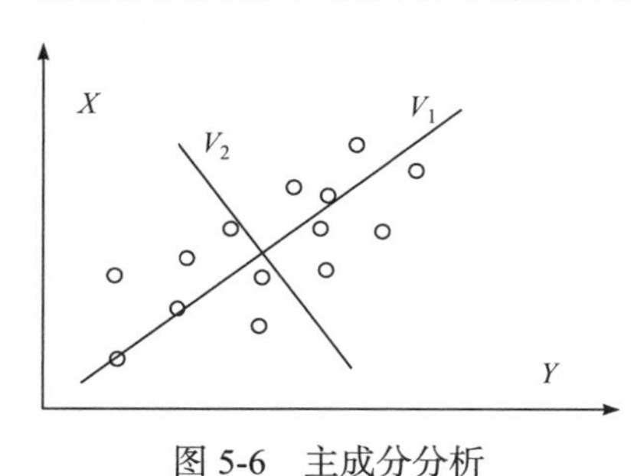

图 5-6　主成分分析

某主成分方向的投影可用以下线性变换表示：

$$y_i = \sum_{k=1}^{q} t_k x_{ik}, \quad i = 1, 2, \cdots, n \tag{5-28}$$

式中，x 和 y 为参与变换和变换后特征；q 为变换个数；n 为特征的大小；t_k 为变换参数，为待定的系数。求得 t_k 即可求得新坐标。坐标变换后坐标值 y_i 的分散度可以用下式表示：

$$V(y_i) = \sum_{k=1}^{q}\sum_{j=1}^{q} c_{kj} t_k t_j \tag{5-29}$$

其中，c_{kj} 是原始特征集协方差矩阵的元素：

$$c_{kj} = \frac{1}{n-1}\sum_{i=1}^{n}\left(x_{ik} - \overline{x}_k\right)\left(x_{ij} - \overline{x}_j\right) \tag{5-30}$$

由于 t_k 只是限定一个方向(主成分方向)的系数，可呈成比例变化，不妨假定

$$\sum_{k=1}^{d} t_k^2 = 1 \tag{5-31}$$

则可建立 Lagrange 乘子法目标函数：

$$F\left(t_1, t_2, \cdots, t_q, \lambda\right) = V\left(y_i\right) - \lambda\left(\sum_{k=1}^{q} t_k^2 - 1\right) \tag{5-32}$$

式中，λ 为待定系数。利用 Lagrange 乘子法有 $\partial F / \partial t_k = 0$，可得下列方程组：

$$\begin{cases} (c_{11} - \lambda) t_1 + c_{12} t_2 + \cdots + c_{1q} t_q = 0 \\ c_{21} t_1 + (c_{22} - \lambda) t_2 + \cdots + c_{2q} t_q = 0 \\ \qquad \vdots \\ c_{q1} t_1 + c_{q2} t_2 + \cdots + (c_{qq} - \lambda) t_q = 0 \end{cases} \tag{5-33}$$

整理式(5-33)可以得到

$$CT = \lambda T \tag{5-34}$$

式中，$T = \{t_i\}^{\mathrm{T}}, C = \{c_{kj}\} (i, j, k = 1, 2, \cdots, q)$。式(5-34)实际上是一个标准的特征值问题，可以求得 q 个特征根 $\lambda_1, \lambda_2, \cdots, \lambda_q$，以及对应的 q 个特征向量 $T_1, T_2, \cdots, T_q$。其中，T_1 代表分散度 $V(y)$ 最大的坐标轴，称为第一主成分，以下依次称为第二主成分、第三主成分、…，各个主成分均正交。

求得主成分方向后，下面的问题就是如何确定数据的降维表示。根据式(5-29)、式(5-34)可得

$$V(y_i) = T_i^{\mathrm{T}} C T_i = T_i^{\mathrm{T}} \lambda_i T_i = \lambda_i \tag{5-35}$$

由此可见，方差等于特征根 λ_i，因此可以用 λ_i 衡量主成分的信息量。为了研究方便，将特征值的累计值 $g(i) = \sum_{j=1}^{i} \lambda_j$ 绘成图形，这种图形称为特征值谱图。1986 年，Jolliffe 提出取前 $p(p < q)$ 个主成分，这时其保留信息比例为

$$\eta=\left(\sum_{i=1}^{p}\lambda_i\right)\Bigg/\left(\sum_{i=1}^{q}\lambda_i\right) \tag{5-36}$$

一般取 $\eta=0.7\sim0.9$。但 Jackson 反对这种观点，认为很难选择合适的 η 值。另外有一种观点认为应该在特征值谱上观察特征值在稳定于较小值之前是否存在陡降的拐点，在拐点处将主成分切开，取切断点之前的主成分作为原始数据的降维表示。然而，也存在没有明显切断点的情况和切断点之前的几个特征值仅占一小部分的情况，这时用拐点法就比较难以确定原始数据的降维表示。还有一种应用起来比较简单的方法称为折枝法(broken stick method)：若特征值 $\lambda_k>\sum_{i=1}^{q}(1/i)$，则保留第 k 个特征值。Prakash 和 Murty 则用遗传算法来选择保留的主成分。

通过主成分分析，得到的各主成分为原变量的线性组合。对于某主成分，某个变量的系数 t_k 通常称为该变量的装载(loading)。装载率越大，则该变量与主成分越接近，故装载率可视为原始特征变量与主成分相关性的表征。各个样本对于某主成分由式(5-28)计算所得值 y_i 通常称为得分(score)。

2) 样本选择

样本选择是从已有的训练样本集中，按照某种选择策略筛选样本子集的过程。它是节约存储资源、加快系统处理速度、提高分类预测性能的良好方法。

在模式识别中，样本选择研究的根本目的是要在保持(或损失很少)分类算法泛化性能的前提下，实现算法的存储需求和时间消耗的减少。为此，针对不同的分类器，可以具体考虑选择那些对分类预测有益的关键样本。如支持向量机(support vector machine，SVM)的决策结果只与支持向量有关，那么样本选择就可以着重考察类似的样本，而舍弃非支持向量。

样本选择除可以起到降低分类算法的计算代价，加快学习速度的作用之外，还可能避免“过拟合”现象的发生。“过拟合”是指因为学习过多，且过分追求训练集内误差小，往往使得模型陷于过多反应训练样本的细节特征，而未能学到真正的规律，丧失了推广能力。

从训练集表征的角度分析，样本选择还可以有效地精简训练集，去除相似、重复、噪声以及信息冗余的样本，实现以小规模样本子集来表征整体训练集分布。

样本选择的方法有很多种，下面介绍其中的核子空间样本选择方法[11]。该方法的基本原理是：在一类训练样本集中，首先以模长最长的样本作为选择集初始样本；在随后的每次迭代中都归并一个距离前次迭代扩充后新选择集子空间最远(逼近误差最大)的样本点，直到满足预先设定的退出条件。退出条件可以是逼近误差，也可以是预设的每类选择样本数。

具体的算法为：已知训练集 $S=\bigcap S_i(i=1,2,\cdots,c)$。$S_i$ 是第 i 类训练样本集，共有 c 个样本集。S_i'是S_i 的已选样本子集，$S_i'\subset S_i$。假设存在某一映射关系 $\Phi:R^n\to F$，将原空间 R^n 映射到某一高维特征空间 F，$\tilde{S}_i$ 和 $\tilde{S}_i'$ 分别为表示 S_i 和选择集 S_i' 在空间 F 中的映射集合。

选择 S_i 中特征空间的映射模长最长的样本作为选择集 S_i' 的初始样本。定义选择集 S_i'

中样本张成的子空间为 $\mathrm{subspace}\left(S_i'\right)=\left\{\sum_{i=1}^{l}\alpha_i z_i \middle| z_i\in S_i'\right\}$，同样定义选择集 $\tilde{S}_i'$ 中样本张成的子空间为 $\mathrm{subspace}\left(\tilde{S}_i'\right)=\left\{\sum_{i=1}^{l}\alpha_i \Phi\left(z_i\right) \middle| \Phi\left(z_i\right)\in \tilde{S}_i'\right\}$，其中 l 是已选样本数。

(1) 初始化。设定拟选择样本个数 $m(m>0)$，逼近误差界 $\varepsilon(\varepsilon<0)$，初始最大逼近误差 $\max\mathrm{dist}=\inf$。初始选择集 $S_i'=\left\{z_1\middle| z_1=\arg\max\limits_{x_k}k\left(x_k,x_k\right),x_k\in S_i\right\}$，即选择模长最长的样本作为选择集初始样本。

(2) 如果选择集 $\tilde{S}_i'$ 的样本个数 $l<m$，则对于 $\forall x_p\in S_i\setminus S_i'$，计算该点在特征空间的映射 $\Phi\left(x_p\right)$ 到新选择集的特征子空间 $\mathrm{subspace}\left(\tilde{S}_i'\right)$ 的距离平方为 $\mathrm{dist}^2\left(\Phi\left(x_p\right),\mathrm{subspace}\left(\tilde{S}_i'\right)\right)$（也可以看作该特征子空间对映射样本的逼近误差），然后选择其中最大的一个所对应的样本加入选择集 S_i' 中，即令 $\max\mathrm{dist}=\max\limits_{x_p\in S_i\setminus S_i'}\mathrm{dist}^2\left(\Phi\left(x_p\right),\mathrm{subspace}\left(\tilde{S}_i'\right)\right),z_{l+1}=\operatorname*{argmax}\limits_{x_p\in S_i\setminus S_i'}\mathrm{dist}^2\left(\Phi\left(x_p\right),\right.$ $\left.\mathrm{subspace}\left(\tilde{S}_i'\right)\right)$，否则退出。

(3) 若 $\mathrm{maxdist}>\varepsilon$，则 $S_i'=S_i'\cup z_{l+1}$；否则退出。

(4) 转至步骤(2)。

在步骤(2)中，$\mathrm{dist}^2\left(\Phi\left(x_p\right),\mathrm{subspace}\left(\tilde{S}_i'\right)\right)=\min\limits_{\eta\in\mathrm{subspace}\left(\tilde{S}_i'\right)}\Phi\left(x_p\right)-\eta_2^2$。其中，$\eta$ 是特征子空间 $\mathrm{subspace}\left(\tilde{S}_i'\right)$ 中的一点，因此可以由 $\tilde{S}_i'$ 中映射样本的线性组合来表示。假设 $\tilde{S}_i'=\left\{z_1,z_2,\cdots,z_l\right\}$，于是有

$$
\begin{aligned}
&\mathrm{dist}^2\left(\Phi\left(x_p\right),\mathrm{subspace}\left(\tilde{S}_i'\right)\right)\\
&=\min_{\alpha}\left\|\Phi\left(x_p\right)-\sum_{i=1}^{l}\alpha_i\Phi\left(z_i\right)\right\|_2^2\\
&=\min_{\alpha}\left(\Phi\left(x_p\right)-\sum_{i=1}^{l}\alpha_i\Phi\left(z_i\right)\right)^{\mathrm{T}}\left(\Phi\left(x_p\right)-\sum_{i=1}^{l}\alpha_i\Phi\left(z_i\right)\right)\\
&=\min_{\alpha}\left(\left(\Phi\left(x_p\right)^{\mathrm{T}}\Phi\left(x_p\right)\right)-2\sum_{i=1}^{l}\alpha_i\left(\Phi\left(z_i\right)^{\mathrm{T}}\Phi\left(x_p\right)\right)+\sum_{i=1}^{l}\sum_{j=1}^{l}\alpha_i\alpha_j\left(\Phi\left(z_i\right)^{\mathrm{T}}\Phi\left(z_j\right)\right)\right)\\
&=\min_{\alpha}\left(k\left(x_p,x_p\right)-2\sum_{i=1}^{l}\alpha_i k\left(z_i,x_p\right)+\sum_{i=1}^{l}\sum_{j=1}^{l}\alpha_i\alpha_j k\left(z_i,z_j\right)\right)
\end{aligned}
\tag{5-37}
$$

式中，$\alpha=\left\{\alpha_1,\alpha_2,\cdots,\alpha_l\right\}^{\mathrm{T}}$。

若令 $k_x=\left(k\left(z_1,x_p\right),k\left(z_2,x_p\right),\cdots,k\left(z_l,x_p\right)\right)^{\mathrm{T}},K=\begin{bmatrix}k\left(z_1,z_1\right)&\cdots&k\left(z_1,z_l\right)\\ \vdots&\ddots&\vdots\\ k\left(z_1,z_l\right)&\cdots&k\left(z_l,z_l\right)\end{bmatrix}_{l\times l}$，则

$$\mathrm{dist}^2\left(\Phi\left(x_p\right),\quad \mathrm{subspace}\left(\tilde{S}_i'\right)\right)=\min_{\alpha}\left(k\left(x_p,x_p\right)-2k_x^{\mathrm{T}}\alpha+\alpha^{\mathrm{T}}K\alpha\right) \tag{5-38}$$

设 $f(\alpha)=k\left(x_p,x_p\right)-2k_x^{\mathrm{T}}\alpha+\alpha^{\mathrm{T}}K\alpha$，$\mathrm{dist}^2\left(\Phi\left(x_p\right),\mathrm{subspace}\left(\tilde{S}_i'\right)\right)$ 是 $f(\alpha)$ 的极小值，求 $f(\alpha)$ 的极值。

令 $\dfrac{\partial f}{\partial\alpha}=0$，可得 $\dfrac{\partial f}{\partial\alpha}=2K\alpha-2k_x=0$，若 K 可逆，则很容易求得

$$\alpha=K^{-1}k_x \tag{5-39}$$

将式(5-39)代入式(5-38)得

$$\mathrm{dist}^2\left(\Phi\left(x_p\right),\quad \mathrm{subspace}\left(\tilde{S}_i'\right)\right)=k\left(x_p,x_p\right)-k_x^{\mathrm{T}}K^{-1}k_x \tag{5-40}$$

对于迭代过程中出现的逼近误差为零的映射样本，该点已存在于选择集样本映射张成的特征子空间内，因此在以后的迭代中可以直接省去，以减小计算量。

核子空间样本选择方法用于支持向量机是可行的和有效的情况，在不降低支持向量机泛化学习能力的同时，能够实现训练样本集的有效约简，从而减少计算，降低存储需求，使得支持向量机能够适应更大规模数据集的应用。

3. 选择分类器

分类器的选择，实际上就是模式识别方法的选择，它对识别结果有重要影响。从模式识别的角度看，分类器的选择有两个基本原则：第一个原则是“没有天生优越的分类器”，即不存在任何一种分类算法具有天生的优越性，甚至不敢说某种分类器就一定比随机猜测的结果好。只有了解问题的具体类型、先验信息、数据分布、训练样本的数量、代价或奖励函数等一些信息后，才能确定哪种形式的分类器将提供更好的分类性能。另一个基本原则就是“尽量选择最简单的分类器”，即在满足所给问题结果正确的条件下，尽量选择不可约的、最小的表达方式；这是由于通过适当的简化模式，可以使得“信号”被保留，而“噪声”被忽略；这一原则主要是避免过度拟合而使得模型为了反映某次试验的噪声曲折情况而歪曲数据的本质特征。

近几十年来，模式识别研究取得了大量成果，出现了大量的新方法，这些方法在许多领域得到成功的应用。下面简单介绍其中两个模式识别方法：人工神经网络和统计模式识别。

1) 人工神经网络

人工神经网络是在现代生物学研究成果的基础上发展起来的一种模仿人脑信息处理机制的网络系统。1943 年，McCulloch 和 Pitts 研究发现人脑生物神经元的活动类似于一个断通开关，他们用电路成功构造了简单的神经网络模型。此后，人工神经网络的研究工作经历了初创期(1943～1969)、过渡期(1970～1986)、发展期(1987 至今)。随着人们对大脑这个神秘世界的不断探索，人工神经网络技术也迅速发展起来，先后出现了许多神经网络模型：感知机模型、Hopfield 网络模型、BP 神经网络模型、自组织特征映射(self organizing feature map，SOFM)神经网络模型、细胞神经网络模型、概率神经网络模型[12]、

混沌神经网络模型、模糊神经网络模型和小波神经网络模型。下面介绍常用的 BP 神经网络模型[13]和 SOFM 神经网络模型[14]。

1974 年，Pall Werbas 博士在他的博士论文中独立提出了误差逆传播学习算法。1986 年，Rumelhart 和 McCelland 等对误差逆传播算法进行了详细的分析与介绍，并对这一方法的潜在能力进行了深入探讨。误差逆传播网络称为逆传播(back propogation，BP)神经网络。BP 神经网络增加了中间隐含层并有相应的学习规则可循，使其具有非线性模式识别的能力。特别是其数学意义明确、步骤分明的学习算法使它成为应用最为广泛的人工神经网络。

BP 神经网络是一种多层前馈网络，其结构模型如图 5-7 所示。它包含输入层、中间层、输出层。它的连接方式是同层之间不相连接，相邻层之间单元为全连接。学习方式为有监督式学习。学习过程由模式的正向传播和误差的反向传播组成。下面分阶段说明 BP 神经网络的学习过程。

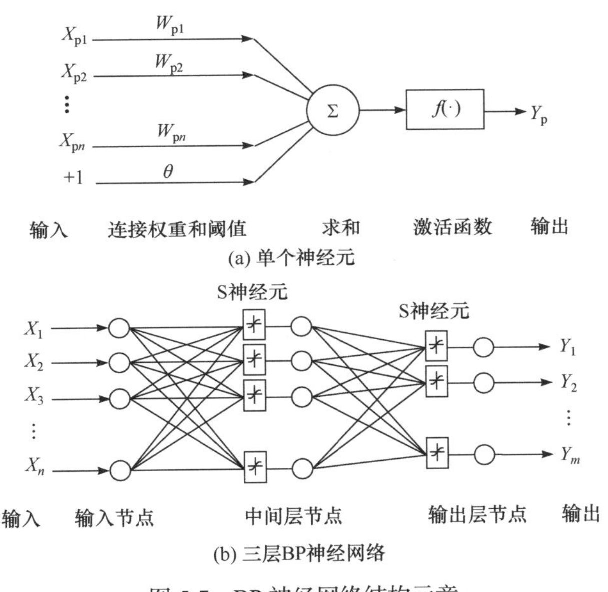

图 5-7　BP 神经网络结构示意

(1) 模式的正向传播过程。

输入模式从输入层经中间层逐层处理并传向输出层，每一层神经元的状态仅影响下一层神经元。在模式正向传播过程中一个重要的问题就是激活函数 $f(x)$ 的选取。一般来说，$f(x)$ 应该具备非线性(使网络具有非线性拟合能力)、饱和性(即其输出有限值)、光滑连续性(导数存在)。而 Sigmoid 函数具备上述性质，常被选为 BP 神经网络的传递函数。

$$f(x)=\frac{1}{1+e^{-x}} \tag{5-41}$$

(2) 误差的反向传播。

误差是指在模式的正向传播中，得到的输出与预期的网络输出不匹配，由此构造的一个差值向量。当误差向量不满足预先设定的精度要求时，则转入误差反向传播。将误差沿原来的连接路径返回，通过修改神经元的连接权重 w 和阈值 θ ，使误差减小。其中连接权重和阈值的调整量应该与节点输出误差大小 d 、输出值 b 成比例，并且考虑学习率 $\alpha(0<\alpha<1)$ ，所以调整量可以表示为

$$\begin{cases}\Delta w=\alpha\times d\times b\\ \Delta\theta=a\times d\end{cases}\tag{5-42}$$

式中，Δw 和 $\Delta\theta$ 分别为权重 w 和阈值 θ 的调整量。

(3) 训练网络。

BP 神经网络的训练过程实际上就是上述两步反复进行的过程，直到模式正向传播的误差达到规定的极小值。如果分别按各个模式进行顺序学习，势必会使后面的模式影响网络权重和阈值较大，常采用的补救措施是用全部模式向量的累计误差进行误差的逆传播。当学习的样本集不太大时，累计误差传递算法收敛较快。

BP 神经网络虽然解决了多层前馈网络的训练与非线性映射问题，在实际应用中有重大意义，但还存在如下问题。

(1) 存在局部极小值。在实际训练过程中会发现，当学习进行到一定步骤后，虽然网络的误差还很大，但是继续学习下去，网络全局误差减小的速度很慢甚至停滞，这时就是网络在局部极值点附近被“冻住”了。这主要是由于 BP 神经网络的学习算法采用梯度下降法，其收敛性取决于网络的初始值。

(2) 学习算法收敛速度慢。BP 神经网络的学习速度主要取决于学习率，学习率越大，每次改变权重和阈值的量也越大。但过大的学习率可能带来网络的振荡，因此需要选择合适的学习率。

(3) 网络中间层神经元数、初始权重和阈值的选择只能凭借经验。初始权重和阈值常常按随机数进行选择，而网络中间层神经元数的选取虽然有很多经验公式，但面对具体问题时差别很大，要选择合适的神经元数比较困难。

SOFM 神经网络模型是由 Kohone 提出来的，模型基于实际神经细胞中的一种特征敏感细胞，在外界信号刺激下，对某一种特征特别敏感，它们这种特性的形成是通过自学习而得到的。外界输入不同的样本到人工的自组织映射网络中，一开始时，输入样本引起输出兴奋细胞的位置各不相同，但自组织后会形成一些细胞群，它们分别代表输入样本，反映了输入样本的特征。这些细胞群，如果在二维输出空间，则是一个平面区域，样本自学习后，在输出神经元层中排列成一张二维的映射图，功能相同的神经元靠得比较近，功能不相同的神经元分得比较开。这个映射的过程是用一个简单的竞争算法来完成的，其结果可以使一些无规则的输入自动排序，在连接权重的调整中可使权的分布与输入样本的概率密度分布相似，同时它又是一种样本特征检测器，在样本排序、样本分类、样本检测方面有广泛的应用。

SOFM 神经网络是由输入层和输出层两层神经元组成的，如图 5-8 所示。输入层中的每一个神经元通过权重与输出层的每一个神经元相连，输出层中的神经元一般是以二维形式排列的，它们中的每个神经元是输入样本的代表。输出层中竞争是这样进行的：对于“获胜”的那个神经元 c，在其邻域 N_c 的区域内神经元在不同程度上得到兴奋，而

在 N_c 以外的神经元都被抑制。这个邻域 N_c 可以是正方形也可以为六角形，如图 5-9 所示。N_c 是时间 t 的函数，随着 t 的增加，N_c 的面积逐渐缩小，直到最后只剩下一个神经元，也可以是一个组的神经元，它们反映了一类样本的属性。

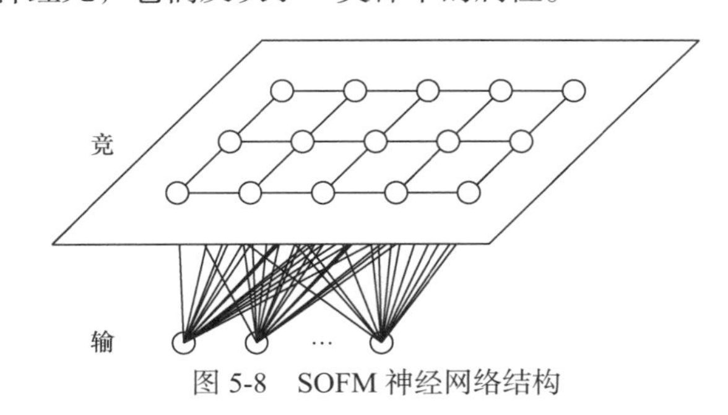

图 5-8　SOFM 神经网络结构

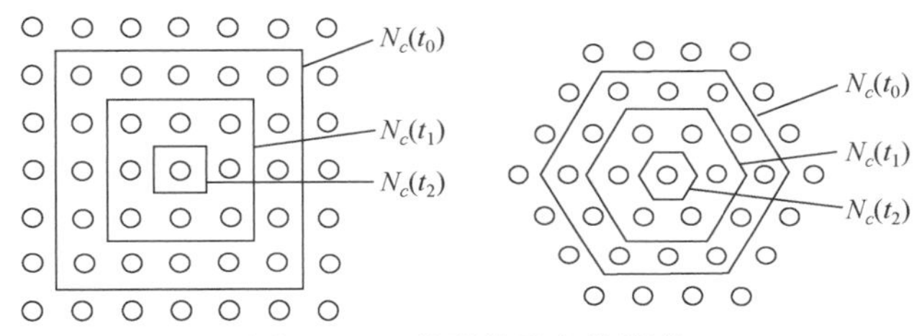

图 5-9　N_c 的形状及变化情况

自组织特征映射的目的是将任意维数的输入信号模式转变为一维或二维的离散映射，并且以拓扑有序的方式自适应实现这个变换。自组织特征映射算法是一种无教师示教的聚类方法，它能将任意维输入模式在输出层映射成一维或二维离散图形，并保持其拓扑结构不变。此外，网络通过对输入模式的反复学习，可以使连接权重矢量空间分布密度与输入模式的概率分布趋于一致，即连接权重矢量空间分布能反映输入模式的统计特性。

SOFM 神经网络的自组织学习过程可以描述为：对于每一个输入样本，只调整一部分权重，使权重向量更接近或更偏离输入矢量，这一调整过程就是竞争学习。随着不断学习，所有权重矢量都在输入矢量空间相互分离，形成了各自代表的输入空间的一类模式，这就是网络的特征自动识别聚类功能。

自组织特征映射算法的第一步是对网络权重进行初始化，这可以通过对网络权重赋予较小的随机数方式实现。网络初始化完成之后，自组织特征映射的形成主要有以下三个过程。

(1) 竞争。

对于每个输入模式，网络中的神经元计算它们各自的判别函数值。这个判别函数是各神经元之间竞争的标准，使判别函数取得最大值的神经元成为竞争获胜的神经元。

从输入空间中随机选取输入模式记为 $x=\left[x_1,x_2,\cdots,x_m\right]^{\mathrm{T}}$，神经元权重向量记为 $w_j=\left[w_{j1},w_{j2},\cdots,w_{jm}\right]^{\mathrm{T}}(j=1,2,\cdots,l)$。其中，$l$ 是输出层神经元的总数。为了确定兴奋神经元拓扑邻域中心的位置，即寻找输入向量 x 的最优匹配神经元 $i(x)$，需按照下列条件进行：

$$i(x)=\arg\min_j \left\| x-w_j \right\| \tag{5-43}$$

满足上式条件的特定神经元 i 被称为输入向量 x 的获胜神经元。

(2) 合并。

获胜神经元用来确定兴奋神经元拓扑邻域的空间位置，从而提供相邻神经元合作的基础，获胜神经元位于合作神经元拓扑邻域的中心。获胜神经元倾向于激活与它紧邻的邻域内的神经元，因此若以 $h_{j,i}$ 表示以获胜神经元 i 为中心的拓扑邻域，$d_{j,i}$ 表示获胜神经元 i 与兴奋神经元 j 之间的距离，则拓扑邻域 $h_{j,i}$ 是 $d_{j,i}$ 的单峰函数且满足两个要求。

① 拓扑邻域 $h_{j,i}$ 关于 $d_{j,i}=0$ 定义的最大点是对称的，即在距离 $d_{j,i}$ 为零的获胜神经元 i 处得到最大值。

② 拓扑邻域 $h_{j,i}$ 的幅值随距离 $d_{j,i}$ 的增加而单调递减。

对于邻域神经元之间的合作，必然要求拓扑邻域函数 $h_{j,i}$ 依赖获胜神经元 i 与兴奋神经元 j 在输出空间的距离 $h_{j,i}$，而不是依赖于原始输入空间的某种距离度量。SOFM 算法的另一个独有的特征是拓扑邻域的大小随时间收缩，宽的 $h_{j,i}(t)$ 的目标是使网络中大量兴奋神经元的更新方向相关，随着 $h_{j,i}(t)$ 宽度减小，更新方向相关的神经元数量也在减少。

(3) 权重调整。

通过对兴奋神经元权重的适当调整可以增大它们对于该激活输入模式的判别函数。权重调整的结果使得这些兴奋神经元对以后相似输入模式的响应得以增强。

为了使网络学习以自组织的形式进行，要求神经元 j 的权重向量 w_j 随输入向量 x 而改变。为了防止权重调整出现饱和现象，需要在权重调整中引入一个遗忘项 $g\left(y_j\right)w_j$。其中，$g\left(y_j\right)$ 是响应 y_j 的正的标量函数。对 $g\left(y_j\right)$ 的唯一强制要求是它的泰勒(Taylor)级数展开式的常数项为零，即

$$g\left(y_j\right)=0,\quad y_j=0 \tag{5-44}$$

在引入遗忘项时，神经元 j 的权重改变量可以表示成

$$\Delta w_j=\eta y_j x-g\left(y_j\right)w_j \tag{5-45}$$

式中，η 是算法的学习率。为了满足式(5-44)的要求，取 $g\left(y_j\right)$ 为线性函数：

$$g\left(y_j\right)=\eta y_j \tag{5-46}$$

进一步化简，令 $y_j=h_{j,i}$，此时，用离散时间形式，假定在时刻 t 神经元 j 的权重向量为 $w_j(t)$，则 $t+1$ 时刻的更新权重向量 $w_j(t+1)$ 表示为

$$w_j(t+1)=w_j(t)+\eta h_{j,x(x)}(t)\left(x-w_j(t)\right) \tag{5-47}$$

式(5-47)用于网络中获胜神经元 i 的拓扑邻域中的所有神经元的权重调整，神经元 i 的权重向量 w_j 经过调整后向输入向量 x 移动。随着训练数据的重复出现，邻域更新使得权重向量趋于服从输入向量的分布。因此，算法导致在输入空间中特征映射的拓扑排序，这意味着网络中相邻神经元会有相似的权重向量。

从以上学习算法可以看出 SOFM 神经网络具有如下特点：

① 网络学习时对权重的调整，不只是对获胜的那个神经元所对应的权重进行调整，而是对其周围 N_c 区域内的神经元同时进行调整，因此对于在 N_c 内的神经元可以代表不只一个样本 x^p，而是与 x^p 比较相近的样本都可以在 N_c 内得到反映，因此这种网络对于样本的畸变和噪声的容差性大。

② 网络学习的结果使相近的输入样本在输出二维平面上的位置也比较接近，通过观察网络输出的拓扑图，可以直观地对网络输入进行模式分类。

③ 网络学习是无教师监督的，网络通过学习达到了聚类分析的效果，因而网络聚类的结果是否正确很大程度上取决于网络输入特征的性质。

2) 统计模式识别

支持向量机[15]分类器设计是模式识别中至关重要的部分，从概率分布的角度看：设计出的分类器既要保证训练样本的错误率低；同时要具有一定的推广能力，能够正确地对待识别样本进行分类。但在设计分类器的过程中，训练样本错误率与推广能力常常是一组矛盾，即采用复杂的学习分类器容易使训练样本错误率更小，但往往丧失了推广能力。之所以出现这种矛盾，一是因为样本不充分，二是分类器设计不合理，这两个问题是互相关联的。

统计学习理论是一种专门研究小样本情况下分类器设计的理论，它能够在小样本情况下建立具有有效的样本学习和推广能力的分类器。统计学习理论有两个重要的内容：统计学习一致性和关于统计学习方法推广性的界。统计学习一致性保证在训练样本错误率最小化原则下得到的最优方法，当样本数无穷大时趋近于使推广能力最佳的最优结果；只有满足一致性条件，才能说明分类器是有效的。推广性的界指出分类器越复杂，训练样本错误率与推广能力的错误率之间差别越大，说明设计出的分类器不但要使训练样本错误率最小化，还要能对未来样本有较好的推广性。

作为统计学习理论的具体实现算法，支持向量机集优化、核、最佳推广能力等特点于一身。基本思想可以概括为：首先通过非线性变换将输入空间变换到一个新的高维空间，然后在这个新空间中求取最优线性分类面，而这种非线性变换是通过定义适当的核函数 $K(x,x')$ 实现的。支持向量机是从线性可分情况下的最优分类面发展而来的，其基本原理可用图 5-10 的二维情况说明。在图 5-10 中，实心圆和方块分别代表两类样本，H 为分类线，H_1、H_2 分别为过两类中离分类线最近的样本且平行于分类线的直线，它们之间的距离称为分类间隔。所谓最优分类线就是要求分类线不但能将两类正确分开(训练错误率为 0)，而且能使分类间隔最大。求最优线性分类面的问题可以转化为一个典型的二次规划问题，且存在唯一的极小点，即对于训练样本集 $(x_i,y_i)\left(x_i\in R^n, y_i\in\{-1,1\}, i=1,2,\cdots,l\right)$，求解下列最优化问题[16]：

$$
\begin{aligned}
&\min_{\alpha}\frac{1}{2}\sum_{i=1}^{l}\sum_{j=1}^{l}y_i y_j\alpha_i\alpha_j K\left(x_i,x_j\right)-\sum_{j=1}^{l}\alpha_j \\
&\text{s.t.}\sum_{j=1}^{l}y_i\alpha_i=0,\quad \alpha_i\geqslant 0,\quad i=1,2,\cdots,l
\end{aligned}
\tag{5-48}
$$

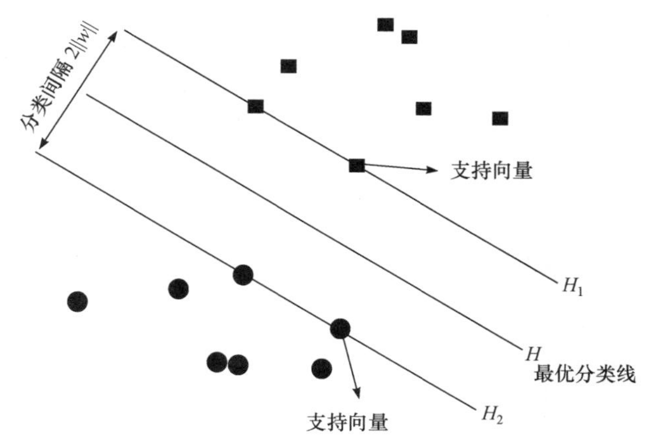

图 5-10　支持向量机基本原理示意图

得最优解 $\alpha^* = \left(\alpha_1^*, \alpha_2^*, \cdots, \alpha_l^*\right)$；选择 α^* 的正分量 α_j^*，并据此计算 $b^* = y_j - \sum_{j=1}^{l} y_i \alpha_i^* K\left(x_i, x_j\right)$；则求得分类面，即决策函数 $f(x)$：

$$f(x) = \operatorname{sgn}\left(\sum_{j=1}^{l} y_i \alpha_i^* K\left(x_i, x_j\right) + b^*\right) \tag{5-49}$$

基本的支持向量机算法是针对两类的分类问题。对于多类问题，构造支持向量机多类分类器较典型的方法是一对多方法。即把多类分类问题看作一组二值分类问题，建立多个二值分类器，一个分类器对应其中的一类，第 n 个分类器建立第 n 类和所有其他类之间的一个二值分类器。

支持向量机方法首先是从解决分类问题(模式识别问题)发展起来的，该方法还可以推广应用到回归估计领域，在这一推广过程中的关键思想是引入一个可选的损失函数，如 ε 不敏感损失函数。利用这一类损失函数，可以控制某一参数，它的作用等价于分类超平面中的间隔参数，从而实现对数据的回归估计。支持向量回归机的算法如下：

对于训练样本集 $(x_i, y_i)\left(x_i \in R^n, y_i \in \{-1, 1\}, i = 1, 2, \cdots, l\right)$，选择适当的正数 ε 和 C；选择适当的核函数 $K(x, x')$；构造并求解下列最优化问题：

$$\begin{aligned} &\min_{\alpha^{(*)} \in R^{2l}} \frac{1}{2} \sum_{i=1}^{l} \sum_{j=1}^{l} \left(\alpha_i^* - \alpha_i\right)\left(\alpha_j^* - \alpha_j\right) K\left(x_i, x_j\right) + \varepsilon \sum_{i=1}^{l} \left(\alpha_i^* + \alpha_i\right) - \sum_{i=1}^{l} y_i \left(\alpha_i^* - \alpha_i\right) \\ &\text{s.t.} \sum_{i=1}^{l} \left(\alpha_i - \alpha_i^*\right) = 0, \quad \alpha_i \geqslant 0, \quad \alpha_i^* \leqslant \frac{C}{l}, \quad i = 1, 2, \cdots, l \end{aligned} \tag{5-50}$$

得到最优解 $\bar{\alpha} = \left(\bar{\alpha}_1, \bar{\alpha}_1^*, \cdots, \bar{\alpha}_l, \bar{\alpha}_l^*\right)^{\mathrm{T}}$，并构造决策函数：

$$f(x) = \sum_{i=1}^{l} \left(\bar{\alpha}_i - \bar{\alpha}_i^*\right) K\left(x_i, x\right) + \bar{b} \tag{5-51}$$

式中，$\bar{b}$ 按下列方式计算：选择位于开区间$\left(0,\frac{C}{l}\right)$中的$\bar{\alpha}_j$或$\bar{\alpha}_k^*$，若选择到的是$\bar{\alpha}_j$，则

$$\bar{b} = y_j - \sum_{i=1}^{l}\left(\bar{\alpha}_i^* - \bar{\alpha}_i\right)K\left(x_i, x_j\right) + \varepsilon \tag{5-52}$$

若选到的是$\bar{\alpha}_k^*$，则

$$\bar{b} = y_k - \sum_{i=1}^{l}\left(\bar{\alpha}_i^* - \bar{\alpha}_i\right)K\left(x_i, x_k\right) - \varepsilon \tag{5-53}$$

从以上分析可以看出，支持向量机方法有以下几个特点。

(1) 它是专门针对有限样本情况的，其目标是得到现有信息下的最优解而不仅仅是样本数趋于无穷大时的最优值。

(2) 算法最终将转化为一个二次型寻优问题，从理论上讲，得到的将是全局最优解，解决了在神经网络方法中无法避免的局部极值问题。

(3) 算法将实际问题通过非线性变换转换到高维的特征空间(feature space)，在高维特征空间中构造线性判别函数来实现原始空间中的非线性判别函数，特殊性质的核函数能保证机器有较好的推广能力，同时也巧妙地解决了高维问题，其算法的复杂度与样本维数无太大相关性。

(4) 其优化目标同时考虑了训练样本错误率和推广错误率的最小化，因而支持向量机具有非常好的推广能力。

因此，支持向量机分类器是一种较好的分类器，在损伤识别领域有很好的应用前景。

4. 分步识别法

结构损伤识别的基本问题有三个：①识别结构是否发生损伤；②识别结构的损伤位置；③识别结构的损伤程度。对于大型复杂结构，直接同时求解这三个问题非常困难。采用模式识别方法对结构进行损伤识别时，可将这三个基本问题分开来解，对于不同问题采用不同的模式识别算法。

(1) 识别结构是否发生损伤。识别结构是否发生损伤属于两类分类问题，所以可采用两类分类算法。该算法将训练样本分为有损伤状态的响应和完好状态的响应，然后对样本进行训练，用训练好的分类器识别新的样本。

(2) 识别结构的损伤位置。当识别出结构已发生损伤后，需进行损伤位置的识别。损伤位置的识别采用多类分类器。将不同损伤位置的结构响应分为不同的类别，选取合适的分类器，进行样本训练，用训练好的分类器识别新的样本。

在实际工程应用时，识别出损伤位置是损伤识别的三个基本问题中最为重要的，也是一件不容易的事。在识别出位置后可以结合人工巡检中的局部无损探测技术，进行损伤程度的识别，更具有实际工程意义。

(3) 识别结构的损伤程度。当识别出结构的损伤位置后，进行损伤程度的识别。损伤程度识别采用模式识别中的回归算法。对于不同损伤位置的情况，建立不同的回归学习机。然后，对于同一位置的损伤情况，将不同损伤程度的结构响应分为不同的类别，选

取合适的回归学习机，采用回归算法进行样本训练，用训练好的回归机识别新的样本。

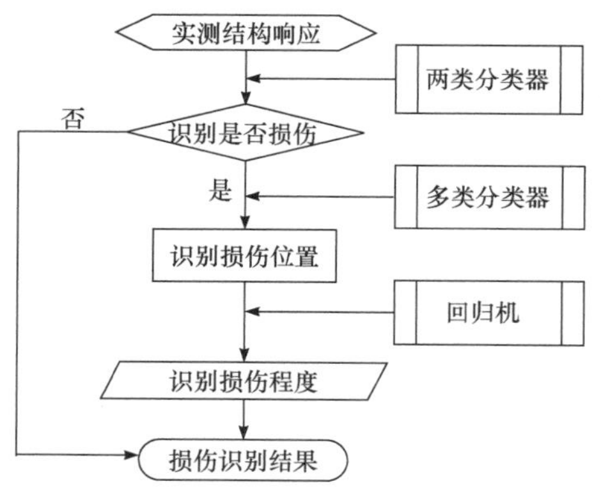

图 5-11　基于模式识别的损伤识别方法计算流程

整个损伤识别问题的计算流程如图 5-11 所示。

上述三个识别问题虽然在分类器的选择上各自不同，但它们的计算流程大致相同，都如图 5-11 所示。

采用分步识别法，将一个复杂的识别问题分解成三步求解。虽然每一步仍有一定难度，但与原来问题相比，其复杂度和难度都大大降低。在每一步的识别中，样本库的数量大大减小，类与类之间的可分性可能有很大的提高，降低了识别难度与误判率。

通过以上对模式识别方法的分析，可以看出它具有以下特点。

(1) 在进行损伤识别之前，模式识别方法需要进行结构敏感性分析、特征提取与选择、样本训练等工作，做了大量准备。正是由于这些准备工作，降低了识别难度，提高了识别精度，避免病态的、不适定的优化求解，容易找到全局最优解。

(2) 在模式识别之前，需采用有限元方法计算各种损伤状态的损伤指标，然后形成样本库，再进行模式识别。因此，该方法将结构有限元计算与模式识别两个计算过程分开，使其互不干涉，降低识别难度，同时便于利用现有的结构计算理论分析损伤识别问题。

(3) 该方法可将损伤识别中的三个基本问题分开求解，降低了求解难度。

(4) 由于模式识别过程较多，结算结果受计算规模、样本的选取、分类器的选择等众多因素的影响而可能变得不稳定。

5.3　静力损伤识别研究

使用静力测试数据进行损伤识别的方法是目前结构模型试验、桥梁现场荷载试验较普遍的一种方法。它所采用的静态数据一般为结构位移和应变，这些数据在静态条件下测试精度较高，稳定性较好，因此只要试验的测试条件较好，静力损伤识别方法会得到满意的识别结果。但在实际的桥梁工程中，由于现场测试条件无法满足要求，同时不能妨碍正常交通，所以静力损伤识别方法不能进行在线的损伤识别。

5.3.1　静力损伤识别方法

目前，常见的静力损伤识别方法多数是有反演的优化识别方法，而且在静力测试时，外在荷载一般都是已知的，因此静力损伤识别方法大多是结构输出反演，即以结构响应的误差最小为目标，进行最优化求解。

下面介绍几种静力优化识别方法，虽然这些方法在具体的步骤上有所不同，但大致过程都如图 5-2 所示。

1. 模型修正法

模型修正法[17]是利用直接或间接测知的位移、应变构造误差，通过条件优化约束，不断地修正模型中的刚度分布，从而得到结构刚度变化的信息，实现结构损伤判别。这种方法实际上是根据有限元模型动力修改和损伤识别问题的特点变化而来的，是研究得到比较成熟的一种方法，国内外都进行了大量研究。

当采用静态位移进行损伤识别时，以结构单元的刚度折减系数 α_i (i 表示单元的编号)作为优化变量；结构的理论位移值 $\varDelta^{\alpha}$ 可以通过有限元方法计算得到：$\varDelta^{\alpha}=K^{-1}F$ 。式中，K 是结构的刚度矩阵，是刚度折减系数的函数；F 是等效节点力向量。

然后使用最小二乘法误差准则，以理论位移值与实测值误差最小为目标构建最优化数学模型：

$$\begin{gathered}\min\sum_{i=1}^{n}\left(\varDelta_i^m-\varDelta_i^{\alpha}\right)^2\\ \text{s.t.}0\leqslant\alpha_i\leqslant1\end{gathered}\tag{5-54}$$

再采用常规的优化算法如乘子法，求解式(5-54)，就可以得到结构损伤状态。

当采用静态应变进行损伤识别时，同样以结构单元的刚度折减系数 α_i 作为最优变量。结构的理论应变值 ε^{α} 可以通过有限元方法计算得到：$\varepsilon^{\alpha}=BK^{-1}F$ 。其中，B 为应变-位移关系矩阵。采用最小二乘法误差准则，以理论应变值与实测值误差最小为目标构建最优化数学模型：

$$\begin{gathered}\min\sum_{i=1}^{n}\left(\varepsilon_i^m-\varepsilon_i^{\alpha}\right)^2\\ \text{s.t.}0\leqslant\alpha_i\leqslant1\end{gathered}\tag{5-55}$$

同样采用常规的优化算法求解式(5-55)，就可以得到结构损伤状态。

2. 灵敏度分析法

灵敏度分析法[18]就是通过建立的灵敏度矩阵，明确结构响应信息变化和结构参数变化间的某种关系，利用迭代算法对结构物理参数进行逐步修改，最终得出损伤位置和损伤程度。灵敏度分析方法的优点是概念清晰、计算简单，缺点是灵敏度计算量特别大，尤其是当结构非线性较强需要考虑高阶灵敏度时计算量更是不可接受。以位移法为例，介绍灵敏度分析法的计算过程。

首先求出静态位移的灵敏度矩阵 $S=\dfrac{\partial\varDelta^{\alpha}}{\partial\alpha}$ 。

该矩阵的维数为未知参数的数目 × 位移的测点数目；如果把矩阵 S 中第 j 列按照荷载数目分成 n_{lc} 部分(n_{lc} 为荷载数量)，则其中第 i 部分可以写成

$$\left\{S_{ij}\right\}=-K^{-1}\frac{\partial K}{\partial\alpha}BK^{-1}F\tag{5-56}$$

同样，采用式(5-54)的误差容许准则，在求解过程中，采用高斯-牛顿法(Gauss- Newton)

推导优化计算公式，其参数α的迭代公式为

$$\begin{aligned}&\Delta\alpha = -\left[S^{\mathrm{T}}(\alpha_0)S(\alpha_0)\right]^{-1}S^{\mathrm{T}}(\alpha_0)\left(\varDelta^{\alpha}-\varDelta^{m}\right)\\&\alpha=\alpha_0+\Delta\alpha\end{aligned} \tag{5-57}$$

以当前的α为新的初值，重复计算，直到式(5-54)满足精度要求。

3. 遗传算法

因为遗传算法[19]也是一种优化算法，所以可以将其应用于桥梁结构的静力损伤识别中，具体步骤如下。

(1) 随机产生一组分布，采用二进制编码方案对该组中的每个待识别参数(如刚度参数E、I等)进行编码，进而构造出一个个码链，每个码链代表一种优化方案。假定结构的待识别参数在某一预先定义的限定范围内变化(从设计值到彻底损坏)，那么待识别参数(这里以结构弹性模量E为例进行说明)的字符串表示值和实际取值之间有如下关系：

$$E(t)=E_{\min}+\frac{b(t)}{2^t-1}\left[E_{\max}-E_{\min}+1\right] \tag{5-58}$$

式中，$E(t)$为第t代的实际E值；$b(t)$为由1位字符串表示的二进制数；$\left[E_{\min},E_{\max}\right]$为$E$的变化范围。

其余待识别参数的计算公式和表示方法只需将式(5-58)中的E换为相应的参数即可。

(2) 按照式(5-54)计算每组待识别参数的适应度函数。

(3) 选择若干适应度函数值最大的个体，直接遗传给下一代。

(4) 利用交叉和变异等遗传操作算子对当前一代群体进行处理，产生下一代群体。

(5) 重复步骤(2)、(3)、(4)使初始确定的一组待识别参数分布得到不断进化，到训练目标得到满足为止。

5.3.2 实例分析

以上方法都是优化识别方法，而将模式识别方法用于静力损伤识别的理论和实例在文献中较为少见。在铁道部科技研究开发计划重大课题“智能化桥梁结构研究”[20]中，使用统计模式识别方法求解连续梁桥模型的静力损伤识别问题，并取得了较好的效果，其基本步骤如下。

(1) 直接采用单元刚度折减系数作为损伤指标。

(2) 对连续梁进行损伤敏感性分析，得到在荷载位置已知情况下，容易发生损伤的部位。根据这些部位，在样本库中预设结构在不同损伤情况下出现的结构响应。

(3) 选用支持向量机作为模式分类器，训练样本。

(4) 利用训练后的支持向量机识别新的结构位移响应，得到结构的损伤状态。

将优化识别方法和模式识别方法同时应用于连续梁桥模型试验的静力识别中，通过试验实测挠度数据比较这两种识别方法，并验证了静力识别理论[21]。连续梁桥模型采用跨径布置为 5.0m + 9.6m + 5.0m 的三跨预应力混凝土连续梁模型桥[22]。模型试验现场照片如图 5-12 所示。

图 5-12　连续梁模型桥试验现场照片

在进行损伤识别之前，首先根据各种荷载作用下的结构响应理论值，分析试验所得的实测值。若各个实测值与理论值的误差在 5%以内，则认为结构处于完好状态，无须进行下面的损伤识别工作；若误差大于 5%，则认为结构有损伤，需进行损伤位置和损伤程度的识别。下面分别采用有反演的优化识别算法和无反演的模式识别方法，对认为结构有损伤的情况进行损伤位置和程度的识别。

在优化识别方法中，使用模型修正法。设第 i 单元完好状态的刚度为 EI_i，损伤后刚度变为 $EI_i(1-\alpha_i)$，α_i 为单元的损伤程度。在试验中，优化变量采用各个单元损伤程度 $\alpha_i(i=1\sim18)$；采用最小二乘误差准则，以理论计算值与实测挠度值的误差最小作为优化目标，有约束优化问题使用乘子法进行优化计算，无约束优化问题采用 Powell 法，计算流程如图 5-2 所示。计算结果如表 5-1 和表 5-2 所示。

表 5-1　工况 1 作用下优化算法识别出的单元损伤程度表

单元号	荷载值					
	70-22kN*	65-20kN	55-18kN	50-15kN	45-15kN	40-15kN
1	0.893	0.860	0.945	0.842	0.817	0.870
2	0.748	0.821	0.789	0.829	0.777	0.756
3	0.751	0.761	0.840	0.712	0.708	0.792
4	0.739	0.686	0.773	0.712	0.690	0.598
5	0.461	0.766	0.634	0.516	0.437	0.724
6	0.745	0.748	0.006	0.666	0.696	0.641
7	0.727	0.691	0.471	0.679	0.686	0.724
8	0.745	0.767	0.619	0.712	0.702	0.725
9	0.872	0.874	0.864	0.854	0.833	0.839
10	0.114	0.473	0.005	0.056	0.074	0.071
11	0.733	0.826	0.028	0.740	0.745	0.763
12	0.004	0.007	0.016	0.054	0.114	0.001
13	0.219	0.037	0.373	0.137	0.101	0.357
14	0.779	0.786	0.697	0.776	0.789	0.793

续表

单元号	荷载值					
	70-22kN*	65-20kN	55-18kN	50-15kN	45-15kN	40-15kN
15	0.805	0.828	0.437	0.745	0.728	0.791
16	0.845	0.874	0.792	0.801	0.808	0.781
17	0.007	0.020	0.049	0.003	0.007	0.030
18	0.014	0.001	0.002	0.001	0.008	0.018

*表中 70-22kN 表示主跨加载点加载值为 70kN；两边跨加载点的加载值均为 22kN；以下形式表示意义相同。

表 5-2　工况 2 作用下优化算法识别出的单元损伤程度表

单元号	荷载值				单元号	荷载值			
	55kN*	50kN	40kN	20kN		55kN*	50kN	40kN	20kN
1	0.04	0.008	0.009	0.892	10	0.209	0.177	0.054	0.077
2	0.438	0.245	0.023	0.585	11	0.271	0.088	0.22	0.024
3	0.537	0.317	0.045	0.185	12	0.441	0.533	0.437	0.099
4	0.338	0.216	0.473	0.812	13	0.708	0.673	0.604	0.832
5	0.547	0.436	0.491	0.658	14	0.547	0.628	0.375	0.802
6	0.534	0.664	0.414	0.102	15	0.217	0.231	0.302	0.093
7	0.542	0.353	0.362	0.69	16	0.104	0.002	0.187	0.013
8	0.549	0.597	0.284	0.436	17	0.05	0.662	0.024	0.001
9	0.483	0.226	0.014	0.079	18	0	0.058	0.023	0.002

*表中 55kN 表示三个加载点加载值均为 55kN；以下形式表示意义相同，不再说明。

从表中优化算法的识别结果可以看出：优化算法将损伤位置和损伤程度同时识别出，但其识别结果与实际相差较大。

在模式识别方法中，采用分步法求解，即按照图 5-11，针对损伤位置和损伤程度识别问题，分别采用不同的识别方法：①采用多类支持向量机分类器识别结构损伤位置；②采用支持向量回归机识别结构的损伤程度。

在损伤位置识别时，损伤指标采用挠度归一化后的结果，即各个点处的挠度值除以该组中的最大值后得到的结果；分类器采用支持向量机分类算法，其中的核函数采用 $K(x, x') = (x, x')^4$，针对工况 1 和工况 2，分别建立两种不同的分类器。针对每一个分类器，在形成样本库时，首先对结构进行损伤敏感性分析，分析单损伤的情况和多损伤的情况，单损伤的情况有 2、3、7、8、9、10、11、12、16、17 单元单损伤，多损伤的情况有：9 和 10 单元同时损伤；2、3、16、17 单元同时出现损伤；2 和 3 单元同时损伤；16 和 17 单元出现损伤；2、3、9、10、16、17 单元出现损伤，共 15 种损伤情况，将每一种损伤情况作为一个类，共有 15 类。对于每一类，分别计算在荷载位置相同，但荷载值不同的情况下结构位移响应的理论值，然后从这些值中选择 50 组值作为训练样本，即每一类有 50 个样本。采用上述支持向量机分类算法训练这些样本，最后使用训练好的分类器识别实测位移值，其识别结果如表 5-3 和表 5-4 所示，表中同时列出了根据优化算法结果得到的位置识别结果，以进行比较。

表 5-3　工况 1 作用下损伤识别位置表

荷载值	优化算法		模式识别算法	
	识别出的位置*	与实际是否相符	识别出的位置	与实际是否相符
70-22kN	1～11、13～16	×	9、10	√
65-20kN	1～11、14～16	×	9、10	√
55-18kN	1～5、7～9、13～16	×	9、10	√
50-15kN	1～9、11、13～16	×	9、10	√
45-15kN	1～9、11～16	×	9、10	√
40-15kN	1～9、11、13～16	×	9、10	√

*表中识别位置以单元编号形式给出，其中 1～9 表示单元 1 至单元 9 全部发生损伤。以下形式表示意义相同，不再说明。

表 5-4　工况 2 作用下损伤识别位置表

荷载值	优化算法		模式识别算法	
	识别出的位置	与实际是否相符	识别出的位置	与实际是否相符
55kN	2～16	×	2、3、16、17	√
50kN	2～10、12～15、17	×	2、3	×(部分正确)
40kN	4～8、11～16	×	2、3	×(部分正确)
20kN	1～8、13、14	×	2、3、16、17	√

从表 5-3 和表 5-4 中可以看出：优化算法的识别结果全部错误；而模式识别算法的结果有两个是错误的，但接近实际情况，其余识别结果都是正确的。

在损伤程度识别时，对于每种损伤位置的情况分别建立支持向量回归机，对于上述 15 种位置损伤的情况，分别建立 15 个支持向量回归机。对于每个回归机，在训练样本时，直接将损伤程度作为识别值，将挠度归一化结果作为损伤指标，核函数采用 $K(x,x')=(x,x')$。针对每一个回归器，在形成样本库时，分别计算在荷载位置相同，但荷载值不同的情况下，结构在不同损伤状态时的位移响应理论值，然后从这些值中选择 150 组值作为训练样本。采用上述支持向量回归算法训练这些样本，最后使用训练好的支持向量回归算法识别实测位移值，当识别出的损伤位置不正确时，就不再进行损伤程度的识别，因此对于工况 2 作用下的情况，只分析其中位置识别正确的两组。总的识别结果如表 5-5 和表 5-6 所示。从表中可以看出，模式识别算法的识别结果都是合理的。

表 5-5　工况 1 作用下模式识别算法识别出的损伤程度表

荷载值/kN	识别出的损伤程度	与实际是否相符
70～22	0.571	√
65～20	0.514	√

续表

荷载值/kN	识别出的损伤程度	与实际是否相符
55～18	0.471	√
50～15	0.461	√
45～15	0.459	√
40～15	0.444	√

表 5-6 工况 2 作用下模式识别算法识别出的损伤程度表

荷载值/kN	识别出的损伤程度	与实际是否相符
20	0.467	√
55	0.687	√

通过对试验数据的分析可以看出：优化算法的识别结果与模式识别算法的结果相差较大，而且与实际情况不符；而模式识别算法的识别结果与实际较相符。分析原因，可以归纳为以下几点。

(1) 抗噪声能力不同。优化算法对测试误差反应敏感，微小的实测数据误差，如外加荷载值、位移、弹性模量等的测试误差，会引起识别结果的较大变化。而统计模式识别考虑了训练样本错误率和推广错误率的最小化，因而它具有非常好的推广能力和较强的抗噪声能力。

(2) 解的取值范围不同。优化算法的解可以在解的可行域内连续取值，穷尽所有可能的损伤情况，但其容易陷入局部极小值而使结果不可靠。统计模式识别的解只能在样本库中取预设的值，或这些值的内插与外推值，但统计模式识别方法避免了病态的、不适定的优化求解，容易得到全局最优解。

(3) 求解过程的难度不同。优化算法在求解过程中，最优化方法与有限元技术之间相互调用， 耦合在一起，使求解变得困难。模式识别算法将需要优化求解的反问题转化为正问题求解，将有限元技术与模式识别两个阶段分开，互不干涉，降低了求解难度。

(4) 求解思路不同。在本试验中，所采用的优化算法将损伤位置和程度识别同时求解，使问题的难度大大增加。而模式识别算法将这两个问题分开求解，降低了问题的难度。

综上所述，本次试验的静力损伤识别研究表明，模式识别方法是一个较好的识别方法，同时说明静力损伤识别简单易行，稳定性较好，适用于结构模型试验和桥梁现场荷载试验。

5.4 频域损伤识别研究

频域损伤识别是指利用结构模态参数进行损伤识别研究的方法，而结构模态参数主要包括频率、阻尼比和振型。因此，使用频域方法进行损伤识别，需首先识别出这些模态参数。本节对频域损伤识别的优化识别方法和模式识别方法进行介绍。

5.4.1 优化识别方法

频域损伤识别的优化方法是指利用实测结构的模态参数(频率和振型)，通过求解结构动力特征值的反问题识别结构物理参数的方法。其目标优化准则是：由结构模型所计算的结构模态与实测结构模态一致。

对于实际结构的模态试验，常常选取具有代表意义的点作为测点。例如，桥梁结构常常选取跨度方向的 1/8、1/4 跨径等处布置传感器。在结构损伤识别中，需要知道某个具体单元的刚度折减情况，因此必须将实测振型扩展到有限元计算的所有节点上。在进行振型扩展后，扩展过程所产生的噪声以及测试本身的噪声构成了全节点振型的噪声，因此应采取振型修正的方法来减小这些噪声。为此，下面先介绍常见的振型扩展和修正的方法，再介绍频域损伤识别的优化方法。

1. 振型的扩展和修正

目前振型扩展[23]有许多种方法，下面介绍其中的两种。

(1) 对于矩阵方程 $\left(K-\omega_i^2 M\right)\phi_i=0$，$K$ 和 M 分别为结构刚度矩阵和质量矩阵，ω_i 为第 i 个特征频率值，ϕ_i 为第 i 个特征向量。按测试点和扩展点进行分块得

$$\left(\begin{bmatrix} K_{p\times p} & K_{p\times q} \\ K_{q\times p} & K_{q\times q} \end{bmatrix} - \omega_i^2 \begin{bmatrix} M_{p\times p} & M_{p\times q} \\ M_{q\times p} & M_{q\times q} \end{bmatrix}\right)\begin{Bmatrix} \phi_{ip} \\ \phi_{iq} \end{Bmatrix} = 0 \tag{5-59}$$

式中，p 和 q 分别为测试点总数和扩展点总数。根据式(5-59)可以解得

$$\phi_{iq} = -\left(K_{q\times q} - \omega_i^2 M_{q\times q}\right)^{-1}\left(K_{q\times p} - \omega_i^2 M_{q\times p}\right)\phi_{ip} \tag{5-60}$$

式(5-60)可以直接从已知测点的振型向量得到待扩展点的振型向量，然后按测点序号组集全节点振型矩阵。

(2) 寻求投影矩阵 X，使损伤结构的全节点振型矩阵 $\tilde{\phi}$ 可以用完好结构的理论计算振型 ϕ 表示为

$$\begin{bmatrix} \tilde{\phi}_{p\times\bar{n}} \\ \tilde{\phi}_{q\times\bar{n}} \end{bmatrix} = \begin{bmatrix} \phi_{p\times n} \\ \phi_{q\times n} \end{bmatrix}\left[X_{n\times\bar{n}}\right] \tag{5-61}$$

式中，$\bar{n}$ 为测量的模态阶数，n 为理论计算的模态阶数。当 $\bar{n}\leqslant n$ 时，就可以用最小二乘法求得投影矩阵 X:

$$X = \left\{\left[\phi_{p\times n}\right]^{\mathrm{T}}\left[\phi_{p\times n}\right]\right\}^{-1}\left[\phi_{p\times n}\right]^{\mathrm{T}}\left[\tilde{\phi}_{p\times\bar{n}}\right] \tag{5-62}$$

计算出投影矩阵 X 后，就可以按式(5-62)计算全节点振型矩阵。

振型修正的方法也有很多种，下面介绍其中常用的两种。

(1) 假设质量矩阵在结构损伤前后不发生改变，则识别出的振型矩阵理论上应该满足质量矩阵的正交条件，而实测振型矩阵不可避免地有一定的噪声，使得

$$R = \left[\phi_{\mathrm{T}}\right]^{\mathrm{T}}\left[M\right]\left[\phi_{\mathrm{T}}\right] \neq I \tag{5-63}$$

式中，$[\phi_{\mathrm{T}}]$是关于质量矩阵正交规范化后的实际识别结果。进行实测振型矩阵修正的目的就是通过最小的修正量使得式(5-63)由不等式变为等式，设修正后的识别结果为$[\phi^*]$。定义如下加权欧拉范数作为修正的目标变量：

$$\mathrm{Obj}=\left\|[M]^{1/2}\left([\phi^*]-[\phi_{\mathrm{T}}]\right)[\sigma]\right\| \tag{5-64}$$

式中，$[M]^{1/2}$是质量矩阵的方根矩阵；$[\sigma]$为加权对角元素，某个对角元素越大，说明对应阶次的振型信任度越高。采用 Lagrange 乘子法求使 Obj 最小的解，其 Lagrange 函数为

$$\eta=\mathrm{Obj}+\left\|[\mu]\left([\phi^*]^{\mathrm{T}}[M][\phi^*]-[I]\right)\right\| \tag{5-65}$$

式中，$[\mu]$为 Lagrange 乘子矩阵。利用 Lagrange 乘子法的原理可以导出$[\phi^*]$的解为

$$[\phi^*]=[\phi_{\mathrm{T}}][\sigma]\left([\sigma]^{\mathrm{T}}[\phi_{\mathrm{T}}]^{\mathrm{T}}[M][\phi_{\mathrm{T}}][\sigma]\right)^{-1/2} \tag{5-66}$$

(2) 下面介绍一种振型误差不大时的直接修正法。设修正前后的矩阵可以用以下等式表示：

$$[\phi_{\mathrm{T}}]=[\phi^*][C] \tag{5-67}$$

将式(5-67)代入式(5-63)中可得

$$R=[\phi_{\mathrm{T}}]^{\mathrm{T}}[M][\phi_{\mathrm{T}}]=[C]^{\mathrm{T}}[\phi^*]^{\mathrm{T}}[M][\phi^*][C]=[C]^{\mathrm{T}}[C] \tag{5-68}$$

将修正矩阵$[C]$表示为

$$[C]=[I]+[\delta] \tag{5-69}$$

将误差矩阵$[\delta]$分成对称部分$[\alpha]$和反对称部分$[\beta]$，则$[\delta]=[\alpha]+[\beta]$。其中：

$$[\alpha]=[\alpha]^{\mathrm{T}},\quad [\beta]=-[\beta]^{\mathrm{T}} \tag{5-70}$$

将式(5-69)代入式(5-68)可得(略去高阶部分)

$$R=\left([I]+[\delta]\right)^{\mathrm{T}}\left([I]+[\delta]\right)=[I]+[\delta]+[\delta]^{\mathrm{T}}=[I]+2[\alpha] \tag{5-71}$$

所以有

$$[\alpha]=\left(R-[I]\right)/2 \tag{5-72}$$

这样，对称部分就可以唯一确定，而研究表明，$[\delta]$中的反对称部分对结构刚度识别的影响较小。忽略反对称部分$[\beta]$，则修正矩阵$[C]$就被唯一确定了。

2. 参数型识别方法

有反演的优化方法按照识别对象是结构特征物理矩阵(如质量矩阵和刚度矩阵)还是结构物理特征参数(如刚度矩阵元素、弹性模量等)，分为矩阵型识别法和参数型识别法[24,25]。在实际的桥梁工程中，所识别的对象一般都有明确的物理意义，而矩阵型识别方法一般

会改变原矩阵的带状性和稀疏性，使其物理意义不明确，因此参数性识别方法更具有优越性。

设结构第 i 阶实测的振型和频率值与理论计算值之间的误差分别为 $E_{\lambda i}$ 和 $E_{\Phi i}$：

$$\begin{cases} E_{\lambda i} = \lambda_{\mathrm{A}i} - \lambda_{\mathrm{T}i} \\ E_{\Phi i} = \Phi_{\mathrm{A}i} - \dfrac{\Phi_{\mathrm{E}i}^{\mathrm{T}}\Phi_{\mathrm{A}i}}{\Phi_{\mathrm{E}i}^{\mathrm{T}}\Phi_{\mathrm{E}i}}\Phi_{\mathrm{E}i} = \Phi_{\mathrm{A}i} - \beta_i \Phi_{\mathrm{E}i} \end{cases} \tag{5-73}$$

式中，下标 A 和 T 分别代表分析结果和测试结果；振型误差中考虑了对实测振型 $\Phi_{\mathrm{T}i}$ 的扩阶修正，$\Phi_{\mathrm{E}i} = \left[\Phi_{\mathrm{T}i}^{\mathrm{T}}, \Phi_{\mathrm{N}i}^{\mathrm{T}}\right]^{\mathrm{T}}$ 为扩阶实测振型；β_i 为相应的模态比例因子。结构模态参数的残差向量 E 可以记为

$$E = \begin{Bmatrix} E_{\lambda} \\ E_{\Phi} \end{Bmatrix} \tag{5-74}$$

假设待识别的变量为单元刚度折减系数 α_i（i 表示单元的编号，$i = 1 \sim n$），参数型损伤识别的优化数学模型为

$$\begin{aligned} & \min J(\alpha) = \left\| E(\alpha) \right\|_2 \\ & \text{s.t.}\, 0 \leqslant \alpha_i \leqslant 1, \quad i = 1 \sim n \end{aligned} \tag{5-75}$$

式(5-75)的求解是一个不断迭代的过程，其中每一次迭代均需用到试验振型扩充，而扩充过程中需要用到系统的系统矩阵和刚度矩阵。用于振型扩充的系统矩阵一般来自上一迭代过程，从而将系统矩阵误差传递给作为修正参考值的扩充试验振型，导致迭代收敛延缓，计算量增大。为此，在试验振型扩充过程中引入修正项 $\Delta\Phi_i$，将因系统矩阵不精确而导致的振型误差反映在最终的修正方程中：

$$\bar{\Phi}_{\mathrm{E}i} = \Phi_{\mathrm{E}i} + \Delta\Phi_i \tag{5-76}$$

将式(5-76)、式(5-75)和式(5-74)代入式(5-73)，利用一阶泰勒公式，可得以下最小二乘问题：

$$\begin{bmatrix} G_{\lambda i} \\ G_{\Phi i} \end{bmatrix} \Delta\alpha = \begin{Bmatrix} E_{\lambda i} \\ E_{\Phi i} - \beta_i \Delta\Phi_i \end{Bmatrix} \tag{5-77}$$

式中，$G_{\lambda i}$ 和 $G_{\Phi i}$ 分别为对应于系统第 i 阶特征值和振型的灵敏度矩阵；$\Delta\alpha$ 为待识别参数的变化量。通过如下最优化过程建立 $\Delta\alpha$ 和 $\Delta\Phi_i$ 之间的关系：

$$\begin{aligned} & \min \left\| E(\alpha) \right\|_2^2 \\ & \begin{cases} E(\alpha) = \left[E_1(a)^{\mathrm{T}}, E_2(a)^{\mathrm{T}}, \cdots, E_n(a)^{\mathrm{T}} \right]^{\mathrm{T}} \\ E_I(a) = \left[E_{\gamma i}(a)^{\mathrm{T}}, E_{\Phi i}(a)^{\mathrm{T}} \right]^{\mathrm{T}} \\ E_{\gamma i}(a)^{\mathrm{T}} = \lambda_{\mathrm{T}i} \Phi_{\mathrm{B}i}^{\mathrm{T}} M \Phi_{\mathrm{E}i} - \Phi_{\mathrm{B}i}^{\mathrm{T}} K \Phi_{\mathrm{E}i} = \lambda_{\mathrm{T}i} m_i - k_i \end{cases} \end{aligned} \tag{5-78}$$

式中，m_i 和 k_i 分别为第 i 阶模态质量和模态刚度。M 和 K 均为待修正参数 α 的函数，设

下一次迭代时 M 和 K 分别变为 $\bar{M}$ 和 $\bar{K}$，通过一阶泰勒展开可得

$$\begin{cases} \bar{M} = M + \sum_{i=1}^{n} \dfrac{\partial M}{\partial \alpha} \Delta\alpha \\ \bar{K} = K + \sum_{i=1}^{n} \dfrac{\partial K}{\partial \alpha} \Delta\alpha \end{cases} \tag{5-79}$$

此时，相应的模态质量和模态刚度分别为

$$\begin{cases} \bar{m}_i = \Phi_{Ei}^{T} \bar{M} \Phi_{Ei} \\ \bar{k}_i = \Phi_{Ei}^{T} \bar{K} \Phi_{Ei} \end{cases} \tag{5-80}$$

将式(5-80)代入式(5-78)可得下次迭代的频率项残差：

$$\begin{aligned} \bar{E}_{\gamma i}(\alpha) = {} & E_{\gamma i}(\alpha) + \Phi_{Ei}^{T} \sum_{j=1}^{n} \frac{\partial Z_i}{\partial \alpha_i} \Delta\alpha_i \Phi_{Ei} \\ & + 2\Phi_{Ei}^{T} \left(Z_i + \sum_{j=1}^{n} \frac{\partial Z_i}{\partial \alpha_i} \Delta\alpha_i \Phi_{Ei} \right) \Delta\Phi_i + \Delta\Phi_i^{T} Z_i \Delta\Phi_i \end{aligned} \tag{5-81}$$

式中，$Z_i = \lambda_{Ti} M - K$ 为系统的动刚度矩阵。将式(5-81)代入 $\bar{E}_{\gamma i}(\alpha)$ 的 2-范数 $\bar{J}_{\gamma i}(\alpha) = \left\| \bar{E}_{\gamma i}(\alpha) \right\|_2^2$，忽略高次项可得

$$\begin{aligned} \bar{J}_{\gamma i}(\alpha) = {} & E_{\gamma i}^{T}(\alpha) E_{\gamma i}(\alpha) \\ & + 2\bar{E}_{\gamma i}^{T}(\alpha) \left[G_{Zi}\Delta\alpha + 2\Phi_{Ei}^{T} Z_i \Delta\Phi_i + 2\Phi_{Ei}^{T} \left(\sum_{j=1}^{n} \frac{\partial Z_i}{\partial \alpha_i} \Delta\alpha_i \right) \Delta\Phi_i + \Delta\Phi_i^{T} Z_i \Delta\Phi_i \right] \\ & + \Delta\alpha^{T} G_{Zi}^{T} G_{Zi} \Delta\alpha + 2\Delta\alpha^{T} G_{Zi}^{T} G_{Ei}^{T} Z_i \Delta\Phi_i \\ & + 2\Delta\Phi_i^{T} Z_i \Phi_{Ei} G_{Zi} \Delta\alpha + 4\Delta\Phi_i^{T} Z_i \Phi_{Ei} \Phi_{Ei}^{T} Z_i \Delta\Phi_i \end{aligned} \tag{5-82}$$

式中，

$$G_{Zi} = \left[\Phi_{Ei}^{T} \frac{\partial Z_i}{\partial \alpha_1} \Phi_{Ei}, \Phi_{Ei}^{T} \frac{\partial Z_i}{\partial \alpha_2} \Phi_{Ei}, \cdots, \Phi_{Ei}^{T} \frac{\partial Z_i}{\partial \alpha_n} \Phi_{Ei} \right] \tag{5-83}$$

$\bar{J}_{\gamma i}(\alpha)$ 对 $\Delta\Phi_i$ 求偏导可得其梯度函数：

$$\frac{\partial \bar{J}_{\gamma i}(\alpha)}{\partial \Delta\Phi_i} = \left[\left(2E_{\gamma i} B_i + 2Z_i \Phi_{Ei} G_{Zi} \right) \Delta\alpha + \left(Z_i + 4Z_i \Phi_{Ei} \Phi_{Ei}^{T} Z_i \right) \Delta\Phi_i + E_{\gamma i} Z_i \Phi_{Ei} \right] \tag{5-84}$$

式中，

$$B_i = \left[\frac{\partial Z_i}{\partial \alpha_1} \Phi_{Ei}, \frac{\partial Z_i}{\partial \alpha_2} \Phi_{Ei}, \cdots, \frac{\partial Z_i}{\partial \alpha_n} \Phi_{Ei} \right] \tag{5-85}$$

类似可得下一迭代过程中对应于振型部分的残差和目标函数：

$$\bar{E}_{\Phi i}(\alpha) = E_{\Phi i}(\alpha) + \left(G_{\Phi i} \Delta\alpha - \beta_i \Delta\Phi_i \right) \tag{5-86}$$

$$\begin{aligned}\bar{J}_{\Phi i}(\alpha)=&E_{\gamma i}^{\mathrm{T}}(\alpha)E_{\gamma i}(\alpha)+2E_{\gamma i}^{\mathrm{T}}(\alpha)\left[G_{\Phi i}\Delta\alpha-\beta_i\Delta\Phi_i\right]\\&+\Delta\alpha^{\mathrm{T}}G_{\Phi i}^{\mathrm{T}}G_{\Phi i}\Delta\alpha-2\beta_i\Delta\Phi_i^{\mathrm{T}}G_{\Phi i}\Delta\alpha+\beta_i^2\Delta\Phi_i^{\mathrm{T}}\Delta\Phi_i\end{aligned}\tag{5-87}$$

式中，$G_{\Phi i}=\left[\dfrac{\partial\Phi_i}{\partial\alpha_1},\dfrac{\partial\Phi_i}{\partial\alpha_2},\cdots,\dfrac{\partial\Phi_i}{\partial\alpha_n}\right]$为振型对待识别参数的灵敏度据矩阵，由最优化问题的一次性条件$\partial\bar{J}_{\gamma i}(\alpha)/\partial\Delta\Phi_i=0$，可得

$$\Delta\Phi_i=G_{\Delta\Phi_i}^{+}E_{\Delta\Phi_i}(\alpha)\tag{5-88}$$

式中，

$$G_{\Delta\Phi_i}=Z_i+4Z_i\Phi_{\mathrm{E}i}\Phi_{\mathrm{E}i}^{\mathrm{T}}Z_i+\beta_i^2\tag{5-89}$$

$$\begin{aligned}E_{\Delta\Phi_i}(\alpha)=&-\left(E_{\gamma i}(\alpha)B_i+2Z_i\Phi_{\mathrm{E}i}G_{\mathrm{Z}i}-\beta_iG_{\Phi i}\right)\Delta\alpha\\&-E_{\gamma i}(\alpha)Z_i\Phi_{\mathrm{E}i}-\beta_iE_{\Phi i}(\alpha)\end{aligned}\tag{5-90}$$

$G_{\Delta\Phi_i}^{+}$是$G_{\Delta\Phi_i}$的伪逆阵。可得下一迭代过程的待识别参数的修正量计算公式：

$$\begin{aligned}&\begin{bmatrix}G_{\lambda i}\\G_{\Phi i}-\beta_iG_{\Delta\Phi_i}^{+}\left(E_{\gamma i}(\alpha)B_i+2Z_i\Phi_{\mathrm{E}i}G_{\mathrm{Z}i}-\beta_iG_{\Phi i}\right)\end{bmatrix}\Delta\alpha\\&=\begin{Bmatrix}E_{\lambda i}\\E_{\Phi i}-\beta_iG_{\Delta\Phi_i}^{+}\left(E_{\gamma i}(\alpha)Z_i\Phi_{\mathrm{E}i}-\beta_iG_{\Phi i}(\alpha)\right)\end{Bmatrix}\end{aligned}\tag{5-91}$$

以上是参数型识别的优化方法，参数型识别还有其他一些方法，如直接法、迭代法等，详见文献[3]。

5.4.2　模式识别方法

若结构发生损伤，则结构参数如刚度、质量、阻尼会发生变化，从而引起相应的模态参数变化，同样也会引起由模态参数组成的损伤指标的变化。模式识别方法就是在预设的模式库中寻找与实测损伤指标最接近的模式，从而确定结构的损伤情况。因此，在进行模式识别前，首先应构建合理的损伤指标，再将这些指标组合起来，形成样本模式库，然后利用模式识别方法进行损伤识别。为此，本节首先介绍频域损伤指标，然后通过实例分析介绍两种不同的频域损伤模式识别分类器——SOFM 神经网络分类器和支持向量机分类器。

1. 频域损伤指标

频域损伤指标可以是频率和振型本身，也可以通过对频率和振型进行一定的再加工后得到。目前常用的频域损伤指标可分成四个大类[1]：传递特性类、复杂函数类、传递曲率类动力指标和特征参数类。

1) 传递特性类

该类损伤指标是结构本身固有的指标，这类指标具有特定的物理意义，如频率、振型。

(1) 频率。

无阻尼自由振动的特征方程为

$$\left(K - \omega^2 M\right)\phi = 0 \tag{5-92}$$

式中，K 为结构刚度矩阵；M 为结构质量矩阵；ω 为结构频率；ϕ 为结构振型矩阵。从式(5-92)可以看出，频率和振型直接与结构刚度有关系(一般来说结构的质量是不会变化的)，因此可将频率作为损伤指标。

利用固有频率的变化进行损伤识别的优点是：固有频率可以通过动力测试直接得到，测试精度较高，且频率与所选测点的位置无关，方法简单。但固有频率反映结构整体性能，对结构的局部损伤不敏感，很难反映结构早期的小损伤，往往只能发现损伤，而无法确定损伤的位置。对于大型复杂的土木工程，由于激振困难，很难得到结构的高阶频率，这也限制了频率在结构损伤识别中的应用。

(2) 振型。

振型也是结构的另一个具有特定物理含义的动力指标。同固有频率一样，振型只与结构的刚度有关。振型(特别是高阶振型)对局部刚度变化比较敏感，它不仅能对结构的局部损伤进行定位，而且能够确定损伤的程度。

由于振型在实际测量中精度较低，受环境噪声的干扰较大。对于复杂的结构，其低阶的振型也很难准确测量。振型在动力测试中的困难大大限制了它在实际工程中的应用。

(3) 应变模态。

相对于固有频率和振型，应力应变指标反映结构的局部损伤就更加直接了。根据内力重分布原理，某处发生损伤，则该位置附近的内力(应力)将发生较为明显的改变。模型试验和分析表明，应变模态识别损伤的能力优于振型，能够较好地揭示结构微小的局部损伤。但是，由于应变模态只能判断测点附近的结构损伤情况，而对于实际工程的动力测试，无法事先预知结构损伤的确切位置，需要布置较密的测点。在实际测试动应力时，测量精度难以得到保证，并且需要布置的测点较多，测试费用昂贵，所以应变模态在损伤识别中的研究较少。

2) 复杂函数类

该类指标是通过定义一个复杂的函数关系，将结构固有的模态参数映射到另外一个空间中而得到的动力指标。通过这种映射往往可以使各个不同损伤模式的动力指标具有更强的可分性，如模态保证准则、坐标模态保证准则、模态柔度矩阵等。

(1) 模态保证准则。

模态保证准则最初用来对模态振型进行定阶。假定理论计算和模态识别结果差别不大，为了确定识别出的模态属于哪一阶，用模态保证准则计算识别结果与理论计算的近似程度。后来被 West 引入损伤识别中，模态保证准则定义为[26]

$$\mathrm{MAC}_i = \frac{\left(\sum_{k=1}^{m} \hat{\phi}_i^k \phi_i^k\right)^2}{\left(\sum_{k=1}^{m} \left(\hat{\phi}_i^k\right)^2\right)\left(\sum_{k=1}^{m} \left(\phi_i^k\right)^2\right)} \tag{5-93}$$

式中，MAC_i 为模态保证准则；$\hat{\phi}_i^k$ 为完好结构 i 阶振型 k 节点的振型值；ϕ_i^k 为损伤结构 i 阶振型 k 节点的振型值；m 为结构的自由度数。

MAC_i 的值为 $[0,1]$，趋近于 1 表示结构健康，趋近于 0 表示结构损伤严重。利用 MAC 指标进行损伤识别的具体做法常常是计算损伤结构与各个模式的 MAC 矩阵，看是否较好地满足正交条件，从而确定最接近的那个模式作为识别结果。但 MAC 指标容易受到噪声的干扰，并且测试数据不完备时正交条件失效，再加上其计算量大，结果不直观等限制了 MAC 指标的实际应用。

模态保证准则不能确定损伤的位置，为了找到损伤的具体位置，1988 年 Lieven 和 Ewins 定义了坐标模态保证准则[27]：

$$\mathrm{COMAC}_k = \frac{\left(\sum_{k=1}^{n} \hat{\phi}_i^k \phi_i^k\right)^2}{\left(\sum_{k=1}^{n} \left(\hat{\phi}_i^k\right)^2\right)\left(\sum_{k=1}^{n} \left(\phi_i^k\right)^2\right)} \tag{5-94}$$

式中，COMAC_k 表示坐标模态保证准则；n 为结构总的模态阶数。

COMAC_k 的值为 $[0,1]$，趋近于 1 表示结构 k 节点处健康，趋近于 0 表示结构 k 节点处损伤严重。坐标模态保证准则能够得到结构损伤的大致位置，但其抵抗噪声的能力也较差。

(2) 模态柔度矩阵。

1990 年，Lin 观察到高阶模态对刚度矩阵的贡献较大，要知道刚度矩阵的变化，必须能够测量出高阶模态，而实际测试中高阶模态很难准确得到，为了克服这个矛盾，采用柔度矩阵来识别结构的损伤。刚度矩阵和柔度矩阵可以按下式计算[28]：

$$K = M^{\mathrm{T}}\left(\sum_{i}^{n} \omega_i^2 \phi_i \phi_i^{\mathrm{T}}\right) M \tag{5-95}$$

$$F = \sum_{i}^{n} \frac{1}{\omega_i^2} \begin{bmatrix} \phi_i^1\phi_i^1 & \phi_i^1\phi_i^2 & \cdots & \phi_i^1\phi_i^m \\ \phi_i^2\phi_i^1 & \phi_i^2\phi_i^2 & \cdots & \phi_i^2\phi_i^m \\ \cdots & \cdots & \cdots & \cdots \\ \phi_i^m\phi_i^1 & \phi_i^m\phi_i^2 & \cdots & \phi_i^m\phi_i^m \end{bmatrix} \tag{5-96}$$

式中，符号意义同前。这里的振型必须要先进行关于质量矩阵的正交规格化处理。

柔度矩阵是刚度矩阵的逆矩阵，因此随着模态阶数的升高，模态对柔度矩阵的贡献越来越小。这样，柔度矩阵的改变主要由低阶模态引起，从而只要测量出低阶模态就可以获得精度较好的柔度矩阵[29,30]，这样得到的柔度矩阵常常称为模态柔度矩阵(modal flexibility matrix)。根据损伤前后两个模态柔度矩阵元素的差值，找出差值矩阵各列中的最大元素，即可找出损伤位置。研究表明，模态柔度矩阵比单一的频率或振型具有更好的局部损伤指示能力。

在模态柔度矩阵的基础上，Zhang 和 Aktan 又提出了一致荷载面(uniform load surface，ULS)，定义为[31]

$$U_i = \sum_{j=1}^{m} f_{i,j}, \quad i = 1, 2, \cdots, m \tag{5-97}$$

式中，$f_{i,j}$ 为模态柔度矩阵的元素。

首先，计算完好结构($\hat{U}$)与损伤结构(U)的 ULS 的差值：

$$\Delta U = \hat{U} - U \tag{5-98}$$

向量 ΔU 中最大元素所对应的位置就是最可能发生损伤的位置。

(3) 模态应变能。

Chen 和 Garba[32]最早提出通过计算结构损伤前后模态应变能(modal strain energy，MSE))的差值来实现损伤单元的识别。单元的模态应变能能够较好地表征该单元的状态，如果单元发生损伤，模态应变能会发生变化。第 j 个单元在第 i 阶模态下的应变能定义为

$$E_{ij} = \phi_i^{\mathrm{T}} K_j \phi_i, \quad i = 1, 2, \cdots, n; \quad j = 1, 2, \cdots, q \tag{5-99}$$

式中，E_{ij} 为第 j 个单元在第 i 阶模态下的应变能；ϕ_i 为单元 j 各个自由度下第 i 阶模态下的振型坐标；K_j 为完好结构第 j 个单元的单元刚度矩阵。

基于单元模态应变能的结构损伤定位方法仅以结构损伤前后的模态振型和单元刚度矩阵为诊断信息，方法简便有效，便于实际应用。模态应变能有较好的抗噪声能力，采用多阶模态叠加能更好地诊断结构的损伤[33,34]。由于模态应变能的计算需要单元的全部节点自由度坐标，而实际测量中往往只能得到位移振型坐标，所以计算得到的模态应变能不是理论意义上的结果，这使得模态应变能指标的损伤指示能力大大减弱。

(4) 频率平方。

假定损伤使结构刚度矩阵和质量矩阵产生了一个微小摄动量[35]，则 ϕ 与 ω 将会产生一个相应的微小改变量。结构特征方程式的摄动方程为

$$\left\{(K + \Delta K) - \left(\omega^2 + \Delta\omega^2\right)(M + \Delta M)\right\}(\phi + \Delta\phi) = 0 \tag{5-100}$$

式中，ΔK 为结构刚度矩阵的变化量；ΔM 为结构质量矩阵的变化量；$\Delta\omega^2$ 为结构频率平方的变化量；$\Delta\phi$ 为结构振型矩阵的变化量。

实际结构中，质量可以假设不会变化，即 $\Delta M = 0$。将式(5-100)展开，并忽略变化量的二阶小量得

$$\Delta K = \Delta\omega^2 M \Delta\phi \tag{5-101}$$

从上式可以看出，刚度变化与频率平方变化和振型变化成正比。因此，采用频率平方作为表征结构损伤的动力指标。许多研究都证明了这是一种比较好的结构动力指标，且常用频率平方变化比作为损伤识别的依据：

$$\mathrm{SFFC}_i = \frac{\hat{\omega}_i^2 - \omega_i^2}{\hat{\omega}_i^2} \tag{5-102}$$

式中，SFFC_i 为第 i 阶固有频率的平方变化比。频率平方具有与频率类似的特点，但从理论分析可知，频率平方更能直观反映结构刚度的变化，并且可以直接建立矩阵方程，利用反演的方法得到结构刚度的变化量，进而确定结构的损伤。

3) 传递曲率类动力指标

该类指标是通过计算传递特性类动力指标或复杂函数类动力指标在某空间坐标方向上的曲率而得到的动力指标。这种简单的处理方法往往可以取得较好的损伤定位效果，如模态曲率、柔度曲率。

(1) 模态曲率。

模态曲率是指在空间上(梁单元就是在轴线方向上)对测量得到的位移振型曲线求两次导数(采用数值微分方法)所得到的新的指标。人们常常以损伤前后模态曲率差值为损伤定位参数，如果结构出现损伤，损伤处的刚度会降低，该处的模态曲率差便会出现局部突变。振型曲率的变化幅度随着损伤程度的增大而增大，因此可以根据振型曲率的变化确定损伤发生的位置和估计损伤的程度[36]。很显然，模态曲率动力指标和振型一样受测试精度的限制而在实际工程中难以得到广泛应用。

第 m 个节点第 i 阶模态的模态曲率定义为

$$\ddot{\phi}_i^j = \left(\phi_i^{j-1} + \phi_i^{j+1} - 2\phi_i^j\right) / \left(l_{j,j-1} l_{j+1,j}\right) \tag{5-103}$$

式中，$\ddot{\phi}_i^j$ 为第 i 阶模态在 j 节点的模态曲率；$l_{i,j}$ 为自由度 i,j 对应节点之间的距离；ϕ_i^j 为第 i 阶模态在 j 节点的坐标。

模态曲率对损伤的敏感度远大于振型，尤其是对于局部损伤。Pandey 等[37]通过减小结构的弹性模量验证了该方法的有效性，通过计算局部损伤对各阶模态曲率的影响，说明模态曲率对于局部损伤十分敏感，可以有效地发现损伤部位，也可估计损伤程度，并且指出了高阶模态曲率对损伤更为敏感。邓焱[38]比较了一个钢筋混凝土 T 形简支梁在无损伤及有损伤情况下的仿真计算结果，有损伤时，位移模态的变化难以觉察，而模态曲率的变化却十分明显。

(2) 柔度曲率。

柔度矩阵 F 第 i 行 j 列表示第 i 个自由度在 j 处作用单位力时的位移。因此，柔度矩阵第 j 列代表 j 节点位置作用单位力时各个节点的位移曲线，柔度曲率就是指这个位移曲线的曲率计算结果，可以用 F 的第 j 列元素求两阶导数而得[39]：

$$\ddot{F}_i^j = \left(f_{i-1,j} + f_{i+1,j} - 2f_{i,j}\right) / \left(l_{i,i-1} l_{i+1,i}\right), \quad i,j = 1,2,\cdots,m \tag{5-104}$$

式中，符号意义同前。柔度曲率和模态曲率一样，对结构的局部损伤有很好的指示作用。

对于 ULS 指标，也有对应的曲率类动力指标(uniform load surface curvature，ULSC)：

$$\mathrm{UC}_i = \left(U_{i-1} + U_{i+1} - 2U_i\right) / \left(l_{i,i-1} l_{i+1,i}\right), \quad i,j = 1,2,\cdots,m \tag{5-105}$$

式中，U_i 表示 ULC 第 i 个元素。

曲率类动力指标主要有以下几个共同点。

① 测试点要求较多，测试工作量大。

② 抵抗噪声干扰的能力较弱。

③ 曲率类动力指标不是对所有的结构都有用，只是对于线单元或板壳单元才可以计算其曲率。

4) 特征参数类

这类指标是通过对时间历程数据进行各种线性或非线性处理而得到的动力指标。一般来说，这类动力指标没有明确的物理意义，与其他动力指标也没有明确的映射关系。特征参数类动力指标的优点是能够捕捉到一些被忽略的结构信息，往往可以和其他类动力指标形成互为补充的关系，如小波包子带能量谱。

(1) 频带能量谱。

结构的变化会使系统对各频率成分的抑制(或增强)作用发生变化，因此对于同等的输入，其输出与正常相比，相同频带内的能量会有较大的变化——某些频带内的能量减少，而另外一些频带内的能量增大。从这个意义上讲，各频率成分的能量中，包含丰富的结构损伤信息。利用这个原理，就可以用各频带的能量作为动力指标，从而用这些指标对结构损伤进行判别，这就是能量谱方法。

频带能量谱是指信号经过快速傅里叶变换之后，将全频段信号分成若干个小的频段，累计每个频段的能量作为动力指标，所有这些动力指标就构成了频带能量谱。频带能量谱按下式计算：

$$\mathrm{PE}_{st} = \sum_{i=(s-1)m}^{sm} A_{it}^2 \tag{5-106}$$

式中，PE_{st} 为 t 节点 s 频段能量；A_{it}^2 为 t 节点时程数据在频域上 i 点的幅值；m 为每个频段的数据长度。

(2) 子带能量谱。

傅里叶变换实际上是把一个近似无限的时域数据压缩在一定频段上，失去了时域的信息，结构的损伤信息在数据压缩过程中可能丢失。并且傅里叶变换仅对稳态信号具有较好的表现能力，对于非稳态信号不具有分析能力。而小波多分辨率分析和小波包的出现克服了这些不足，实现了对非稳态信号的时频分析能力，能够直接对振动时程数据进行时频分析，实现测量空间到小波特征空间的转换。

子带能量谱就是将时程数据进行小波包分解，然后用某些节点的信息对信号进行重构，最后计算重构信号的能量。子带能量谱按下式计算：

$$\mathrm{ZE}_{st} = \sum_{i=1}^{n} x_{ist}^2 \tag{5-107}$$

式中，ZE_{st} 为 t 节点 s 子带能量；x_{ist}^2 为 t 节点 s 子带重构信号；n为重构信号的数据长度。

在损伤识别方法中，直接通过计算损伤结构与完好结构之间损伤指标的变化或相对变化率，直观地得到结构损伤的方法，称为损伤指标法。这种方法不需要进行复杂的反问题求解，也不需要进行损伤模式的学习，方法简便易行。因此，利用损伤指标法分析5.3.2 节中连续梁桥模型的数值计算结果[40]。其具体过程为：先利用有限元软件 ANSYS 建立该连续梁桥的有限元模型，将其划分为 48 个单元，并采用刚度折减模拟结构损伤，通过模态分析得到数值计算的结构各阶振型与频率；然后在这些模态数据中加入随机噪声，根据这些有噪声的数据计算本节所述的各种损伤指标；再通过对这些指标的分析进行结构损伤识别。

其中，在理论模态数据上按照下式添加随机噪声：

$$\tilde{\varphi}_i = (1 + \varepsilon \mathrm{Randn}(m))\varphi_i \tag{5-108}$$

式中，ε 表示噪声水平；$\tilde{\varphi}_i$ 和 φ_i 分别表示结构第 i 阶振型的有限元分析得到理论值和含有噪声的理论值；m 为测试节点数，即 φ_i 的维数。Randn(m)则表示均值为 0，方差为 1 的高斯分布。下面对各种有噪声的损伤指标进行分析。

① 模态保证准则。

首先计算 6、14、24 单元损伤时模态保证准则，为了清楚地表达噪声对模态保证准则的影响，计算 1 和这些模态保证准则的差值，如图 5-13 所示。从该图可以看出，有噪声存在时，完好结构的模态确认指标不再是 1。结构完好时，0.1%的噪声对模态确认指标的影响和无噪声时 5%的损伤对模态确认指标的影响已经基本相当，3%的噪声对模态确认指标的影响和 40%的损伤相当。当噪声水平较低时，可以看到损伤程度对模态确认指标的影响，即损伤程度的增加导致模态确认指标降低。当噪声水平达到 2%后，噪声已经完全淹没了损伤对模态确认指标的影响。可见模态确认指标的噪声敏感性是比较高的。

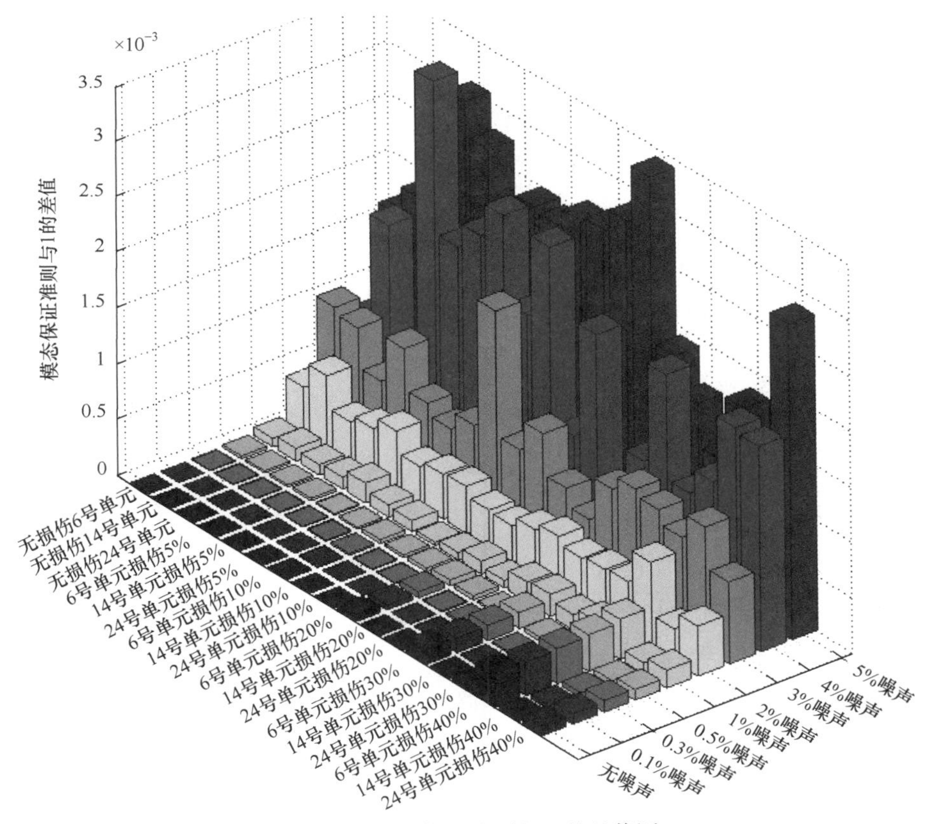

图 5-13　模态保证准则与 1 的差值图

② 坐标模态保证准则。

对于坐标模态保证准则，分析中跨跨中单元 45%损伤时和完好状态的情况。其结果如图 5-14 和图 5-15 所示。从图 5-14 和图 5-15 可以看出：

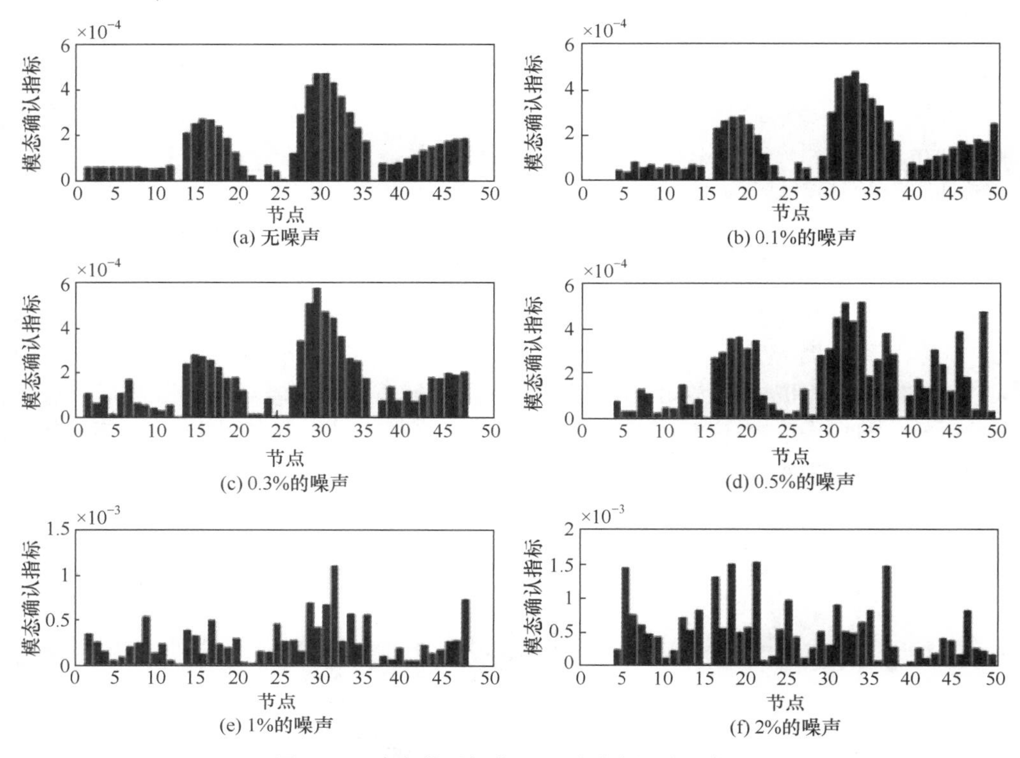

图 5-14　跨中单元损伤 45%时噪声影响比较图

跨中损伤 45%时，0.1%的噪声已经对坐标模态确认指标形成影响。0.5%的噪声对识别结果造成更大的影响。1%的噪声已经完全打破了无噪声时坐标确认准则呈现的规律。可见坐标模态确认指标也有很高的噪声性。

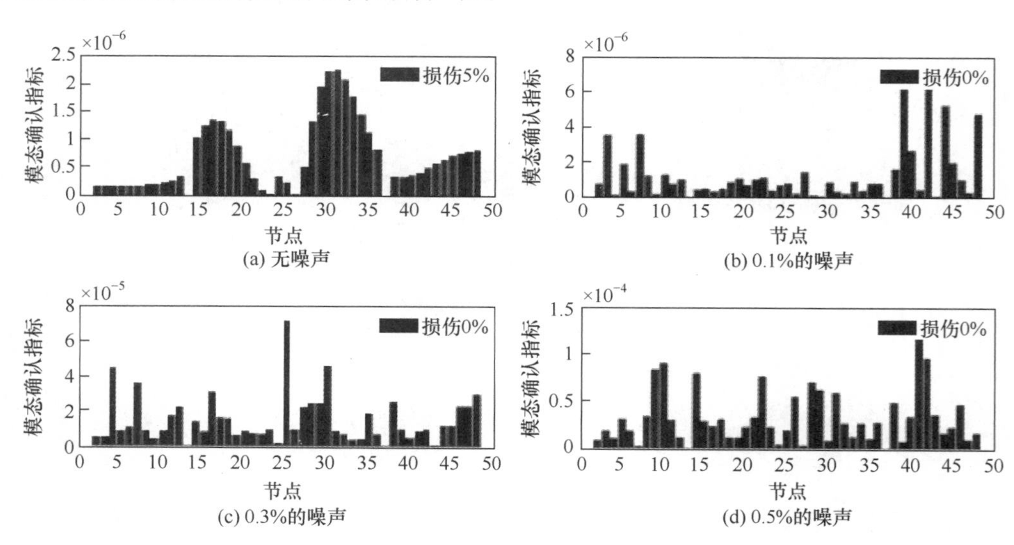

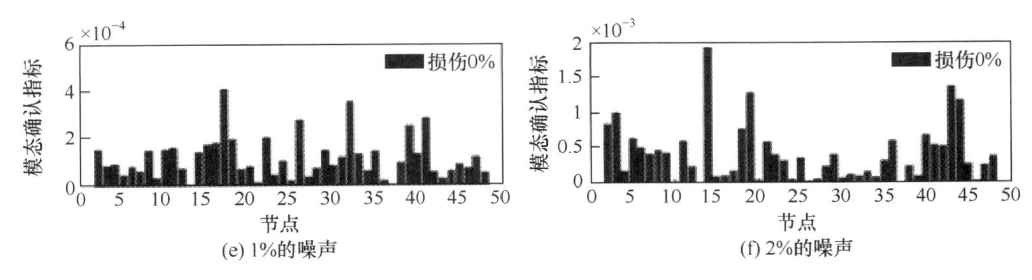

(e) 1%的噪声　(f) 2%的噪声

图 5-15　无损伤时噪声影响与损伤 5%无噪声比较图

图 5-15 分析了噪声对无损伤结构的影响，比较了不同噪声水平无损伤结构和 5%损伤无噪声结构坐标确认指标值。可以看出，0.1%噪声对坐标模态确认指标的影响值，已经在数量级上和 5%损伤无噪声时的数量级相同。0.3%的噪声对坐标模态确认指标的影响值，已经在数量级上高于 5%损伤无噪声的情况。可见，坐标模态确认指标较低的噪声水平已经可以淹没早期损伤对坐标模态确认指标的影响。

③ 模态曲率。

分析中跨跨中单元 45%损伤时的情况，其结果如图 5-16 所示。可以看出，跨中损伤时，0.1%的噪声水平对模态曲率的影响较小。0.3%的噪声水平对模态曲率的多个位置产生了影响，中跨跨中的影响值较其他地方大。0.5%的噪声对结构的各个部位都产生了影响，影响的最大值仍在中跨跨中附近。1%及以上的噪声已经淹没了损伤对模态曲率的影响。

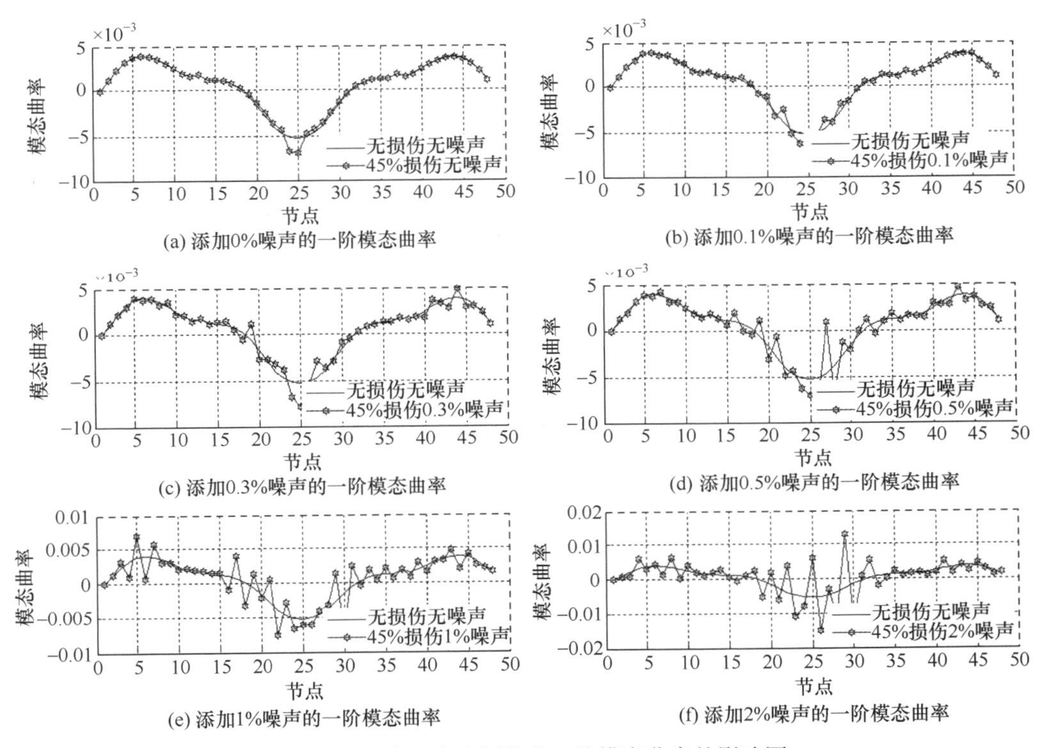

(a) 添加0%噪声的一阶模态曲率　(b) 添加0.1%噪声的一阶模态曲率

(c) 添加0.3%噪声的一阶模态曲率　(d) 添加0.5%噪声的一阶模态曲率

(e) 添加1%噪声的一阶模态曲率　(f) 添加2%噪声的一阶模态曲率

图 5-16　噪声对中跨损伤的一阶模态曲率的影响图

从以上对三个损伤指标的分析中可以看出：在0.5%的噪声水平时，损伤在指标中的反映值已经被噪声淹没，都失去了识别效果。然而，实际应用中的噪声水平远不止0.5%，由此看来，利用损伤指标方法识别结构损伤有很多不足，因此有必要采用模式识别方法进行结构损伤识别研究。

2. SOFM 神经网络分类器

由于神经网络具有对非线性问题和反问题良好的处理能力，所以将神经网络作为模式分类器，应用于结构损伤识别中已成为研究热点。在人工神经网络中，由于SOFM神经网络具有网络结构易于确定、网络训练结果直观、算法本身具有较好的抗噪性等特点，本节介绍采用SOFM神经网络作为模式分类器识别结构损伤位置[41-43]。

1) 选取损伤指标

从神经网络角度看，损伤指标的选取就是网络输入的选取。神经网络虽然具有强大的映射功能，但这是建立在网络的输入、输出之间确实存在内在的线性或非线性映射关系基础上的，因此并不是任意选取一组网络输入、输出就能达到理想的映射效果。从模式识别的角度讲，只有当网络输入特征有利于实现网络输出所预期的模式类别划分时，神经网络才能取得良好的模式识别效果。因此，神经网络输入的选取必须根据网络要达到的目的或网络功能来确定，必须选取有利于实现网络功能的特征作为网络输入。

用神经网络进行结构损伤位置识别时，网络的功能是根据选定的网络输入将结构不同位置的损伤模式正确分类，因此输入的类别可分性成为结构损伤位置识别神经网络输入选取的重要指标。为此，网络输入特征必须是结构损伤位置的函数，而且尽量减少其他因素的影响，即满足网络输入特征的函数表达式中尽可能地只含有损伤位置这个变量，而不包含其他任何变量，这样构造出来的网络输入特征最有利于实现对不同位置损伤模式的正确分类。

为了提高网络对结构损伤位置的识别精度，网络输入选用只与损伤位置有关的特征参数。采用结构振动组合损伤指标CI作为网络的输入向量[44]：

$$\mathrm{CI}=\{\mathrm{ci}_1,\mathrm{ci}_2,\cdots\}=\left\{\begin{matrix}\mathrm{NFCR}_1,\mathrm{NFCR}_2,\cdots,\mathrm{NFCR}_q,\\ \mathrm{NDSI}(a)_1,\mathrm{NDSI}(a)_2,\cdots,\mathrm{NDSI}(a)_n\end{matrix}\right\} \tag{5-109}$$

式中，NFCR为归一化的频率变化率；NDSI为归一化的损伤信号指标，计算公式如下：

$$\mathrm{NFCR}_i=\frac{\mathrm{FFC}_i}{\sum\limits_{j=1}^{q}\mathrm{FFC}_j},\quad i=1,2,\cdots,q \tag{5-110}$$

$$\mathrm{FFC}_i=\frac{(f_{\mathrm{u}i}-f_{\mathrm{d}i})}{f_{\mathrm{u}i}},\quad i=1,2,\cdots,q \tag{5-111}$$

$$\mathrm{NDSI}(a)_i=\frac{\mathrm{DSI}_i(a)}{\sum\limits_{j=1}^{q}\mathrm{DSI}_j(a)},\quad i=1,2,\cdots,n \tag{5-112}$$

$$\mathrm{DSI}_i=\frac{\{\phi_{\mathrm{u}i}\}-\{\phi_{\mathrm{d}i}\}}{f_{\mathrm{u}i}^2-f_{\mathrm{d}i}^2},\quad i=1,2,\cdots,n \tag{5-113}$$

式中，$f_{\mathrm{u}i}$ 和 $f_{\mathrm{d}i}$ 分别为结构在完好状态和损伤状态下的第 i 阶模态频率；$\{\phi_{\mathrm{u}i}\}$ 和 $\{\phi_{\mathrm{d}i}\}$ 分别为结构在完好状态和损伤状态下的第 i 阶模态振型矢量；FFC_i 为第 i 阶频率变化比；DSI_i 为第 i 阶损伤信号指标；NFCR_i 为第 i 阶归一化后的固有频率变化率；$\mathrm{NDSI}(a)_i$ 为节点 a 第 i 阶归一化后的损伤信号指标。由于 NFCR 仅为频率的函数，当结构具有对称性时，对称位置的单元发生损伤将造成频率变化相同，此时 NFCR 不能准确识别，而 NDSI 与损伤导致的模态振型变化有关，对具有对称性的结构损伤情况也可以进行识别，弥补了 NFCR 的不足。

2) 确定网络拓扑结构

根据所研究问题的复杂程度及网络输入的具体性能选择恰当的网络拓扑结构，网络的拓扑结构包含竞争层神经元的数目及排列形式，并相应地确定距离函数的形式。竞争层神经元个数的确定原则是在计算费用能够接受的前提下尽量多取一些神经元，这样有利于更好地实现聚类分析。经过大量计算发现，所需的竞争层神经元个数取为欲分类模式数目的 10 倍或取为训练样本数目的 4 倍(在训练样本数目不太大的情况下)中较大的一个时，即可取得较好的聚类效果。确定神经元的个数通常采用试算的方式进行，即先按经验选取一个初值，若聚类结果与期望的聚类结果相差较大，则应该增加神经元个数，若聚类结果理想，则认为当前所采用的神经元个数能够满足要求。

3) 训练网络、检验网络性能

用训练样本对网络进行训练，当网络训练完毕后，对网络的训练结果进行检查，一方面将训练样本重新输入网络一遍，得到各训练样本对应的分类结果，另一方面将检测样本输入训练好的网络，得到各检测样本对应的分类结果。当训练样本的正确识别率在预定值以上时，表明训练好的网络已经较好地学习了训练样本中的知识；否则，说明网络并未将包含在训练样本中的各损伤类型的知识学习充分，此时应该进一步判断是训练次数不够还是网络中的神经元个数不够而造成的可调的网络权重数目不足，或者是训练样本分布不均匀造成训练样本质量不好等原因。当检测样本的正确识别率在预定值以上时，说明网络具有较好的泛化能力，能够对未在训练样本中出现的检测样本进行正确分类，否则说明网络的泛化能力不强，需要进一步判断是输入特征的抗噪声性能不强还是由于网络中神经元数目不足。只有当训练样本、检测样本的正确识别率都高于预定值时，才表明网络训练成功，可以用于结构损伤位置的识别。

下面通过对一个数值损伤模型的分析说明 SOFM 网络在结构位置损伤识别中的应用，其中采用 MATLAB 软件包中的神经网络工具箱来实现各种神经网络的构造和训练。

采用图 5-17 所示的桁架结构，材料弹性模量为 $2.0\times10^{10}\mathrm{N/m^2}$，密度为 $2500\mathrm{kg/m^3}$，杆截面积均为 $4.0\times10^{-3}\mathrm{m^2}$，斜腹杆长 4.24m，其余各杆均长 3m。

计算采用前 4 阶归一化后的固有频率变化比和前 4 阶 2、7 号节点归一化后的损伤信号指标作为网络的输入向量，即式(5-110)～式(5-113)中的 $q=4$，$n=4$，a=2,3,⋯,7，因此某一单元在某一损伤程度下对应的输入向量含有 28 个元素。取各单元分别损伤 10%、

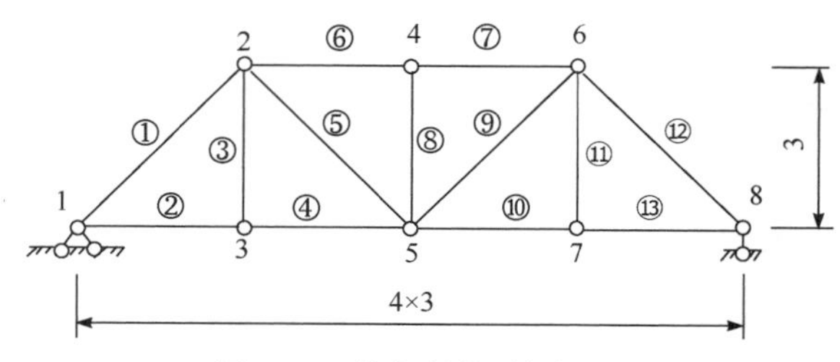

图 5-17　桁架结构(单位：m)

20%、30%、40%、50%、60%共 6 种不同损伤程度，计算结构的组合损伤指标，得到 78 组训练样本。

由于原始样本的变量量纲不同或不同变量数据分布范围、均值和方差等差别很大，这将导致夸大某些数据对分类的影响作用，掩盖某些变量的贡献，因此应该对原始数据进行标准化处理。采用自标准化对样本进行处理：设特征向量 x 由 m 个变量组成，样本集包含 n 个模式特征样本。则样本集可由一个样本矩阵 $X_{(m\times n)}$ 表示，该矩阵元素 x_{ij} 即第 j 个特征样本的第 i 个参数。样本的自标准化按下式进行：

$$x'_{ij}=\frac{x_{ij}-M_i}{S_i},\quad i=1,2,\cdots,m;j=1,2,\cdots,n \tag{5-114}$$

式中，x'_{ij} 为自标准化后的样本矩阵元素；x_{ij} 为原始变量；M_i 和 S_i 分别为第 i 个变量的算术平均值和标准差，即

$$M_i=\frac{1}{n}\sum_{j=1}^{n}x_{ij} \tag{5-115}$$

$$S_i=\left[\frac{1}{n-1}\sum_{j=1}^{n}\left(x_{ij}-M_i\right)^2\right]^{1/2} \tag{5-116}$$

为保证网络具有较好的聚类能力，输出平面神经元个数对于二维输出不宜少于样本数的 4 倍，因此网络输出层神经元按 20 × 20 矩形排列。

SOFM 神经网络经过 200 个训练周期，网络拓扑达到稳定，训练完成后网络的二维输出如图 5-18 所示。图中的横坐标与纵坐标分别表示二维映射平面神经元的排列数。从图 5-18 可以看出以下规律。

(1) 训练样本按照损伤单元位置的不同而聚集到不同区域。

(2) 某些单元的训练样本占据多个网络拓扑节点，而其他单元的训练样本则只占据一个网络拓扑节点。

这是因为如下原因。

(1) 损伤单元不同造成组合损伤指标向量之间差别较大，因此不同单元损伤的训练样本经过训练后能够映射在网络不同的拓扑位置上，这正是利用 SOFM 神经网络进行损伤位置识别的原理。

(2) 损伤单元不变，损伤程度不同也会造成损伤组合指标变化，因而同一单元不同损伤程度下的训练样本经过训练会占据多个网络拓扑节点。由于不同单元的损伤模式映射

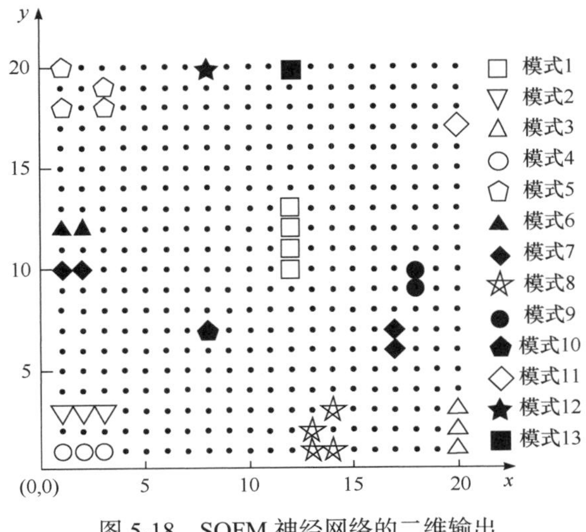

图 5-18　SOFM 神经网络的二维输出

到 SOFM 神经网络拓扑图的不同节点上，不存在同一个节点对应多个损伤单元的情况，说明 SOFM 神经网络能够将训练样本进行正确聚类。

为了检验网络识别损伤位置的能力及泛化能力，取各单元损伤程度分别为 5%、15%、25%、35%、45%、55%共 6 种损伤情况进行验证。经过检验发现，训练好的 SOFM 神经网络对所有的检验样本均可以正确识别，说明 SOFM 神经网络具有理想的泛化能力，可以利用训练好的 SOFM 神经网络进行损伤位置的识别。

由于环境影响和测试设备的误差，实际测试的数据往往带有噪声。为了检验网络的抗噪声能力，在理论计算得到的测试样本上添加噪声来模拟实测数据，将带噪声的测试样本输入网络进行损伤位置的识别。带噪声的测试样本按下式产生：

$$x_i^* = x_i\left(1 + R\varepsilon\right) \tag{5-117}$$

式中，x_i^* 为带噪声样本；x_i 为无噪声样本；R 为正态分布随机数；ε 为噪声水平。

分别取 5%、10%、20%、30%共四种噪声水平，用各单元损伤程度分别为 5%、10%、25%、35%、45%、55%的理论计算组合损伤指标生成检测数据，为了能够反映出噪声的统计特性，对各单元每种损伤程度与每种噪声程度的组合均取 1000 组检测样本集，共产生 24000 组检验样本集，每个检验样本集为一个 28 × 13 矩阵。对带噪声数据的识别结果见表 5-7。

表 5-7　SOFM 神经网络对带噪声样本识别结果

损伤单元	SOFM 神经网络识别结果/%				主要误识别单元
	测试数据噪声水平				
	5	10	20	30	
1	100	100	99.9	98.9	3，8
2	100	100	100	100	—
3	100	100	100	100	—

续表

损伤单元	SOFM 神经网络识别结果/%				主要误识别单元
	测试数据噪声水平				
	5	10	20	30	
4	100	100	100	100	—
5	100	100	100	99.7	1
6	100	100	99.9	98.7	7
7	100	100	96.7	86.4	6
8	100	100	100	99.9	1
9	100	100	100	100	—
10	100	100	100	100	—
11	100	100	100	100	—
12	100	100	100	100	—
13	100	100	100	99.7	9，11

由识别结果可见，SOFM 神经网络的识别正确率随测试数据的噪声水平的增高而下降。SOFM 神经网络对结构损伤位置识别的整体效果比较好，在噪声水平不大于 10%的情况下，对所有单元均能够准确识别，在噪声水平高达 20%的情况下，对各损伤单元的正确识别率也保持在 95%以上，当噪声水平达到 30%时，只有 7 号单元的识别率为 86.4%，其余各单元的正确识别率仍高于 95%，表现出良好的抗噪声性能。单元 7 的识别率低主要是因为在当前所取的模式特征下，单元 7 的损伤模式与单元 6 的损伤模式非常接近，在噪声的影响下，误将单元 7 的损伤模式识别为单元 6 的损伤模式。这与表 5-7 中左上角单元 7 和单元 6 的损伤模式对应的拓扑点距离最近也是吻合的。

3. 支持向量机分类器

在统计模式识别分类器中，支持向量机采用有限的训练样本，就可以取得非常好的推广能力。因此，支持向量机在人脸识别、手写体识别等领域得到广泛应用；而在桥梁结构损伤识别上也有一些研究，下面以大跨度连续刚构桥的数值模型为例研究支持向量机方法在桥梁损伤识别中的应用[45]。

连续刚构桥跨度为 101.5m +191m +101.5m，两个桥墩高为 96m，如图 5-19 所示。梁体为单箱单室、变高度、变截面梁，跨中处梁高为 7.2m，中墩处梁高为 13.5m，从跨中到桥墩处按 $y = 7.2 + x^2 / 1041.43$ 二次抛物线变化，箱梁顶板宽 11.2m，箱宽 9.2m。

采用大型有限元软件 ANSYS 建立模型，单元类型采用 beam44 号三维梁单元，弹性模量 E = 35GPa，密度 $\rho = 2500\text{kg/m}^3$ 。其中，主梁共 96 个节点(除去了墩梁固结处刚臂单元相交的节点)，93 个单元，每跨分布为(1～24) + (25～69) + (70～93)；两桥墩对称每个墩 25 个节点，24 个单元，分别为(94～117)、(118～141)，全桥共 147 个单元，包括六个刚臂单元，148 个节点(有两个为刚臂单元汇交的节点)，除刚臂单元外其他单元长度均为 4m。

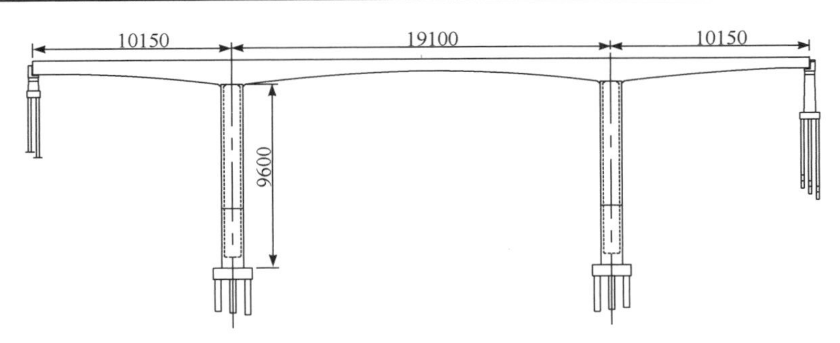

图 5-19 连续刚构桥布置图(单位：mm)

采用如下三个损伤指标：①固有频率相对变化比；②柔度曲率；③模态曲率差 $\alpha = y''_{0i} - y''_i$，其中 y''_{0i} 和 y''_i 分别为计算节点处损伤前和损伤后的模态曲率。

首先进行损伤位置识别研究。有限元模型中共有 141 个单元，为满足分类要求，训练集需要分为 141 类，每个单元发生损伤为一类。为使得到的支持向量机有比较好的识别效果，选取每个单元损伤 10%、20%、30%、40%、50%、60%、70%、80%共 8 种损伤模式为一类，故训练集样本数为 141 × 8 = 1128 个。

测试集选取以下单元进行研究：45、46、47、48、49、4、5、6、88、89、90、34、35、36、58、59、60、23、24、25、26、68、69、70、71、94、95、118、119、103、104、105、127、128、129，共计 35 个单元。并选取损伤程度为 5%、25%、45%、65%四种情况，低损伤、中损伤、高损伤三种情况都包含在内。因此，测试集的样本数为 35 × 4=140 个。

损伤位置识别中采用 C-SVC 分类机进行分类，并采用多项式、高斯径向基和 sigmoid 三种不同核函数进行结果对比。利用这三个核函数对样本集进行训练，然后对测试集进行识别，得到如下识别结果。

表 5-8 不同指标不同核函数损伤位置识别结果

指标	核函数	不同损伤模式识别率/%			
		5	25	45	65
固有频率相对变化比	多项式	0	66.70	77.80	88.90
	径向基	5.60	72.20	100	100
	sigmoid	0	77.80	77.80	88.90
柔度曲率	多项式	8.60	94.30	100	100
	径向基	8.60	94.30	100	100
	sigmoid	—	—	—	—
模态曲率差	多项式	28.60	100	100	100
	径向基	28.60	100	100	100
	sigmoid	—	—	—	—

从表 5-8 中可以看出以下结果。

(1) 各个指标的识别结果显示，低损伤的识别结果不如高损伤，即损伤5%时的识别效果低于后三种损伤模式的识别结果。

(2) 在进行大跨度连续刚构桥的损伤位置识别时，sigmoid核函数并不稳定，有些情况甚至失效，如在用柔度差值曲率指标进行识别时只有7.1%的识别率，故在表中未列出其识别结果；而多项式和径向基核函数比较稳定，且其识别效果相近。

为考虑噪声对识别结果的影响，构造新的样本训练集进行损伤位置识别。首先在振型和频率数据中施加噪声，而且在训练集和测试集中施加不同的噪声序列(原因为每次测试即使采用同样的仪器同一个测试人员，都会得到不同的结果，即产生不同的误差)。然后再计算各种损伤状态下的上述损伤指标，组成样本集。具体做法为：每个类别中有5%、10%、20%、30%、…、80%共9种损伤模式，每种损伤模式施加10种相同水平的噪声，所以每个类别共有样本数 $9\times10=90$ 个，整个训练集共有样本数 $141\times90=12690$ 个。以模态曲率差为例，采用径向基核函数进行识别，结果如表5-9所示。

从表5-9可以看出以下结果。

(1) 当加3%噪声时识别效果很好，识别率达到94.3%，说明在施加较低水平的噪声时，采用这种构造训练集的方法能够得到较好的识别效果。

(2) 对比表5-8和表5-9可知：当训练样本集中包含低损伤的样本时，即使测试集中含有噪声，分类器对低损伤的识别率同样大大提高。

(3) 当加5%水平噪声时，从识别结果来看，基本失去了损伤程度越高识别效果越好的性质，噪声的不确定性得到进一步体现。

表5-9　训练集各类别施加10种相同噪声水平噪声后识别结果

特征向量	噪声水平	不同损伤模式识别率/%			
		5	25	45	65
模态曲率差	3%	94.30	94.30	100	97.10
	5%	68.60	60	48.60	48.60

当损伤位置确定后，进行损伤程度识别的研究。由于本数值模型中桥梁跨度较大，单元较多，这里只选取易损部位的几个单元为研究对象来进行研究。所选单元为4、5、23、24、46、47、103、104共八个单元，包括主梁边跨及中跨跨中单元、支座处单元及桥墩单元。以每个单元损伤10%、20%、30%、40%、50%、60%、70%、80%共8种损伤模式为样本集，每个单元损伤5%、25%、45%、65%(包括了低、中、高三种损伤情况)为测试集，其中损伤5%为考虑支持向量回归机的外推能力，其他三种考虑其内插能力。此处选取模态曲率差作为损伤指标，采用径向基核函数，识别结果见表5-10。

表5-10　各单元不同损伤程度结果对比

损伤单元	损伤程度识别结果/%			
	5	25	45	65
4	17.86	24.88	45.08	63.41
5	24.30	24.66	45.30	62.50

续表

损伤单元	损伤程度识别结果/%			
	5	25	45	65
23	7.74	25.65	40.80	67.58
24	7.35	23.54	40.48	64.67
46	9.63	21.67	43.75	65.23
47	12.01	21.09	43.69	65.09
103	15.20	24.28	44.52	64.94
104	18.00	32.49	42.97	66.98

从表 5-10 中可以看出：

(1) 在损伤水平较低时，损伤程度的识别误判率较高；当损伤水平较高时，识别正确率会较高。因此当结构出现高损伤时，容易识别。

(2) 结构中跨单元损伤程度识别误判率低于边跨的误判率。这是由于结构中跨出现损伤时，结构的动力响应比边跨出现损伤时的响应要强烈。

综上所述，当结构的损伤程度较高，或发生损伤的位置对结构响应有重要影响时，损伤容易被识别。而对于损伤程度较低，或在边支座、边跨等处出现损伤而对结构动力响应影响不明显的情况，现有方法的误判率较高，因此对于这些损伤情况的识别是需要进一步研究的工作。

5.5 时域损伤识别研究

时域损伤识别是直接利用结构响应在时间域内的数据进行损伤识别，因此时域识别方法可以进行在线识别，能够及时地监测到结构的状态[46,47]。与频域识别方法相比，时域损伤识别有以下三个特点。

1. 响应信息的不完备性

实测的结构响应数据往往是不完备的，若只能测试到结构的加速度响应，而结构速度、位移响应很难监测到。所以在进行时域损伤识别之前，应首先对这些不完备的结构响应测试信息进行重构，得到完整的结构响应信息，再使用时域方法进行损伤识别研究。

2. 与外部荷载的密切相关性

在频域损伤识别中，所用到的模态参数是结构的固有特性，与荷载无直接关系。而时域损伤识别方法是直接利用荷载信息进行反演得到结构损伤状态(优化识别方法)，或利用特定的荷载信息进行有限元分析得到结构的响应时程，形成模式库，再进行损伤识别(模式识别方法)。因此，在进行时域损伤识别之前，应首先分析结构的荷载信息；根据特定的荷载条件，选择合适的时域损伤识别方法。

3. 荷载信息的部分已知性

在实际的桥梁结构动力监测中，结构的荷载信息也是无法完全准确测量的。但荷载的一部分信息是已知的，如当地震时，计算结构各自由度上等效激振力的地面运动加速度相同；当列车在桥梁上行驶时，只要知道列车速度和驶入桥梁的时间，就可以确定荷载作用点的位置。在优化识别方法中，正是利用这些部分已知信息，进行荷载反演优化求解；在模式识别方法中，进行结构有限元分析时，荷载条件应满足这些部分已知信息。

针对时域损伤识别的特点，本节首先介绍结构响应信息重构的方法，然后介绍时域损伤识别中的优化识别方法和模式识别方法。

5.5.1　不完备响应信息的重构

在实际工程结构的动力监测中，由于测试设备及成本的限制，往往只能监测到结构的加速度响应时程。而时域损伤识别方法一般要求结构响应的测试信息是完备的，即位移、速度、加速度均为已知。因此，为了能够运用这些时域损伤识别方法，需要考虑结构响应不完备信息的重构，即使用加速度时程表示位移和速度响应。

1. 线性加速度法

线性加速度法就是假定在时刻 $t \sim t+\Delta t$ 的时间间隔内，加速度按线性关系增长(或衰减)[48]，如图 5-20 所示。有了上述线性加速度假设，就能相应地确定该时间间隔内速度和位移的变化规律：速度呈二次变化，位移呈三次变化；进而可以求解整个系统的动力响应。而实际上加速度随时间变化的规律是复杂的，在一个时间间隔内对加速度进行某种假设和限制，只是数学上的一种简化处理手段。只有这些假设和限制与实际较相符时，这种简化处理才能取得较好的结果。

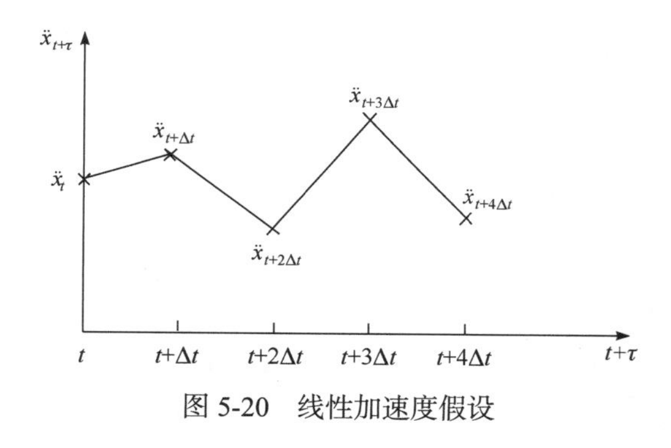

图 5-20　线性加速度假设

由线性加速度假设得：对于任意时刻 $t \leqslant \tau \leqslant t+\Delta t$，其加速度 $\ddot{x}_{t+\tau}$ 可以由 t 和 $t+\Delta t$ 时刻的加速度 $\ddot{x}_t$ 和 $\ddot{x}_{t+\Delta t}$ 表示为

$$\ddot{x}_{t+\tau} = \ddot{x}_t + \frac{\tau}{\Delta t}\left(\ddot{x}_{t+\Delta t} - \ddot{x}_t\right) \tag{5-118}$$

假设 t 时刻结构的位移 x_t 和速度 $\dot{x}_t$ 已知，对上式在 t 和 $t+\Delta t$ 时间间隔内进行一次积分，可得 $t+\Delta t$ 时刻速度为

$$\dot{x}_{t+\Delta t} = \dot{x}_t + 0.5\Delta t\left(\ddot{x}_{t+\Delta t} + \ddot{x}_t\right) \tag{5-119}$$

再积分一次得到 $t+\Delta t$ 时刻位移为

$$x_{t+\Delta t} = x_t + \dot{x}_t\Delta t + \Delta t^2\left[\left(\ddot{x}_{t+\Delta t} + 2\ddot{x}_t\right)/6\right] \tag{5-120}$$

同理，求得 $t+2\Delta t$ 时刻速度和位移为

$$\dot{x}_{t+2\Delta t} = \dot{x}_{t+\Delta t} + 0.5\Delta t\left(\ddot{x}_{t+2\Delta t} + \ddot{x}_{t+\Delta t}\right) \tag{5-121}$$

$$x_{t+2\Delta t} = x_{t+\Delta t} + \dot{x}_{t+\Delta t}\Delta t + \Delta t^2\left[\left(\ddot{x}_{t+2\Delta t} + 2\ddot{x}_{t+\Delta t}\right)/6\right] \tag{5-122}$$

将式(5-119)、式(5-120)代入式(5-121)、式(5-122)得

$$\dot{x}_{t+2\Delta t} = \dot{x}_t + 0.5\Delta t\left(\ddot{x}_{t+2\Delta t} + 2\ddot{x}_{t+\Delta t} + \ddot{x}_t\right) \tag{5-123}$$

$$x_{t+2\Delta t} = x_t + 2\dot{x}_{t+\Delta t}\Delta t + \Delta t^2\left[\left(\ddot{x}_{t+2\Delta t} + 6\ddot{x}_{t+\Delta t} + 5\ddot{x}_t\right)/6\right] \tag{5-124}$$

t 时刻结构的动力方程为

$$M\ddot{x}_t + C\dot{x}_t + Kx_t = F_t \tag{5-125}$$

同理，可得 $t+\Delta t$ 和 $t+2\Delta t$ 时刻的动力方程为

$$M\ddot{x}_{t+\Delta t} + C\dot{x}_{t+\Delta t} + Kx_{t+\Delta t} = F_{t+\Delta t} \tag{5-126}$$

$$M\ddot{x}_{t+2\Delta t} + C\dot{x}_{t+2\Delta t} + Kx_{t+2\Delta t} = F_{t+2\Delta t} \tag{5-127}$$

整理可得

$$M\ddot{y}_t + C\dot{y}_t + Ky_t = P_t \tag{5-128}$$

式中，

$$\ddot{y}_t = \ddot{x}_t - 2\ddot{x}_{t+\Delta t} + \ddot{x}_{t+2\Delta t} \tag{5-129}$$

$$\dot{y}_t = 0.5\Delta t\left(\ddot{x}_{t+2\Delta t} - \ddot{x}_t\right) \tag{5-130}$$

$$y_t = \Delta t^2\left(\ddot{x}_{t+2\Delta t} + 4\ddot{x}_{t+\Delta t} + \ddot{x}_t\right)/6 \tag{5-131}$$

$$P_t = F_t - 2F_{t+\Delta t} + F_{t+2\Delta t} \tag{5-132}$$

可以看出，通过线性加速度假设，结构动力方程中结构响应项完全由加速度时程的

变换形式来表示，其中 $\ddot{y}_t$ 表示 t 时刻变换后的加速度项，$\dot{y}_t$ 表示 t 时刻变换后的速度项，y_t 表示 t 时刻变换后的位移项。

2. 非线性加速度法

非线性加速度法就是假定在时刻 $t \sim t+\Delta t$ 的时间间隔内，加速度按非线性关系增长(或衰减)，假设加速度按二次抛物线变化(图 5-21)。则可知：速度呈三次变化，位移呈四次变化。

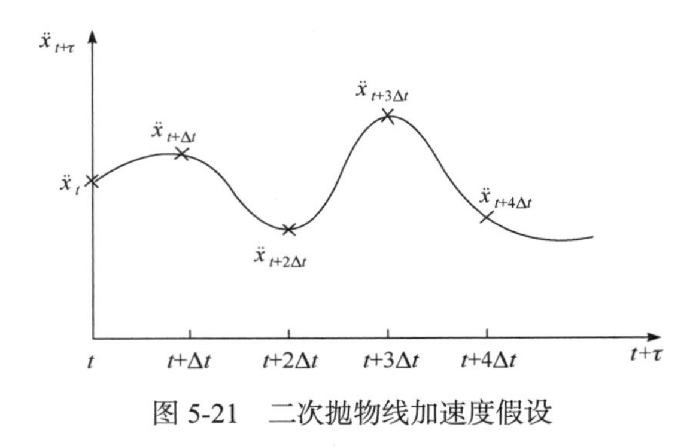

图 5-21　二次抛物线加速度假设

为了拟合加速度时程曲线，假设在 $t \sim t+2\Delta t$ 时刻的时间间隔内，时程曲线由 t、$t+\Delta t$ 和 $t+2\Delta t$ 三个时刻加速度确定的抛物线表示；在 $t+i\Delta t \sim t+(i+1)\Delta t$ 时刻($i = 2,3,\cdots,n$)的时间间隔内，时程二次抛物线按以下三个条件确定：① $t+i\Delta t$ 时刻的时程曲线值等于 $t+i\Delta t$ 时刻的加速度；② $t+i\Delta t$ 时刻时程曲线的斜率值等于 $t+(i+1)\Delta t \sim t+i\Delta t$ 时刻时间间隔内时程曲线在 $t+i\Delta t$ 时刻的斜率值；③ $t+(i+1)\Delta t$ 时刻的时程曲线值等于 $t+(i+1)\Delta t$ 时刻的加速度。

由以上假设可知，对于任意 $t \leqslant \tau \leqslant t+2\Delta t$ 时刻，其加速度 $\ddot{x}_{t+\tau}$ 可以表示为

$$\ddot{x}_{t+\tau} = \ddot{x}_t + \frac{\tau}{2\Delta t}\left(-\ddot{x}_{t+2\Delta t} + 4\ddot{x}_{t+\Delta t} - 3\ddot{x}_t\right) \tag{5-133}$$

同理，对于 $\tau \geqslant t+2\Delta t$ 时刻，其加速度也可按上述假设推导出。

对式(5-133)在 $t \sim t+\Delta t$ 时间间隔内进行一次积分，得 $t+\Delta t$ 时刻速度为

$$\dot{x}_{t+\Delta t} = \dot{x}_t + \Delta t\left(-\ddot{x}_{t+2\Delta t} + 8\ddot{x}_{t+\Delta t} + 5\ddot{x}_t\right)/12 \tag{5-134}$$

再积分一次得 $t+\Delta t$ 时刻位移为

$$x_{t+\Delta t} = x_t + \dot{x}_t\Delta t + \Delta t^2\left[\left(-\ddot{x}_{t+2\Delta t} + 6\ddot{x}_{t+\Delta t} + 7\ddot{x}_t\right)/24\right] \tag{5-135}$$

同理，求得 $t+2\Delta t$ 时刻速度和位移为

$$\dot{x}_{t+2\Delta t} = \dot{x}_t + \Delta t\left(4\ddot{x}_{t+2\Delta t} + 16\ddot{x}_{t+\Delta t} + 4\ddot{x}_t\right)/12 \tag{5-136}$$

$$x_{t+2\Delta t}=x_t+2\dot{x}_t\Delta t+\Delta t^2\left(16\ddot{x}_{t+\Delta t}+32\ddot{x}_t\right)/24 \tag{5-137}$$

同“1. 线性加速度法”中，可得

$$M\ddot{y}_t+C\dot{y}_t+Ky_t=P_t \tag{5-138}$$

式中，

$$\ddot{y}_t=\dot{x}_t-2\ddot{x}_{t+\Delta t}+\ddot{x}_{t+2\Delta t} \tag{5-139}$$

$$\dot{y}_t=0.5\Delta t\left(\ddot{x}_{t+2\Delta t}-\ddot{x}_t\right) \tag{5-140}$$

$$y_t=\Delta t^2\left(\ddot{x}_{t+2\Delta t}+10\ddot{x}_{t+\Delta t}+\ddot{x}_t\right)/12 \tag{5-141}$$

$$P_t=F_t-2F_{t+\Delta t}+F_{t+2\Delta t} \tag{5-142}$$

比较式(5-129)～式(5-132)与式(5-139)～式(5-142)，只有式(5-131)与式(5-141)不同，其余均相同。然而，在大于 t 的时刻，虽然采用线性加速度假设的变换位移、速度和加速度的形式不变，而且采用二次抛物线加速度假设的变换位移和加速度的形式同样不变，但变换速度项的形式在改变。如 $t+\Delta t$ 时刻的变换速度为

$$\dot{y}_{t+\Delta t}=\Delta t\left(2\ddot{x}_{t+3\Delta t}+3\ddot{x}_{t+2\Delta t}-6\ddot{x}_{t+\Delta t}+\ddot{x}_t\right)/6 \tag{5-143}$$

同理，采用二次抛物线加速度假设的 $t+2\Delta t$ 、$t+3\Delta t$ 等时刻的变换速度与 $t+\Delta t$ 时刻的不同，可以通过上述假设推得。

5.5.2　优化识别方法

时域损伤识别属于部分荷载已知的问题，因此当使用优化方法进行时域损伤识别时，可以采用荷载反演作为优化目标，即使理论计算的部分荷载信息和实际已知的一致为优化目标。优化识别方法的基本计算步骤如下。

1. 确定结构的优化变量

一般将结构各单元的刚度折减系数作为优化变量 α_i (i 表示单元的编号，$i=1\sim n$ ，假设结构有 n 个自由度)，并在合理的取值范围内选择一个值，初始化优化变量 $\tilde{\alpha}_0$ 。

2. 计算荷载初始估计值

将结构动力有限元方程式改写成如下形式：

$$P=\theta(\alpha)H \tag{5-144}$$

式中，$H=\left[\ddot{y}_t,\dot{y}_t,y_t\right]^{\mathrm{T}}$ ；$\theta(\alpha)=\left[M,C,K(\alpha)\right]$ ；P 为变换后的等效节点力。

根据给定的优化变量初始值，可以计算出荷载初始估计值$\tilde{P}_0$：

$$\tilde{P}_0 = \theta(\tilde{\alpha}_0)H \tag{5-145}$$

3. 利用实际已知部分的荷载信息修正估计值的信息

不同的荷载类型有不同的物理、力学性质，对应不同的修正方法，本节讨论三种不同的荷载类型：流水压力、地震作用和风荷载[3]。

1) 流水压力

在实际桥梁动力监测中，当无车辆荷载，且风力作用较小时，只有桥墩受到流水压力或海浪力的作用，其余各部分无外荷载作用，则等效节点力可以分为两个部分：

$$P = \{P_{\mathrm{k}}, P_{\mathrm{u}}\}^{\mathrm{T}} \tag{5-146}$$

式中，P_{k}为荷载信息已知的等效节点力部分；P_{u}为荷载信息未知的等效节点力部分。

对于流水压力，只有桥墩处荷载时程未知，结构其余部分等效节点力都为 0，则$P_k = 0$，其中 0 表示分量全为 0 的向量。则荷载估计值的修正值$\hat{P}_0$为

$$\hat{P}_0 = \{0, \tilde{P}_u\} \tag{5-147}$$

2) 地震作用

当结构遭遇地震时，结构承受基底输入(地震动、地脉动)作用，则P应为

$$P = -M\ddot{y}_{gt} \tag{5-148}$$

式中，M为结构质量矩阵；$\ddot{y}_{gt} = \ddot{x}_{gt} - 2\ddot{x}_{g(t+\Delta t)} + \ddot{x}_{g(t+2\Delta t)}$，其中$\ddot{x}_{gt}$、$\ddot{x}_{g(t+\Delta t)}$、$\ddot{x}_{g(t+2\Delta t)}$表示$t$、$t+\Delta t$、$t+2\Delta t$时刻的地面运动加速度。

分析可知，由地面运动引起的结构上的等效激振力具有如下特性：在任一时刻，计算结构各自由度上等效激振力的地面运动加速度相同，则各点的$\ddot{y}_{igt}(i=1\sim n)$应相等，即

$$\frac{p_{it}}{-m_i} = \ddot{y}_{gt}, \quad i = 1, 2, \cdots, n \tag{5-149}$$

式中，m_i为第i个节点的集中质量；p_{it}为第i个节点的等效节点力。

对于荷载估计值$\tilde{P}_0 = \{\tilde{p}_{1t}, \tilde{p}_{2t}, \cdots, \tilde{p}_{nt}\}^{\mathrm{T}}$，由于优化变量$\tilde{\alpha}_0$不是真实值，则$p_{it}/(-m_i)$不能满足式(5-149)，即由$p_{it}/(-m_i)$所计算出的相同时刻不同节点处的$\ddot{y}_{igt}$不相等，这与基底输入下结构动力方程的力学性质相矛盾。因此，对各节点处的$\ddot{y}_{igt}$进行统计平均运算：

$$\overline{\ddot{y}}_{igt} = \frac{1}{n}\sum_{i=1}^{n}\frac{\tilde{p}_{it}}{-m_i} \tag{5-150}$$

用上式修正等效节点力的估计值：

$$\tilde{p}_{it} = -m_i\overline{\ddot{y}}_{igt}, \quad i = 1, 2, \cdots, n \tag{5-151}$$

修正后的节点力向量为

$$\hat{P}=\left[\hat{p}_{1t},\hat{p}_{2t},\cdots,\hat{p}_{nt}\right]^{\mathrm{T}} \tag{5-152}$$

3) 风荷载

首先分析风荷载作用在结构上时的荷载特点，结构物在 z 高度处的风力集中荷载表达式为

$$P(z,t)=B(z)\left[1+2\beta v_{\mathrm{f}}(t)\right]w_0 \tag{5-153}$$

式中，β 为脉动风 $v_{\mathrm{f}}(z,t)$ 的幅值与平均风速 $\overline{v}(z)$ 的比值；$v_{\mathrm{f}}(t)$ 为与高度无关的规格化(幅值为 1)平稳过程，称为标准脉动风；w_0 为 10m 高度处的标准风压。

$$B(z)=A_z\mu_{\mathrm{s}}(z)\mu_{\mathrm{z}}(z) \tag{5-154}$$

其中，A_z 为迎风面积；$\mu_{\mathrm{s}}(z)$ 为高度 z 处结构物体型系数；$\mu_{\mathrm{z}}(z)$ 为风压高度变化系数。这些系数可由规范规定的算法给出，也可采用风洞试验及平均风速测定给出。

作用于结构物上的风在空间上具有相关性。脉动风的空间相关性主要包括侧向左右相关和竖向上下相关。通常，对于一个方向尺寸远大于另一个方向尺寸的结构，可以仅考虑一个方向的脉动风相关性，而忽略另一个方向的相关性。假定结构相邻位置的脉动风速完全相关，即其脉动风速时程一致。根据风的相关性，将节点力 P 中的 n 个分量 P_i 划分为 m 组，记为 $S=(\varDelta_1,\varDelta_2,\cdots,\varDelta_m)$，在任一组内荷载中的脉动风时程是完全相关的。

对于同一组内的规格化变换输入，有

$$\left\langle P_{\varDelta_j}\right\rangle=\frac{1}{B_j\left(Z_{\varDelta_j}\right)}P_{\varDelta_j}(z)=\left[1+2\beta v_{\mathrm{f}j}(t)\right]w_0,\quad j=1,2,\cdots,m \tag{5-155}$$

显然，由于在同一组荷载中的 $v_{\mathrm{f}j}(t)$ 是同一过程，因而上式给出了相关尺度范围内的归一化结构输入。

对于荷载估计值 $\tilde{P}=\left[\tilde{P}_{1t},\tilde{P}_{2t},\cdots,\tilde{P}_{nt}\right]^{\mathrm{T}}$，同样根据风的相关性，划分为 m 组，表示为

$$\tilde{P}_0=\left[\tilde{P}_{\varDelta_1},\tilde{P}_{\varDelta_2},\cdots,\tilde{P}_{\varDelta_m}\right]^{\mathrm{T}} \tag{5-156}$$

式中，$\varDelta_j$ 表示相关集合。

对于各相关集合 $\varDelta_j$ 内引入相应变换可得

$$\left\langle\tilde{P}_{\varDelta_j}\right\rangle=\frac{1}{B_j\left(Z_{\varDelta_j}\right)}\tilde{P}_{\varDelta_j}(z),\quad j=1,2,\cdots,m \tag{5-157}$$

在各相关集合中求其元素的统计平均，并用平均值代替同一集合中的所有元素。设集合 $\varDelta_j$ 中元素个数为 $k_{\varDelta_j}$，则

$$\mu_{\varDelta_j}=\frac{1}{k_{\varDelta_j}}\sum_{l=1}^{k_{\varDelta_j}}\tilde{P}_{\varDelta_j}(l) \tag{5-158}$$

$$\left\langle \bar{P}_{\Delta_j} \right\rangle = \left\{ \mu_{\Delta_j}, \mu_{\Delta_j}, \cdots, \mu_{\Delta_j} \right\} (k_{\Delta_j} 个) \tag{5-159}$$

求逆变换得

$$\hat{P}_{\Delta_j}(z,t) = B_j\left(Z_{\Delta_j}\right)\bar{P}_{\Delta_j} \tag{5-160}$$

将各个分量组合起来可得荷载估计值的修正值为

$$\hat{P}_0 = \left[\hat{P}_{\Delta_1}, \hat{P}_{\Delta_2}, \cdots, \hat{P}_{\Delta_m}\right]^{\mathrm{T}} \tag{5-161}$$

4. 利用最小二乘误差容许准则，由 $\hat{P}_0$、H 计算结构优化变量的估计值 $\tilde{\alpha}_1$

新的优化变量使理论计算的部分荷载值和实际已知的值误差最小，即

$$\begin{aligned} &\min\left(P-\theta(\alpha)H\right)^{\mathrm{T}}\left(P-\theta(\alpha)H\right) \\ &\text{s.t.}\ 0 \leqslant \alpha_i \leqslant 1, \quad i = 1 \sim n \end{aligned} \tag{5-162}$$

求解有约束最优化问题，得到新的优化变量估计值 $\tilde{\alpha}_1$。

5. 比较 $\tilde{\alpha}_{i-1}$ 和 $\tilde{\alpha}_i$

若满足收敛条件，则取本步的变量估计值 $\tilde{\alpha}$ 及 $\hat{P}$ 为最终计算结果；否则，以步骤 4 的识别结果 $\tilde{\alpha}_i$ 为新的变量初值，重复步骤 2～4 直至收敛。

5.5.3　模式识别方法

桥梁结构时域损伤识别与外部荷载有密切关系，而外部荷载一般无法完全精确测量，只是部分已知。因此，采用模式识别方法进行时域损伤识别研究时，应首先对具体的外部荷载特性进行分析，再选择合适的识别方法。

本节以支持向量机为模式分类器，进行列车行驶时铁路桥梁结构的在线损伤预警研究。首先对列车的荷载特性进行分析，确定研究思路；再根据结构荷载及损伤预警的特点，选择合适的时域损伤指标；利用样本选择的方法建立样本库；然后选择合适的支持向量机分类器对这些样本进行训练。

1. 研究思路

因为铁路桥梁对挠度变形有严格要求，所以铁路桥梁一般采用预应力结构，其刚度较大，在动力监测中结构激振相当困难。但铁路桥梁的活载所占比例高(有的接近 50%)，因此若直接采用行驶的列车作为外部激励，结构的动力响应明显，同时可以进行在线损伤识别研究。

列车在桥梁结构上行驶时，结构的受力状态与列车荷载有关。例如，一个三跨连续梁，其第一跨和第二跨跨中截面弯矩影响线的示意图分别如图 5-22 和图 5-23 所示。从图中可以看出：对于一个车身长度大于桥梁跨度的列车，当车头在支座 A 与 B 之间行驶时，第一跨跨中截面弯矩为正，其底板可能出现裂缝；而此时第二跨跨中截面弯矩为负。而当车头行至支座 C 时，第一跨跨中截面弯矩变为负值，其底板裂缝能闭合；而第二跨跨

中截面弯矩为正，其底板可能出现裂缝。同样，其他截面的受力和损伤状态也随列车荷载发生变化。

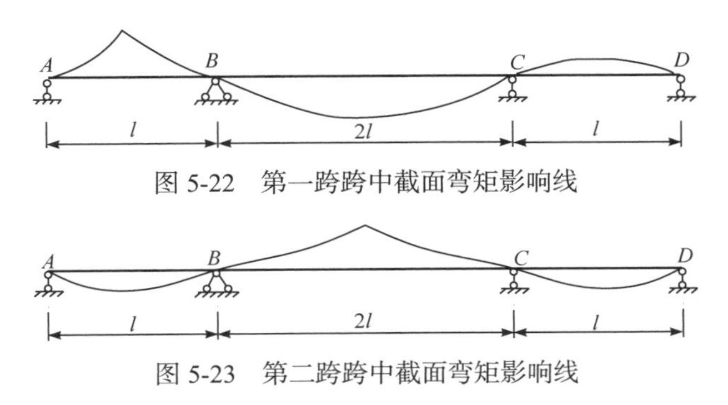

图 5-22　第一跨跨中截面弯矩影响线

图 5-23　第二跨跨中截面弯矩影响线

但当列车在某些时间段内行驶时，结构一些截面所承受弯矩的符号不变。如对于上述三跨连续梁，当列车车头在支座 A 与 B 之间行驶时，第一跨跨中截面的底板一直处于受拉状态，而支座 B 处截面的顶板一直处于受拉状态；当车头在第二跨跨中至支座 C 之间行驶时，第二跨跨中截面的底板一直处于受拉状态，而支座 C 处截面的顶板一直处于受拉状态。当这些截面所承受弯矩的符号保持不变时，假定这些截面的损伤状态相对保持不变。

根据上述铁路桥梁运行时的特点，将列车在桥梁上行驶的时间划分为若干子区域；在每个子区域内，认为某些关心截面的损伤状态相对保持不变，则可以按照各个子区域的先后顺序，分别对所关心截面进行损伤预警分析。这就是时域损伤预警的子区域法，在实际运用时，应先进行结构敏感性分析，确定容易出现损伤的截面，及其所可能出现的损伤状态；再根据损伤状态相对不变的原则，划分出子区域；然后针对所需要的子区域，进行损伤预警分析。

对于每个子区域的损伤预警，采用模式识别的理论和方法进行分析。模式识别的目的是实现某一具体事物的正确分类。而结构损伤预警的目的就是确定结构是否发生损伤。若将结构的状态分为完好状态和损伤状态，则把完好状态视为模式识别中的正类，把损伤状态视为负类。如果能够用模式识别的方法将这两类正确地区分开，那么可以将模式识别的方法运用于结构损伤预警研究。

时域损伤预警的子区域法就是根据荷载作用下结构损伤特征的相似性，将结构划分为若干子区域，根据列车行驶时到达各个子区域的时间，分别对每个子区域进行损伤预警分析，如果识别出某个子区域发生损伤，则发出警告，停止下面子区域的损伤预警分析。假设将结构划分为 n 个子区域，则子区域法的损伤预警流程如图 5-24 所示。

当采用模式识别方法对每个子区域进行损伤预警研究时，同样按照模式识别方法分为三个步骤。

(1) 构建时域损伤指标。

(2) 形成样本库。

(3) 选择分类器。

采用子区域法进行损伤识别研究，考虑了结构损伤状态与外部荷载的相关性，同时减少了模式库中样本的数量，降低了损伤识别难度。

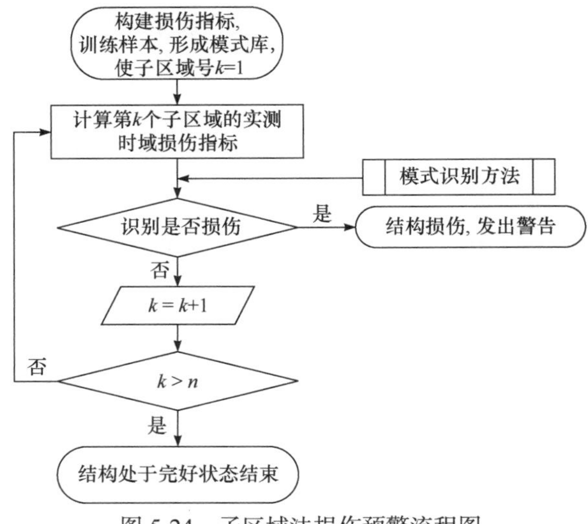

图 5-24　子区域法损伤预警流程图

2. 构建时域损伤指标

在实际的动力监测中，结构的位移、速度往往都是通过加速度来表示的，如 5.5.1 节所述。若采用非线性加速度假设，则用加速度表示变换加速度项、变换速度项和变换位移项。通过比较可以看出，变换加速度项是用加速度的二次差分表示，变换速度项是用加速度的一次差分表示，而变换位移项是用加速度的线性相加式表示。因此，变换加速度项、变换速度项与变换位移项往往有数量级的差别。若采用模式识别中特征提取和特征选择的方法对由变换加速度项、变换速度项与变换位移项构成的损伤指标进行分析，变换加速度项和变换速度项对分类贡献不大，所以会压缩掉变换加速度项和变换速度项，在损伤指标中只保留变换位移项。因此，本节直接采用变换位移项作为时域损伤指标。

若将式(5-141)作为第 1 时刻变换位移的表达式，则第 2 时刻的表达式可以写成

$$y_{t+\Delta t}=\Delta t^2\left(\ddot{x}_{t+3\Delta t}+10\,\ddot{x}_{t+2\Delta t}+\ddot{x}_{t+\Delta t}\right)/12 \tag{5-163}$$

可得到新的变换位移表达式：

$$y_t=\Delta t^2\left(\ddot{x}_{t+3\Delta t}+13\,\ddot{x}_{t+2\Delta t}+31\,\ddot{x}_{t+\Delta t}+3\,\ddot{x}_t\right)/12 \tag{5-164}$$

3. 形成样本库

由于实际桥梁工程中外部荷载都是部分已知的，如对于在桥梁结构上行驶的列车，若列车速度和驶入桥梁的时间已知，就可以确定荷载作用点的位置。而荷载值是无法准确测量的，因此通过动力监测测得的加速度有无穷多组。当使用模式识别方法进行时域损伤识别研究时，有限元分析得到的训练样本同样有无穷多组。若直接将这无穷多的样本作为样本库，进行样本训练，会出现内存需求过大、执行速度慢，有时甚至无法执行的问题。

为此，需要采用 5.2.2 节中介绍的方法减小样本训练的难度。首先对结构进行敏感性分析，确定结构容易发生损伤的部位，对其进行重点分析；而对于不易发生损伤的部位，

可以将其样本从样本库中剔除，以减小样本库的规模。其次，采用特征选择和提取的方法降低样本的维数。最后，采用样本选择的方法减小样本的数量。

4. 支持向量机分类器

在时域损伤识别中，虽然采用样本选择方法可以有效地降低样本数量，但经过筛选后的样本仍有一定数量。如采用传统的支持向量机方法，计算代价仍很大，这是由于传统支持向量机方法的本质是求解凸二次规划问题；而二次规划问题的标准求解方法需要对大小为 $N \times N$(N 是训练样本数)的格拉姆(Gram)矩阵进行存储和优化计算。矩阵存储所占用的内存空间随样本个数增加而呈平方增长。若完全载入 4000 个样本生成的 Gram 矩阵，则需要多达 128MB 内存。另外，凸二次规划的优化计算时间也随训练样本数的增多而快速增加。因此，对于大训练集(样本个数多)情况，采用标准优化方法的传统支持向量机将面临内存需求过大、执行速度慢，有时甚至无法执行的问题。

随着统计学习理论的发展，在机器学习领域提出了很多新的基于支持向量机的模型，Suykens 等提出了最小二乘支持向量机(least squares support vector machines，LS-SVM)，其核心思想就是用等式约束替换标准支持向量机中的不等式约束。由于采用等式约束，原来需要求解一个二次规划的问题就转换成了求解一个线性方程组，这样，求解的难度大大降低。由于最小二乘支持向量机的简单性和有效性，在很短的时间里已广泛用于许多领域。

最小二乘支持向量机描述如下：

给定 l 个样本 $\{x_i, y_i\}(i=1,2,\cdots,l)$ 的训练集合，其中第 i 个输入数据 $x_i \in R^n$，并且第 i 个输出数据 $y_i \in \{-1,+1\}$。最小二乘支持向量机分类就是要求解下面的优化问题：

$$\begin{aligned}&\min_{w,e} J(w,e) = \frac{1}{2}w^{\mathrm{T}}w + \gamma\sum_{i=1}^{l}e_i^2\\&\mathrm{s.t.}\, y_i\left[w^{\mathrm{T}}\varphi(x_i)+b\right] = 1-e_i, \quad i=1,2,\cdots,l\end{aligned} \tag{5-165}$$

其对偶问题的 Lagrange 多项式为

$$L(w,b,e,\alpha) = J(w,e) - \sum_{i=1}^{l}\alpha_i\left\{y_i\left[w^{\mathrm{T}}\varphi(x_i)+b\right]-1+e_i\right\} \tag{5-166}$$

式中，α_i 为 Lagrange 乘子，由于等式约束，其值可以是正的也可以是负的。最优化的条件是

$$\begin{cases}\dfrac{\partial L}{\partial w} = 0 \to w = \sum\limits_{i=1}^{l}\alpha_i y_i\varphi(x_i)\\ \dfrac{\partial L}{\partial b} = 0 \to -\sum\limits_{i=1}^{l}\alpha_i y_i = 0\\ \dfrac{\partial L}{\partial e_i} = 0 \to \alpha_i = \gamma e_i, \quad i=1,2,\cdots,l\\ \dfrac{\partial L}{\partial \alpha_i} = 0 \to y_i\left[w^{\mathrm{T}}\varphi(x_i)+b\right]-1+e_i, \quad i=1,2,\cdots,l\end{cases} \tag{5-167}$$

消去 e 和 w，式(5-167)转化为

$$\begin{bmatrix} 0 & 1 \\ 1 & \Omega+\gamma^{-1}I \end{bmatrix}\begin{bmatrix} b \\ \alpha \end{bmatrix}=\begin{bmatrix} 0 \\ y \end{bmatrix} \tag{5-168}$$

式中，$1=[1,\cdots,1]^{\mathrm{T}}$，$\Omega=\left[\Omega_{kj}\right]$，$j,k=1,2,\cdots,l$。其中，$\Omega_{kj}$ 表示为

$$\Omega_{kj}=\varphi\left(x_j\right)^{\mathrm{T}}\varphi\left(x_k\right)=k\left(x_j,x_k\right) \tag{5-169}$$

最小二乘支持向量机将求解二次规划的问题就转换成了求解线性方程组问题，求解的难度大大降低。在该算法中，每一个训练样本的系数 α_i 都不为 0，因此每个训练样本都是支持向量。

5. 实例分析

以一个铁路三跨连续梁桥为例，研究列车行驶时结构损伤预警问题。连续梁桥跨径布置为100m + 192m + 100m，截面面积为38.8682m^2，惯性矩为502.0963m^4，弹性模量为34.5GPa，密度为2500kg/m^3。共划分为 32 个单元，如图 5-25 所示。加速度传感器的布置如图 5-25 所示，共 13 个，其采样频率为 90Hz。

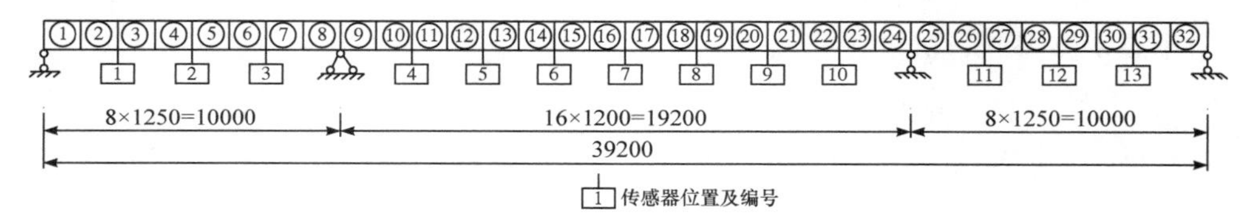

图 5-25　三跨连续梁单元划分及传感器布置图(单位：cm)

假设列车长度为 400m，行驶速度为 200km/h，则列车从车头驶入桥梁到车尾离开桥梁的时间为 14.256s。以在这段时间内采集到的加速度数据作为研究的基础数据。

采用上述子区域法进行结构损伤预警研究。首先进行结构损伤敏感性分析，确定结构容易发生损伤的部位，针对容易出现损伤的情况进行理论分析。利用 ANSYS 有限元分析中的移动荷载模拟列车在桥梁上行驶，通过单元刚度折减模拟结构损伤。并通过动力瞬态分析，得到结构的加速度时程响应。其中，移动荷载按照下式取值：

$$P=\left(1+R\delta\right)\times P_0 \tag{5-170}$$

式中，R 为[−0.5,0.5]上一个服从平均分布的随机数；δ 为荷载的变化水平；P_0 为预先设定的一个荷载值。

由上述理论分析知：对于本例中的连续梁，三跨跨中附近单元的底板容易出现开裂，而两个中支座附近单元的顶板容易出现裂缝。同时，将上述理论分析得到的加速度时程响应代入可得到各种不同荷载值情况下的时域损伤指标。将不同损伤情况下损伤指标综合起来，再使用核子空间样本选择的方法筛选有效的样本。

根据损伤状态相对不变的原则，将列车在桥梁上行驶的时间划分为若干子区域，选

择其中的 2 个子区域进行损伤预警分析。假设列车车头驶入桥梁的时刻为 0，这 2 个子区域分别如下。

(1) 0～1.8s 区域内，即列车车头在桥梁第一跨行驶时，对第一跨范围内截面进行预警分析。则该区域内的样本库分为两类：①正类，是结构完好状态下得到的损伤指标，有 1800 个样本；②负类，为结构损伤状态下得到的损伤指标，在该类中共有 3 种损伤状态：第 3 和 4 单元损伤 0.05、第 5 和 6 单元损伤 0.05 以及第 7 和 8 单元损伤 0.05，每种损伤状态有 1200 个样本，则负类共有 3600 个样本。

(2) 2.367～5.256s 区域内，即列车车头在桥梁第二跨行驶时，对第二跨范围内截面进行预警分析。样本库样本同样分为两类：①正类，是结构完好状态下得到的损伤指标，有 1800 个样本；②负类，为结构损伤状态下得到的损伤指标，在该类中共有 6 种损伤状态：第 9 和 10 单元损伤 0.05、第 13 和 14 单元损伤 0.05、第 15 和 16 单元损伤 0.05、第 17 和 18 单元损伤 0.05、第 19 和 20 单元损伤 0.05 以及第 23 和 24 单元损伤 0.05，每种损伤状态有 1200 个样本，则负类共有 7200 个样本。

使用最小二乘支持向量机作为模式分类器，其核函数为

$$K\left(x',x\right)=\sum_{i,j=1}^{n}\left(x_i',x_j\right)^2 \tag{5-171}$$

式中，n 为变换位移的采样点数。对于第 1 子区域，选用 0～1.8s 中 1.667s 内采集的加速度数据，共有 1.667s × 90Hz = 150 个采样点的数据，由于一个变换位移是由 4 个时刻的加速度值来表示的，$n = 150 - 3 = 147$ 个；对于第 2 子区域，选用 2.367～5.256s 中的 2.222s 内采集的加速度数据，共有 2.222s × 90Hz = 200 个采样点的数据，则 $n = 200 - 3 = 197$ 个。

利用上述分类器对样本库中的样本进行训练，再利用训练好的分类器识别新的结构损伤指标。测试集采用如下 9 种结构状态，如表 5-11 所示。列车速度同样为 200km/h，采用 ANSYS 中的移动荷载模拟列车在桥梁上行驶，通过动力瞬态分析得到结构加速度时程，得到时域损伤指标；其中移动荷载值按照式(5-170)产生，δ 取为 0.15。

表 5-11　测试结构状态表

状态编号	1	2	3	4	5	6	7	8	9
损伤位置	完好	5、6	5、6	4	4	15、16	15、16	23	23
损伤程度		0.06	0.04	0.08	0.06	0.06	0.03	0.08	0.04

因为第 4、5 和 6 单元属于第 1 子区域的范围，所以用第 1 子区域的分类器识别编号为 2、3、4、5 的结构状态；同样，使用第 2 子区域的分类器识别编号为 6、7、8、9 的结构状态。而对于编号为 1 的完好结构状态，两个分类器都需对其进行识别。

对于相同的结构状态，荷载值的不同会产生不同的损伤指标值；为考察分类器识别水平的统计特性，对于每种结构状态，选取在不同荷载条件下 6000 个指标值进行测试。表 5-12 列出了每种结构状态的识别结果。

表 5-12　识别结果表

第 1 子区域分类器		第 2 子区域分类器	
状态编号	识别正确率/%	状态编号	识别正确率/%
1	97.7	1	95.3
2	100.0	6	100.0
3	87.0	7	43.2
4	100.0	8	99.4
5	74.7	9	65.4

从表中可以看出：对于第 1 子区域的分类器，第 1、2、4 结构状态的识别结果较好；而对于第 2 子区域的分类器，第 1、6、8 结构状态的识别结果较好；这是由于这些结构状态与样本库中已有的样本状态接近，或其损伤程度较样本状态高，如 5、6(0.06)和 15、16(0.06)。而第 3、5、7 和 8 结构状态的识别结果较差，是由于这些结构状态的损伤程度低于样本的损伤程度，介于样本库中的完好状态与样本损伤状态之间，所以不易被正确分类。

由于环境影响和测试设备的误差，实际测试的数据往往带有噪声。为了检验分类器的抗噪声能力，在理论计算得到的加速度时程上添加噪声来模拟实测数据，将带噪声的加速度时程输入分类器进行结构损伤预警识别。假设 $x=\left[x_0,x_{\Delta t},\cdots,x_{n\Delta t}\right]$ 表示一个无噪声加速度时程序列， $x^*=\left[x_0^*,x_{\Delta t}^*,\cdots,x_{n\Delta t}^*\right]$ 表示模拟产生的带噪声加速度时程序列，这两个时程序列之间的各个分量符合

$$x_{i\Delta t}^*=x_{i\Delta t}\left(1+R\varepsilon\right),\quad i=0,1,2,\cdots,n \tag{5-172}$$

式中，R 为[−0.5,0.5]上一个服从平均分布的随机数；ε 为噪声水平。

分别取噪声水平为 10%和 20%，代入加速度时程中，产生带噪声的加速度时程，然后形成时域损伤指标，代入第 1 和 2 子区域的分类器，得到识别结果见表 5-13 和表 5-14。比较表 5-12～表 5-14 可以看出，各种结构状态的识别结果在无噪声、噪声水平为 10%和 20%情况下的差别很小，如相差最大的状态编号为 8 的识别结果，噪声水平为 20%的识别结果与无噪声的相差 1.2%。上述结果表明，支持向量机分类器的抗噪声能力很好，在实际工程中有广阔的应用前景。

表 5-13　噪声水平为 10%识别结果表

第 1 子区域分类器		第 2 子区域分类器	
状态编号	识别正确率/%	状态编号	识别正确率/%
1	97.7	1	95.1
2	100.0	6	100.0
3	86.9	7	43.7
4	100.0	8	99.1
5	74.7	9	65.6

表 5-14　噪声水平为 20%识别结果表

第 1 子区域分类器		第 2 子区域分类器	
状态编号	识别正确率/%	状态编号	识别正确率/%
1	97.8	1	94.4
2	100.0	6	100.0
3	87.2	7	44.4
4	100.0	8	98.2
5	74.8	9	65.4

5.6　桥梁地震损伤的模式识别

结构地震损伤识别的目的是在震中或震后及时地对损伤的位置和程度进行识别，进而根据损伤识别结果制定相应的结构修复方案[49]。传统的结构地震损伤识别方法大多建立在优化算法基础上，这类方法存在易陷入局部最小解、识别精度低等缺点[50-53]。为解决上述问题，Farrar 等[54]提出将结构损伤识别视为模式识别问题进行求解。

众多学者对基于模式识别理论的结构地震损伤识别方法展开研究。Andreadis 等[55]以 PGA、SMD、EPA 等信号统计特征作为损伤指标，使用模糊理论对地震加速度信号进行分类，并依据加速度信号所属模式评估结构在此激励下发生的损伤。de Lautour 等[56]用 AR 模型拟合结构在地震激励下的加速度响应信号，将拟合结果作为结构损伤指标对人工神经网络(artifical neural network，ANN)进行训练，成功地对框架结构的损伤进行了模式分类。Dong 等[57]用 HHT 方法提取结构的自振频率，并以高阶频率的能量变化情况作为损伤指标，结合 VARMA 方法对框架结构的地震损伤模式进行识别。Vafaei 等[58]用小波变换对机场控制塔在地震激励下的加速度响应信号进行处理，根据小波变换系数的变化情况识别控制塔三种不同的地震损伤模式。

随着统计推断理论的发展及 VC(Vapnik-Chervonenkis dimension)维理论的建立，支持向量机(SVM)作为一种新的模式识别方法正逐渐用于结构损伤识别研究[59]。Farooq 等[60]以结构在不同荷载作用下的应变值作为损伤指标，分别使用 ANN 和 SVM 方法对板结构的损伤进行识别，识别结果表明 SVM 比 ANN 具有更高的识别精度。Bao 等[61]以结构自振频率作为损伤指标，使用 SVM 对桥墩损伤情况进行了识别。Mechbal 等[62]根据声波在结构中传导特性的变化，用 SVM 方法识别了组合板结构中的损伤。Ren 等[63]以挠度作为损伤指标，用 SVM 识别了钢桁架结构的损伤情况，但以挠度作为损伤指标时算法的抗噪声干扰能力不强。单德山等[64]对 SVM 在结构损伤识别领域中的应用情况做了详细论述，并讨论了 SVM 在时域及时频域内训练参数的选取。

目前，SVM 多应用于识别框架或板等简单结构的损伤，若应用 SVM 识别复杂结构损伤，则需要能准确归纳损伤模式的特征指标，同时需要较多数量的训练样本；另外，现有研究中结构的损伤模式大多由人为指定，这种方法不适用于确定复杂结构的地震损伤模式。桥梁结构在地震作用下可能发生多处不同程度的损伤，其损伤模式复杂；同时地震为短时激励，在地震过程中可获取的结构响应信息较少。上述特性使得在应用 SVM 方法识别桥梁结构地震损伤时存在损伤模式不易确定、难以选取可准确描述损伤模式的指标和无法构建足够数量训练样本库等问题。

为了将基于统计模式识别理论[65]的 SVM 方法推广应用于桥梁地震损伤识别研究，本节在既有研究的基础上[66-68]，以多跨连续刚构桥为研究对象，提出了一种基于地震易损性分析的桥梁地震损伤模式识别方法。

5.6.1 识别思路和流程

在地震主震发生后一般还将发生多次余震，例如，汶川地震后发生余震一万余次、芦山地震后发生余震四千余次，使用余震激励结构可有效获取足够数量的结构响应信息。因此本节考虑将主余震分类，进行结构地震损伤识别。

首先使用主震对待识别的结构进行地震易损性分析，如此便可根据结构地震损伤的分布情况确定符合实际的地震损伤模式，同时对传感器进行有策略的布置；然后从地震易损性分析结果中选取具有代表性的损伤模型，使用多条不同形式的余震激励已损伤模型，获得足够数量的结构响应数据从而构建模式识别方法的训练样本库。使用 HHT 方法对余震作用下结构的输入、输出信号进行处理，提取可反映结构多处局部损伤的指标 DI。使用 SVM 方法建立损伤指标 DI 与损伤模式间的映射关系，对结构的地震损伤模式进行识别。桥梁结构地震损伤模式识别流程如图 5-26 所示。

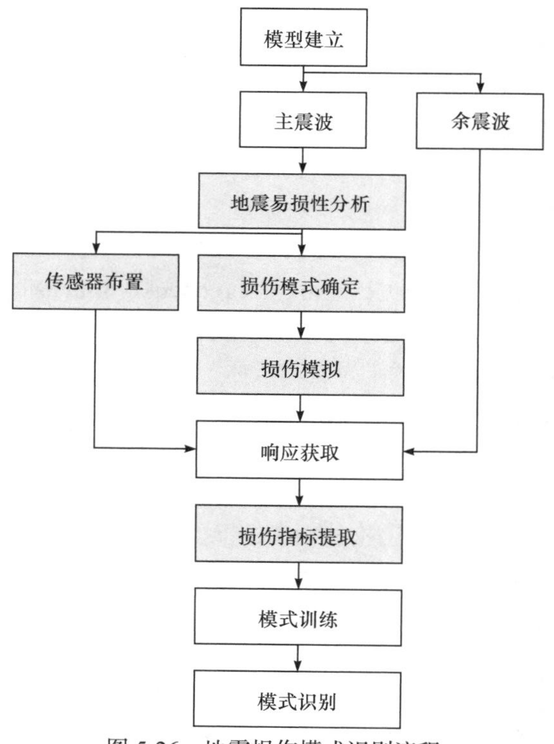

图 5-26　地震损伤模式识别流程

1. 地震易损性分析

如图 5-26 所示，在进行结构地震损伤识别前先对结构进行地震易损性分析。结构地震易损性主要计算在一定强度地震作用下，结构达到或超过某一极限状态的概率，从宏观角度描述地震作用强度与结构发生破坏之间的概率关系[68]，如式(5-173)所示。

$$F_R(x) = P\left[D \geqslant C \middle| \mathrm{IM} = x\right] \tag{5-173}$$

式中，$F_R(x)$ 为结构易损性函数；$P[\,]$ 为概率测度；IM 为地震动强度指标，如地面峰值加速度(peak ground acceleration，PGA)、地面峰值速度(peak ground velocity，PGV)等；x 为地震动强度水平；$D \geqslant C|\mathrm{IM} = x$ 表示在 x 水平的地震动作用下结构达到或超过某种极限状态。

2. 损伤模式确定及损伤模拟

为了真实地模拟结构在地震激励下发生的损伤，以及方便模式识别算法的运算，对结构在地震易损性分析中出现的损伤状态进行分类，即确定结构的损伤模式。随着地震强度等级的增大，结构在地震激励下发生损伤的程度逐渐加重，同时结构发生损伤的部位也逐渐增多，根据结构损伤出现区域的不同可将损伤归为不同的模式。这种损伤模式确定方法有利于使用较少的损伤模型描述结构在地震作用下发生损伤的总体规律。

在现有的结构损伤识别研究中，结构损伤的模拟大多通过人为指定结构某处发生某种程度的损伤。若不考虑结构地震损伤的发生机理，而通过人为指定来模拟结构的地震损伤，这种损伤模拟结果将背离结构发生地震损伤的实际情况。为真实模拟结构的地震损伤，从地震易损性分析结果中选取已损伤模型来模拟结构地震损伤。对应已确定的损伤模式，在每种损伤模式内分别选取损伤程度为轻微、中等和严重的损伤模型，从而表征结构在不同水平地震激励下发生地震损伤的概况。

3. 传感器布置

根据地震易损性分析结果中结构各部位发生损伤概率的大小，确定出结构易损区域的分布位置。将传感器布置在易损区域的边界处，从而使用较少的传感器获得可完整描述结构损伤状态的结构响应数据。

4. 损伤指标提取

损伤指标的好坏直接影响损伤识别结果的准确性，提取合适的损伤指标是损伤识别研究中的关键问题。本节使用 HHT 方法对信号进行处理，构建对结构局部损伤敏感的指标(damage index，DI)。

HHT 是一种适用于处理非平稳、非线性数据的自适应时频域信号处理方法，广泛应用于地震动数据处理领域[69, 70]。信号经 HHT 处理后得到 Hilbert 谱函数：

$$H(\omega,t) = \mathrm{Re}\sum_{i=1}^{n} a_i(t) \cdot \mathrm{e}^{\mathrm{j}\int \omega_i(t)\mathrm{d}t} \tag{5-174}$$

将 Hilbert 谱函数对时间积分，得到描述振动幅值在频率域内分布情况的 Hilbert 边际谱函数：

$$h(\omega)=\int H(\omega,t)\mathrm{d}t \tag{5-175}$$

Hilbert 边际谱函数虽包含结构的损伤信息，但以 Hilbert 边际谱函数作为损伤指标不能有效区分结构的损伤状态，需对其进一步变换，将地震输入与结构输出的 Hilbert 边际谱函数作比，得到 Hilbert 边际谱传递函数[65]：

$$T(\omega)=\frac{h_{\text{in}}(\omega)}{h_{\text{out}}(\omega)} \tag{5-176}$$

Hilbert 边际谱传递函数为曲线函数，以其作为损伤指标存在数据量过大的问题。因此，对 Hilbert 边际谱传递函数在频率域内积分，并将积分值定义为新的损伤指标 DI：

$$\mathrm{DI}=\int T(\omega)\mathrm{d}\omega \tag{5-177}$$

5. 模式识别

采用 SVM 作为模式识别算法，其可自动确定节点权重和节点数目，避免了过学习、欠学习和局部极小点等问题，是一种具有泛化性能好、全局最优和稀疏解等优点的模式识别方法[71, 72]。

SVM 求解不同模式的最优分类面拟合函数如式(5-178)所示：

$$f(x)=\sum_{i=1}^{n}\left(a_i-a_i^*\right)K(x_i,x)+b \tag{5-178}$$

式中，x 为待分类损伤模式；x_i 为第 i 个损伤样本；$K(x_i,x)$ 为核函数；a_i、a_i^* 为 Lagrange 乘子，可由优化算法解得；b 为偏置。

5.6.2 桥梁地震损伤识别示例

1. 工程背景

以非规则高墩大跨连续刚构桥为研究对象，详细论述结构地震损伤识别方法的实现过程。该桥为预应力混凝土连续刚构桥，全长 650m，桥跨布置为 80m + 130m + 2 × 170m + 100m，主梁为箱型截面，桥墩为空心薄壁墩，4 个桥墩墩高分别为 26.9m、123.54m、91.63m 和 80.14m。主梁采用 C50 混凝土，桥墩采用 C40 混凝土。桥台及 1#桥墩上安装有双向活动盆式橡胶支座，其他桥墩与主梁为固结。桥型总体布置情况如图 5-27 所示。

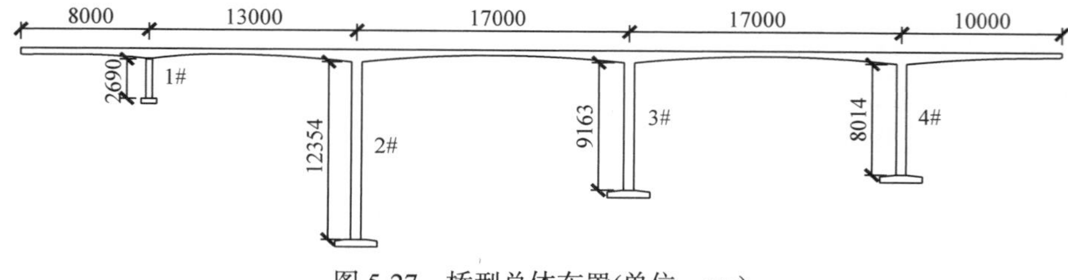

图 5-27　桥型总体布置(单位：cm)

使用有限元软件 OpenSees 建立背景桥的数值模型，分别采用弹性梁柱单元(elastic beam-column)、弹塑性纤维单元(nonlinear beam-column elements)和零长度单元(zero-length element)模拟主梁、桥墩和双向活动盆式橡胶支座。

对非规则高墩大跨连续刚构桥来说，地震作用下桥墩更易出现损伤[67]，本节主要针对桥墩开展地震损伤识别算法研究；同时为降低分析难度，只考虑单一方向的地震激励，激励方向为顺桥向。

2. 地震易损性分析

背景连续刚构桥基本周期为 4.13s，选取持时为该周期 5～10 倍的实测地震记录共 16 条，如表 5-15 所示。分别将 16 条地震波的 PGA 标准化到 0.1～1.5g，步长为 0.1g，共得到 240 条地震波供地震易损性分析使用。

表 5-15　实测地震记录

编号	地震波名称	台站名称	PGA/g
1	Imperial Valley	El Centro Array #9	0.22
2	San Fernando	Hollywood Stor Lot	0.21
3	Friuli Italy	Forgaria Cornino	0.26
4	Imperlay Valley	El Centro Array #11	0.38
5	Superstition Hills	Poe Road	0.30
6	Westmorland	Westmorland Fire	0.37
7	Morgan Hill	Gilroy Array #3	0.39
8	Superstition Hills	EI CentroImp.Co.Cent	0.26
9	Whittier Narrows	Hollywood-Water Can	0.25
10	Loma Prieta	Gilroy Array #3	0.20
11	Loma Prieta	Gilroy Array #4	0.21
12	Landers	Yermo Fire Station	0.25
13	Northridge	Beverly Hill-Mulhol	0.52
14	Northridge	LA-Hollywood Stor	0.36
15	Kocaeli Turkey	Duzce	0.36
16	Chi-Chi	CHY101	0.44

考虑到高墩钢筋混凝土桥梁墩柱在地震作用下主要发生弯曲破坏[73]，本节以墩身曲率延性比作为损伤指标进行墩身高度方向的参数包络分析，求取各墩的易损区域，曲率延性比损伤准则的定义如表 5-16 所示。表中各符号含义如下：φ_{cy1} 为墩底纵向钢筋首次屈服时的曲率延性比；φ_{cy} 为等效屈服曲率延性比；$\varphi_{\mathrm{c2}}(\varphi_{\mathrm{c4}})$为截面边缘钢筋混凝土压应变达到 0.002 或 0.004 的曲率延性比，当墩底存在纵筋搭接时取 0.002，否则取 0.004；φ_{cmax} 为最大曲率延性比。在得到桥墩的易损区域分布情况后，对易损区域进行弯矩曲率分析，得到易损区域的地震易损性曲线。通过地震易损性分析，得到各桥墩的曲率包络曲线和易损性曲线分别如图 5-28、图 5-29 所示。

表 5-16　曲率延性比损伤准则

损伤状态	损伤准则
无损伤	$\varphi_{d} \leqslant \varphi_{cy1}$
轻微损伤	$\varphi_{cy1} < \varphi_{d} \leqslant \varphi_{cy}$
中等损伤	$\varphi_{cy} < \varphi_{d} \leqslant \varphi_{c2}(\varphi_{c4})$
严重损伤	$\varphi_{c2}(\varphi_{c4}) < \varphi_{d} \leqslant \varphi_{cmax}$
完全破坏	$\varphi_{d} > \varphi_{cmax}$

在图 5-28 中，1#桥墩底部曲率较大，但曲率数值总体偏小；2#～4#桥墩的顶部和底部曲率较大；由此可知，在顺桥向地震波作用下，1#墩不易损坏，在 2#～4#墩的顶部和底部存在易损区域。

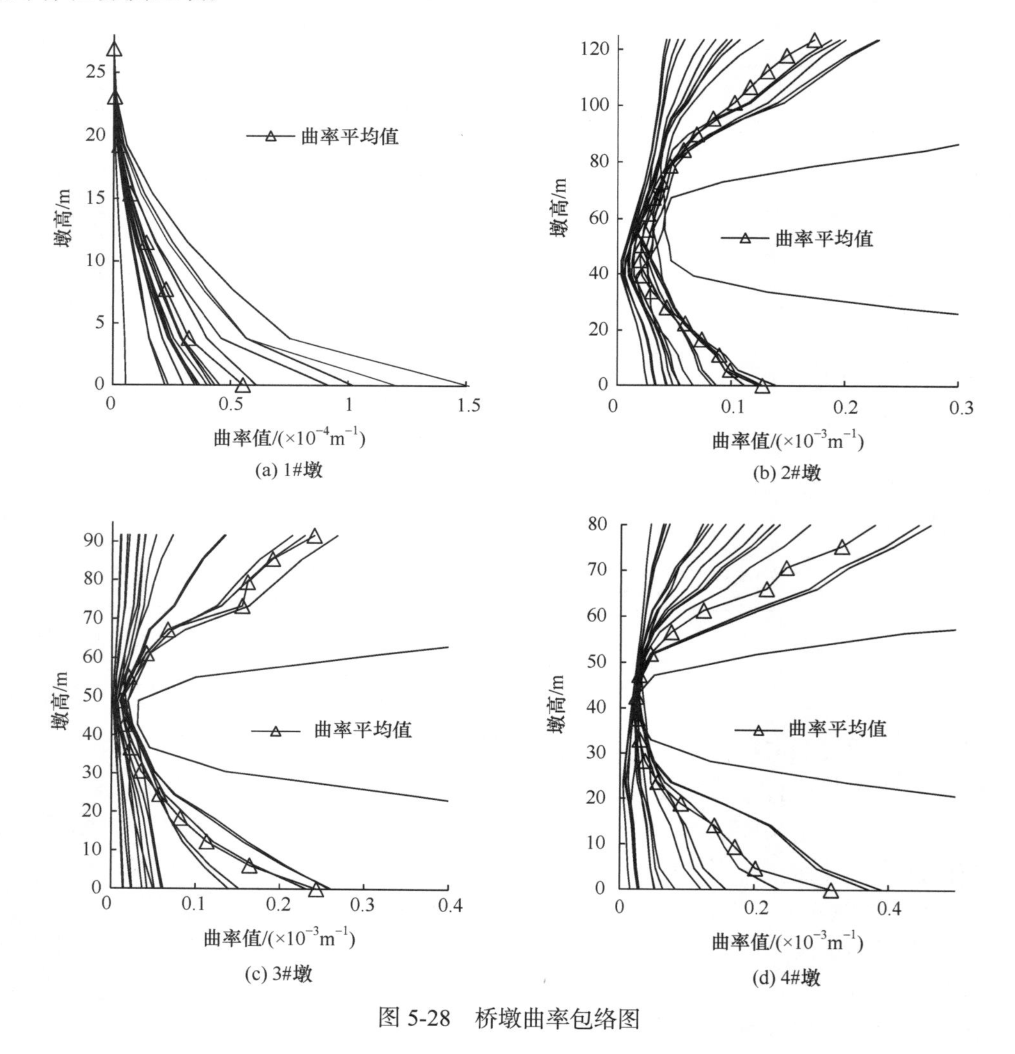

图 5-28　桥墩曲率包络图

在《建筑抗震设计规范》(GB 50011—2010)中规定的设计基本地震加速度值均在 0.5*g* 以下，本节选定 PGA 为 0.5*g* 时的结构损伤概率为依据，进行结构地震损伤识别研究。由图 5-29 可得，在 PGA 为 0.5*g* 的地震波作用下，各桥墩可能发生各级损伤的概率如表 5-17 所示。

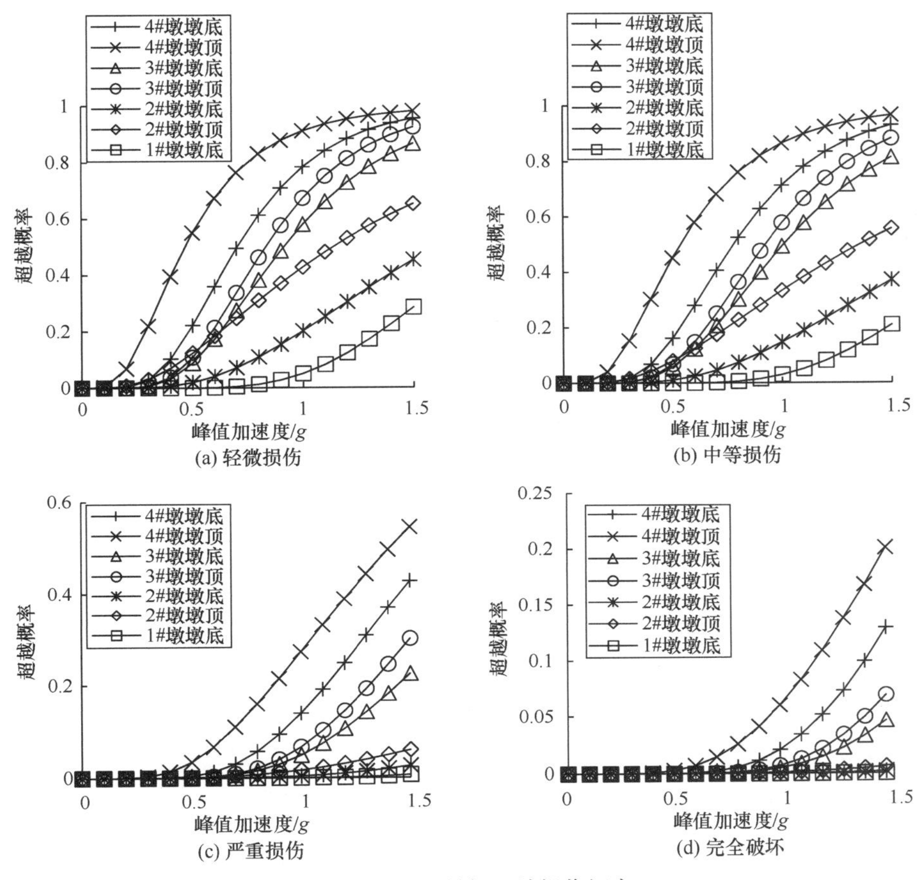

图 5-29　桥墩易损区域损伤概率

表 5-17　PGA = 0.5*g* 时各墩的损伤概率

损伤位置	损伤程度			
	轻微	中等	严重	完全
1#墩墩底	0	0	0	0
2#墩墩顶	0.1231	0.0795	0.0009	0
2#墩墩底	0.0194	0.011	0.0001	0
3#墩墩顶	0.1078	0.0681	0.0007	0
3#墩墩底	0.0883	0.0583	0.0006	0
4#墩墩顶	0.5502	0.4511	0.0336	0.0027
4#墩墩底	0.2212	0.1608	0.0041	0.0002

3. 损伤模式确定及损伤模拟

统计在 PGA ≤ 0.5g 地震激励下桥墩发生损伤的情况，根据各桥墩发生损伤与否，将损伤分为不同模式，损伤模式分类如表 5-18 所示。

表 5-18　损伤模式分类

损伤模式	桥墩编号			
	1#	2#	3#	4#
A	完好	完好	完好	损伤
B	完好	完好	损伤	损伤
C	完好	损伤	损伤	损伤

根据前述地震损伤模拟方法，对应各损伤模式分别选取发生轻微、中等和严重损伤的模型，以模拟结构在不同水平地震激励下发生的损伤情况，同时选取 3 个不同损伤模式的模型作为待识别模型。选取的已损伤模型损伤情况及所属损伤模式如表 5-19 所示，表 5-19 中的损伤程度为受损单元刚度折减百分比。

表 5-19　选定模型的损伤情况

墩号	损伤位置/m	损伤程度/%											
		损伤模型编号											
		1	2	3	4	5	6	7	8	9	10	11	12
2#	123.5	—	—	—	—	—	—	20.5	27.3	30.5	—	—	28.6
	121.0	—	—	—	—	—	—	11.6	19.4	23.4	—	—	21.4
	119.0	—	—	—	—	—	—	4.6	13.8	19.8	—	—	14.3
	117.0	—	—	—	—	—	—	—	3.9	10.1	—	—	7.8
3#	91.6	—	—	—	18.4	20.9	25.1	28.3	36.7	40.9	—	22.4	38.7
	89.0	—	—	—	1.8	6.8	8.2	18.6	23.8	28.2	—	8.3	26.4
	87.0	—	—	—	—	—	—	1.5	6.4	9.8	—	—	7.2
	2.0	—	—	—	—	—	—	—	5.6	8.0	—	—	5.8
4#	80.1	28.1	38.6	40.1	38.5	41.8	43.1	40.5	43.7	48.4	32.2	43.2	46.6
	78.0	24.5	30.5	33.3	28.1	30.1	32.5	35.1	39.6	40.3	26.7	31.8	39.8
	76.0	—	—	7.2	9.7	11.9	13.8	18.6	23.4	28.8	—	12.6	26.4
	74.0	—	—	—	—	—	—	2.8	7.2	9.0	—	—	8.1
	70.0	—	—	—	—	—	—	—	—	2.4	—	—	—
	6.0	—	—	—	—	—	—	—	2.1	3.7	—	—	2.6
	4.0	—	—	—	6.7	10.4	11.2	15.7	18.2	20.4	—	11.6	19.5
	2.0	—	6.3	11.6	15.8	20.3	22.4	28.3	30.9	33.5	—	22.1	31.3
损伤模式		A			B			C			A	B	C

4. 传感器布置方案

统计地震易损性分析结果中各桥墩易损区域的分布范围，并在易损区域的边界处布置加速度传感器，各桥墩易损区域分布情况及传感器布置方案如图5-30所示，图中填充区域为桥墩在地震作用下的易损区域，填充区域中的数字为易损区域的长度(单位：m)；①指向位置为加速度传感器布置位置，①为传感器编号。

5. 损伤指标提取

根据《公路桥梁抗震设计规范》(JTG/T 2231-01—2020)中四种场地类型设计反应谱的规定，采用数值方法生成余震波，余震波的幅值为0.05g，包含四种场地类型共计100条。将余震波激励已损伤桥梁结构，获得损伤结构的输入与输出信号，按照式(5-174)、式(5-175)对输入、输出信号进行处理，得到Hilbert边际谱函数。完好模型和损伤模型的Hilbert边际谱函数如图5-31所示，可见Hilbert边际谱函数不能有效区分结构不同的损伤状态。使用式(5-176)对Hilbert边际谱函数进行处理，得到结构两种不同状态的Hilbert边际谱传递函数如图5-32所示。可以看出，Hilbert边际谱传递函数能反映结构不同的损伤状态，但使用完整曲线作为损伤指标存在数据量过大的问题。为加快运算效率，使用式(5-176)对不同余震激励下得到的Hilbert边际谱传递函数在频域内积分，得到对损伤具有良好区分能力的指标DI，如图5-33所示。

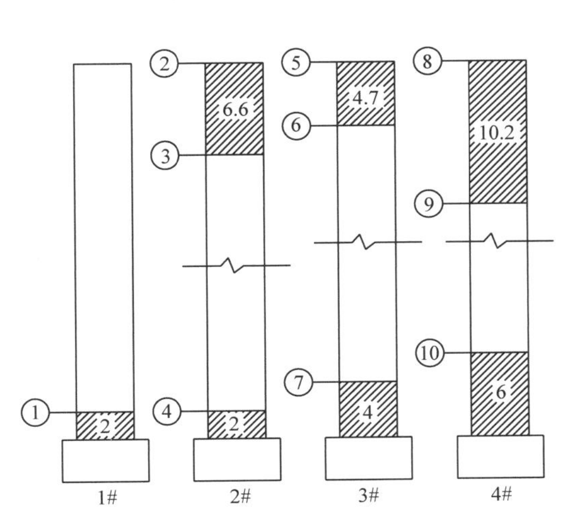

图5-30　易损区域分布及传感器布置

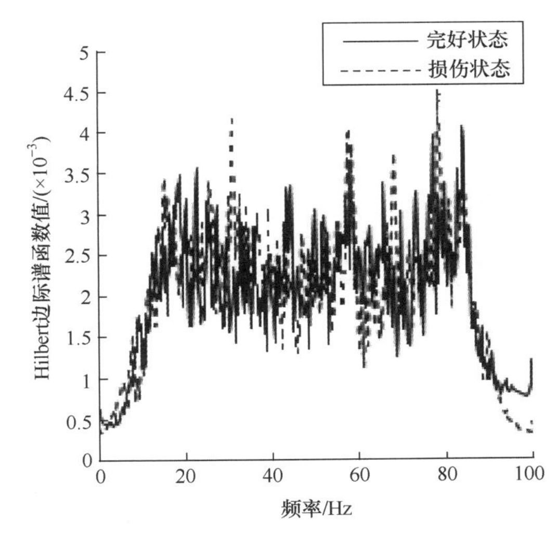

图5-31　Hilbert边际谱

6. 损伤识别

在单次余震激励下，1个加速度传感器采集的数据可提取1个损伤指标DI，如图5-30所示，连续刚构桥上共布置有10个加速度传感器，单次余震激励下可获得损伤指标共计10个。分别将10个损伤指标和相应的损伤模式作为模式识别算法的输入参数和输出参数，形成一个样本。

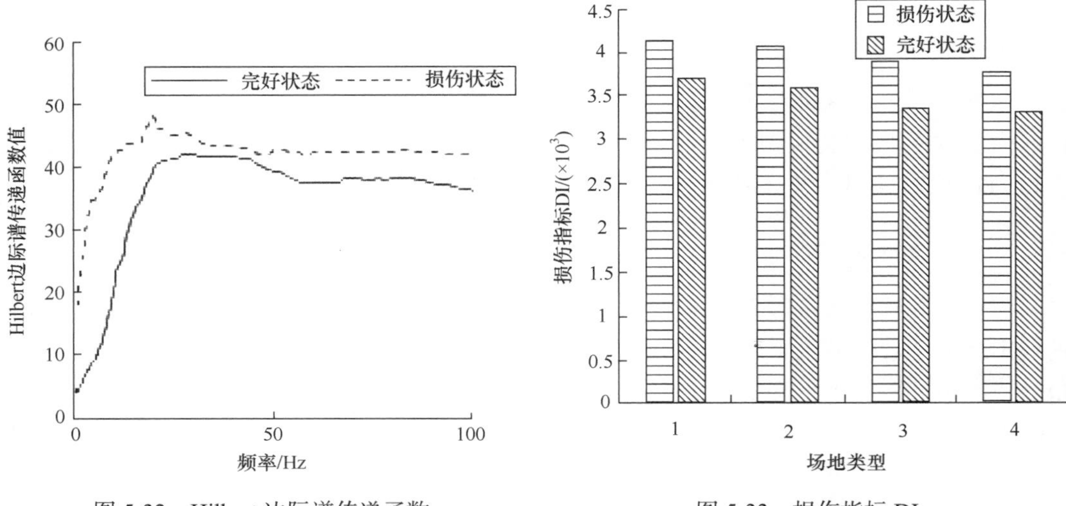

图 5-32 Hilbert 边际谱传递函数　　图 5-33 损伤指标 DI

结构地震损伤的模式识别算法分三阶段进行。阶段一为检验算法在余震类别未知、损伤模式已知情况下的识别能力；阶段二为检验算法在余震类别已知、损伤模式未知情况下的识别能力；阶段三为检验算法的抗噪声干扰能力。

(1) 阶段一：选定表 5-19 中 1#、4#和 7#损伤模型，随机抽取 100 条余震波中的 80 条分别激励损伤模型，得到 240 个训练样本；再用余下的 20 条余震波分别激励损伤模型，得到 60 个测试样本，使用训练样本及测试样本对算法进行检验。

(2) 阶段二：考虑到实际桥梁工程受到的余震激励与桥址处的场地类型有关，故本阶段中只选取一种场地类型的余震波作为激励。选定表 5-19 中 1#～9#损伤模型，选取 100 条余震波中的 20 条二类场地波分别激励损伤模型，得到 180 个训练样本；再使用相同的 20 条余震波分别激励表 5-19 中 10#～12#损伤模型，得到 60 个测试样本，使用训练样本及测试样本对算法进行检验。

(3) 阶段三：向传感器测试数据中分别加入 5%、10%、15%和 20%的噪声，重复 SVM 阶段一、阶段二的识别过程。

5.6.3 结果与讨论

表 5-20 中给出了阶段一、阶段二的识别结果。在阶段一识别结果中，A 类损伤识别正确率为 80%，B 类损伤识别准确率为 95%，C 类损伤识别准确率为 100%，总体识别准确率为 91.7%；在阶段二识别结果中，3 种损伤模式的识别准确率均为 100%。

表 5-20 SVM 算法识别结果 (单位：%)

损伤类别		A	B	C
识别正确率	阶段一	80	95	100
	阶段二	100	100	100

从识别结果中可以看出，阶段一和阶段二均可准确识别出结构的地震损伤模式，且在结构损伤程度越严重时识别精度越高。在阶段一中，因不同场地类型余震波在模式识别算法中训练程度不同，余震波场地类型对识别精度有一定影响；当阶段二中余震波所属场地类型确定时，使用较少训练样本对模式识别算法进行训练便可得到准确的识别结果。

表 5-21 中给出了添加噪声后阶段一、阶段二的总体识别结果。由识别结果可以看出，噪声水平在 10%以下时，两阶段的识别结果均不受噪声影响；随着噪声水平的增强，阶段一测试结果精度逐渐下降，但仍能较准确地识别结构的损伤模式；阶段二测试过程具有较强的抗噪声干扰能力，在噪声水平为 20%时识别精度仍未受影响。

表 5-21　添加噪声后 SVM 算法识别结果

噪声水平/%		5	10	15	20
识别正确率/%	阶段一	91.7	91.7	90.0	86.7
	阶段二	100	100	100	100

5.6.4　总结

本节提出了一种基于地震易损性分析的复杂桥梁地震损伤模式识别方法，将所提方法应用于识别非规则高墩大跨连续刚构桥的地震损伤，获得如下主要结论。

(1) 使用主震对桥梁进行地震易损性分析，可为桥梁地震损伤模式识别过程中的损伤模式确定、损伤模拟和传感器优化布置提供理论依据。

(2) 使用余震获取桥梁动力响应信息，可有效扩充包含桥梁损伤信息的数据样本容量。

(3) 使用 HHT 方法提取的结构损伤指标，具有对局部损伤敏感和抗噪声干扰的优点，同时该指标表述直观，方便模式识别算法使用。

(4) 数值算例结果表明，所提方法具有较高的识别精度，在余震波所属场地类型确定的情况下，识别精度显著提高，验证了将方法应用于工程实际的可行性与适用性。

5.7　分布式光纤裂缝识别

分布式光纤裂缝识别是通过在结构物上预先敷设分布式光纤，利用光纤传感技术识别结构裂缝的位置和大小。本节首先阐述分布式光纤裂缝识别的基本原理，然后介绍本课题组在该领域的最新试验研究[74]。

5.7.1　分布式光纤裂缝识别的基本原理

分布式光纤裂缝识别的基本原理是：裂缝损伤会引起传感光纤的微弯调制，进而可以利用光时域反射(optical time domain reflectometry，OTDR)技术侦测调制信号大小和位置，实现损伤识别与定位。因此，光纤微弯裂缝传感和 OTDR 测试技术是分布式光纤裂缝识别的理论基础。

1. 光纤微弯裂缝传感机理

光纤微弯裂缝传感最早由 Leung 等于 20 世纪末提出，应用于混凝土结构的随机裂缝检测。该传感手段基于结构裂缝开展对与其斜向相交的传感光纤产生微弯形变调制，进而导致光纤中传输光功率损耗(微弯损耗)的强度信号调制。通过对光纤传感网络中光功率信号变化的监测，便可分析得到传感对象(即裂缝)的相关信息，实现传感功能。

由图 5-34 可见，裂缝开展时，裂缝两侧结构相对位移(即缝宽 d)可正交分解为沿传感光纤轴向方向和与光纤轴线垂直方向的两个相对线位移分量，分别为 $d\sin\theta$ 和 $d\cos\theta$。

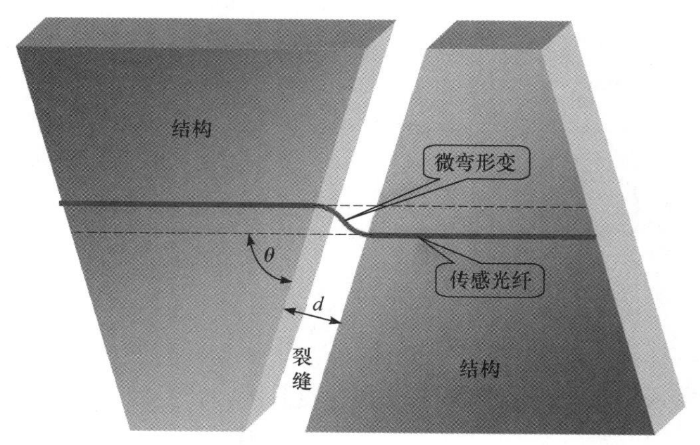

图 5-34　斜交裂缝对传感光纤微弯调制示意图

从理论研究的角度考虑，认为光纤沿程相应各点与混凝土结构表面可靠结合，两者在裂缝开展时仅在光纤与裂缝交点处发生沿光纤轴向的局部相对黏结滑移，而不发生径向相对滑移，则裂缝开展引起的两侧结构沿光纤轴向的相对线位移分量导致光纤在该点局部拉伸；而垂直于光纤轴线方向的相对位移分量则表现为剪切作用，引起伸长段光纤在裂缝宽度范围内的 S 形弯曲。由于裂缝开度小，该处光纤弯曲的曲率半径亦非常微小，与裂缝宽度属同一量级。这种弯曲即非正交光纤裂缝传感的机械微弯调制。

微弯变形的产生将导致光纤中传输光功率在微弯发生处产生微弯损耗。由于光纤微弯损耗主要源于模式耦合，即导模与包层模耦合，致使导模能量辐射至纤芯外而造成衰减。目前，国内外众多研究者已对光纤微弯损耗进行了较细致的理论和试验研究，并已取得较为丰富的成果。对单模光纤的微弯损耗，研究者提出了多种不同的理论计算公式。但由于其理论推导极为烦琐，且仅针对曲率半径为常数的微弯情况，对实际应用中的圆截面非线性折射率分布光纤，则往往采用理论结合试验的方式获得半经验公式，方能得到符合实际的合理表达。理论研究和试验指出，考虑以“芯-皮”模式耦合为主要损耗机理的单模光纤微弯损耗遵循指数型损耗表达式，即

$$\alpha = K\exp(-\gamma) \tag{5-179}$$

式中，α 为损耗(或衰减)系数；K 和 γ 为与微弯形状、微弯程度及传感光纤固有力学、光学特性相关的参数。各种理论和试验公式的不同主要在于衰减系数确定方式的不同。

光纤-裂缝斜交微弯调制机制下，K 和 γ 中必将引入裂缝宽度 d 和光纤-裂缝交角 θ 两

个表征裂缝特性的几何参量，以反映裂缝对光损耗的影响，在试验数据拟合半经验公式中应予考虑。

结合上述裂缝微弯机械调制机理及光纤光功率微弯损耗关系，便可得到裂缝损伤与光纤传感网络中相应事件点光损耗值的对应关系，进而通过监测传感网络中光损耗(以下称“光损”)得到裂缝的发生判断和发展过程监测；结合 OTDR 技术具有的距离定位功能与传感网络的空间布置方式，可进一步对裂缝损伤进行空间定位。

2. OTDR 技术

OTDR 技术是一种基于光纤后向散射光特性测量的测试技术。该技术早期主要用于对通信光纤(光缆)进行故障点定位以及光纤光路损耗特性测定。随着光纤传感研究的兴起，该技术以其在分布式传感方面所特有的优势，已迅速运用到基于各种传感机理的分布式光纤传感系统当中。

OTDR 技术测量对象是光纤中由沿程各点指向光波输入端的后向传播光。后向传播光包括后向散射光和反射光。其中，后向散射光包含各种光纤沿程接收的调制信息，是重要的传感信号载体。

光纤中散射现象包括瑞利散射、拉曼散射和布里渊散射。其中瑞利散射是最基本、最主要的本征散射，它是当光纤传输小功率光波时，光纤中远小于光波长的物质密度不均匀 (导致折射率不均匀)和掺杂粒子浓度不均匀等引起的光的散射。

瑞利散射发生于纤芯内所有空间点，其光强度正比于$1/\lambda^4$及入射光强，波长与传输光波长相同，其功率在各方向上均匀分布。其中，与输入光方向相反的部分称为后向瑞利散射光，如图 5-35 所示。

图 5-35　瑞利散射示意图

鉴于后向瑞利散射功率与散射点传输光功率的正比关系能够直观反映光纤链路中传输光功率沿程变化情况，且信号强度远大于后向拉曼散射和布里渊散射，其侦测技术相对较易于实现，能够较大幅度节约成本。通常所指的 OTDR 技术都是建立在对后向瑞利散射侦测基础上的，这也正是光纤传感系统所采用的侦测技术基础。

脉冲激光器(LD)向被测光纤发射光脉冲，该光脉冲通过光纤时产生的后向散射光传播至光纤的始端，经定向耦合器送至光电探测器及信号处理和控制系统。若设光脉冲注入光纤的瞬间为计时始点($z=0$处$t=0$)，则在t时刻于光纤始端接收到的后向散射光即对应于光纤上的空间位置$z=v_{g}t/2$点的光功率特征(v_g为光纤中光波群速度)，因此在光纤的始端即可得到后向散射光功率与距离的关系曲线，进而可判断光纤沿程各点的损耗分布情况。OTDR 测试系统构成及信号传输如图 5-36 所示。

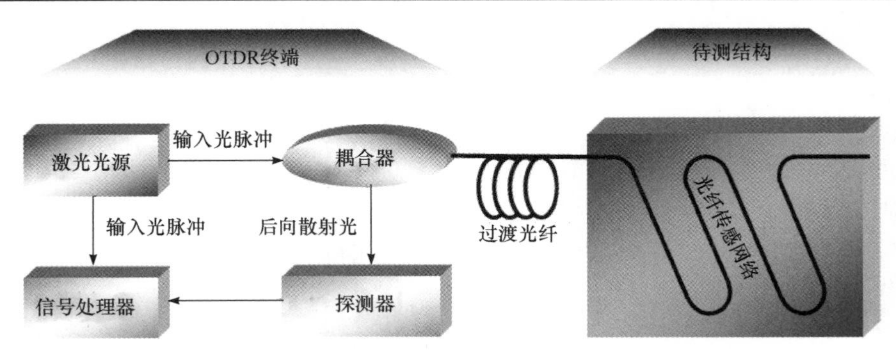

图 5-36 OTDR 系统原理示意图

设光纤上距离始端 z 处长度为 dz 的一段光纤产生的后向散射光传播至光纤始端的功率为 $\mathrm{d}P(z)$，则有

$$\begin{aligned}\mathrm{d}P(z)=&D\exp\left[-2\int_0^z\alpha_\mathrm{t}(\xi)\mathrm{d}\xi\right]\frac{\mathrm{d}\alpha_\mathrm{s}(z)}{\mathrm{d}z}\\&-2D\alpha_\mathrm{s}(z)\exp\left[-2\int_0^z\alpha_\mathrm{t}(\xi)\mathrm{d}\xi\right]\frac{\mathrm{d}\left[\int_0^z\alpha_\mathrm{t}(\xi)\mathrm{d}\xi\right]}{\mathrm{d}z}\end{aligned}\tag{5-180}$$

$$D=\frac{3}{16}\cdot\frac{(\mathrm{NA})^2}{n_1^2}\cdot Wv_\mathrm{g}P_\mathrm{in}S\tag{5-181}$$

式中，$\alpha_\mathrm{s}(z)$ 为散射系数；$\alpha_\mathrm{t}(\xi)$ 为衰减系数；P_in 为注入光纤的脉冲光功率；S 为后向散射因子；NA 为光纤数值孔径；W 为注入光纤中光脉冲的宽度；v_g 为光波在光纤中传播群速度。

一般理想状态下认为 $\alpha_\mathrm{s}(z)$ 和 $\alpha_\mathrm{t}(z)$ 沿光纤长度方向为常数，同时忽略高阶微量项，则

$$\mathrm{d}P(z)=D\alpha_\mathrm{s}\mathrm{e}^{-2\alpha_\mathrm{t}z}\mathrm{d}z\tag{5-182}$$

因此，由外界因素引起的沿光纤长度某一点散射信号的变化可以通过 OTDR 方法独立地探测出来，而不受其他点散射信号改变的影响，因而采用 OTDR 方法可以对光纤实现分布式测量。

当传感光纤在距始端 $z=v_\mathrm{g}t/2$ 点由于机械调制(如裂缝)发生微弯曲，进而产生功率微弯损耗或反射加强时，始端光探测器对应 t 时刻接收到的后向散射光功率 $\mathrm{d}P(z)$ 将反映这一光功率变化，即探测器所探测到的后向光功率携带了外界强度调制信号。通过对相应空间位置的后向光信号进行分析方可得到该点的状态判断。这就是 OTDR 技术在分布式裂缝传感系统中的工作实质。

实际上，这里指的某一点是一段长度为 $z=Wv_\mathrm{g}/2$ 的光纤。因为仅当 $\mathrm{d}z=Wv_\mathrm{g}/2$ 时，dz 段内所有后向散射光在同一时刻 t 到达光纤始端，而处于 $\mathrm{d}z=Wv_\mathrm{g}/2$ 之外的后向散射光在不同于 t 的另一时刻到达光纤始端。因此，$Wv_\mathrm{g}/2$ 是 OTDR 方法理论上可分辨的最小光纤长度，称为 OTDR 的空间分辨率。

OTDR 曲线横坐标为沿被测光纤链路距测量起始端的距离；纵坐标则为后向光(包括瑞利后向散射光和菲涅耳(Fresnel 反射光))功率的分贝值。曲线直观反映了光纤链路沿程所有点所产生后向光功率分贝值与其所在位置的单值函数关系。图 5-37 展示了在光纤链路中典型的 OTDR 测试曲线及各种事件。

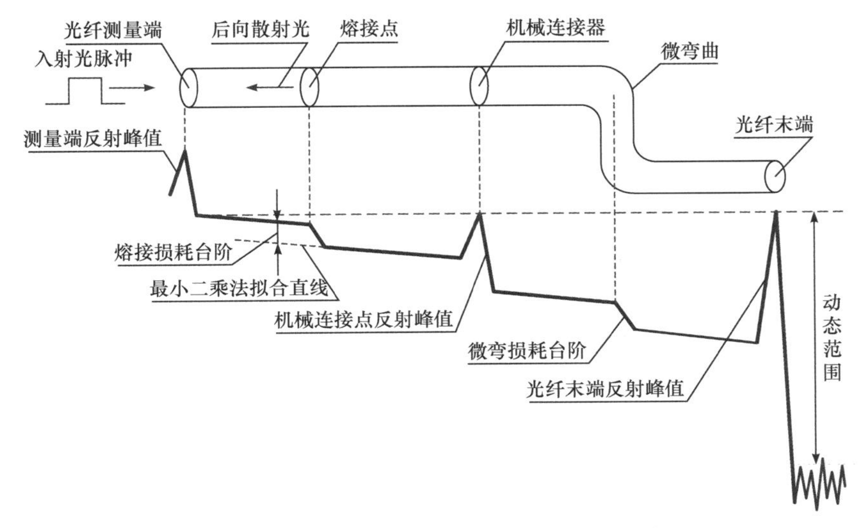

图 5-37　OTDR 典型测试曲线及事件术语示意图

事件是 OTDR 测试中的重要概念。所谓事件，即光纤链路中由于各种原因造成的后向光功率突变，在 OTDR 曲线上表现为各种偏离平缓下降直线的斜率和曲线形状突变。常见的事件按其光信号的变化趋势特点和实质主要可分为反射事件和非反射事件两类。

反射(reflection)事件是指入射脉冲光信号(incident ray)部分被反射成为后向反射光，该反射光功率往往远高于同位置的后向散射光功率，故在 OTDR 曲线上表现为明显的尖锐突起峰。反射事件主要发生在光纤链路中折射率突变点，如光纤链路始端(near end)和末端(open end)、中间机械连接器(connecter)，或中间剧烈弯曲或局部断裂点。

非反射事件主要指损耗事件(loss)，是脉冲光信号在传输经过某点时发生损耗，而不产生反射，其后向散射光功率因传输光功率在该点附近急剧损耗而相应产生突降，在 OTDR 曲线上表现为突然下降的“台阶”。非反射事件的成因主要是熔接损耗和微弯损耗，其中微弯损耗即本研究所利用的传感机理，故基于该损耗机理的非反射事件是本研究重点关注的事件。

5.7.2　分布式光纤裂缝识别试验研究

基于光纤微弯裂缝传感机理及 OTDR 分布式测试技术的特点，研究设计针对斜交光纤微弯裂缝传感的试验，构建与试验模型特点相适应的表面粘贴型分布式光纤裂缝传感网络系统，对此光纤裂缝传感系统的传感性能及其影响因素进行探索。

1. 试件设计

采用小型钢筋混凝土板式构件研究传感机理；采用连续梁桥模型试验研究验证板式

构件所取得的理论[22]。

2. 光纤传感系统构建

本试验按照5.7.1节所述的原理和原则构建OTDR分布式光纤裂缝传感系统，系统整体构成如图5-36所示，由光纤传感网络、过渡光纤和光时域反射计(OTDR)三大部分构成。连续梁的光纤裂缝传感系统与板式构件相似，下面以板式构件为例阐述光纤裂缝传感系统的各个组成部分。

光纤传感网络是传感系统中直接耦合于待测结构，探测待测结构裂缝损伤的主体，其材料选取、布置形态、施工工艺均对传感系统的性能有决定性影响。本试验继续采用湖南同声胶黏剂厂生产的德益牌环氧树脂(执行标准：Q/ADKY002. 2006)作为光纤传感网络胶黏剂。传感光纤为成都中住光纤有限公司生产的G652B型单模石英裸光纤，如图5-38所示。设计试件按光纤传感段与预期裂缝布置夹角分为三系列，相应布置夹角分别为30°、45°、60°；按环氧树脂涂层厚度不同分为两批：第一批为主试验批，环氧树脂涂层厚度为1.0mm，包括两组共六块试件；第二批为比较参考批，环氧树脂厚度为0.3mm，包括一组共三块试件。试件总数为九块。

过渡光纤是为了消除前端连接器、熔接点对传感段，以及传感段之间的盲区串扰影响，避免事件重叠带来的测量误差而设置在传感网络前端、尾端以及传感段之间的光纤。根据OTDR测试盲区指标值，考虑过渡光纤长度应完全覆盖盲区长度，故设计首尾两端过渡光纤长30m，传感段间过渡光纤长10m。为减小耦合损耗(插入损耗、熔接损耗)，中间过渡光纤(10m)与传感段光纤整体下料，中间无熔接点存在；前端及尾端过渡光纤(30m)制作成固定光纤盘，如图5-39所示，重复使用，过渡盘与传感段间以熔接方式耦合，保证熔接损耗低于0.2dB；前端过渡光纤与光时域反射计通过纤维和陶瓷(fiber and ceramic，FC)机械耦合器进行连接。

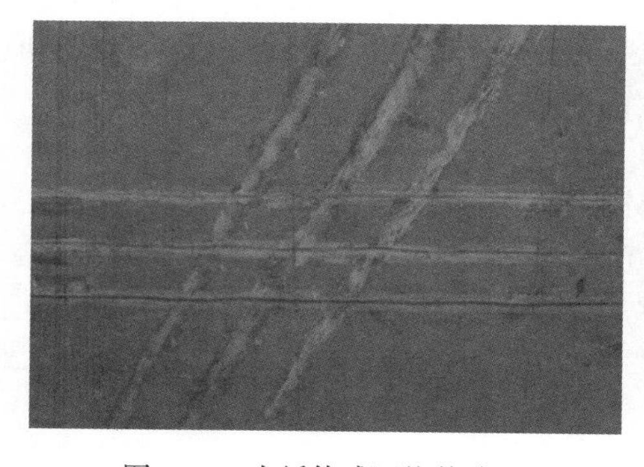

图5-38　光纤传感网络传感段

图5-39　过渡光纤盘

光时域反射计采用FTB.400型光学综合测试平台及FTB.7300D.234B型插入式OTDR测试模块作为传感系统OTDR测试终端。

3. 小试件试验结果分析

通过本次试验可得出如下结论和成果。

1) 测试光波长对传感性能的影响

在相同“光纤-裂缝”夹角情况下，由 1310nm、1550nm 和 1625nm 三种波长测试光脉冲分别测量得到的“缝宽-光损”关系服从不同的分布规律，且波长越长，单位宽度裂缝造成的光功率损耗越大，即表现为长波光相应的“缝宽-光损”曲线较短波光的“陡峭”。由此可知，长波光较短波光对裂缝更为敏感。尤其在裂缝宽度较小区段，长波光测量往往能够感知到短波光测量无法感知的微小裂缝，1310nm 测试波长下能感知最小为 0.1mm 的初始裂缝，而 1550nm 和 1625nm 测试波长下能感知最小为 0.06～0.08mm 的初始裂缝。图 5-40～图 5-42 分别以第一批试件中 1-1-2、2-1-2、3-1-1 数据[22]为例展示了此现象在“光纤-裂缝”夹角为 30°、45°和 60°情况下的表现。

光的波动理论证明，传输光波长越长，则在光纤中产生的模斑直径越大，光功率在光纤断面上较为分散，如此则微弯损耗越大。试验现象与该结论是完全符合的。

2) 传感光纤与裂缝夹角对传感性能的影响

其余条件相同的情况下，“光纤-裂缝”夹角呈 30°、45°和 60°的传感网络所得“缝宽-光损”关系服从不同的分布规律，且随着夹角的减小，单位宽度裂缝造成的光功率损耗越大，即表现为小夹角传感网络“缝宽-光损”曲线较大夹角网络“陡峭”，小夹角网络对较大夹角网络对裂缝更为敏感；但夹角呈 30°和 45°的传感网络传感性能十分接近，即

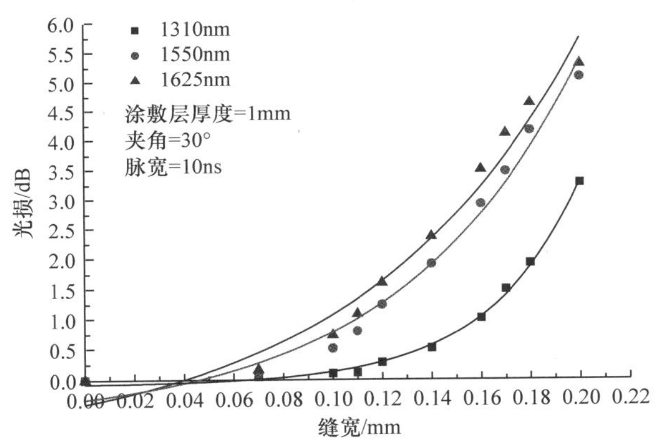

图 5-40　试件 1-1-2(夹角 30°)三波长测试光损比较图

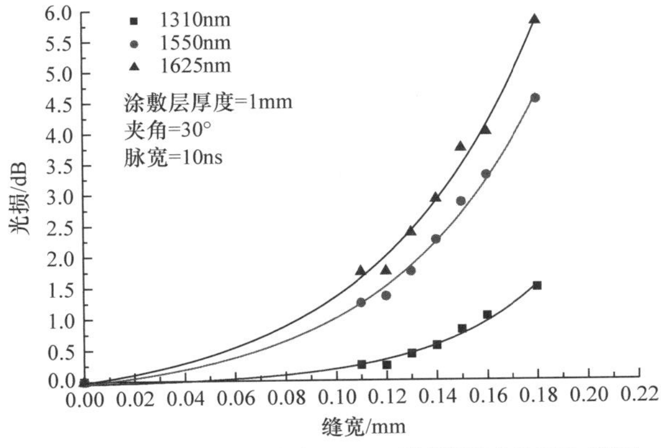

图 5-41　试件 2-1-2(夹角 45°)三波长测试光损比较图

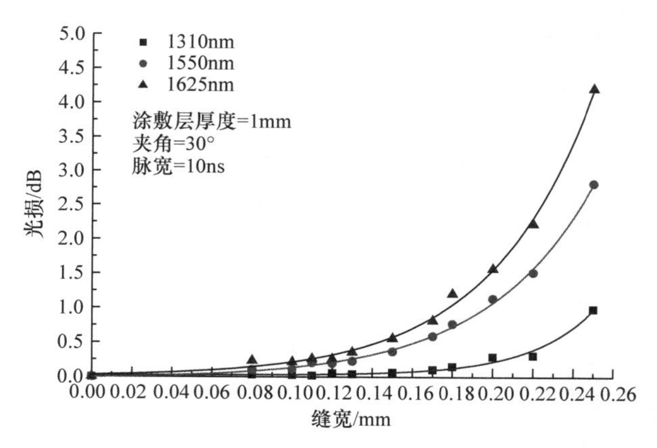

图 5-42　试件 3-1-1(夹角 60°)三波长测试光损比较图

两者“缝宽-光损”曲线近于重合，而夹角呈 60°的传感网络与呈 30°和 45°的相比灵敏度低得多，如图 5-43～图 5-45 所示。

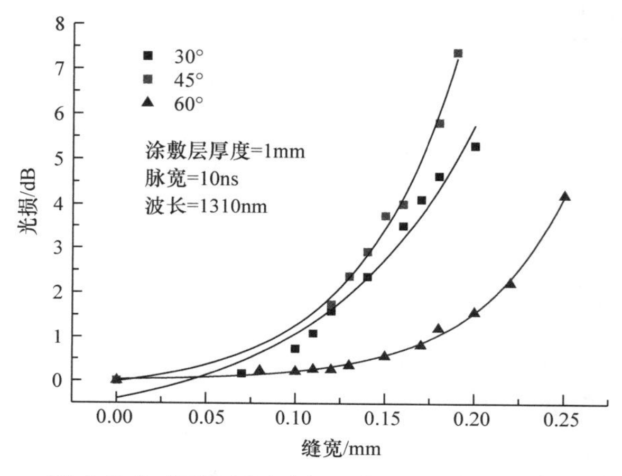

图 5-43　三种夹角传感网络测试光损比较图(d = 1mm；波长 = 1310nm)

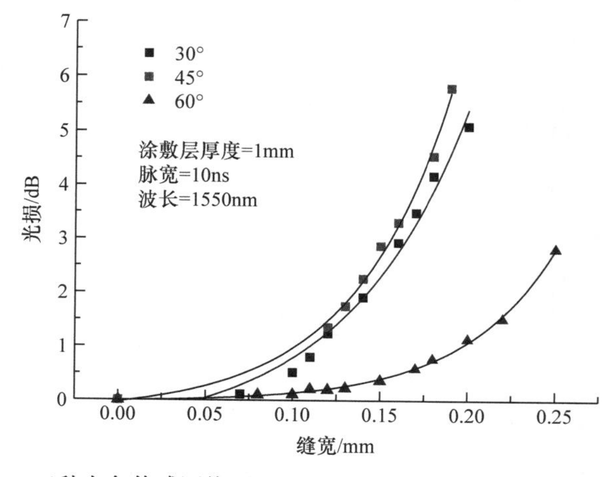

图 5-44　三种夹角传感网络测试光损比较图(d = 1mm；波长 = 1550nm)

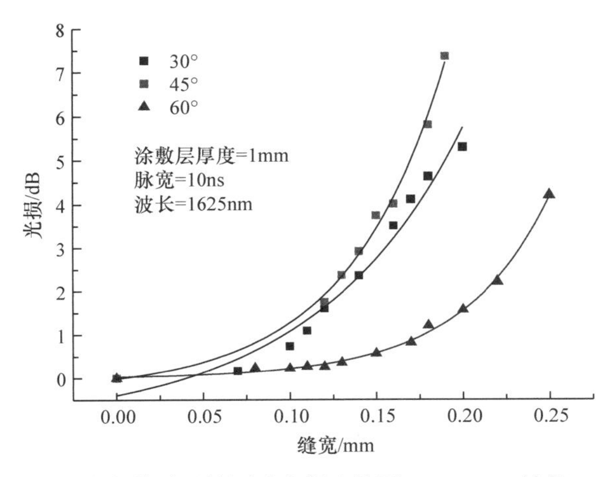

图 5-45　三种夹角传感网络测试光损比较图(d = 1mm；波长 = 1625nm)

从裂缝微弯机械调制机理可知，由裂缝产生的垂直于传感光纤的相对位移分量 $d\cos\theta$ 是导致传感光纤发生剪切相对位移进而产生微弯调制的主要机制，该量值越大，则传感光纤微弯程度越大，相应光损耗越大。由该位移分量表达式可见，其在[0°，90°]区间内与传感光纤与裂缝夹角 θ 呈递减函数关系，且其二阶导数亦为减函数，即在[0°，90°]区间内加速递减，进而微弯损耗亦与 θ 呈加速递减函数关系。可见，试验现象与微弯裂缝调制机理所决定的趋势是吻合的。

3) 传感网络胶黏剂涂敷层厚度对传感性能的影响

胶黏剂涂敷层厚度对光纤传感网络传感性能存在重要影响。第一系列(即传感光纤与裂缝呈 30°角情况)三块试件实际施工所得传感网络环氧树脂涂敷层平均厚度依次为 0.5mm、1mm 和 0.3mm，其试验数据如图 5-46～图 5-48 所示。

由图 5-46～图 5-48 可见，随着环氧树脂涂覆层厚度的增加，“缝宽-光损”曲线“陡峭”程度增大，传感网络灵敏度提高。鉴于胶黏剂涂敷层在传感网络中的作用在于保证传感光纤与待测结构间变形协调，进而传递裂缝微弯机械调制。分析认为，其厚度对传感性能的影响即存在于裂缝相对位移的传递过程中。

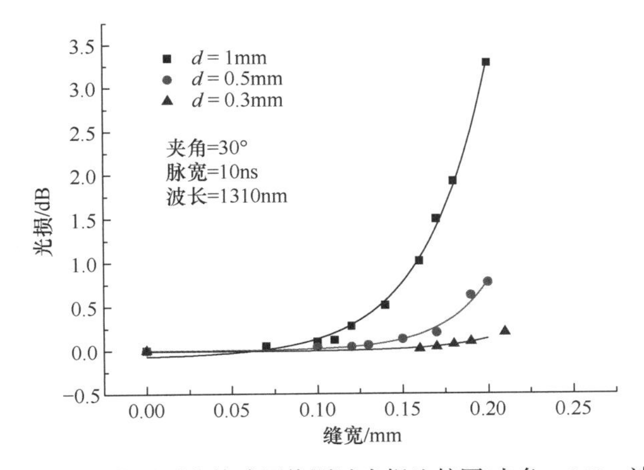

图 5-46　三种胶黏剂涂敷层厚度传感网络测试光损比较图(夹角 = 30°；波长 = 1310nm)

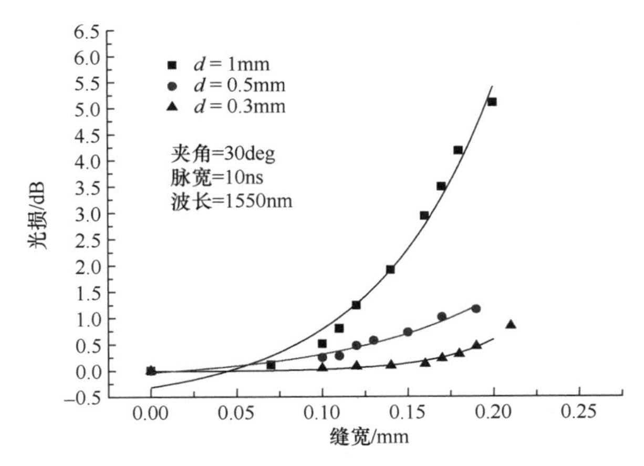

图 5-47　三种胶黏剂涂敷层厚度传感网络测试光损比较图(夹角 = 30°；波长 = 1550nm)

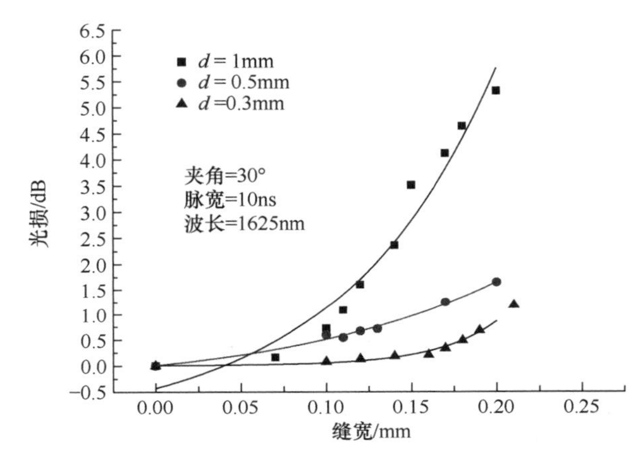

图 5-48　三种胶黏剂涂敷层厚度传感网络测试光损比较图(夹角 = 30°；波长 = 1625nm)

环氧树脂强度较高，同时脆硬性明显，在涂敷层较薄的情况下，当结构裂缝导致的相对位移发生时，传感光纤在与涂敷层保持初始变形协调的同时相互作用力增大。在光纤与涂层接触界面将形成局部高应力集中，而石英光纤的强度较环氧树脂更高，这势必造成应力集中范围内环氧树脂与传感光纤间发生黏结滑移以及环氧树脂的局部破碎，结构相对位移在破坏范围内得到部分释放，而在相对位移与应力场达到稳定平衡后，稳定微弯调制形成。此过程中，薄涂敷层将导致相对于厚涂敷层更大的环氧树脂局部破坏范围，进而局部位移释放量亦将较后者大，这就在相同结构裂缝宽度情况下形成了程度不同的位移传递，形成了程度不同的稳定微弯状态。这就是涂覆层厚度对传感性能影响的力学本质。

为了提高传感网络的传感灵敏度，应采用较大的环氧树脂涂敷层厚度。但同时应该注意到，过大的涂敷层厚度是不适宜的，原因如下。

(1) 根据上述力学机理分析及圣维南原理可以推断，当涂敷层厚度达到某一值以后，局部应力集中破坏和位移释放量将不再随涂覆层厚度增加而明显减小，进一步增加涂覆层厚度对传感网络灵敏度提高作用不大。

(2) 环氧树脂本身抗拉强度较混凝土高，较大的环氧树脂涂敷层厚度将导致结构初期微小开裂情况下胶层不随之发生断裂破坏，导致微小裂缝甚至较大裂缝被屏蔽，反而降低了传感网络初期传感灵敏度。

综合考虑以上诸多方面，光纤裂缝传感网络中采用的环氧树脂胶黏剂涂敷层厚度不宜过小或过大。应根据传感系统的传感灵敏度要求、系统动态范围大小、可能监测的最大损伤数量及其程度等因素综合考虑选择。本基础实验数据分析的经验以及其他研究者的实践经验认为，环氧树脂涂覆层厚度不宜大于 2mm，不宜小于 0.3mm。

4) 实用 45°传感网络半经验传感性能曲线拟合

在混凝土桥梁实际工程应用中，光纤传感系统实测数据为 OTDR 曲线。从曲线上可直接得到裂缝损伤发生位置及与其开裂宽度相对应的后向散射光功率损耗值。要确定裂缝实际开展程度，需要将损耗值对应到已经建立的“缝宽-光损”传感性能曲线或半经验公式中，通过函数映射得到裂缝宽度。

研究在总结基础试验经验及桥梁工程实际应用中各方面因素考虑，认为环氧树脂涂覆层厚度为 1mm，“光纤-裂缝”夹角呈 45°的传感网络最适合实际工程采用。因此，针对此类型传感网络，根据基础试验数据对其进行“缝宽-光损”传感性能曲线及半经验公式的拟合。

从微弯损耗理论出发，结合试验数据分布趋势，采用最小二乘法的指数函数对有效数据进行拟合。

$$y = A\exp\left(x/t\right) + y_0 \tag{5-183}$$

波长数据拟合结果如图 5-49～图 5-51 所示，其中 Chi^2 为实测数据向量与拟合函数计算值向量之差的 2-范数；DoF(degree of freedom)为自由度，即向量数据点元素数量。Chi^2/DoF 表征了拟合函数与试验数据的符合程度，其值越小，拟合函数与试验数据符合程度越高。

拟合结果显示，所得指数型半经验公式符合基础试验数据，能够代表环氧树脂涂敷层厚度为 1mm，“光纤-裂缝”夹角呈 45°的表贴光纤裂缝传感网络的传感性能。可应用于进一步试验研究及实际桥梁工程中该类型传感网络相应的裂缝损伤程度识别。

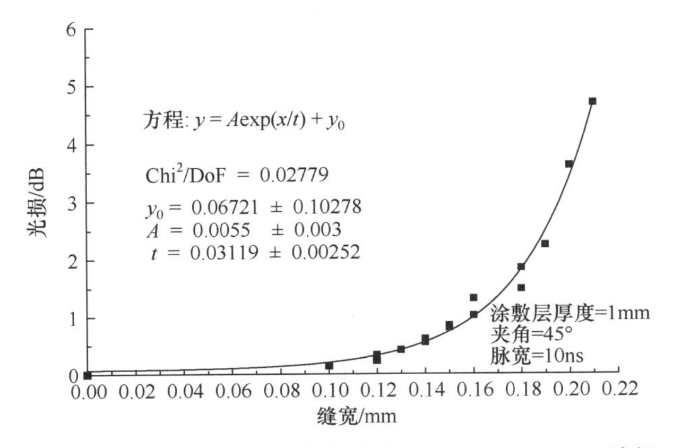

图 5-49　“缝宽-光损”半经验拟合曲线(夹角 = 45°；d = 1mm；波长 = 1310nm)

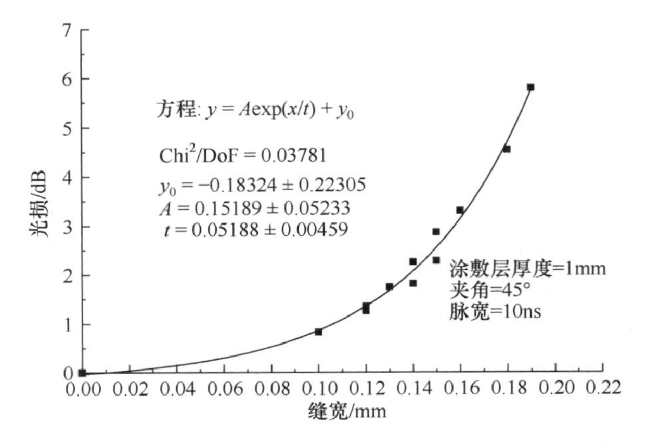

图 5-50　"缝宽-光损"半经验拟合曲线(夹角 = 45°；d = 1mm；波长 = 1550nm)

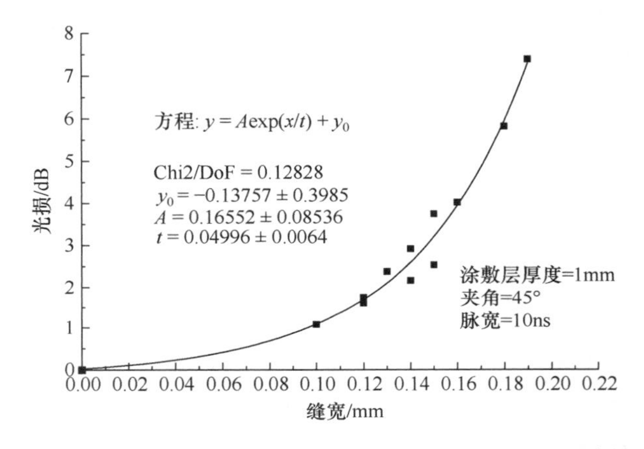

图 5-51　"缝宽-光损"半经验拟合曲线(夹角 = 45°；d = 1mm；波长 = 1625nm)

4. 连续梁桥试验结果分析

试验通过多点加载造成了中跨跨中和边跨跨中附近区域裂缝损伤，由所构建的光纤裂缝传感系统可分别测得中跨和第一边跨光纤传感子网络在各级荷载工况下的 OTDR 曲线[21]。通过结合基础性试验给出经验公式对测量曲线中损耗事件特征进行分析，可获得对结构裂缝损伤发生、定位及损伤程度的判断。将经验公式判断与实际裂缝发生发展情况进行对比可对所构建传感系统的裂缝损伤识别性能进行评价。

试验时对各分布式光纤传感子网，入射光脉宽统一采用 10ns，分别以 1310nm、1550nm 和 1625nm 波长的入射光进行测试。获得了初始零载状态和各荷载工况下的 OTDR 曲线。初始零载状态测试曲线表征了结构未加载的完好状态，此状态包含传感网络施工过程中引入的初始缺陷(如熔接损耗，局部初始微弯等)。各荷载工况下的测试曲线则对应于结构在该荷载工况下的损伤特征，此类状态同时包含了初始缺陷和宽度超过传感网络最小识别灵敏度的裂缝损伤。以初始零载状态 OTDR 曲线为参考，分析后续加载过程中各荷载工况相应曲线，则可排除初始缺陷的干扰，识别出真实裂缝损伤对应的损耗事件及其特征。图 5-52 给出了裂缝出现前后的 OTDR 曲线，其中灰色曲线为对应于初始零载状态的参考曲线，黑色曲线为开裂后的实测曲线。

连续梁模型桥试验结果表明，分布式光纤裂缝传感系统准确定位了损伤位置及损伤程度，观测到了裂缝损伤在 0.06～0.11mm 范围内的发展过程。

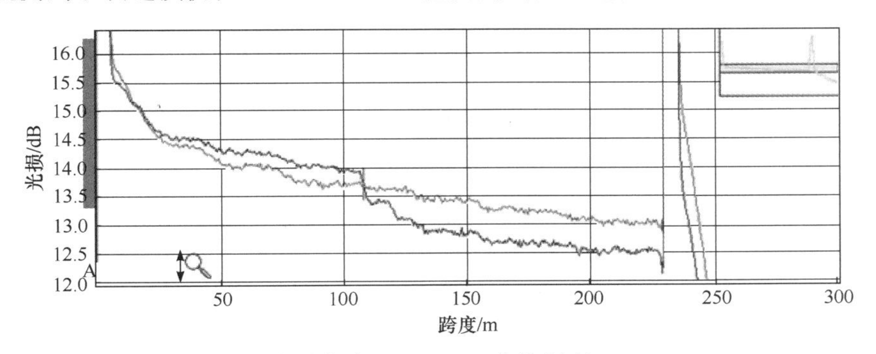

图 5-52　中跨传感子网 OTDR 曲线(波长 = 1310nm)

参 考 文 献

[1] 冉志红. 桥梁结构损伤识别的动力指纹方法研究[D]. 成都: 西南交通大学. 2007.

[2] 谢献忠, 易伟建, 王修勇, 等. 结构损伤诊断与系统时域辨识研究综述[J]. 中国安全科学学报, 2008, 18(6): 110-115.

[3] 李国强, 李杰. 工程结构动力监测理论与应用[M]. 北京: 科学出版社. 2002.

[4] 方崇智, 萧德云. 过程辨识[M]. 北京: 清华大学出版社, 1988.

[5] 陈宝林. 最优化理论与算法[M]. 2 版. 北京: 清华大学出版社, 2005.

[6] 王小平, 曹立明. 遗传算法——理论、应用与软件实现[M]. 西安: 西安交通大学出版社, 2002.

[7] 邹伟. 大跨度连续刚构桥易损性研究[D]. 成都: 西南交通大学, 2009.

[8] 边肇祺, 张学工. 模式识别[M]. 北京: 清华大学出版社, 2000.

[9] 徐利治. 现代数学手册-计算机数学卷[M]. 武汉: 华中科技大学出版社, 1999.

[10] 陈念贻. 模式识别优化技术及其应用[M]. 北京: 中国石化出版社, 1997.

[11] 姜文瀚. 模式识别中的样本选择研究及其应用[D]. 南京: 南京理工大学, 2007.

[12] 何敏. 基于概率神经网络的桥梁损伤定位研究[D]. 成都: 西南交通大学, 2008.

[13] Martin T H, Howard B D, Mark H B. 神经网络设计[M]. 戴葵, 等译. 北京: 机械工业出版社, 2004.

[14] 张立明. 人工神经网络的模型及其应用[M]. 上海: 复旦大学出版社, 1993.

[15] 邓乃杨, 田英杰. 数据挖掘中的新方法——支持向量机[M]. 北京: 科学出版社, 2006.

[16] 孙卫泉. 基于支持向量机的梁桥损伤识别[D]. 成都: 西南交通大学, 2009.

[17] 向天宇, 赵人达, 刘海波. 基于静力测试数据的预应力混凝土连续梁结构损伤识别[J]. 土木工程学报, 2003, 36(11): 79.

[18] Sanayei M, Saletnik M J. Parameter estimation of structure from static strain measurements. I: Formulation [J]. Journal of Structural Engineering, 1996, 122(5): 555-562.

[19] 吴大宏. 基于遗传算法与神经网络的桥梁结构健康监测系统研究[D]. 成都: 西南交通大学, 2003.

[20] 西南交通大学土木工程学院. 铁道部科技研究开发计划重大课题“智能化桥梁结构研究”结题报告-总研究报告[R]. 成都: 西南交通大学, 2009 .

[21] 西南交通大学土木工程学院. 铁道部科技研究开发计划重大课题“智能化桥梁结构研究”结题报告-损伤识别分册[R]. 成都: 西南交通大学, 2009.

[22] 西南交通大学土木工程学院. 铁道部科技研究开发计划重大课题“智能化桥梁结构研究”结题报告-

模型试验分册[R]. 成都: 西南交通大学, 2009.
[23] 汪晓虹, 周传荣, 徐庆华. 结构分析模型的修正与振型扩充技术[J]. 东南大学学报(自然科学版), 2000, 30(2): 143-147.
[24] 张清华. 基于概率可靠度的结构损伤识别理论研究及应用[D]. 成都: 西南交通大学. 2006.
[25] 秦仙蓉, 张令弥, 顾明, 等. 改进的基于模态参数的结构计算模型修正算法[J]. 同济大学学报, 2002, 30(11): 1295-1999.
[26] 姜增国, 张桢. 结构损伤检测类 MAC 应变频响函数识别指标研究[J]. 交通科技, 2006, 1: 7-9.
[27] 张刚刚, 徐岳. 桥梁结构损伤识别的动力指纹分析方法[J]. 中外公路, 2005, 25(2): 61-63.
[28] 王玉珏. 基于柔度法的损伤识别研究[D]. 成都: 西南交通大学, 2007.
[29] 单德山, 李乔, 王玉珏. 既有多梁式桥梁的损伤识别[J]. 重庆交通大学学报(自然科学版), 2008, 27(1): 5-8.
[30] Shan D S, Li Q. Damage identification of existed multi-girders highway bridges[C]// Proceeding of International Conference on Health Monitoring of Structure, Material and Environment, Nanjing, 2007: 258-262.
[31] Zhang Z, Aktan A E. The damage indices for constructed facilities[C]//Proceeding of the 13th International Modal Analysis Conference, 1995: 1520-1529.
[32] Chen J C, Garba J A. On-oribit damage assessment for large space structure[J]. AIAA Journal, 1998, 16(9): 1118-1126.
[33] 张吉刚. 基于模态应变能的梁桥损伤识别[D]. 成都: 西南交通大学, 2007.
[34] Shan D S, Li Q. Damage identification of existing highway bridge based on modal strain energy and monte-carlo method[C]//Proceeding of The 11th East Asia-Pacific Conference on Structural Engineering and Construction-Construction and Professional Practices Taipei, China, 2008.
[35] Chen S H. Matrix Perturbation Theory of Structural Dynamic Design[M]. Beijing: Science Press, 2007.
[36] 刘蕾蕾. 基于曲率模态分析的梁桥损伤识别研究[D]. 成都: 西南交通大学. 2009.
[37] Pandey A K, Biswas M, Samman M M. Damage detection from changes in curvature mode shapes[J]. Journal of Sound and Vibration, 1991, 145(2): 321-332.
[38] 邓焱. 桥梁动态测试技术与系统研究[D]. 北京: 清华大学, 2000.
[39] 曹晖, Michel I F. 基于模态柔度曲率的损伤检测方法[J]. 工程力学. 2006, 24(4): 33-38.
[40] 吕全金. 混凝土连续梁桥损伤识别模型试验研究[D]. 成都: 西南交通大学, 2009.
[41] 张育智, 李乔, 单德山. SOFM 网络在结构损伤位置识别中的应用[J]. 振动与冲击, 2007, 26(2): 160-163.
[42] 张育智. 基于神经网络与数据融合的结构损伤识别理论研究[D]. 成都: 西南交通大学, 2007.
[43] 张育智, 李乔, 单德山. 用于结构损伤位置识别的两种神经网络性能比较[J]. 公路交通科技, 2007, 24(12): 69-74.
[44] Ni Y Q, Wang B S, Ko J M. Selection of input to neural networks for structural damage identification[J]. SPIE, 1999, 3671: 270-280.
[45] 王茂强. 基于支持向量机的大跨度连续钢构桥损伤识别[D]. 成都: 西南交通大学, 2009.
[46] Li Q, Shan D S. Damage detection methods of bridge structures based on coupled vehicle-bridge vibration[C]//Proceeding of 3rd International Symposium on Environmental Vibrations: Prediction, Monitoring, Mitigation and Evaluation, Taipei, 2007: 579-584.
[47] 单德山, 李乔. 基于车致振动的桥梁损伤识别[J]. 西南交通大学学报(自然科学版), 2009, 44(1): 60-65.
[48] 克拉夫 R, 彭津 J. 结构动力学[M]. 2 版. 王光远, 等译. 北京: 高等教育出版社, 2006.
[49] 单德山, 李乔, 付春雨, 等. 智能桥梁健康监测与损伤评估[M]. 北京: 人民交通出版社, 2010.

[50] Friswell M I, Penny J E T, Garvey S D. A combined genetic and eigensensitivity algorithm for the location of damage in structures[J]. Computers & Structures, 1998, 69(5): 547-556.
[51] Farrar C R, Jauregui D A. Comparative study of damage identification algorithms applied to a bridge: I. Experiment[J]. Smart Materials and Structures, 1998, 7(5): 704.
[52] Farrar C R, Hemez F M, Shunk D D, et al. A Review of Structural Health Monitoring Literature: 1996-2001[M]. Los Alamos: Los Alamos National Laboratory, 2004.
[53] Fan W, Qiao P. Vibration-based damage identification methods: A review and comparative study[J]. Structural Health Monitoring, 2011, 10(1): 83-111.
[54] Farrar C R, Worden K. Structural Health Monitoring[M]. New York: John Wiley & Sons, 2013.
[55] Andreadis I, Tsiftzis I, Elenas A. Intelligent seismic acceleration signal processing for damage classification in buildings[J]. IEEE Transactions on Instrumentation and Measurement, 2007, 56(5): 1555-1564.
[56] de Lautour O R, Omenzetter P. Damage classification and estimation in experimental structures using time series analysis and pattern recognition[J]. Mechanical Systems and Signal Processing, 2010, 24(5): 1556-1569.
[57] Dong Y, Li Y, Lai M. Structural damage detection using empirical-mode decomposition and vector autoregressive moving average model[J]. Soil Dynamics and Earthquake Engineering, 2010, 30(3): 133-145.
[58] Vafaei M, Adnan A. Seismic damage detection of tall airport traffic control towers using wavelet analysis[J]. Structure and Infrastructure Engineering, 2014, 10(1): 106-127.
[59] Vapnik V N, Vapnik V. Statistical Learning Theory[M]. New York: John Wiley & Sons, 1998.
[60] Farooq M, Zheng H, Nagabhushana A, et al. Damage detection and identification in smart structures using SVM and ANN[C]//SPIE Smart Structures and Materials+ Nondestructive Evaluation and Health Monitoring. International Society for Optics and Photonics, San Diego, 2012: 83461O-83461O-8.
[61] Bao Y, Song C, Wang W, et al. Damage detection of bridge structure based on SVM[J]. Mathematical Problems in Engineering, 2013, 16: 1-7.
[62] Mechbal N, Uribe J S, Rébillat M. A probabilistic multi-class classifier for structural health monitoring[J]. Mechanical Systems and Signal Processing, 2015, 60: 106-123.
[63] Ren J, Su M, Zeng Q. Damage identification of railway simply supported steel truss bridge based on support vector machine[J]. Journal of Applied Sciences, 2013, 13: 3589-3593.
[64] 单德山, 付春雨, 李乔. 桥梁结构损伤诊断的统计学习理论[M]. 成都: 科学出版社, 2014.
[65] 黄振兴. 震后桥梁结构时频域损伤诊断研究[D]. 成都: 西南交通大学, 2012.
[66] 杨景超. 基于 HHT 和 SVM 的震后桥梁结构损伤诊断研究[D]. 成都: 西南交通大学, 2014.
[67] 张少雄. 高墩桥梁地震易损性分析研究[D]. 成都: 西南交通大学, 2014.
[68] 吴巧云, 朱宏平, 樊剑. 基于性能的钢筋混凝土框架结构地震易损性分析[J]. 工程力学, 2012, 09: 117-124.
[69] Huang N E, Chern C C, Huang K, et al. A new spectral representation of earthquake data: Hilbert spectral analysis of station TCU129, Chi-Chi, Taiwan, 21 September 1999[J]. Bulletin of the Seismological Society of America, 2001, 91(5): 1310-1338.
[70] Loh C H, Wu T C, Huang N E. Application of the empirical mode decomposition-Hilbert spectrum method to identify near-fault ground-motion characteristics and structural responses[J]. Bulletin of the Seismological Society of America, 2001, 91(5): 1339-1357.
[71] Cherkassky V, Ma Y. Practical selection of SVM parameters and noise estimation for SVM regression[J]. Neural Networks, 2004, 17(1): 113-126.

[72] Vapnik V. The Nature of Statistical Learning Theory[M]. New York: Springer Science & Business Media, 2000.
[73] Hwang H, Jernigan J B, Lin Y W. Evaluation of seismic damage to Memphis bridges and highway systems[J]. Journal of Bridge Engineering, 2000, 5(4): 322-330.
[74] 叶仲韬. 分布式光纤裂缝传感系统在混凝土桥梁损伤识别中的应用[D]. 成都: 西南交通大学, 2009.

第 6 章　智能桥梁结构健全性评估

对结构建筑物(包括桥梁)进行检测、评估，在投入使用后一般有两次高峰期，一是投入使用后约 20 年，称为小周期，二是投入使用 60 年左右，称为大周期。小周期是对结构进行检测以确保结构物处于完好的技术状态；大周期是对结构物进行鉴定，判定其使用状态，以便做出相应的对策，根据桥梁破损严重性程度进行补强、加固或拆除。近十几年来，相关部门所做的旧桥检测、评估和加固的研究，主要是针对 20 世纪 50～80 年代修建的公路、铁路桥梁，其中大部分是混凝土梁桥和圬工拱桥，目的是对这些桥梁的使用状况做一个客观的判断，从而制定出相应的技术加固或改造措施。由于我国现有桥梁多为 30 年左右桥龄的混凝土桥，设计、施工的缺陷和长期使用过程中的损伤、老化或病害逐渐暴露出来。近年来，桥梁超限行车现象特别严重，加剧了桥梁结构疲劳累积损伤的发展。因此，旧桥检测、评估和加固任务十分繁重，全部重建的思想既不现实，也不科学。为了确保大型桥梁结构的使用安全性，减少或避免国家财产的重大损失，进行大型桥梁的安全性能检测、评估评价的研究已经成为桥梁工程领域的热点问题。

目前，桥梁管理部门由于人员、资金等原因，比较注重新桥梁的建设，在旧桥的管理、养护方面存在许多问题：一方面，管理模式和管理手段陈旧，桥梁资料的收集、分析和管理采用传统的人工方法，使得有关部门对桥梁整体情况了解不足，部分桥梁的技术档案丢失，为养护管理带来许多不便；对桥梁技术状况的掌握停留在定性了解和工程师经验的基础上，在确定桥梁养护、维修方案时，往往根据过去的经验做决策。另一方面，养护资金短缺、人员素质偏低，桥梁的日常养护得不到保证，有些地方的桥梁甚至处于失修状态，部分地方的二、三类桥梁得不到及时养护、维修，使得桥梁的病害、缺陷急剧恶化，降低了桥梁的承载能力，影响了桥梁的正常使用。

6.1　桥梁评估概述

桥梁评估大致分为信息收集、分析评价和决策三部分。信息收集是获取、整理能全面描述和记录桥梁基本特征及当前技术状况的信息，提供对桥梁结构进行分析评价和决策的数据支持。需要收集的信息包括常规或特殊检查所积累的信息、设计施工文件、桥梁维修加固历史资料、各类试验资料。分析评价是根据所收集到的信息，选择适当的分析方法，对桥梁结构的工作状态进行综合评价。决策是根据分析评价的结果来决定桥梁的养护、维修、加固改造或替换。桥梁评估通常是一个由浅入深、循序渐进的过程。在开始评估时，通常采用容易收集到的信息，借助简单适用的评估方法，以便获得初评结果。若对初评结果把握不大或需要更精确的分析，则需通过详细地调查收集更多信息或选择更先进、更复杂的分析模型，对结构进行再评估[1]。

目前，各国都根据具体情况制定了分级排序的国家标准，基本上是采用模糊分类的方法，如美国公路桥梁缺陷分级标准、中国公路桥梁综合评定方法等。但是这些都没有对桥梁的缺损状态制定出统一有效的评定指标，并且难以反映各构件的缺损及严重程度对整个桥梁的影响；一些标准或评定办法也没有针对具体的桥型。不同的桥型有不同的构造特征和受力特点，不能一概而论，应该针对每种桥型的桥梁进行不同部位的监测，得出不同的评估方法。

桥梁结构的评估内容包含在“可靠性”中[2]，可靠性包括安全性、适用性和耐久性三个方面，三者相互关联且各有重点。安全性评估即承载能力评估，适用性评估是指对结构的正常使用极限状态的评估，而耐久性则是指通过材料强度和结构损伤的评估得出结构疲劳损伤度和剩余寿命。目前，对于中小型桥梁的状态评估主要是对其承载能力或强度做出评定，常用的方法有：基于设计原理(如基于桥梁相关规范的评估方法)，或基于其他原理的方法(如基于外观调查的方法、荷载试验、专家系统、基于结构可靠性理论的方法等)。而对于大型或特大型桥梁，由于其经济价值、社会功能的重要性，其状态评估一般要与健康监测系统相关联，通过利用监测系统长期监测获得的数据，对桥梁的评估目前主要有两个方面：损伤评估和状态评估。对于损伤评估，主要是研究如何利用监测系统或通过其他方法获得的数据确定结构的损伤部位以及损伤程度，为进一步的承载能力评估奠定基础；而对于状态评估，则是利用监测系统、人工监测获得的数据，综合评定大型桥梁目前的使用状态，主要是鉴定结构的工作状态和指导日常养护维修。损伤评估，即为损伤识别，在前面章节中已有论述，本章讨论状态评估。

要确保道路交通的畅通，必须确保管段内所有桥梁安全有效地工作，即应评估每一座桥梁的工作状态。而桥梁结构类型、材料、地质条件、地理环境等因素不一样，使得每一座桥梁均有其代表性。另外，桥梁日常养护基层部门、桥梁施工与维修规范及标准制定部门、路网管理部门以及交通行政部门等对桥梁状态或信息关注的角度不同，需求也就不一样。因而应针对这些具体需求，选择不同的评估方法。

项目级桥梁管理系统，是着重对重要性高或大跨度的桥梁而开发的具有更详细、更齐全的检测与维护资料的计算机管理信息系统，该系统在实用性上可以界定为当辖区内所有桥梁已完成状况排序及维修优选排序后，需进一步检测评估或维修的桥梁，再做后续的维护管理。每个桥梁需要一个桥梁管理系统，因每个桥梁都属于大桥或重要性的桥梁，各自的模型都不一致，因此需要对每个桥梁建立模型，而且模型要求划分细致，检测结果准确可靠，可准确判定其使用状态，以便做出相应的加固或拆除等对策。

网络级桥梁管理系统主要针对一个公路网或一个管理单位所管辖的道路网内所有桥梁的检测、维修与决策。着重确定网内桥梁状况排序及维修优选排序，适用于中央管理机关，以及各桥梁管理机关的上级决策主管部门。因此，需要选择评估过程简捷快速、数据存储量少的评估方法。

经分析比较并进行深入研究，分别选用 DER&U 评估法进行路网层级的桥梁评估，不确定层次分析法进行项目层级评估。

6.2　路网级评估

6.2.1　DER&U 评估法

1. DER&U 评估法概念

DER&U 评估法是我国台湾昭凌顾问工程公司与南非公司为我国台湾高速公路共同研发的桥梁检测评估方法[3]。内容主要将桥梁构件的劣化情况分四个因素加以考虑，分别是桥梁构件劣化的严重程度(degree)、桥梁构件劣化的范围(extend)及该劣化现象对整体桥梁在结构安全性和服务性的影响(relevancy)三部分加以评估，再由检查员根据劣化构件是否需要立即进行维修的急迫性(urgency)作处置对策的评估建议。

进行桥梁目视检测之前，首先必须确定采用何种检测评估方法，此方法将影响未来维修工法与维修时程的决策。过于简单的检测评估方法，将无法提供足够信息进行维修决策；过于复杂的检测评估方法，将会增加现场检测人员的负担，而且将来进行维修决策较为不易。选择简单适中且具有特色的检测评估方法，对于整个桥梁检测工作的时程、成本或管理有极大的重要性。

2. DER&U 评估法优点

DER&U 评估法因为具有以下优点[4, 5]，故可满足网络级桥梁管理系统需求。

(1) 可简化检测工作。仅需针对具有劣化现象的构件进行评估，对于状况良好的构件，不需要进行评估，因此可以简化检测工作，并凸显桥梁损坏的重点。

(2) 强调缺陷对桥梁整体重要性的影响。该评估方法不但针对劣化严重程度与劣化范围进行评估，同时也针对缺陷对桥梁整体重要性的影响进行评估，其中包括对桥梁安全性与交通安全的影响。

(3) 简化计算机资料的输入。仅针对具有缺陷的构件进行评估，因此仅需记录具有劣化现象的构件信息，对于其他功能完整的构件，并不需要将该信息录入计算机中，可以减少并简化资料的输入与输出分量，检测报告将更为精简。

(4) 针对维修急迫性提出维修时程。对桥梁构件检测后的处理方式与对策有专用表格供检测人员书写维修建议，可以清楚且明确地交代其适合的维修方式，如此可使维修时程有明确的概念，将方便管理者进行维修工作的规划。

(5) 可以在网内进行桥梁维修排序。可以根据桥梁的状况指标、功能指标、优选指标计算桥梁的整体性优选指标。为桥梁维修排序提供依据。

3. DER&U 评估准则

在进行目视检测评估时，考虑到检测员检测工作的方便及劣化现象能够充分表达的情况，对于每个参数的表达级数，不宜过多或过少。过多等级的表达，如十分法，对于劣化现象的评估详细程度有极大的帮助，但往往会造成检测员判定级数的困扰，不同的检测员可能因看法不同，对级数的给定也不尽相同；而过少的级数，如二分法，对于劣化现象的评估结果，可能产生极大的偏差[3]。一般认为四分法至六分法可以满足以上叙述的要求，本章采用四个等级加以评估，其评估值为 1～4，如果评估值为 0，则有其特别代表的意义：程度为 0 时，表示无此项目；范围为 0 时，表示无法检测；影响性为 0 时，则表示无法判别；评估准则如表 6-1 所示。

表 6-1　评估准则

	0	1	2	3	4
程度(D)	无此项目	良好	尚可	差	严重损坏
范围(E)	无法检测	<10%	10%～30%	30%～60%	>60%
影响性(R)	无法判别	微	小	中	大
急迫性(U)	无此项目	例行维护	3 年内必须维修	1 年内必须维修	紧急处理维修

4. DER&U 法评估的基本流程

DER&U 法评估的基本流程如图 6-1 所示。

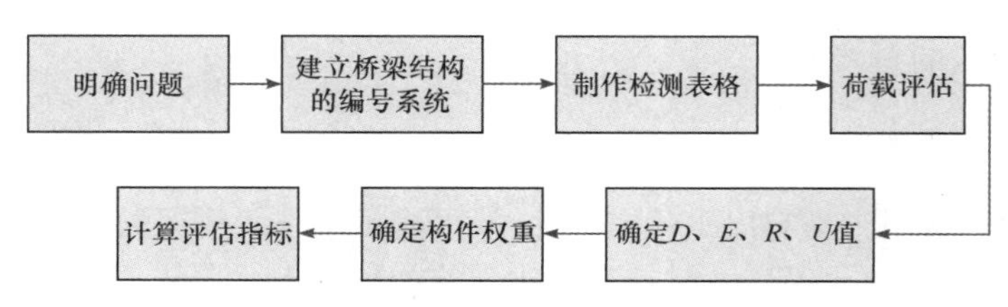

图 6-1　DER&U 法评估的基本流程

(1) 明确问题。弄清所要研究问题的范围、目标、要求和所能掌握的原始信息。

(2) 建立桥梁结构的编号系统。为区分桥梁各种不同的构件，建立桥梁结构的编号系统显得非常重要。如果历史检测已经设有编号系统，则须采取相同的一套系统。针对路网内桥梁众多的特点，编号系统依据公路里程进行编号。

编号系统[6]主要将桥梁分成桥台(A)、跨号(S)、桥墩(P)、主梁(G)、横隔梁(D)等部分(图 6-2)，编码系统以桥梁里程数较小的一端为起点，面对里程数增加的方向，以 A1 桥

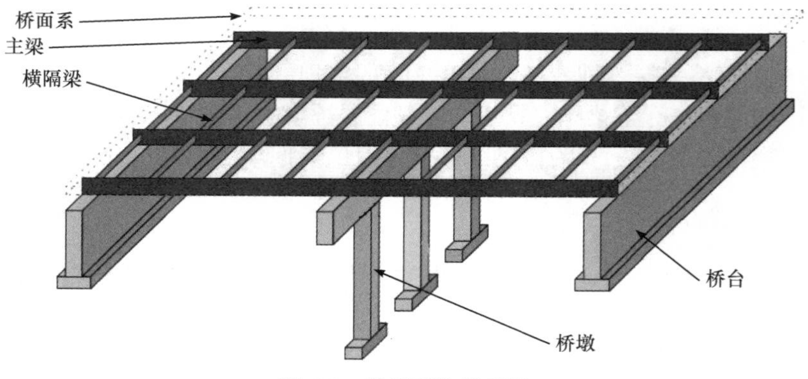

图 6-2　编号系统示意图

台的左端设定为原点，分别以检测员的右手方向及正前方向定义为编码系统的 X 轴正向与 Y 轴正向。编码的准则如表 6-2 所示。

表 6-2　编码准则

已知	跨数：M		主梁数量：N	主梁间的横隔梁数量：Q
构件编码	桥台：A1,A2	桥墩：Pm	主梁：mG1，mG2…，mGn	横隔梁：mD1.1，mD2.1，…，mDq.1 mD1.2，mD2.2，……，mDq.2 mD1.(n.1)，mD2.(n.1)，…，mDq.(n.1)

编码示例如下：简支 T 梁跨数为 2，每跨主梁数目为 3，主梁间设横隔板数目为 3，则构件编码如表 6-3 所示。

表 6-3　编码示例

已知	跨数：2		主梁数量：3	主梁间的横隔梁数量：3
构件编码	桥台：A1,A2	桥墩：P1，P2	主梁：1G1，1G2，1G3，2G1，2G2，2G3	横隔梁：1D1.1，1D2.1，1D3.1；1D1.2,，1D2.2，1D3.2；1D1.3，1D2.3，1D3.3 2D1.1，2D2.1，2D3.1；2D1.2，2D2.2，2D3.2；2D1.3，2D2.3，2D3.3

(3) 制作检测表格。

检测表格的形式如表 6-4～表 6-6 所示。该表格具有桥梁编号、桥梁名称、检测单位等项目，以记录桥梁的基本资料，另外必须检测的项目共计 26 项，其中第 1～17 项为一般检测项目，当检测人员到达第一座桥梁时，应先对该桥梁进行一般项目全面性的宏观检视，并将有缺陷的检测项目，依据缺陷的程度、范围及对整体桥梁安全及服务的影响性，分别填写适当的值后，再针对每座桥孔进行第 18～26 项检测项目的检视。

表 6-4　桥梁检测构件劣化表

<table>
<tr><td colspan="5" rowspan="3">B/S 桥梁管理系统：劣化表</td><td colspan="2">检测日期：</td><td colspan="3"></td></tr>
<tr><td colspan="2">桥梁编号：</td><td colspan="3"></td></tr>
<tr><td colspan="2">桥梁名称：</td><td colspan="3"></td></tr>
<tr><td>检测单位：</td><td colspan="4"></td><td colspan="2">检测人员：</td><td colspan="3"></td></tr>
<tr><td colspan="2">检测项目</td><td>D</td><td>E</td><td>R</td><td colspan="2">检测项目</td><td>D</td><td>E</td><td>R</td></tr>
<tr><td>1</td><td>引道路堤 N</td><td></td><td></td><td></td><td>16</td><td>缘石及人行道</td><td></td><td></td><td></td></tr>
<tr><td>2</td><td>引道路堤 S</td><td></td><td></td><td></td><td>17</td><td>护栏</td><td></td><td></td><td></td></tr>
<tr><td>3</td><td>引道护栏 N</td><td></td><td></td><td></td><td>18</td><td>桥墩保护设施</td><td></td><td></td><td></td></tr>
</table>

续表

<table>
<tr><td colspan="5" rowspan="3">B/S 桥梁管理系统：劣化表</td><td colspan="2">检测日期：</td><td colspan="4"></td></tr>
<tr><td colspan="2">桥梁编号：</td><td colspan="4"></td></tr>
<tr><td colspan="2">桥梁名称：</td><td colspan="4"></td></tr>
<tr><td>检测单位：</td><td colspan="4"></td><td colspan="2">检测人员：</td><td colspan="4"></td></tr>
<tr><td colspan="2">检测项目</td><td>D</td><td>E</td><td>R</td><td colspan="3">检测项目</td><td>D</td><td>E</td><td>R</td></tr>
<tr><td>4</td><td>引道护栏 S</td><td></td><td></td><td></td><td>19</td><td colspan="2">桥墩基础</td><td></td><td></td><td></td></tr>
<tr><td>5</td><td>河道</td><td></td><td></td><td></td><td>20</td><td colspan="2">桥墩墩身</td><td></td><td></td><td></td></tr>
<tr><td>6</td><td>引道路堤.保护措施 N</td><td></td><td></td><td></td><td>21</td><td colspan="2">支承/垫</td><td></td><td></td><td></td></tr>
<tr><td>7</td><td>引道路堤.保护措施 S</td><td></td><td></td><td></td><td>22</td><td colspan="2">抗震块</td><td></td><td></td><td></td></tr>
<tr><td>8</td><td>桥台基础 N</td><td></td><td></td><td></td><td>23</td><td colspan="2">伸缩缝</td><td></td><td></td><td></td></tr>
<tr><td>9</td><td>桥台基础 S</td><td></td><td></td><td></td><td>24</td><td colspan="2">主构件(主梁)</td><td></td><td></td><td></td></tr>
<tr><td>10</td><td>桥台 N</td><td></td><td></td><td></td><td>25</td><td colspan="2">副构件(隔梁)</td><td></td><td></td><td></td></tr>
<tr><td>11</td><td>桥台 S</td><td></td><td></td><td></td><td>26</td><td colspan="2">桥面板</td><td></td><td></td><td></td></tr>
<tr><td>12</td><td>挡土墙 N</td><td></td><td></td><td></td><td>27</td><td colspan="2">其他</td><td></td><td></td><td></td></tr>
<tr><td>13</td><td>挡土墙 S</td><td></td><td></td><td></td><td rowspan="3">说明</td><td colspan="5">评估等级</td></tr>
<tr><td>14</td><td>摩擦层</td><td></td><td></td><td></td><td>N/A</td><td>良好</td><td>尚可</td><td>差</td><td>严重破坏</td></tr>
<tr><td>15</td><td>排水设施</td><td></td><td></td><td></td><td>0</td><td>1</td><td>2</td><td>3</td><td>4</td></tr>
</table>

表 6-5　桥墩项目明细表

检测项目	桥墩保护设施 18			桥墩基础 19			桥墩墩身 20			支承 21			抗震块 22			伸缩缝 23		
桥墩	*D*	*E*	*R*	*D*	*E*	*R*	*D*	*E*	*R*	*D*	*E*	*R*	*D*	*E*	*R*	*D*	*E*	*R*
1																		
2																		
⋮																		
i																		

表 6-6　桥孔项目明细表

桥孔	主构件(主梁)24			副构件(隔梁)25			桥面板 26		
	D	*E*	*R*	*D*	*E*	*R*	*D*	*E*	*R*
S1									
S2									
⋮									
S*i*									

(4) 荷载评估。

根据桥梁的原始资料对桥梁进行安全的荷载评估，初步荷载评估主要分为几个大项，分别是基本资料、桥面板、伸缩缝、上部结构、下部结构、限载限速及其他影响荷载安全的异常现象等，共 14 项，所有项目的总分合计为 100 分。根据得分判定是否为危桥，若为危桥需对其进行检测评估。

(5) 确定 *D*、*E*、*R*、*U* 值。

根据构件的判断标准及评估准则，对构件进行 DER&U 评估，给出评估值，*D*、*E*、*R*、*U* 值的判断方式在 6.2.2 节中进行详细讨论。

(6) 确定构件权重。

通过相关资料查询的方法，确定各个构件的权重，构件权重在 6.2.3 节详细讨论。

(7) 计算评估指标。

根据构件的 *D*、*E*、*R* 值计算构件的状况指标，进而计算桥梁的优选指标；同时，根据桥梁基本资料计算桥梁的功能指标，最后对优选指标和功能指标进行配权相加，得到整体性优选指标，其作为桥梁维修排列的主要依据，评估指标的详细介绍将在 6.2.4 节中论述。

6.2.2　构件评估标准

桥梁构件的判定首先需清楚知道每项判断数值评估的方式及其定义，并提供实际相片做对比，供检测者在判断劣化模型上做参考，劣化情形可清楚地定义，并可迅速地做出判断，节省检测的时间[4]。

1. *D* 值判断方式

D 值描述构件劣化的程度，劣化主要与检测构件的材质有关，故将分成混凝土及钢结构来描述，采用专家准则的方式评定劣化的判断值，并将其劣化程度利用文字描述并辅以图片或示意图做参照，协助检测人员判定检测标准，表 6-7 给出了桥面排水设施堵塞的劣化照片及 *D* 值描述。

表 6-7　桥梁构件劣化类型配合劣化照片及文字说明

检测项目	劣化类型	劣化照片	劣化状况描述
桥面排水设施	阻塞		$D=2$ 排水孔部分淤塞，水流受到阻碍，但排水设施仍具有功能
			$D=3$ 排水设施完全堵塞，水流受到严重阻碍
			$D=4$ 排水设施完全失去功能

2. *E* 值判断方式

E 值为劣化程度占构件的范围，以百分比表示，构件大小不同所得的范围也不全相

同，范围大小的差异只能反映桥梁状况的优劣，并无法以范围大小来判定其受损程度，因此无法以表格方式提供给检测者作为参考，可以通过示例及计算的方式得知 E 值程度，表 6-8 给出了桥面排水设施堵塞的劣化范围描述。表中，劣化范围百分比为损坏面积或长度除以构件面积或长度。其他检测项目 E 值计算也可参考表 6-8 中的劣化范围描述。

表 6-8 桥梁构件劣化类型配合劣化范围及文字说明

检测项目	劣化类型	劣化范围描述
桥面排水设施	阻塞	$E=1$，劣化范围占构件 10%以下
		$E=2$，劣化范围占构件 10%以上，30%以下
		$E=3$，劣化范围占构件 30%以上，60%以下
		$E=4$，劣化范围占构件 60%以上

3. R 值判断方式

R 值为劣化对整体桥梁安全性与服务性的影响，不同构件与不同位置的劣化程度及范围均将产生不同程度的影响，R 值则需依赖检测人员的工程经验及工程素质来判断，但对于初用 DER 检测系统的检查员可能会造成困惑，因此将构件各种劣化情形的 R 值列成表格提供参考，部分专家问卷内容如表 6-9 所示。

表 6-9 桥梁构件劣化类型影响性专家问卷

检测项目	劣化类型	对桥梁结构安全的影响					对桥梁结构服务性的影响				
		0	1	2	3	4	0	1	2	3	4
1. 引道路堤	路堤沉陷										
	冲刷或侵蚀										
	路基掏空										
	边坡滑动										
	裂缝										
2. 引道护栏	混凝土裂缝										
	混凝土剥落										
	混凝土蜂窝										
	护栏脱落										

续表

检测项目	劣化类型	对桥梁结构安全的影响					对桥梁结构服务性的影响				
		0	1	2	3	4	0	1	2	3	4
2. 引道护栏	护栏腐蚀										
	支柱损坏										
	垫块损坏										
3. 河道	河道深切										
	河道水流改道										
	河床掏空										
	河道淤积										
	堤防冲刷或侵蚀										
	高谭地地形盖面										
	盗采沙石										

评分方式根据专家所勾选的影响性编码，从 0 到 4，分别赋予影响数值，将所有专家对该项劣化状况对桥梁结构安全造成影响的分数取平均值，得到该劣化状况对桥梁安全的 R_{safety}；将对桥梁服务性造成影响的分数取平均值，得到该劣化状况对桥梁服务性的 $R_{service}$，最后依据管理单位对结构安全及服务性的重视度给予不同的比例加权平均后四舍五入，得到该劣化状况对桥梁的 R 值。桥墩及主梁等主要受力构件对结构安全性较为重要，其权重取 0.8，而服务性构件取 0.2，此权重依管理单位要求可予以修正。

举例说明如下：假设三位专家给“引道护栏混凝土裂缝”对结构安全影响的评分为 1、1、1，因此，$R_{safety} = (1+1+1)/3 = 1$；三位专家给“引道护栏混凝土裂缝”对服务性的影响的评分为 0、0、0，因此，$R_{service} = (0+0+0)/3 = 0$；$R = (R_{safety} \times 0.8) + (R_{service} \times 0.2) = 0.8$，四舍五入取 1。如表 6-10 所示。

表 6-10　桥梁构件劣化类型影响性计算示例

检测项目	劣化形态	R_{safety}	$R_{service}$	R	R 取值
引道护栏	混凝土裂缝	1	0	1	1

4. U 值判断方式

U 值为维修急迫性，决定劣化构件何时需进行维修，最理想的情况是只要一发现劣化就立即修复，但在维修预算及人力有限时无法立即进行维修，因此由 U 值的判断可决定出该劣化状况是否急需维修，在有限资源下要先修 U 值较高的构件，故此值必须客观，避免人为因素造成实际上需要维修的构件无法分配到资源。

即 D 值描述劣化严重性，站在桥梁管理者的立场，劣化越严重的构件应越快进行处理；E 值表示劣化范围，主要与维修数量及经费有关，一般来说若构件需要维修，无论范围多少都一并处理，因此与维修急迫性的关联性较弱；R 值牵涉到该劣化对桥梁结构安全及服务性的影响程度，对桥梁安全或服务性影响越大的劣化状况发生时越应进行维修，以免该劣化影响用路人安全。

综上所述，U 值的判定与 D 及 R 相关性较大，而与 E 值无较大关系，可由 D 和 R 判断出 U 值，将 D 值与 R 值进行加权求和即可：

$$X = \frac{a}{a+b} \times D + \frac{b}{a+b} \times R \tag{6-1}$$

式中，X 表示紧迫性指标；D 表示劣化程度；R 表示劣化对桥梁结构安全及服务性的影响程度；a 表示 D 值对 U 的影响程度；b 表示 R 值对 U 的影响程度。

X 值越大，表示桥梁维修的迫切性越高，系统预设 $a = 1$，$b = 1$，由表 6-11 可看出所有可能的 X 值为 3/2、4/2、5/2、6/2、7/2、8/2，将 3/2～8/2 划为四等分。$X \leqslant 2$ 时 $U = 1$；$X \leqslant 3$ 时 $U = 2$；$X \leqslant 3.5$ 时 $U = 3$；而 $X > 3.5$ 时 $U = 4$。由此规则即可获得 U 值(表 6-12)。

表 6-11　紧迫性指标 *X* 计算

X		*D*			*a,b*
		2	3	4	
R	1	3/2	4/2	5/2	$a = 1, b = 1$
	2	4/2	5/2	6/2	
	3	5/2	6/2	7/2	
	4	6/2	7/2	8/2	

表 6-12　*X* 值分布与 *U* 值对应关系

X	$X \leqslant 2.0$	$2 < X \leqslant 3$	$3 < X \leqslant 3.5$	$X > 3.5$
U	1	2	3	4

6.2.3　桥梁构件重要性权重

不同构件对桥梁的重要性有所不同，故计算桥梁的状况指标时，管理系统应对不同构件给予不同的权重。我国台湾高速公路部门经过集合该部门内有关桥梁检测人员研讨结果，拟定桥梁各构件重要性的权重如表 6-13 所示。

表 6-13　各构件对桥梁重要性权重

构件	权重	构件	权重	构件	权重	构件	权重
桥墩保护设施	6	引道护栏	2	伸缩缝	6	侧墙	5
桥墩基础	8	河道	4	主构件(主梁)	8	铺装层	3
桥墩墩身	7	河道路堤保护设施	3	次构件(隔梁)	6	排水设施	4
支座	5	桥台基础	7	桥面板或铰接板	7	缘石及人行道	2
抗震块	5	桥台	6	引道路堤	3	护栏	3

6.2.4　综合评价

桥梁综合评估是确定桥梁状态的主要部分，分为桥梁安全评估、桥梁功能评估、结构满足性评估三个方面。

1. 桥梁安全评估

桥梁安全评估是判别桥梁是否处于危险状态、何时进行检测的主要依据，安全评估的项目分别为桥面板、伸缩缝、上部结构、下部结构、限载限速及其他影响荷载安全的异常现象等，共 14 项，所有项目的总分合计为 100，采用表格方式进行说明，如表 6-14 所示。评定标准分三个等级[4]。

表 6-14　桥梁安全评估表

项目	权重	评估内容	危险度评分
设计荷载	6	公路 II 级(0.5)；公路 I 级(0)	
交通流量	10	繁忙交通(1.0)；一般交通(0.5)；轻微交通(0)	
结构形式	6	简支(1.0)；非简支(0.5)	
轨道平整度	4	严重不平整(1.0)；略不平整(0.5)；平整(0)	
桥面铺装层厚度	10	$\frac{H_E-H_0}{0.5\times(H_p+H_0)}\leqslant 1.0$；$H_E-H_0\geqslant 0$ 式中，H_0 为铺装层设计厚度；H_E 为铺装层实际厚度；H_p 为桥面板设计厚度；计算值越接近 1.0 越不安全	
混凝土桥面板	12	严重裂损(1.0)；裂损(0.5)；微裂损(0.25)；无裂损(0)	
伸缩缝构造	6	劣(1.0)；尚可(0.5)；良好(0)	
主梁	12	严重裂损(1.0)；裂损(0.5)；微裂损(0.25)；无裂损(0)	
横隔梁数	4	$\frac{L/(N+1)-6}{12}\leqslant 1.0$ 式中，L 为跨度；N 为中隔梁数目；计算值越接近 1.0 越不安全	

续表

项目	权重	评估内容	危险度评分
横隔梁功能	4	劣(1.0)；尚可(0.5)；良好(0)	
主梁支承现状	6	劣(1.0)；尚可(0.5)；良好(0)	
盖梁桥墩墩台基础	6	严重裂损(1.0)；裂损(0.5)；微裂损(0.25)；无裂损(0)	
限载及限速	4	两者皆无(1.0)；有其中一种(0.5)；两者皆有(0)	
其他异常现象	10	附挂管线、改建、加建及河川冲刷等	
总计	100		
评估者		评估日期	

(1) 危险度评分大于 60，安全有影响，应该立即进行安全详细检测及评估。

(2) 危险度评分为 30～60，安全略有影响，近期应进行详细安全检测及评估。

(3) 危险度评分小于等于 30，安全基本无影响，但须继续进行例行性检测维护。

举例说明桥梁安全评估：假设简支 T 梁跨度为 32m，设计荷载为公路 I 级，每日交通流量为一般交通，桥面严重不平整，铺装层实际厚度为 0.25m，设计厚度为 0.2m，桥面板设计厚度为 0.1m，混凝土桥面板出现微裂缝，伸缩缝构造现状良好，主梁出现微裂损，横隔梁数目为 4，横隔梁功能尚可，主梁支承良好，盖梁桥墩墩台基础良好，危险度得分为 30.4，根据安全评定标准第二条，此桥近期应进行详细安全检测及评估。计算过程汇总于表 6-15。

表 6-15　桥梁安全评估计算示例

桥梁名称	某简支梁桥		桥梁编号
项目	权重	评估内容	危险度评分
设计荷载	6	公路 I 级(0)	$6\times0=0$
交通流量	10	一般交通(0.5)；	$10\times0.5=5$
结构形式	6	简支(1.0)	$6\times1=6$
轨道平整度	4	严重不平整(1.0)	$4\times1=4$
桥面铺装层厚度	10	$\dfrac{H_E-H_0}{0.5\times\left(H_p+H_0\right)}\leqslant1.0;H_E-H_0\geqslant0$ 式中，H_0 为铺装层设计厚度；H_E 为铺装层实际厚度；H_P 为桥面板设计厚度；计算值越接近 1.0 越不安全	$\dfrac{0.25-0.2}{(0.2+0.1)\times0.5}=0.33$
混凝土桥面板	12	微裂损(0.25)	$12\times0.25=3$
伸缩缝构造	6	良好(0)	$6\times0=0$
主梁	12	微裂损(0.25)	$12\times0.25=3$
横隔梁数	4	$\dfrac{L/(N+1)-6}{12}\leqslant1.0$ 式中，L 为跨度；N 为中隔梁数目；计算值越接近 1.0 越不安全	$\dfrac{32/5-6}{12}=0.033$

续表

桥梁名称	某简支梁桥		桥梁编号
项目	权重	评估内容	危险度评分
横隔梁功能	4	尚可(0.5)	4 × 0. 5=2
主梁支承现状	6	良好(0)	6 × 0=0
盖梁桥墩墩台基础	6	无裂损(0)	6 × 0=0
限载及限速	4	有其中一种(0.5)	4 × 0. 5=2
其他异常现象	10	附挂管线、改建、加建及河川冲刷等	5
总计	100		30.4
评估者		评估日期	

2. 桥梁功能评估

功能评估是判断桥梁重要性的主要依据，以“功能降低性”来表示。“功能降低性”的考查项目有结构等级、桥梁承载能力、绕道距离三项[3]。

(1) 结构等级。根据桥梁对该桥附近居民交通的重要性，分为三个等级。

第一级：若该桥梁为当地居民不可或缺的交通要道，或该桥发生损坏时，将造成严重的灾难，评 1～4 分。

第二级：若该桥梁对当地居民为不可忽视的交通要道，或该桥发生损坏时，将造成生命损失，评 5～8 分。

第三级：若该桥梁发生损坏，不致造成毁坏性的后果，或该桥可容许一段时间丧失其服务性，评 9～12 分。

(2) 桥梁承载能力。以桥梁的“平均每日交通量”与“桥梁净宽”的比值来表示。比值并以 200 为界，比值 >200 时评分为 0；比值 $\leqslant 200$ 时评分为 2。

(3) 绕道距离。指该桥梁损坏时，该桥两端的交通需绕道的距离。绕道距离越远，表示该桥越重要。绕道距离以 20km 为界，绕道距离 >20km，评分为 0，绕道距离 $\leqslant 20$km，评分为 1。

(4) 功能指针。表示桥梁功能重要性的功能指针值越低，表示该桥功能越重要，即有损坏时，应立即维修；功能指针值越高，表示该桥功能越不重要，可较缓维修。功能指针计算公式为

$$\mathrm{FI}=\frac{100\times(\mathrm{CS}+\mathrm{BC}+\mathrm{DL}-1)}{12-1} \tag{6-2}$$

式中，FI 表示功能指针；CS 表示结构等级；BC 表示桥梁承载能力；DL 表示绕道距离。

3. 桥梁结构满足性评估

结构满足性表示一座桥梁现况尚拥有其原来结构功能的评估值，使用状况指标量化其行为。

(1) 状况指标的定义。利用状态残余价值评价的观念，假设状况良好，满分为 100，有劣化状况时，先计算该劣化的评分，再以 100 减去劣化的评分后所得的余数，称为状况指标[3]。

(2) 构件状况指标。以构件劣化的检测评估值(D、E、R)计算劣化评分，再以 100 减去劣化评分后所得的余数，即为构件状况指标[3]。构件状况指标计算见式(6-3)和式(6-4)。

$$\mathrm{IC}_{ij}=100-\left[100\times(D+E)\times R_{\mathrm{a}}\right]/\left[(4+4)\times 4a)\right] \tag{6-3}$$

$$\mathrm{IC}_i=\frac{\sum_{j=1}^{n}\mathrm{IC}_{ij}}{n} \tag{6-4}$$

式中，IC_{ij} 表示单个构件的检测评估值；IC_i 表示该类构件的检测评估平均值；a 取 2；n 表示构件数目；i 表示构件类的编号；j 表示单个构件在构件类中的编号。

(3) 桥梁状况指标。桥梁状况指标，是对构件状况指标的加权综合计算。不同构件类对于桥梁的重要性有所不同，故计算桥梁的状况指标时，管理系统应对不同构件类给予不同的权重[3]。计算公式如下：

$$\mathrm{CI}=\frac{\sum_{i=1}^{20}\mathrm{IC}_i\times w_i}{\sum_{i=1}^{20}w_i} \tag{6-5}$$

式中，CI 表示桥梁状况指标；IC_i 表示构件类的检测评估平均值；w_i 表示构件重要性权重。

4. 桥梁综合评估指标计算

1) 优选指标

采用优选指标表示该座桥梁结构劣化的状况，是以构件劣化检测值(D、E、R)及构件对桥梁重要性的权重乘积计算的，但仅计算影响结构安全的构件，不计影响交通安全的构件，计算值为“优选指标”。以一座桥梁检测结果中最差构件的 IC_{ij} 值当作该检测构件类的 IC_i 值，即若有一处桥面板已严重破损，则该桥的桥面板视为严重破损，并根据最差构件 IC_{ij} 值的大小，分三种情况计算某一项构件类的 IC_i，再经加权计算而得优选指标[3]。优选指标计算如下：

(1) 找出各检测构件项目中构件 IC_{ij} 的最小值，即 $\mathrm{IC}_{ij}(\min)$。

(2) 计算每项检测项目构件的 IC_i 值。

若 $\mathrm{IC}_{ij}(\min)$ 值小于 50，则将小于 50 的 IC_{ij} 值计算平均；若 $\mathrm{IC}_{ij}(\min)$ 值介于 50～75，则将此范围的 IC_{ij} 值计算平均；若 $\mathrm{IC}_{ij}(\min)$ 值介于 75～100，则将此范围的 IC_{ij} 值计算平均。

(3) 计算优选指标。将桥梁检测项目中影响结构安全项目的 IC_i 值，经过加权计算可以得到优选指标，计算见式(6-6)。

$$PI = \frac{\sum_{i=1}^{20}(IC_i \times w_i)}{\sum_{i=12}^{20} w_i} \tag{6-6}$$

式中，PI 表示优选指标；IC_i 表示结构构件状况指标；w_i 表示结构构件重要性权重；i 表示检测构件类的编号，表示影响结构安全的构件。

2) 功能指标

功能指标是表示桥梁功能重要性的，功能指针值越低，表示该桥功能越重要，即有损坏时，应立即维修；功能指针值越高，表示该桥功能越不重要，可较缓维修。计算过程见式(6-2)。

3) 整体性优选指标

桥梁整体性优选指标，是考虑结构满足性计算优选指标，考虑功能降低性计算功能指标，并综合考虑优选指标及功能指标，而得到整体性优选指标。其计算流程如图 6-3 所示。整体性优选指标计算公式如下：

$$OPI = (w_P \times PI) + (w_F \times FI) \tag{6-7}$$

式中，$w_P + w_F = 1$；OPI 表示整体性优选指标；PI 表示优选指标；w_P 表示优选指标权重；w_F 表示功能指标权重；FI 表示功能指标；本章主要考虑结构满足性，故取优选指标权重 w_P 为 0.8，而功能指标权重 w_F 为 0.2，此权重可根据管理单位要求进行调整。

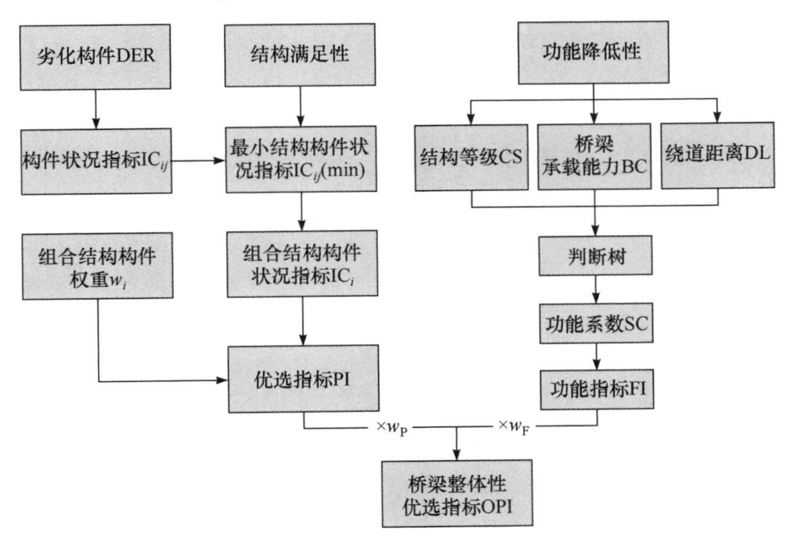

图 6-3　整体性优选指标计算流程

6.2.5　评价决策

网络级决策是针对整个桥梁网。决策过程是根据桥梁主管部门的相关政策和预算方案，制定网内的管理政策和管理目标；通过分析各桥梁的状况及维修计划，对其进行优选排序；制定投资预算的优先分配方案；选择养护维修措施的经济有效对策；以达到合理地分配和使用有限养护资金，使网内桥梁处于良好的服务水平[7]。

项目级决策是网络级决策的基础和结果。项目级管理系统在对桥梁检查的基础上，产生养护需求，并向网络级管理系统提供养护计划，由网络级管理系统决策；同时，要根据网络级管理系统的管理目标、资金分配计划和养护维修计划，制定项目内具体的管理办法、资金使用计划和养护维修方案。在决策过程中，对一个或多个桥梁项目在评定、优先排序、费用分析和对策分析的基础上，确定需进行维修养护的工程项目[7]。为使做出的养护决策具有科学性、可行性，在决策过程中，常采用的方法有经济分析法、排序法和优化法[7]。

经济分析法全面考虑桥梁寿命周期内的所有主要费用，将桥梁各个时期内发生的费用以现值表示，通过分析、比较各方案的合理性，从而做出决策。这种方法在分析过程中，不仅考虑桥梁建设的初期建设费，同时还要考虑整个分析期内的养护费、改建费以及产生的经济效益等。所以，由此做出的决策是以可靠的经济分析为基础，使各项资源得到最有效的利用[7]。项目排序和方案优化是通过对可能的项目或项目的各个决策方案进行分析、比较，按某种指标(如使用功能指标、经济分析参数、总费用、效益等)进行判断，确定各项目或方案的优先排序。排序模型通常是在初步确定维修或改建时间和决策的情况下，根据预算的约束和优先次序的要求，决策某一时间段内的项目规划。优化方法是在决策时，同时考虑网内各个项目的决策方案和采取措施的时间，以确定在规划期限内可使整个桥梁网得到最大效益的最佳决策方案。排序方法简单易行，灵活方便。对于网络级桥梁管理系统，在资金有限的条件下，考虑各个项目的轻重缓急，优先安排对交通运输影响大、急需解决的项目，以合理地分配和使用有限资金，保证桥梁网处在规定的服务水平上，使养护维修资金发挥最佳的经济效益和社会效益。

针对网络级桥梁管理系统和 DER&U 评估法的特点，采用排序法进行决策。排序方法模型是在安排好桥梁网内的改建时间和改建决策，考虑预算约束和优先次序的基础上，决策规划期内的项目规划。如果改建时间是以桥梁的技术状况指标下降到一定水平作为判断标准，则改建时间可与改建对策分开考虑，这时采用的方法是按桥梁的技术参数进行各项目的排序；若不以时间为标准，而以各项目的经济分析参数为标准排序，这时，改建项目和改建对策是同时确定的。因此，有两种排序方法：按技术参数排序法和按经济分析研究参数排序法[7]。按桥梁的技术参数排序时，通常是按照决策者的工程经验，提出影响桥梁技术参数的几个主要因素，使之定量化，并制定相应的排序规则，由此得出项目的排序结果。这种排序方法受人为因素影响较大，得到的排序结果并非最佳。但这种方法概念清楚，容易被接受，对管理水平较差的地方更突显其优点。按桥梁技术参数排序方法排序时，将桥梁整体性优选指标、维修费用作为主要影响因素，排序的原则如下。

(1) 整体性优选指标越低的桥梁最先维修。

(2) 整体性优选指标分数相近时，遵循费用最低最先维修。

对网内桥梁的使用功能和结构满足性两个方面进行综合评估，并在数据库中记录下评定结果，根据桥梁整体性优选指标进行桥梁状况排序。然后根据桥梁病害的处制方法数据库对网内的每座病害桥梁进行维修决策确定。并确定桥梁加固维修工程量，进而根据单价费用进行桥梁维修总费用分析。

桥梁维修总费用 = 单价费用 × 维修工程量。

6.3　项目级桥梁状态评估

6.3.1　不确定层次分析法

由于影响桥梁技术状态的劣化项目非常多，而且难免有主次之分，所以采取的评定方法必须能够比较全面地考虑各种劣化项目(包括劣化等级)，同时又能够体现出各劣化项目对桥梁整体状态影响作用的不同，而且应该能够区别劣化项目数量的不同对桥梁状态的影响，从而使其对桥梁实际出现的劣化行为能够较为充分、精确地加以反映。此外，评定方法对于不同规模的桥梁之间应该具有可比性，以便能够排出优劣次序。针对上述问题，根据项目及桥梁状况评估的要求，选择不确定层次分析法对其进行评估。

1. *层次分析法*

层次分析法[8](the analytic hierarchy process，AHP)是美国著名的运筹学专家匹兹堡大学教授 Saaty 于 20 世纪 70 年代提出的将半定性、半定量问题转化为定量计算的一种有效方法，原理简单，有较严格的数学依据，广泛应用于复杂系统的分析与决策。它将复杂系统层次化，通过逐个比较各关联因素(组成部分)的重要性来分析、决策。它的最终目的是比较若干因素对同一目标的影响，从而确定各因素在总的作用中所占的权重。该权重的获得是通过对各因素的两两比较来实现。运用 AHP 法进行桥梁状态评估[9]，大体可分为五个步骤。

(1) 建立系统的递阶层次结构。

这是AHP法中最重要的一步。层次结构划分的合理与否将直接影响最终的评判结果。首先将所研究的问题分解为若干组成部分，称为元素或指标，再将各元素按某种属性分为若干组，从而形成不同的层次。同一层元素对下层元素起支配作用，同时也受到上层元素的制约。这种逐层支配关系即形成了所谓的递阶层次结构。

(2) 构造两两比较判断矩阵。

建立递阶层次结构后，上下层元素间的相互关系就被确定了。以上一层次的元素 B_K 作为准则，其对下一层次元素 A_1、A_2、…、A_n 有支配作用。层次分析法是采用两两比较的方法来得到准则 B_K 下各元素的权重，即比较 A_i 与 A_j 对 B_K 的影响程度，以 a_{ij} 表示。该方法使用 1～9 的比例标度(表 6-16)来度量 a_{ij}。由 n 个元素彼此相互比较，即构成了两两比较判断矩阵 $A=(a_{ij})_{n\times n}$。显然，判断矩阵为正互反矩阵，其具有如下性质：$a_{ij}>0$；$a_{ij}=1/a_{ji}$；$a_{ii}=1(i,j=1,1,2,\cdots,n)$。

表 6-16　1～9 标度的含义

标度	含义
1	两个因素相比，具有同样重要性
3	两个因素相比，前者比后者稍重要
5	两个因素相比，前者比后者明显重要

续表

标度	含义
7	两个因素相比，前者比后者强烈重要
9	两个因素相比，前者比后者极端重要
2，4，6，8	表示上述相邻判断的中间值

1～9 标度方法的思维量化并非来自主观想象，其具有一定的科学依据。日常人们在区别事物时，常采用五种判断来表示：相等、较强、强、很强和绝对强。当需要更高精度时，可以比较相邻判断。同时，心理学试验表明，大多数人在同时比较若干对象时，能区别差异的极限为 7±2，这恰可用 9 个数字来表示。这说明该标度反映了大多数人的判断能力，因而是可信赖的。

(3) 计算被比较元素相对权重。

权重的计算方法主要有特征根法、对数最小二乘法、最小二乘法、和法、根法等[10]。

(4) 一致性检验。

在两两比较判断矩阵元素的确定中，由于客观事物的复杂性以及人类判断能力的差别，决定了人们所构造的判断矩阵难以达到完全一致，从而会出现 A 比 B 重要、B 比 C 重要、C 比 A 重要的错误结果。因此，一致性偏离过大时，将特征向量 w 作为权重进行判断时，将会造成判断的失误。因此，在计算出判断矩阵最大特征根$\lambda_{\max}$ 对应的特征向量 w 后，应对判断矩阵进行一致性检验。

(5) 计算各层元素对系统目标的合成权重进行排序，逐层进行一致性检验。

在实际应用时，整体一致性检验常常可以省略。事实上决策者在给出单准则下判断矩阵时，是难以对整体进行考虑的，当整体一致性不满足要求时，进行调整也比较困难，因此目前大多数实际工作都没有对整体一致性进行严格检验。其必要性有待进一步探讨。

2. *不确定层次分析法*

1) 不确定层次分析法产生的背景

在应用层次分析法进行综合评估的过程中，关键是构造合理的判断矩阵以求得与实际相符的指标权重。一般的 AHP 中，专家对两个指标进行比较所得的重要性程度只能用介于 1/9～9 的一个数字来表达，没有别的选择。即用确定性的数字量化具有模糊性的事物，这显然是不适宜的[11-13]。在实际问题中，客观因素的复杂性、不确定性，使专家没有把握对因素的相对重要程度做出精确判断，如果代之以区间数对两因素的相对重要性做出判断，这时的判断矩阵称为不确定判断矩阵，这种分析方法称为不确定层次分析法。

不确定判断矩阵与人们判断的模糊性和不确定性是相符的。例如，甲比乙稍微重要，按照 1～9 标度在判断矩阵中其对应值应为 3，但实际上甲比乙稍微重要是一个模糊的概念，仅用 3 无法反映这种模糊性。另外，事物间的比较存在不确定性，在确定两个指标的重要性程度时，从不同的方面进行比较所得的重要性程度很可能不同，如可能会有 3.5、4、4.5 等多个结果，用一个确定的数字很难表达。如果用区间数表示，可以较好地反映事物的模糊性和不确定性，便于表达专家的意见，更能反映事物的实际状态，从而使评价结果更客观和可信。上述例子若用区间数来描述，比较的结果可以表示为[3.5, 4.5]，这种表示较好地反映了专家对事物间模糊关系的认识。

2) 不确定判断矩阵及其权重计算

不确定判断矩阵中的元素为区间数，故又称为区间数判断矩阵。对于不确定判断矩阵，$V_{ii}=[1,1]$，$V_{ij}=[a_{ij},b_{ij}]$，$V_{ji}=1/V_{ij}=[1/b_{ij},\ 1/a_{ij}]$，$a_{ij}$ 和 b_{ij} 为评判结果的上下限值。其中 $a_{ij}\geqslant 1/9$，$b_{ij}\leqslant 9$。其判断矩阵的形式如表 6-17 所示。

表 6-17　不确定判断矩阵

C	V_1	V_2	…	V_N
V_1	1,1	A_{12}, B_{12}	…	A_{1N}, B_{1N}
V_2		1,1	…	A_{2N}, B_{2N}
…			1,1	…
V_N				1,1

对现有的不确定 AHP 仍采用两两比较的方法，但两两比较采用区间标度，相应的判断矩阵以区间数判断矩阵的方式给出，这导致区间判断矩阵权重的求解方法与确定型判断矩阵的求解方法不同。求解区间数判断矩阵权重的方法目前主要有以下几种：运用梯度特征向量求解权重的方法[14]，利用判断矩阵的一致性逼近与误差理论计算权重[15]，运用区间数的运算法则计算权重[16]等方法。其中最为合理、应用最广泛的方法是利用判断矩阵的一致性逼近与误差理论计算权重，因此下面将详细给出应用该方法求解区间数判断矩阵权重的过程。

3. 区间数判断矩阵权重计算理论

1) 区间数判断矩阵一致性逼近的计算理论

定义 1：称 $A=A_{(ij)n\times n}$, $A_{ij}=[a_{ij},\ b_{ij}]$为一个区间数判断矩阵，若：①$A_{ij}=[a_{ij}, b_{ij}]$，且 $1/9\leqslant a_{ij}\leqslant b_{ij}\leqslant 9$；②$A_{ij}=1/A_{ji}$，$A_{ji}=[1/b_{ij},\ 1/a_{ij}]$；③$A_{ii}=[1,1]$，$i=1,2,\cdots,n$。若 $\forall\, i,j$ 有 $a_{ij}=b_{ij}$，则称 A 为确定型判断矩阵。

定理 1：设 $A=a_{(ij)n\times n}$ 为一致性数字判断矩阵，则 A 的权重向量为

$$w=\left(w_1,w_2,\cdots,w_n\right) \tag{6-8}$$

式中，

$$w_j=\frac{1}{\sum\limits_{i=1}^{n}a_{ij}},\quad j=1,2,\cdots,n \tag{6-9}$$

定理 2：设 $A=A_{(ij)n\times n}$, $A_{ij}=[a_{ij},\ b_{ij}]$，取

$$m_{ij}=\left(\prod_{k=1}^{n}\frac{a_{ik}b_{ik}}{a_{jk}b_{jk}}\right)^{\frac{1}{2n}} \tag{6-10}$$

$M=\left(m_{ij}\right)_{n\times n}$ 为满足互反性的一致性数字矩阵，令 M 的权重向量为 $W=\left(w_1,w_2,\cdots,w_n\right)$，其中：

$$w_j=\frac{\left(\prod_{k=1}^{n}a_{jk}b_{jk}\right)^{\frac{1}{2n}}}{\sum_{i=1}^{n}\left(\prod_{k=1}^{n}a_{jk}b_{jk}\right)^{\frac{1}{2n}}},\quad j=1,2,\cdots,n \tag{6-11}$$

定理 3：如果区间数判断矩阵 $A=A_{(ij)n\times n}$，$A_{ij}=[a_{ij},\ b_{ij}]$，$a_{ij}=b_{ij}$，则一致性逼近可得判断矩阵 M 的排序向量与 A 以传统 AHP 中的最小二乘法求出的权重相同。

2) 误差传递理论在权重计算中的应用

将区间数判断矩阵 $A=A_{(ij)n\times n}$，$A_{ij}=[a_{ij},\ b_{ij}]$一致性逼近可得判断矩阵 M，计算其权重向量为 $W=(w_1, w_2,\cdots,w_n)$，$\varDelta_1 M=(m_{ij}.a_{(ij)})_{n\times n}$，$\varDelta_2 M=(b_{ij}.m_{(ij)})_{n\times n}$，$\varDelta_1 M$ 与 $\varDelta_2 M$ 称为 A 与 M 的极差矩阵。考虑随机误差的传递计算，设函数 $y=f(x_1, x_2,\cdots,x_n)$，$x_1, x_2,\cdots,x_n$ 的随机误差记为 $\sigma_{x1}^2, \sigma_{x2}^2,\cdots, \sigma_{xn}^2$，相应的均方差为 $\sigma_{x1}, \sigma_{x2},\cdots, \sigma_{xn}$，则函数 y 的随机误差均方差的计算公式为

$$\sigma_y^2=\sum_{i=1}^{n}\left(\frac{\partial f}{\partial x_i}\right)^2\sigma_{x_i}^2+2\sum_{1\leqslant i\leqslant j\leqslant n}\left(\frac{\partial f}{\partial x_i}\frac{\partial f}{\partial y_i}\rho_{ij}\sigma_{xi}\sigma_{yi}\right) \tag{6-12}$$

式中，ρ_{ij} 为相关系数。若各 x_i 的随机误差相互独立，则上面的公式可以简化为

$$\sigma_y^2=\sum_{i=1}^{n}\left(\frac{\partial f}{\partial x_i}\right)^2\sigma_{xi}^2 \tag{6-13}$$

由于在大多数实际问题中，采用极差进行误差评定比较容易，因此函数 y 的随机误差传递公式可改为

$$\left(\Delta Y\right)^2=\sum_{i=1}^{n}\left(\frac{\partial f}{\partial x_i}\right)^2\left(\Delta X_i\right)^2 \tag{6-14}$$

应用误差传递公式(6-14)可进行区间数判断矩阵的权重向量分析计算，可得

$$\left(\varDelta_k w_j\right)^2=\frac{1}{\left(\sum_{i=1}^{n}m_{ij}\right)^4}\sum_{i=1}^{n}\varDelta_k^2\left(m_{ij}\right),\quad k=1,2 \tag{6-15}$$

由极差矩阵定义可知

$$\varDelta_1 m_{ij}=\left(m_{ij}-a_{ij}\right),\quad \varDelta_2 m_{ij}=\left(b_{ij}-m_{ij}\right) \tag{6-16}$$

由此可得区间数判断矩阵的权重为 $\overline{W}=\left(\overline{w_1},\overline{w_2},\cdots,\overline{w_n}\right)$，其中：

$$\overline{w_j}=\left(w_j-\varDelta_1 w_j, w_j+\varDelta_2 w_j\right) \tag{6-17}$$

4. 区间数判断矩阵权重计算步骤

(1) 根据专家调查构造的上三角区间数判断矩阵，根据互反性质，$A_{ij}=1/A_{ji}$，可得区间数判断矩阵 $A=(A_{(ij)n\times n}$，$a_{ji}=1/b_{ij}$，$b_{ji}=1/a_{ij}$。

(2) 对区间数判断矩阵 A 进行一致性逼近，计算 M 的权重 $W=(w_1,w_2,\cdots,w_n)$。

(3) A 与 M 的极差矩阵，利用误差传递公式(6-15)求 $\Delta_1 w_j$ 、 $\Delta_2 w_j$ ，然后由式(6-17)计算权重区间。

这种利用误差分布技术测定复合误差的方法，其最大的优点是误差分布的计算遵循了原有确定性问题的算法。同时也应注意到误差传递公式是根据泰勒公式展开并且忽略高阶项而线性化得到的，因此在误差传递的计算中还是存在一定的微量偏差，但这种方法仍具有概念清晰、通用性强、适合求解复杂算法等特点，并不影响实际问题的解决。

不确定层次分析法用一个区间数表示专家的判断，在解决那些复杂的带有模糊性和不确定性的问题时，比用一个确定的数值更符合实际，更能体现客观性，因此较之传统的层次分析法又前进了一步，但由于区间数判断矩阵权重为一区间值，原有的评价方法已不适用，故需寻求一种新的评估理论。

6.3.2 群判断、集值统计和重心决策

在通常的评价中，如果有多位专家参与评价，在综合各专家意见的过程中一般采用简单的算术平均，这样无法反映各专家评判水平的差异，显然不够合理。在以层次分析法为基础的综合评价中，区间数与人们判断的模糊性和不确定性是相符的，能较大程度上弥补确定性数值的缺陷，但是由于区间数不能直接用于原有的综合评价方法，所以区间数判断矩阵一直未能应用于综合评价中，而集值统计和重心决策理论则是解决这一问题的一种方法[17]。

1. 群判断

对于复杂的大系统，如果仅靠一个专家往往无法充分反映事物的客观事实，易导致判断的失真甚至误判，故需要发挥群体的智慧来去除由于个人偏好而产生的判断偏差。当有多个专家构造判断矩阵时，如何根据这些判断矩阵确定出一个较为准确的权重，一直是一个难题。如果采用简单的算术平均，则无法反映各个专家水平的影响，这显然不合理。如果能考虑专家的评判水平，用权重的大小反映专家水平的高低，采用加权平均的方法，则可以提高评判的准确性。专家填写的判断矩阵实际上已间接地反映出专家的水平，故可以通过一定的方法，求得判断矩阵的可信度并以此作为专家的可信度。

一个专家的判断与群体判断的综合结果越相近，说明其可信度越高，其权重也应越大。一个评价层次一般有多个指标，如果指标间联系较为紧密，专家在对单个指标评判时，也必然同时考虑指标间的联系。为此专家的权重可以从两个方面考虑：既考虑评判的总体的相似性也考虑局部的差异性。把专家的判断矩阵看作一个多维向量，则两向量的空间位置关系可反映评判的总体相似性，而空间位置关系又可以用向量的夹角来表示。但是仅用相似性还不能完全反映某个评价结果与总体评价结果之间的差别，因为评判结

果是有大小的，相似性无法反映大小，需考虑评判结果之间的差异性，把相似性与差异性结合起来，才能准确地确定权重。

为求专家的权重，首先把专家的判断矩阵按以下方法形成多维向量：根据前面提出的不确定判断矩阵的一致性逼近方法，形成新的判断矩阵，再把新矩阵的各行向量依序排成一行，形成新的向量，然后以这个向量作为确定专家权重的基础。

1) 群判断中相似性的计算方法

用于反映专家评判相似性的量，即向量间的空间位置关系，可利用两向量的夹角余弦的大小来反映；夹角越小，余弦越大，两向量相似程度越高；反之，相似程度越差。设有两个 n 维行向量 α 和 β，两向量间的夹角为 θ，则由向量夹角的余弦定义可知

$$\cos\theta=\frac{(\alpha,\beta)}{\|\alpha\|\|\beta\|}=\frac{\sum_{i=1}^{n}\alpha_i\beta_i}{\sqrt{\sum_{i=1}^{n}(\alpha_i)^2}\sqrt{\sum_{i=1}^{n}(\beta_i)^2}} \tag{6-18}$$

定义 $\eta=\cos\theta$ 为两向量的几何相似系数，则 $0\leqslant\eta\leqslant1$，当且仅当 $\alpha=k\beta$ 时，$\eta=1$。

按照前述转换方法把 m 个专家所做的判断矩阵转换为 m 个行向量：$\alpha_1, \alpha_2,\cdots,\alpha_m$，令 η_{ij} 表示 α_i 与 α_j 夹角的余弦，即几何相似系数，其值可由式(6-18)得到。令

$$\eta^{(i)}=\sum_{j=1}^{m}\eta_{ij}-1 \tag{6-19}$$

该式表示向量 α_i 与其他向量的相似性之和，$\eta^{(i)}$ 越大，表明第 i 个专家的判断与其他专家的判断越接近，从而 α_i 的可信度越高。把 $\eta^{(i)}$ 归一化，即可得到用于描述第 i 个专家的评判与其他专家评判相似程度大小的量 $u^{(i)}$：

$$u^{(i)}=\frac{\eta^{(i)}}{\sum_{j=1}^{m}\eta^{(j)}} \tag{6-20}$$

2) 群判断中差异性的计算方法

把 m 个专家的判断矩阵转换为 m 个行向量：$\alpha_1,\alpha_2,\cdots,\alpha_m$，其中 $\alpha_k=(\alpha_{k1},\alpha_{k2},\cdots,\alpha_{kn})$，表示第 k 位专家对 n 个评判指标所做的评判值。令 e_i 为各专家在第 i 个评判指标处所做评判值的均值，则有

$$e_i=\frac{1}{m}\sum_{k=1}^{m}\alpha_{ki},\quad i=1,2,\cdots,n \tag{6-21}$$

令 $\sigma_{ki}=|\alpha_{ki}-e_i|$，为第 k 位专家对第 i 个评判指标的评判值与均值的差值；再令 $\sigma_k=\sum_{i=1}^{n}\sigma_{ki}(k=1,2,\cdots,m)$，表示第 k 位专家对每一评判指标的评判值与对应指标评判值的均值的差值总和。令 $\delta^{(k)}=\dfrac{\sigma_k}{\sum_{k=1}^{m}\sigma_k}(k=1,2,\cdots,m)$，表示第 k 位专家的差值总和与所有专家

的差值总和的比值，$\delta^{(k)}$称为第k位专家的差异度，该值越大，可信度越低，反之越高。

3) 群判断中可信度的计算方法

在求出相似性与差异性后，把相似性与差异性作为可信度的两个变量，已知两者大小即可确定出可信度。令w_k表示第k个专家的可信度，也即专家的权重，则可信度如下[18]。

若$\sum_{k=1}^{m}u^{(k)}\delta^{(k)}\neq 1$，则

$$w_k=\frac{u^{(k)}\left(1-\delta^{(k)}\right)}{1-\sum_{k=1}^{m}u^{(k)}\delta^{(k)}} \tag{6-22}$$

否则$w_k=u^{(k)}$。

2. 集值统计

1) 集值统计的定义

在普通的概率统计中，每次试验所得到的是相空间(可能观测值的集合)中一个确定的点，模糊统计的每一次试验结果，是相空间的一个子集。普通的概率统计试验多数是对某物理量进行观测，很少依赖人的心理反应，模糊统计却与心理过程密切相关，它是通过心理测量进行的。物理心理学的大量试验表明，通过各种感觉(视觉、听觉、味觉、嗅觉、触觉)器官而获得的心理反应量与外界的各种物理刺激量(亮度、响度、甜度、香度、重量)的变化之间存在相当准确的幂函数定律，说明科学的心理测量方法可以客观地反映现实。对于那些没有物理、化学或其他测量手段度量的非量化的对象，心理测量变成了数量化的一种重要手段。

如果每次试验所得到的是相空间的一个(普通或模糊)子集，这样的试验称为集值统计试验。集值统计是一种新的统计思想，它是经典统计与模糊统计的拓广，将大大扩展统计试验的用处。利用集值统计原理，评价者可以较充分地利用评价过程中获得的信息，较容易地处理评价中经常遇到的不确定性、随机性、模糊性和一些心理因素的影响，更易于集中不同的意见。

一般来说，在桥梁评估中有些评价指标很难进行定量计算，如防排水失效、钢筋锈蚀等，对于这类指标只能进行粗略估算和专家定性分析，分等级半定量描述。但这种评价不仅包含许多不确定性、随机性和模糊性，而且涉及心理因素。即使是同一评价者，在不同时间对同一对象的评价也可能给出不同的结果，不同的评价者其结果可能相差更大。而且有些估算往往只能得到一个大致的范围，有些评价者常用“大约是多少”、“在多少到多少之间”等方式表达他们的估计。采用集值统计原理可处理这类不确定的模糊评价。

2) 区间数随机集及其落影

当有多个专家对某个指标进行区间数评价时，可以采用集值统计的方法求得综合各专家意见的权重。每一个专家对某个指标所做的评判可看作一次试验，试验的结果是一

个子集(区间)。这个子集相当于一个评价者对某一指标的一个区间估计，对于可以概算的指标则为一个概算范围；而对于定性分析的指标，则为一个估价的等级区间；记为 $\left[u_1^{(k)},u_2^{(k)}\right]$，$k$ 表示第 k 个评价者。若有 n 个评价者，便可得到 n 个区间值，从而形成一个集值统计序列 U：$\left[u_1^{(1)},u_2^{(1)}\right],\left[u_1^{(2)},u_2^{(2)}\right],\cdots,\left[u_1^{(n)},u_2^{(n)}\right]$，称为随机集。

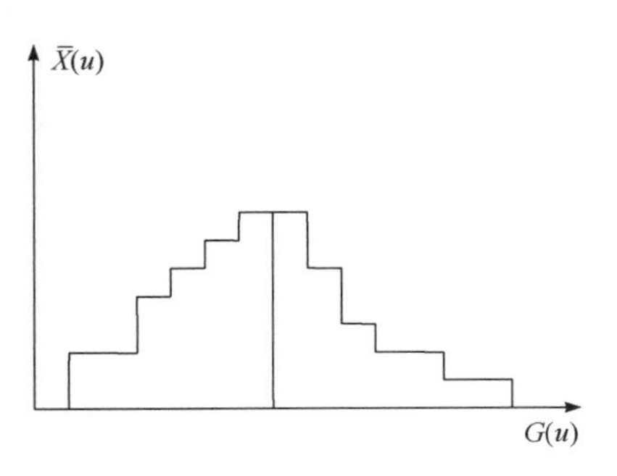

图 6-4　随机集分布图

与概率统计试验中的随机变量类似，集值统计试验是对随机集的实现，集值统计中与概率统计相对应的、表示概率含义的量称为落影。在概率统计中，概率表示某个随机点落入某固定区间的频率统计，而在集值统计中，落影表示某个随机区间罩住某个固定点的频率统计。这 n 个子集叠加在一起形成覆盖在评价轴上的一种分布，如图 6-4 所示。

其中，$\bar{X}(u)$ 称为样本落影函数，表示这 n 个评价值包含某个数值 u 的概率，与模糊统计中的隶属度函数类似，其表达式为[19]

$$\bar{X}(U)=\frac{1}{n}\sum_{k=1}^{n}x_{\left[u_1^{(k)},u_2^{(k)}\right]}(u)=\frac{1}{n}\sum_{k=1}^{n}p_k,\quad 0\leqslant\bar{X}(U)\leqslant 1 \tag{6-23}$$

式中，

$$p_k=x_{\left[u_1^{(k)},u_2^{(k)}\right]}(u)=\begin{cases}1, & u_1^{(k)}\leqslant u\leqslant u_2^{(k)}\\ 0, & \text{其他}\end{cases} \tag{6-24}$$

3) 考虑专家权重的样本落影函数

上述样本落影函数的确定方法实际是把各专家看成等权重的，但实际上各专家的水平往往不同甚至存在较大的差距，为反映这种差别，提出加权的样本落影函数：如上所述，设有 n 个专家，对某个指标进行评价共得到 n 个区间值，形成一个集值统计序列 U。第 k 个专家的权重为 w_k，且 $\sum_{k=1}^{n}w_k=1$，w_k 可以由式(6-22)得到。则考虑专家权重的样本落影函数定义为

$$\bar{X}(U)=\sum_{k=1}^{n}w_k x_{\left[u_1^{(k)},u_2^{(k)}\right]}(u)=\sum_{k=1}^{n}w_k p_k \tag{6-25}$$

3. 重心决策理论

求得样本落影函数之后，便可以估计某个指标的值。根据专家评价值形成的随机集的分布，可得随机集的重心。随机集重心定义为：如果域 A 为实数域中的有界可测集，则 A 上的某个集值统计序列 U(n 个区间值，其在评价轴上的分布如图 6-4 所示)的样本落影函数 $\bar{X}(u)$ 的重心，即上述分布图形的重心定义为[20]

$$G(U)=\frac{\int_A \bar{X}(U)u\mathrm{d}u}{\int_A \bar{X}(U)\mathrm{d}u} \tag{6-26}$$

式中，$\int_A \bar{X}(U)\mathrm{d}u \neq 0$。

式(6-26)中 $G(U)$表示随机集的样本落影函数的重心在评价轴上的值，即该指标的评价值。随机集的重心是其固有属性，刻画了随机集的样本落影函数在域内集中的中心位置，可以用重心处的评价值作为该指标的评价值。对于图 6-4 所示的分布情形，其重心一般在凸函数取极大值的点附近。

设$u_{\max}$和$u_{\min}$分别为指标可能取得的最高值和最低值，可以证明

$$\int_{u_{\min}}^{u_{\max}} \bar{X}(U)\mathrm{d}u=\sum_{k=1}^{n} w_k\left[u_2^{(k)}-u_1^{(k)}\right] \tag{6-27}$$

$$\int_{u_{\min}}^{u_{\max}} \bar{X}(U)u\mathrm{d}u=\frac{1}{2}\sum_{k=1}^{n} w_k\left[\left(u_2^{(k)}\right)^2-\left(u_1^{(k)}\right)^2\right] \tag{6-28}$$

则有

$$G(U)=\frac{\int_A \bar{X}(U)u\mathrm{d}u}{\int_A \bar{X}(U)\mathrm{d}u}=\frac{\int_{u_{\min}}^{u_{\max}} \bar{X}(U)u\mathrm{d}u}{\int_{u_{\min}}^{u_{\max}} \bar{X}(U)\mathrm{d}u}=\frac{1}{2}\frac{\sum_{k=1}^{n} w_k\left[\left(u_2^{(k)}\right)^2-\left(u_1^{(k)}\right)^2\right]}{\sum_{k=1}^{n} w_k\left[u_2^{(k)}-u_1^{(k)}\right]} \tag{6-29}$$

当指标可以定量计算时，对所有的 k，$u_1^{(k)}=u_2^{(k)}=e$(某一常数)，则有

$$\bar{X}(U)=\begin{cases}1, & u=e\\ 0, & u\neq e\end{cases} \tag{6-30}$$

指标的估价值为$G(U)=e$。

这种处理方法不仅可以处理不确切的评价，而且可以很方便地集中多种不同意见，减少了评价中的随机误差。为充分利用评价过程中的信息，除获得$G(U)$外，还可以通过分析$\bar{X}(U)$的分布获得评价者对指标的把握程度[21]，$\bar{X}(U)$分布形式有图 6-5 所示的三种情况。

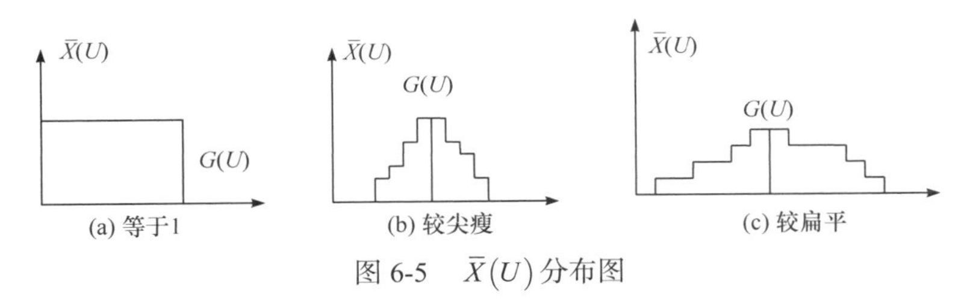

图 6-5　$\bar{X}(U)$分布图

$\bar{X}(U)$分布一：当指标可以准确定量计算时，$\bar{X}(U)$除了在$u=e$处等于 1 外，其他

点处都为零。这说明评价者对指标完全有把握，如图 6-5(a)所示。

$\bar{X}(U)$ 分布二：对于难以准确定量计算的指标，当 n 个区间分布较为集中时，则说明评价者对指标的把握程度较高，此时 $\bar{X}(U)$ 形状较为尖瘦，如图 6-5(b)所示。

$\bar{X}(U)$ 分布三：对于难以准确定量计算的指标，当 n 个区间分布很不集中时，则说明评价者对指标的把握程度较小，此时 $\bar{X}(U)$ 形状较为扁平，如图 6-5(c)所示。

以上分析表明，n 个估计区间的分布集中程度，即 $\bar{X}(U)$ 形状的“胖瘦”，反映了评价者对指标的把握程度。据 $\bar{X}(U)$ 可以分析难以准确定量计算指标评价值的可靠度。定义

$$g=\frac{\int_{u_{\min}}^{u_{\max}}\bar{X}(U)\left[u-G(U)\right]^{2}\mathrm{d}u}{\int_{u_{\min}}^{u_{\max}}\bar{X}(U)\mathrm{d}u} \tag{6-31}$$

可以证明：

$$\int_{u_{\min}}^{u_{\max}}\bar{X}(U)\left[u-G(U)\right]^{2}\mathrm{d}u=\frac{1}{3}\sum_{k=1}^{n}w_k\left[\left(u_2^{(k)}-G(U)\right)^{3}-\left(u_1^{(k)}-G(U)\right)^{3}\right] \tag{6-32}$$

由式(6-27)、式(6-32)得：

$$g=\frac{1}{3}\frac{\sum_{k=1}^{n}w_k\left[\left(u_2^{(k)}-G(U)\right)^{3}-\left(u_1^{(k)}-G(U)\right)^{3}\right]}{\sum_{k=1}^{n}w_k\left[u_2^{(k)}-u_1^{(k)}\right]} \tag{6-33}$$

由 g 的定义可知，g 越大，评价者对指标的把握程度越小，指标评价值的可靠度越小。故定义指标的置信度如下：指标 c_i 的置信度 $b_{\mathrm{d}i}$ 为指标评价值可靠度的一种度量[21]。

$$b_{\mathrm{d}i}=\frac{1}{1+g_i},\quad i=1,2,\cdots,n \tag{6-34}$$

指标评价值可靠度程度越大，指标置信度越高。

6.3.3　指标权重确定方法

集值统计与重心决策理论的引入是为了求解当评判值为区间时各指标的权重。对于某个上级指标 V，其下级子指标有 n 个：V_1，V_2，…，V_n。采用专家调查的方法，获得指标 V 的两两比较不确定型判断矩阵，每个专家所做的不确定型判断矩阵可采用式(6-17)求得对应的权重向量，其结果为 n 个区间值。若有 m 个专家，则有 m 组。则对于第 i 个指标，有 m 个区间值，把这 m 个区间值看作一个随机集：$\left[u_1^{(1)},u_2^{(1)}\right],\left[u_1^{(2)},u_2^{(2)}\right],\cdots,\left[u_1^{(m)},u_2^{(m)}\right]$。由式(6-22)求得专家的可信度，然后根据式(6-29)求得综合各专家意见的权重，记为 w_{i1}，w_{i1} 主要反映专家的主观性，称为指标的主观权重。

另外，指标的权重还应包含对其客观性和可信性的考虑，为此这里引入 w_{i2} 来反映客观性和可信性，w_{i2} 称为指标的客观权重。w_{i2} 可以根据式(6-34)，并考虑到归一化，由下

式求得。定义

$$w_{i2} = \frac{b_{\mathrm{d}i}}{\sum_{i=1}^{n} b_{di}}, \quad i = 1, 2, \cdots, n \tag{6-35}$$

指标权重涉及多方面的因素，因此需进一步求得考虑多种因素的权重。在评价中，各指标在决策中的地位是不同的，其差异主要表现在：决策者对各指标的重视程度不同；各指标在决策中的作用不同，即各指标在决策中传输给决策者的信息量不同；各指标评价值的可靠程度不同。

所以在多指标决策中往往需要给各指标赋一权重描述这些差异，这一权重应像其描述的内容一样，既能反映主观的一面，又能反映客观的一面。因此，认为指标 c_i 的权重 w_i 是指在给定的条件下度量指标 c_i 相对重要程度的量，它不仅与决策者对指标重要性的主观评价有关，而且与指标的客观程度和可靠度有关。若用 w_{i1} 和 w_{i2} 来表示，则权重 w_i 可表示为 $w_i = f\left(w_{i1}, w_{i2}\right)(i = 1, 2, \cdots, n)$,$w_{i1}$ 反映了决策者的知识结构、才能和心理及社会环境背景等。w_{i2} 反映了所有专家对该指标的把握程度和客观性，其值越大，指标的权重越可信。

综合主客观因素所得的第 i 个指标 c_i 的权重记为 w_i， w_i 可由 w_{i1} 与 w_{i2} 综合求得。虽然式(6-35)有多种不同的函数形式，但是其必满足以下特征：两者中任一为 0，即使另外一个为 1，也不能说该指标非常重要，只有当两者都取得最大时，w_i 才为最大，所以为避免受个别值的影响，反映评价的客观性，这里采用如下的综合形式：

$$w_i = \frac{w_{i1} \cdot w_{i2}}{\sum_{i=1}^{n} w_{i1} \cdot w_{i2}}, \quad i = 1, 2, \cdots, n \tag{6-36}$$

本节权重确定方法，引入了不确定性的评判方式，同确定性的评判方法相比，专家在构造判断矩阵时能更好地表达其意见，因此就更加能够反映桥梁的实际状态，提高了评价结果的可信性，同时考虑专家的评判水平，引入专家加权权重，降低评判结果的不确定性，并与群判理论相结合，减少了评判的主观因素，使评判更能反映客观实际。

6.3.4　混凝土斜拉桥项目级评估

以混凝土斜拉桥项目层级评估为例，应用不确定型层次分析进行评估。首先建立斜拉桥层次分析结构模型。这个模型应该能够比较准确地包含混凝土斜拉桥的各部分子结构，通过对这个模型进行层次分析能够比较完整地反映斜拉桥的工作状态。在建立模型的过程中，主要从以下几个因素来考虑：

(1) 评估指标体系应该满足完全性原则。即指标应整体反映斜拉桥的使用状态。

(2) 对斜拉桥的使用功能进行评估，即运营状态评估。在建立模型时，主要针对桥梁的功能性损伤(如主梁挠度、斜拉索保护层及附属设施损坏等)进行评估。

(3) 指标体系应该与桥梁结构的实际情况结合起来，突出主要方面，使建立的评价指标体系既能反映桥梁结构状态绝大部分信息，又能尽量避免和排除那些对评估结果无影响和影响甚小的指标，以达到简化分析的目的；还应与桥梁的健康监测相结合，即指标的可操作性应得到满足，保证所有指标都能够通过监测得到量化，简单易行，经济合理。

(4) 因公路桥梁评估进行的各项检测应根据《公路桥涵养护规范》(JTG 5120—2021)中的各项要求进行，因此指标体系应参照规范中相关的规定；但斜拉桥自身具有特殊性，所以还应结合斜拉桥特点，制定出相应的指标体系。

(5) 各指标之间应尽可能相互独立，避免包容性，能从不同方面反映桥梁结构的性能特征，尽量避免由于指标间的相交或重复而带来的不便和分析误差。

(6) 各指标值的确定要简单易行，其值可以通过对实测资料的分析、建立数学模型或由专家评议等途径来得到。

(7) 各指标对桥梁结构性能的总体影响程度应具有可比性，并能通过一定的运算规则进行指标的合成。

综合考虑以上各个因素，基于桥梁运营状态安全性和构件损伤考虑，将混凝土斜拉桥分为以下递阶层次结构(图 6-6)。

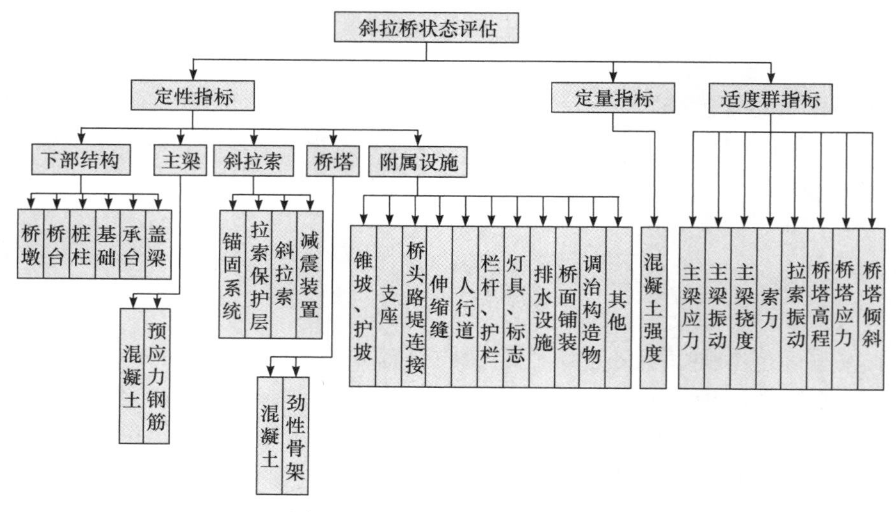

图 6-6　混凝土斜拉桥层次模型

如图 6-6 所示，底层指标根据其物理意义、表现形式及检查要求，可以分为三种类型：定性指标、定量指标和适度群指标。定性指标对应于养护规范中经常检查和定期检查的部分内容，这些检查一般采用目测方法，也可以配以简单的工具测量，当场填写记录表，并对各部位损伤状况进行打分，一般这些指标的状态等级有 3、4、5 种不等。因为进行巡检的人员为一般工作人员，他们一般只能大致地判断出结构的状态等级，这就需要根据各个状态制定相应的分值，便于详细评估；定量指标通过检测得到的数据为一数值。这类指标通常是有特殊要求时，或桥梁的总体技术状况属于“差的”或“危险”等级时，委托有相应资质和能力的单位承担，采用仪器设备现场测试。适度群指标的数值严格来说没有统一的标准，也没有统一的规律。如“索力”指标。一座桥有数十上百根索，每根索都有不同的索力，这些值组成了一组数据序列。在进行评估时应当对这一组数据序列进行分析得出结论。对于定性指标采用计算各部件权重的方法，应用不确定层次分析的方法对这类指标进行评估；定量指标可以直接根据相应标准判断；对于适度群指标则采用灰色关联度的方法进行评估。

1. 构造各层区间判断矩阵

模型建立后，可根据前述指标权重的确定方法确定各指标的权重。通过专家知识调查获得两两比较判断矩阵的原始数据是关键步骤之一，根据评定需要，设计六种“混凝土斜拉桥状态评定调查表”，覆盖所有指标。根据现有的条件，咨询八位长年从事桥梁养护维修工作并具有丰富现场经验的老工人、桥梁领工员、工程师、教授等，获得判断矩阵。

在使用判断矩阵前，首先要对各判断矩阵中的数据进行逻辑分析，要求判断矩阵具有大体上的一致性，不能出现“甲比乙重要，乙比丙重要，而丙比甲重要”的判断，因为这种混乱的经不起推敲的判断矩阵很可能导致错误的决策，只有那些经过分析后符合逻辑且满足不确定判断矩阵要求的数据才能用于评定。现以“混凝土斜拉桥状态评定调查表”中“主梁、拉索、索塔、下部结构、附属设施”等五个一级指标为例，专家填写的调查表如表 6-18 所示(仅列出四位专家的调查情况)。

表 6-18　混凝土斜拉桥状态评定调查表

专家	桥梁构件	主梁	拉索	索塔	下部结构	附属设施
专家一	主梁	[1,1]	[1,1]	[2.5,3.5]	[3.5,4.5]	[4.5,5.5]
	拉索		[1,1]	[1.5,2.5]	[2.5,3.5]	[3.5,4.5]
	索塔			[1,1]	[1.5,2.5]	[2.5,3.5]
	下部结构				[1,1]	[1.5,2.5]
	附属设施					[1,1]
专家二	主梁	[1,1]	[6.5,7.5]	[4.5,5.5]	[2.5,3.5]	[9,9]
	拉索		[1,1]	[-3.5,-2.5]	[-5.5,-4.5]	[2.5,3.5]
	索塔			[1,1]	[-3.5,-2.5]	[4.5,5.5]
	下部结构				[1,1]	[6.5,7.5]
	附属设施					[1,1]
专家三	主梁	[1,1]	[2.5,3.5]	[1,1]	[4.5,5.5]	[9,9]
	拉索		[1,1]	[-3.5,-2.5]	[2.5,3.5]	[4.5,5.5]
	索塔			[1,1]	[2.5,3.5]	[4.5,5.5]
	下部结构				[1,1]	[9,9]
	附属设施					[1,1]

续表

专家	桥梁构件	主梁	拉索	索塔	下部结构	附属设施
专家三	主梁	[1,1]	[4.5,5.5]	[1,1]	[1,1]	[9,9]
专家四		主梁	拉索	索塔	下部结构	附属设施
	拉索		[1,1]	[-3.5,-2.5]	[-3.5,-2.5]	[6.5,7.5]
	索塔			[1,1]	[1,1]	[9,9]
	下部结构				[1,1]	[9,9]
	附属设施					[1,1]

2. 权重计算

有了两两比较判断矩阵，即可根据前述求解不确定判断矩阵的计算方法，计算出专家构造的判断矩阵所对应的指标权重(表 6-19)，并进行一致性检验[13]。

表 6-19　指标权重计算结果

桥梁构件	专家一	专家二	专家三	专家四
主梁	[0.3509，0.3830]	[0.4848，0.5232]	[0.3724，0.3952]	[0.3068，0.3138]
拉索	[0.2905，0.3171]	[0.0608，0.0657]	[0.1555，0.1650]	[0.0995，0.1017]
索塔	[0.1556，0.1698]	[0.1237，0.1335]	[0.2981，0.3164]	[0.2765，0.2827]
下部结构	[0.0950，0.1037]	[0.2515，0.2714]	[0.1022，0.1085]	[0.2765，0.2827]
附属设施	[0.0604，0.0659]	[0.0316，0.0341]	[0.0306，0.0325]	[0.0260，0.0266]

然后再根据前述专家可信度的计算方法，由两两比较判断矩阵计算专家的差异度和可信度(表 6-20)[13]。

表 6-20　各专家差异度和可信度

专家号	1	2	3	4	专家号	1	2	3	4
差异度	0.1563	0.1883	0.1074	0.1350	可信度	0.1188	0.1125	0.1270	0.1237

有了专家的可信度，即可计算各个指标的主观权重、客观权重及最终的综合权重，如表 6-21～表 6-23 所示：

表 6-21　各指标主观权重

指标	1	2	3	4	5
主观权重	0.407883	0.201375	0.242069	0.181034	0.052939

表 6-22　各指标客观权重

指标	1	2	3	4	5
客观权重	0.200238	0.188532	0.193942	0.21017	0.207118

表 6-23　各指标一级综合权重

指标	1	2	3	4	5
综合权重	0.378821	0.176094	0.217753	0.176475	0.050856

用同样的方法分别求得各二级指标的权重，不再赘述。由一、二级指标权重相乘可得合成权重。

6.3.5　项目级综合评估

1. 底层指标评语的确定

1) 评价指标归一化处理

由于各评价指标物理意义和表现形式不同，对评价对象系统的作用趋向也不一致，不经过归一化处理，各指标监测数据之间不具备可比性，就无法对其进行综合评估。因此，在进行桥梁综合评估前，首先要将各指标属性值统一变换到(0，1)范围内，即对评价指标属性值进行归一化处理。对于各评价指标，按照其对评价对象的作用基本上分为正指标、负指标和适度指标三种类型，可采用不同类型的归一化模型[22]。

若按百分制和线性方法，适度指标的线性归一化可采用以下函数形式：

$$f(x)=\begin{cases}100(x-x_{\min})/(x_0-x_{\min}), & x_{\min}<x<x_0\\ 100(x_{\max}-x)/(x_{\max}-x_0), & x_0\leqslant x<x_{\max}\\ 0, & x\leqslant x_{\min}\text{或}x\geqslant x_{\max}\end{cases}\tag{6-37}$$

式中，x_0为最优值；$x_{\min}$、$x_{\max}$分别为容许最小值和容许最大值。

式(6-37)可由图 6-7 表示。

当实际测量值偏离成桥状态时的最优值达到某种程度后，该测点可认为已处于危险状态，其值为评估时的临界值，图 6-7 对应于$x_{\min}$和$x_{\max}$，其评价值应为 0 分，这两个值需要通过专家调查确定。假定测量值小于最优值相同的比例和超过最优值的比例时，对桥的状态影响是相同的，其评价值相等。例如，对索力而言，若某根斜拉索的设计值为 450t，假定极限偏差程度为 20%，当索力值的变化超过 450 × 20% = 90t，即实测索力值小于等于 360t，或者大于等于 540t 时，即认为该索力评价值为 0 分。

监测数据与评价值之间关系不完全明确或无法用确定的函数形式表达评价结果时，通过对多位专家评估结果作拟合曲线可得到其归一化模型的函数形式。

2) 底层评价指标评语的确定

如前所述，对于所有底层评价指标，按检测数据类型可划分为三类：定性指标、定量指标和适度群指标。前面已经介绍了定性指标的评价，对于定量指标可采用线性或非

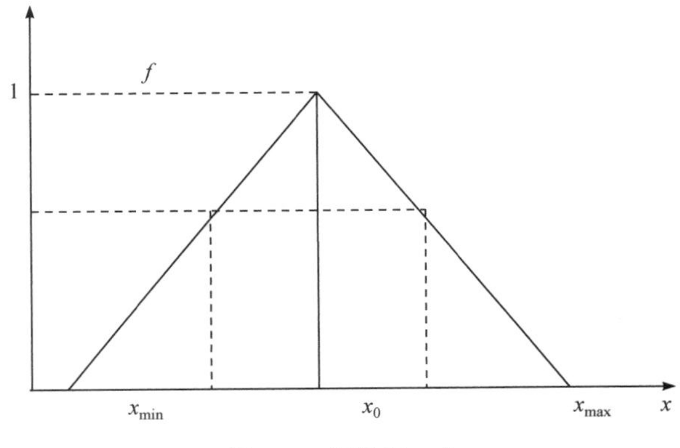

图 6-7　线性归一化

线性归一化模型，按百分制对检测数值进行处理；对于适度群指标，检测结果为一数据序列，由于各测点检测数据的标准值各不相同，不能直接使用检测数据来进行评价，需经过适当的线性或非线性归一化处理，使各测点处的检测结果具有可比性。对两数据序列曲线进行比较和分析，实测数据可以由两部分叠加形成，即标准值曲线的平移和围绕标准值轴线的变化，均匀变化和非均匀变化。因此，考虑监测数据中存在的均匀变化和非均匀变化，采用底层指标评价值 = 均匀变化得分 × 非均匀性变化系数的形式确定其评价结果，其确定步骤如下。

(1) 各测点检测数据的归一化处理，采用线性或非线性归一化模型，得到单个测点评价值 x_i。

(2) 计算评价指标的均匀变化得分：若各测点重要性程度相同，则均匀变化得分为 $\frac{1}{n}\sum_{i=1}^{n}x_i$，$n$ 为测点数，若各测点重要性程度不同，则均匀变化得分为 $\sum_{i=1}^{n}w_i x_i$，其中 w_i 为第 i 个测点的权重。

(3) 计算非均匀性变化系数：非均匀性变化系数的概念及计算方法将在下面做详细介绍。

(4) 计算底层指标评价值：底层指标评价值=均匀变化得分×非均匀性变化系数[23-25]。

2. 非均匀性变化系数

由图 6-8(a)可知，当检测结果为数据序列且均匀变化时，曲线表现为平移现象，而由图 6-8(b)可知，当检测结果为数据序列但不均匀变化时，则表现为曲线之间的关联程度，可采用灰色关联分析方法的基本思想——曲线相似程度来计算非均匀性变化系数，从而解决不均匀变化时的问题。

灰色关联分析是灰色理论[26]的一个重要内容，其目的是为寻求系统中各因素间的主要关系，找出影响目标值的重要因素，从而掌握事物的主要特征。灰色关联分析是一个对协调发展变化态势进行定量描述和比较的方法。发展态势的比较，依据空间理论的数学基础，按照规范性、偶对称性、整体性和接近性这四条原则，确定参考数列(母数列)和若干比较数列(子数列)之间的关联系数和关联度，即通过参考序列与比较序列各点之间

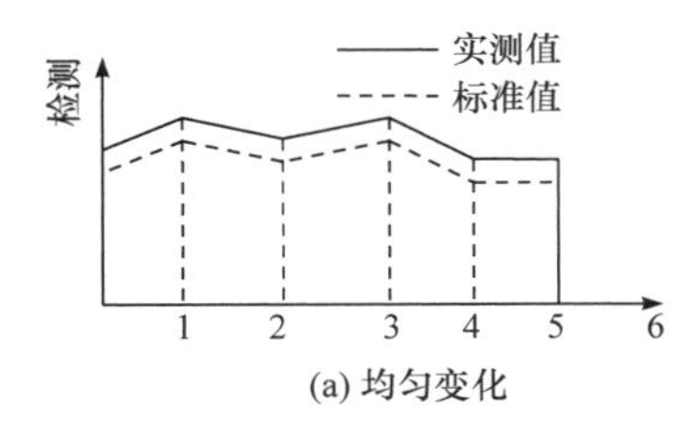

(a) 均匀变化

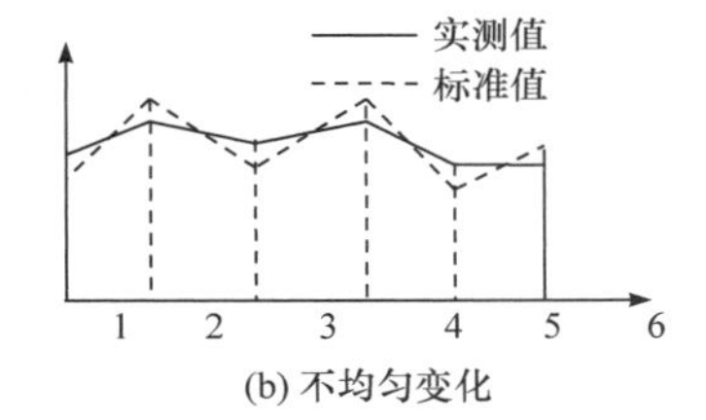

(b) 不均匀变化

图 6-8　数据序列变化情况

的距离分析来确定各序列之间的差异和相近性，从而找出各因子之间的影响关系及影响系统行为的主要因子。采用“斜率关联度”对适度群指标进行评估。

其基本计算过程为：设参考数列为 $x_0=\{x_0(1),x_0(2),\cdots,x_0(n)\}$，被比较数列为 $x_i=\{x_i(1),x_i(2),\cdots,x_i(n)\}\ (i=1,2,\cdots,N)$。在评估中，$x_0$ 为桥梁测试状态某监测项目的标准值(或理论计算值)，x_i 为桥梁同一监测项目的第 i 次实测值，则斜率关联度为

$$\gamma(X_0,X_i)=\frac{1}{n-1}\sum_{k=1}^{n-1}\frac{1}{1+\left|\dfrac{a^{(1)}(x_0(k+1))}{x_0(k+1)}-\dfrac{a^{(1)}(x_i(k+1))}{x_i(k+1)}\right|} \tag{6-38}$$

式中，$a^{(1)}(x_0(k+1))=x_0(k+1)-x_0(k)$；$a^{(1)}(x_i(k+1))=x_i(k+1)-x_i(k)(k=1,2,\cdots,\ n-1)$；$a^{(i)}(x(j))$ 称为对数列 $x(j)$ 的第 i 次累减生成。

这类指标，给出它们之间的相互关联程度(即斜率关联度)，作为评估者的一个参考。一般来说，关联度越大，两两相互比较的数列之间的相关性就越大，反之亦然。

3. 变权综合法权重计算

由 6.3.4 节得到的权重，是先通过专家咨询得出各评价指标在本评估中的权重，然后通过一定的综合计算方法得到桥梁工作状态的评语。这种评估模式，各评估因素的权重一经确定后，在评估过程中不再改变，属于常权综合的范畴，称为常权综合法。在某些情况下，常权综合法是有很大局限性的，如对桥梁整体使用功能而言，由于评价指标众多，其中一个指标的评语发生重大变化，或当个别构件出现严重缺陷时，最终的评价结果 V_0 往往不会出现太大的变化，不能在常权综合评估结果中表现出来，从而不能反映出结构的真实状况，这就会引起对实际问题的忽视或造成评估结果的不准确。例如，对斜拉桥状态的评估中，斜拉索的评估这样复杂的问题，就需要引入适用性更广泛、更客观的变权综合方法，对各评价指标权重进行适当调整[9,13]。

用 m 表示评价指标个数，$w_j^{(0)}$ 表示第 j 个指标的权重，x_j 表示第 j 个指标的评价值，V_0 表示常权评估值，常规状态下的常权综合模式为

$$V_0=\sum_{j=1}^{m}w_j^{(0)}x_j \tag{6-39}$$

而变权综合模式为

$$V_0=\sum_{j=1}^{m}w_j\left(x_1,x_2,\cdots,x_m,w_1^{(0)},w_2^{(0)},\cdots,w_m^{(0)}\right)x_j \tag{6-40}$$

式中，w_j为变权权重；其余与常权综合法中参数意义一致。采用均衡函数

$$\sum_{\alpha}\left(x_1,x_2,\cdots,x_m\right)=\sum_{j=1}^{m}x_j^{\alpha},\quad 0<\alpha\leqslant 1 \tag{6-41}$$

得到变权公式：

$$w_j\left(x_1,x_2,\cdots,x_m\right)=w_i^{(0)}x_i^{\alpha-1}/\sum_{k=1}^{m}w_k^{(0)}x_k^{\alpha-1},\quad j=1,2,\cdots,m \tag{6-42}$$

对应的变权综合模式为

$$V\left(x_1,x_2,\cdots,x_m\right)=\sum_{i=1}^{n}w_i^{(0)}x_{\rm i}^{\alpha}/\sum_{k=1}^{m}w_k^{(0)}x_k^{\alpha-1},\quad j=1,2,\cdots,m \tag{6-43}$$

关于均衡系数α，当对各指标的均衡问题考虑较多时，取$\alpha<1/2$；当比较能容忍某方面缺陷时，取$\alpha>1/2$；当$\alpha=1$时，即等同于常权综合模式。

变权综合法比常权综合法更能反映某一构件严重缺损时对整体结果的影响。文献[13]给出了变权综合法计算权重的示例，其示例表明，当附属设施评分较高时，无论α取何值，对评估结果的影响都不大；当附属设施严重损坏时，随着α取值的减小，对评估结果的影响增大。由于附属设施的权重很小，变权系数α的影响还不是很显著，但是如果其他权重稍大的构件出现了问题，α的取值对评估结果的影响会很大。变权均衡系数α的取值方法有多种，而α究竟取什么值时可以适用于一般工程中的多数情况目前尚无定论，还有待通过足够多次的计算与试验的分析进行比较。

4. 桥梁综合性能评估

在桥梁综合评估中，既有定量因素，又有定性因素，因此为确保桥梁评估结果的准确性和可靠性，在桥梁综合评估中应当选用与具体桥梁特点相一致的评估方法。其评估的具体步骤如下。

(1) 利用不确定层次分析法(uncertain analytic hierarchy process，UAHP)建立桥梁安全性评估模型及其指标体系，可确定影响评估的因素集$U=\left(u_1,u_2,\cdots,u_n\right)$，不同层次的因素集对应不同层次的因素指标，从而得出相对应的子因素集。

(2) 确定评估指标的权重。各个指标对目标的重要程度是不一样的，即有不同的权重。按上述的评估指标体系得出相应的因素权重分配为$W=(w_1,w_2,\cdots,w_n)$，其中w_i为第i个因素u_i所对应的权重。

(3) 根据建立的各层次因素集，对底层各个因素指标进行打分，即为底层评语。由于底层评语的评估标准各不相同，不能直接进行评估，需经过归一化处理，获得其得分，并进行模糊化处理，得出相应的模糊化向量，从而得出底层评语的模糊矩阵$R=\left(r_{ij}\right)_{n\times 5}$。

其中，r_{ij} 为第 i 个指标在评语集中对应第 j 个等级的比重的度量，可以反映该指标状态所属的等级。采用模糊隶属度函数[27](图 6-9)，将得分进行模糊处理。

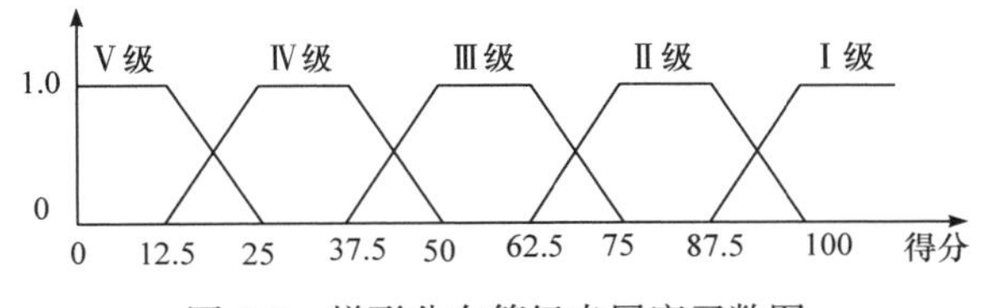

图 6-9　梯形分布等级隶属度函数图

(4) 确定评估等级标准。根据分级鉴定的方法建立评语集 $V=(v_1,v_2,v_3,v_4,v_5)$，分别对应状态的良好、较好、较差、坏、危险五级。

(5) 得出模糊综合评估的运算公式：

$$
\begin{aligned}
V=W\circ R&=(w_1,w_2,\cdots,w_n)\circ(r_{ij})_{n\times 5}\\
&=(w_1,w_2,\cdots,w_n)\circ\begin{bmatrix} r_{11} & r_{12} & r_{13} & r_{14} & r_{15}\\ r_{21} & r_{22} & r_{23} & r_{24} & r_{25}\\ \cdots & \cdots & \cdots & \cdots & \cdots\\ r_{n1} & r_{n2} & r_{n3} & r_{n4} & r_{n5}\end{bmatrix}=(v_1,v_2,v_3,v_4,v_5)
\end{aligned}
\tag{6-44}
$$

式中，“∘”为模糊合成运算，由此式可看出，客观地确立权重向量 W 和指标评语模糊矩阵 R 是桥梁评估的关键，最后按照最大隶属度原则得出桥梁相应的技术等级状态。知道了桥梁综合评估的具体步骤，随后将建立评价指标的评估等级和等级隶属度函数以及模糊推理在桥梁安全性评估中的应用[28,29]。

6.3.6　指标评估等级和等级隶属度函数

1. 评估等级的含义

《公路养护技术规范》(JTG H10—2009)和《桥梁承载能力检测评定规程》(JTG/T J21—2011)均采用分级鉴定的方法对桥梁安全状态进行评估。工程实践表明，将结构(构件)的安全性划分为合适的等级是一种简洁明了、行之有效的手段。一般将评估等级分为五级，即良好、较好、较差、坏、危险五个评估等级(表 6-24、表 6-25)。

表 6-24　各个评估等级的含义表

评估等级	等级值	承载能力	结构损伤	表观缺损
良好	Ⅰ	有一定提高	无损伤	外观良好
较好	Ⅱ	没有降低	损伤轻微	基本完好
较差	Ⅲ	略有降低	有一定损伤	中等缺损
坏	Ⅳ	降低较为明显	损伤严重	缺损严重
危险	Ⅴ	降低十分明显	损伤很严重	缺损很严重

表 6-25 总体评定状态表

等级	评价标准
Ⅰ级	完好、良好状态: (1) 重要部件功能与材料均良好 (2) 次要部件功能良好，材料有少量(3%以内)轻度缺损或污染
Ⅱ级	较好状态: (1) 重要部件功能良好，材料有局部缺损或污染，裂缝宽度小于限值 (2) 次要部件有较多(10%以内)中等缺损或污染
Ⅲ级	较差状态: (1) 重要部件材料有较多(10%以内)中等缺损，或出现轻度功能性病害，尚能维持正常使用功能 (2) 次要部件有大量(10%～20%)严重缺损，功能降低，进一步恶化将不利于重要部件和影响正常交通
Ⅳ级	坏的状态: (1) 重要部件材料大量(10%～20%)严重缺损，裂缝宽超限制，风化、剥落、露筋、锈蚀严重或出现轻度功能性病害，且发展较快，结构变形小于或等于规范值，功能明显降低 (2) 次要部件有 20%以上的严重缺损，失去应有功能，严重影响正常交通
Ⅴ级	危险状态: (1) 重要部件出现严重的功能性病害，且有继续扩张现象 (2) 关键部位部分材料强度达到极限，出现部分钢筋断裂，混凝土压碎或杆件失稳变形的破损现象，变形大于规范值，结构的强度、刚度、稳定性和动力相应不能达到平时交通安全通行的要求

2. 评价指标的等级隶属度函数

根据前面指标评语的确定可知，需要确定指标的分级标准和与之相关的等级隶属度函数。结合桥梁工程实际调查结果和桥梁专家经验的知识，同时利用概率统计规律进行统计分析，得出斜拉桥安全性与耐久性评估指标的分级标准和与之相关的等级隶属度函数。采用梯形隶属度函数，以斜拉索的索力为例对评价指标的等级进行描述。

测得的斜拉索索力值为序列型，以成桥检测时的索力值为标准。假定索力变化超过40%时，单根斜拉索索力得分为 0，索力误差为 0 时，得分为 100，之间的变化采用线性方法。对于单根索力 x_i 采用以下的隶属度函数进行模糊化。对于所有索力序列，求出实测数列和参考数列的斜率关联度γ，即不均匀变化系数，索力最后的得分 $=\gamma\times$ 均匀变化得分。对于不均匀变化系数修正以后的索力值，仍然采用单根索的评定准则进行处理，这样更加具有可信度。据表 6-24 得出索力变化评级标准及得分表 6-26，其等级隶属度函数如图 6-10 所示。

表 6-26 索力变化评级标准及得分表

构件技术状况	索力变化值ΔT	等级	得分
良好	$0\% \leqslant \Delta T \leqslant 5\%$	Ⅰ	87.5～100
较好	$10\% \leqslant \Delta T \leqslant 15\%$	Ⅱ	62.5～75
较差	$20\% \leqslant \Delta T \leqslant 25\%$	Ⅲ	37.5～50
坏	$30\% \leqslant \Delta T \leqslant 35\%$	Ⅳ	12.5～25
危险	$\Delta T \geqslant 5\%$	Ⅴ	0

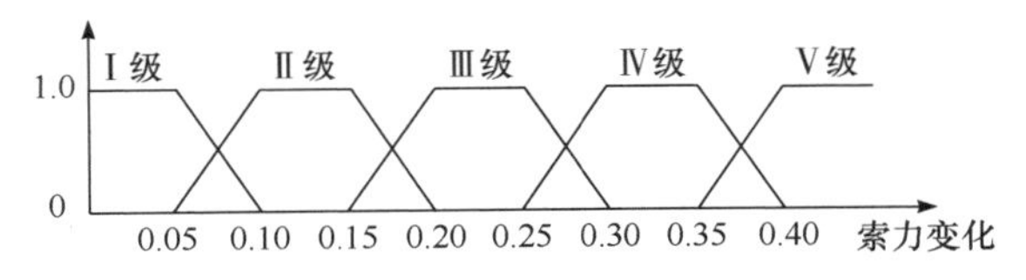

图 6-10　等级隶属度函数图

6.3.7　模糊推理原理介绍

由不确定层次分析法在评估中的意义可知，不确定判断矩阵可以在很大程度上反映事物的模糊性和不确定性，因为在桥梁安全性评估过程中，有一些因素不能用精确的数量来进行描述，而只能是模糊的概念，因此引入模糊推理理论。

1. 模糊集合的概念

设 X 是论域，X 上的一个实值函数用 μ_A 来表示，即 $\mu_A: X \to [0,1]$。对于 $x \in X$，$\mu_A(x)$ 称为 x 对 A 的隶属度，而 μ_A 称为隶属函数。为简便计，常用 $A(x)$ 来代替 $\mu_A(x)$。X 上模糊集合的全体记为 $F(x)$。这样，对于论域 X 上的一个元素 x 和 X 上的一个模糊子集 A，不再是简单地求 x 绝对属于还是不属于 A，而是求 x 在多大程度上属于 A。隶属度 $A(x)$ 正是 x 属于 A 的程度的数量指标。若 $A(x)=1$，则认为 x 完全属于 A；若 $A(x)=0$，则认为 x 完全不属于 A；若 $0<A(x)<1$，则认为 x 在 $A(x)$ 的程度上属于 A，在完全属于 A 和不完全属于 A 的元素之间，呈现出中间过渡状态，或称为连续变化状态。这即为 A 的外延表现出不明确的变化层次，表现出模糊性。

2. 指标评语的模糊化

根据检测数据得到的三种类型的底层评价指标，均划分为良好、较好、较差、坏、危险五个评价等级，评估标准由好到坏的顺序依次为Ⅰ、Ⅱ、Ⅲ、Ⅳ、Ⅴ，则对应的隶属程度分别表示为 $u_{良好}$、$u_{较好}$、$u_{较差}$、$u_{坏}$、$u_{危险}$，一般常用向量表示：$(u_{\mathrm{I}},u_{\mathrm{II}},u_{\mathrm{III}},u_{\mathrm{IV}},u_{\mathrm{V}})$，而且隶属度 u_{I}、u_{II}、u_{III}、u_{IV}、u_{V} 还应满足 $u_{\mathrm{I}}+u_{\mathrm{II}}+u_{\mathrm{III}}+u_{\mathrm{IV}}+u_{\mathrm{V}}=1$。

对于每一指标的检测数据，经过无量纲化处理，获得无量纲得分 x_i，并采用图 6-10 梯形分布的等级隶属度函数进行模糊化处理，得出相应的模糊化向量，可写成

$$\left[u_{\mathrm{I}}(x_i),u_{\mathrm{II}}(x_i),u_{\mathrm{III}}(x_i),u_{\mathrm{IV}}(x_i),u_{\mathrm{V}}(x_i)\right] \tag{6-45}$$

式中，$u_{\mathrm{I}}(x_i),u_{\mathrm{II}}(x_i),u_{\mathrm{III}}(x_i),u_{\mathrm{IV}}(x_i),u_{\mathrm{V}}(x_i)$ 为对应于 x_i 的各模糊子集的隶属度。从而形成得出底层评语的模糊矩阵 $R=\left(r_{ij}\right)_{n\times 5}$，可以反映该指标状态所属的等级，进而通过模糊合成运算公式(6-44)得出桥梁的综合评估结果的模糊向量 $V=(v_1,v_2,v_3,v_4,v_5)$。

3. 评估结果的反模糊化

将模糊推理所得结果转化为确定的评估级别，即采用最大隶属度法选择模糊子集中最大值作为最终结果输出。例如，某桥评估的最后安全状况在五个模糊集中的模糊向量为 $V=\left(v_1,v_2,v_3,v_4,v_5\right)$，按照最大隶属度原则，比较 v_1、v_2、v_3、v_4、v_5 得到最大的值 v_x，

则该桥的安全状况属于 v_x 对应的模糊集。文献[13]给出了斜拉桥拉索评估的模糊推理过程应用示例。

6.4　桥梁评估流程与指南

6.4.1　评估流程

根据桥梁的评估要求，针对构件级、项目级以及路网级对桥梁评估的不同需求，选择不同的评估方法，构件级评估主要采用规范中的方法，项目级采用不确定层级分析法，而路网级评估则采用 DER&U 方法。各方法的评估流程如图 6-11～图 6-13 所示。

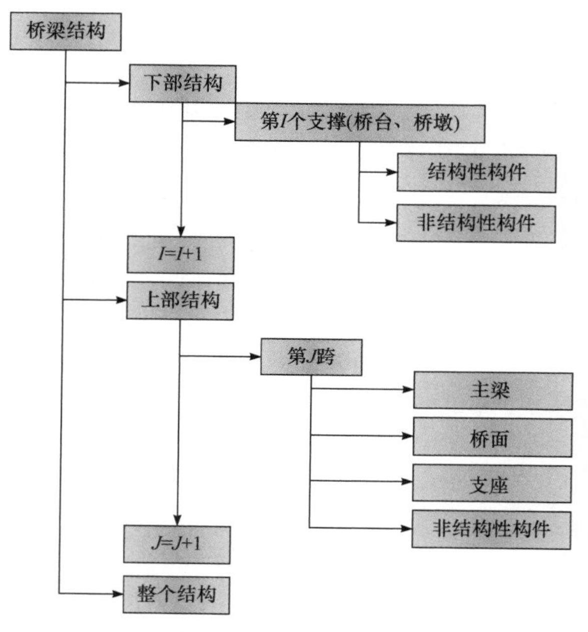

图 6-11　构件级评估

构件级评估是将桥梁结构分为上部结构和下部结构。然后对下部结构每一支撑进行循环，即对每一桥台或桥墩循环，分别对结构性构件和非结构性构件进行评估，直到完成所有下部结构的评估。然后对每一跨进行循环上部结构评估，上部结构的构件包括主梁、桥面、支座以及非结构性构件。重复上述过程，直到整个结构的所有构件都完成评估。

项目级评估则以一座桥梁为对象，建立桥梁的损伤目录以及损伤分类数据库，然后对该桥的所有结构进行循环，在了解结构材料、建造方法的基础上，用自动化健康监测系统和人工巡检以及荷载试验的方法，识别结构的损伤，确定损伤位置和类型。然后建立损伤桥梁的数字计算模型，并结合基于知识库的人工智能方法，选择合适的状态评估方法对桥梁构件的工作状态进行评估，在完成所有构件评估的基础上，确定整个桥梁的工作状态。

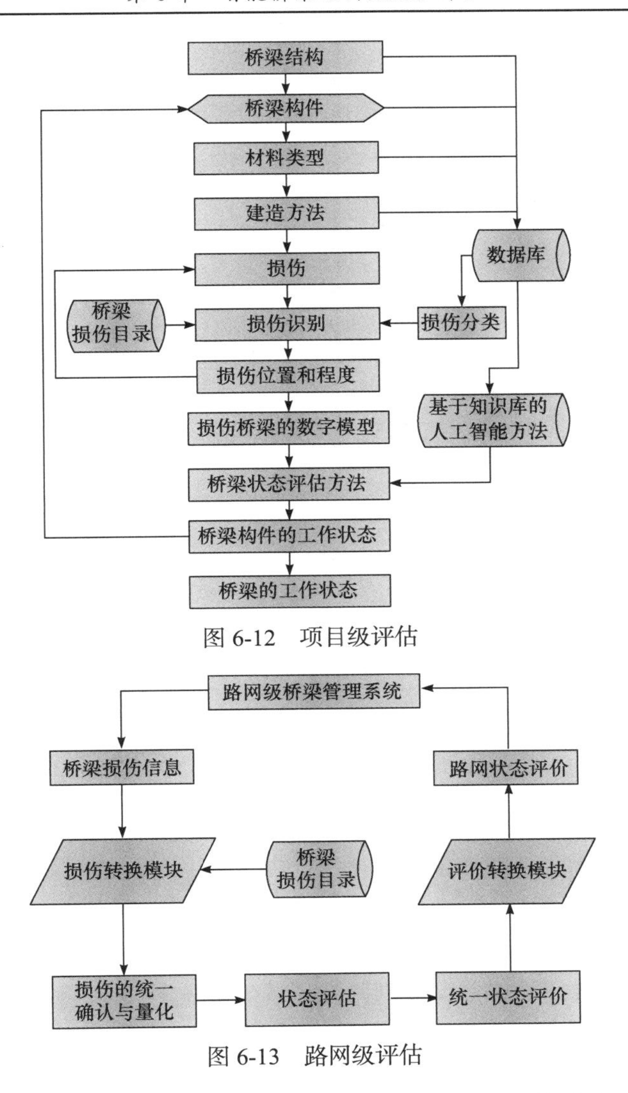

图 6-12　项目级评估

图 6-13　路网级评估

而路网级的桥梁评估关心的对象是整个路网的所有桥梁的工作状态，因此在收集完成每一座桥梁的损伤信息后，在桥梁损伤目录的协助下，因不同桥梁类型、不同损伤类型的表达方式不一样，需对桥梁损伤进行转换，对损伤进行统一归一化以及量化。然后对桥梁进行状态评估，得到统一标准下的状态评价，然后对评价进行转换，从而得到整个路网状态的评价。

6.4.2　评估指南

根据桥梁的实际情况，并对桥梁状态评估的过程进行深入研究，推荐采用图 6-14 所示的桥梁评估过程。

即首先对网内的桥梁进行初级评估，即桥梁结构的使用性评估。初级评估是在现场勘查，查阅相关设计、施工、养护维修等文件记录的基础上，对结构按规范要求进行简单的验算，若结果满足规范相关规定的要求，则该桥可继续使用。若不能满足要求，则进入中级评估。

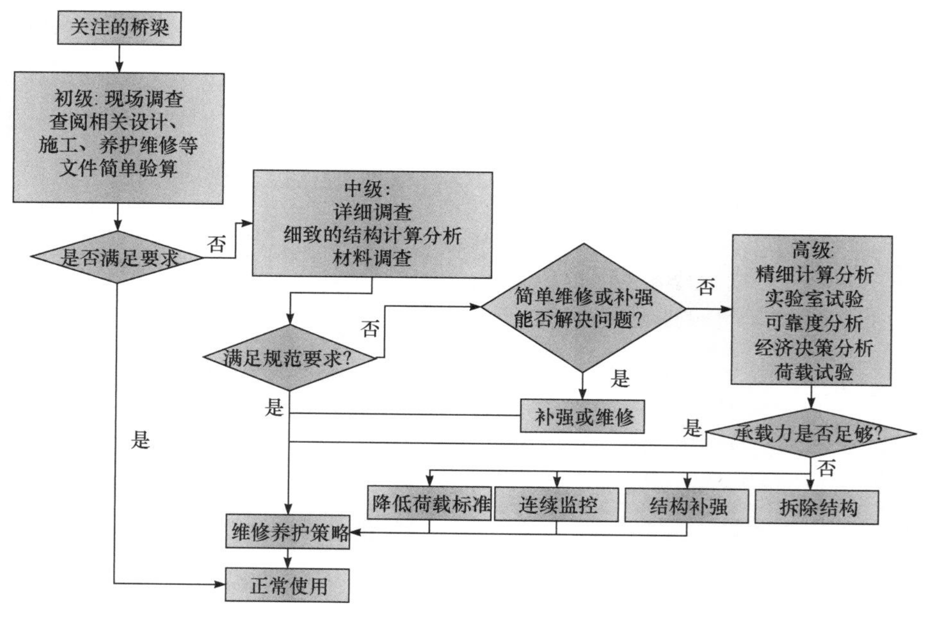

图 6-14　推荐的桥梁评估过程

中级评估是对初级评估中不能满足要求的桥梁进行评估，即对不满足使用性要求的桥梁，进行安全性评估。此时，需要更为详细的现场调查，以及更为细致的结构分析，并对结构材料进行调查。在此基础上，判定结构是否满足规范要求，若满足规范要求，则对维修养护的策略进行调整，在维修养护满足要求的前提下，正常使用该桥梁；若不能满足规范要求，则判断选择简单的维修或补强方法能否解决问题，若解决问题，则对结构进行简单的维修，调整维修养护策略后，将该桥投入正常使用；若简单维修补强不能满足要求，则进入高级评估阶段。

高级评估是对中级评估中经简单维修补强后仍不满足规范要求的桥梁进行评估。采用精细计算分析、实验室试验、荷载试验、可靠度分析以及经济决策分析，在条件许可的情况下，对桥梁进行监控，采集桥梁的实际数据，以利于准确评估。在此基础上，对桥梁结构的承载力进行评估，若承载力满足要求，则调整维修养护策略，然后正常使用该桥梁。若承载力不能满足要求，则判定是否拆除该桥。若不拆除该桥，则应采取适当的措施，如降低荷载标准、对结构进行补强，同时对结构进行监控；与此同时调整维修养护策略，然后使用该桥梁。

参 考 文 献

[1] 周江. 高等级公路桥梁健康状况评估方法的研究[D]. 西安: 长安大学, 2003.
[2] 国家质量技术监督局, 中华人民共和国建设部. GBT50283—1999 公路工程结构可靠度设计统一标准[S]. 北京: 中国计划出版社, 1999.
[3] 李有丰, 林安彦. 桥梁检测评估与补强[M]. 北京: 机械工业出版社, 2003.
[4] 庞元志. 基于 DER&U 评估方法的 B/S 架构桥梁管理系统[D]. 成都: 西南交通大学, 2007.
[5] 顾军. 数据库及 D. E. R. 评估法在桥梁信息管理系统中的应用[D]. 成都: 西南交通大学, 2007.

[6] Colorado Department of Transportation, Staff Bridge Branch. Pontis Bridge Inspection Coding Guide. 4201 East Arkansas Avenue, Room 330, Denver Colorado 80222-3400, 1998.
[7] 张新占. 桥梁管理系统研究[D]. 西安: 长安大学, 2004.
[8] Satty T L. The Analytic Hierarchy Process [M]. New York: McGraw-Hill, 1980.
[9] 翁艳. 基于层次分析法的混凝土斜拉桥状态评估[D]. 成都: 西南交通大学, 2007.
[10] 许树柏. 层次分析法原理[M]. 天津: 天津大学出版社, 1988.
[11] 单德山, 李乔, 徐威. 不确定层次分析法在砼桥梁性能中的应用[J]. 重庆交通学院学报, 2007, 26(1): 19-22.
[12] 徐威. 既有铁路混凝土桥状态评定方法研究[D]. 成都: 西南交通大学, 2005.
[13] 张海霞. 基于不确定型层次分析法的混凝土斜拉桥状态评估[D]. 成都: 西南交通大学, 2008.
[14] 魏毅强, 刘进生, 王绪柱. 不确定型 AHP 中判断矩阵的一致性概念及权重[J]. 系统工程理论与实践. 1994(4): 16-22.
[15] 刘进生, 魏毅强, 王绪柱. 区间数判断矩阵的建立及其权重计算[J]. 系统工程, 1993, (3): 42-46, 52.
[16] 魏翠萍, 侯成军. 不确定型 AHP 中几种新的排序方法及比较[J]. 曲阜师范大学学报(自然科学版), 1996, (2): 25-30.
[17] 孙九春, 史家钧. 加权集值统计理论和重心决策理论在桥梁评估中的应用[J]. 上海公路, 2001, (4): 20-22.
[18] 秦学志, 王雪华, 杨德礼. AHP 中群组评判的可信度法(Ⅱ)[J]. 系统工程理论与实践, 2000, (5): 76-79, 144.
[19] 汪培庄, 刘锡荟. 集值统计[J]. 工程数学学报, 1984, (1): 43-54.
[20] 钟诗胜, 王知行, 何新贵. 基于模糊区间分和模糊重心的决策方法[J]. 系统工程理论与实践, 1997, (3): 9-16, 23.
[21] 席酉民, 汪应洛, 陶谦坎. 决策指标的估价方法及权的探讨[J]. 系统工程理论与实践, 1986, (3): 12-16.
[22] 朱孔来. 评价指标的非线性无量纲模糊处理方法[J]. 系统工程, 1996, (6): 58-62.
[23] 兰海, 史家钧. 灰色关联分析与变权综合法在桥梁评估中的应用[J]. 同济大学学报(自然科学版), 2001, (1): 50-54.
[24] 尚鑫, 徐岳. 基于灰色理论的斜拉桥拉索安全性评价[J]. 长安大学学报(自然科学版), 2004, (1): 52-55.
[25] 汪永兰. 拉索损伤对斜拉桥结构性能影响研究[D]. 南京：东南大学, 2004.
[26] 邓聚龙. 灰色系统理论教程[M]. 武汉: 华中理工大学出版社, 1990.
[27] 王光远, 王文泉. 抗震结构的模糊优化设计[J]. 土木工程学报, 1985, (2): 1-10.
[28] 刘文龙. 基于不确定型层次分析法桥梁安全性评估研究[D]. 武汉: 武汉理工大学, 2005.
[29] 曾东山. 基于模糊推理的斜拉桥状态评估研究[D]. 武汉: 武汉理工大学, 2006.